합격의 Law

상세해설 핵심요약 수록

2025년도 (제14회)
변호사시험 기출문제집

선 택 형

대한법률연구소

- 컴팩트한 해설과 핵심요약 정리로 효율성을 극대화
- 제·개정된 관계법령과 최신판례 반영
- 최신판례를 빠짐없이 반영하고 다수설·통설의 근거 제시
- 법학연구원과 실무자들의 검토·수정을 거친 신뢰성 있는 수험서

www.kimoonsa.co.kr

머리말 — 변호사시험을 준비하는 수험생에게

    2025년도 변호사시험 해설, 요약을 진행하면서 느꼈던 점은 예전과는 달리 결론을 묻는 것보다는 결론에 이르는 과정 및 이유에 관해서 묻는 문제가 많았습니다. 특히 민사법은 대부분 준 사례 형태로 출제되고 생소한 주제들이 많이 출제되어 시험장에서 시간배분이 어려웠을 것으로 생각합니다. 이러한 출제 경향을 앞으로도 유지할 것으로 보입니다.

    중요한 주제는 여전히 큰 비중으로 반복적으로 출제하고 있기 때문에 지엽적인 주제에만 치우친 수험전략은 지양해야 합니다. 중요한 주제를 공부하면서 부차적인 부분도 익혀야 하는 상황에서 가장 중요한 기준은 바로 기출문제입니다. 기출문제를 풀어보면서 어느 영역에서 많이 출제되었는지, 지엽적인 주제는 어느 영역과 관련해서 출제되었는지를 세심히 분석하여 수험전략을 세우는 것이 바람직합니다.

    본서는 기출문제의 분석을 통해 향후 변호사시험을 대비하여 수험전략을 세우는 수험생을 생각하면서 문제마다 효율성·정확성·신뢰성을 기반으로 한 풍부한 근거를 바탕으로 상세한 해설은 물론 정리에 도움이 되도록 핵심요약으로 구성하였습니다. 본서가 변호사시험 대비에 도움이 되길 바라며, 수험생 모두가 합격의 영광이 있기를 기원합니다.

대한법률연구소

2025년(제14회) 변호사시험 구성과 특징

2025년 변호사 시험 선택형은 ① 특정영역보다는 모든 영역 ② 정형적인 시험 영역보다는 중요하면서도 다소 생소한 영역에서 ③ 단답형의 문제보다는 사례형으로 ④ 단순히 판례 결론을 묻기보다는 결론 도출과정을 묻는 문제들이 많이 출제되었습니다.

1. 공법

예전과 비교하여 무난하게 출제되었습니다.
(1) 헌법은 모든 영역에 걸쳐서 비슷한 비율로 출제되었습니다.
(2) 행정법은 행정작용법, 행정구제법 영역에서 비중 있게 출제되었습니다.

헌법 문제 비율
헌법총론(5) 기본권론(5) 통치구조론(4) 헌법재판론(4)

행정법 문제 비율
행정법 통론(2) 행정작용법(5) 행정정보공개(1)
행정상의 의무이행수단(1) 행정구제법(7)
행정조직법(2) 특별행정법(1)

2. 형사법

난도가 높게 출제되었습니다.
(1) 형법은 총론에서 학설내용을 묻는 문제가 상당수 출제되었고, 각론에서는 재산에 대한 죄, 국가의 기능에 대한 죄 영역에서 비중 있게 출제되었습니다.

(2) 형사소송법은 단일한 주제보다는 복합적 주제를 묻는 문제가 상당수 출제되었고, 증거, 재판 영역에서 비중 있게 출제되었습니다.

형법 문제 비율
구성요건론(3) 위법성론(1) 책임론(1) 미수론(2) 공범론(2) 죄수론(1) 생명과 신체에 대한 죄(1) 자유에 대한 죄(1) 사생활의 평온에 대한 죄(1) 재산에 대한 죄(5) 국가의 기능에 대한 죄(4)

형사소송법 문제 비율
소송의 주체(1) 수사(4) 공소(3) 증거(5) 재판(5) 상소(1) 재심(1)

3. 민사법

단답형이 아닌 사례형 문제로 난도 있게 출제되어 시간 안배가 관건이었습니다.

(1) 민법은 낯선 주제, 긴 지문으로 난도를 높이면서 소유권, 저당권, 채권의 효력 영역에서 비중 있게 출제되었습니다.

(2) 민사소송법은 무난한 난도로 최신판례 내용 문제들이 상당수 있었고 소제기의효과, 공동소송, 민사집행관련 영역에서 비중 있게 출제되었습니다.

(3) 상법 역시 무난한 난도로 최신판례 내용 문제들이 상당수 있었고 회사법 주주총회, 이사·이사회·대표이사 영역에서 비중 있게 출제되었습니다.

민법 문제 비율
미성년자(1) 법인(1) 법률행위(2) 소멸시효(1) 물권총칙(1) 소유권(4) 유치권(1) 저당권(3) 채권의 목적(1) 채권의 효력(5) 수인의 채권자 및 채무자(2) 채권의 양도(1) 채무의 인수(2) 채권의 소멸(2) 매매(1) 임대차(1) 도급(1) 조합(1) 혼인(2) 부모와자(1) 상속의 효력(2)

민사소송법 문제 비율

법원(1) 당사자(1) 소제기의효과(2) 변론주의(1) 판결의효력(1)
병합소송(1) 공동소송(2) 상소(1) 민사집행관련(3)

상법 문제 비율

상호(1) 소멸시효(1) 위탁매매업(1) 1인회사(1) 주식(1)
주주총회(4) 이사·이사회·대표이사(3) 사채(2)
회사분할·합병(1) 기타회사(1) 보험의 체결(2) 어음의 발행(1)
어음권리의 선의취득(1)

차례

2025년(제14회) 변호사시험 기출문제(선택형)

문제해설 및 핵심요약

- 공법 ··· 9
- 형사법 ··· 78
- 민사법 ··· 150

핵심요약

- 공법 ··· 259
- 형사법 ··· 278
- 민사법 ··· 296

**2025년도(제14회)
변호사시험**

문제해설 및 핵심요약

**기출문제집
(선택형)**

공 법

문제해설 및 핵심요약

2025년 변호사시험 공법 문제 해설 및 핵심요약

문 01 ★★

헌법재판에 관한 설명 중 옳은 것을 모두 고른 것은? (다툼이 있는 경우 판례에 의함)

> ㄱ. 국회가 선출하여 임명된 헌법재판소 재판관 중 공석이 발생한 때에, 국회는 공석이 된 헌법재판소 재판관의 후임자를 상당한 기간 내에 선출할 헌법상 작위의무를 부담한다.
> ㄴ. 헌법은 헌법재판소 재판관의 임기를 6년으로 정하되, 법률이 정하는 바에 의하여 연임할 수 있도록 하고 있다.
> ㄷ. 당사자는 헌법재판소 재판관에 대해 기피신청을 할 수 있으나, 변론기일에 출석하여 본안에 관한 진술을 한 때에는 기피신청을 할 수 없다.
> ㄹ. 헌법재판소장이 필요하다고 인정하는 경우 심판의 변론은 심판정 외의 장소에서 할 수 있지만, 종국결정의 선고는 심판정 외의 장소에서 할 수 없다.
> ㅁ. 권한쟁의심판 및 헌법소원심판은 「헌법재판소법」에 특별한 규정이 있는 경우를 제외하고는 헌법재판의 성질에 반하지 아니하는 한도에서 민사소송에 관한 법령과 「행정소송법」을 함께 준용하되, 「행정소송법」이 민사소송에 관한 법령에 저촉될 때에는 민사소송에 관한 법령은 준용하지 아니한다.

① ㄱ, ㅁ
② ㄱ, ㄴ, ㄹ
③ ㄷ, ㄹ, ㅁ
④ ㄱ, ㄴ, ㄷ, ㅁ
⑤ ㄱ, ㄷ, ㄹ, ㅁ

해설

ㄱ.(O) 헌법 제27조가 보장하는 재판청구권에는 공정한 헌법재판을 받을 권리도 포함되고, 헌법 제111조 제2항은 헌법재판소가 9인의 재판관으로 구성된다고 명시하여 다양한 가치관과 헌법관을 가진 9인의 재판관으로 구성된 합의체가 헌법재판을 담당하도록 하고 있으며, 같은 조 제3항은 재판관 중 3인은 국회에서 선출하는 자를 임명한다고 규정하고 있다. 그렇다면 헌법 제27조, 제111조 제2항 및 제3항의 해석상, 피청구인이 선출하여 임명된 재판관 중 공석이 발생한 경우, 국회는 공정한 헌법재판을 받을 권리의 보장을 위하여 공석인 재판관의 후임자를 선출하여야 할 구체적 작위의무를 부담한다고 할 것이다(헌법재판소 2014. 4. 24. 선고 2012헌마2 전원재판부).

ㄴ.(O) 헌법 제112조

> 헌법 제112조 ① 헌법재판소 재판관의 임기는 6년으로 하며, 법률이 정하는 바에 의하여 연임할 수 있다.

ㄷ.(O) 헌법재판소법 제24조 제3항

> 헌법재판소법 제24조(제척·기피 및 회피) ③ 재판관에게 공정한 심판을 기대하기 어려운 사정이 있는 경우 당사자는 기피(忌避)신청을 할 수 있다. 다만, 변론기일(辯論期日)에 출석하여 본안(本案)에 관한 진술을 한 때에는 그러하지 아니하다.

ㄹ.(X) 헌법재판소법 제33조

> 헌법재판소법 제33조(심판의 장소) 심판의 변론과 종국결정의 선고는 심판정에서 한다. 다만, 헌법재판소장이 필요하다고 인정하는 경우에는 심판정 외의 장소에서 변론 또는 종국결정의 선고를 할 수 있다.

ㅁ.(O) 헌법재판소법 제40조

> 헌법재판소법 제40조(준용규정) ① 헌법재판소의 심판절차에 관하여는 이 법에 특별한 규정이 있는 경우를 제외하고는 헌법재판의 성질에 반하지 아니하는 한도에서 민사소송에 관한 법령을 준용한다. 이 경우 탄핵심판의 경우에는 형사소송에 관한 법령을 준용하고, 권한쟁의심판 및 헌법소원심판의 경우에는 「행정소송법」을 함께 준용한다.
> ② 제1항 후단의 경우에 형사소송에 관한 법령 또는 「행정소송법」이 민사소송에 관한 법령에 저촉될 때에는 민사소송에 관한 법령은 준용하지 아니한다.

해답 ④

문 01 헌법재판 ★★

- 국회가 선출, 임명된 헌법재판소 재판관 중 공석이 발생 시 국회는 후임자 선출할 헌법상 작위의무 부담
- 헌법재판소 재판관 : 임기는 6년/법률이 정하는 바에 의하여 연임 可
- 당사자는 헌법재판소 재판관에 대해 기피신청 可 but 변론기일에 출석하여 본안에 관한 진술을 한 때에는 기피신청 不可
- 심판의 변론과 종국결정의 선고는 심판정에서 함/단, 헌법재판소장이 필요하다고 인정하는 경우 심판정 외의 장소에서 변론 또는 종국결정의 선고 可
- 권한쟁의심판 및 헌법소원심판 : 헌법재판의 성질에 반하지 아니하는 한도에서 민사소송에 관한 법령과 행정소송법을 함께 준용/행정소송법이 민사소송에 관한 법령에 저촉될 때에는 민사소송에 관한 법령은 준용 ×

문 02 ★★

권한쟁의심판에 관한 설명 중 옳은 것을 모두 고른 것은? (다툼이 있는 경우 판례에 의함)

ㄱ. 정당은 권한쟁의심판의 당사자가 될 수 없지만, 교섭단체는 국회의 부분기관으로서 독자적인 권한을 가지므로 권한쟁의심판의 당사자능력이 인정된다.
ㄴ. 일반적으로 「정부조직법」상 합의제 행정기관을 포함한 정부의 부분기관 사이의 권한에 관한 다툼은 「정부조직법」상의 상하 위계질서 등을 통하여 해결될 수 있으므로 권한쟁의심판이 허용될 수 없다.
ㄷ. 지방의회 의원과 지방의회 의장 간의 권한쟁의심판은 헌법재판소가 관장하는 지방자치단체 상호간의 권한쟁의심판의 범위에 속한다고 볼 수 없다.
ㄹ. 지방자치단체의 장은 원칙적으로 권한쟁의심판의 당사자가 될 수 없지만, 지방자치단체의 장이 국가위임사무에 대해 국가기관의 지위에서 처분을 행한 경우에는 권한쟁의심판의 당사자가 될 수 있다.
ㅁ. 국가경찰위원회는 업무의 헌법적 중요성, 기관의 독립성 등에 비추어 권한쟁의심판의 당사자인 국가기관에 해당한다.

① ㄱ, ㅁ　　　　　　　　　　　　② ㄷ, ㄹ
③ ㄱ, ㄴ, ㄷ　　　　　　　　　　④ ㄴ, ㄷ, ㄹ
⑤ ㄴ, ㄷ, ㄹ, ㅁ

> **해설**

ㄱ.(X) … 그러나 정당은 국민의 자발적 조직으로, 그 법적 성격은 일반적으로 사적·정치적 결사 내지는 법인격 없는 사단으로 파악된다. 비록 헌법이 특별히 정당설립의 자유와 복수정당제를 보장하고, 정당의 해산을 엄격한 요건하에서 인정하는 등 정당을 특별히 보호하고 있으나, 이는 정당이 공권력의행사 주체로서 국가기관의 지위를 갖는다는 의미가 아니고 사인에 의해서 자유로이 설립될 수 있다는 것을 의미한다. 따라서 정당은 특별한 사정이 없는 한 권한쟁의심판절차의 당사자가 될 수는 없다(헌법재판소 2020. 5. 27. 선고 2019헌라6, 2020헌라1(병합)전원재판부 결정). … 결국 국회의원이나 교섭단체는 권한쟁의심판의 청구인이 될 수 없다고 할 것이므로, 이 사건 심판청구는 청구인이 될 수 없는 자가 제기한 것으로서 부적법하다고 아니할 수 없다(헌법재판소 1995. 2. 23. 선고 90헌라1 全員裁判部).

ㄴ.(O), ㅁ.(X) 정부조직법상 합의제 행정기관을 포함한 정부의 부분기관 사이의 권한에 관한 다툼은 정부조직법상의 상하 위계질서나 국무회의, 대통령에 의한 조정 등을 통하여 자체적으로 해결될 가능성이 있고 청구인의 경우도 정부 내의 상하관계에 의한 권한질서에 의하여 권한쟁의를 해결하는 것이 불가능하지 않다. 결국, 권한쟁의심판의 당사자능력은 헌법에 의하여 설치된 국가기관에 한정하여 인정하는 것이 타당하므로, 법률에 의하여 설치된 청구인 국가경찰위원회에게는 권한쟁의심판의 당사자능력이 인정되지 아니한다(헌법재판소 2022. 12. 22. 선고 2022헌라5 전원재판부 결정).

ㄷ.(O) 헌법 제111조 제1항 제4호는 지방자치단체 상호 간의 권한쟁의에 관한 심판을 헌법재판소가 관장하도록 규정하고 있고, 헌법재판소법 제62조 제1항 제3호는 이를 구체화하여 헌법재판소가 관장하는 지방자치단체 상호 간의 권한쟁의심판의 종류를 ① 특별시·광역시 또는 도 상호 간의 권한쟁의심판, ② 시·군 또는 자치구 상호 간의 권한쟁의심판, ③ 특별시·광역시 또는 도와 시·군 또는 자치구 간의 권한쟁의심판 등으로 규정하고 있는바, 지방자치단체의 의결기관인 지방의회를 구성하는 지방의회 의원과 그 지방의회의 대표자인 지방의회 의장 간의 권한쟁의심판은 헌법 및 헌법재판소법에 의하여 헌법재판소가 관장하는 지방자치단체 상호 간의 권한쟁의심판의 범위에 속한다고 볼 수 없으므로 부적법하다(헌법재판소 2010. 4. 29. 선고 2009헌라11 전원재판부).

ㄹ.(O) 권한쟁의 심판청구는 헌법과 법률에 의하여 권한을 부여받은 자가 그 권한의 침해를 다투는 헌법소송으로서 이러한 권한쟁의심판을 청구할 수 있는 자에 대하여는 헌법 제111조 제1항 제4호와 헌법재판소법 제62조 제1항 제3호가 정하고 있는바, 이에 의하면 지방자치단체의 장은 원칙적으로 권한쟁의 심판청구의 당사자가 될 수 없다. 다만 지방자치단체의 장이 국가위임 사무에 대해 국가기관의 지위에서 처분을 행한 경우에는 권한쟁의 심판청구의 당사자가 될 수 있다(헌법재판소 2006. 8. 31. 선고 2003헌라1 전원재판부).

 ④

핵심포인트　문 02　권한쟁의심판　★★

- 정당, 교섭단체, 국가경찰위원회는 권한쟁의심판절차의 당사자 능력 없음
- 권한쟁의심판이 허용 ×
  - 정부조직법상 합의제 행정기관을 포함한 정부의 부분기관 사이의 권한에 관한 다툼
  - 지방의회 의원과 지방의회 의장 간의 권한쟁의심판

- 지방자치단체의 장 : 원칙적으로 권한쟁의심판의 당사자가 될 수 없지만 지방자치단체의 장이 국가위임사무에 대해 국가기관의 지위에서 처분을 행한 경우 권한쟁의심판의 당사자가 될 수 있음

문 03 ★★

탄핵심판에 관한 설명 중 옳지 않은 것은? (다툼이 있는 경우 판례에 의함)

① 탄핵심판에서는 국회의 소추의결서의 정본으로 청구서를 갈음한다.
② 헌법재판소는 심판절차를 효율적이고 집중적으로 진행하기 위하여 당사자의 주장과 증거를 정리할 필요가 있을 때 심판준비절차를 실시할 수 있다.
③ 피청구인에 대한 탄핵심판 청구와 동일한 사유로 형사소송이 진행되고 있는 경우 재판부는 심판절차를 정지할 수 있다.
④ 탄핵심판 도중 피청구인이 임기만료로 퇴직한 경우, 헌법과 「헌법재판소법」에 명시적인 규정은 없지만 헌법질서의 수호·유지와 고위공직자에 대한 권력통제를 위한 헌법적 해명의 필요성이 인정되므로 심판의 이익을 인정할 수 있다.
⑤ 탄핵결정의 선고에 의하여 그 공직에서 파면된 공직자의 직무상 법률위반행위가 법률상 범죄를 구성하는 경우, 형사상의 책임을 부과하는 것은 이중처벌에 해당되지 아니한다.

해설

① (O) 헌법재판소법 제26조 제1항

> 헌법재판소 제26조(심판청구의 방식) ① 헌법재판소에의 심판청구는 심판절차별로 정하여진 청구서를 헌법재판소에 제출함으로써 한다. 다만, 위헌법률심판에서는 법원의 제청서, 탄핵심판에서는 국회의 소추의결서(訴追議決書)의 정본(正本)으로 청구서를 갈음한다.

② (O) 헌법재판소 심판 규칙 제11조 제1항

> 헌법재판소 심판 규칙 제11조(심판준비절차의 실시) ① 헌법재판소는 심판절차를 효율적이고 집중적으로 진행하기 위하여 당사자의 주장과 증거를 정리할 필요가 있을 때에는 심판준비절차를 실시할 수 있다.

③ (O) 헌법재판소법 제51조

> 헌법재판소법 제51조(심판절차의 정지) 피청구인에 대한 탄핵심판 청구와 동일한 사유로 형사소송이 진행되고 있는 경우에는 재판부는 심판절차를 정지할 수 있다.

④ (X) … 앞서 본 바와 같이 헌법과 헌법재판소법 등에 의하면, 탄핵심판의 이익을 인정하기 위해서는 탄핵결정 선고 당시까지 피청구인이 '해당 공직을 보유하는 것'이 필요하다. 그런데, 이 사건에서, 국회는 2021. 2. 4. 피청구인에 대한 탄핵소추를 의결한 후 같은 날 헌법재판소에 탄핵심판청구를 하였고, 피청구인은 2021. 2. 28. 임기만료로 2021. 3. 1. 법관의 직에서 퇴직하여 더 이상 해당 공직을 보유하지 않게 되었다. 피청구인이 임기만료 퇴직으로 법관직을 상실함에 따라 본안심리를 마친다 해도 파면결정이 불가능해졌으므로, 공직 박탈의 관점에서 심판의 이익을 인정할 수 없다. 임기만료라는 일상적 수단으로 민주적 정당성이 상실되었으므로, 민주적 정당성의 박탈의 관점에서도, 탄핵이라는 비상적인 수단의 역할 관점에서도 심판의 이익을 인정할 수 없다. 결국 이 사건 심판청구는 탄핵심판의 이익이 인정되지 아니하여 부적법하므로 각하해야 한다(전원재판부 2021헌나1, 2021. 10. 28).

⑤ (O) 탄핵결정은 징벌적 처벌이므로 탄핵결정과 민·형사 재판 간에 일사부재리의 원칙이 적용되지 않는다 (김유향, 기본강의헌법 제20판 p.1327).

<mark>헌법재판소법 제54조(결정의 효력)</mark> ① <u>탄핵결정은 피청구인의 민사상 또는 형사상의 책임을 면제하지 아니한다.</u>

핵심포인트 문 03 탄핵심판 ★★

- 탄핵심판 절차
  - 국회의 소추의결서의 정본으로 청구서를 갈음
  - 심판절차를 효율적이고 집중적으로 진행하기 위하여 당사자의 주장과 증거를 정리할 필요가 있을 때에는 심판준비절차 실시 可
  - 피청구인에 대한 탄핵심판 청구와 동일한 사유로 형사소송이 진행되는 경우 재판부는 심판절차를 정지 可
- 탄핵심판 도중 피청구인이 임기만료로 퇴직한 경우 탄핵심판의 이익 인정 ×
- 탄핵결정은 징벌적 처벌이므로 탄핵결정과 민·형사 재판 간에 일사부재리의 원칙이 적용 ×

문 04 ★★

명확성원칙에 대한 설명 중 옳지 않은 것을 모두 고른 것은? (다툼이 있는 경우 판례에 의함)

ㄱ. 누구든지 이 법의 규정에 의한 공개장소에서의 연설·대담장소에서 기타 어떠한 방법으로도 연설·대담장소 등의 질서를 문란하게 하는 행위를 금지하고 있는 「공직선거법」 조항 중 '기타 어떠한 방법으로도' 부분은 죄형법정주의 명확성원칙에 위배된다.

ㄴ. 복수국적자로서 외국 국적을 선택하려는 자는 외국에 주소가 있는 경우에만 국적이탈을 허용하고 있는 「국적법」 조항에서 '외국에 주소가 있는 경우'는 명확성원칙에 위배되지 않는다.

ㄷ. 정당방위와 같은 위법성 조각사유 규정은 구성요건 조항에 대한 소극적 한계를 정하고 있는 규정이므로 명확성원칙이 적용되기는 하나, 적극적으로 범죄 성립을 정하는 구성요건 규정은 아니므로 죄형법정주의가 요구하는 정도의 명확성원칙이 적용된다고는 할 수 없다.

ㄹ. 규율대상인 대전제(일반조항)를 규정함과 동시에 거기에 해당하는 구체적 개별 사례들을 예시적으로 규정하는 예시적 입법형식이 명확성원칙에 위배되지 않으려면, 일반조항 자체가 구체적인 예시들을 포괄할 수 있는 의미를 담고 있는 개념이어야 하지만, 예시한 구체적인 사례들이 그 자체로 일반조항의 해석을 위한 판단지침까지 내포하고 있어야 하는 것은 아니다.

ㅁ. 사용자가 근로자에 대하여 '정당한 이유' 없이 해고 등을 한 경우 처벌하도록 한 「근로기준법」 조항은 일반인이 법률전문가의 도움을 받지 않고서는 '정당한 이유'에 무엇이 해당하는지 예측하기 어려우므로 명확성원칙에 위배된다.

① ㄱ, ㄴ
② ㄹ, ㅁ
③ ㄱ, ㄷ, ㅁ
④ ㄴ, ㄷ, ㄹ
⑤ ㄱ, ㄷ, ㄹ, ㅁ

해설

ㄱ.(X) … 심판대상조항의 입법취지와 목적, 다른 공직선거법 규정과의 관계, 문언적 의미 등을 종합하면, '기타 어떠한 방법으로도'가 연설·대담을 방해할 정도에 이르지 않더라도 자유롭고 평온한 분위기를 깨뜨려 후보자 등과 선거인 사이에 원활한 소통을 저해하거나 사고가 발생할 우려가 있는 모든 행위태양을 의미한다는 것을 알 수 있다. 따라서 심판대상조항은 죄형법정주의의 명확성원칙에 위배되지 않는다(헌법재판소 2023. 5. 25. 선고 2019헌가13 전원재판부 결정).

ㄴ.(O) … 앞서 살펴본 심판대상조항의 입법취지 및 관계법령에서의 정의, 주소에 대한 일반 국민의 인식 등을 종합하여 볼 때, '외국에 주소가 있는 경우'란 '다른 나라에 생활근거가 있는 경우'를 의미하는 것으로, 외국에 거주지, 근무지 등 생활근거를 찾을 수 없는 경우에는 그곳에 주소가 있다고 인정할 수 없음을 쉽게 이해할 수 있다. 그렇다면 심판대상조항은 수범자의 예측가능성을 해하거나 법집행기관의 자의적 법집행을 초래할 정도로 불명확하지 않으므로 명확성원칙에 위배된다고 볼 수 없다(헌법재판소 2023. 2. 23. 선고 2020헌바603 전원재판부 결정).

ㄷ.(X) 정당방위 규정은 법 각칙 전체의 구성요건 조항에 대한 소극적 한계를 정하고 있는 규정으로서, 한편으로는 위법성을 조각시켜 범죄의 성립을 부정하는 기능을 하지만, 다른 한편으로는 정당방위가 인정되지 않는 경우 위법한 행위로서 범죄의 성립을 인정하게 하는 기능을 하므로 적극적으로 범죄 성립을 정하는 구성요건 규정은 아니라 하더라도 죄형법정주의가 요구하는 명확성 원칙이 적용된다(헌법재판소 2001. 6. 28. 선고 99헌바31 전원재판부).

ㄹ.(X) … 이러한 예시적 입법형식의 경우 구성요건의 대전제인 일반조항의 내용이 지나치게 포괄적이어서 법관의 자의적인 해석을 통하여 그 적용범위를 확장할 가능성이 있다면 죄형법정주의의 명확성원칙에 위반될 수 있으므로, 예시적 입법형식이 명확성원칙에 위반되지 않기 위해서는 예시한 구체적인 사례들이 그 자체로 일반조항의 해석을 위한 판단지침을 내포하고 있어야 할 뿐 아니라, 그 일반조항 자체가 그러한 구체적인 예시들을 포괄할 수 있는 의미를 담고 있는 개념이어야 한다(헌법재판소 2022. 2. 24. 선고 2018헌바146 전원재판부 결정).

ㅁ.(X) 해고 등의 제한을 규정한 구 근로기준법(1997. 3. 13. 법률 제5309호로 제정되고, 2007. 1. 26. 법률 제8293호로 개정되기 전의 것) 제30조 제1항 중 '해고'에 있어서 '정당한 이유' 부분은 '정당한 이유'라는 다소 추상적인 내용을 가진 용어를 해고 제한의 기준으로 사용하고 있지만, 오랜 기간 판례 등이 집적되어 '해고'에 있어서 '정당한 이유'란 사회통념상 고용관계를 계속할 수 없을 정도로 근로자에게 책임 있는 사유를 의미하게 되었고, 일신상 이유, 행태상 이유, 경영상 이유 등으로 유형화되어 전체적 윤곽을 파악할 수 있을 정도에 이르렀다. 따라서 이 사건 법률조항은 비록 일반추상적 용어를 사용하고 있으나 보충적인 가치판단을 통해서 그 의미내용을 확인할 수 있으므로 공정한 고지를 통한 예측가능성이 있고, 집행자에게 합리적 기준을 제시하여 자의적으로 해석·적용될 여지가 크지 않으며, 입법 기술적으로도 개선이 곤란하고, 변화하는 사회에 대한 법규범의 적응력 확보를 위하여 보충적 해석과 판례의 집적을 통하여 의미를 확인·발전시키는 것이 부적절한 것도 아니므로 명확성원칙에 위배되지 않는다(헌법재판소 2013. 12. 26. 선고 2012헌바375 전원재판부).

해답 ⑤

핵심포인트 문 04 명확성원칙 ★★

- 명확성원칙에 위배 ×
  - 누구든지 이 법의 규정에 의한 공개장소에서의 연설·대담장소에서 기타 어떠한 방법으로도 연설·대담장소 등의 질서를 문란하게 하는 행위를 금지하고 있는 공직선거법 조항 중 '기타 어떠한 방법으로도' 부분
  - 복수국적자로서 외국 국적을 선택하려는 자는 외국에 주소가 있는 경우에만 국적이탈을 허용하고 있는 국적법 조항에서 '외국에 주소가 있는 경우' 부분
  - 정당한 이유 없이 해고 등을 한 경우 처벌하도록 한 근로기준법 조항 중 '정당한 이유' 부분
- 정당방위와 같은 위법성 조각사유 규정은 구성요건 조항에 대한 죄형법정주의가 요구하는 정도의 명확성원칙이 적용 ○
- 예시적 입법형식이 명확성원칙에 위반되지 않기 위해서 ⇨ 예시한 구체적인 사례들이 그 자체로 일반조항의 해석을 위한 판단지침을 내포 & 그 일반조항 자체가 그러한 구체적인 예시들을 포괄할 수 있는 의미를 담고 있는 개념이여야 함

문 05 ★★★

헌법재판에서의 가처분과 「행정소송법」상 집행정지에 관한 설명 중 옳지 않은 것은? (다툼이 있는 경우 판례에 의함)

① 「행정소송법」은 집행정지의 소극적 요건으로 '공공복리에 중대한 영향을 미칠 우려가 없을 것'을 규정하고 있는데 이에 대한 주장·소명책임은 행정청에게 있다.
② 가처분은 본안사건의 심판이 헌법재판소에 계속 중일 때 신청할 수 있음이 원칙이지만, 본안소송을 전제로 우선 가처분신청을 한 후에 본안사건의 심판을 청구할 수도 있다.
③ 권한쟁의심판 계속 중 헌법재판소는 청구인의 신청이 없더라도 직권으로 종국결정의 선고 시까지 심판대상이 된 피청구인의 처분의 효력을 정지하는 결정을 할 수 있다.
④ 「헌법재판소법」은 정당해산심판과 권한쟁의심판에 관해서만 가처분에 관한 규정을 두고 있을 뿐, 다른 헌법재판절차에서도 가처분이 허용되는지에 관하여는 명문의 규정을 두고 있지 않다.
⑤ 「행정소송법」 제23조 제2항의 '처분 등이나 그 집행 또는 절차의 속행으로 인하여 생길 회복하기 어려운 손해를 예방하기 위하여 긴급한 필요'가 있는지를 판단할 때 본안청구의 승소가능성 정도까지 고려하는 것은 집행정지의 본질상 적절하지 않다.

해설

① (O) 행정소송법 제23조 제2항에서 행정청의 처분에 대한 집행정지의 요건으로 들고 있는 '회복하기 어려운 손해'라고 하는 것은 원상회복 또는 금전배상이 불가능한 손해는 물론 종국적으로 금전배상이 가능하다고 하더라도 그 손해의 성질이나 태양 등에 비추어 사회통념상 그러한 금전배상만으로는 전보되지 아니할 것으로 인정되는 현저한 손해를 가리키는 것으로서 이러한 집행정지의 적극적 요건에 관한 주장·소명책임은 원칙적으로 신청인 측에 있고, 그 한편 같은 조 제3항에서 집행정지의 또 다른 요건으로 규정하고 있는 '공공복리에 중대한 영향을 미칠 우려'가 없을 것이라고 할 때의 '공공복리'는 그 처분의 집행과 관련된 구체적이고도 개별적인 공익을 말하는 것으로서 이러한 집행정지의 소극적 요건에 대한 주장·소명책임은 행정청에게 있다(대법원 1999. 12. 20.자 99무42 결정).

② (O) 가처분은 본안사건의 심판이 헌법재판소에 계속 중일 때 신청할 수 있음이 원칙이지만, 본안소송이 계속전이라도 신청할 수 있다. 만일 본안사건의 심판이 헌법재판소에 계속 중에만 가처분을 신청할 수 있다고 한다면 가처분제도의 실효성을 감소시킬 우려가 있기 때문이다(김유향, 기본강의헌법 제20판 p.1560).

③ (O) 헌법재판소법 제65조

> 헌법재판소법 제65조(가처분) 헌법재판소가 권한쟁의심판의 청구를 받았을 때에는 직권 또는 청구인의 신청에 의하여 종국결정의 선고 시까지 심판 대상이 된 피청구인의 처분의 효력을 정지하는 결정을 할 수 있다.

④ (O) 우리 헌법 재판소법은 정당해산심판과 권한쟁의심판에 관해서만 가처분에 관한 규정을 두고 있을 뿐이다(김유향, 기본강의헌법 제20판 p.1557).

> 헌법재판소법 제57조(가처분) 헌법재판소는 정당해산심판의 청구를 받은 때에는 직권 또는 청구인의 신청에 의하여 종국결정의 선고 시까지 피청구인의 활동을 정지하는 결정을 할 수 있다.
> 헌법재판소법 제65조(가처분) 헌법재판소가 권한쟁의심판의 청구를 받았을 때에는 직권 또는 청구인의 신청에 의하여 종국결정의 선고 시까지 심판 대상이 된 피청구인의 처분의 효력을 정지하는 결정을 할 수 있다.

⑤ (X) 행정소송법 제23조 제2항은 '취소소송이 제기된 경우에 처분 등이나 그 집행 또는 절차의 속행으로 인하여 생길 회복하기 어려운 손해를 예방하기 위하여 긴급한 필요가 있다고 인정할 때에는 처분 등의 효력 등을 정지할 수 있다.'고 정하고 있다. 여기에서 '회복하기 어려운 손해'는 특별한 사정이 없는 한 금전으로 보상할 수 없는 손해로서 금전보상이 불가능한 경우 또는 금전보상으로는 사회관념상 행정처분을 받은 당사자가 참고 견딜 수 없거나 참고 견디기가 현저히 곤란한 경우의 유형, 무형의 손해를 일컫는다. 그리고 '처분 등이나 그 집행 또는 절차의 속행으로 인하여 생길 회복하기 어려운 손해를 예방하기 위하여 긴급한 필요'가 있는지는 처분의 성질, 양태와 내용, 처분상대방이 입는 손해의 성질·내용과 정도, 원상회복·금전배상의 방법과 난이도 등은 물론 본안청구의 승소가능성 정도 등을 종합적으로 고려하여 구체적·개별적으로 판단하여야 한다(대법원 2018. 7. 12. 자 2018무600 결정).

핵심포인트 | 문 05 | 헌법재판에서의 가처분과 행정소송법상 집행정지 ★★★

- 행정소송법 집행정지의 소극적 요건으로 '공공복리에 중대한 영향을 미칠 우려가 없을 것'에 대한 주장·소명책임은 행정청에게 有
- 가처분은 본안사건의 심판이 헌법재판소에 계속 중일 때 신청할 수 있음이 원칙 but 안소송을 전제로 우선 가처분신청을 한 후에 본안사건의 심판 청구 可
- 헌법재판소가 권한쟁의심판의 청구를 받았을 때 직권 또는 청구인의 신청에 의하여 종국결정의 선고 시까지 심판 대상이 된 피청구인의 처분의 효력을 정지하는 결정할 수 있음
- 헌법재판소법은 정당해산심판과 권한쟁의심판에 관해서만 가처분에 관한 규정을 두고 있을 뿐임
- 「행정소송법」 제23조 제2항의 '처분 등이나 그 집행 또는 절차의 속행으로 인하여 생길 회복하기 어려운 손해를 예방하기 위하여 긴급한 필요'가 있는지 여부는 본안청구의 승소가능성 정도 등을 종합적으로 고려하여 구체적·개별적으로 판단하여야 함

문 06 ★★

「헌법재판소법」 제68조 제1항에 따른 헌법소원심판에 관한 설명 중 옳지 않은 것은? (다툼이 있는 경우 판례에 의함)

① 법률이 헌법소원의 대상이 되려면 현재 시행 중인 유효한 법률이어야 함이 원칙이나, 공포된 법률의 경우 효력발생 전이라도 그 시행이 확실시되어 청구인이 불이익을 입게 될 수 있음을 충분히 예측할 수 있는 경우에는 헌법소원을 청구할 수 있다.
② 어린이통학버스에 보호자의 동승을 강제하도록 규정하면서 그 적용에 유예기간을 두고 있는 「도로교통법」 조항의 경우, 헌법재판소는 '유예기간 경과일'이 아니라 기본권 제한이 발생한 시기인 '법령의 시행일'을 헌법소원심판의 청구기간 기산점으로 본다.
③ 법원이 헌법재판소가 위헌으로 결정한 법령을 적용함으로써 국민의 기본권을 침해한 경우, 헌법재판소는 예외적으로 법원의 재판도 헌법소원의 대상이 된다고 본다.
④ 헌법재판소가 국선대리인선임신청에 대하여 국선대리인을 선정하지 않는다는 결정을 한 경우, 신청인이 선임신청을 한 날부터 그 통지를 받은 날까지의 기간은 헌법소원의 청구기간에 산입되지 않는다.
⑤ 외국인근로자의 사업장 변경 횟수를 3회로 제한한 「외국인근로자의 고용 등에 관한 법률」 조항에 대한 심판청구에 있어서 외국인근로자가 아직 3회 이상 사업장 변경을 시도하지 않은 경우, 위 횟수제한 조항으로 인한 기본권 침해가 현재 확실히 예측된다고 볼 수 없다.

해설

① (**O**) 법규범이 일반적 효력을 발생하기 전이라도 공포되어 있는 경우에 그 법규범에 대하여 헌법소원을 제기할 수 있는가. 이와 관련하여 우리 재판소는 서울대학교 신입생선발입시안에 대한 헌법소원에서 "현재 고등학교에서 일본어를 배우고 있는 청구인들은 서울대학교 대학별 고사의 선택과목에서 일본어가 제외되어 있는 그 입시요강으로 인하여 94학년도 또는 95학년도에 서울대학교 일반계열 입학을 지원할 경우 불이익을 입게 될 수도 있다는 것을 <u>현재의 시점에서 충분히 예측할 수 있는 이상 기본권침해의 현재성을 인정하여 헌법소원심판청구의 이익을 인정하는 것이 옳다.</u>"고 판시하였다. 이 사건 법률은 1994.8.3. 법률 제4774호로 공포되었고 1995.1.1.부터 시행된다. 이 사건 법률이 시행되면 즉시 중원군은 폐지되고 충주시에 흡수되므로, <u>이 사건 법률이 효력발생하기 이전에 이미 청구인들의 권리관계가 침해될 수도 있다고 보여지고 현재의 시점에서 청구인들이 불이익을 입게 될 수도 있다는 것을 충분히 예측할 수 있으므로 기본권침해의 현재성이 인정된다</u>(헌법재판소 1994. 12. 29. 선고 94헌마201 全員裁判部).

② (**X**) 위 부칙 조항들에 따라 도로교통법 제53조 제3항의 개정규정의 시행일인 2015. 1. 29.로부터 2년이 경과하기 전까지는 어린이통학버스 운행 시에 보호자를 동승시키지 않아도 된다. 따라서 청구인들은 심판대상조항의 시행과 동시에 기본권을 침해받지는 않고, <u>'시행일로부터 2년 경과'라는 사유가 발생하는 2017. 1. 29.에 비로소 도로교통법 제53조 제3항의 개정규정을 구체적이고 현실적으로 적용받게 되어 보호자 동승의무를 부담한다. 따라서 이 사건 보호자동승조항으로 인한 기본권 침해가 구체적이고 현실적으로 발생하는 날은 2017. 1. 29.이고, 이 날이 청구인들에 대한 헌법소원심판청구의 청구기간 기산점이 된다.</u> 청구인들은 청구기간 기산점인 2017. 1. 29.로부터 1년 및 90일 이내인 2017. 4. 28. 헌법소원심판을 청구하였으므로 이 사건 보호자동승조항에 대한 청구기간은 준수되었다. 따라서 이하 본안에서는 이 사건 보호자동승조항이 청구인들의 기본권을 침해하는지 여부를 판단한다(헌법재판소 2020. 4. 23. 선고 2017헌마479 전원재판부 결정).

③ (**O**) <u>헌법재판소법 제68조 제1항은 법원이 헌법재판소의 기속력있는 위헌결정에 반하여 그 효력을 상실한 법률을 적용함으로써 국민의 기본권을 침해하는 경우에는 예외적으로 그 재판도 위에서 밝힌 이유로 헌법소원심판의 대상이 된다고 해석하여야 한다.</u> 따라서 헌법재판소법 제68조 제1항의 '법원의 재판'에 헌법재판

소가 위헌으로 결정하여 그 효력을 상실한 법률을 적용함으로써 국민의 기본권을 침해하는 재판도 포함되는 것으로 해석하는 한도 내에서, 헌법재판소법 제68조 제1항은 헌법에 위반된다고 하겠다(헌법재판소 1997. 12. 24. 선고 96헌마172,173(병합) 전원재판부).

④ (O) 헌법재판소법 제70조

> **헌법재판소법 제70조(국선대리인)** ④ 헌법재판소가 국선대리인을 선정하지 아니한다는 결정을 한 때에는 지체 없이 그 사실을 신청인에게 통지하여야 한다. 이 경우 신청인이 선임신청을 한 날부터 그 통지를 받은 날까지의 기간은 제69조의 청구기간에 산입하지 아니한다.

⑤ (O) 헌법소원의 심판대상으로 인해 장차 언젠가 기본권 침해를 받을 우려가 있고 그러한 우려가 단순히 장래 잠재적으로 나타날 수 있는 것에 불과한 경우에는 기본권 침해의 현재성을 갖추었다고 볼 수 없다. 이 사건 횟수제한조항은 사업장 변경 횟수를 취업활동기간 동안 3회, 취업활동 연장기간 동안 2회로 제한하고 있다. 따라서 이 사건 횟수제한조항은 허용되는 사업장 변경을 모두 마친 후 추가로 사업장 변경을 신청하고자 하는 경우에 비로소 적용된다. 그런데 심판기록에 따르면, 청구인들은 3회 이상 사업장 변경을 시도하지 않았음을 자인하고 있다. 그렇다면 현재로서는 청구인들이 허용되는 사업장 변경 횟수를 모두 소진할지가 불분명하여 이 사건 횟수제한조항으로 인한 기본권 침해가 현재 확실히 예측된다고 볼 수 없고, 장차 이 사건 횟수제한조항으로 기본권 침해를 받을 우려가 있다고 하더라도 이는 잠재적인 것에 불과하다. … 따라서 이 사건 횟수제한조항에 관하여서는 기본권 침해의 현재성을 인정할 수 없으므로 청구인들의 이 부분 심판청구는 부적법하다(헌법재판소 2021. 12. 23. 선고 2020헌마395 전원재판부 결정).

해답 ②

핵심포인트 문 06 헌법재판소법 제68조 제1항에 따른 헌법소원심판 ★★

- 헌법소원의 대상인 법률 ⇨ 원칙적 현재 시행 중인 유효한 법률 단, 공포된 법률의 경우 효력발생 전이라도 그 시행이 확실시되어 청구인이 불이익을 입게 될 수 있음을 충분히 예측할 수 있는 경우에도 인정 ○
- 유예기간 경과일이 헌법소원심판의 청구기간 기산점(ex. 어린이통학버스에 보호자의 동승을 강제하도록 규정하면서 그 적용에 유예기간을 두고 있는 도로교통법 조항)
- 예외적으로 법원의 재판이 헌법소원의 대상 ⇨ 법원이 헌법재판소가 위헌으로 결정한 법령을 적용함으로써 국민의 기본권을 침해한 경우 ○
- 헌법재판소가 국선대리인선임신청에 대하여 국선대리인을 선정하지 않는다는 결정을 한 경우 ⇨ 신청인이 선임신청을 한 날부터 그 통지를 받은 날까지의 기간은 헌법소원 청구기간에 산입 ×
- 외국인근로자의 사업장 변경 횟수를 3회로 제한한 외국인근로자의 고용 등에 관한 법률 조항에 대한 심판청구에 있어서 외국인근로자가 아직 3회 이상 사업장 변경을 시도하지 않은 경우 ⇨ 기본권 침해가 현재 확실히 예측된다고 볼 수 없음

문 07

행정청의 사실행위에 대한 권리보호에 관한 설명 중 옳지 않은 것은? (다툼이 있는 경우 판례에 의함) ★★

① 「국가배상법」이 정한 배상청구의 요건인 '공무원의 직무'에는 권력적 작용만이 아니라 행정지도와 같은 비권력적 작용도 포함된다.

② 행정지도가 강제성을 띠지 않은 비권력적 작용으로서 행정지도의 한계를 일탈하지 아니하였다면, 그로 인하여 상대방에게 어떤 손해가 발생하였다고 하더라도 행정기관은 그에 대한 손해배상책임이 없다.
③ 재소자가 교도소장에게 외부인으로부터 연예인 사진을 받을 수 있는지를 문의하자 교도소장이 불허될 수 있다는 취지로 고지한 행위는 관련 법령과 행정규칙을 해석·적용한 결과를 재소자에게 알려준 것으로서 헌법소원의 대상이 된다.
④ 금융위원회위원장이 시중 은행을 상대로 투기지역·투기과열지구 내 초고가 아파트에 대한 주택구입용 주택담보대출을 금지한 조치는 규제적·구속적 성격을 갖는 행정지도로서 헌법소원의 대상이 되는 공권력 행사에 해당된다.
⑤ 육군훈련소장이 훈련병으로 하여금 육군훈련소 내 종교행사에 참석하도록 강제한 행위에 대하여 이미 퇴소한 훈련병이 헌법소원심판을 청구한 경우, 주관적 권리구제에는 도움이 되지 않는다 하더라도 그러한 침해행위가 앞으로도 반복될 위험이 있거나 당해 분쟁의 해결이 헌법질서의 수호·유지를 위하여 긴요한 사항이어서 헌법적으로 그 해명이 중대한 의미를 지니고 있어 심판청구의 이익을 인정할 수 있다.

해설

① (O), ② (O) 국가배상청구의 요건인 '공무원의 직무'에는 권력적 작용만이 아니라 비권력적 작용도 포함되며 단지 행정주체가 사경제주체로서 하는 활동만 제외되는 것이다(대법원 2001. 1. 5. 선고 98다39060 판결). 행정지도가 강제성을 띠지 않은 비권력적 작용으로서 행정지도의 한계를 일탈하지 아니하였다면, 그로 인하여 상대방에게 어떤 손해가 발생하였다 하더라도 행정기관은 그에 대한 손해배상책임이 없다(대법원 2008. 9. 25. 선고 2006다18228 판결).

③ (X) ○○ 교도소장이 2014. 7. 30. 외부인으로부터 연예인 사진을 교부받을 수 있는지에 관한 청구인의 문의에 대하여 청구인이 '마약류수용자'로 분류되어 있고 연예인 사진은 처우상 필요한 것으로 인정하기 어려워 불허될 수 있다는 취지로 청구인에게 고지한 행위(이하 '이 사건 고지행위'라고 한다)는, 청구인이 외부인으로부터 연예인 사진을 교부받을 수 있는지를 문의한 것에 대하여 피청구인의 담당직원이 형집행법 관련 법령과 행정규칙을 해석·적용한 결과를 청구인에게 알려준 것에 불과할 뿐, 이를 넘어 청구인에게 어떠한 새로운 법적 권리의무를 부과하거나 일정한 작위 또는 부작위를 구체적으로 지시하는 내용이라고 볼 수 없으므로, 헌법소원의 대상이 되는 '공권력의 행사'로 볼 수 없다(헌법재판소 2016. 10. 27. 선고 2014헌마626 결정).

④ (O) 피청구인 금융위원회위원장이 2019. 12. 16. 시중 은행을 상대로 투기지역·투기과열지구 내 초고가 아파트(시가 15억 원 초과)에 대한 주택구입용 주택담보대출을 2019. 12. 17.부터 금지한 조치(이하 '이 사건 조치'라 한다)는 비록 행정지도의 형식으로 이루어졌으나, 일정한 경우 주택담보대출을 금지하는 것을 내용으로 하므로 규제적 성격이 강하고, 부동산 가격 폭등을 억제할 정책적 필요성에 따라 추진되었으며, 그 준수 여부를 확인하기 위한 현장점검반 운영이 예정되어 있었다. 그러므로 이 사건 조치는 규제적·구속적 성격을 갖는 행정지도로서 헌법소원의 대상이 되는 공권력 행사에 해당된다(헌법재판소 2023. 3. 23.자 2019헌마1399 결정).

⑤ (O) 청구인들은 이미 육군훈련소에서 기초군사훈련을 마치고 퇴소하여 더 이상 기본권을 제한받고 있지 아니하므로 이 사건 심판청구가 인용된다고 하더라도 청구인들의 주관적인 권리구제에는 도움이 되지 아니한다. 그러나 헌법소원이 주관적 권리구제에는 별 도움이 되지 않는다 하더라도 그러한 침해행위가 앞으로도 반복될 위험이 있거나 당해 분쟁의 해결이 헌법질서의 수호·유지를 위하여 긴요한 사항이어서 헌법적으로 그 해명이 중대한 의미를 지니고 있는 경우에는 심판청구의 이익을 인정할 수 있다(헌법재판소 2022. 11. 24. 선고 2019헌마941 전원재판부 결정).

해답 ③

| 핵심포인트 | 문 07 | 행정청의 사실행위 | ★★ |

- 국가배상법이 정한 배상청구의 요건인 '공무원의 직무'에는 권력적 작용만이 아니라 행정지도와 같은 비권력적 작용도 포함 ○
- 한계를 일탈하지 아니한 비권력적 작용으로서 행정지도로 인하여 상대방에게 어떤 손해가 발생하였다고 하더라도 행정기관은 그에 대한 손해배상책임 없음
- 헌법소원의 대상 여부
  - 재소자가 교도소장에게 외부인으로부터 연예인 사진을 받을 수 있는지를 문의하자 교도소장이 불허될 수 있다는 취지로 고지한 행위 ×
  - 금융위원회위원장이 시중 은행을 상대로 투기지역·투기과열지구 내 초고가 아파트에 대한 주택구입용 주택담보대출을 금지한 조치 ○
- 주관적 권리구제에는 도움이 되지 않는다 하더라도 그러한 침해행위가 앞으로도 반복될 위험이 있거나 당해 분쟁의 해결이 헌법질서의 수호·유지를 위하여 긴요한 사항이어서 헌법적으로 그 해명이 중대한 의미를 지니고 있어 심판청구의 이익 有
  - ex. 육군훈련소장이 훈련병으로 하여금 육군훈련소 내 종교행사에 참석하도록 강제한 행위에 대하여 이미 퇴소한 훈련병이 헌법소원심판을 청구한 경우

문 08 ★★

대한민국 헌법의 역사에 관한 설명 중 옳은 것을 모두 고른 것은?

ㄱ. 1948년 제헌헌법은 국무원을 대통령과 국무총리 기타의 국무위원으로 조직되는 합의체로서 대통령의 권한에 속한 중요 국책을 의결하는 기구로 규정하였다.
ㄴ. 1960년 헌법(제3차 개정헌법)은 대통령의 임기를 5년으로 하고 재선에 의하여 1차에 한해 중임할 수 있도록 규정하였다.
ㄷ. 1962년 헌법(제5차 개정헌법)은 대통령이 국회의 동의를 얻어 국무총리를 임명하도록 하였다.
ㄹ. 1972년 헌법(제7차 개정헌법)은 국회 외에 통일주체국민회의를 두고, 여기에 대통령 선출권 및 국회의원 3분의 1 선출권을 부여하였다.
ㅁ. 1980년 헌법(제8차 개정헌법)은 국회가 국무총리 또는 국무위원에 대하여 개별적으로 그 해임을 의결할 수 있도록 하되, 국무총리에 대한 해임의결은 국회가 임명동의를 한 후 1년 이내에는 할 수 없도록 하였다.

① ㄷ, ㄹ
② ㄷ, ㅁ
③ ㄱ, ㄴ, ㄹ
④ ㄱ, ㄴ, ㄷ, ㅁ
⑤ ㄱ, ㄴ, ㄹ, ㅁ

해설

ㄱ.(O) 1948년 제헌헌법 제68조

> 1948년 제헌헌법 제68조 국무원은 대통령과 국무총리 기타의 국무위원으로 조직되는 합의체로서 대통령의 권한에 속한 중요 국책을 의결한다.

ㄴ.(O) 1960년 헌법 제3차 개정헌법 제55조

> 1960년 헌법 제3차 개정헌법 제55조 대통령의 임기는 5년으로 하고 재선에 의하여 1차에 한하여 중임할 수 있다.

ㄷ.(X) 1962년 헌법 제5차 개정헌법 제84조 제1항

> 1962년 헌법(제5차 개정헌법) 제84조 ① 국무총리는 대통령이 임명하고, 국무위원은 국무총리의 제청으로 대통령이 임명한다.

ㄹ.(O) 1972년 헌법 제7차 개정헌법 제40조 제1항

> 1972년 헌법(제7차 개정헌법) 제40조 ① 통일주체국민회의는 국회의원 정수의 3분의 1에 해당하는 수의 국회의원을 선거한다.

ㅁ.(O) 1980년 헌법(제8차 개정헌법) 제99조 제1항

> 1980년 헌법(제8차 개정헌법)제99조 ① 국회는 국무총리 또는 국무위원에 대하여 개별적으로 그 해임을 의결할 수 있다. 다만, 국무총리에 대한 해임의결은 국회가 임명동의를 한 후 1년 이내에는 할 수 없다.

해답 ⑤

핵심포인트 문 08 대한민국 헌법의 역사 ★★

- 1948년 제헌헌법은 국무원을 대통령과 국무총리 기타의 국무위원으로 조직되는 합의체로서 대통령의 권한에 속한 중요 국책을 의결하는 기구로 규정
- 1960년 헌법(제3차 개정헌법)은 대통령의 임기를 5년으로 하고 재선에 의하여 1차에 한해 중임할 수 있도록 규정
- 1962년 헌법(제5차 개정헌법)은 국무총리는 국회 동의 없이 대통령이 임명
- 1972년 헌법(제7차 개정헌법)은 국회 외에 통일주체국민회의를 두고, 여기에 대통령 선출권 및 국회의원 3분의 1 선출권을 부여함
- 1980년 헌법(제8차 개정헌법)은 국회가 국무총리 또는 국무위원에 대하여 개별적으로 그 해임을 의결할 수 있도록 하되, 국무총리에 대한 해임의결은 국회가 임명동의를 한 후 1년 이내에는 할 수 없도록 함

문 09 ★★

직업의 자유에 관한 설명 중 옳은 것(O)과 옳지 않은 것(X)을 올바르게 조합한 것은? (다툼이 있는 경우 판례에 의함)

> ㄱ. 금고 이상의 형의 집행유예선고를 받고 그 유예기간 중에 있는 자에 대하여 특수경비원이 될 수 없도록 규정한 구 「경비업법」 조항은 민간근로자인 특수경비원에게 공무원과 같은 수준의 준법의무 내지 성실의무를 요구하여 지나치게 공익만을 우선하는 것이므로 직업의 자유를 침해한다.
> ㄴ. 「성폭력범죄의 처벌 등에 관한 특례법」의 성폭력범죄에 해당하는 「형법」상 강제추행죄를 범하여 금고 이상의 형의 집행유예를 선고받고 그 집행유예기간 중에 있는 사람에 대하여 택시운전자격을 필요적으로 취소하도록 하고 있는 「여객자동차 운수사업법」 조항은 직업의 자유를 침해하지 않는다.

> ㄷ. 아동학대관련범죄로 벌금형이 확정된 날부터 10년이 지나지 아니한 사람은 어린이집을 설치·운영하거나 어린이집에 근무할 수 없도록 한 「영유아보육법」 조항은 사전에 영유아를 아동학대의 위험으로부터 철저히 보호해야 할 필요성이 인정되므로 직업의 자유를 침해하지 않는다.
> ㄹ. 가축사육의 제한이 필요하다고 인정되는 지역에 대해 해당 지방자치단체의 조례로 정하는 바에 따라 가축사육제한구역을 지정·고시할 수 있도록 규정하고 있는 「가축분뇨의 관리 및 이용에 관한 법률」 조항은 사실상 특정 지역에서 축산업 종사를 금지한 것으로, 직업수행의 자유를 형해화하여 직업의 자유를 침해한다.
> ㅁ. 간행물 판매자에게 정가 판매 의무를 부과하고, 가격할인의 범위를 가격할인과 경제상의 이익을 합하여 정가의 15퍼센트 이하로 제한하는 「출판문화산업 진흥법」 조항은 이로 인하여 전체적인 소비자후생이 제한되는 정도가 크지 않으므로 직업의 자유를 침해하지 않는다.

① ㄱ(O), ㄴ(O), ㄷ(O), ㄹ(O), ㅁ(O)
② ㄱ(×), ㄴ(O), ㄷ(O), ㄹ(O), ㅁ(×)
③ ㄱ(O), ㄴ(×), ㄷ(×), ㄹ(O), ㅁ(×)
④ ㄱ(×), ㄴ(O), ㄷ(×), ㄹ(×), ㅁ(O)
⑤ ㄱ(×), ㄴ(×), ㄷ(O), ㄹ(×), ㅁ(O)

해설

ㄱ.(×) 경비업법 제10조는 일반경비원과 특수경비원의 결격사유를 규정하고 있다. … 금고 이상의 형의 집행유예선고를 받고 그 유예기간 중에 있는 자는 특수경비원이 될 수 없다고 규정한 심판대상조항은 특수경비원의 도덕성, 준법의식 등을 확보하고, 성실하고 공정한 직무수행을 위한 자질을 담보하여 국민의 신뢰를 제고하기 위한 것이므로, 입법목적의 정당성 및 수단의 적합성이 인정된다. … 따라서 특수경비업무에 대한 국민의 신뢰를 확보하고 특수경비원의 준법의식 등을 담보하기 위해 금고 이상의 형의 집행유예선고를 받고 그 유예기간 중에 있는 자는 특수경비원이 될 수 없다고 규정한 심판대상조항은 침해의 최소성에 반하지 않는다. 법익의 균형성금고 이상의 형의 집행유예를 선고받는 경우 심판대상조항으로 인해 그 집행유예기간 동안 특수경비원으로 근무할 수 없게 되나, 이러한 불이익이 금고 이상의 형의 집행유예를 선고받은 자를 집행유예기간 동안 특수경비원이 될 수 없도록 하여 특수경비업무에 대한 국민의 신뢰를 확보하고, 특수경비원의 준법의식 등의 자질을 담보하려는 공익에 비하여 더 중하다고 볼 수는 없으므로, 심판대상조항은 법익의 균형성을 갖추었다. 따라서 심판대상조항은 과잉금지원칙에 반하여 특수경비원인 청구인의 직업의 자유를 침해하지 않는다(헌법재판소 2023. 6. 29. 선고 2021헌마157 전원재판부 결정).

ㄴ.(O) 택시를 이용하는 국민을 성범죄 등으로부터 보호하고, 여객운송서비스 이용에 대한 불안감을 해소하며, 도로교통에 관한 공공의 안전을 확보하려는 구법 조항의 입법목적은 정당하고, 강제추행의 성폭력범죄를 범한 택시운송사업 종사자의 운전자격을 필요적으로 취소하도록 하는 것은 수단의 적합성도 인정된다. 형법 제298조가 벌금형을 규정하고 있음에도 불구하고 법원이 범죄의 모든 정황을 고려한 다음 금고 이상의 형의 집행유예를 선택하였다면 이는 사회적 비난가능성이 결코 적지 않음을 뜻한다.(대중교통에서 택시가 차지하는 비중, 교통수단으로서 택시의 특수성, 구법 조항에 규정된 범죄의 중대성, 해당 범죄로 금고 이상의 형의 집행유예를 선고받은 사람에 대한 사회적 비난가능성 등을 종합하여 고려하면, 구법 조항에 규정된 죄를 범하여 금고 이상의 형의 집행유예를 선고받은 사람의 택시운전자격을 임의적으로 취소할 수 있도록 규정하는 것만으로는 입법목적을 달성하는 데 충분하다고 보기 어렵다. 따라서 구법 조항은 침해의 최소성이 인정된다. 택시운전자격이 취소되더라도 집행유예기간이 지나면 다시 자격을 취득할 수 있으므로 운수종사자가 받는 불이익은 제한적인 반면, 강제추행의 성폭력범죄를 범하여 금고 이상의 형의 집행유예를 선고받은 사람을 택시운송사업의 운전업무에서 배제하여 국민을 범죄로부터 보호하고 일반 공중의 여객운송서비스 이용에 대한 불안감을 해소하며, 도로교통에 관한 공공의 안전을 확보한다는 공익은 매우 중요하다. 따라서 구법 조항은 법익의 균형성도 충족한다. 따라서 여객자동차 운수사업법(2021. 7. 27. 법률 제18346

호로 개정된 것) 제87조 제1항 단서 제3호의 제24조 제4항 제2호 가운데 제1호 나목 중 '성폭력범죄의 처벌 등에 관한 특례법 제2조 제1항 제3호의 형법 제298조의 죄를 범한 택시운전자격을 취득한 자'에 관한 부분은 직업의 자유를 침해하지 않는다(헌법재판소 2023. 12. 21. 선고 2023헌바170 전원재판부 결정).

ㄷ.(✗) … 그렇다면 심판대상조항은 오직 아동학대관련범죄전력에 기초해 10년이라는 기간 동안 일률적으로 취업제한 등의 제재를 부과하는 점, 이 기간 내에는 취업제한 대상자가 그러한 제재로부터 벗어날 수 있는 어떠한 기회도 존재하지 않는 점, 재범의 위험성에 대한 사회적 차원의 대처가 필요하다 해도 이 위험의 경중에 대한 고려가 있어야 하는 점 등에 비추어 침해의 최소성 요건을 충족했다고 보기 힘들다. … 그러나 심판대상조항에 의하여 청구인 임○○의 직업선택의 자유 또한 중대하게 제한되고 있는바, 죄질이 가볍고 재범의 위험성이 낮은 범죄전력자들에게 지나치게 가혹한 제한이 될 수 있는 점, 재범의 위험성에 대한 판단이 관련 범죄전력자에 대하여 일률적으로 이루어지고 있고, 10년 기간 내에는 재범의 위험성이 있다는 혐의를 벗어날 수 없으며, 범죄의 경중이나 재범의 위험성 존부에 관하여 구체적이고 개별적으로 판단할 수 있는 어떠한 제도적 절차도 구비되어 있지 않은 점 등을 종합하면, 심판대상조항은 그것이 달성하려는 공익의 무게에도 불구하고 우리 사회가 청구인 임○○에게 감내하도록 요구할 수 있는 수준을 넘어선다고 할 것이다. 따라서 심판대상조항은 법익의 균형성 요건을 충족하지 아니한다. 이상에서 본 바와 같이 심판대상조항은 과잉금지원칙에 위반되어 청구인 임○○의 직업선택의 자유를 침해한다(헌법재판소 2022. 9. 29. 선고 2019헌마813 전원재판부 결정).

ㄹ.(✗) … 심판대상조항은 시장·군수·구청장이 지역주민의 생활환경보전 또는 상수원 수질보전이라는 목적을 위하여 수질환경보전지역 등 일정한 지역 가운데 가축사육의 제한이 필요하다고 인정되는 지역에 대해 해당 지방자치단체의 조례로 정하는 바에 따라 가축사육제한구역을 지정·고시할 수 있도록 규정하고 있다. 이는 청구인의 가축사육을 장소적으로 제한하여 청구인의 직업수행의 자유를 제한한다. 따라서 심판대상조항에서 가축사육이 제한되는 일정 지역을 조례로 정하도록 한 것이 포괄위임금지원칙 및 과잉금지원칙에 위배하여 직업수행의 자유를 침해하는지 여부를 살펴본다. … 반면, 모든 국민은 건강하고 쾌적한 환경에서 생활할 권리를 가지고, 국가와 국민은 환경보전을 위하여 노력하여야 하므로(헌법 제35조 제1항) 심판대상조항을 통하여 달성되는 국민의 생활환경 및 자연환경 보호의 공익은 제한되는 사익보다 더 중대하다. 심판대상조항은 법익의 균형성을 충족한다. 따라서 심판대상조항은 과잉금지원칙에 위배되지 아니한다(헌법재판소 2023. 12. 21. 선고 2020헌바374 전원재판부 결정).

ㅁ.(○) 간행물 판매자에게 정가 판매 의무를 부과하고, 가격할인의 범위를 가격할인과 경제상의 이익을 합하여 정가의 15퍼센트 이하로 제한하는 출판문화산업 진흥법 제22조 제4항, 제5항(이하 합하여 '이 사건 심판대상조항'이라 한다, … 이 사건 심판대상조항으로 인하여 전체적인 소비자후생이 제한되는 정도는 크지 않다. 따라서 이 사건 심판대상조항은 과잉금지원칙에 위배되어 청구인의 직업의 자유를 침해한다고 할 수 없다(전원재판부 2020헌마104, 2023.7.20.).

해답 ④

핵심포인트 문 09 직업의 자유 ★★

- 직업의 자유 침해 ✗
  - 금고 이상의 형의 집행유예선고를 받고 그 유예기간 중에 있는 자에 대하여 특수경비원이 될 수 없도록 규정한 구 경비업법 조항
  - 성폭력범죄의 처벌 등에 관한 특례법의 성폭력범죄에 해당하는 형법상 강제추행죄를 범하여 금고 이상의 형의 집행유예를 선고받고 그 집행유예기간 중에 있는 사람에 대하여 택시운전자격을 필요적으로 취소하도록 하고 있는 여객자동차 운수사업법 조항

- 가축사육의 제한이 필요하다고 인정되는 지역에 대해 해당 지방자치단체의 조례로 정하는 바에 따라 가축사육제한구역을 지정·고시할 수 있도록 규정하고 있는 가축분뇨의 관리 및 이용에 관한 법률 조항
- 간행물 판매자에게 정가 판매 의무를 부과하고, 가격할인의 범위를 가격할인과 경제상의 이익을 합하여 정가의 15퍼센트 이하로 제한하는 출판문화산업 진흥법 조항

● 직업의 자유 침해 ○
- 아동학대관련범죄로 벌금형이 확정된 날부터 10년이 지나지 아니한 사람은 어린이집을 설치·운영하거나 어린이집에 근무할 수 없도록 한 영유아보육법 조항

문 10

★★

평등권 혹은 평등원칙에 관한 설명 중 옳은 것은? (다툼이 있는 경우 판례에 의함)

① 헌법이 군사법원을 특별법원으로 설치하도록 허용하면서 대법원을 군사재판의 최종심으로 하고 있으므로 「군사법원법」에 의한 군사재판을 국민참여재판 대상사건의 범위에서 제외하고 있는 「국민의 형사재판 참여에 관한 법률」 조항은 평등원칙에 위배된다.
② 여러 체육시설 가운데 회원제로 운영되는 골프장의 이용자만을 「국민체육진흥법」상 국민체육진흥계정 조성에 관한 조세 외적 부담을 져야 할 책임이 있는 집단으로 선정한 것은 평등원칙에 위배되지 않는다.
③ 초·중등학교 교원이 공직선거 등에 입후보하고자 하는 경우 선거일 전 90일까지 그 직을 그만두도록 하는 「공직선거법」 조항은 평등권을 침해한다.
④ 「국가유공자 등 예우 및 지원에 관한 법률」에서 6·25전몰군경자녀에게 6·25전몰군경자녀수당을 지급하면서 수급권자를 1명에 한정하고 나이가 많은 자를 우선하도록 정한 것은 나이가 적은 6·25전몰군경자녀의 평등권을 침해하지 않는다.
⑤ 특별교통수단에 있어 표준휠체어만을 기준으로 휠체어 고정설비의 안전기준을 정하고 있는 「교통약자의 이동편의 증진법 시행규칙」 조항은 표준휠체어를 이용할 수 없는 장애인의 평등권을 침해한다.

해설

① **(X)** 헌법이 군사법원을 특별법원으로 설치하도록 허용하되 대법원을 군사재판의 최종심으로 하고 있고, 구 군사법원법 제21조 제1항은 재판관의 재판상의 독립을, 같은 조 제2항은 재판관의 신분을 보장하고 있으며, 또한 같은 법 제22조 제3항, 제23조 제1항에 의하면 군사법원의 재판관은 반드시 일반법원의 법관과 동등한 자격을 가진 군판사를 포함시켜 구성하도록 하고 있는바, 이러한 사정을 감안하면 구 군사법원법 제6조가 일반법원과 따로 군사법원을 군부대 등에 설치하도록 하였다는 사유만으로 헌법이 허용한 특별법원으로서 군사법원의 한계를 일탈하여 사법권의 독립을 침해하고 위임입법의 한계를 일탈하거나 헌법 제27조 제1항의 재판청구권, 헌법 제11조의 평등권을 본질적으로 침해한 것이라고 할 수 없고, 또한 같은 법 제7조, 제23조, 제24조, 제25조가 일반법원의 조직이나 재판부구성 및 법관의 자격과 달리 군사법원에 관할관을 두고 군검찰에 대한 임명, 지휘, 감독권을 가지고 있는 관할관이 심판관의 임명권 및 재판관의 지정권을 가지며 심판관은 일반장교 중에서 임명할 수 있도록 규정하였다고 하여 바로 위 조항들 자체가 군사법원의 헌법적 한계를 일탈하여 사법권의 독립과 재판의 독립을 침해하고 죄형법정주의에 반하거나 인간의 존엄과 가치, 행복추구권, 평등권, 신체의 자유, 정당한 재판을 받을 권리 및 정신적 자유를 본질적으로 침해하는 것이라고 할 수 없다(헌법재판소 1996. 10. 31. 선고 93헌바25 전원재판부).

② **(X)** 구 국민체육진흥법(2007. 4. 11. 법률 제8344호로 전부개정되고, 2017. 12. 19. 법률 제15261호로 개정되기 전의 것) 제20조 제1항 제3호 및 국민체육진흥법(2017. 12. 19. 법률 제15261호로 개정된 것, 이하 개정연혁과 관계없이 '국민체육진흥법'이라 한다) 제20조 제1항 제3호(이하 위 두 조항을 합하여 '심판

대상조항'이라 한다)이 규정하고 있는 골프장 부가금은 일반 국민에 비해 특별히 객관적으로 밀접한 관련성을 가진다고 볼 수 없는 골프장 부가금 징수 대상 시설 이용자들을 대상으로 하는 것으로서 합리적 이유가 없는 차별을 초래하므로, 헌법상 평등원칙에 위배된다(헌법재판소 2019. 12. 27. 선고 2017헌가21 전원재판부 결정).

③ (X) 초·중등학교 교원이 공직선거 등에 입후보하고자 하는 경우 선거일 전 90일까지 그 직을 그만두도록 하는 「공직선거법」 조항은 선거직의 특수성, 직업정치인과 교원의 업무 내용상 차이, 직무내용이나 직급에 따른 구별 가능성 등에 비추어, 국회의원, 지방자치단체 의회의원이나 장, 정부투자기관의 직원 등과 비교하여 교원이 불합리하게 차별받는다고 볼 수 없으며, 수업 내용 및 학생에 미치는 영향력 등을 고려할 때 대학 교원과의 사이에서도 불합리한 차별이 발생한다고 보기 어렵다. 현직 교육감의 경우 교육감선거 입후보 시 그 직을 그만두도록 하면 임기가 사실상 줄어들게 되어, 업무의 연속성과 효율성이 저해될 우려가 크다는 점 등을 고려할 때, 현직 교육감과 비교하더라도 교원인 청구인들의 평등권이 침해된다고 볼 수 없다(헌법재판소 2019. 11. 28. 선고 2018헌마222 전원재판부 결정).

④ (X) … 그러나 6·25전몰군경자녀 간에 협의가 되지 않을 경우에는 이 사건 법률조항으로 돌아가 여전히 나이에 따른 차별이 발생하게 된다는 점, 이 사건 수당의 지급대상이 되는 6·25전몰군경자녀의 평균연령을 고려했을 때 특별한 사정이 없는 한 6·25전몰군경자녀가 1953년 7월 27일 이전 및 「참전유공자 예우 및 단체설립에 관한 법률」 별표에 따른 전투기간 중에 전사하거나 순직한 전몰군경 또는 순직군경을 직접 부양하였을 가능성이 높지 않아 주부양자를 가리는 것이 큰 의미가 없다는 점을 고려하면, 위와 같은 예외조항으로 인하여 이 사건 법률조항이 초래하는 불합리한 차별의 문제점이 해소된다고 볼 수는 없다. 그렇다면 이 사건 법률조항은 국가가 국가유공자의 유족인 6·25전몰군경자녀에게 이 사건 수당을 지급함에 있어 합리적인 이유 없이 그 수급권자의 수를 자녀 중 1명으로 한정하고, 수급권자의 수를 확대할 수 있는 어떠한 예외도 두지 않고 있으며, 6·25전몰군경자녀 중 나이가 많은 자와 그렇지 않은 자를 합리적 이유 없이 차별하여 나이가 많은 자에게 우선하여 이 사건 수당을 지급하고 있으므로, 나이가 적은 6·25전몰군경자녀의 평등권을 침해하여 헌법에 위반된다(헌법재판소 2021. 3. 25. 선고 2018헌가6 전원재판부 결정).

⑤ (O) 특별교통수단에 있어 표준휠체어만을 기준으로 휠체어 고정설비의 안전기준을 정하고 있는 '교통약자의 이동편의 증진법 시행규칙' 제6조 제3항 별표 1의2(이하 '심판대상조항'이라 한다)은 누워서 이동할 수밖에 없는 장애인을 위한 휠체어 고정설비 안전기준 등을 별도로 규정한다고 하여 국가의 재정적 부담이 심해진다고 볼 수도 없다. 제4차 교통약자 이동편의 증진계획이 표준휠체어를 사용할 수 없는 장애인을 위한 특별교통수단의 도입 등을 계획하고 있기는 하나, 일부 지방자치단체에서 침대형 휠체어가 탑승할 수 있는 특수형 구조차량을 운행하였다가 침대형 휠체어 고정장치에 대한 안전기준이 없어 운행을 중단한 점에서 볼 수 있듯이 그 안전기준의 제정이 시급하므로 위와 같은 계획이 있다는 사정만으로 안전기준 제정 지연을 정당화하기 어렵다. 따라서 심판대상조항은 합리적 이유 없이 표준휠체어를 이용할 수 있는 장애인과 표준휠체어를 이용할 수 없는 장애인을 달리 취급하여 청구인의 평등권을 침해한다(헌법재판소 2023. 5. 25. 선고 2019헌마1234 전원재판부 결정).

해답 ⑤

핵심포인트 문 10 평등권·평등원칙 ★★

- 평등권 혹은 평등원칙에 위배 ×
  - 헌법이 군사법원을 특별법원으로 설치하도록 허용하면서 대법원을 군사재판의 최종심으로 하고 있으므로 「군사법원법」에 의한 군사재판을 국민참여재판 대상사건의 범위에서 제외하고 있는 「국민의 형사재판 참여에 관한 법률」 조항

- 초·중등학교 교원이 공직선거 등에 입후보하고자 하는 경우 선거일 전 90일까지 그 직을 그만두도록 하는 「공직선거법」 조항
- 평등권 혹은 평등원칙에 위배 ○
  - 여러 체육시설 가운데 회원제로 운영되는 골프장의 이용자만을 「국민체육진흥법」상 국민체육진흥계정 조성에 관한 조세 외적 부담을 져야 할 책임이 있는 집단으로 선정한 것
  - 「국가유공자 등 예우 및 지원에 관한 법률」에서 6·25전몰군경자녀에게 6·25전몰군경자녀수당을 지급하면서 수급권자를 1명에 한정하고 나이가 많은 자를 우선하도록 정한 것
  - 특별교통수단에 있어 표준휠체어만을 기준으로 휠체어 고정설비의 안전기준을 정하고 있는 「교통약자의 이동편의 증진법 시행규칙」 조항

문 11 ★★★

외국인의 기본권에 관한 설명으로 옳은 것(○)과 옳지 않은 것(×)을 올바르게 조합한 것은? (다툼이 있는 경우 판례에 의함)

ㄱ. 「국민건강보험법」상 지역가입자인 국내체류 외국인이 보험료를 체납한 경우에는 그 체납기간이나 체납횟수 등과 관계없이 국민건강보험공단이 1회 체납만으로도 다음달부터 곧바로 체납한 보험료를 완납할 때까지 보험급여를 하지 않도록 내국인등과 달리 규정한 것은 평등권을 침해한다.

ㄴ. 강제퇴거명령을 받은 외국인을 대한민국 밖으로 송환할 수 있을 때까지 보호시설에 인치·수용할 수 있도록 하면서 그 보호기간의 상한을 마련하지 아니한 「출입국관리법」 조항은 피보호자의 신체의 자유를 침해한다.

ㄷ. 인천국제공항에서 난민인정신청을 하였으나 난민인정심사불회부결정을 받은 외국인을 인천국제공항 송환대기실에 약 5개월째 수용하고 환승구역으로의 출입을 막은 것은 헌법 제12조 제4항 본문에 규정된 '구속'에 해당하며, 구속 상태에서 변호인의 접견신청을 거부한 것은 변호인의 조력을 받을 권리를 침해한다.

ㄹ. 「외국인근로자의 고용 등에 관한 법률」에서 외국인근로자를 고용한 사업 또는 사업장의 사용자는 외국인근로자의 출국 등에 따른 퇴직금 지급을 위하여 외국인근로자를 피보험자로 하는 보험 또는 신탁에 가입하도록 규정하고 있는데, 이 출국만기보험금은 퇴직금의 성질을 가지고 있어서 그 지급시기에 관한 것은 근로조건의 문제이므로 외국인근로자에게도 기본권 주체성이 인정된다.

ㅁ. 코로나19 확산으로 경제적 타격을 입은 국민들을 지원하기 위한 「긴급재난지원금 가구구성 및 이의신청 처리기준(2차)」이 긴급재난지원금 지급 대상인 '외국인만으로 구성된 가구'에 '영주권자 및 결혼이민자'는 포함시키면서 '난민인정자'를 제외한 것은 합리적 이유 없는 차별이므로 난민인정자의 평등권을 침해한다.

① ㄱ(○), ㄴ(○), ㄷ(○), ㄹ(○), ㅁ(○)
② ㄱ(○), ㄴ(×), ㄷ(○), ㄹ(×), ㅁ(○)
③ ㄱ(○), ㄴ(○), ㄷ(○), ㄹ(○), ㅁ(×)
④ ㄱ(×), ㄴ(○), ㄷ(○), ㄹ(○), ㅁ(×)
⑤ ㄱ(×), ㄴ(○), ㄷ(×), ㄹ(×), ㅁ(○)

해설

ㄱ.(○) 내국인 등과 달리 보험료를 체납한 경우에는 다음 달부터 곧바로 보험급여를 제한하는 국민건강보험법 제109조 제10항(이하 '보험급여제한 조항')은 외국인도 국민건강보험에 당연가입하도록 하고, 국내에 체류하

는 한 탈퇴를 불허하는 것은, 단지 내국인과의 형평성 제고뿐 아니라, 이들에게 사회연대원리가 적용되는 공보험의 혜택을 제공한다는 정책적 효과도 가지게 되는 것임을 고려하면, 보험료 체납에도 불구하고 보험급여를 실시할 수 있는 예외를 전혀 인정하지 않는 것은 합리적인 이유 없이 외국인을 내국인등과 달리 취급한 것이다. 따라서 보험급여제한 조항은 청구인들의 평등권을 침해한다(헌법재판소 2023. 9. 26. 선고 2019헌마1165 전원재판부 결정).

ㄴ.(O) 강제퇴거명령을 받은 사람을 보호할 수 있도록 하면서 보호기간의 상한을 마련하지 아니한 출입국관리법 제63조 제1항(이하 '심판대상조항'이라 한다)은 … 보호기간의 상한을 두지 아니함으로써 강제퇴거대상자를 무기한 보호하는 것을 가능하게 하는 것은 보호의 일시적·잠정적 강제조치로서의 한계를 벗어나는 것이라는 점, 보호기간의 상한을 법에 명시함으로써 보호기간의 비합리적인 장기화 내지 불확실성에서 야기되는 피해를 방지할 수 있어야 하는데, 단지 강제퇴거명령의 효율적 집행이라는 행정목적 때문에 기간의 제한이 없는 보호를 가능하게 하는 것은 행정의 편의성과 획일성만을 강조한 것으로 피보호자의 신체의 자유를 과도하게 제한하는 것인 점, 강제퇴거명령을 받은 사람을 보호함에 있어 그 기간의 상한을 두고 있는 국제적 기준이나 외국의 입법례에 비추어 볼 때 보호기간의 상한을 정하는 것이 불가능하다고 볼 수 없는 점, 강제퇴거명령의 집행 확보는 심판대상조항에 의한 보호 외에 주거지 제한이나 보고, 신원보증인의 지정, 적정한 보증금의 납부, 감독관 등을 통한 지속적인 관찰 등 다양한 수단으로도 가능한 점, 현행 보호일시해제 제도나 보호명령에 대한 이의신청, 보호기간 연장에 대한 법무부장관의 승인제도만으로는 보호기간의 상한을 두지 않은 문제가 보완된다고 보기 어려운 점 등을 고려하면, 심판대상조항은 침해의 최소성과 법익균형성을 충족하지 못한다. 따라서 심판대상조항은 과잉금지원칙을 위반하여 피보호자의 신체의 자유를 침해한다(헌법재판소 2023. 3. 23. 선고 2020헌가1, 2021헌가10(병합) 전원재판부 결정).

ㄷ.(O) 인천국제공항에서 난민인정신청을 하였으나 난민인정심사불회부결정을 받은 청구인을 인천국제공항 송환대기실에 약 5개월째 수용하고 환승구역으로의 출입을 막은 것은 … 청구인은 이 사건 변호인 접견신청 거부 당시 약 5개월째 송환대기실에 수용되어 있었고, 적어도 난민인정심사불회부 결정 취소소송이 종료될 때까지는 임의로 송환대기실 밖으로 나갈 것을 기대할 수 없었다. 청구인은 이 사건 변호인 접견신청 거부 당시 자신에 대한 송환대기실 수용을 해제해 달라는 취지의 인신보호청구의 소를 제기해 둔 상태였으므로 자신의 의사에 따라 송환대기실에 머무르고 있었다고 볼 수도 없다. 따라서 청구인은 이 사건 변호인 접견신청 거부 당시 헌법 제12조 제4항 본문에 규정된 "구속" 상태였다. 피청구인이 청구인의 변호인의 접견신청을 거부한 것은 피청구인이 청구인의 변호인의 접견신청을 거부한 것은 청구인에게 보장되는 헌법 제12조 제4항 본문에 의한 변호인의 조력을 받을 권리를 침해한다(헌법재판소 2018. 5. 31. 선고 2014헌마346 전원재판부 결정).

ㄹ.(O) 헌법상 근로의 권리는 '일할 자리에 관한 권리'만이 아니라 '일할 환경에 관한 권리'도 의미하는데, '일할 환경에 관한 권리'는 인간의 존엄성에 대한 침해를 방어하기 위한 권리로서 외국인에게도 인정되며, 건강한 작업환경, 일에 대한 정당한 보수, 합리적인 근로조건의 보장 등을 요구할 수 있는 권리 등을 포함한다. 여기서의 근로조건은 임금과 그 지불방법, 취업시간과 휴식시간 등 근로계약에 의하여 근로자가 근로를 제공하고 임금을 수령하는 데 관한 조건들이고, 이 사건 출국만기보험금은 퇴직금의 성질을 가지고 있어서 그 지급시기에 관한 것은 근로조건의 문제이므로 외국인인 청구인들에게도 기본권 주체성이 인정된다(헌법재판소 2016. 3. 31. 선고 2014헌마367 결정).

ㅁ.(O) … 긴급재난지원금은 가구당 지급되는 것인데 '난민인정자'의 경우 가족관계 증명이 어렵다는 현실적인 문제 때문에 지급대상에 포함시키기 어렵다는 주장도 있을 수 있으나, '난민인정자'의 경우 가구별 지급이 아니라 '난민인정자' 본인을 대상으로 하여 긴급재난지원금을 지급하는 방법도 고려해 볼 수 있으므로, 가족관계 증명이 어렵다는 행정적 이유 역시 '난민인정자'를 긴급재난지원금의 지급대상에서 제외하여야 할 합리적인 이유가 될 수 없다. 그렇다면 이 사건 처리기준이 긴급재난지원금 지급 대상에 외국인 중에서도 '영주권자 및 결혼이민자'를 포함시키면서 '난민인정자'를 제외한 것은 합리적 이유 없는 차별이라 할 것이므로, 이 사건 처리기준은 청구인의 평등권을 침해한다(헌법재판소 2024. 3. 28. 선고 2020헌마1079 전원재판부 결정).

해답 ①

핵심포인트 │ 문 11 │ 외국인의 기본권 ★★★

- 「국민건강보험법」상 지역가입자인 국내체류 외국인이 보험료를 체납한 경우 그 체납기간이나 체납횟수 등과 관계없이 국민건강보험공단이 1회 체납만으로도 다음달부터 곧바로 체납한 보험료를 완납할 때까지 보험급여를 하지 않도록 내국인 등과 달리 규정한 것은 평등권을 침해함
- 강제퇴거명령을 받은 외국인을 대한민국 밖으로 송환할 수 있을 때까지 보호시설에 인치·수용할 수 있도록 하면서 그 보호기간의 상한을 마련하지 아니한 「출입국관리법」 조항은 피보호자의 신체의 자유를 침해함
- 인천국제공항에서 난민인정신청하였으나 난민인정심사불회부결정받은 외국인을 인천국제공항 송환대기실에 약 5개월째 수용하고 환승구역으로의 출입 막은 것은 헌법 제12조 제4항 본문에 규정된 '구속'에 해당, 구속 상태에서 변호인의 접견신청을 거부한 것은 변호인의 조력을 받을 권리 침해함
- 「외국인근로자의 고용 등에 관한 법률」에서 외국인근로자를 고용한 사업 또는 사업장의 사용자는 외국인근로자의 출국 등에 따른 퇴직금 지급을 위하여 외국인근로자를 피보험자로 하는 보험 또는 신탁에 가입하도록 규정한 것 ⇨ 그 지급시기에 관한 것은 근로조건의 문제이므로 외국인근로자에게도 기본권 주체성 인정
- 코로나19 확산으로 경제적 타격을 입은 국민들을 지원하기 위한 「긴급재난지원금 가구구성 및 이의신청 처리기준(2차)」이 긴급재난지원금 지급 대상인 '외국인만으로 구성된 가구'에 '영주권자 및 결혼이민자'는 포함시키면서 '난민인정자'를 제외한 것 ⇨ 합리적 이유 없는 차별이므로 난민인정자의 평등권을 침해함

문 12 ★★

혼인과 가족생활에 관한 설명 중 옳은 것(○)과 옳지 않은 것(×)을 올바르게 조합한 것은? (다툼이 있는 경우 판례에 의함)

ㄱ. 장래 가족의 구성원이 될 태아의 성별 정보에 대한 접근을 국가로부터 방해받지 않을 부모의 권리는 헌법 제10조로부터 도출되는 일반적 인격권에 의하여 보호된다.

ㄴ. '혼인 중 여자와 남편 아닌 남자 사이에서 출생한 자녀에 대한 생부의 출생신고'를 허용하도록 규정하지 아니한 「가족관계의 등록 등에 관한 법률」 조항은 혼인 외 출생자에 대한 생부의 양육권을 직접 제한한다.

ㄷ. 헌법 제36조 제1항에 규정된 혼인과 가족생활의 보장은 소극적으로는 국가권력의 부당한 침해에 대한 개인의 주관적 방어권으로서 국가권력이 혼인과 가정이란 사적인 영역을 침해하는 것을 금지하면서, 적극적으로는 혼인과 가정을 제3자 등으로부터 보호해야 할 뿐만 아니라 개인의 존엄과 양성의 평등을 바탕으로 성립되고 유지되는 혼인·가족제도를 실현해야 할 국가의 과제를 부과하고 있음을 의미한다.

ㄹ. 헌법 제34조 및 제36조가 가족생활을 보호하고 청소년의 복지향상을 위해 노력할 과제를 국가에 부여하고 있으므로, 이러한 헌법조항의 해석만으로도 양육비 대지급제 등 양육비의 이행을 실효적으로 담보하기 위한 구체적 제도에 대한 입법의무가 도출된다.

ㅁ. 태어난 즉시 '출생등록될 권리'는 '출생 후 아동이 보호를 받을 수 있을 최대한 빠른 시점'에 아동의 출생과 관련된 기본적인 정보를 국가가 관리할 수 있도록 등록할 권리로서, 자유로운 인격실현을 보장하는 자유권적 성격과 아동의 건강한 성장과 발달을 보장하는 사회적 기본권의 성격을 함께 지닌 헌법에 명시되지 아니한 독자적 기본권이다.

① ㄱ(O), ㄴ(×), ㄷ(O), ㄹ(×), ㅁ(O)　　② ㄱ(×), ㄴ(O), ㄷ(×), ㄹ(O), ㅁ(×)
③ ㄱ(O), ㄴ(×), ㄷ(O), ㄹ(O), ㅁ(×)　　④ ㄱ(×), ㄴ(O), ㄷ(×), ㄹ(O), ㅁ(O)
⑤ ㄱ(O), ㄴ(O), ㄷ(O), ㄹ(×), ㅁ(O)

해설

ㄱ.(**O**) 구 의료법(1987. 11. 28. 법률 제3948호로 개정되고, 2007. 4. 11. 법률 제8366호로 전부 개정되기 전의 것, 이하 '구 의료법'이라 한다) 제19조의2 제2항(이하 '이 사건 규정'이라 한다)이 태아의 성별에 대하여 이를 고지하는 것을 금지하는 것은 헌법 제10조로부터 도출되는 일반적 인격권에는 각 개인이 그 삶을 사적으로 형성할 수 있는 자율영역에 대한 보장이 포함되어 있음을 감안할 때, <u>장래 가족의 구성원이 될 태아의 성별 정보에 대한 접근을 국가로부터 방해받지 않을 부모의 권리는 이와 같은 일반적 인격권에 의하여 보호된다고 보아야 할 것인바</u>, 이 사건 규정은 일반적 인격권으로부터 나오는 부모의 태아 성별 정보에 대한 접근을 방해받지 않을 권리를 제한하고 있다고 할 것이다(헌법재판소 2008. 7. 31. 선고 2004헌마1010,2005헌바90(병합) 전원재판부).

ㄴ.(**X**), ㅁ.(**O**) 태어난 즉시 '출생등록될 권리'는 '출생 후 아동이 보호를 받을 수 있을 최대한 빠른 시점'에 아동의 출생과 관련된 기본적인 정보를 국가가 관리할 수 있도록 등록할 권리로서, 아동이 사람으로서 인격을 자유로이 발현하고, 부모와 가족 등의 보호하에 건강한 성장과 발달을 할 수 있도록 최소한의 보호장치를 마련하도록 요구할 수 있는 권리이다. 이는 헌법에 명시되지 아니한 <u>독자적 기본권으로서, 자유로운 인격실현을 보장하는 자유권적 성격과 아동의 건강한 성장과 발달을 보장하는 사회적 기본권의 성격을 함께 지닌다.</u> … 혼인 중 여자와 남편 아닌 남자 사이에서 출생한 자녀에 대한 생부의 출생신고'를 허용하도록 규정하지 아니한 '가족관계의 등록 등에 관한 법률' 제46조 제2항(이하, '이 사건 출생신고의무자조항'이라 한다), '가족관계의 등록 등에 관한 법률'(이하 연혁에 관계없이 '가족관계등록법'으로 약칭한다) 제57조 제1항 및 제2항(이하, '이 사건 친생자출생신고조항'이라 하고, 이 사건 출생신고의무자조항과 합하여 '심판대상조항들'이라 한다)은 출생신고에 관한 조항으로서 생부인 청구인들이 혼인 외 출생자인 청구인들을 양육하는 것을 직접 제한하지 아니한다. 아울러 생부가 생래적 혈연관계에 있는 그 자녀와 가족관계를 형성하는 것은 민법상 친생추정과 부인, 인지에 관한 규정들에 의하여 제한되는 것일 뿐, 심판대상조항들에 의하여 제한되는 것이 아니다. 따라서 이에 대해서는 나아가 판단하지 아니한다(전원재판부 2021헌마975, 2023. 3. 23.).

ㄷ.(**O**) 헌법 제36조 제1항은 "혼인과 가족생활은 개인의 존엄과 양성의 평등을 기초로 성립되고 유지되어야 하며, 국가는 이를 보장한다"고 하여 혼인 및 그에 기초하여 성립된 부모와 자녀의 생활공동체인 가족생활이 국가의 특별한 보호를 받는다는 것을 규정하고 있다. 이 헌법규정은 <u>소극적으로는 국가권력의 부당한 침해에 대한 개인의 주관적 방어권으로서 국가권력이 혼인과 가정이란 사적인 영역을 침해하는 것을 금지하면서, 적극적으로는 혼인과 가정을 제3자 등으로부터 보호해야 할 뿐이 아니라 개인의 존엄과 양성의 평등을 바탕으로 성립되고 유지되는 혼인·가족제도를 실현해야 할 국가의 과제를 부과하고 있다</u>(헌법재판소 2000. 4. 27. 선고 98헌가16,98헌마429(병합) 전원재판부).

ㄹ.(**X**) … 헌법 제34조 및 제36조가 가족생활을 보호하고 청소년의 복지향상을 위해 노력할 과제를 국가에게 부여하고 있다고 할지라도, <u>이러한 헌법조항의 해석만으로는 청구인들이 주장하는 바와 같이 양육비 대지급제 등 양육비의 이행을 실효적으로 담보하기 위한 구체적 제도에 대한 입법의무가 곧바로 도출된다고 보기는 어렵다</u>(헌법재판소 2021. 12. 23. 선고 2019헌마168 전원재판부 결정).

해답 ①

핵심포인트 문 12 혼인과 가족생활 ★★

- 장래 가족의 구성원이 될 태아의 성별 정보에 대한 접근을 국가로부터 방해받지 않을 부모의 권리 ⇨ 헌법 제10조로부터 도출되는 일반적 인격권에 의하여 보호됨
- '혼인 중 여자와 남편 아닌 남자 사이에서 출생한 자녀에 대한 생부의 출생신고'를 허용하도록 규정하지 아니한 「가족관계의 등록 등에 관한 법률」 조항 ⇨ 혼인 외 출생자에 대한 생부의 양육권을 직접 제한 ×
- 헌법 제36조 제1항에 규정된 혼인과 가족생활의 보장 내용
  - 소극적으로는 국가권력의 부당한 침해에 대한 개인의 주관적 방어권으로서 국가권력이 혼인과 가정이란 사적인 영역을 침해하는 것을 금지
  - 적극적으로는 혼인과 가정을 제3자 등으로부터 보호해야 할 뿐만 아니라 개인의 존엄과 양성의 평등을 바탕으로 성립되고 유지되는 혼인·가족제도를 실현해야 할 국가의 과제를 부과
- 헌법 제34조 및 제36조
  - 가족생활을 보호하고 청소년의 복지향상을 위해 노력할 과제를 국가에게 부여함 ○
  - 양육비 대지급제 등 양육비의 이행을 실효적으로 담보하기 위한 구체적 제도에 대한 입법의무가 곧바로 도출 ×

문 13 ★★

신뢰보호원칙에 관한 설명 중 옳은 것은? (다툼이 있는 경우 판례에 의함)

① 위헌인 법률일지라도 해당 법률에 대한 헌법재판소의 위헌 결정이 있기 전까지는 합헌성이 추정되므로 합헌적인 법률에 기초한 신뢰이익과 동일한 정도의 보호, 즉 '헌법에서 유래하는 국가의 보호의무'까지 요청된다.

② 취업지원 실시기관 채용시험의 가점 적용대상에서 보국수훈자의 자녀를 제외하는 내용으로 법을 개정하면서, 가까운 장래에 보국수훈자의 자녀가 되어 채용시험의 가점을 받게 될 것이라는 신뢰를 장기간 형성해 온 사람에 대하여 경과조치를 두지 않은 「국가유공자 등 예우 및 지원에 관한 법률」 부칙조항은 신뢰보호원칙에 위배된다.

③ 구 법령에 따라 폐자동차재활용업 등록을 한 자에게도 3년 이내에 등록기준을 갖추도록 한 「전기·전자제품 및 자동차의 자원순환에 관한 법률 시행령」 부칙조항에서 정한 3년의 유예기간은 법령의 개정으로 인한 상황변화에 적절히 대처하기에는 지나치게 짧다고 할 수 있으므로 신뢰보호원칙에 위배된다.

④ 댐사용권의 취소·변경 처분을 할 경우 국가는 댐사용권자가 납부한 부담금이나 납부금의 일부를 반환하도록 하고, 반환할 금액은 대통령령에서 정하는 상각액을 뺀 금액을 초과하지 못하도록 규정한 구 「댐건설 및 주변지역지원 등에 관한 법률」 조항을 이미 댐사용권을 취득하여 행사하고 있던 댐사용권자에 적용하더라도, 댐사용권의 존속에 대한 댐사용권자의 신뢰이익보다 다목적댐을 통한 수자원의 합리적 개발·이용이라는 공익적 가치가 매우 크다고 볼 수 있어 신뢰보호원칙에 위배되지 않는다.

⑤ 여러 개의 의료기관을 운영할 수 있을 것이라는 의료인의 구법 질서에 대한 신뢰는 헌법상 보호가치가 있는 신뢰이므로, 이후 해당 「의료법」 조항이 의료인은 어떠한 명목으로도 둘 이상의 의료기관을 운영할 수 없다는 내용으로 개정되었다면 신뢰보호원칙에 위배된다.

해설

① (✗) … 비록 우리 재판소의 결정에 의하여 구 교육공무원법 제11조 제1항이 위헌으로 선언되었으나, 우리 헌법재판소법 제47조 제2항은 장래효의 원칙을 규정함으로써 위헌법률이 당연히 무효인 것이 아니라 위헌 결정으로 장래 효력을 상실하도록 되어 있어 헌법재판소에 의한 위헌확인 시까지는 유효한 신뢰의 근거로 작용할 수 있다. 그러나, 이러한 신뢰이익은 위헌적 법률의 존속에 관한 것에 불과하여 위헌적인 상태를 제거해야 할 법치국가적 공익과 비교형량해 보면 공익이 신뢰이익에 대하여 원칙적인 우위를 차지하기 때문에 합헌적인 법률에 기초한 신뢰이익과 동일한 정도의 보호, 즉 "헌법에서 유래하는 국가의 보호의무"까지는 요청할 수는 없다. 즉 미임용자들이, 위헌적 법률에 기초한 신뢰이익이 보호되지 않는다는 이유를 들어 교육공무원의 공개전형을 통한 선발을 규정한 현행 교육공무원법을 위헌이라고 하거나, 위헌적 법률에 기초한 신뢰이익을 보장하기 위한 법률을 제정하지 않은 부작위를 위헌이라고 주장할 수는 없는 것이다(헌법재판소 2006. 3. 30. 선고 2005헌마598 전원재판부).

② (✗) … 채용시험의 가점에 관한 국가유공자법 개정이 예측가능하고, 채용시험의 가점은 단지 법률이 부여한 기회를 활용한 것으로서 원칙적으로 사적 위험부담의 범위에 속하는 점, 국가유공자의 가족, 특히 자녀의 합격률 증가로 심화되는 일반 응시자들의 평등권 및 공무담임권 침해를 방지할 공익적 필요성은 상당히 큰 점, 심판대상조항의 적용시점을 정하는 것은 입법재량의 영역에 속하는 것인 점 등을 종합하면, 개정 국가유공자법 시행 직후에 국가유공자로 등록된 사람의 가족에 대하여 경과규정을 두지 않았다는 이유만으로 취업지원 실시기관 채용시험의 가점 적용대상에서 보국수훈자의 자녀를 제외하는 법 개정을 하면서, 가까운 장래에 보국수훈자의 자녀가 되어 채용시험의 가점을 받게 될 것이라는 신뢰를 장기간 형성해 온 사람에 대하여 경과조치를 두지 않은 '국가유공자 등 예우 및 지원에 관한 법률'이 헌법상의 신뢰보호원칙에 위배되어 직업선택의 자유, 공무담임권을 침해하였다고 볼 수 없다(헌법재판소 2015. 2. 26. 선고 2012헌마400 전원재판부).

③ (✗) … 이 사건 부칙조항이 정한 3년의 유예기간은 법령의 개정으로 인한 상황변화에 적절히 대처하기에 상당한 기간으로 지나치게 짧은 것이라 할 수 없으므로, 이사건 부칙조항은 신뢰보호원칙에 위배되어 청구인의 직업의 자유를 침해하지 않는다(헌법재판소 2022. 9. 29. 2019헌마1352).

④ (○) … 부담금반환조항은 진행과정에 있는 사안을 규율대상으로 한 입법으로서 이미 종료된 과거의 사실관계나 법률관계에 새로운 법률이 소급적으로 적용되어 과거를 새로 평가하는 진정한 의미의 소급입법에는 해당하지 아니한다. 따라서 소급입법에 의한 재산권 침해는 문제될 여지가 없다. 다만 청구인이 가지고 있던 기존 법률관계에 대한 신뢰를 헌법적으로 보호해 주어야 할 것인지 여부가 문제될 뿐이다. 댐사용권은 공공재인 수자원의 효율적인 이용과 관련되고, 존속기한의 정함이 없으며 취소 또는 변경의 가능성이 내재되어 있는 점, 수자원의 중요성과 대체 불가능성 등을 고려하면 댐사용권의 존속에 대한 청구인의 신뢰이익보다는 다목적댐을 통한 수자원의 합리적 개발·이용이라는 공익적 가치가 매우 크다고 볼 수 있다. 따라서 부담금반환조항이 헌법상 신뢰보호원칙에 반한다고 볼 수 없다(헌법재판소 2022. 10. 27. 선고 2019헌바44 결정).

⑤ (✗) … 그러나 의료분야는, 보건의료의 수요 및 공급 상황, 보건의료체제와 국민들의 보건의료 서비스 이용특성, 의료보험의 체계와 재정 등 정치·경제·사회·문화적인 배경과 구체적, 개별적 상황을 감안하여 입법자가 그 사회의 실정에 가장 부합하는 형태를 선택하여야 할 입법정책적인 분야로서, 입법자가 이 사건 법률조항을 도입한 것은 앞서 본 바와 같이 의료인이 여러 개의 의료기관을 운영할 경우 국민 건강보호라는 공익보다는 영리추구를 우선하여 여러 부작용을 초래할 우려가 있다고 판단하였기 때문이다. 특히 의료시장은 그 구조가 일단 왜곡되어 버리면 원상회복이 상당히 어려울 뿐만 아니라 회복될 때까지 일반 국민들이 큰 피해를 입게 된다. 따라서 이 사건 법률조항으로 인하여 침해되는 의료인의 신뢰이익이, 건전한 의료질서를 확립하고 나아가 국민건강상의 위해를 방지한다는 공익에 우선하여 특별히 헌법적으로 보호해야 할 가치나 필요성이 있다고 보기 어렵다. 따라서 이 사건 법률조항은 신뢰보호원칙에 반한다고 할 수 없다(헌법재판소 2019. 8. 29. 선고 2014헌바212, 2014헌가15, 2015헌마561, 2016헌바21(병합) 전원재판부 결정).

해답 ④

핵심포인트 문 13 신뢰보호원칙 ★★

- 위헌인 법률 ⇨ 합헌적인 법률에 기초한 신뢰이익과 동일한 정도의 보호, 즉 '헌법에서 유래하는 국가의 보호의무'까지 요청 ×
- 신뢰보호원칙 위배 ×
  - 취업지원 실시기관 채용시험의 가점 적용대상에서 보국수훈자의 자녀를 제외하는 내용으로 법을 개정하면서, 가까운 장래에 보국수훈자의 자녀가 되어 채용시험의 가점을 받게 될 것이라는 신뢰를 장기간 형성해 온 사람에 대하여 경과조치를 두지 않은「국가유공자 등 예우 및 지원에 관한 법률」부칙조항
  - 구 법령에 따라 폐자동차재활용업 등록을 한 자에게도 3년 이내에 등록기준을 갖추도록 한「전기·전자제품 및 자동차의 자원순환에 관한 법률 시행령」부칙조항에서 정한 3년의 유예기간
  - 댐사용권의 취소·변경 처분을 할 경우 국가는 댐사용권자가 납부한 부담금이나 납부금의 일부를 반환하도록 하고, 반환할 금액은 대통령령에서 정하는 상각액을 뺀 금액을 초과하지 못하도록 규정한 구「댐건설 및 주변지역지원 등에 관한 법률」조항을 이미 댐사용권을 취득하여 행사하고 있던 댐사용권자에 적용한 경우
- 신뢰보호원칙 위배 ○
  - 여러 개의 의료기관을 운영할 수 있을 것이라는 의료인의 구법 질서에 대한 신뢰는 헌법상 보호가치가 있는 신뢰이므로, 이후 해당「의료법」조항이 의료인은 어떠한 명목으로도 둘 이상의 의료기관을 운영할 수 없다는 내용으로 개정된 경우

문 14 ★★

국회의 운영 및 의사절차에 관한 설명 중 옳은 것(○)과 옳지 않은 것(×)을 올바르게 조합한 것은? (다툼이 있는 경우 판례에 의함)

ㄱ. 다수결의 원리를 실현하는 국회의 의결방식은 헌법이나 법률에 특별한 규정이 없는 한 재적의원 과반수의 출석과 출석의원 과반수의 찬성을 요하는 일반정족수를 기본으로 하며, 이는 헌법상 절대적 원칙으로 볼 수 있다.
ㄴ. 국회의 임시회는 대통령 또는 국회 재적의원 3분의 1 이상의 요구에 의하여 집회되는데, 이때에는 기간과 집회요구의 이유를 명시하여야 한다.
ㄷ. 헌법은 국회의 회의를 공개한다는 원칙을 규정하면서, '출석의원 과반수의 찬성이 있거나 의장이 국가의 안전보장을 위하여 필요하다고 인정할 때'에는 이를 공개하지 아니할 수 있다는 예외를 두고 있다.
ㄹ. 한 회계연도를 넘어 계속하여 지출할 필요가 있을 때에는 정부는 연한을 정하여 계속비로서 국회의 의결을 얻어야 한다.
ㅁ. 헌법은 "부결된 안건은 같은 회기 중에 다시 발의 또는 제출하지 못한다."라고 규정하여, 소수파에 의한 의사방해를 배제하고 회의의 원활한 운영을 도모하고 있다.

① ㄱ(○), ㄴ(×), ㄷ(○), ㄹ(×), ㅁ(×)　② ㄱ(×), ㄴ(○), ㄷ(×), ㄹ(○), ㅁ(○)
③ ㄱ(×), ㄴ(×), ㄷ(○), ㄹ(○), ㅁ(×)　④ ㄱ(○), ㄴ(○), ㄷ(×), ㄹ(×), ㅁ(○)
⑤ ㄱ(×), ㄴ(×), ㄷ(○), ㄹ(○), ㅁ(○)

해설

ㄱ.(X) … 이러한 다수결의 원리를 실현하는 국회의 의결방식은 헌법이나 법률에 특별한 규정이 없는 한 재적의원 과반수의 출석과 출석의원 과반수의 찬성을 요하는 일반정족수를 기본으로 한다. 일반정족수는 국회의 의결이 유효하기 위한 최소한의 출석의원 또는 찬성의원의 수를 의미하므로, 의결대상 사안의 중요성과 의미에 따라 헌법이나 법률에 의결의 요건을 달리 규정할 수 있다. 즉 일반정족수는 다수결의 원리를 실현하는 국회의 의결방식 중 하나로서 국회의 의사결정 시 합의에 도달하기 위한 최소한의 기준일 뿐 이를 헌법상 절대적 원칙이라고 보기는 어렵다(헌법재판소 2016. 5. 26. 선고 2015헌라1 결정).

ㄴ.(X) 헌법 제47조 제1항, 제3항

> 헌법 제47조 ① 국회의 정기회는 법률이 정하는 바에 의하여 매년 1회 집회되며, 국회의 임시회는 대통령 또는 국회재적의원 4분의 1 이상의 요구에 의하여 집회된다.
> ② 정기회의 회기는 100일을, 임시회의 회기는 30일을 초과할 수 없다.
> ③ 대통령이 임시회의 집회를 요구할 때에는 기간과 집회요구의 이유를 명시하여야 한다.

ㄷ.(O) 헌법 제50조

> 헌법 제50조 ① 국회의 회의는 공개한다. 다만, 출석의원 과반수의 찬성이 있거나 의장이 국가의 안전보장을 위하여 필요하다고 인정할 때에는 공개하지 아니할 수 있다.

ㄹ.(O) 헌법 제55조

> 헌법 제55조 ① 한 회계연도를 넘어 계속하여 지출할 필요가 있을 때에는 정부는 연한을 정하여 계속비로서 국회의 의결을 얻어야 한다.

ㅁ.(X) 일사부재의 원칙은 헌법이 아닌 국회법 제92조에 규정하고 있다.

> 국회법 제92조(일사부재의) 부결된 안건은 같은 회기 중에 다시 발의하거나 제출할 수 없다.

해답 ③

핵심포인트 문 14 국회의 운영 및 의사절차 ★★

- 다수결의 원리를 실현하는 국회의 의결방식
  - 헌법이나 법률에 특별한 규정이 없는 한 재적의원 과반수의 출석과 출석의원 과반수의 찬성을 요하는 일반정족수를 기본으로 함
  - 헌법상 절대적 원칙은 아님
- 국회의 임시회
  - 대통령 또는 국회 재적의원 4분의 1 이상의 요구에 의하여 집회
  - 기간과 집회요구의 이유 명시 要
- 국회의 회의 ⇨ 공개가 원칙/'출석의원 과반수의 찬성이 있거나 의장이 국가의 안전보장을 위하여 필요하다고 인정할 때'에는 비공개 可
- 계속비 ⇨ 정부는 연한을 정하여 계속비로서 국회의 의결을 얻어야 함
- 부결된 안건은 같은 회기 중에 다시 발의 또는 제출하지 못한다라는 내용의 규정인 일사부재의 원칙 ⇨ 국회법 제92조에 규정

문 15 ★★

법원에 관한 설명 중 옳은 것(○)과 옳지 않은 것(×)을 올바르게 조합한 것은? (다툼이 있는 경우 판례에 의함)

> ㄱ. 법관에 의한 재판을 받을 권리를 보장한다고 함은 법관이 사실을 확정하고 법률을 해석·적용하는 재판을 받을 권리를 보장한다는 뜻이고, 만일 그러한 보장이 제대로 이루어지지 아니한다면 헌법상 보장된 재판을 받을 권리의 본질적 내용을 침해하는 것이다.
> ㄴ. 재판의 심리와 판결은 공개하는 것이 원칙이나, 국가의 안전보장 또는 안녕질서를 방해하거나 선량한 풍속을 해할 염려가 있을 때에는 법원의 결정으로 공개하지 아니할 수 있다.
> ㄷ. 헌법은 "대법원은 법률에 저촉되지 아니하는 범위 안에서 소송에 관한 절차, 법원의 내부규율과 사무처리에 관한 규칙을 제정할 수 있다."라고 규정하고 있는바, 이는 위 조항에서 열거하고 있는 사항에 대해서는 대법원이 법률에 저촉되지 않는 한 규칙으로 정할 수 있다는 의미이며, 이 경우에도 법률에 의한 명시적인 수권은 필요하다.
> ㄹ. 양형위원회의 양형기준은 법적 구속력을 갖지 않음에도 불구하고 법원이 양형기준을 벗어난 판결을 하는 경우에는 판결서에 양형의 이유를 적어야 하는데, 약식절차 또는 즉결심판절차에 따라 심판하는 경우에도 마찬가지이다.
> ㅁ. 헌법이 대법원을 최고법원으로 규정하고 있기 때문에 '헌법과 법률이 정하는 법관에 의하여 법률에 의한 재판을 받을 권리'는 모든 사건에 대하여 상고심재판을 받을 권리를 의미한다고 할 수 있다.

① ㄱ(×), ㄴ(×), ㄷ(○), ㄹ(○), ㅁ(○)
② ㄱ(○), ㄴ(×), ㄷ(×), ㄹ(×), ㅁ(×)
③ ㄱ(○), ㄴ(○), ㄷ(×), ㄹ(×), ㅁ(×)
④ ㄱ(×), ㄴ(○), ㄷ(○), ㄹ(○), ㅁ(○)
⑤ ㄱ(○), ㄴ(×), ㄷ(×), ㄹ(○), ㅁ(×)

해설

ㄱ.(○) 법관에 의한 재판을 받을 권리를 보장한다고 함은 법관이 사실을 확정하고 법률을 해석·적용하는 재판을 받을 권리를 보장한다는 뜻이고, 그와 같은 법관에 의한 사실확정과 법률의 해석적용의 기회에 접근하기 어렵도록 제약이나 장벽을 쌓아서는 아니되며, 만일 그러한 보장이 제대로 이루어지지 아니한다면 헌법상 보장된 재판을 받을 권리의 본질적 내용을 침해하는 것으로서 우리 헌법상 허용되지 아니한다(헌법재판소 2000. 6. 29. 선고 99헌가9 전원재판부).

ㄴ.(×) 헌법 제109조

> **헌법 제109조** 재판의 심리와 판결은 공개한다. 다만, 심리는 국가의 안전보장 또는 안녕질서를 방해하거나 선량한 풍속을 해할 염려가 있을 때에는 법원의 결정으로 공개하지 아니할 수 있다.

ㄷ.(×) 헌법 제108조는 "대법원은 법률에서 저촉되지 아니하는 범위 안에서 소송에 관한 절차, 법원의 내부규율과 사무처리에 관한 규칙을 제정할 수 있다."고 규정하고 있는바, 이는 위 조항에서 열거하고 있는 사항에 대해서는 대법원이 법률에 저촉되지 않는 한 법률에 의한 명시적인 수권이 없이도 이를 규칙으로 정할 수 있다는 의미이다(헌법재판소 2016. 6. 30. 선고 2013헌바370·392·421, 2014헌바7·296, 2015헌바74(병합) 결정).

ㄹ.(×) 법원조직법 제81조의7 제2항 단서

> **법원조직법 제81조의7(양형기준의 효력 등)** ① 법관은 형의 종류를 선택하고 형량을 정함에 있어서 양형기준을 존중하여야 한다. 다만, 양형기준은 법적 구속력을 갖지 아니한다.
> ② 법원이 양형기준을 벗어난 판결을 하는 경우에는 판결서에 양형의 이유를 기재하여야 한다. 다만, 약식절차 또는 즉결심판절차에 의하여 심판하는 경우에는 그러하지 아니하다.

ㅁ.(X) 헌법이 대법원을 최고법원으로 규정하였다고 하여 대법원이 곧바로 모든 사건을 상고심으로서 관할하여야 한다는 결론이 당연히 도출되는 것은 아니며, "헌법과 법률이 정하는 법관에 의하여 법률에 의한 재판을 받을 권리"가 사건의 경중을 가리지 않고 모든 사건에 대하여 대법원을 구성하는 법관에 의한 균등한 재판을 받을 권리를 의미한다거나 또는 상고심재판을 받을 권리를 의미하는 것이라고 할 수는 없다(헌법재판소 1998. 2. 27. 선고 96헌마92 전원재판부).

해답 ②

핵심포인트 문 15 법원 ★★

- 법관에 의한 재판을 받을 권리를 보장
  - 법관이 사실을 확정하고 법률을 해석·적용하는 재판을 받을 권리를 보장한다는 의미
  - 이를 위반 시 헌법상 보장된 재판을 받을 권리의 본질적 내용 침해임
- 재판의 심리와 판결은 공개가 원칙/국가의 안전보장 또는 안녕질서를 방해하거나 선량한 풍속을 해할 염려가 있을 때에는 법원의 결정으로 심리를 비공개 可
- 대법원 규칙제정권(헌법 제108조)의 의미 ⇨ 위 조항에서 열거하고 있는 사항에 대해서는 대법원이 법률에 저촉되지 않는 한 법률에 의한 명시적인 수권이 없이도 이를 규칙으로 정할 수 있음
- 양형위원회의 양형기준 법적 구속력을 갖지 않음에도 불구하고 법원이 양형기준을 벗어난 판결을 하는 경우 ⇨ 판결서에 양형의 이유를 적어야 함 ○(약식절차 또는 즉결심판절차에 의하여 심판하는 경우에는 이유기재 불요)
- 헌법이 대법원을 최고법원으로 규정하였다고 하여 대법원이 곧바로 모든 사건을 상고심으로서 관할하여야 한다는 결론이 당연히 도출되는 것은 아님

문 16 ★★

위임입법에 관한 설명으로 옳지 않은 것은? (다툼이 있는 경우 판례에 의함)

① 법률이 행정부가 아니거나 행정부에 속하지 않는 공법적 기관의 정관에 특정 사항을 정할 수 있다고 위임하는 경우에는 권력분립의 원칙을 훼손할 여지가 없으므로 헌법 제75조, 제95조가 정하는 포괄위임입법의 금지는 원칙적으로 적용되지 않는다.
② 헌법 제95조는 부령에의 위임근거를 마련하면서 헌법 제75조와 같이 '구체적으로 범위를 정하여'라는 문구를 사용하고 있지는 않지만, 법률의 위임에 의한 대통령령에 가해지는 헌법상의 제한은 당연히 법률의 위임에 의한 부령의 경우에도 적용된다.
③ 「국군포로의 송환 및 대우 등에 관한 법률」은 등록포로 등을 대통령령에 따라 예우할 수 있도록 규정하고 있을 뿐 예우의 내용이나 방식 등에 관하여 아무런 규정을 두고 있지 아니하여 대통령령의 제정 없이 상위법령의 규정만으로는 집행 가능하다고 볼 수 없으므로, 대통령은 등록포로 등의 예우에 관한 대통령령을 제정 또는 개정할 의무가 있다.
④ 헌법이 인정하고 있는 위임입법의 형식은 예시적인 것으로 보아야 할 것이고, 법률이 일정한 사항을 행정규칙에 위임하더라도 그 행정규칙은 위임된 사항만을 규율할 수 있으므로, 국회입법의 원칙과 상치되지 않는다.
⑤ 위임입법의 법리는 헌법의 근본원리인 권력분립주의와 의회주의 내지 법치주의에 바탕을 두는 것이기 때문에 행정부에서 제정된 대통령령에서 규정한 내용이 정당한 것인지 여부와 위임의 적법성은 직접적인 관계가 있다.

해설

① (O) … 그런데 법률이 행정부가 아니거나 행정부에 속하지 않는 공법적 기관의 정관에 특정 사항을 정할 수 있다고 위임하는 경우에는 그러한 권력분립의 원칙을 훼손할 여지가 없다. 이는 자치입법에 해당되는 영역이므로 자치적으로 정하는 것이 바람직하다. 따라서 법률이 정관에 자치법적 사항을 위임한 경우에는 헌법 제75조, 제95조가 정하는 포괄적인 위임입법의 금지는 원칙적으로 적용되지 않는다고 봄이 상당하다(헌법재판소 2006. 3. 30. 선고 2005헌바31 전원재판부).

② (O) 헌법 제75조는 위임입법의 근거를 마련하는 한편 대통령으로 입법할 수 있는 사항을 법률에서 구체적으로 범위를 정하여 위임받은 사항으로 한정함으로써 위임입법의 범위와 한계를 제시하고 있다. 그리고 헌법 제95조는 부령에의 위임근거를 마련하면서 '구체적으로 범위를 정하여'라는 문구를 사용하고 있지는 않지만, 법률의 위임에 의한 대통령령에 가해지는 헌법상의 제한은 당연히 법률의 위임에 의한 부령의 경우에도 적용된다(헌법재판소 2019. 11. 28. 선고 2017헌가23 전원재판부 결정).

③ (O) … 그런데 국군포로법은 다른 여러 조항에서 등록포로나 억류지출신 포로가족 등에 대한 금전적 지원, 의료지원, 취업지원 등 각종 지원에 관한 사항을 구체적으로 정하고 있지만, 등록포로 등의 예우에 관하여는 제15조의5에서 대통령에 따라 예우할 수 있도록 규정하고 있을 뿐, 예우의 내용이나 방식 등에 관하여 아무런 규정을 두고 있지 아니하다. 이와 같이 국군포로법이 직접 규정하고 있는 지원은 직접적인 금전급부, 또는 금전적·경제적 지원에 관한 사항을 내용으로 하고 있는 점, 국군포로법 제15조의5에서 말하는 예우에 관한 사항은 국군포로법에서 이를 직접 정하고 있지 아니한 점 등을 종합하면, 대통령령의 제정 없이 상위법령의 규정만으로 국군포로법 제15조의5에 관한 사항이 집행 가능하다고 볼 수 없다. 따라서 피청구인에게는 국군포로법 제15조의5 제2항에 따라 등록포로 등의 예우에 관한 대통령령을 제정 또는 개정할 의무가 있다(헌법재판소 2018. 5. 31. 선고 2016헌마626 전원재판부 결정).

④ (O) 헌법이 인정하고 있는 위임입법의 형식은 예시적인 것으로 보아야 한다. 법률이 일정한 사항을 행정규칙에 위임하더라도 그 행정규칙은 위임된 사항만을 규율할 수 있으므로, 국회입법의 원칙과 상치되지 않는다(헌법재판소 2016. 3. 31. 선고 2014헌바382 결정).

⑤ (X) 위임입법의 법리는 헌법의 근본원리인 권력분립주의와 의회주의 내지 법치주의에 바탕을 두는 것이기 때문에 행정부에서 제정된 대통령령에서 규정한 내용이 정당한 것인지 여부와 위임의 적법성은 직접적인 관계가 없다(헌법재판소 1997. 9. 25. 선고 96헌바18,97헌바46·47 全員裁判部).

해답 ⑤

핵심포인트 문 16 위임입법 ★★

- 헌법 제75조, 제95조가 정하는 포괄위임입법의 금지 적용 ×
  - 법률이 행정부가 아니거나 행정부에 속하지 않는 공법적 기관의 정관에 특정 사항을 정할 수 있다고 위임하는 경우
- 헌법 제75조, 제95조가 정하는 포괄위임입법의 금지 적용 ○
  - 법률의 위임에 의한 대통령령, 부령
- 「국군포로의 송환 및 대우 등에 관한 법률」은 등록포로 등을 대통령령에 따라 예우할 수 있도록 규정하고 있을 뿐 예우의 내용이나 방식 등에 관하여 아무런 규정을 두고 있지 아니하여 대통령령의 제정 없이 상위법령의 규정만으로는 집행 불가능한 경우 ⇨ 대통령은 등록포로 등의 예우에 관한 대통령령을 제정 또는 개정할 의무 有

- 법률이 일정한 사항을 행정규칙에 위임하더라도 국회입법의 원칙과 상치되지 않음(∵ 헌법이 인정하고 있는 위임입법의 형식은 예시적인 것 & 행정규칙은 위임된 사항만을 규율할 수 있음)
- 행정부에서 제정된 대통령령에서 규정한 내용이 정당한 것인지 여부와 위임의 적법성은 직접적인 관계 없음(∵ 위임입법의 법리는 헌법의 근본원리인 권력분립주의와 의회주의 내지 법치주의에 바탕을 둔 것)

문 17 ★★

재산권에 관한 설명으로 옳은 것(○)과 옳지 않은 것(×)을 올바르게 조합한 것은? (다툼이 있는 경우 판례에 의함)

> ㄱ. 「국토의 계획 및 이용에 관한 법률」상 문화재와 문화적으로 보존가치가 큰 건축물 등의 미관을 유지·관리하기 위해 필요한 지구를 지정하여 그 지정목적에 부합하지 않는 토지이용을 제한하는 조항들은, 입법자가 '토지재산권에 관한 권리와 의무를 일반·추상적으로 확정하는' 헌법 제23조 제1항 및 제2항의 재산권의 내용과 한계에 관한 규정이자 재산권의 사회적 제약을 구체화하는 규정이다.
> ㄴ. 수분양자가 아닌 개발사업자를 부과대상으로 하는 구 「학교용지 확보 등에 관한 특례법」상 학교용지부담금은 교육의 기회를 균등하게 보장하여야 한다는 공익과 개발사업자의 재산적 이익이라는 사익을 적절히 형량하고 있으므로, 개발사업자의 재산권을 침해하지 않는다.
> ㄷ. 주택건설사업에서 사업계획승인을 받은 민간사업주체가 주택건설대지면적의 95퍼센트 이상의 사용권원을 확보한 경우 그 민간사업자로 하여금 사용권원을 확보하지 못한 대지의 모든 소유자에게 시가(市價)로 매도청구를 할 수 있도록 한 「주택법」 조항은 재산권을 침해하지 않는다.
> ㄹ. 선거범죄로 당선이 무효로 된 자에게 이미 반환받은 기탁금과 보전받은 선거비용을 반환하도록 한 구 「공직선거법」 조항은 당선무효인의 재산권을 침해하지 않는다.
> ㅁ. 분묘기지권에 관한 관습법 중 '분묘기지권의 존속기간에 관하여 당사자 사이에 약정이 있는 등 특별한 사정이 없는 경우에는 권리자가 분묘의 수호와 봉사를 계속하는 한 그 분묘가 존속하고 있는 동안은 분묘기지권은 존속한다'는 부분은 토지소유자의 재산권을 침해하지 않는다.

① ㄱ(○), ㄴ(○), ㄷ(○), ㄹ(○), ㅁ(○)
② ㄱ(○), ㄴ(○), ㄷ(○), ㄹ(×), ㅁ(×)
③ ㄱ(×), ㄴ(×), ㄷ(×), ㄹ(○), ㅁ(○)
④ ㄱ(○), ㄴ(×), ㄷ(○), ㄹ(○), ㅁ(○)
⑤ ㄱ(×), ㄴ(○), ㄷ(×), ㄹ(×), ㅁ(×)

해설

ㄱ.(○) … 문화재와 문화적으로 보존가치가 큰 건축물 등의 미관을 유지·관리하기 위해 필요한 지구를 지정하여 그 지정목적에 부합하지 않는 토지이용을 규제하려는 이 사건 법률조항들은, 입법자가 '토지재산권에 관한 권리와 의무를 일반·추상적으로 확정하는' 재산권의 내용과 한계에 관한 규정이자 재산권의 사회적 제약을 구체화하는 규정이다(헌법재판소 2012. 7. 26. 선고 2009헌바328 전원재판부).

ㄴ.(○) 수분양자가 아닌 개발사업자를 부과대상으로 하는 구 '학교용지 확보 등에 관한 특례법'(2005. 3. 24. 법률 제7397호로 개정되고 2007. 12. 14. 법률 제8679호로 개정되기 전의 것, 이하 '특례법'이라 한다) 제2조 제2호, 제5조 제1항 본문(이하 '이 사건 법률조항'이라 한다)에 의한 학교용지부담금은 학교용지 확보를 위한 새로운 재원의 마련이라는 정당한 입법목적을 달성하기 위한 적절한 수단으로서 교육의 기회를 균

등하게 보장해야 한다는 공익과 개발사업자의 재산적 이익이라는 사익을 적절히 형량하고 있으므로 이 사건 법률조항은 개발사업자의 재산권을 과도하게 침해하지 아니한다(헌법재판소 2008. 9. 25. 선고 2007헌가1 전원재판부).

ㄷ.(O) 사업계획승인을 받은 민간사업주체가 주택건설대지면적의 95퍼센트 이상의 사용권원을 확보한 경우 사용권원을 확보하지 못한 대지의 모든 소유자에게 매도청구를 할 수 있도록 하는 주택법 제22조 제1항 전문 제1호가 과잉금지원칙에 위배되어 재산권을 침해한다고 할 수 없다(헌법재판소 2023. 8. 31. 선고 2019헌바221,2021헌바269(병합) 전원재판부 결정).

ㄹ.(O) 선거범죄로 당선이 무효로 된 자에게 이미 반환받은 기탁금과 보전받은 선거비용을 다시 반환하도록 한 구 공직선거법(2005. 8. 4. 법률 제7681호로 개정되고, 2010. 1. 25. 법률 제9974호로 개정되기 전의 것) 제265조의2 제1항 전문 중 '제264조의 규정에 의하여 당선이 무효로 된 자'에 관한 부분(이하 '이 사건 법률조항'이라 한다)은 선거범죄를 억제하고 공정한 선거문화를 확립하고자 하는 목적으로 선거범에 대한 제재를 규정한 것인바, 선거범죄를 범하여 형사처벌을 받은 자에게 가할 불이익에 관하여는 기본적으로 입법자가 결정할 것이고, 이 사건 법률조항이 선고형에 따라 제재대상을 정함으로써 사소하고 경미한 선거범과 구체적인 양형사유가 있는 선거범을 제외하고 있는 등의 사정을 종합해 볼 때, 과잉금지원칙을 위반한 재산권침해라고 할 수 없다(헌법재판소 2011. 4. 28. 선고 2010헌바232 전원재판부).

ㅁ.(O) 분묘기지권에 관한 관습법 중 "분묘기지권의 존속기간에 관하여 당사자 사이에 약정이 있는 등 특별한 사정이 없는 경우에는 권리자가 분묘의 수호와 봉사를 계속하는 한 그 분묘가 존속하고 있는 동안은 분묘기지권은 존속한다."는 부분은 … 관습법으로 인하여 토지 소유자가 자신이 소유하는 토지 일부에 대한 사용·수익권을 제한당하기는 하지만, 앞서 살펴본 바와 같이 그 범위는 제한적이다. 반면, 분묘기지권은 조상숭배사상 및 부모에 대한 효사상을 기반으로 오랜 세월 우리의 관습으로 형성·유지되어 왔고 현행 민법 시행 이후에도 대법원 판결을 통해 일관되게 유지되어 왔는바, 이 사건 관습법을 통해 달성할 수 있는 전통문화의 보호 및 법률질서의 안정이라는 공익은 매우 중대하다. 따라서 이 사건 관습법은 법익의 균형성에 위배되지 아니한다. 이상의 점들을 종합하면, 이 사건 관습법이 과잉금지원칙에 위배되어 토지소유자의 재산권을 침해한다고 볼 수 없다(헌법재판소 2020. 10. 29. 선고 2017헌바208 전원재판부 결정).

해답 ①

핵심포인트 문 17 재산권 ★★

- 「국토의 계획 및 이용에 관한 법률」상 문화재와 문화적으로 보존가치가 큰 건축물 등의 미관 유지·관리하기 위해 필요한 지구를 지정하여 그 지정목적에 부합하지 않는 토지이용 제한하는 조항 ⇨ 헌법 제23조 제1항 및 제2항의 재산권의 내용과 한계에 관한 규정이자 재산권의 사회적 제약을 구체화하는 규정임 O
- 재산권 침해 ×
  - 수분양자가 아닌 개발사업자를 부과대상으로 하는 구 「학교용지 확보 등에 관한 특례법」상 학교용지부담금으로 인한 사업자의 재산권
  - 주택건설사업에서 사업계획승인을 받은 민간사업주체가 주택건설대지면적의 95퍼센트 이상의 사용권원을 확보한 경우 그 민간사업자로 하여금 사용권원을 확보하지 못한 대지의 모든 소유자에게 시가로 매도청구를 할 수 있도록 한 「주택법」 조항
  - 선거범죄로 당선이 무효로 된 자에게 이미 반환받은 기탁금과 보전받은 선거비용을 반환하도록 한 구 「공직선거법」 조항으로 인한 당선무효인의 재산권
  - 분묘기지권에 관한 관습법 중 '분묘기지권의 존속기간에 관하여 당사자 사이에 약정이 있는 등 특별한 사정이 없는 경우에는 권리자가 분묘의 수호와 봉사를 계속하는 한 그 분묘가 존속하고 있는 동안은 분묘기지권은 존속한다'는 부분으로 인한 토지소유자의 재산권

문 18

★★★

지방자치제도에 관한 설명으로 옳은 것(○)과 옳지 않은 것(×)을 올바르게 조합한 것은? (다툼이 있는 경우 판례에 의함)

> ㄱ. 지방자치단체의 자치사무에 대한 무분별한 감사권의 행사는 헌법상 보장된 지방자치권을 침해할 가능성이 크므로, 원칙적으로 감사 과정에서 사전에 감사대상으로 특정되지 아니한 사항에 관하여 위법사실이 발견되었다고 하더라도 감사대상을 확장하거나 추가하는 것은 허용되지 않는다.
> ㄴ. 헌법상 지방자치단체의 지방자치권 역시 국가 통치조직의 분배와 작용에 관한 것으로서 국가권력의 일부분을 담당하는 권한인 이상, 지방자치단체의 조직과 자치기능 및 자치사무의 자율성에 관한 기본적이고 본질적인 사항은 법률에서 직접 규정하여야 한다.
> ㄷ. 헌법상 제도적으로 보장된 자치권에 자치사무의 수행에 있어 다른 행정주체로부터 합목적성에 관하여 명령·지시를 받지 않는 권한까지 포함된다고 볼 수는 없다.
> ㄹ. 헌법은 '지방자치단체의 장의 선임방법에 관한 사항은 법률로 정한다'고 규정하고 있으나, 지방자치단체의 대표인 단체장이 주민의 자발적 지지에 기초를 둔 선거를 통해 선출되어야 한다는 것은 지방자치제도의 본질에서 당연히 도출되는 원리이다.
> ㅁ. 헌법은 지방자치단체의 조례제정권을 보장하고 있고 「지방자치법」은 개별 법률의 위임이 있는 경우에는 조례로써도 주민의 권리를 제한하거나 주민에게 의무를 부과하는 것이 가능함을 밝히고 있으므로, 조례도 법률의 위임이 있으면 입법사항을 정할 수 있다.

① ㄱ(○), ㄴ(○), ㄷ(○), ㄹ(○), ㅁ(○)
② ㄱ(○), ㄴ(×), ㄷ(○), ㄹ(○), ㅁ(×)
③ ㄱ(○), ㄴ(○), ㄷ(×), ㄹ(○), ㅁ(○)
④ ㄱ(×), ㄴ(×), ㄷ(○), ㄹ(×), ㅁ(×)
⑤ ㄱ(×), ㄴ(○), ㄷ(×), ㄹ(×), ㅁ(○)

해설

ㄱ.(○) 지방자치단체의 자치사무에 대한 무분별한 감사권의 행사는 헌법상 보장된 지방자치권을 침해할 가능성이 크므로, 원칙적으로 감사 과정에서 사전에 감사대상으로 특정되지 아니한 사항에 관하여 위법사실이 발견되었다고 하더라도 감사대상을 확장하거나 추가하는 것은 허용되지 않는다. 다만, 자치사무의 합법성 통제라는 감사의 목적이나 감사의 효율성 측면을 고려할 때, 당초 특정된 감사대상과 관련성이 인정되는 것으로서 당해 절차에서 함께 감사를 진행하더라도 감사대상 지방자치단체가 절차적인 불이익을 받을 우려가 없고, 해당 감사대상을 적발하기 위한 목적으로 감사가 진행된 것으로 볼 수 없는 사항에 대하여는 감사대상의 확장 내지 추가가 허용된다(헌법재판소 2023. 3. 23. 선고 2020헌라5 전원재판부 결정).

ㄴ.(○) … 헌법상 지방자치단체의 지방자치권 역시 국가 통치조직의 분배와 작용에 관한 것으로서 국가권력의 일부분을 담당하는 권한인 이상 지방자치단체의 조직과 자치기능 및 자치사무의 자율성에 관한 기본적이고 본질적 사항은 법률에서 직접 규정하여야 한다(헌법재판소 2024. 3. 28. 선고 2021헌바57 전원재판부 결정).

ㄷ.(×) 헌법은 제117조와 제118조에서 '지방자치단체의 자치'를 제도적으로 보장하고 있는바, 그 보장의 본질적 내용은 자치단체의 보장, 자치기능의 보장 및 자치사무의 보장이다. 이와 같이 헌법상 제도적으로 보장된 자치권 가운데에는 자치사무의 수행에 있어 다른 행정주체로부터 합목적성에 관하여 명령·지시를 받지 않는 권한도 포함된다(헌법재판소 2022. 8. 31. 선고 2021헌라1 전원재판부 결정).

ㄹ.(○) … 반면에 지방자치단체의 장에 대해서는 헌법 제118조 제2항에서 "… 지방자치단체의 장의 '선임방법' … 에 관한 사항은 법률로 정한다."라고만 규정하여 지방의회의원의 '선거'와는 문언상 구별하고 있으므로, 지방자치단체의 장 선거권이 헌법상 보장되는 기본권인지 여부가 문제된다. 헌법에서 지방자치제를 제도적으로 보장하고 있고, 지방자치는 지방자치단체가 독자적인 자치기구를 설치해서 그 자치단체의 고유

사무를 국가기관의 간섭 없이 스스로의 책임 아래 처리하는 것을 의미한다는 점에서 지방자치단체의 대표인 단체장은 지방의회의원과 마찬가지로 주민의 자발적 지지에 기초를 둔 선거를 통해 선출되어야 한다는 것은 지방자치제도의 본질에서 당연히 도출되는 원리이다(전원재판부 2014헌마797, 2016. 10. 27.).

ㅁ.(O) … 즉, 우리 헌법 제117조 제1항은 지방자치단체의 조례제정권을 보장하고 있고, 나아가 지방자치법은 개별 법률의 위임이 있는 경우에는 조례로써도 주민의 권리를 제한하거나 주민에게 의무를 부과하는 것이 가능함을 밝히고 있다. 따라서 조례도 법률의 위임이 있으면 입법사항을 정할 수 있다(헌법재판소 2023. 12. 21. 선고 2020헌바374 전원재판부 결정).

해답 ③

핵심포인트 문 18 지방자치제도 ★★★

- 지방자치단체의 자치사무에 대한 감사권 ⇨ 원칙적으로 감사 과정에서 사전에 감사대상으로 특정되지 아니한 사항에 관하여 위법사실이 발견되었다고 하더라도 감사대상을 확장하거나 추가하는 것은 허용 ×
- 지방자치단체의 조직과 자치기능 및 자치사무의 자율성에 관한 기본적이고 본질적인 사항은 법률에서 직접 규정하여야 함 ○(∵ 헌법상 지방자치단체의 지방자치권 역시 국가 통치조직의 분배와 작용에 관한 것으로서 국가권력의 일부분을 담당하는 권한)
- 자치사무의 수행에 있어 다른 행정주체로부터 합목적성에 관하여 명령·지시를 받지 않는 권한은 헌법상 제도적으로 보장된 자치권에 포함됨 ○
- 지방자치단체의 대표인 단체장이 주민의 자발적 지지에 기초를 둔 선거를 통해 선출되어야 한다는 것 ⇨ 지방자치제도의 본질에서 당연히 도출되는 원리임 ○
- 조례도 법률의 위임이 있으면 입법사항을 정할 수 있음(∵ 헌법은 지방자치단체의 조례제정권을 보장 & 한 「지방자치법」은 개별 법률의 위임이 있는 경우에는 조례로써도 주민의 권리를 제한하거나 주민에게 의무를 부과하는 것이 가능함을 규정함)

문 19 ★★

재판절차진술권에 관한 설명으로 옳지 않은 것은? (다툼이 있는 경우 판례에 의함)

① 직계혈족, 배우자, 동거친족, 동거가족 또는 그 배우자간의 권리행사방해죄에 대해 법관으로 하여금 여러 사정을 전혀 고려할 수 없도록 하고 획일적으로 형면제 판결을 선고하도록 하는 「형법」 조항은 형사피해자가 법관에게 적절한 형벌권을 행사하여 줄 것을 청구할 수 없도록 하는 것으로서 입법재량을 일탈하여 현저히 불합리하거나 불공정하므로 형사피해자의 재판절차진술권을 침해한다.

② 헌법 제27조 제5항에 정한 형사피해자의 개념은 반드시 형사실체법상의 보호법익을 기준으로 한 피해자개념에 한정하여 결정할 것이 아니라, 형사실체법상으로는 직접적인 보호법익의 향유주체로 해석되지 않는 자라 하더라도 문제된 범죄행위로 말미암아 법률상 불이익을 받게 되는 자의 뜻으로 이해하여야 한다.

③ 재정신청에 대한 결정을 할 때 구두변론 실시 여부를 법관의 재량에 맡기고 있는 「형사소송법」 조항은 재정신청절차를 신속하고 원활하게 진행함으로써 관계 당사자 사이의 법률관계를 확정하여 사회 안정을 도모한다는 공익보다 재정신청인이 받게 되는 불이익이 크다고 볼 수 있으므로 피해자의 재판절차진술권을 침해한다.

④ 재판절차진술권에 관한 헌법 제27조 제5항이 정한 법률유보는 법률에 의한 기본권의 제한을 목적으로 하는 자유권적 기본권에 대한 법률유보의 경우와는 달리, 기본권으로서의 재판절차진술권을 보장하고 있는 헌법규범의 의미와 내용을 법률로써 구체화하기 위한 이른바 기본권형성적 법률유보에 해당한다.
⑤ 공정거래위원회는 「독점규제 및 공정거래에 관한 법률」이 추구하는 법 목적에 비추어 행위의 위법성과 가벌성이 중대하고 피해의 정도가 현저하여 형벌을 적용하지 아니하면 법 목적의 실현이 불가능하다고 봄이 객관적으로 상당한 사안에 있어서 당연히 고발을 하여야 할 의무가 있고, 이러한 작위의무에 위반한 고발권의 불행사는 명백히 자의적인 것으로서 피해자의 재판절차진술권을 침해하는 것이다.

해설

① (O) 직계혈족, 배우자, 동거친족, 동거가족 또는 그 배우자 간의 권리행사방해죄는 그 형을 면제하도록 한 형법 제328조 제1항(이하 '심판대상조항'이라 한다)은 형사피해자가 법관에게 적절한 형벌권을 행사하여 줄 것을 청구할 수 없도록 하는바, 이는 입법재량을 명백히 일탈하여 현저히 불합리하거나 불공정한 것으로서 형사피해자의 재판절차진술권을 침해한다(헌법재판소 2024. 6. 27. 선고 2020헌마468, 2020헌바341, 2021헌바420, 2024헌마146(병합) 전원재판부 결정).

② (O) 헌법 제27조 제5항에서 형사피해자의 재판절차진술권을 독립된 기본권으로 보장한 취지는 피해자 등에 의한 사인소추를 전면 배제하고 형사소추권을 검사에게 독점시키고 있는 현행 기소독점주의의 형사소송 체계 아래에서 형사피해자로 하여금 당해 사건의 형사재판절차에 참여할 수 있는 청문의 기회를 부여함으로써 형사사법의 절차적 적정성을 확보하기 위한 것이므로, 위 헌법조항의 형사피해자의 개념은 반드시 형사실체법상의 보호법익을 기준으로 한 피해자개념에 한정하여 결정할 것이 아니라 형사실체법상으로는 직접적인 보호법익의 향유주체로 해석되지 않는 자라 하더라도 문제된 범죄행위로 말미암아 법률상 불이익을 받게 되는 자의 뜻으로 풀이하여야 할 것이다(헌법재판소 1997. 2. 20. 선고 96헌마76 전원재판부).

③ (X) … 이 사건 심판대상은 "결정은 구두변론에 의거하지 아니할 수 있다."고 규정하고 있는 형사소송법(1954. 9. 23. 법률 제341호로 제정된 것) 제37조 제2항 중 '재정신청에 대한 결정' 부분(다음부터 '심판대상조항'이라 한다)은 재정신청절차를 신속하고 원활하게 진행하여 관계 당사자 사이의 법률관계를 확정하여 사회 안정을 도모한다는 공익은 매우 중요하다. 이에 반하여 심판대상조항에 따라 법관이 구두변론을 하지 않고 재정신청에 대한 결정을 함으로써 재정신청인이 받게 되는 불이익은 그다지 크다고 보기 어렵다. 심판대상조항은 법익의 균형성도 갖추었다. 심판대상조항이 청구인의 재판절차진술권과 재판청구권을 침해한다고 볼 수 없다(헌법재판소 2018. 4. 26. 선고 2016헌마1043 결정).

④ (O) 재판절차진술권에 관한 헌법 제27조 제5항이 정한 법률유보는 법률에 의한 기본권의 제한을 목적으로 하는 자유권적 기본권에 대한 법률유보의 경우와는 달리 기본권으로서의 재판절차진술권을 보장하고 있는 헌법규범의 의미와 내용을 법률로써 구체화하기 위한 이른바 기본권형성적 법률유보에 해당한다(헌법재판소 1993. 3. 11. 선고 92헌마48 전원재판부).

⑤ (O) … 결국 공정거래법이 추구하는 앞서 본 법목적에 비추어 행위의 위법성과 가벌성이 중대하고 피해의 정도가 현저하여 형벌을 적용하지 아니하면 법목적의 실현이 불가능하다고 봄이 객관적으로 상당한 사안에 있어서는 공정거래위원회로서는 그에 대하여 당연히 고발을 하여야 할 의무가 있고 이러한 작위의무에 위반한 고발권의 불행사는 명백히 자의적인 것으로서 당해 위반행위로 인한 피해자의 평등권과 재판절차진술권을 침해하는 것이라고 보아야 할 것이다(헌법재판소 1995. 7. 21. 선고 94헌마136 全員裁判部).

해답 ③

문 19 재판절차진술권 ★★

- 피해자의 재판절차진술권 침해 ○
  - 직계혈족, 배우자, 동거친족, 동거가족 또는 그 배우자 간의 권리행사방해죄에 대해 법관으로 하여금 획일적으로 형면제 판결을 선고하도록 하는 「형법」 조항
  - 「독점규제 및 공정거래에 관한 법률」이 추구하는 법 목적에 비추어 행위의 위법성과 가벌성이 중대하고 피해의 정도가 현저하여 형벌을 적용하지 아니하면 법 목적의 실현이 불가능하다고 봄이 객관적으로 상당한 사안에서 공정거래위원회의 고발권 불행사
- 피해자의 재판절차진술권 침해 ×
  - 재정신청에 대한 결정을 할 때 구두변론 실시 여부를 법관의 재량에 맡기고 있는 「형사소송법」 조항
- 헌법 제27조 제5항에 정한 형사피해자 ⇨ 형사실체법상으로는 직접적인 보호법익의 향유주체로 해석되지 않는 자라 하더라도 문제된 범죄행위로 말미암아 법률상 불이익을 받게 되는 자를 의미함 ○(반드시 형사실체법상의 보호법익을 기준으로 한 피해자개념에 한정 ×)
- 재판절차진술권에 관한 헌법 제27조 제5항이 정한 법률유보 ⇨ 헌법규범의 의미와 내용을 법률로써 구체화하기 위한 이른바 기본권형성적 법률유보에 해당함

문 20 ★★

선거에 관한 설명 중 옳은 것을 모두 고른 것은? (다툼이 있는 경우 판례에 의함)

ㄱ. 누구든지 선거기간 중 선거에 영향을 미치게 하기 위하여 '그 밖의 집회나 모임'을 개최할 수 없도록 하고, 이를 위반하는 자를 처벌하는 「공직선거법」 조항은 정치적 표현의 자유를 침해하지 않는다.

ㄴ. 당선되거나 되게 하거나 되지 못하게 할 목적으로 공연히 사실을 적시하여 후보자가 되고자 하는 자를 비방한 자를 처벌하는 「공직선거법」 조항은 죄형법정주의의 명확성원칙에 위배되지는 않으나, 과잉금지원칙에 위배되어 정치적 표현의 자유를 침해한다.

ㄷ. 1년 이상의 징역형을 선고받고 그 집행이 종료되지 아니한 사람의 선거권을 제한하는 「공직선거법」 조항은 과실범, 고의범 등 범죄의 종류를 불문하고 침해된 법익의 내용을 불문하며 형 집행 중에 이루어지는 재량적 행정처분인 가석방 여부를 고려하지 않으므로 선거권을 침해한다.

ㄹ. 「공직선거법」상 지방공사 상근직원에 대하여 일체의 선거운동을 금지하는 것은 선거운동의 자유를 중대하게 제한하는 정도에 비하여 선거의 공정성 및 형평성의 확보라는 공익에 기여하는 바가 크지 않으므로, 지방공사 상근직원의 선거운동의 자유를 침해한다.

ㅁ. 기본적으로 사법인적인 성격을 지니는 농협중앙회의 중앙회장선거에서 회장을 선출하거나 선거운동을 하는 것은 헌법에 의하여 보호되는 선거권의 범위에 포함된다.

① ㄱ, ㄴ
② ㄴ, ㄹ
③ ㄴ, ㅁ
④ ㄱ, ㄷ, ㄹ
⑤ ㄷ, ㄹ, ㅁ

해설

ㄱ.(X) 공직선거법 제103조 제3항 중 '누구든지 선거기간 중 선거에 영향을 미치게 하기 위하여 그 밖의 집회나 모임을 개최할 수 없다' 부분은 구체적인 집회나 모임의 상황을 고려하여 상충하는 법익 사이의 조화를 이루려는 노력을 전혀 기울이지 않고서, 일반 유권자가 선거에 영향을 미치게 하기 위한 집회나 모임을 개최하는 것을 전면적으로 금지함에 따라, 사실상 선거와 관련된 집단적 의견표명 일체가 불가능하게 됨으로써 일반 유권자가 받게 되는 집회의 자유, 정치적 표현의 자유에 대한 제한 정도는 매우 크다. 따라서 심판대상조항은 법익의 균형성에도 위배된다. 심판대상조항은 과잉금지원칙에 반하여 집회의 자유, 정치적 표현의 자유를 침해한다(헌법재판소 2022. 7. 21. 선고 2018헌바164 전원재판부 결정).

ㄴ.(O) … 심판대상조항의 입법 목적, 공직선거법 제49조 제1항 및 제60조의2 제1항과의 균형, 심판대상조항이 당선되거나 당선되게 하거나 당선되지 못하게 할 목적을 초과주관적인 구성요건 요소로 규정하고 있는 점 등에 비추어 볼 때, '후보자가 되고자 하는 자'는 비방행위자가 당선되거나 당선되게 하거나 되지 못하게 할 목적을 가지고 있었던 선거를 기준으로, 비방행위 당시 후보자가 되고자 하는 의사를 인정할 수 있는 객관적 징표가 존재하는 자를 의미한다고 할 것인바, 심판대상조항이 규정하는 '후보자가 되고자 하는 자' 부분이 명확성원칙에 위배된다고 단정하기 어렵다(전원재판부 2011헌바75, 2013. 6. 27). … 이 사건 비방금지조항(제251조 중 '후보자가 되고자 하는 자'에 관한 부분)으로 말미암아 제한되는 행위자의 정치적 표현의 자유는 매우 크고 중대한 반면, 사실 적시를 통한 비방을 금지함으로써 달성할 수 있는 명예보호나 선거의 공정성 확보라는 공익은 다소 추상적이고 불분명하여, 행위자가 제약당하는 정치적 표현의 자유보다 크다고 보기 어렵다. 따라서 이 사건 비방금지 조항은 법익의 균형성이 인정되지 않는다. 그렇다면 이 사건 비방금지 조항은 과잉금지원칙에 위배되어 정치적 표현의 자유를 침해한다(헌법재판소 2024.06.27. 2023헌바78 결정).

ㄷ.(X) 1년 이상의 징역의 형의 선고를 받고 그 집행이 종료되지 아니한 사람의 선거권을 제한하는 공직선거법(2015. 8. 13. 법률 제13497호로 개정된 것) 제18조 제1항 제2호 본문 중 "1년 이상의 징역의 형의 선고를 받고 그 집행이 종료되지 아니한 사람"에 관한 부분(이하 '심판대상조항'이라 한다)에 따른 선거권 제한 기간은 각 수형자의 형의 집행이 종료될 때까지이므로, 형사책임의 경중과 선거권 제한 기간은 비례하게 된다. 심판대상조항이 과실범, 고의범 등 범죄의 종류를 불문하고, 침해된 법익의 내용을 불문하며, 형 집행 중에 이뤄지는 재량적 행정처분인 가석방 여부를 고려하지 않고 선거권을 제한한다고 하여 불필요한 제한을 부과한다고 할 수 없다. 1년 이상의 징역형을 선고받은 사람의 선거권을 제한함으로써 형사적·사회적 제재를 부과하고 준법의식을 강화한다는 공익이, 형 집행기간 동안 선거권을 행사하지 못하는 수형자 개인의 불이익보다 작다고 할 수 없다. 따라서 심판대상조항은 과잉금지원칙을 위반하여 청구인의 선거권을 침해하지 아니한다(헌법재판소 2017. 5. 25. 선고 2016헌마292·568(병합) 결정).

ㄹ.(O) … 지방공사 상근직원의 직무에 공익적 성격이 있다고 하더라도, 그러한 공익적 업무를 수행하는 자의 영향력 행사를 배제하여 선거의 공정성을 확보한다는 공익은 그 지위를 이용한 선거운동 내지 영향력 행사만을 금지하는 것으로 충분히 확보될 수 있다. 그러므로 심판대상조항과 같이 지방공사 상근직원에 대하여 일체의 선거운동을 금지하는 것은, 선거운동의 자유를 중대하게 제한하는 정도에 비하여 선거의 공정성 및 형평성의 확보라는 공익에 기여하는 바가 크지 않으므로, 법익의 균형성을 충족하지 못하는 것이다. 심판대상조항은 과잉금지원칙을 위반하여 지방공사 상근직원의 선거운동의 자유를 침해한다(헌법재판소 2024. 1. 25. 선고 2021헌가14 전원재판부 결정).

ㅁ.(X) … 또한, 중앙회장선거의 선거운동과 관련하여 보다 밀접한 기본권인 결사의 자유 및 표현의 자유 침해 여부를 판단하는 이상 직업의 자유 침해 주장에 대해서 더 나아가 살피지 아니한다. 이외에도 청구인은 심판대상조항들이 중앙회장선거 후보자의 선거운동의 자유를 침해한다고 주장하나, 사법인적인 성격을 지니는 농협중앙회의 중앙회장선거에서 회장을 선출하거나 선거운동을 하는 것은 헌법에 의하여 보호되는 선거권의 범위에 포함되지 아니한다(헌법재판소 2019. 7. 25. 선고 2018헌바85 전원재판부 결정).

해답 ②

핵심포인트 문 20 선거 ★★

- 정치적 표현의 자유를 침해 ○
  - 누구든지 선거기간 중 선거에 영향을 미치게 하기 위하여 '그 밖의 집회나 모임'을 개최할 수 없도록 하고, 이를 위반하는 자를 처벌하는 「공직선거법」 조항
  - 당선되거나 되게 하거나 되지 못하게 할 목적으로 공연히 사실을 적시하여 후보자가 되고자 하는 자를 비방한 자를 처벌하는 「공직선거법」 조항
- 선거권 침해 ×
  - 과실범, 고의범 등 범죄의 종류를 불문하고 침해된 법익의 내용을 불문하며 형 집행 중에 이루어지는 재량적 행정처분인 가석방 여부를 고려하지 않는 1년 이상의 징역형을 선고받고 그 집행이 종료되지 아니한 사람의 선거권을 제한하는 「공직선거법」 조항
- 지방공사 상근직원의 선거운동의 자유 침해 ○
  - 「공직선거법」상 지방공사 상근직원에 대하여 일체의 선거운동을 금지하는 것
- 선거권의 범위에 포함 ×
  - 사법인적인 성격을 지니는 농협중앙회의 중앙회장선거에서 회장을 선출하거나 선거 운동하는 것

문 21 ★★

행정절차와 공공기관의 정보공개에 관한 설명 중 옳은 것을 모두 고른 것은? (다툼이 있는 경우 판례에 의함)

ㄱ. 국가에 대한 행정처분도 가능하며, 이때에도 사전 통지, 의견청취, 이유 제시와 관련한 「행정절차법」 규정이 그대로 적용된다.

ㄴ. 처분서에 기재된 내용과 관계 법령 및 해당 처분에 이르기까지의 전체적인 과정 등을 종합적으로 고려하여 처분 당시 당사자가 어떠한 근거와 이유로 처분이 이루어진 것인지를 충분히 알 수 있어서 그에 불복하여 행정구제절차로 나아가는 데에 별다른 지장이 없었더라도, 처분서에 처분의 근거와 이유가 구체적으로 명시되어 있지 않았다면 그 처분은 위법하다.

ㄷ. 정보공개청구인이 제기한 정보공개거부처분취소소송에서 해당 공공기관이 법원에 증거로 제출한 청구정보의 사본을 청구인이 송달받아 결과적으로 해당 공공기관이 정보공개청구인에게 정보를 공개하는 셈이 되었더라도, 해당 정보의 비공개결정의 취소를 구할 소의 이익은 소멸되지 않는다.

ㄹ. 징계처분을 받은 군인 甲이 징계위원회 구성의 절차상 하자를 확인하기 위해 징계위원의 성명과 직위에 대한 공개를 청구하였으나 거부당하여 이에 대한 취소소송을 제기하였는데, 甲이 제기한 징계항고 절차에서 징계위원회 구성에 하자가 있음을 알게 되었고, 그 하자를 이유로 해당 징계처분이 취소되었다면, 甲의 위 취소소송에서 정보의 공개를 구할 법률상 이익은 소멸한다.

① ㄱ, ㄴ
② ㄱ, ㄷ
③ ㄴ, ㄹ
④ ㄷ, ㄹ
⑤ ㄱ, ㄷ, ㄹ

해설

ㄱ.(O) … 위와 같은 행정절차법의 규정과 행정의 공정성·투명성 및 신뢰성 확보라는 행정절차법의 입법 취지 등을 고려해 보면, 행정기관의 처분에 의하여 불이익을 입게 되는 국가를 일반 국민과 달리 취급할 이유가 없다. 따라서 국가에 대해 행정처분을 할 때에도 사전 통지, 의견청취, 이유 제시와 관련한 행정절차법이 그대로 적용된다고 보아야 한다(대법원 2023. 9. 21. 선고 2023두39724 판결).

ㄴ.(X) 행정청이 처분을 할 때에는 원칙적으로 당사자에게 그 근거와 이유를 제시하여야 한다(행정절차법 제23조 제1항). 이 경우 행정청은 처분의 원인이 되는 사실과 근거가 되는 법령 또는 자치법규의 내용을 구체적으로 명시하여야 한다(행정절차법 시행령 제14조의2). 다만 행정청의 자의적 결정을 배제하고 당사자로 하여금 행정구제절차에서 적절히 대처할 수 있도록 하는 처분의 근거 및 이유제시 제도의 취지에 비추어, 처분을 하면서 당사자가 그 근거를 알 수 있을 정도로 이유를 제시한 경우에는 처분의 근거와 이유를 구체적으로 명시하지 않았더라도 그로 말미암아 그 처분이 위법하다고 볼 수는 없다(대법원 2019. 1. 31. 선고 2016두64975 판결).

ㄷ.(O) 정보공개거부처분의 취소를 구하는 소송에서 공공기관이 청구정보를 증거 등으로 법원에 제출하여 법원을 통하여 그 사본을 청구인에게 교부 또는 송달되게 하여 청구인에게 정보를 공개하게 된 경우, 정보 비공개결정의 취소를 구할 소의 이익이 소멸되지 않는다(대법원 2016. 12. 15. 선고 2012두11409, 2012두11416(병합) 판결).

ㄹ.(X) 공공기관에 대하여 정보공개를 청구하였다가 공개거부처분을 받은 청구인은 공개거부처분의 취소를 구할 법률상 이익이 인정된다. 견책의 징계처분을 받은 갑이 사단장에게 징계위원회에 참여한 징계위원의 성명과 직위에 대한 정보공개청구를 하였으나 위 정보가 공공기관의 정보공개에 관한 법률 제9조 제1항 제1호, 제2호, 제5호, 제6호에 해당한다는 이유로 공개를 거부한 사안에서, 징계처분 취소사건에서 갑의 청구를 기각하는 판결이 확정되었더라도, 갑으로서는 여전히 정보공개거부처분의 취소를 구할 법률상 이익이 있다(대법원 2022. 5. 26. 선고 2022두33439 판결).

해답 ②

문 21 | 행정절차와 공공기관의 정보공개 ★★

- 행정기관의 처분에 의하여 불이익을 입게 되는 국가에 대해 행정처분을 할 때에도 사전 통지, 의견청취, 이유 제시와 관련한 행정절차법이 그대로 적용 ○
- 처분서에 처분의 근거와 이유가 구체적으로 명시되어 있지 않아도 처분서에 기재된 내용과 관계 법령 및 해당 처분에 이르기까지의 전체적인 과정 등을 종합적으로 고려하여 처분 당시 당사자가 어떠한 근거와 이유로 처분이 이루어진 것인지를 충분히 알 수 있어서 그에 불복하여 행정구제절차로 나아가는 데에 별다른 지장 없는 경우 ⇨ 그 처분은 위법 ×
- 정보공개청구인이 제기한 정보공개거부처분취소소송에서 해당 공공기관이 법원에 증거로 제출한 청구정보의 사본을 청구인이 송달받아 결과적으로 해당 공공기관이 정보공개청구인에게 정보를 공개된 셈이 된 경우 ⇨ 해당 정보의 비공개결정의 취소를 구할 소의 이익 소멸 ×
- 징계위원의 성명과 직위에 대한 공개를 청구하였으나 거부당하여 이에 대한 취소소송을 제기하였는데, 甲이 제기한 징계항고 절차에서 징계위원회 구성에 하자가 있음을 알게 되었고, 그 하자를 이유로 해당 징계처분이 취소된 경우 ⇨ 취소소송에서 정보의 공개를 구할 법률상 이익 소멸 ×

문 22

행정행위에 관한 설명 중 옳지 않은 것은? (다툼이 있는 경우 판례에 의함)

① 구 공중위생관리법령에 따라 공중위생영업이 양도·양수된 후 양수인이 행정청에 새로운 영업소개설통보를 하였다면, 양도인에 관한 공중위생업 영업정지의 위법사유로 양수인에게 영업정지처분을 할 수 없다.
② 건축허가는 대물적 성질을 갖는 것이어서 행정청은 그 허가를 할 때 건축주가 누구인가 등 인적 요소에 관하여는 형식적 심사만을 행한다.
③ 요양기관이 속임수나 그 밖의 부당한 방법으로 보험자에게 요양급여비용을 부담하게 한 것을 이유로 「국민건강보험법」에 따라 받게 되는 요양기관 업무정지처분은 대물적 처분의 성격을 가진다.
④ 행정청이 「도시 및 주거환경정비법」 등 관련 법령에 근거하여 행하는 주택재건축조합설립인가처분은 법령상 요건을 갖출 경우 주택재건축사업을 시행할 수 있는 권한을 갖는 행정주체로서의 지위를 부여하는 일종의 설권적 처분의 성격을 가진다.
⑤ 근로복지공단이 사업주에 대해 행하는 개별 사업장의 사업종류 결정은 행정청이 행하는 구체적 사실에 관한 법집행으로서 공권력을 행사하는 확인적 행정행위라고 보아야 한다.

해설

① (X) ··· 양수인이 그 양수 후 행정청에 새로운 영업소개설통보를 하였다 하더라도, 그로 인하여 영업양도·양수로 영업소에 관한 권리의무가 양수인에게 이전하는 법률효과까지 부정되는 것은 아니라 할 것인바, 만일 어떠한 공중위생영업에 대하여 그 영업을 정지할 위법사유가 있다면, 관할 행정청은 그 영업이 양도·양수되었다 하더라도 그 업소의 양수인에 대하여 영업정지처분을 할 수 있다고 봄이 상당하다(대법원 2001. 6. 29. 선고 2001두1611 판결).
② (O) 건축허가는 대물적 성질을 갖는 것이어서 행정청으로서는 허가를 할 때에 건축주 또는 토지 소유자가 누구인지 등 인적 요소에 관하여는 형식적 심사만 한다(대법원 2017. 3. 15. 선고 2014두41190 판결).
③ (O) 요양기관이 속임수나 그 밖의 부당한 방법으로 보험자에게 요양급여비용을 부담하게 한 때에 국민건강보험법 제98조 제1항 제1호에 의해 받게 되는 요양기관 업무정지처분은 의료인 개인의 자격에 대한 제재가 아니라 요양기관의 업무 자체에 대한 것으로서 대물적 처분의 성격을 갖는다(대법원 2022. 4. 28. 선고 2022두30546 판결).
④ (O) 행정청이 도시 및 주거환경정비법 등 관련 법령에 근거하여 행하는 조합설립인가처분은 단순히 사인들의 조합설립행위에 대한 보충행위로서의 성질을 갖는 것에 그치는 것이 아니라 법령상 요건을 갖출 경우 도시 및 주거환경정비법상 주택재건축사업을 시행할 수 있는 권한을 갖는 행정주체(공법인)로서의 지위를 부여하는 일종의 설권적 처분의 성격을 갖는다고 보아야 한다(대법원 2009. 9. 24. 선고 2008다60568 판결).
⑤ (O) ··· 따라서 근로복지공단이 개별 사업장의 사업종류를 결정하는 것은 고용산재보험료징수법을 집행하는 과정에서 이루어지는 행정작용이다. 이러한 사업종류 결정의 주체, 내용과 결정기준을 고려하면, 개별 사업장의 사업종류 결정은 구체적 사실에 관한 법집행으로서 공권력을 행사하는 '확인적 행정행위'라고 보아야 한다(대법원 2020. 4. 9. 선고 2019두61137 판결).

해답 ①

| 핵심
포인트 | 문 22 | 행정행위 | ★★ |

- 구 공중위생관리법령에 따라 공중위생영업이 양도·양수된 후 양수인이 행정청에 새로운 영업소개설통보를 한 경우 양도인에 관한 공중위생업 영업정지의 위법사유로 양수인에게 영업정지처분 可
- 행정청은 그 허가를 할 때 건축주가 누구인가 등 인적 요소에 관하여는 형식적 심사만을 함(∵ 건축허가는 대물적 성질)
- 요양기관이 속임수나 그 밖의 부당한 방법으로 보험자에게 요양급여비용을 부담하게 한 것을 이유로 「국민건강보험법」에 따라 받게 되는 요양기관 업무정지처분 ⇨ 대물적 처분의 성격 ○
- 행정청이 「도시 및 주거환경정비법」 등 관련 법령에 근거하여 행하는 주택재건축조합설립인가처분 ⇨ 설권적 처분의 성격 ○
- 근로복지공단이 사업주에 대해 행하는 개별 사업장의 사업종류 결정 ⇨ 확인적 행정행위

문 23 ★★★

다음 사례에 관한 설명 중 옳은 것을 모두 고른 것은? (다툼이 있는 경우 판례에 의함)

> 甲은 A시 B구 소재 점포에 관하여 종전 영업자(식품위생법령상 일반음식점영업자)인 X로부터 영업자 지위승계를 받아 2021. 11. 9. 신고하였는데, B구 구청장 乙은 X가 2021. 8. 26. 유흥접객원을 고용하여 유흥접객행위를 하였다는 이유로 2022. 12. 26. 甲에 대하여 3월의 영업정지처분을 하였다. 이에 대하여 甲이 취소심판을 청구함에 따라, 행정심판위원회는 2023. 3. 6. 甲에 대하여 3월의 영업정지처분을 2월의 영업정지처분에 갈음하는 560만 원의 과징금부과처분으로 변경하라는 취지의 일부 인용재결을 하였고, 그 취지에 따라 乙은 2023. 3. 13. 과징금부과처분을 하였다. 甲은 乙의 처분에 대하여 취소소송을 제기하여 다투려고 한다.

> ㄱ. 甲의 2021. 11. 9.자 영업자지위승계신고를 乙이 수리하면 X의 기존 영업수행권은 취소되고 甲에게 새로운 영업수행권이 설정되는 식품위생영업자의 지위변경이라는 공법상 법률효과가 발생한다.
> ㄴ. 乙이 2022. 12. 26. 甲에게 영업정지처분을 하기 위해서는 X에 대해 「행정절차법」상의 사전 통지, 의견제출 절차를 거쳐야 한다.
> ㄷ. 행정심판위원회의 2023. 3. 6.자 재결에 대해 乙이 따르지 않을 경우 행정심판위원회가 「행정심판법」 제50조에 의하여 직접 甲에게 과징금부과처분을 하는 것은 허용되지 않는다.
> ㄹ. 甲은 2023. 3. 13.자 과징금부과처분을 대상으로 취소소송을 제기하여야 한다.

① ㄱ, ㄷ
② ㄱ, ㄹ
③ ㄴ, ㄹ
④ ㄱ, ㄴ, ㄷ
⑤ ㄱ, ㄴ, ㄹ

해설

ㄱ.(O), ㄴ.(X) … 공중위생관리법 시행규칙 제3조의4 제1항 제3호는 '법 제3조의2 제4항에 따라 영업자의 지위승계신고를 하려는 자는 영업자 지위승계신고서에 영업자의 지위를 승계하였음을 증명할 수 있는 서류를 첨부하여 제출하여야 한다.'고 정한다. 관할관청이 양수인의 영업자 지위승계신고를 수리하면 양도인의 기

존 영업수행권은 취소되고 양수인에게 새로운 영업수행권이 설정되는 '공중위생영업자 지위 변경'의 공법상 법률효과가 발생한다(대법원 2022. 1. 27. 선고 2018다259565 판결).

> **행정절차법 제21조 (처분의 사전 통지)** ① 행정청은 당사자에게 의무를 부과하거나 권익을 제한하는 처분을 하는 경우에는 미리 다음 각 호의 사항을 당사자 등에게 통지하여야 한다.
> ④ 다음 각 호의 어느 하나에 해당하는 경우에는 제1항에 따른 통지를 하지 아니할 수 있다.
> 1. 공공의 안전 또는 복리를 위하여 긴급히 처분을 할 필요가 있는 경우
> 2. 법령 등에서 요구된 자격이 없거나 없어지게 되면 반드시 일정한 처분을 하여야 하는 경우에 그 자격이 없거나 없어지게 된 사실이 법원의 재판 등에 의하여 객관적으로 증명된 경우
> 3. 해당 처분의 성질상 의견청취가 현저히 곤란하거나 명백히 불필요하다고 인정될 만한 상당한 이유가 있는 경우

ㄷ.(O) 당해 의약품제조품목허가처분취소재결은 보건복지부장관이 재결청의 지위에서 스스로 제약회사에 대한 위 의약품제조품목허가처분을 취소한 이른바 형성재결임이 명백하므로, 위 회사에 대한 의약품제조품목허가처분은 당해 취소재결에 의하여 당연히 취소·소멸되었고, 그 이후에 다시 위 허가처분을 취소한 당해 처분은 당해 취소재결의 당사자가 아니어서 그 재결이 있었음을 모르고 있는 위 회사에게 위 허가처분이 취소·소멸되었음을 확인하여 알려주는 의미의 사실 또는 관념의 통지에 불과할 뿐 위 허가처분을 취소·소멸시키는 새로운 형성적 행위가 아니므로 항고소송의 대상이 되는 처분이라고 할 수 없다(대법원 1998. 4. 24. 선고 97누17131 판결). ▶ 따라서, 행정심판법 제49조제2항 및 제50조에 따라 행정심판위원회가 직접 처분을 할 수 있는 재결에는 같은 법 제43조제5항에 따라 행정심판위원회가 신청에 따른 처분을 할 것을 피청구인에게 명하는 재결(의무이행재결)만 포함되고 사안처럼 행정심판위원회의 변경하라는 취지의 일부인용재결(형성재결)은 포함되지 않는다.

ㄹ.(X) 형성재결(예 : 취소재결·변경재결)의 경우, 위원회로부터 재결통보를 받은 처분청이 행하는 재결결과의 통보는 사실행위이지 행정행위가 아니다. 따라서 형성재결인 경우에는 취소·변경재결 그 자체가 소의 대상이 된다(홍정선, 기본행정법 제12판 p.384). ▶ 따라서 사안의 경우 (재결 자체에 고유한 위법이 있더라도) 처분청인 B구 구청장 乙의 2023. 3. 13.자 과징금부과처분은 취소소송의 대상이 아니다.

> **행정소송법 제19조(취소소송의 대상)** 취소소송은 처분 등을 대상으로 한다. 다만, 재결취소소송의 경우에는 재결 자체에 고유한 위법이 있음을 이유로 하는 경우에 한한다.

문 23. 영업자 지위승계 · 행정절차법 · 행정심판위원회의 재결 ★★★

- 관할관청이 양수인의 영업자 지위승계신고 수리 시 ⇨ 양도인의 기존 영업수행권은 취소되고 양수인에게 새로운 영업수행권이 설정되는 '공중위생영업자 지위 변경'의 공법상 법률효과가 발생함
- 「행정절차법」상의 사전 통지, 의견제출 절차 不要 ⇨ 법령 등에서 요구된 자격이 없거나 없어지게 되면 반드시 일정한 처분을 하여야 하는 경우에 그 자격이 없거나 없어지게 된 사실이 법원의 재판 등에 의하여 객관적으로 증명된 경우
- 행정심판위원회가 「행정심판법」 제50조에 의하여 직접 甲에게 과징금부과처분할 수 있는 경우 것 ⇨ 행정심판위원회 이행재결인 경우에만 해당 ○(일부인용재결(형성재결)에는 해당 ×)
- 형성재결인 경우에는 취소·변경재결 그 자체가 소의 대상임 ○

문 24

통치행위에 관한 설명 중 옳지 않은 것은? (다툼이 있는 경우 판례에 의함)

① 서훈취소가 대통령이 국가원수로서 행하는 행위라고 하더라도 법원이 사법심사를 자제하여야 할 고도의 정치성을 띤 행위라고 볼 수는 없다.
② 남북정상회담의 개최와 그 개최과정에서 재정경제부장관에게 신고하지 아니하거나 통일부장관의 협력사업 승인을 얻지 아니한 채 북한 측에 사업권의 대가 명목으로 송금한 행위는 사법심사의 대상이 될 수 없다.
③ 국민의 기본권 제한과 직접 관련된 공권력의 행사는 고도의 정치적 고려가 필요한 행위라도 헌법과 법률에 따라 결정되고 집행되어야 하므로 개성공단 전면중단 조치는 헌법소원심판의 대상이 될 수 있다.
④ 법률의 효력을 가지는 긴급재정경제명령은 국민의 기본권 침해와 직접 관련되므로 헌법재판소의 심판 대상이 될 수 있다.
⑤ 외국에의 국군의 파견결정은 그것이 헌법과 법률이 정한 절차를 지켜 이루어진 것이라면 대통령과 국회의 판단은 존중되어야 하고 사법적 기준만으로 심판하는 것은 자제되어야 한다.

해설

① (O) 구 상훈법(2011. 8. 4. 법률 제10985호로 개정되기 전의 것) 제8조는 서훈취소의 요건을 구체적으로 명시하고 있고 절차에 관하여 상세하게 규정하고 있다. 그리고 서훈취소는 서훈수여의 경우와는 달리 이미 발생된 서훈대상자 등의 권리 등에 영향을 미치는 행위로서 관련 당사자에게 미치는 불이익의 내용과 정도 등을 고려하면 사법심사의 필요성이 크다. 따라서 기본권의 보장 및 법치주의의 이념에 비추어 보면, 비록 서훈취소가 대통령이 국가원수로서 행하는 행위라고 하더라도 법원이 사법심사를 자제하여야 할 고도의 정치성을 띤 행위라고 볼 수는 없다(대법원 2015. 4. 23. 선고 2012두26920 판결).

② (X) 남북정상회담의 개최는 고도의 정치적 성격을 지니고 있는 행위라 할 것이므로 특별한 사정이 없는 한 그 당부를 심판하는 것은 사법권의 내재적·본질적 한계를 넘어서는 것이 되어 적절하지 못하지만, 남북정상회담의 개최과정에서 재정경제부장관에게 신고하지 아니하거나 통일부장관의 협력사업 승인을 얻지 아니한 채 북한측에 사업권의 대가 명목으로 송금한 행위 자체는 헌법상 법치국가의 원리와 법 앞에 평등원칙 등에 비추어 볼 때 사법심사의 대상이 된다(대법원 2004. 3. 26. 선고 2003도7878 판결).

③ (O) 개성공단 전면중단 조치가 고도의 정치적 결단을 요하는 문제이기는 하나, 조치 결과 개성공단 투자기업인 청구인들에게 기본권 제한이 발생하였고, 국민의 기본권 제한과 직접 관련된 공권력의 행사는 고도의 정치적 고려가 필요한 행위라도 헌법과 법률에 따라 결정하고 집행하도록 견제하는 것이 헌법재판소 본연의 임무이므로, 그 한도에서 헌법소원심판의 대상이 될 수 있다(헌법재판소 2022. 1. 27. 선고 2016헌마364 전원재판부 결정).

④ (O) … 그러나 이른바 통치행위를 포함하여 모든 국가작용은 국민의 기본권적 가치를 실현하기 위한 수단이라는 한계를 반드시 지켜야 하는 것이고, 헌법재판소는 헌법의 수호와 국민의 기본권 보장을 사명으로 하는 국가기관이므로 비록 고도의 정치적 결단에 의하여 행해지는 국가작용이라고 할지라도 그것이 국민의 기본권 침해와 직접 관련되는 경우에는 당연히 헌법재판소의 심판대상이 될 수 있는 것일 뿐만 아니라, 긴급재정경제명령은 법률의 효력을 갖는 것이므로 마땅히 헌법에 기속되어야 할 것이다. 따라서 이 사건 긴급명령은 헌법재판의 대상이 된다(헌법재판소 1996. 2. 29. 선고 93헌마186 전원재판부).

⑤ (O) … 그렇다면 이 사건 파견결정은 그 성격상 국방 및 외교에 관련된 고도의 정치적 결단을 요하는 문제로서, 헌법과 법률이 정한 절차를 지켜 이루어진 것임이 명백하므로, 대통령과 국회의 판단은 존중되어야 하고 헌법재판소가 사법적 기준만으로 이를 심판하는 것은 자제되어야 한다(헌법재판소 2004. 4. 29. 선고 2003헌마814 전원재판부).

해답 ②

핵심포인트 문 24 | 통치행위 ★★

- 법원이 사법심사를 자제하여야 할 고도의 정치성을 띤 행위 ×
  - 대통령이 국가원수로서 행하는 서훈취소
  - 남북정상회담의 개최과정에서 재정경제부장관에게 신고하지 아니하거나 통일부장관의 협력사업 승인을 얻지 아니한 채 북한측에 사업권의 대가 명목으로 송금한 행위 자체
  - 개성공단 전면중단 조치(헌법소원심판의 대상 ○)
  - 법률의 효력을 가지는 긴급재정경제명령(헌법소원심판의 대상 ○)
- 법원이 사법심사를 자제하여야 할 고도의 정치성을 띤 행위 ○
  - 외국에의 국군의 파견결정

문 25 ★★

다음 사례에 관한 설명 중 옳은 것을 모두 고른 것은? (다툼이 있는 경우 판례에 의함)

구 폐기물처리시설 설치촉진 및 주변지역지원 등에 관한 법령에 의하면, 지방자치단체의 장이 설치하고자 하는 폐기물처리시설의 경우 입지선정지역이 1개 시·군·구인 때 그 입지선정위원회의 구성을 위해서는 시장·군수·구청장의 선정과 주민대표의 추천에 의한 전문가가 포함되어야 한다. 그런데 A도 B군 군수 甲은 폐기물입지선정결정을 하면서 군수의 선정과 주민대표의 추천에 의한 전문가를 포함시키지 않은 채 임의로 입지선정위원회를 구성하였고, 위 위원회의 의결을 거쳐 입지결정처분을 하였다. 이후 甲은 구 폐기물관리법령에 의거하여 A도 도지사 乙에게 폐기물처리시설 설치승인을 신청하였고 乙은 이 신청을 승인하는 처분을 하였다.

ㄱ. 甲의 입지결정처분은 당연무효는 아니나 취소의 위법이 있다.
ㄴ. 甲의 입지결정처분의 하자는 이를 다투는 행정소송의 제기 전까지 甲에 의해 치유될 수 있다.
ㄷ. 甲의 입지결정처분에 터 잡아 이루어진 후행처분인 乙의 폐기물처리시설 설치승인처분도 위법하게 된다.

① ㄷ
② ㄱ, ㄴ
③ ㄱ, ㄷ
④ ㄴ, ㄷ
⑤ ㄱ, ㄴ, ㄷ

해설

ㄱ.(X) 구 폐기물처리시설 설치촉진 및 주변지역 지원 등에 관한 법률에 정한 입지선정위원회가 그 구성방법 및 절차에 관한 같은 법 시행령의 규정에 위배하여 군수와 주민대표가 선정·추천한 전문가를 포함시키지 않은 채 임의로 구성되어 의결을 한 경우, 그에 터잡아 이루어진 폐기물처리시설 입지결정처분의 하자는 중대한 것이고 객관적으로도 명백하므로 무효사유에 해당한다(대법원 2007. 4. 12. 선고 2006두20150 판결)
ㄴ.(X) … 원고가 국가공무원으로 임용된 뒤 명예퇴직하였으나 임용 전에 당시 국가공무원법상의 임용결격사유가 있었으면 국가의 과실에 의하여 이를 밝혀내지 못하였다 하더라도 그 임용행위는 당연무효이고, 그 하자가 치유되는 것은 아니어서 퇴직급여청구신청을 반려하는 처분은 적법하다(대법원 1996. 4. 12. 95누18857 판결). ▶ 사안의 입지결정처분은 당연무효이므로 그 하자가 치유되는 것은 아니다.

ㄷ.(O) … 주민대표나 주민대표 추천에 의한 전문가의 참여 없이 입지선정위원회 구성이 이루어지는 등 구성 방법이나 절차가 위법한 경우에는 하자 있는 입지선정위원회의 의결에 터 잡아 이루어진 폐기물처리시설 입지결정처분도 위법하며, 구 폐기물처리시설법 시행령이 정한 구성 방법에 따라 입지선정위원회를 구성하지 않은 하자는 중대하고 객관적으로도 명백하므로 입지결정처분의 하자는 무효사유에 해당하고, 甲 군수의 입지결정처분이 무효인 이상 그 처분에 따라 이루어진 도지사의 위 시설 설치계획 승인처분 역시 하자가 중대하고 명백하여 무효이다(광주지법 2018. 5. 31. 선고 2015구합912 판결 : 확정).

해답 ①

핵심포인트 문 25 당연무효 · 치유 ★★

- 하자가 중대하고 명백하여 무효인 경우
  - 구 폐기물처리시설 설치촉진 및 주변지역 지원 등에 관한 법률에 정한 입지선정위원회가 군수와 주민대표가 선정·추천한 전문가를 포함시키지 않은 채 임의로 구성되어 의결을 한 경우, 그에 터잡아 이루어진 폐기물처리시설 입지결정처분
  - 당연무효인 입지결정처분에 따라 이루어진 도지사의 위 시설 설치계획 승인처분
- 당연무효인 입지결정처분의 하자는 치유 ×

문 26 ★★

공법상 계약에 관한 설명 중 옳지 않은 것은? (다툼이 있는 경우 판례에 의함)

① 「행정기본법」에 따를 때 행정청은 법령등을 위반하지 아니하는 범위에서 행정목적을 달성하기 위하여 필요한 경우에는 공법상 계약을 체결할 수 있고, 이때 계약의 목적 및 내용을 명확하게 적은 계약서를 작성하여야 한다.

② 「국가를 당사자로 하는 계약에 관한 법률」에 따라 체결된 계약은 공법상 계약이므로, 동법 및 동법 시행령상의 입찰절차나 낙찰자 결정기준에 관한 규정은 단순히 국가의 내부규정에 불과한 것이라고 할 수 없다.

③ 전문직공무원인 공중보건의사의 채용계약 해지가 관할 도지사의 일방적인 의사표시에 의하여 그 신분을 박탈하는 불이익처분이라 해도 곧바로 그러한 의사표시가 관할 도지사가 행정청으로서 공권력을 행사하여 행하는 행정처분이라고 단정할 수는 없다.

④ 계약직공무원의 채용계약 해지는 국가 또는 지방자치단체가 채용계약 관계의 한쪽 당사자로서 대등한 지위에서 행하는 의사표시이므로, 행정처분과 같이 「행정절차법」에 의하여 근거와 이유를 제시하여야 하는 것은 아니다.

⑤ 산업단지관리공단이 구 「산업집적활성화 및 공장설립에 관한 법률」에 따른 입주변경계약을 취소한 것은 행정청인 관리권자로부터 관리업무를 위탁받은 산업단지관리공단이 우월적 지위에서 입주기업체들에게 일정한 법률상 효과를 발생하게 하는 것으로서 항고소송의 대상이 되는 행정처분이다.

해설

① (O) 행정기본법 제27조 제1항

> **행정기본법 제27조(공법상 계약의 체결)** ① 행정청은 법령 등을 위반하지 아니하는 범위에서 행정목적을 달성하기 위하여 필요한 경우에는 공법상 법률관계에 관한 계약(이하 "공법상 계약"이라 한다)을 체결할 수 있다. 이 경우 계약의 목적 및 내용을 명확하게 적은 계약서를 작성하여야 한다.

② (X) 국가를 당사자로 하는 계약에 관한 법률 및 그 시행령상의 입찰절차나 낙찰자 결정기준에 관한 규정은 국가가 사인과의 사이의 계약관계를 공정하고 합리적·효율적으로 처리할 수 있도록 관계 공무원이 지켜야 할 계약사무처리에 관한 필요한 사항을 규정한 것으로, 국가의 내부규정에 불과하다 할 것이다(대법원 2001. 12. 11. 선고 2001다33604 판결).

③ (O) 전문직공무원인 공중보건의사의 채용계약의 해지가 관할 도지사의 일방적인 의사표시에 의하여 그 신분을 박탈하는 불이익처분이라고 하여 곧바로 그 의사표시가 관할 도지사가 행정청으로서 공권력을 행사하여 행하는 행정처분이라고 단정할 수는 없고, … 공중보건의사 채용계약 해지의 의사표시에 대하여는 대등한 당사자 간의 소송형식인 공법상의 당사자소송으로 그 의사표시의 무효확인을 청구할 수 있는 것이지, 이를 항고소송의 대상이 되는 행정처분이라는 전제하에서 그 취소를 구하는 항고소송을 제기할 수는 없다(대법원 1996. 5. 31. 선고 95누10617 판결).

④ (O) 계약직공무원에 관한 현행 법령의 규정에 비추어 볼 때, 계약직공무원 채용계약해지의 의사표시는 일반공무원에 대한 징계처분과는 달라서 항고소송의 대상이 되는 처분 등의 성격을 가진 것으로 인정되지 아니하고, 일정한 사유가 있을 때에 국가 또는 지방자치단체가 채용계약 관계의 한쪽 당사자로서 대등한 지위에서 행하는 의사표시로 취급되는 것으로 이해되므로, 이를 징계해고 등에서와 같이 그 징계사유에 한하여 효력 유무를 판단하여야 하거나, 행정처분과 같이 행정절차법에 의하여 근거와 이유를 제시하여야 하는 것은 아니다(대법원 2002. 11. 26. 선고 2002두5948 판결).

⑤ (O) 구 산업집적활성화 및 공장설립에 관한 법률(2013. 3. 23. 법률 제11690호로 개정되기 전의 것) 제13조 제1항, 제2항 제2호, 제30조 제1항 제2호, 제2항 제3호, 제38조 제1항, 제2항, 제40조, 제40조의2, 제42조 제1항 제4호, 제5호, 제2항, 제5항, 제43조, 제43조의3, 제52조 제2항 제5호, 제6호, 제53조 제4호, 제55조 제1항 제4호, 제2항 제9호 규정들에서 알 수 있는 산업단지관리공단의 지위, 입주계약 및 변경계약의 효과, 입주계약 및 변경계약 체결 의무와 그 의무를 불이행한 경우의 형사적 내지 행정적 제재, 입주계약해지의 절차, 해지통보에 수반되는 법적 의무 및 그 의무를 불이행한 경우의 형사적 내지 행정적 제재 등을 종합적으로 고려하면, 입주변경계약 취소는 행정청인 관리권자로부터 관리업무를 위탁받은 산업단지관리공단이 우월적 지위에서 입주기업체들에게 일정한 법률상 효과를 발생하게 하는 것으로서 항고소송의 대상이 되는 행정처분에 해당한다(대법원 2017. 6. 15. 선고 2014두46843 판결).

해답 ②

문 26 공법상 계약 ★★★

- 법령 등을 위반하지 아니하는 범위에서 행정목적을 달성하기 위하여 필요한 경우 ⇨ 행정청은 공법상 계약을 체결 可(이 경우 계약의 목적 및 내용을 명확하게 적은 계약서를 작성하여야 함)
- 국가를 당사자로 하는 계약에 관한 법률 및 그 시행령상의 입찰절차나 낙찰자 결정기준에 관한 규정은 국가의 내부규정에 불과한 것임
- 전문직공무원인 공중보건의사의 채용계약 해지는 행정처분이라고 단정할 수는 없음

- 채용계약 관계의 한쪽 당사자로서 대등한 지위에서 행하는 의사표시인 계약직공무원의 채용계약 해지 ⇨ 「행정절차법」에 의하여 근거와 이유 제시 不要
- 산업단지관리공단이 구 「산업집적활성화 및 공장설립에 관한 법률」에 따른 입주변경계약을 취소한 것 ⇨ 항고소송의 대상이 되는 행정처분임 ○

문 27

행정입법에 관한 설명 중 옳은 것을 모두 고른 것은? (다툼이 있는 경우 판례에 의함) ★★

> ㄱ. 국토교통부훈령 '개발행위허가운영지침'은 「국토의 계획 및 이용에 관한 법률 시행령」에 따라 정한 개발행위허가기준에 대한 세부적인 검토기준으로서 대외적 구속력을 가진다.
> ㄴ. 행정청이 미리 공표한 처분기준인 행정규칙을 따랐는지 여부가 처분의 적법성을 판단하는 결정적인 지표가 되지 못하는 것과 마찬가지로, 행정청이 미리 공표하지 않은 처분기준을 적용하였는지 여부도 처분의 적법성을 판단하는 결정적인 지표가 될 수 없다.
> ㄷ. 위임근거인 「산업재해보상보험법 시행령」 [별표 3] '업무상 질병에 대한 구체적인 인정 기준'이 예시적 규정에 불과한 이상, 그 위임에 따른 고용노동부 고시는 대외적으로 국민과 법원을 구속하는 효력이 있는 규범이라고 볼 수 없다.
> ㄹ. 「금융위원회의 설치 등에 관한 법률」에 따라 금융위원회가 고시한 '금융기관 검사 및 제재에 관한 규정' 제18조 제1항은 위 법률의 위임에 따라 법령의 내용이 될 사항을 구체적으로 정한 것으로서, 그 위임 한계를 벗어나지 않는다면 그와 결합하여 대외적으로 구속력이 있는 법규명령의 효력을 가진다.

① ㄴ, ㄷ
② ㄴ, ㄹ
③ ㄱ, ㄴ, ㄷ
④ ㄱ, ㄷ, ㄹ
⑤ ㄴ, ㄷ, ㄹ

해설

ㄱ. **(X)** '개발행위허가기준'은 국토계획법 제58조 제3항의 위임에 따라 제정된 대외적으로 구속력 있는 법규명령에 해당한다. 그러나 국토계획법 시행령 제56조 제4항은 국토교통부장관이 제1항의 개발행위허가기준에 대한 '세부적인 검토기준'을 정할 수 있다고 규정하였을 뿐이므로, 그에 따라 <u>국토교통부장관이 국토교통부훈령으로 정한 '개발행위허가운영지침'은 국토계획법 시행령 제56조 제4항에 따라 정한 개발행위허가기준에 대한 세부적 검토기준으로,</u> 상급행정기관인 국토교통부장관이 소속 공무원이나 하급행정기관에 대하여 개발행위허가업무와 관련하여 국토계획법령에 규정된 개발행위허가기준의 해석·적용에 관한 세부 기준을 정하여 둔 <u>행정규칙에 불과하여 대외적 구속력이 없다.</u> 따라서 행정처분이 위 지침에 따라 이루어졌더라도, 해당 처분이 적법한지는 국토계획법령에서 정한 개발행위허가기준과 비례·평등원칙과 같은 법의 일반원칙에 적합한지 여부에 따라 판단해야 한다(대법원 2023. 2. 2. 선고 2020두43722 판결).

ㄴ. **(O)** 처분이 적법한지는 행정규칙에 적합한지 여부가 아니라 상위법령의 규정과 입법 목적 등에 적합한지 여부에 따라 판단해야 한다. 처분이 행정규칙을 위반하였다고 하여 그러한 사정만으로 곧바로 위법하게 되는 것은 아니고, 처분이 행정규칙을 따른 것이라고 하여 적법성이 보장되는 것도 아니다. <u>행정청이 미리 공표한 기준, 즉 행정규칙을 따랐는지 여부가 처분의 적법성을 판단하는 결정적인 지표가 되지 못하는 것과</u>

마찬가지로, 행정청이 미리 공표하지 않은 기준을 적용하였는지 여부도 처분의 적법성을 판단하는 결정적인 지표가 될 수 없다(대법원 2020. 12. 24. 선고 2018두45633 판결).

ㄷ.(O) 산업재해보상보험법 시행령 [별표 3] '업무상 질병에 대한 구체적인 인정 기준'은 '뇌혈관 질병 또는 심장 질병', '근골격계 질병'의 업무상 질병 인정 여부 결정에 필요한 사항은 고용노동부장관이 정하여 고시하도록 위임하고 있다(제1호 다.목, 제2호 마.목). 위임근거인 산업재해보상보험법 시행령 [별표 3] '업무상 질병에 대한 구체적인 인정 기준'이 예시적 규정에 불과한 이상, 그 위임에 따른 고용노동부 고시가 대외적으로 국민과 법원을 구속하는 효력이 있는 규범이라고 볼 수는 없고, 상급행정기관이자 감독기관인 고용노동부장관이 그 지도·감독 아래 있는 근로복지공단에 대하여 행정내부적으로 업무처리지침이나 법령의 해석·적용 기준을 정해주는 '행정규칙'이라고 보아야 한다(대법원 2020. 12. 24. 선고 2020두39297 판결).

ㄹ.(O) 신용협동조합법 제83조 제1항, 제2항, 제84조 제1항 제1호, 제2호, 제42조, 제99조 제2항 제2호, 신용협동조합법 시행령 제16조의4 제1항, 금융위원회의 설치 등에 관한 법률(이하 '금융위원회법'이라 한다) 제17조 제2호, 제60조, 금융위원회 고시 '금융기관 검사 및 제재에 관한 규정' 제2조 제1항, 제2항, 제18조 제1항 제1호 (가)목, 제2항의 규정 체계와 내용, 입법 취지 등을 종합하면, 위 고시 제18조 제1항은 금융위원회법의 위임에 따라 법령의 내용이 될 사항을 구체적으로 정한 것으로서 금융위원회 법령의 위임 한계를 벗어나지 않으므로 그와 결합하여 대외적으로 구속력이 있는 법규명령의 효력을 가진다(대법원 2019. 5. 30. 선고 2018두52204 판결).

문 27 행정입법 ★★

- 국토교통부장관이 국토교통부 훈령으로 정한 '개발행위허가운영지침'은 행정규칙에 불과하여 대외적 구속력이 없음
- 처분의 적법성을 판단하는 결정적인 지표 ×
  - 행정청이 미리 공표한 처분기준인 행정규칙을 따랐는지 여부
  - 행정청이 미리 공표하지 않은 처분기준을 적용하였는지 여부
- '업무상 질병에 대한 구체적인 인정 기준'이 예시적 규정에 불과한 위임근거인 「산업재해보상보험법 시행령」 [별표 3]에 따른 고용노동부 고시 ⇨ 대외적으로 국민과 법원을 구속하는 효력이 있는 규범 ×
- 「금융위원회의 설치 등에 관한 법률」에 따라 금융위원회가 고시한 '금융기관 검사 및 제재에 관한 규정' 제18조 제1항 ⇨ 그 위임 한계를 벗어나지 않는다면 그와 결합하여 대외적으로 구속력이 있는 법규명령의 효력

문 28 ★★★

다음 사례에 관한 설명 중 옳은 것을 모두 고른 것은? (다툼이 있는 경우 판례에 의함)

甲은 X토지를 소유하고 있는데, X토지에 인접한 토지로서 등기부상 乙의 명의임이 명백한 Y토지에 대한 재산세가 2024. 2. 1. 甲에게 부과되었다. 자기 토지의 위치를 정확히 기억하지 못하고 있던 甲은 이를 납부하지 않고 있다가 2024. 4. 1. 「지방세징수법」상 독촉을 받았고, 2024. 5. 1.과 2024. 6. 3.에도 재차 독촉을 받은 후, 2024. 6. 17. 세금을 납부하였다. 甲은 자신이 재산세를 납부할 의무자가 아니라는 사실을 알고 쟁송을 통해 구제받고자 한다.
* 위 사례는 가상으로 구성한 것임

ㄱ. 「지방세법」에 따른 재산세 부과처분에 관한 조세심판사항에는 「행정절차법」이 적용되지 아니한다.
ㄴ. 「지방세징수법」상 지방자치단체장은 납세자가 재산세를 체납하면 허가등이 필요한 사업의 주무관청에 대하여 그 납세자에게 허가등을 하지 아니할 것을 요구할 수 있다.
ㄷ. 독촉에 대하여 쟁송절차로 다툴 경우 그 대상이 되는 것은 맨 마지막에 한 2024. 6. 3.자 독촉이다.
ㄹ. 2024. 2. 1. 甲에 대한 재산세 부과처분은 의무자가 아닌 자에게 납부의무를 부여한 것이므로 당연무효에 해당한다.

① ㄱ, ㄴ
② ㄴ, ㄷ
③ ㄱ, ㄴ, ㄹ
④ ㄱ, ㄷ, ㄹ
⑤ ㄱ, ㄴ, ㄷ, ㄹ

해설

ㄱ.(O) 행정절차법 제3조 제2항 제8호

> **행정절차법 제3조(적용 범위)** ① 처분, 신고, 확약, 위반사실 등의 공표, 행정계획, 행정상 입법예고, 행정예고 및 행정지도의 절차(이하 "행정절차"라 한다)에 관하여 다른 법률에 특별한 규정이 있는 경우를 제외하고는 이 법에서 정하는 바에 따른다.
> ② 이 법은 다음 각 호의 어느 하나에 해당하는 사항에 대하여는 적용하지 아니한다.
> 8. 심사청구, 해양안전심판, 조세심판, 특허심판, 행정심판, 그 밖의 불복절차에 따른 사항

ㄴ.(O) 지방세징수법 제7조 제1항

> **지방세징수법 제7조(관허사업의 제한)** ① 지방자치단체의 장은 납세자가 대통령령으로 정하는 사유 없이 지방세를 체납하면 허가·인가·면허·등록 및 대통령령으로 정하는 신고와 그 갱신(이하 "허가 등"이라 한다)이 필요한 사업의 주무관청에 그 납세자에게 허가 등을 하지 아니할 것을 요구할 수 있다.

ㄷ.(X) … 그 의료기관이 납부고지에서 지정된 납부기한까지 징수금을 납부하지 아니한 경우 국세체납절차에 의하여 강제징수할 수 있는바, 보험자 또는 보험자단체가 부당이득금 또는 가산금의 납부를 독촉한 후 다시 동일한 내용의 독촉을 하는 경우 최초의 독촉만이 징수처분으로서 항고소송의 대상이 되는 행정처분이 되고 그 후에 한 동일한 내용의 독촉은 체납처분의 전제요건인 징수처분으로서 소멸시효 중단사유가 되는 독촉이 아니라 민법상의 단순한 최고에 불과하여 국민의 권리의무나 법률상의 지위에 직접적으로 영향을 미치는 것이 아니므로 항고소송의 대상이 되는 행정처분이라 할 수 없다(대법원 1999. 7. 13. 선고 97누119 판결).

ㄹ.(O) 갑 재건축조합이 재건축한 공동주택에 관하여 을 구청장으로부터 준공인가 전 사용허가를 받은 후 동·호수 추첨이 무효라는 확정판결이 있었는데도 당초의 추첨 결과에 따른 집합건축물대장 작성절차를 강행하였는데, 조합원들이 '기존의 동·호수 추첨 결과에 따라 배정된 주택에 잠정적으로 입주하는 것을 허용하되, 이로 인하여 입주한 동·호수를 분양받은 것으로 의제되는 것은 아니다'라는 취지의 가처분결정을 받은 후 입주하고 소유권보존등기를 마치자, 을 구청장이 사용승인 이후부터 조합원들이 소유권보존등기를 마치기 전까지 기간 동안 갑 조합이 공동주택의 사실상 소유자라고 보아 갑 조합에 재산세를 부과하는 처분을 한 사안에서, 재건축조합인 갑 조합은 구 지방세법(2014. 1. 1. 법률 제12153호로 개정되기 전의 것, 이하 '구 지방세법'이라 한다) 제107조 제1항에서 정한 재산세 납세의무자인 '사실상 소유자'로 볼 수 없고, 구 지방세법 제107조 제3항에서 정한 재산세 납세의무자인 '사용자'에도 해당하지 않으므로, 처분은 납세의무자가 아닌 자에게 한 과세처분으로 하자가 중대하고, 을 구청장은 조합원들에게 배정된 공동주택에 관하여 갑 조합으로부터 조합원분으로 통지를 받아 건축물관리대장을 작성하였으므로 공동주택이 조합원용임을 이미 알고 있었던 점 등을 종합하면, 갑 조합이 공동주택의 재산세 납세의무자가 아님은 객관적으로 명백하므로,

처분은 하자가 중대하고 명백하여 당연무효이다(대법원 2016. 12. 29. 선고 2014두2980, 2014두2997(병합) 판결).

문 28 지방세법에 따른 재산세 부과처분 관련 ★★

- 「지방세법」에 따른 재산세 부과처분에 관한 조세심판사항에는 「행정절차법」이 적용 ×
- 「지방세징수법」상 지방자치단체장은 납세자가 재산세를 체납하면 허가 등이 필요한 사업의 주무관청에 대하여 그 납세자에게 허가 등을 하지 아니할 것을 요구 可
- 납부를 독촉한 후 다시 동일한 내용의 독촉을 하는 경우 최초의 독촉만이 징수처분으로서 항고소송의 대상이 되는 행정처분임 ○
- 의무자가 아닌 자에게 납부의무를 부여한 재산세 부과처분의 하자가 중대 명백한 경우 당연무효임 ○

문 29 ★★

「행정소송법」 제12조의 법률상 이익에 관한 설명 중 옳은 것(O)과 옳지 않은 것(×)을 올바르게 조합한 것은? (다툼이 있는 경우 판례에 의함)

ㄱ. 처분의 직접 상대방이 아닌 제3자가 해당 처분과 간접적·사실적·경제적인 이해관계를 가지는 데 불과한 경우에는 처분의 취소를 구할 원고적격이 인정되지 않는다.
ㄴ. 개발제한구역 안에서의 공장설립을 승인한 처분이 위법하다는 이유로 쟁송취소되었지만 그 승인처분에 기초한 공장건축허가처분이 잔존하는 경우, 인근 주민들은 여전히 공장건축허가처분의 취소를 구할 법률상 이익이 있다.
ㄷ. 재단법인 A 연구재단이 B 대학교 총장에게 연구개발비의 부당집행을 이유로 국가연구개발사업인 BK21 사업 협약을 해지하고 연구팀장 甲에 대한 국가연구개발사업의 3년간 참여제한 등을 명하는 통보를 한 경우, 甲은 위 협약 해지 통보의 효력을 다툴 법률상 이익이 있다.
ㄹ. 개발제한구역 중 일부 취락을 개발제한구역에서 해제하는 내용으로 도시관리계획변경의 결정·고시가 있는 사안에서, 해제대상에서 누락된 개발제한구역 내 토지의 소유자는 위 결정·고시의 취소를 구할 법률상 이익이 있다.

① ㄱ(O), ㄴ(O), ㄷ(O), ㄹ(×)
② ㄱ(O), ㄴ(O), ㄷ(×), ㄹ(O)
③ ㄱ(O), ㄴ(×), ㄷ(O), ㄹ(O)
④ ㄱ(O), ㄴ(×), ㄷ(×), ㄹ(O)
⑤ ㄱ(×), ㄴ(×), ㄷ(×), ㄹ(×)

해설

ㄱ.(O) 행정처분의 직접 상대방이 아닌 제3자라도 당해 행정처분의 취소를 구할 법률상의 이익이 있는 경우에는 원고적격이 인정된다 할 것이나 여기서 말하는 법률상 이익은 당해처분의 근거법률에 의하여 보호되는 직접적이고 구체적인 이익이 있는 경우를 말하는 것이고 다만 간접적이거나 사실적, 경제적 이해관계를 가지는데 불과한 경우는 여기에 포함되지 않는다고 할 것이다(대법원 1995. 8. 22. 선고 94누8129 판결).

ㄴ.(O) … 따라서 개발제한구역 안에서의 공장설립을 승인한 처분이 위법하다는 이유로 쟁송취소되었다고 하더라도 그 승인처분에 기초한 공장건축허가처분이 잔존하는 이상, 공장설립승인처분이 취소되었다는 사정만으로 인근 주민들의 환경상 이익이 침해되는 상태나 침해될 위험이 종료되었다거나 이를 시정할 수 있는 단계가 지나버렸다고 단정할 수는 없고, <u>인근 주민들은 여전히 공장건축허가처분의 취소를 구할 법률상 이익이 있다고 보아야 한다</u>(대법원 2018. 7. 12. 선고 2015두3485 판결).

ㄷ.(O) 재단법인 한국연구재단이 甲 대학교 총장에게 연구개발비의 부당집행을 이유로 '해양생물유래 고부가식품·향장·한약 기초소재 개발 인력양성사업에 대한 2단계 두뇌한국(BK)21 사업' 협약을 해지하고 연구팀장 乙에 대한 국가연구개발사업의 3년간 참여제한 등을 명하는 통보를 하자 乙이 통보 취소를 청구한 사안에서, <u>乙은 위 협약 해지 통보의 효력을 다툴 법률상 이익이 있다</u>(대법원 2014. 12. 11. 선고 2012두28704 판결).

ㄹ.(X) 개발제한구역 중 일부 취락을 개발제한구역에서 해제하는 내용의 도시관리계획변경결정에 대하여, 개발제한구역 해제대상에서 누락된 토지의 소유자는 위 결정의 취소를 구할 법률상 이익이 없다(대법원 2008. 7. 10. 선고 2007두10242 판결).

 ①

핵심포인트 문 29 행정소송법 제12조의 법률상 이익 ★★

- 처분의 직접 상대방이 아닌 제3자가 해당 처분과 간접적·사실적·경제적인 이해관계를 가지는 데 불과한 경우 처분의 취소를 구할 원고적격 없음
- 「행정소송법」 제12조의 법률상 이익 있는 경우
  - 개발제한구역 안에서의 공장설립을 승인한 처분이 위법하다는 이유로 쟁송취소되었지만 그 승인처분에 기초한 공장건축허가처분이 잔존하는 경우, 인근 주민의 공장건축허가처분의 취소를 구하는 경우
  - 재단법인 A 연구재단이 B 대학교 총장에게 연구개발비의 부당집행을 이유로 국가연구개발사업인 BK21 사업 협약을 해지하고 연구팀장 甲에 대한 국가연구개발사업의 3년간 참여제한 등을 명하는 통보를 한 경우, 甲은 위 협약 해지 통보의 효력을 다투는 경우
- 「행정소송법」 제12조의 법률상 이익 없는 경우
  - 개발제한구역 중 일부 취락을 개발제한구역에서 해제하는 내용으로 도시관리계획변경의 결정·고시가 있는 사안에서, 해제대상에서 누락된 개발제한구역 내 토지의 소유자는 위 결정·고시의 취소를 구하는 경우

문 30 ★★

다음 사례에 관한 설명 중 옳지 않은 것은? (다툼이 있는 경우 판례에 의함)

甲 교회는 2009. 6. 1. 당시 교회 건물을 신축하는 과정에서, 지하 공간에 건축되는 예배당 시설 부지의 일부로 사용할 목적으로 A시 B구청장에게 B구 소유의 도로 지하 부분에 대한 도로점용허가를 신청하였다. 이에 B구청장은 2010. 4. 6. 위 도로 중 일부(이하 '이 사건 도로') 지하 부분을 2010. 4. 9.부터 2019. 12. 31.까지 甲 교회가 점용할 수 있도록 하는 내용의 도로점용허가처분(이하 '이 사건 처분')을 하였고, 甲 교회는 이 사건 처분 이후 이 사건 도로 지하 부분을 포함한 신축 교회 건물 지하에 건축허가를 받아 지하 1층부터 지하 5층까지 예배당 등의 시설을 설치하였다. 이에 B구 주민이 「지방자치법」상의 주민소송으로 이 사건 처분을 다투려고 한다.

① 주민감사청구를 한 B구 주민이면 누구나 주민소송을 제기할 수 있는데, 1인의 제소도 가능하다.
② 객관소송의 성격을 지니는 주민소송의 경우, 계쟁처분의 위법성은 항고소송에서의 '처분의 위법성 일반'과 마찬가지로 해석하여야 한다.
③ 주민소송에 관해서는 「지방자치법」에 규정된 것 외에는 「행정소송법」에 따르므로, 주민소송에서도 사정판결을 내리는 것이 허용된다.
④ 주민소송으로 이 사건 처분의 무효확인을 구하는 경우에는 항고소송인 무효확인소송에서와는 달리 「지방자치법」상 제소기간의 적용을 받는다.
⑤ 사안에서 이 사건 처분에 기하여 발해진 건축허가의 효력을 주민이 직접 다툴 수 없는 사정이 확인된다면, 주민소송을 통해 이 사건 처분을 다툴 소의 이익은 부정된다.

> **해설**
>
> ① (O) 주민소송의 대상에 대하여 주민감사청구를 한 주민이면 누구나 주민소송을 제기할 수 있다. 1인에 의한 제소도 가능하다(홍정선, 기본행정법 제12판 p.502).
>
> **지방자치법 22조(주민소송)** ① 제21조제1항에 따라 공금의 지출에 관한 사항, 재산의 취득·관리·처분에 관한 사항, 해당 지방자치단체를 당사자로 하는 매매·임차·도급 계약이나 그 밖의 계약의 체결·이행에 관한 사항 또는 지방세·사용료·수수료·과태료 등 공금의 부과·징수를 게을리한 사항을 감사 청구한 주민은 다음 각 호의 어느 하나에 해당하는 경우에 그 감사 청구한 사항과 관련이 있는 위법한 행위나 업무를 게을리한 사실에 대하여 해당 지방자치단체의 장(해당 사항의 사무처리에 관한 권한을 소속 기관의 장에게 위임한 경우에는 그 소속 기관의 장을 말한다. 이하 이 조에서 같다)을 상대방으로 하여 소송을 제기할 수 있다.
>
> ② (O), ⑤ (X) … 따라서 이 사건 주민소송에서 원고들이 이 사건 건축허가의 효력을 직접 다툴 수 없다고 하더라도, 원고들이 이 사건 도로점용허가의 취소를 구할 소의 이익을 부정하는 근거는 될 수 없다. '같은 취지에서 원심은, 이 사건 주민소송에서 이 사건 건축허가에 대한 취소청구 부분을 각하하는 판결이 확정되어 원고들이 이 사건 건축허가의 효력을 직접 다툴 수 없게 되었다고 하더라도 이 사건 도로점용허가의 취소를 구할 소의 이익까지 소멸하는 것은 아니라고 판단하였다. 이러한 원심 판단은 앞서 본 법리에 기초한 것으로, 거기에 상고이유 주장과 같이 소의 이익, 행정처분의 불가쟁력에 관한 법리를 오해하는 등의 잘못이 없다. … 취소소송의 소송물은 '처분의 위법성 일반'이라는 것이 대법원의 확립된 견해이다. 취소소송에서 법원은 해당 처분이 헌법, 법률, 그 하위의 법규명령, 법의 일반원칙 등 객관적 법질서를 구성하는 모든 법규범에 위반되는지 여부를 기준으로 처분의 위법성을 판단하여야 하고, 이는 주민소송에서도 마찬가지이다(대법원 2019. 10. 17. 선고 2018두104 판결).
>
> ③ (O), ④ (O) 주민소송에 관해서는 지방자치법에 규정된 것 외에는 행정소송법 에 따른다. 또한 주민소송에서도 사정판결을 내리는 것이 허용된다(홍정선, 기본행정법 제12판 p.503). 지방자치법 제22조 제2항 제2호, 제4항, 제18항
>
> **지방자치법 제22조(주민소송)** ② 제1항에 따라 주민이 제기할 수 있는 소송은 다음 각 호와 같다.
> 2. 행정처분인 해당 행위의 취소 또는 변경을 요구하거나 그 행위의 효력 유무 또는 존재 여부의 확인을 요구하는 소송
> ④ 제2항에 따른 소송은 다음 각 호의 구분에 따른 날부터 90일 이내에 제기하여야 한다.
> ⑱ 제1항에 따른 소송에 관하여 이 법에 규정된 것 외에는 「행정소송법」에 따른다.
> **행정소송법 제28조(사정판결)** ① 원고의 청구가 이유있다고 인정하는 경우에도 처분등을 취소하는 것이 현저히 공공복리에 적합하지 아니하다고 인정하는 때에는 법원은 원고의 청구를 기각할 수 있다. 이 경우 법원은 그 판결의 주문에서 그 처분등이 위법함을 명시하여야 한다.
> ② 법원이 제1항의 규정에 의한 판결을 함에 있어서는 미리 원고가 그로 인하여 입게 될 손해의 정도와 배상방법 그 밖의 사정을 조사하여야 한다.

③ 원고는 피고인 행정청이 속하는 국가 또는 공공단체를 상대로 손해배상, 제해시설의 설치 그 밖에 적당한 구제방법의 청구를 당해 취소소송 등이 계속된 법원에 병합하여 제기할 수 있다.

해답 ⑤

핵심포인트 문 30 주민소송 ★★

- 주민소송의 대상에 대하여 주민감사청구를 한 주민이면 누구나 주민소송을 제기 可, 1인에 의한 제소도 可
- 주민소송, 항고소송에서의 계쟁처분의 위법성은 '처분의 위법성 일반'임
- 주민소송에서도 사정판결을 내리는 것이 허용(∵ 주민소송에 관해서는 「지방자치법」에 규정된 것 외에는 「행정소송법」에 따름)
- 주민소송으로 이 사건 처분의 무효확인을 구하는 경우에는 항고소송인 무효확인소송에서와는 달리 「지방자치법」상 제소기간의 적용됨 ○
- 주민소송에서 이 사건 건축허가에 대한 취소청구 부분을 각하하는 판결이 확정된 경우라도 주민소송에서 도로점용허가의 취소를 구할 소의 이익 有

문 31 ★★

행정법상 신뢰보호의 원칙에 관한 설명 중 옳은 것(○)과 옳지 않은 것(×)을 올바르게 조합한 것은? (다툼이 있는 경우 판례에 의함)

ㄱ. 신뢰보호의 원칙이 적용되기 위하여는 행정청의 견해표명이 정당하다고 신뢰한 데에 대하여 그 개인에게 귀책사유가 없어야 하는데, 여기서 귀책사유의 유무는 견해표명의 상대방과 그로부터 일정한 행위를 위임받은 수임인 등 관계자 모두를 기준으로 판단하여야 한다.
ㄴ. 행정청은 권한 행사의 기회가 있음에도 불구하고 장기간 권한을 행사하지 아니하여 국민이 그 권한이 행사되지 아니할 것으로 믿을 만한 정당한 사유가 있는 경우에는 그 권한을 행사해서는 아니 되며, 이는 제3자의 이익을 현저히 해칠 우려가 있는 경우에도 마찬가지이다.
ㄷ. 법령을 개정할 때 입법자의 광범위한 재량이 인정되는 경우라 하더라도 구 법령의 존속에 대한 당사자의 신뢰가 합리적이고도 정당하며 법령의 개정으로 야기되는 당사자의 손해가 극심하여 새로운 법령으로 달성하고자 하는 공익적 목적이 그러한 신뢰의 파괴를 정당화할 수 없다면, 입법자는 경과규정을 두는 등 당사자의 신뢰를 보호할 적절한 조치를 하여야 한다.
ㄹ. 법적으로 혼인한 상태가 아닌 대한민국 국적인 부와 중화인민공화국 국적인 모 사이에 출생한 甲에게 출생신고에 따라 행정청에 의해 주민등록번호와 이에 따른 주민등록증이 부여되었더라도, 행정청에 의해 '외국인 모와의 혼인외자 출생신고'라며 가족관계등록부가 말소된 이상, 법무부장관이 대한민국 국적 보유자가 아니라는 이유로 甲에게 국적비보유판정을 한 것은 정당화될 수 있다.
ㅁ. 행정청이 공적인 견해를 표명한 뒤에 그 사정이 변경되었다면 그 공적 견해가 더 이상 개인에게 신뢰의 대상이 된다고 보기 어렵기 때문에, 특별한 사정이 없는 한 행정청은 그 견해표명에 반하는 처분을 할 수 있다.

① ㄱ(○), ㄴ(○), ㄷ(×), ㄹ(×), ㅁ(×) ② ㄱ(○), ㄴ(×), ㄷ(○), ㄹ(○), ㅁ(×)
③ ㄱ(○), ㄴ(×), ㄷ(○), ㄹ(×), ㅁ(○) ④ ㄱ(×), ㄴ(○), ㄷ(×), ㄹ(○), ㅁ(○)
⑤ ㄱ(×), ㄴ(×), ㄷ(○), ㄹ(○), ㅁ(○)

> **해설**

ㄱ.(○) 일반적으로 행정상의 법률관계에 있어서 행정청의 행위에 대하여 신뢰보호의 원칙이 적용되기 위하여는, 첫째 행정청이 개인에 대하여 신뢰의 대상이 되는 공적인 견해표명을 하여야 하고, 둘째 행정청의 견해표명이 정당하다고 신뢰한 데에 대하여 그 개인에게 귀책사유가 없어야 하며, 셋째 그 개인이 그 견해표명을 신뢰하고 이에 상응하는 어떠한 행위를 하였어야 하고, 넷째 행정청이 그 견해표명에 반하는 처분을 함으로써 그 견해표명을 신뢰한 개인의 이익이 침해되는 결과가 초래되어야 하며, 마지막으로 위 견해표명에 따른 행정처분을 할 경우 이로 인하여 공익 또는 제3자의 정당한 이익을 현저히 해할 우려가 있는 경우가 아니어야 하는바, 둘째 요건에서 말하는 귀책사유라 함은 행정청의 견해표명의 하자가 상대방 등 관계자의 사실은폐나 기타 사위의 방법에 의한 신청행위 등 부정행위에 기인한 것이거나 그러한 부정행위가 없다고 하더라도 하자가 있음을 알았거나 중대한 과실로 알지 못한 경우 등을 의미한다고 해석함이 상당하고, 귀책사유의 유무는 상대방과 그로부터 신청행위를 위임받은 수임인 등 관계자 모두를 기준으로 판단하여야 한다(대법원 2002. 11. 8. 선고 2001두1512 판결).

ㄴ.(×) 행정기본법 제12조 제2항 단서

> **행정기본법 제12조(신뢰보호의 원칙)** ① 행정청은 공익 또는 제3자의 이익을 현저히 해칠 우려가 있는 경우를 제외하고는 행정에 대한 국민의 정당하고 합리적인 신뢰를 보호하여야 한다.
> ② 행정청은 권한 행사의 기회가 있음에도 불구하고 장기간 권한을 행사하지 아니하여 국민이 그 권한이 행사되지 아니할 것으로 믿을 만한 정당한 사유가 있는 경우에는 그 권한을 행사해서는 아니 된다. 다만, 공익 또는 제3자의 이익을 현저히 해칠 우려가 있는 경우는 예외로 한다.

ㄷ.(○) 법령의 개정에서 입법자의 광범위한 재량이 인정되는 경우라 하더라도 구 법령의 존속에 대한 당사자의 신뢰가 합리적이고도 정당하며 법령의 개정으로 야기되는 당사자의 손해가 극심하여 새로운 법령으로 달성하고자 하는 공익적 목적이 그러한 신뢰의 파괴를 정당화할 수 없다면 입법자는 경과규정을 두는 등 당사자의 신뢰를 보호할 적절한 조치를 하여야 하며 이와 같은 적절한 조치 없이 새 법령을 그대로 시행하거나 적용하는 것은 허용될 수 없는바, 이는 헌법의 기본원리인 법치주의 원리에서 도출되는 신뢰보호의 원칙에 위배되기 때문이다(대법원 2013. 4. 26. 선고 2011다14428 판결).

ㄹ.(×) 법적으로 혼인한 상태가 아닌 대한민국 국적인 부와 중화인민공화국 국적인 모 사이에 출생한 갑과 을이 출생신고에 따라 주민등록번호를 부여받고 가족관계등록부에 등록되었으며 각각 17세 때 주민등록증을 발급받았는데, 관할 행정청이 '외국인 모와의 혼인외자 출생신고'라며 가족관계등록부를 말소하고 출입국관리 행정청이 부모들에게 갑과 을에 대한 국적 취득 절차를 안내했음에도 이를 진행하지 않다가 성년이 된 후 국적법 제20조에 따라 국적보유판정을 신청했으나, 법무부장관이 대한민국 국적 보유자가 아니라는 이유로 갑과 을에게 국적비보유 판정을 한 사안에서 … 위 판정은 갑과 을의 신뢰에 반하여 이루어진 것으로 신뢰보호의 원칙에 위배된다(대법원 2024. 3. 12. 선고 2022두60011 판결).

ㅁ.(○) 신뢰보호의 원칙은 행정청이 공적인 견해를 표명할 당시의 사정이 그대로 유지됨을 전제로 적용되는 것이 원칙이므로, 사후에 그와 같은 사정이 변경된 경우에는 그 공적 견해가 더 이상 개인에게 신뢰의 대상이 된다고 보기 어려운 만큼, 특별한 사정이 없는 한 행정청이 그 견해표명에 반하는 처분을 하더라도 신뢰보호의 원칙에 위반된다고 할 수 없다(대법원 2020. 6. 25. 선고 2018두34732 판결).

해답 ③

핵심포인트 문 31 행정법상 신뢰보호의 원칙 ★★

- 행정청의 견해표명이 정당하다고 신뢰한 데에 대하여 그 개인에게 귀책사유 유무는 상대방과 그로부터 신청행위를 위임받은 수임인 등 관계자 모두를 기준으로 판단함
- 행정청은 권한 행사의 기회가 있음에도 불구하고 장기간 권한을 행사하지 아니하여 국민이 그 권한이 행사되지 아니할 것으로 믿을 만한 정당한 사유가 있는 경우
  - 행정청은 그 권한을 행사해서는 아니 됨
  - 공익 또는 제3자의 이익을 현저히 해칠 우려가 있는 경우는 예외로 행정청은 그 권한 행사 可
- 법령 개정할 때 입법자의 광범위한 재량 인정되는 경우 구 법령의 존속에 대한 당사자의 신뢰가 합리적이고도 정당하며 법령의 개정으로 야기되는 당사자의 손해가 극심하여 새로운 법령으로 달성하고자 하는 공익적 목적이 그러한 신뢰의 파괴를 정당화할 수 없는 경우 ⇨ 입법자는 경과규정을 두는 등 당사자의 신뢰를 보호할 적절한 조치를 하여야 함
- 법적으로 혼인한 상태가 아닌 대한민국 국적인 부와 중화인민공화국 국적인 모 사이에 출생한 甲에게 출생신고에 따라 행정청에 의해 주민등록번호와 이에 따른 주민등록증이 부여되었고, 행정청에 의해 '외국인 모와의 혼인외자 출생신고'라며 가족관계등록부가 말소된 경우 ⇨ 법무부장관이 대한민국 국적 보유자가 아니라는 이유로 甲에게 국적비보유판정은 신뢰보호 원칙에 위반 ○
- 행정청이 공적인 견해를 표명한 뒤에 그 사정이 변경되었다면 특별한 사정이 없는 한 행정청은 그 견해표명에 반하는 처분을 할 수 있음

문 32 ★★

국가배상책임에 관한 설명 중 옳은 것(○)과 옳지 않은 것(×)을 올바르게 조합한 것은? (다툼이 있는 경우 판례에 의함)

ㄱ. 공법인이 국가로부터 위탁받은 공행정사무를 집행하는 과정에서 공법인의 임직원이나 피용인이 고의 또는 과실로 법령을 위반하여 타인에게 손해를 입힌 경우, 공법인의 임직원이나 피용인은 「국가배상법」 제2조에서 정한 공무원에 해당하므로 고의 또는 중과실이 있는 경우에만 배상책임을 부담한다.

ㄴ. 군인·군무원 등에 관한 「국가배상법」 제2조 제1항 단서 규정은, 다른 법령에 보상제도가 규정되어 있고 그 법령에 규정된 요건에 해당되어 위 단서 규정에 열거된 사람에게 보상을 받을 수 있는 권리가 발생한 이상, 실제로 그 권리를 행사하였는지 또는 그 권리를 행사하고 있는지 여부에 관계없이 적용된다.

ㄷ. 국가나 지방자치단체가 행정절차를 진행하는 과정에서 주민들의 의견제출 등 절차적 권리를 보장하지 않은 위법이 있어서 그 후 이를 시정하여 절차를 다시 진행한 경우, 이러한 조치로도 주민들의 절차적 권리 침해로 인한 정신적 고통이 여전히 남아 있다고 볼 특별한 사정이 있다면 국가나 지방자치단체는 그 정신적 고통으로 인한 손해를 배상할 책임이 있고, 이때 특별한 사정이 있다는 사실에 대한 주장·증명책임은 이를 청구하는 주민들에게 있다.

ㄹ. 영조물이 그 설치 및 관리에 있어 완전무결한 상태를 유지할 정도의 고도의 안전성을 갖추지 아니하였다고 하여 하자가 있다고 단정할 수는 없고, 영조물 이용자의 상식적이고 질서 있는 이용방법을 기대한 상대적인 안전성을 갖추는 것으로 족하다.

① ㄱ(○), ㄴ(○), ㄷ(○), ㄹ(○)
② ㄱ(○), ㄴ(○), ㄷ(×), ㄹ(○)
③ ㄱ(○), ㄴ(×), ㄷ(○), ㄹ(×)
④ ㄱ(×), ㄴ(○), ㄷ(×), ㄹ(○)
⑤ ㄱ(×), ㄴ(×), ㄷ(×), ㄹ(○)

해설

ㄱ.(○) 공법인이 국가로부터 위탁받은 공행정사무를 집행하는 과정에서 공법인의 임직원이나 피용인이 고의 또는 과실로 법령을 위반하여 타인에게 손해를 입힌 경우에는, 공법인은 위탁받은 공행정사무에 관한 행정주체의 지위에서 배상책임을 부담하여야 하지만, 공법인의 임직원이나 피용인은 실질적인 의미에서 공무를 수행한 사람으로서 국가배상법 제2조에서 정한 공무원에 해당하므로 고의 또는 중과실이 있는 경우에만 배상책임을 부담하고 경과실이 있는 경우에는 배상책임을 면한다(대법원 2021. 1. 28. 선고 2019다260197 판결).

ㄴ.(○) … 이처럼 국가배상법 제2조 제1항 단서 규정은 군인 등 위 법률 규정에 열거된 사람이 전투, 훈련 등 직무집행과 관련하여 전사·순직하거나 공상을 입은 데 대하여 재해보상금, 유족연금, 상이연금 등 별도의 보상제도가 마련되어 있는 경우에는 이중배상의 금지를 위하여 이들의 국가에 대한 국가배상법 또는 민법상의 손해배상청구권 자체를 절대적으로 배제하는 규정이므로, 이들은 국가에 대하여 손해배상청구권을 행사할 수 없다 따라서 다른 법령에 보상제도가 규정되어 있고, 그 법령에 규정된 요건에 해당되어 군인 등에게 보상을 받을 수 있는 권리가 발생한 이상, 군인 등이 실제로 그 권리를 행사하였는지 또는 그 권리를 행사하고 있는지 여부에 관계없이 국가배상법 제2조 제1항 단서 규정이 적용된다고 보아야 한다(대법원 2015. 11. 26. 선고 2015다226137 판결).

ㄷ.(○) … 이와 같은 행정절차상 권리의 성격이나 내용 등에 비추어 볼 때, 국가나 지방자치단체가 행정절차를 진행하는 과정에서 주민들의 의견제출 등 절차적 권리를 보장하지 않은 위법이 있다고 하더라도 그 후 이를 시정하여 절차를 다시 진행한 경우, 종국적으로 행정처분 단계까지 이르지 않거나 처분을 직권으로 취소하거나 철회한 경우, 행정소송을 통하여 처분이 취소되거나 처분의 무효를 확인하는 판결이 확정된 경우 등에는 주민들이 절차적 권리의 행사를 통하여 환경권이나 재산권 등 사적 이익을 보호하려던 목적이 실질적으로 달성된 것이므로 특별한 사정이 없는 한 절차적 권리 침해로 인한 정신적 고통에 대한 배상은 인정되지 않는다. 다만 이러한 조치로도 주민들의 절차적 권리 침해로 인한 정신적 고통이 여전히 남아 있다고 볼 특별한 사정이 있는 경우에 국가나 지방자치단체는 그 정신적 고통으로 인한 손해를 배상할 책임이 있다. 이때 특별한 사정이 있다는 사실에 대한 주장·증명책임은 이를 청구하는 주민들에게 있고, 특별한 사정이 있는지는 주민들에게 행정절차 참여권을 보장하는 취지, 행정절차 참여권이 침해된 경위와 정도, 해당 행정절차 대상사업의 시행경과 등을 종합적으로 고려해서 판단해야 한다(대법원 2021. 7. 29. 선고 2015다221668 판결).

ㄹ.(○) 국가배상법 제5조 제1항에 규정된 '조물 설치·관리상의 하자' 공공의 목적에 공여된 영조물이 그 용도에 따라 통상 갖추어야 할 안전성을 갖추지 못한 상태에 있음을 말한다. 그리고 위와 같은 안전성의 구비여부는 영조물의 설치자 또는 관리자가 그 영조물의 위험성에 비례하여 사회통념상 일반적으로 요구되는 정도의 방호조치의무를 다하였는지를 기준으로 판단하여야 하고, 아울러 그 설치자 또는 관리자의 재정적·인적·물적 제약 등도 고려하여야 한다. 따라서 영조물이 그 설치 및 관리에 있어 완전무결한 상태를 유지할 정도의 고도의 안전성을 갖추지 아니하였다고 하여 하자가 있다고 단정할 수는 없고, 영조물 이용자의 상식

적이고 질서 있는 이용 방법을 기대한 상대적인 안전성을 갖추는 것으로 족하다(대법원 2022. 7. 28. 선고 2022다225910 판결).

해답 ①

핵심포인트 문 32 국가배상책임 ★★

- 공법인이 국가로부터 위탁받은 공행정사무 집행하는 과정에서 공법인의 임직원이나 피용인이 고의 또는 과실로 법령을 위반하여 타인에게 손해를 입힌 경우 ⇨ 공법인의 임직원이나 피용인은 고의 또는 중과실이 있는 경우에만 배상책임을 부담 ○(∵ 공법인의 임직원이나 피용인은 「국가배상법」 제2조에서 정한 공무원에 해당)
- 군인 등은 실제로 그 권리를 행사하였는지 또는 그 권리를 행사하고 있는지 여부에 관계없이 국가배상법 제2조 제1항 단서 규정이 적용 ○(∵ 다른 법령에 보상제도가 규정되어 있고, 그 법령에 규정된 요건에 해당되어 군인 등에게 보상을 받을 수 있는 권리가 발생)
- 국가나 지방자치단체가 행정절차를 진행하는 과정에서 주민들의 의견제출 등 절차적 권리를 보장하지 않은 위법이 있어서 그 후 이를 시정하여 절차를 다시 진행하더라도 주민들의 절차적 권리 침해로 인한 정신적 고통이 여전히 남아 있다고 볼 특별한 사정이 있는 경우
  - 정신적 고통으로 인한 손해를 배상할 책임 有
  - 특별한 사정이 있다는 사실에 대한 주장·증명책임 소재는 청구하는 주민에게 있음
- 영조물 설치 및 관리 ⇨ 완전무결한 상태를 유지할 정도의 고도의 안전성을 갖추지 아니하였지만 영조물 이용자의 상식적이고 질서 있는 이용 방법을 기대한 상대적인 안전성 갖추는 것으로 족함

문 33 ★★

행정계획에 관한 설명 중 옳지 않은 것은? (다툼이 있는 경우 판례에 의함)

① 도시계획시설(공원)로 지정된 이후에도 계속 지목에 따라 농경지로 사용된 토지의 경우, 지정 이후에 토지소유권을 취득한 자도 계속 농경지로 사용할 수 있는 상황이고, 만약 그 사용·수익이 사실상 불가능하더라도 법령상 매수청구권을 행사할 수 있다면, 공원구역의 지정이 토지소유권자의 사익을 과도하게 침해하였다고 단정할 수 없다.

② 재건축조합이 전체 조합원의 일부인 개별 조합원과 사적으로 재건축에 관련한 신축상가입주의 약정을 체결한 경우, 구속적 행정계획으로서 관리처분계획의 본질과 재건축조합의 행정주체로서 갖는 공법상 재량권에 비추어 재건축조합은 그 사법상 약정에 직접적으로 구속되지 않는다.

③ 주민 등의 도시관리계획 입안 제안을 거부한 처분을 취소하는 판결이 확정된 후 행정청이 새로이 수립한 도시관리계획에 대해 제기된 취소소송에서, 도시관리계획의 내용이 취소판결의 기속력에 위배되지는 않는다고 하더라도 법원은 계획재량의 한계를 일탈한 것인지 여부를 별도로 심리·판단하여야 한다.

④ 산업단지개발계획 변경권자가 특정 폐기물처리업체가 폐기물소각시설을 증설할 수 있도록 산업단지개발계획을 변경한 경우, 형평의 원칙상 변경권자는 반드시 그 주변의 동종 업체들도 같은 혜택을 누릴 수 있도록 산업단지개발계획을 변경하여야 한다.

⑤ 지방자치단체가 경관 훼손에 관한 객관적인 검토를 거치지 않은 채 甲의 고층아파트 신축 사업 계획에 대하여 주변 경관 등을 이유로 불승인처분을 한 경우, 지방자치단체의 국가배상책임이 인정될 여지가 있다.

> 해설

① (O) 도시계획시설로 지정된 이후에도 계속 지목에 따라 농경지로 사용된 토지의 경우, 지정 이후에 토지소유권을 취득한 자도 계속 농경지로 사용할 수 있는 상황이고, 만약 그 사용·수익이 사실상 불가능하더라도 법령상 매수청구권을 행사할 수 있다면, 공원구역의 지정이 토지소유권자의 사익을 과도하게 침해하였다고 단정할 수 없다(헌법재판소 1999. 10. 21. 선고 97헌바26 전원재판부).

② (O) 주택재건축정비사업조합(이하 '재건축조합'이라 한다)이 관리처분계획의 수립 혹은 변경을 통한 집단적인 의사결정 방식 외에 전체 조합원의 일부인 개별 조합원과 사적으로 그와 관련한 약정을 체결한 경우에도, 구속적 행정계획으로서 재건축조합이 행하는 독립된 행정처분에 해당하는 관리처분계획의 본질 및 전체 조합원 공동의 이익을 목적으로 하는 재건축조합의 행정주체로서 갖는 공법상 재량권에 비추어 재건축조합이 개별 조합원 사이의 사법상 약정에 직접적으로 구속된다고 보기는 어렵다(대법원 2022. 7. 14. 선고 2022다206391 판결).

③ (O) 취소 확정판결의 기속력의 범위에 관한 법리 및 도시관리계획의 입안·결정에 관하여 행정청에게 부여된 재량을 고려하면, 주민 등의 도시관리계획 입안 제안을 거부한 처분을 이익형량에 하자가 있어 위법하다고 판단하여 취소하는 판결이 확정되었더라도 행정청에게 그 입안 제안을 그대로 수용하는 내용의 도시관리계획을 수립할 의무가 있다고는 볼 수 없고, 행정청이 다시 새로운 이익형량을 하여 적극적으로 도시관리계획을 수립하였다면 취소판결의 기속력에 따른 재처분의무를 이행한 것이라고 보아야 한다. 다만 취소판결의 기속력 위배 여부와 계획재량의 한계 일탈 여부는 별개의 문제이므로, 행정청이 적극적으로 수립한 도시관리계획의 내용이 취소판결의 기속력에 위배되지는 않는다고 하더라도 계획재량의 한계를 일탈한 것인지의 여부는 별도로 심리·판단하여야 한다(대법원 2020. 6. 25. 선고 2019두56135 판결).

④ (X) … 이 사건 처분이 NC울산 사례와 비교하여 형평의 원칙에 뚜렷하게 반한다고 보기 어렵다. 산업단지개발계획 변경권자가 특정 폐기물처리업체가 폐기물소각시설을 증설할 수 있도록 산업단지개발계획을 변경한 경우 형평의 원칙상 반드시 그 주변의 동종 업체들도 같은 혜택을 누릴 수 있도록 산업단지개발계획을 변경하여야 한다고 보면 산업단지 내 각종 업종의 합리적 배치를 통해 균형 있는 국토개발과 지속적인 산업발전을 도모하고자 하는 산업단지개발계획 제도가 유명무실하게 될 수 있기 때문이다(대법원 2021. 7. 29. 선고 2021두33593 판결).

⑤ (O) 갑 주식회사가 고층 아파트 신축사업을 계획하고 토지를 매수한 다음 을 지방자치단체와 협의하여 사업계획 승인신청을 하였고, 수개월에 걸쳐 을 지방자치단체의 보완 요청에 응하여 사업계획 승인에 필요한 요건을 갖추었는데, 을 지방자치단체의 장이 위 사업계획에 관하여 부정적인 의견을 제시한 후, 을 지방자치단체가 갑 회사에 주변 경관 등을 이유로 사업계획 불승인처분을 한 사안에서, 을 지방자치단체의 국가배상책임이 인정된다고 볼 여지가 있다(대법원 2021. 6. 30. 선고 2017다249219 판결).

해답 ④

핵심포인트 | 문 33 | 행정계획 ★★

- 도시계획시설(공원)로 지정된 이후에도 계속 지목에 따라 농경지로 사용된 토지의 경우 지정 이후에 토지소유권을 취득한 자도 계속 농경지로 사용할 수 있는 상황인 경우 ⇨ 법령상 매수청구권을 행사할 수 있다면, 공원구역의 지정이 토지소유권자의 사익을 과도하게 침해한 것 ×
- 재건축조합이 전체 조합원의 일부인 개별 조합원과 사적으로 재건축에 관련한 신축상가입주의 약정 체결한 경우재 ⇨ 건축조합은 그 사법상 약정에 직접적으로 구속 ×

- 주민 등의 도시관리계획 입안 제안을 거부한 처분을 취소하는 판결이 확정된 후 행정청이 새로이 수립한 도시관리계획에 대해 제기된 취소소송에서, 도시관리계획의 내용이 취소판결의 기속력에 위배되지는 않는 경우 ⇨ 법원은 계획재량의 한계를 일탈한 것인지 여부를 별도로 심리·판단 要
- 산업단지개발계획 변경권자가 특정 폐기물처리업체가 폐기물소각시설을 증설할 수 있도록 산업단지개발계획을 변경한 경우 ⇨ 변경권자는 반드시 그 주변의 동종 업체들도 같은 혜택을 누릴 수 있도록 산업단지개발계획을 변경하여야 하는 것 ×
- 경관 훼손에 관한 객관적인 검토를 거치지 않은 채 甲의 고층아파트 신축 사업 계획에 대하여 주변 경관 등을 이유로 불승인처분을 한 지방자치단체의 국가배상책임이 인정될 여지 有

문 34 ★★★

다음 사례에 관한 설명 중 옳은 것(○)과 옳지 않은 것(×)을 올바르게 조합한 것은? (다툼이 있는 경우 판례에 의함)

> 甲은 A시에 흐르는 X하천에서 목초를 채취하려 한다. 이에 甲은 X하천의 관리청인 A시 시장 乙에게 하천법령에 따른 하천의 점용허가를 신청하였다. 그러나 乙은 甲의 신청을 받고도 상당한 기간이 지나도록 아무런 응답을 하지 않고 있다. 이에 甲은 乙을 상대로 부작위위법확인의 소를 제기하려 한다.

ㄱ. 甲이 乙에 대하여 하천점용허가를 할 의무의 이행이나 확인을 구하는 행정소송은 허용될 수 없다.
ㄴ. 甲이 제기한 부작위위법확인소송 계속 중 乙이 甲의 하천점용허가 신청을 거부하는 처분을 한 경우 그 부작위위법확인의 소는 소의 이익을 잃어 부적법하게 된다.
ㄷ. 甲이 전심절차를 거쳐 부작위위법확인의 소를 제기하였으나 그 후 乙의 거부처분이 있다고 보아 거부처분취소소송으로 소를 교환적으로 변경한 후 여기에 부작위위법확인의 소를 추가적으로 병합한 경우, 최초의 부작위위법확인의 소가 적법한 제소기간 내에 제기된 이상 그 후 거부처분취소소송으로의 교환적 변경과 거부처분취소소송에의 추가적 변경 등의 과정을 거쳤다고 하더라도 여전히 제소기간을 준수한 것으로 보아야 한다.
ㄹ. 甲의 부작위위법확인 청구가 인용되어 그 판결이 확정되는 경우 취소판결 등의 기속력을 정한 「행정소송법」 제30조가 준용되므로, 乙은 甲이 신청한 대로 하천점용허가를 하여야 한다.

① ㄱ(○), ㄴ(○), ㄷ(○), ㄹ(×)
② ㄱ(○), ㄴ(○), ㄷ(×), ㄹ(○)
③ ㄱ(○), ㄴ(×), ㄷ(○), ㄹ(○)
④ ㄱ(○), ㄴ(×), ㄷ(×), ㄹ(○)
⑤ ㄱ(×), ㄴ(×), ㄷ(○), ㄹ(×)

해설

ㄱ.(○) 현행 행정소송법상 의무이행소송이나 의무확인소송은 인정되지 않으며, 행정심판법이 의무이행심판청구를 할 수 있도록 규정하고 있다고 하여 행정소송에서 의무이행청구를 할 수 있는 근거가 되지 못한다(대법원 1992. 2. 11. 선고 91누4126 판결).

ㄴ.(○), ㄷ.(○) 하지만, 당사자의 법규상 또는 조리상의 권리에 기한 신청에 대하여 행정청이 부작위의 상태에 있는지 아니면 소극적 처분을 하였는지는 동일한 사실관계를 토대로 한 법률적 평가의 문제가 개입되어 분명하지 않은 경우가 있을 수 있고, 부작위위법확인소송의 계속중 소극적 처분이 있게 되면 부작위위법확인

의 소는 소의 이익을 잃어 부적법하게 되고 이 경우 소극적 처분에 대한 취소소송을 제기하여야 하는 등 부작위위법확인의 소는 취소소송의 보충적 성격을 지니고 있으며, 부작위위법확인소송의 이러한 보충적 성격에 비추어 동일한 신청에 대한 거부처분의 취소를 구하는 취소소송에는 특단의 사정이 없는 한 그 신청에 대한 부작위위법의 확인을 구하는 취지도 포함되어 있다고 볼 수 있다. 이러한 사정을 종합하여 보면, 당사자가 동일한 신청에 대하여 부작위위법확인의 소를 제기하였으나 그 후 소극적 처분이 있다고 보아 처분취소소송으로 소를 교환적으로 변경한 후 여기에 부작위위법확인의 소를 추가적으로 병합한 경우 최초의 부작위위법확인의 소가 적법한 제소기간 내에 제기된 이상 그 후 처분취소소송으로의 교환적 변경과 처분취소소송에의 추가적 변경 등의 과정을 거쳤다고 하더라도 여전히 제소기간을 준수한 것으로 봄이 상당하다(대법원 2009. 7. 23. 선고 2008두10560 판결).

ㄹ.(X) 판결의 기속력이란 소송당사자인 행정청과 그 밖의 관계행정청이 판결의 내용에 따라 행동하여야 하는 실체법상의 의무를 발생시키는 효력을 말하는 바, 부작위위법확인판결에는 기속력이 인정되어 행정청은 판결의 취지에 따라 이전의 신청에 대한 응답의무를 부담한다(홍정선, 기본행정법 제12판 p.424). ▶ 따라서 신청한 대로 하천점용허가를 하여야 하는 것은 아니다.

핵심포인트 문 34 부작위위법확인소송 ★★★

- 행정소송법상 의무이행소송이나 의무확인소송은 인정 ×
- 부작위위법확인소송 계속 중 거부처분이 있게 되면 부작위위법확인의 소는 소의 이익 잃어 부적법
- 당사자가 동일한 신청에 대하여 부작위위법확인의 소를 제기 후 소극적 처분이 있다고 보아 처분취소소송으로 소를 교환적으로 변경한 후 부작위위법확인의 소를 추가적으로 병합한 경우 ⇨ 처분취소소송으로의 교환적 변경과 처분취소소송에의 추가적 변경 등의 과정을 거쳤다고 하더라도 여전히 제소기간을 준수한 것 ○(∵ 거부처분의 취소를 구하는 취소소송에는 특단의 사정이 없는 한 그 신청에 대한 부작위위법의 확인을 구하는 취지도 포함)
- 부작위위법확인판결에는 기속력이 인정된 경우 ⇨ 행정청은 판결의 취지에 따라 이전의 신청에 대한 응답의무 부담함 ○(신청한 대로 처분의무는 없음)

문 35 ★★

행정소송에 관한 설명 중 옳은 것을 모두 고른 것은? (다툼이 있는 경우 판례에 의함)

ㄱ. 교육감이 사립학교법인의 이사장 및 학교장에게 소속 직원들의 유사경력 호봉환산이 과다하게 반영되었다는 이유로 호봉이 과다하게 산정된 직원들의 호봉정정에 따른 급여 환수명령 및 미이행 시 해당 직원들에 대한 보조금 지원을 중단하겠다는 내용의 시정명령을 하고, 정정된 호봉으로 호봉 재획정 처리를 하고 조치결과를 제출하라는 명령을 한 사안에서, 이는 사립학교 직원들이 각 소속 사립학교법인들에 대한 위 각 명령으로 인하여 법률상 보호되는 이익을 침해당한 경우에 해당한다.

ㄴ. 민사소송에서 항고소송으로의 소 변경이 허용되는 이상, 공법상 당사자소송과 민사소송이 서로 다른 소송절차에 해당한다는 이유만으로 청구기초의 동일성이 없다고 해석하여 양자 간의 소 변경을 허용하지 않을 이유가 없다.

ㄷ. 거부처분을 취소하는 판결이 확정된 경우 그 취소사유가 행정처분의 절차, 방법의 위법으로 인한 것이라면 그 처분 행정청은 확정판결의 취지에 따라 위법사유를 보완하여 다시 종전의 신청에 대한 거부처분을 할 수 있다.

ㄹ. 행정처분의 당연무효를 선언하는 의미에서 그 취소를 구하는 행정소송을 제기하는 경우 제소기간의 준수 등 취소소송의 제소요건을 갖추어야 하는 것은 아니다.

① ㄱ, ㄷ
② ㄴ, ㄹ
③ ㄱ, ㄴ, ㄷ
④ ㄴ, ㄷ, ㄹ
⑤ ㄱ, ㄴ, ㄷ, ㄹ

해설

ㄱ.(O) … 이와 같이 구 사립학교법이 사립학교 직원들의 보수를 정관으로 정하도록 하고, 원고들이 소속된 각 학교법인의 정관이 그 직원들의 보수를 공무원의 예에 따르도록 한 것은, 사립학교 소속 사무직원들의 보수의 안정성 및 예측가능성을 담보하여 사립학교 교육이 공공의 목적에 부합하는 방향으로 원활하게 수행될 수 있도록 하는 한편, 그 사무직원의 경제적 생활안정과 복리향상을 보장하고자 함에 있으므로, 사립학교사무직원의 이익을 개별적·직접적·구체적으로 보호하고 있는 규정으로 볼 수 있다. 나아가 이 사건 각 명령은 학교법인들에 대하여 그 사무직원들의 호봉을 재획정하고, 그에 따라 초과 지급된 급여를 5년 범위 내에서 환수하도록 명하고 있는데, 이로 인하여 원고들은 급여가 실질적으로 삭감되거나 기지급된 급여를 반환하여야 하는 직접적이고 구체적인 손해를 입게 되므로, 원고들은 이 사건 각 명령을 다툴 개별적·직접적·구체적 이해관계가 있다고 볼 수 있다(대법원 2023. 1. 12. 선고 2022두56630 판결).

ㄴ.(O) 대법원은 여러 차례에 걸쳐 행정소송법상 항고소송으로 제기해야 할 사건을 민사소송으로 잘못 제기한 경우 수소법원으로서는 원고로 하여금 항고소송으로 소 변경을 하도록 석명권을 행사하여 행정소송법이 정하는 절차에 따라 심리·판단해야 한다고 판시해 왔다. 이처럼 민사소송에서 항고소송으로의 소 변경이 허용되는 이상, 공법상 당사자소송과 민사소송이 서로 다른 소송절차에 해당한다는 이유만으로 청구기초의 동일성이 없다고 해석하여 양자 간의 소 변경을 허용하지 않을 이유가 없다(대법원 2023. 6. 29. 선고 2022두44262 판결).

ㄷ.(O) 행정소송법 제30조 제2항의 규정에 의하면 행정청의 거부처분을 취소하는 판결이 확정된 경우에는 그 처분을 행한 행정청이 판결의 취지에 따라 이전의 신청에 대하여 재처분할 의무가 있다고 할 것이나, 그 취소사유가 행정처분의 절차, 방법의 위법으로 인한 것이라면 그 처분 행정청은 그 확정판결의 취지에 따라 그 위법사유를 보완하여 다시 종전의 신청에 대한 거부처분을 할 수 있고, 그러한 처분도 위 조항에 규정된 재처분에 해당한다(대법원 2005. 1. 14. 선고 2003두13045 판결).

ㄹ.(X) 행정처분의 당연무효를 선언하는 의미에서 그 취소를 청구하는 행정소송을 제기하는 경우에도 소원의 전치와 제소기간의 준수등 취소소송의 제소요건을 갖추어야 한다(대법원 1984. 5. 29. 선고 84누175 판결).

해답 ③

핵심포인트 문 35 행정소송 ★★

- 구 사립학교법이 사립학교 직원들의 보수를 정관으로 정하도록 하고, 소속된 각 학교법인의 정관이 그 직원들의 보수를 공무원의 예에 따르도록 한 경우(보조금 지원을 중단하겠다는 내용의 시정명령, 정정된 호봉으로 호봉 재획정 처리를 하고 조치결과를 제출하라는 명령) ⇨ 사립학교 직원들은 각 명령으로 인하여 법률상 보호되는 이익을 침해당한 경우에 해당 ○

- 공법상 당사자소송과 민사소송이 서로 다른 소송절차에 해당한다는 이유만으로 청구기초의 동일성이 없다고 해석하여 양자 간의 소 변경을 허용하지 않을 이유 없음(∵ 민사소송에서 항고소송으로의 소 변경 허용)
- 취소사유가 행정처분의 절차, 방법의 위법으로 인한 거부처분을 취소하는 판결이 확정된 경우 ⇨ 그 처분 행정청은 확정판결의 취지에 따라 위법사유를 보완하여 다시 종전의 신청에 대한 거부처분을 할 수 있음
- 행정처분의 당연무효를 선언하는 의미에서 그 취소를 청구하는 행정소송을 제기하는 경우에도 소원의 전치와 제소기간의 준수 등 취소소송의 제소요건을 갖추어야 함

문 36

행정법상 신고에 관한 설명 중 옳지 않은 것은? (다툼이 있는 경우 판례에 의함) ★★

① 임시도로 개설 목적으로 법령에 규정되어 있는 요건을 갖추어 산지일시사용신고를 한 경우, 신고서 또는 첨부서류에 흠이 있거나 거짓 또는 그 밖의 부정한 방법으로 신고를 한 것이 아닌 한, 행정청은 그 신고를 수리하여야 하고, 법령에서 정한 사유 이외의 다른 사유를 들어 신고 수리를 거부할 수 없다.

② 허가를 받거나 신고를 한 건축물의 공사를 착수하려는 건축주가 법령으로 정하는 바에 따라 공사계획의 신고(착공신고)를 하였는데 행정청이 이를 반려한 경우, 건축주는 이 반려를 항고소송으로 다툴 수 있다.

③ 법률에 의해 다른 법률상 허가가 의제되는 「건축법」상 건축신고에서, 행정청은 그 신고가 다른 법령이 정하는 허가기준을 갖추지 못한 경우에 이를 이유로 수리를 거부할 수 있다.

④ 당초 옥외집회를 개최하겠다고 신고하였지만 신고 내용과 달리 옥외집회는 개최하지 아니한 채 신고한 장소와 인접한 건물에서 신고한 옥외집회의 범위와 동일성이 인정되는 옥내집회만을 개최한 경우, 신고범위의 일탈로 처벌되지 않는다.

⑤ 수리를 필요로 하는 신고에서 신고서 위조 등의 사유가 있어 신고행위 자체가 효력이 없는데도 불구하고 행정청이 신고를 수리한 경우, 그 수리행위는 단순 위법에 그칠 뿐 당연무효라고 할 수는 없다.

해설

① (O) 산지일시사용신고의 법적 성격 및 산지일시사용신고에 관한 구 산지관리법 제15조의2 제4항 내지 제6항, 산지관리법 시행령 제18조의3 제4항, [별표 3의3] 규정의 형식과 내용 등에 비추어 보면, 산지일시사용신고를 받은 군수 등은 신고서 또는 첨부서류에 흠이 있거나 거짓 또는 그 밖의 부정한 방법으로 신고를 한 것이 아닌 한, 그 신고내용이 법령에서 정하고 있는 신고의 기준, 조건, 대상시설, 행위의 범위, 설치지역 및 설치조건 등을 충족하는 경우에는 그 신고를 수리하여야 하고, 법령에서 정한 사유 외의 다른 사유를 들어 신고 수리를 거부할 수는 없다(대법원 2022. 11. 30. 선고 2022두50588 판결). ▶ 자신이 소유한 임야에서 샘물 개발 가허가를 받은 갑 유한회사가 환경영향조사를 실시하기 위해 임시도로 개설을 목적으로 구 산지관리법 제15조의2에 따른 산지일시사용신고를 하였으나 군수가 가허가 조건이 이행되지 않았다는 이유로 갑 회사에 산지일시사용신고 수리 불가 통지를 한 사안에서, 갑 회사의 경우 환경영향조사를 하기 위해 필요한 범위에서 임시도로 개설을 위한 산지일시사용을 구할 수 있고, 군수가 정당한 이유 없이 '사전 주민 설명과 민원 해소' 등 가허가증에 기재된 내용을 제대로 이행하지 않았다는 사정을 들어 이를 거부할 수 없음에도, 이와 달리 본 원심판결에 법리오해의 잘못이 있다고 한 사례.

② (O) … 이와 같이 건축주 등으로서는 착공신고가 반려될 경우, 당해 건축물의 착공을 개시하면 시정명령, 이행강제금, 벌금의 대상이 되거나 당해 건축물을 사용하여 행할 행위의 허가가 거부될 우려가 있어 불안정한 지위에 놓이게 된다. 따라서 착공신고 반려행위가 이루어진 단계에서 당사자로 하여금 반려행위의 적

법성을 다투어 법적 불안을 해소한 다음 건축행위에 나아가도록 함으로써 장차 있을지도 모르는 위험에서 미리 벗어날 수 있도록 길을 열어 주고, 위법한 건축물의 양산과 철거를 둘러싼 분쟁을 조기에 근본적으로 해결할 수 있게 하는 것이 법치행정의 원리에 부합한다. 그러므로 행정청의 착공신고 반려행위는 항고소송의 대상이 된다고 보는 것이 옳다(대법원 2011. 6. 10. 선고 2010두7321 판결).

③ (O) … 따라서 인·허가 의제 효과를 수반하는 건축신고는 일반적인 건축신고와는 달리, 특별한 사정이 없는 한 행정청이 그 실체적 요건에 관한 심사를 한 후 수리하여야 하는 이른바 '수리를 요하는 신고'로 보는 것이 옳다. … 앞서 본 바와 같이 일정한 건축물에 관한 건축신고는 건축법 제14조 제2항, 제11조 제5항 제3호에 의하여 국토계획법 제56조에 따른 개발행위허가를 받은 것으로 의제되는데, 국토계획법 제58조 제1항 제4호에서는 개발행위허가의 기준으로 주변 지역의 토지이용실태 또는 토지이용계획, 건축물의 높이, 토지의 경사도, 수목의 상태, 물의 배수, 하천·호소·습지의 배수 등 주변 환경이나 경관과 조화를 이룰 것을 규정하고 있으므로, 국토계획법상의 개발행위허가로 의제되는 건축신고가 위와 같은 기준을 갖추지 못한 경우 행정청으로서는 이를 이유로 그 수리를 거부할 수 있다고 보아야 한다(대법원 2011. 1. 20. 선고 2010두14954 전원합의체 판결).

④ (O) 집시법은 옥외집회나 시위에 대하여는 사전신고를 요구하고 나아가 그 신고범위의 일탈행위를 처벌하고 있지만, 옥내집회에 대하여는 신고하도록 하는 규정 자체를 두지 않고 있다. 따라서 당초 옥외집회를 개최하겠다고 신고하였지만 그 신고 내용과 달리 아예 옥외집회는 개최하지 아니한 채 신고한 장소와 인접한 건물 등에서 옥내집회만을 개최한 경우에는, 그것이 건조물침입죄 등 다른 범죄를 구성함은 별론으로 하고, 신고한 옥외집회를 개최하는 과정에서 그 신고범위를 일탈한 행위를 한 데 대한 집시법 위반죄로 처벌할 수는 없다고 할 것이다(대법원 2013. 7. 25. 선고 2011도13023 판결).

⑤ (X) … 이러한 장기요양기관의 폐업신고와 노인의료복지시설의 폐지신고는, 행정청이 관계 법령이 규정한 요건에 맞는지를 심사한 후 수리하는 이른바 '수리를 필요로 하는 신고'에 해당한다. 그러나 행정청이 그 신고를 수리하였다고 하더라도, 신고서 위조 등의 사유가 있어 신고행위 자체가 효력이 없다면, 그 수리행위는 유효한 대상이 없는 것으로서, 수리행위 자체에 중대·명백한 하자가 있는지를 따질 것도 없이 당연히 무효이다(대법원 2018. 6. 12. 선고 2018두33593 판결).

해답 ⑤

핵심 포인트 문 36 행정법상 신고 ★★

- 임시도로 개설 목적으로 법령에 규정되어 있는 요건을 갖추어 산지일시사용신고를 한 경우 ⇨ 행정청은 그 신고를 수리하여야 하고, 법령에서 정한 사유 이외의 다른 사유를 들어 신고 수리 거부 불가(신고서 또는 첨부서류에 흠이 있거나 거짓 또는 그 밖의 부정한 방법으로 신고를 한 것이 아닌 한)
- 허가를 받거나 신고를 한 건축물의 공사를 착수하려는 건축주 착공신고에 대한 관할 행정청의 반려행위는 항고소송의 대상임 ○
- 법률에 의해 다른 법률상 허가가 의제되는 「건축법」상 건축신고인 경우 행정청은 그 신고가 다른 법령이 정하는 허가기준을 갖추지 못한 이유로 수리 거부 可
- 당초 옥외집회를 개최하겠다고 신고하였지만 신고 내용과 달리 옥외집회는 개최하지 아니한 채 신고한 장소와 인접한 건물에서 신고한 옥외집회의 범위와 동일성이 인정되는 옥내집회만을 개최한 경우 ⇨ 신고범위의 일탈로 처벌 ✕
- 수리를 필요로 하는 신고에서 신고서 위조 등의 사유가 있어 신고행위 자체가 효력이 없다면, 그 수리행위는 당연무효임

문 37 ★★

임용권자인 장관 乙은 "'파면·해임·강등 또는 정직에 해당하는 징계 의결이 요구 중인 자'에게는 직위를 부여하지 아니할 수 있다."라고 규정하고 있는 「국가공무원법」에 따라 소속 공무원 甲에게 직위해제처분을 하였다. 이후 甲의 직위해제기간이 만료된 후, 乙은 甲에게 다시 직권면직처분을 하였다. 이 사안에 관한 설명 중 옳은 것을 모두 고른 것은? (다툼이 있는 경우 판례에 의함)

> ㄱ. 「국가공무원법」상 직위해제는 해당 공무원에게 보수·승진·승급 등 다양한 측면에서 직·간접적으로 불리한 효력을 발생시키는 침익적 처분이라는 점에서 징벌적 제재로서의 징계 등에서 요구되는 것과 같은 동일한 절차적 보장이 요구된다.
> ㄴ. 직위해제처분은 단순히 파면·해임·강등 또는 정직에 해당하는 징계의결 요구가 있었다는 형식적 이유만으로 정당화될 수는 없고, 이런 징계처분을 받을 고도의 개연성이 인정되어야 한다.
> ㄷ. 甲이 직위해제처분에 대해서 소청심사청구를 제기하지 않았다면, 甲은 이후 직권면직처분의 취소를 구하는 소송에서 직위해제처분의 당연무효가 아닌 취소사유를 들어 직권면직처분의 위법을 주장할 수 없다.
> ㄹ. 乙이 새로운 직위해제사유에 기하여 甲에게 직위해제처분을 한 경우 그 이전에 한 직위해제처분은 묵시적으로 철회되었다고 봄이 상당하다.

① ㄱ, ㄷ
② ㄴ, ㄹ
③ ㄱ, ㄴ, ㄷ
④ ㄴ, ㄷ, ㄹ
⑤ ㄱ, ㄴ, ㄷ, ㄹ

해설

ㄱ.(X) 직위해제는 일반적으로 공무원이 직무수행능력이 부족하거나 근무성적이 극히 불량한 경우, 공무원에 대한 징계절차가 진행 중인 경우, 공무원이 형사사건으로 기소된 경우 등에 있어서 당해 공무원이 장래에 있어서 계속 직무를 담당하게 될 경우 예상되는 업무상의 장애, 공무집행 및 행정의 공정성과 그에 대한 국민의 신뢰저해 등을 예방하기 위하여 일시적인 인사조치로서 당해 공무원에게 직위를 부여하지 아니함으로써 직무에 종사하지 못하도록 하는 잠정적이고 가처분적인 성격을 가진 조치이다. 따라서 그 성격상 과거공무원의 비위행위에 대한 공직질서 유지를 목적으로 행하여지는 징벌적 제재로서의 징계 등에서 요구되는 것과 같은 동일한 절차적 보장을 요구할 수는 없다(대법원 2014. 5. 16. 선고 2012두26180 판결).

ㄴ.(O) … 이러한 직위해제제도의 목적 및 취지는 물론 이로 인한 불이익의 정도와 침익적 처분의 성질에 비추어 보면, 단순히 '중징계의결 요구'가 있었다는 형식적 이유만으로 직위해제처분을 하는 것이 정당화될 수는 없고, 직위해제처분의 대상자가 중징계처분을 받을 고도의 개연성이 인정되는 경우임을 전제로 하여, 대상자의 직위·보직·업무의 성격상 그가 계속 직무를 수행함으로 인하여 공정한 공무집행에 구체적인 위험을 초래하는지 여부 등에 관한 제반 사정을 면밀히 고려하여 그 요건의 충족 여부 등을 판단해야 한다(대법원 2022. 10. 14. 선고 2022두45623 판결).

ㄷ.(O) 직위해제처분이 있은 후 면직처분이 된 경우 전자에 대하여 소청심사청구 등 불복을 함이 없고 그 처분이 당연무효인 경우도 아닌 이상 그 후의 면직처분에 대한 불복의 행사소송에서 전자의 취소사유를 들어 위법을 주장할 수 없다(대법원 1970. 1. 27. 선고 68누10 판결).

ㄹ.(O) 행정청이 공무원에 대하여 새로운 직위해제사유에 기한 직위해제처분을 한 경우 그 이전에 한 직위해제처분은 이를 묵시적으로 철회하였다고 봄이 상당하므로, 그 이전 처분의 취소를 구하는 부분은 존재하지

않는 행정처분을 대상으로 한 것으로서 그 소의 이익이 없어 부적법하다(대법원 2003. 10. 10. 선고 2003두5945 판결).

해답 ④

핵심포인트 문 37 직위해제 ★★

- 직위해제는 징벌적 제재로서의 징계 등에서 요구되는 것과 같은 동일한 절차적 보장 요구 ×(∵ 직위해제는 잠정적이고 가처분적인 성격을 가진 조치임)
- 직위해제처분 징계처분을 받을 고도의 개연성이 인정되어야 함(단순히 파면·해임·강등 또는 정직에 해당하는 징계의결 요구가 있었다는 형식적 이유만으로 정당화 ×)
- 직위해제처분에 대해서 소청심사청구를 제기하지 않은 경우 ⇨ 이후 직권면직처분의 취소를 구하는 소송에서 직위해제처분의 당연무효가 아닌 취소사유를 들어 직권면직처분의 위법을 주장 불가
- 행정청이 공무원에 대하여 새로운 직위해제사유에 기한 직위해제처분을 한 경우 그 이전에 한 직위해제처분은 이를 묵시적으로 철회한 것임 ○

문 38 ★★

A 행정청은 甲 소유의 건축물이 법령에 위반됨을 이유로 甲에게 「건축법」에 따른 시정명령을 하였는데, 甲이 시정명령에서 정한 의무를 이행하지 않으면 이행강제금을 부과하려 한다. 이에 관한 설명 중 옳은 것(○)과 옳지 않은 것(×)을 올바르게 조합한 것은? (다툼이 있는 경우 판례에 의함)

> ㄱ. A 행정청이 甲에 대한 이행강제금의 부과·징수를 게을리하더라도 이는 재무회계와 직접적인 관련이 없는 행위이므로 주민소송의 대상이 되는 사항에 해당하지 않는다.
> ㄴ. 甲의 사망 이후 甲에게 이행강제금이 부과된 경우 그 납부 의무는 甲의 상속인에게 승계된다.
> ㄷ. A 행정청이 이행강제금을 부과하기 전에 甲이 시정명령에서 정한 의무를 이행하였더라도, 시정명령에서 정한 기간을 지나서 그 의무를 이행한 경우라면, A 행정청은 甲에게 이행강제금을 부과할 수 있다.
> ㄹ. 甲이 시정명령의 취지에 부합하는 의무를 이행하기 위한 정당한 방법으로 A 행정청에 신고를 하였으나 A 행정청이 이를 위법하게 반려함으로써 그 반려처분이 취소를 면할 수 없는 경우, 특별한 사정이 없는 한 A 행정청은 시정명령 불이행을 이유로 甲에게 이행강제금을 부과할 수 없다.

① ㄱ(○), ㄴ(○), ㄷ(○), ㄹ(×)
② ㄱ(○), ㄴ(○), ㄷ(×), ㄹ(○)
③ ㄱ(×), ㄴ(○), ㄷ(○), ㄹ(×)
④ ㄱ(×), ㄴ(×), ㄷ(×), ㄹ(○)
⑤ ㄱ(×), ㄴ(×), ㄷ(×), ㄹ(×)

해설

ㄱ.(X) 이행강제금은 지방자치단체의 재정수입을 구성하는 재원 중 하나로서 '지방세외수입금의 징수 등에 관한 법률'에서 이행강제금의 효율적인 징수 등에 필요한 사항을 특별히 규정하는 등 그 부과·징수를 재무회

계 관점에서도 규율하고 있으므로, 이행강제금의 부과·징수를 게을리한 행위는 주민소송의 대상이 되는 공금의 부과·징수를 게을리한 사항에 해당한다(대법원 2015. 9. 10. 선고 2013두16746 판결).

ㄴ.(X) 구 건축법(2005. 11. 8. 법률 제7696호로 개정되기 전의 것)상의 이행강제금은 구 건축법의 위반행위에 대하여 시정명령을 받은 후 시정기간 내에 당해 시정명령을 이행하지 아니한 건축주 등에 대하여 부과되는 간접강제의 일종으로서 그 이행강제금 납부의무는 상속인 기타의 사람에게 승계될 수 없는 일신전속적인 성질의 것이므로 이미 사망한 사람에게 이행강제금을 부과하는 내용의 처분이나 결정은 당연무효이고, 이행강제금을 부과받은 사람의 이의에 의하여 비송사건절차법에 의한 재판절차가 개시된 후에 그 이의한 사람이 사망한 때에는 사건 자체가 목적을 잃고 절차가 종료한다(대법원 2006. 12. 8.자 2006마470 결정).

ㄷ.(X), ㄹ.(O) 건축법상의 이행강제금은 시정명령의 불이행이라는 과거의 위반행위에 대한 제재가 아니라, 의무자에게 시정명령을 받은 의무의 이행을 명하고 그 이행기간 안에 의무를 이행하지 않으면 이행강제금이 부과된다는 사실을 고지함으로써 의무자에게 심리적 압박을 주어 의무의 이행을 간접적으로 강제하는 행정상의 간접강제 수단에 해당한다. 이러한 이행강제금의 본질상 시정명령을 받은 의무자가 이행강제금이 부과되기 전에 그 의무를 이행한 경우에는 비록 시정명령에서 정한 기간을 지나서 이행한 경우라도 이행강제금을 부과할 수 없다. 나아가 시정명령을 받은 의무자가 그 시정명령의 취지에 부합하는 의무를 이행하기 위한 정당한 방법으로 행정청에 신청 또는 신고를 하였으나 행정청이 위법하게 이를 거부 또는 반려함으로써 결국 그 처분이 취소되기에 이르렀다면, 특별한 사정이 없는 한 그 시정명령의 불이행을 이유로 이행강제금을 부과할 수는 없다고 보는 것이 위와 같은 이행강제금 제도의 취지에 부합한다(대법원 2018. 1. 25. 선고 2015두35116 판결).

 ④

핵심포인트 문 38 건축법에 따른 시정명령·이행강제금

- 이행강제금의 부과·징수를 게을리한 행위 ⇨ 주민소송의 대상이 되는 공금의 부과·징수를 게을리한 사항에 해당함
- 건축법상 이행강제금납부 의무는 상속인에게 승계 ×(∵ 이행강제금 납부의무는 일신전속적인 성질을 지닌 것)
- 시정명령을 받은 의무자가 이행강제금이 부과되기 전에 그 의무를 이행한 경우 ⇨ 이행강제금을 부과할 수 없음(비록 시정명령에서 정한 기간을 지나서 이행한 경우라도)
- 시정명령을 받은 의무자가 정당한 방법으로 행정청에 신청 또는 신고를 하였으나 행정청이 위법하게 이를 거부 또는 반려함으로써 결국 그 처분이 취소된 경우 ⇨ 행정청은 시정명령 불이행을 이유로 이행강제금을 부과할 수 없음

문 39

재산권과 손실보상에 관한 설명 중 옳은 것을 모두 고른 것은? (다툼이 있는 경우 판례에 의함)

ㄱ. 사업시행자가 법령이 정한 이주대책대상자의 범위를 넘어 미거주 소유자까지 이주대책대상자에 포함시킨다고 하더라도, 법령에서 정한 이주대책대상자가 아닌 미거주 소유자에게 제공하는 이주대책은 법령에 의한 의무로서가 아니라 시혜적인 것이다.

ㄴ. 헌법 제23조 제3항에서 정한 '정당한 보상'이란 피수용재산의 객관적인 재산가치를 완전하게 보상하여야 한다는 의미이므로, 해당 공익사업의 시행으로 인한 개발이익을 배제하고 손실보상액을 산정하는 것은 정당보상의 원리에 어긋난다.

ㄷ. 헌법 제23조 제3항은 재산권 수용의 주체를 한정하지 않고 있는바, 공공필요가 있는 사업으로 인정되어 국가가 토지를 수용하는 것이 문제되지 않는 경우라면, 같은 사업에서 사인이 수용권을 가진다고 하여 그 사업에서의 공공필요에 대한 판단이 본질적으로 달라진다고 할 수는 없다.

ㄹ. 공법상의 제한을 받는 토지의 수용보상액을 산정함에 있어서는 그 공법상 제한이 해당 공공사업의 시행을 직접 목적으로 하여 가하여진 경우가 아니라면 그러한 제한을 받는 상태 그대로 평가하여야 하지만, 그와 같은 제한이 해당 공공사업의 시행 이후에 가하여진 경우라고 하면 그 제한을 받지 아니하는 상태대로 평가하여야 한다.

① ㄱ, ㄴ
② ㄱ, ㄷ
③ ㄴ, ㄷ
④ ㄴ, ㄹ
⑤ ㄱ, ㄷ, ㄹ

해설

ㄱ.(O) 사업시행자가 공익사업법 제78조 제1항, 공익사업법 시행령 제40조 제3항이 정한 이주대책대상자의 범위를 넘어 미거주 소유자까지 이주대책대상자에 포함시킨다고 하더라도, 법령에서 정한 이주대책대상자가 아닌 미거주 소유자에게 제공하는 이주대책은 법령에 의한 의무로서가 아니라 시혜적인 것으로 볼 것이므로, 사업시행자가 이러한 미거주 소유자에 대하여도 공익사업법 제78조 제4항에 따라 생활기본시설을 설치하여 줄 의무를 부담한다고 볼 수는 없다(대법원 2014. 9. 4. 선고 2012다109811 판결).

ㄴ.(X) … 개발이익은 공공사업의 시행에 의하여 비로소 발생하는 것이므로 그것이 피수용토지가 수용당시 갖는 객관적 가치에 포함된다고 볼 수도 없다. 따라서 공익사업법의 관련조항들이 피수용자에 대한 손실보상액의 산정에서 당해 공익사업의 시행으로 인한 개발이익을 배제하도록 규정하였다 하여 헌법이 규정한 정당한 보상의 원칙에 어긋나는 것이라거나 계약자유의 원칙, 평등원칙, 조세법률주의, 사회국가원리에 위배된다고 볼 수 없다(헌법재판소 2009. 12. 29. 선고 2009헌바142 전원재판부).

ㄷ.(O) 헌법 제23조 제3항은 정당한 보상을 전제로 하여 재산권의 수용 등에 관한 가능성을 규정하고 있지만, 재산권 수용의 주체를 한정하지 않고 있다. 이는 재산의 수용과 관련하여 그 수용의 주체가 국가 등에 한정되어야 하는지, 아니면 민간기업에게도 허용될 수 있는지 여부에 대하여 헌법이라는 규범적 층위에서는 구체적으로 결정된 내용이 없다는 점을 의미하는 것이다. 따라서 위 수용 등의 주체를 국가 등의 공적 기관에 한정하여 해석할 이유가 없다. 위 헌법조항의 핵심은 당해 수용이 공공필요에 부합하는가, 정당한 보상이 지급되고 있는가 여부 등에 있는 것이지, 그 수용의 주체가 국가인지 민간기업인지 여부에 달려 있다고 볼 수 없다. 가령, 공공필요가 있는 사업으로 인정되어 국가가 토지를 수용하는 것이 문제되지 않는 경우라면, 같은 사업에서 민간기업이 수용권을 갖는다 하여 그 사업에서의 공공필요에 대한 판단이 본질적으로 달라진다고 할 수 없는 까닭이다.(헌법재판소 2009. 9. 24. 선고 2007헌바114 전원재판부).

ㄹ.(X) … 헌법 제23조 제3항은 "공공필요에 의한 재산권의 수용·사용 또는 제한 및 그에 대한 보상은 법률로서 하되, 정당한 보상을 지급하여야 한다"라고 규정하고 있는바, 동 조항에서 말하는 정당한 보상액은 피수용재산이 수용 당시에 갖는 객관적인 재산가치의 평가금액을 의미한다 할 것이고 이를 구체화하기 위해 구 토지수용법 제46조 제2항에서는 보상액 산정의 기준과 방법을 정하고 있다. 그리하여 위 헌법 및 구 토지수용법의 정신 및 취지에 비추어 볼 때 공법상 제한을 받는 토지의 수용보상액을 산정함에 있어서는 그 공법상의 제한이 당해 공공사업의 시행을 직접 목적으로 하여 가하여진 경우에는 그 제한을 받지 아니하는 상태대로 평가하여야 한다 할 것이고, 반면에 당해 공공사업의 시행 이전에 이미 당해 공공사업과 관계없

이 도시계획법에 의한 고시 등으로 일반적 계획제한이 가하여진 상태인 경우에는 그러한 제한을 받는 상태 그대로 평가하여야 한다 할 것이며, 도시계획법에 의한 개발제한구역의 지정은 위와 같은 일반적 계획제한에 해당한다 할 것이어서 당해 공공사업의 시행 이전에 개발제한구역 지정이 있었을 경우에는 그러한 제한이 있는 상태 그대로 평가함이 상당하다고 할 것이다(대법원 1993. 10. 12. 선고 93누12527 판결).

해답 ②

핵심포인트 | 문 39 | 재산권과 손실보상 ★★

- 사업시행자가 법령이 정한 이주대책대상자의 범위를 넘어 미거주 소유자까지 이주대책대상자에 포함시킨 이주대책은 법령에 의한 의무로서가 아닌 시혜적인 것임
- 공익사업의 시행으로 인한 개발이익을 배제하고 손실보상액을 산정하는 것은 정당보상의 원리 위반 ×
  (∵개발이익은 피수용토지가 수용당시 갖는 객관적 가치에 포함 ×)
- 공공필요 있는 사업으로 인정되어 국가가 토지를 수용하는 것이 문제되지 않는 경우 사업에서 사인이 수용권을 가진다고 하여 그 사업에서의 공공필요에 대한 판단이 본질적으로 달라지는 것 ×
- 헌법 제23조 제3항은 재산권 수용의 주체를 한정 ×
- 공법상의 제한을 받는 토지의 수용보상액을 그러한 제한을 받는 상태 그대로 평가하는 경우
  • 그 공법상 제한이 해당 공공사업의 시행을 직접 목적으로 하여 가하여진 경우가 아닌 경우
  • 그와 같은 제한이 해당 공공사업의 시행 이후에 가하여진 경우

문 40 ★★

행정소송에서의 집행정지에 관한 설명 중 옳은 것을 모두 고른 것은? (다툼이 있는 경우 판례에 의함)

ㄱ. 신청에 대한 거부처분의 효력을 정지하더라도 거부처분이 없었던 것과 같은 상태로 되돌아가는 데에 불과하고, 신청에 따른 처분을 하여야 할 행정청의 의무가 생기는 것은 아니므로, 거부처분의 효력정지는 이를 구할 이익이 없다.

ㄴ. 제재처분에 대한 행정쟁송절차에서 집행정지결정이 이루어졌더라도 본안에서 해당 처분이 최종적으로 적법한 것으로 확정되어 집행정지결정이 실효되고 해당 처분을 다시 집행할 수 있게 되면, 처분청으로서는 당초 집행정지결정이 없었던 경우와 동등한 수준으로 해당 처분이 집행되도록 필요한 조치를 취하여야 한다.

ㄷ. 효력기간이 정해져 있는 제재적 행정처분에 대한 취소소송에서 법원이 본안소송의 판결 선고 시까지 집행을 정지하는 결정을 한 경우, 해당 처분에서 정해 둔 효력기간의 시기와 종기가 집행정지기간 중에 모두 경과하면, 경과와 동시에 해당 처분은 실효된다.

ㄹ. 사업자가 집행정지를 신청하면서 재산상의 손해 또는 기업 이미지 및 신용 훼손을 주장하는 경우 그 손해가「행정소송법」제23조 제2항에서 정하고 있는 '회복하기 어려운 손해'에 해당한다고 하기 위해서는 그 경제적 손실이나 기업 이미지 및 신용의 훼손으로 인하여 사업자의 자금 사정이나 경영 전반에 미치는 파급효과가 매우 중대하여 사업 자체를 계속할 수 없거나 중대한 경영상의 위기를 맞게 될 것으로 보이는 등의 사정이 존재하여야 한다.

① ㄱ, ㄷ ② ㄴ, ㄹ
③ ㄱ, ㄴ, ㄷ ④ ㄱ, ㄴ, ㄹ
⑤ ㄱ, ㄴ, ㄷ, ㄹ

해설

ㄱ.(O) 신청에 대한 거부처분의 효력을 정지하더라도 거부처분이 없었던 것과 같은 상태, 즉 거부처분이 있기 전의 신청 시의 상태로 되돌아가는 데에 불과하고 행정청에게 신청에 따른 처분을 하여야 할 의무가 생기는 것이 아니므로, 거부처분의 효력정지는 그 거부처분으로 인하여 신청인에게 생길 손해를 방지하는 데 아무런 보탬이 되지 아니하여 그 효력정지를 구할 이익이 없다(대법원 1995. 6. 21.자 95두26 결정).

ㄴ.(O) … 그러나 제재처분에 대한 행정쟁송절차에서 처분에 대해 집행정지결정이 이루어졌더라도 본안에서 해당 처분이 최종적으로 적법한 것으로 확정되어 집행정지결정이 실효되고 제재처분을 다시 집행할 수 있게 되면, 처분청으로서는 당초 집행정지결정이 없었던 경우와 동등한 수준으로 해당 제재처분이 집행되도록 필요한 조치를 취하여야 한다(대법원 2020. 9. 3. 선고 2020두34070 판결).

ㄷ.(X) 행정소송법 제23조에 따른 집행정지결정의 효력은 결정 주문에서 정한 종기까지 존속하고, 그 종기가 도래하면 당연히 소멸한다. 따라서 효력기간이 정해져 있는 제재적 행정처분에 대한 취소소송에서 법원이 본안소송의 판결 선고 시까지 집행정지결정을 하면, 처분에서 정해 둔 효력기간(집행정지결정 당시 이미 일부 집행되었다면 그 나머지 기간)은 판결 선고 시까지 진행하지 않다가 판결이 선고되면 그때 집행정지결정의 효력이 소멸함과 동시에 처분의 효력이 당연히 부활하여 처분에서 정한 효력기간이 다시 진행한다. 이는 처분에서 효력기간의 시기(始期)와 종기(終期)를 정해 두었는데, 그 시기와 종기가 집행정지기간 중에 모두 경과한 경우에도 특별한 사정이 없는 한 마찬가지이다(대법원 2022. 2. 11. 선고 2021두40720 판결).

ㄹ.(O) 행정소송법 제23조 제2항에 정하고 있는 행정처분 등의 집행정지 요건인 '회복하기 어려운 손해'라 함은 특별한 사정이 없는 한 금전으로 보상할 수 없는 손해로서 이는 금전보상이 불능인 경우 내지는 금전보상으로는 사회관념상 행정처분을 받은 당사자가 참고 견딜 수 없거나 또는 참고 견디기가 현저히 곤란한 경우의 유형, 무형의 손해를 일컫는다 할 것인바, 당사자가 처분 등이나 그 집행 또는 절차의 속행으로 인하여 재산상의 손해를 입거나 기업 이미지 및 신용이 훼손당하였다고 주장하는 경우에 그 손해가 금전으로 보상될 수 없어 '회복하기 어려운 손해'에 해당한다고 하기 위해서는 그 경제적 손실이나 기업 이미지 및 신용의 훼손으로 인하여 사업자의 자금사정이나 경영전반에 미치는 파급효과가 매우 중대하여 사업자체를 계속할 수 없거나 중대한 경영상의 위기를 맞게 될 것으로 보이는 등의 사정이 존재하여야 한다(대법원 2003. 10. 9. 자 2003무23 결정).

 해답 ④

문 40 행정소송에서의 집행정지

- 거부처분의 효력정지는 이를 구할 이익이 없음(∵ 부처분의 효력을 정지하더라도 거부처분이 없었던 것과 같은 상태로 되돌아가는 데에 불과하고, 신청에 따른 처분을 하여야 할 행정청의 의무가 생기는 것은 아님)
- 제재처분에 대한 행정쟁송절차에서 처분에 대해 집행정지결정이 이루어졌더라도 본안에서 해당 처분이 최종적으로 적법한 것으로 확정되어 집행정지결정이 실효되고 제재처분을 다시 집행할 수 있게 된 경우 ⇨ 처분청은 당초 집행정지결정이 없었던 경우와 동등한 수준으로 해당 처분이 집행되도록 필요한 조치를 취하여야 함 ○

- 효력기간이 정해져 있는 제재적 행정처분에 대한 취소소송에서 법원이 본안소송의 판결 선고 시까지 집행을 정지하는 결정을 한 경우, 해당 처분에서 정해 둔 효력기간의 시기와 종기가 집행정지기간 중에 모두 경과한 경우 ⇨ 그때 집행정지결정의 효력이 소멸함과 동시에 처분의 효력이 당연히 부활하여 처분에서 정한 효력기간이 다시 진행함 ○
- 행정소송법 제23조 제2항에 정하고 있는 행정처분 등의 집행정지 요건인 '회복하기 어려운 손해' ⇨ 그 경제적 손실이나 기업 이미지 및 신용의 훼손으로 인하여 사업자의 자금 사정이나 경영 전반에 미치는 파급효과가 매우 중대하여 사업 자체를 계속할 수 없거나 중대한 경영상의 위기를 맞게 될 것으로 보이는 등의 사정이 존재 要

형사법

문제해설 및 핵심요약

2025년 변호사시험 형사법 문제 해설 및 핵심요약

문 01 ★★

죄형법정주의에 관한 설명 중 옳은 것은? (다툼이 있는 경우 판례에 의함)

① 법률의 시행령이 형사처벌에 관한 사항을 명확히 규정하고 있다면 법률의 명시적인 위임범위를 벗어나 처벌의 대상을 확장하더라도 죄형법정주의에 어긋나는 것은 아니다.
② 처벌법규의 구성요건이 서술적 개념으로 규정되어 있지 않다면 이는 죄형법정주의에서 파생되는 명확성의 원칙에 어긋난다.
③ 「형사소송법」 제33조(국선변호인)에 규정된 법원이 직권으로 변호인을 선정하여야 할 사유 중 하나인 '피고인이 구속된 때'의 의미에 피고인이 해당 형사사건이 아닌 별개의 사건, 즉 별건으로 구속되어 있거나 다른 형사사건에서 유죄로 확정되어 수형 중인 경우도 포함된다고 보는 것은 문언해석의 한계를 벗어나지 않는다.
④ 형면제 사유에 관하여 범위를 제한적으로 유추적용하는 것은 죄형법정주의에 어긋나지 않는다.
⑤ 정보통신망을 이용한 명예훼손죄는 사실적시 행위를 공공연하게 할 것을 요구하므로 특정 개인이나 소수에게 말하여 그로 인해 불특정 또는 다수인에게 전파가능성이 있다는 이유로 공연성을 인정하는 것은 죄형법정주의에서 금지하는 유추해석에 해당한다.

해설

① (X) 법률의 시행령은 모법인 법률의 위임 없이 법률이 규정한 개인의 권리·의무에 관한 내용을 변경·보충하거나 법률에서 규정하지 아니한 새로운 내용을 규정할 수 없고, 특히 법률의 시행령이 형사처벌에 관한 사항을 규정하면서 법률의 명시적인 위임 범위를 벗어나 처벌의 대상을 확장하는 것은 죄형법정주의의 원칙에도 어긋나는 것이므로, 그러한 시행령은 위임입법의 한계를 벗어난 것으로서 무효이다(대법원 2017. 2. 16. 선고 2015도16014 전원합의체 판결).

② (X) 죄형법정주의의 원칙에서 파생되는 명확성의 원칙은 법률이 처벌하고자 하는 행위가 무엇이며 그에 대한 형벌이 어떠한 것인지를 누구나 예견할 수 있고, 그에 따라 자신의 행위를 결정할 수 있도록 구성요건을 명확하게 규정하는 것을 의미한다. 그러나 처벌법규의 구성요건이 명확하여야 한다고 하여 모든 구성요건을 단순한 서술적 개념으로 규정하여야 하는 것은 아니고, 다소 광범위하여 법관의 보충적인 해석을 필요로 하는 개념을 사용하였다고 하더라도 통상의 해석방법에 의하여 건전한 상식과 통상적인 법감정을 가진 사람이면 당해 처벌법규의 보호법익과 금지된 행위 및 처벌의 종류와 정도를 알 수 있도록 규정하였다면 처벌법규의 명확성에 배치되는 것이 아니다(대법원 2014. 1. 29. 선고 2013도12939 판결).

③ (O) 형사소송법 제33조 제1항 제1호의 문언, 위 법률조항의 입법 과정에서 고려된 '신체의 자유', '변호인의 조력을 받을 권리', '공정한 재판을 받을 권리' 등 헌법상 기본권 규정의 취지와 정신 및 입법 목적 그리고 피고인이 처한 입장 등을 종합하여 보면, 형사소송법 제33조 제1항 제1호의 '피고인이 구속된 때'란 피고인이 해당 형사사건에서 구속되어 재판을 받고 있는 경우에 한정된다고 볼 수 없고, 피고인이 별건으로 구속영장이 발부되어 집행되거나 다른 형사사건에서 유죄판결이 확정되어 그 판결의 집행으로 구금 상태에 있는 경우 또한 포괄하고 있다고 보아야 한다(대법원 2024. 5. 23. 선고 2021도6357 전원합의체 판결).

④ (X) 형벌법규의 해석에 있어서 법규정 문언의 가능한 의미를 벗어나는 경우에는 유추해석으로서 죄형법정

주의에 위반하게 된다. 그리고 <u>유추해석금지의 원칙은</u> 모든 형벌법규의 구성요건과 가벌성에 관한 규정에 준용되는데, 위법성 및 책임의 조각사유나 소추조건, 또는 <u>처벌조각사유인</u> 형면제 사유에 관하여 그 범위를 제한적으로 유추적용하게 되면 행위자의 가벌성의 범위는 확대되어 행위자에게 불리하게 되는바, 이는 가능한 문언의 의미를 넘어 범죄구성요건을 유추적용하는 것과 같은 결과가 초래되므로 <u>죄형법정주의의 파생원칙인 유추해석금지의 원칙에 위반하여 허용될 수 없다</u>(대법원 1997. 3. 20. 선고 96도1167 전원합의체 판결).

⑤ (X) … 따라서 정보통신망을 이용한 명예훼손 행위에 대하여, 상대방이 직접 인식하여야 한다거나, 특정된 소수의 상대방으로는 공연성을 충족하지 못한다는 법리를 내세운다면 해결 기준으로 기능하기 어렵게 된다. 오히려 특정 소수에게 전달한 경우에도 그로부터 불특정 또는 다수인에 대한 전파가능성 여부를 가려 개인의 사회적 평가가 침해될 일반적 위험성이 발생하였는지를 검토하는 것이 실질적인 공연성 판단에 부합되고, 공연성의 범위를 제한하는 구체적인 기준이 될 수 있다. <u>이러한 공연성의 의미는 형법과 정보통신망법 등의 특별법에서 동일하게 적용되어야 한다</u>(대법원 2020. 11. 19. 선고 2020도5813 전원합의체 판결).

해답 ③

핵심포인트 문 01 죄형법정주의 ★★

- 법률의 시행령이 형사처벌에 관한 사항을 규정하면서 법률의 명시적인 위임 범위를 벗어나 처벌의 대상을 확장한다면 죄형법정주의에 어긋나는 것임
- 법관의 보충적인 해석을 필요로 하는 개념을 사용한 처벌법규의 구성요건이 명확성에 배치되지 않는 경우
  ⇨ 통상의 해석방법에 의하여 건전한 상식과 통상적인 법감정 가진 사람이면 당해 처벌법규의 보호법익과 금지된 행위 및 처벌의 종류와 정도를 알 수 있도록 규정 시
- 국선변호인(형소법 제33조)에 규정된 법원이 직권으로 변호인을 선정하여야 할 사유 중 하나인 '피고인이 구속된 때'의 의미 ⇨ 피고인이 해당 형사사건이 아닌 별개의 사건, 즉 별건으로 구속되어 있거나 다른 형사사건에서 유죄로 확정되어 수형 중인 경우도 포함 ○
- 형면제 사유에 관하여 범위를 제한적으로 유추적용하는 것은 죄형법정주의에 어긋나는 것임
- 정보통신망을 이용한 명예훼손죄에서 특정 개인이나 소수에게 말하여 그로 인해 불특정 또는 다수인에게 전파가능성이 있다는 이유로 공연성을 인정하는 것은 유추해석에 해당 ×

문 02 ★★

죄수관계에 관한 설명 중 옳지 않은 것을 모두 고른 것은? (다툼이 있는 경우 판례에 의함)

ㄱ. 여러 사람의 권리의 목적이 된 자기의 물건을 취거, 은닉 또는 손괴함으로써 그 여러 사람의 권리행사를 방해하였다면 권리자별로 각각 권리행사방해죄가 성립하고, 각 죄는 실체적 경합의 관계에 있다.

ㄴ. 타인의 부동산을 보관 중인 자가 불법영득의사를 가지고 그 부동산에 근저당권설정등기를 경료한 후 같은 부동산에 별개의 근저당권을 설정한 행위는 특별한 사정이 없는 한 횡령죄의 불가벌적 사후행위에 해당한다.

ㄷ. 범죄 피해 신고를 받고 출동한 두 명의 경찰관에게 같은 장소에서 욕설을 하면서 한 명의 경찰관을 먼저 폭행하고 곧이어 이를 제지하는 다른 경찰관을 폭행하여 수사 업무에 관한 정당한 직무집행을 방해한 때에는 2개의 공무집행방해죄가 성립하고, 두 공무집행방해죄는 상상적 경합의 관계에 있다.

ㄹ. 피해자에 대한 폭행행위가 동일한 피해자에 대한 업무방해죄의 수단이 된 경우 그러한 폭행행위는 불가벌적 수반행위에 해당하여 업무방해죄에 대하여 흡수관계에 있다.

① ㄱ, ㄴ
② ㄱ, ㄷ
③ ㄴ, ㄹ
④ ㄱ, ㄴ, ㄷ
⑤ ㄱ, ㄴ, ㄹ

해설

ㄱ.(X) 여러 사람의 권리의 목적이 된 자기의 물건을 취거, 은닉 또는 손괴함으로써 그 여러 사람의 권리행사를 방해하였다면 권리자별로 각각 권리행사방해죄가 성립하고 각 죄는 서로 상상적 경합범의 관계에 있다(대법원 2022. 5. 12. 선고 2021도16876 판결).

ㄴ.(X) … 따라서 타인의 부동산을 보관 중인 자가 불법영득의사를 가지고 그 부동산에 근저당권설정등기를 경료함으로써 일단 횡령행위가 기수에 이르렀다 하더라도 그 후 같은 부동산에 별개의 근저당권을 설정하여 새로운 법익침해의 위험을 추가함으로써 법익침해의 위험을 증가시키거나 해당 부동산을 매각함으로써 기존의 근저당권과 관계없이 법익침해의 결과를 발생시켰다면, 이는 당초의 근저당권 실행을 위한 임의경매에 의한 매각 등 그 근저당권으로 인해 당연히 예상될 수 있는 범위를 넘어 새로운 법익침해의 위험을 추가시키거나 법익침해의 결과를 발생시킨 것이므로 특별한 사정이 없는 한 불가벌적 사후행위로 볼 수 없고, 별도로 횡령죄를 구성한다(대법원 2013. 2. 21. 선고 2010도10500 전원합의체 판결).

ㄷ.(O) 동일한 공무를 집행하는 여럿의 공무원에 대하여 폭행·협박 행위가 이루어진 경우에는 공무를 집행하는 공무원의 수에 따라 여럿의 공무집행방해죄가 성립하고, 위와 같은 폭행·협박 행위가 동일한 장소에서 동일한 기회에 이루어진 것으로서 사회관념상 1개의 행위로 평가되는 경우에는 여럿의 공무집행방해죄는 상상적 경합의 관계에 있다고 할 것이다(대법원 2009. 6. 25. 선고 2009도3505 판결). ▶ 범죄 피해 신고를 받고 출동한 두 명의 경찰관에게 욕설을 하면서 차례로 폭행을 하여 신고 처리 및 수사 업무에 관한 정당한 직무집행을 방해한 사안에서, 동일한 장소에서 동일한 기회에 이루어진 폭행 행위는 사회관념상 1개의 행위로 평가하는 것이 상당하다는 이유로, 위 공무집행방해죄는 형법 제40조에 정한 상상적 경합의 관계에 있다고 한 사례.

ㄹ.(X) 업무방해죄와 폭행죄는 그 구성요건과 보호법익을 달리하고 있고, 업무방해죄의 성립에 일반적·전형적으로 사람에 대한 폭행행위를 수반하는 것은 아니며, 폭행행위가 업무방해죄에 비하여 별도로 고려되지 않을 만큼 경미한 것이라고 할 수도 없으므로, 설령 피해자에 대한 폭행행위가 동일한 피해자에 대한 업무방해죄의 수단이 되었다고 하더라도 그러한 폭행행위가 이른바 '불가벌적 수반행위'에 해당하여 업무방해죄에 대하여 흡수관계에 있다고 볼 수는 없다. … 한편 원심이 적법하게 채택한 증거들에 의하면, 피고인들이 공동폭행의 방법으로 피해자들의 택시 운행업무를 방해한 사실은 있으나 그 외의 방법으로 택시 운행업무를 방해한 사정은 보이지 아니하므로, 피고인들의 공동폭행이라는 1개의 행위가 폭력행위 등 처벌에 관한 법률 위반(공동폭행)죄와 업무방해죄의 구성요건을 충족하는 경우에 해당한다 할 것이어서 양죄는 상상적 경합의 관계에 있다고 보아야 할 것이다(대법원 2012. 10. 11. 선고 2012도1895 판결).

해답 ⑤

핵심포인트 문 02 죄수관계 ★★

- 상상적 경합범
  - 여러 사람의 권리의 목적이 된 자기의 물건을 취거, 은닉 또는 손괴함으로써 그 여러 사람의 권리행사를 방해하여 권리자별로 각각 권리행사방해죄 간
  - 동일한 공무를 집행하는 여럿의 공무원에 대하여 폭행·협박 행위가 이루어진 경우 공무원의 수에 따른 여럿의 공무집행방해죄 간
  - 피해자에 대한 폭행행위가 동일한 피해자에 대한 업무방해죄의 수단이 된 경우 폭행죄와 업무방해죄 간
- 실체적 경합범
  - 타인의 부동산을 보관 중인 자가 불법영득의사를 가지고 그 부동산에 근저당권설정등기를 경료한 후 같은 부동산에 별개의 근저당권을 설정한 행위

문 03 ★★

고의와 과실에 대한 설명 중 옳은 것(○)과 옳지 않은 것(×)을 올바르게 조합한 것은? (다툼이 있는 경우 판례에 의함)

> ㄱ. 고의로 법령을 잘못 적용하여 공문서를 작성하였다고 하더라도 그 법령적용의 전제가 된 사실관계에 대한 내용에 거짓이 없다면 허위공문서작성죄가 성립될 수 없다.
> ㄴ. 살해의 의도로 피해자를 구타하였으나 이로 인하여 직접 사망한 것이 아니라 그 후 죄적을 인멸할 목적으로 행한 매장행위에 의하여 피해자가 사망하게 된 경우, 살인미수죄와 과실치사죄의 경합범이 된다.
> ㄷ. 작위의무자가 그 의무를 이행함으로써 결과발생을 쉽게 방지할 수 있었음을 예견하고도 결과발생을 용인하고 이를 방관한 채 그 의무를 이행하지 아니한다는 인식만으로는 부진정 부작위범의 고의가 인정되지 않는다.
> ㄹ. 무고죄의 범의는 신고자가 허위라고 확신한 사실을 신고한 경우에만 인정되고, 진실하다는 확신 없는 사실을 신고하는 경우에는 인정되지 않는다.
> ㅁ. 피고인이 상해의 고의로 구타하여 상해를 입은 피해자가 정신을 잃고 빈사상태에 빠지자 사망한 것으로 오인하고, 자신의 행위를 은폐하고 피해자가 자살한 것처럼 가장하기 위하여 피해자를 베란다 밖으로 떨어뜨려 사망케 하였다면, 피고인의 행위는 포괄하여 단일의 상해치사죄에 해당한다.

① ㄱ(○), ㄴ(×), ㄷ(○), ㄹ(○), ㅁ(×)
② ㄱ(×), ㄴ(○), ㄷ(○), ㄹ(×), ㅁ(×)
③ ㄱ(○), ㄴ(×), ㄷ(×), ㄹ(×), ㅁ(○)
④ ㄱ(×), ㄴ(×), ㄷ(×), ㄹ(○), ㅁ(×)
⑤ ㄱ(○), ㄴ(○), ㄷ(×), ㄹ(×), ㅁ(○)

해설

ㄱ.(○) 허위공문서작성죄란 공문서에 진실에 반하는 기재를 하는 때에 성립하는 범죄이므로, <u>고의로 법령을 잘못 적용하여 공문서를 작성하였다고 하더라도 그 법령적용의 전제가 된 사실관계에 대한 내용에 거짓이 없다면 허위공문서작성죄가 성립될 수 없다</u>(대법원 2000. 6. 27. 선고 2000도1858 판결).

ㄴ.(×) 살해의 의도로 피해자를 구타하였으나 이로 인하여 직접 사망한 것이 아니라 그 후 죄적을 인멸할 목적

으로 행한 매장행위에 의하여 피해자가 사망하게 되었더라도 전과정을 개괄적으로 보면 피해자의 살해라는 처음에 예견된 사실이 결국은 실현된 것으로 피고인들은 살인죄의 죄책을 면할 수 없다(대법원 1988. 6. 28.선고 88도650 판결).

ㄷ.(X) 형법이 금지하고 있는 법익침해의 결과발생을 방지할 법적인 작위의무를 지고 있는 자가 그 의무를 이행함으로써 결과발생을 쉽게 방지할 수 있었음에도 불구하고 그 결과의 발생을 용인하고 이를 방관한 채 그 의무를 이행하지 아니한 경우에, 그 부작위가 작위에 의한 법익침해와 동등한 형법적 가치가 있는 것이어서 그 범죄의 실행행위로 평가될 만한 것이라면, 작위에 의한 실행행위와 동일하게 부작위범으로 처벌할 수 있다고 할 것이다. 피고인이 조카인 피해자(10세)를 살해할 것을 마음먹고 저수지로 데리고 가서 미끄러지기 쉬운 제방 쪽으로 유인하여 함께 걷다가 피해자가 물에 빠지자 그를 구호하지 아니하여 피해자를 익사하게 한 것이라면 피해자가 스스로 미끄러져서 물에 빠진 것이고, 그 당시는 피고인이 살인죄의 예비 단계에 있었을 뿐 아직 실행의 착수에는 이르지 아니하였다고 하더라도, 피해자의 숙부로서 익사의 위험에 대처할 보호능력이 없는 나이 어린 피해자를 익사의 위험이 있는 저수지로 데리고 갔던 피고인으로서는 피해자가 물에 빠져 익사할 위험을 방지하고 피해자가 물에 빠지는 경우 그를 구호하여 주어야 할 법적인 작위의무가 있다고 보아야 할 것이고, 피해자가 물에 빠진 후에 피고인이 살해의 범의를 가지고 그를 구호하지 아니한 채 그가 익사하는 것을 용인하고 방관한 행위(부작위)는 피고인이 그를 직접 물에 빠뜨려 익사시키는 행위와 다름없다고 형법상 평가될 만한 살인의 실행행위라고 보는 것이 상당하다(대법원 1992. 2. 11. 선고 91도2951 판결).

ㄹ.(X) … 무고죄의 범의는 반드시 확정적 고의일 필요가 없고 미필적 고의로도 충분하므로, 신고자가 허위라고 확신한 사실을 신고한 경우뿐만 아니라 진실하다는 확신 없는 사실을 신고하는 경우에도 그 범의를 인정할 수 있다(대법원 2022. 6. 30. 선고 2022도3413 판결).

ㅁ.(O) 피고인의 구타행위로 상해를 입은 피해자가 정신을 잃고 빈사상태에 빠지자 사망한 것으로 오인하고, 자신의 행위를 은폐하고 피해자가 자살한 것처럼 가장하기 위하여 피해자를 베란다 아래의 바닥으로 떨어뜨려 사망케 하였다면, 피고인의 행위는 포괄하여 단일의 상해치사죄에 해당한다(대법원 1994. 11. 4. 선고 94도2361 판결).

핵심포인트 문 03 고의·과실 ★★

- 고의로 법령을 잘못 적용하여 공문서를 작성하였다고 하더라도 그 법령적용의 전제가 된 사실관계에 대한 내용에 거짓이 없는 경우 ⇨ 허위공문서작성죄 성립 ×
- 살해의 의도로 피해자를 구타하였으나 이로 인하여 직접 사망한 것이 아니라 그 후 죄적을 인멸할 목적으로 행한 매장행위에 의하여 피해자가 사망하게 된 경우 ⇨ 전과정을 개괄적으로 보아 1개의 살인죄 성립 ○
- 작위의무자가 그 의무를 이행함으로써 결과발생을 쉽게 방지할 수 있었음을 예견하고도 결과발생을 용인하고 이를 방관한 채 그 의무를 이행하지 아니한다는 인식한 경우 ⇨ 부진정 부작위범의 고의 인정 ○
- 진실하다는 확신 없는 사실을 신고하는 경우 ⇨ 무고죄의 범의 인정 ○
- 피고인이 상해의 고의로 구타하여 상해를 입은 피해자가 정신을 잃고 빈사상태에 빠지자 사망한 것으로 오인하고, 자신의 행위를 은폐하고 피해자가 자살한 것처럼 가장하기 위하여 피해자를 베란다 밖으로 떨어뜨려 사망케 한 경우 ⇨ 포괄하여 단일의 상해치사죄에 해당 ○

문 04 ★★

「형법」 제27조(불능범)에 관한 설명 중 옳은 것은? (다툼이 있는 경우 판례에 의함)

① 간통이 형사처벌된다고 착오하고 간통행위를 한 경우는 불능범에 해당한다.
② 결과발생의 불가능은 범죄행위의 성질상 어떠한 경우에도 구성요건의 실현이 불가능하다는 것을 의미하는 것은 아니다.
③ 위험성은 행위 당시에 행위자가 인식한 사정과 일반인이 인식할 수 있었던 사정을 기초로 일반적 경험법칙에 따라 객관적·사후적으로 판단한다.
④ 소송비용을 편취할 의사로 소송비용의 지급을 구하는 손해배상청구의 소를 제기한 경우 소송사기죄의 불능미수가 성립한다.
⑤ 甲이 살인의 고의로 乙에게 치사량의 독약을 복용시키려 하였으나 착오로 치사량에 현저히 미달하는 양의 독약을 복용시킨 다음 후회하여 乙에게 해독제를 먹인 경우, 방지행위와 결과불발생 사이에 인과관계를 요하는 견해에 따르면 살인죄의 불능미수가 성립한다.

해설

① (X), ② (X), ③ (X), ④ (X) 간통이 형사처벌된다고 착오하고 간통행위를 한 경우는 위법성의 적극적 착오로 위법하지 않은 행위를 위법하다고 오인한 경우로서 반전된 금지착오인 환각범에 해당한다(신호진, 2024년판 형법요론 총론 p.336). 〈판례〉 불능범은 범죄행위의 성질상 결과발생 또는 법익침해의 가능성이 절대로 있을 수 없는 경우를 말한다. 일정량 이상을 먹으면 사람이 죽을 수도 있는 '초우뿌리'나 '부자' 달인 물을 마시게 하여 피해자를 살해하려다 미수에 그친 행위가 불능범이 아닌 살인미수죄에 해당한다(대법원 2007. 7. 26. 선고 2007도3687 판결). 불능범의 판단 기준으로서 위험성 판단은 피고인이 행위 당시에 인식한 사정을 놓고 이것이 객관적으로 일반인의 판단으로 보아 결과 발생의 가능성이 있느냐를 따져야 한다. 소송비용을 편취할 의사로 소송비용의 지급을 구하는 손해배상청구의 소를 제기한 경우, 사기죄의 불능범에 해당한다(대법원 2005. 12. 8. 선고 2005도8105 판결)

⑤ (O) 살인의 고의로 乙에게 치사량의 독약을 복용시키려 하였으나 착오로 치사량에 현저히 미달하는 양의 독약을 복용시킨 다음 후회하여 乙에게 해독제를 먹인 경우 ① 판례의 추상적 위험설에 의하면 甲이 치사량의 독약을 복용시키려 하였으므로 일반인의 판단으로도 불능미수 성립요건인 위험성이 인정된다. ② 甲이 살인의 실행행위에 착수하고 그 범죄가 완수되기 전에 자기의 자유로운 의사에 따라 범죄의 실행행위를 중지한 경우에 그중지가 일반 사회통념상 범죄를 완수함에 장애가 되는 사정에 의한 것이 아니므로(대법원 1999. 4. 13. 선고 99도640 판결, 절충설에 의한 자의성 판단기준) 중지미수 성립요건인 자의성도 인전된다. ③ 불능미수에 대한 중지미수의 성립여부에 관하여 방지행위와 결과불발생 사이에 인과관계를 요하는 견해에 의하면 甲이 치사량에 현저히 미달하는 양의 독약을 복용시킨 다음 후회하여 乙에게 해독제를 먹인 방지행위와 乙이 사망하지 않은 결과 사이에 인과관계가 없다. 따라서 甲에게는 살인죄의 불능미수가 성립한다.

해답 ⑤

핵심포인트 문 04 형법 제27조(불능범) ★★

- 간통이 형사처벌된다고 착오하고 간통행위를 한 경우 반전된 금지착오인 환각에 해당함 ○
- 불능범은 범죄행위 성질상 결과발생 또는 법익침해 가능성이 절대로 있을 수 없는 경우를 의미함

- 불능범의 위험성 판단기준(추상적 위험설) ⇨ 피고인이 행위 당시에 인식한 사정을 놓고 이것이 객관적으로 일반인의 판단으로 보아 결과 발생의 가능성이 있느냐를 따져야 함 ○
- 소송비용을 편취할 의사로 소송비용의 지급을 구하는 손해배상청구의 소를 제기한 경우 ⇨ 소송사기죄의 불능범 ○
- 甲이 살인의 고의로 乙에게 치사량의 독약을 복용시키려 하였으나 착오로 치사량에 현저히 미달하는 양의 독약을 복용시킨 다음 후회하여 乙에게 해독제를 먹인 경우 ⇨ 방지행위와 결과불발생 사이에 인과관계를 요하는 견해에 따르면 살인죄의 불능미수가 성립함
  - 불능미수 성립요건인 위험성이 인정됨(추상적 위험설에 의할 때)
  - 중지미수 성립요건인 자의성도 인정됨(절충설)
  - 甲의 방지행위와 乙이 사망하지 않은 결과 사이에 인과관계 없음

문 05

★★

다음 설명 중 옳은 것을 모두 고른 것은? (다툼이 있는 경우 판례에 의함)

ㄱ. 이혼 소송 중인 부부가 별거하는 상황에서 일방 배우자 甲이 면접교섭권을 행사하기 위하여 외국에서 타방 배우자 乙과 함께 생활하고 있던 자녀 A(5세)를 대한민국으로 데려온 후, 면접교섭 기간이 종료하였음에도 乙에게 데려다주지 않고 법원의 유아인도명령에 따르지 않는 등 A와 乙 간의 유대관계를 잃어버리게 한 경우라도, 甲이 적법하게 A를 데리고 온 이상 이를 약취라 볼 수 없으므로 미성년자약취죄가 성립하지 않는다.

ㄴ. 유기죄에서의 유기행위는 도움이 필요한 자를 보호 없는 상태로 둠으로써 생명·신체를 위태롭게 하는 것이므로 작위뿐만 아니라 부작위에 의하여도 성립하며, 유기를 당한 사람의 생명·신체에 위험을 발생하게 할 가능성 외에 보호의 가능성이 전혀 없을 것이 요구된다.

ㄷ. 체포죄는 계속범으로서 체포의 행위에 확실히 사람의 신체의 자유를 구속한다고 인정할 수 있을 정도의 시간적 계속이 있어야 기수에 이르고, 신체의 자유에 대한 구속이 그와 같은 정도에 이르지 못하고 일시적인 것으로 그친 경우에는 체포죄의 미수범이 성립할 뿐이다.

ㄹ. 행위자가 직무상 또는 사실상 상대방에게 영향을 줄 수 있는 직업이나 지위에 기초하여 상대방에게 어떠한 요구를 하였더라도 곧바로 그 요구 행위를 강요죄의 성립을 위한 해악의 고지라고 단정하여서는 안 된다.

ㅁ. 성폭력범죄의처벌등에관한특례법위반(촬영물등이용협박)죄가 성립하기 위해서는 반드시 행위자가 촬영물 등을 피해자에게 직접 제시하는 방법으로 협박해야 할 필요는 없지만, 협박 당시 해당 촬영물 등을 소지하고 있거나 유포할 수 있는 상태에 있을 것을 요한다.

① ㄱ, ㄴ   ② ㄱ, ㅁ
③ ㄴ, ㄷ   ④ ㄷ, ㄹ
⑤ ㄹ, ㅁ

해설

ㄱ.(X) 부모가 이혼하였거나 별거하는 상황에서 미성년의 자녀를 부모의 일방이 평온하게 보호·양육하고 있는데, 상대방 부모가 폭행, 협박 또는 불법적인 사실상의 힘을 행사하여 그 보호·양육 상태를 깨뜨리고 자

녀를 자기 또는 제3자의 사실상 지배하에 옮긴 행위가 미성년자에 대한 약취죄를 구성한다(대법원 2021. 9. 9. 선고 2019도16421 판결). ▶ 피고인과 갑은 각각 한국과 프랑스에서 따로 살며 이혼소송 중인 부부로서 자녀인 피해아동 을(만 5세)은 프랑스에서 갑과 함께 생활하였는데, 피고인이 을을 면접교섭하기 위하여 그를 보호·양육하던 갑으로부터 을을 인계받아 국내로 데려온 후 면접교섭 기간이 종료하였음에도 을을 데려다주지 아니한 채 갑과 연락을 두절한 후 법원의 유아인도명령 등에도 불응한 사안에서, 피고인의 행위가 미성년자약취죄의 약취행위에 해당한다고 한 사례.

ㄴ.(X) 유기행위는 부조를 요하는 자를 보호 없는 상태로 둠으로써 생명·신체를 위태롭게 하는 것이므로 작위뿐만 아니라 부작위에 의하여도 성립하며, 유기를 당한 사람의 생명·신체에 위험을 발생하게 할 가능성이 있으면 유기행위의 요건은 충족되고 반드시 보호의 가능성이 전혀 없을 것을 요하는 것은 아니다(대법원 2015. 11. 12. 선고 2015도6809 전원합의체 판결).

ㄷ.(O) 체포죄는 계속범으로서 체포의 행위에 확실히 사람의 신체의 자유를 구속한다고 인정할 수 있을 정도의 시간적 계속이 있어야 기수에 이르고, 신체의 자유에 대한 구속이 그와 같은 정도에 이르지 못하고 일시적인 것으로 그친 경우에는 체포죄의 미수범이 성립할 뿐이다(대법원 2020. 3. 27. 선고 2016도18713 판결).

ㄹ.(O) 강요죄는 폭행 또는 협박으로 사람의 권리행사를 방해하거나 의무 없는 일을 하게 하는 범죄이다 … 행위자가 그의 직업, 지위 등에 기초한 위세를 이용하여 불법적으로 재물의 교부나 재산상 이익을 요구하고 상대방이 불응하면 부당한 불이익을 입을 위험이 있다는 위구심을 일으키게 하는 경우에도 해악의 고지가 된다. 협박받는 사람이 공포심 또는 위구심을 일으킬 정도의 해악을 고지하였는지는 행위 당사자 쌍방의 직무, 사회적 지위, 강요된 권리·의무에 관련된 상호관계 등 관련 사정을 고려하여 판단해야 한다. 행위자가 직무상 또는 사실상 상대방에게 영향을 줄 수 있는 직업이나 지위에 있고 직업이나 지위에 기초하여 상대방에게 어떠한 요구를 하였더라도 곧바로 그 요구 행위를 위와 같은 해악의 고지라고 단정하여서는 안 된다(대법원 2019. 8. 29. 선고 2018도13792 전원합의체 판결).

ㅁ.(X) … 따라서 실제로 촬영, 제작, 복제 등의 방법으로 만들어진 바 있는 촬영물 등을 방편 또는 수단으로 삼아 유포가능성 등 공포심을 일으킬 수 있을 정도의 해악을 고지한 이상 성폭력처벌법 제14조의3 제1항의 죄는 성립할 수 있고, 반드시 행위자가 촬영물 등을 피해자에게 직접 제시하는 방법으로 협박해야 한다거나 협박 당시 해당 촬영물 등을 소지하고 있거나 유포할 수 있는 상태일 필요는 없다(대법원 2024. 5. 30. 선고 2023도17896 판결).

 ④

 문 05 미성년자약취·유기·체포·강요·촬영물 등 이용협박 ★★

- 부모가 이혼하였거나 별거하는 상황에서 미성년의 자녀를 부모의 일방이 평온하게 보호·양육하고 있는데, 상대방 부모가 폭행, 협박 또는 불법적인 사실상의 힘을 행사하여 그 보호·양육 상태를 깨뜨리고 자녀를 자기 또는 제3자의 사실상 지배하에 옮긴 행위 ⇨ 미성년자약취죄 성립 ○
- 유기죄에서의 유기행위 ⇨ 부작위에 의한 유기행위도 可, 유기를 당한 사람의 생명·신체에 위험을 발생하게 할 가능성이 있으면 유기행위의 요건은 충족함
- 체포죄(계속범)의 기수 ⇨ 체포의 행위에 확실히 사람의 신체의 자유를 구속한다고 인정할 수 있을 정도의 시간적 계속이 있어야 함
- 행위자가 직무상 또는 사실상 상대방에게 영향을 줄 수 있는 직업이나 지위에 기초하여 상대방에게 어떠한 요구한 경우 ⇨ 곧바로 강요죄의 성립을 위한 해악의 고지 ×

- 성폭력범죄의처벌등에관한특례법위반죄 ⇨ 촬영물 등을 방편 또는 수단으로 삼아 유포가능성 등 공포심을 일으킬 수 있을 정도의 해악을 고지하면 성립 ○(반드시 행위자가 촬영물 등을 피해자에게 직접 제시하는 방법으로 협박해야 한다거나 협박 당시 해당 촬영물 등을 소지하고 있거나 유포할 수 있는 상태일 필요 없음)

문 06

★★

인과관계에 관한 설명 중 옳지 않은 것은? (다툼이 있는 경우 판례에 의함)

① 방조범에 있어서 방조행위와 정범의 범죄 실현 사이에 인과관계가 인정되려면 방조행위가 정범의 범죄 실현과 밀접한 관련이 있고 정범으로 하여금 구체적 위험을 실현시키거나 범죄결과를 발생시킬 기회를 높이는 등으로 정범의 범죄 실현에 현실적인 기여를 하였다고 평가할 수 있어야 한다.

② 자동차의 운전자가 통상 예견되는 상황에 대비하여 결과를 회피할 수 있는 정도의 주의의무를 다하지 못한 것이 교통사고 발생의 직접적인 원인이 되었다면, 비록 자동차가 보행자를 직접 충격한 것이 아니고 보행자가 자동차의 급정거에 놀라 도로에 넘어져 상해를 입은 경우라 할지라도, 업무상 주의의무 위반과 교통사고 발생 사이에 상당인과관계를 인정할 수 있다.

③ 피고인이 피해자의 뺨을 1회 때리고 오른손으로 목을 쳐 피해자로 하여금 넘어지면서 머리를 땅바닥에 부딪치게 하여 상해를 가하고, 이로 인하여 두부 손상을 입은 피해자로 하여금 병원에서 입원치료를 받다가 합병증으로 사망에 이르게 한 경우, 피고인의 범행과 피해자의 사망 사이에 인과관계가 인정된다.

④ 강간죄에서 폭행·협박과 간음 사이에는 인과관계가 있어야 하고, 폭행·협박은 반드시 간음행위보다 선행되어야 한다.

⑤ 폭행 또는 협박으로 타인의 재물을 강취하려는 행위와 이에 극도의 흥분을 느끼고 공포심에 사로잡혀 이를 피하려다 입은 상해 사이에는 상당인과관계가 인정된다.

해설

① (O) 방조범이 성립하려면 방조행위가 정범의 범죄 실현과 밀접한 관련이 있고 정범으로 하여금 구체적 위험을 실현시키거나 범죄 결과를 발생시킬 기회를 높이는 등으로 정범의 범죄 실현에 현실적인 기여를 하였다고 평가할 수 있어야 한다. 정범의 범죄 실현과 밀접한 관련이 없는 행위를 도와준 데 지나지 않는 경우에는 방조범이 성립하지 않는다(대법원 2023. 10. 18. 선고 2022도15537 판결).

② (O) 자동차의 운전자가 통상 예견되는 상황에 대비하여 결과를 회피할 수 있는 정도의 주의의무를 다하지 못한 것이 교통사고 발생의 직접적인 원인이 되었다면, 비록 자동차가 보행자를 직접 충격한 것이 아니고 보행자가 자동차의 급정거에 놀라 도로에 넘어져 상해를 입은 경우라고 할지라도, 업무상 주의의무 위반과 교통사고 발생 사이에 상당인과관계를 인정할 수 있다(대법원 2022. 6. 16. 선고 2022도1401 판결).

③ (O) 피고인의 행위가 피해자를 사망하게 한 직접적 원인은 아니었다 하더라도 이로부터 발생된 다른 간접적 원인이 결합되어 사망의 결과를 발생하게 한 경우 그 행위와 사망 사이에는 인과관계가 있다고 할 것이다. 피고인이 甲의 뺨을 1회 때리고 오른손으로 목을 쳐 甲으로 하여금 뒤로 넘어지면서 머리를 땅바닥에 부딪치게 하여 상해를 가하고 그로 인해 사망에 이르게 하였다는 내용으로 기소된 사안에서, 甲이 두부 손상을 입은 후 병원에서 입원치료를 받다가 합병증으로 사망에 이르게 되어 피고인의 범행과 甲의 사망 사이에 인과관계를 부정할 수 없고, 사망 결과에 대한 예견가능성이 있다(대법원 2012. 3. 15. 선고 2011도17648 판결).

④ (X) 강간죄가 성립하려면 가해자의 폭행·협박은 피해자의 항거를 불가능하게 하거나 현저히 곤란하게 할 정도의 것이어야 한다. 폭행·협박이 피해자의 항거를 불가능하게 하거나 현저히 곤란하게 할 정도의 것이

없는지 여부는 폭행·협박의 내용과 정도는 물론, 유형력을 행사하게 된 경위, 피해자와의 관계, 성교 당시와 그 후의 정황 등 모든 사정을 종합하여 판단하여야 한다. 또한 강간죄에서의 폭행·협박과 간음 사이에는 인과관계가 있어야 하나, 폭행·협박이 반드시 간음행위보다 선행되어야 하는 것은 아니다(대법원 2017. 10. 12. 선고 2016도16948, 2016전도156 판결).

⑤ (○) 폭행 또는 협박으로 타인의 재물을 강취하려는 행위와 이에 극도의 흥분을 느끼고 공포심에 사로잡혀 이를 피하려다 상해에 이르게 된 사실과는 상당인과관계가 있다 할 것이고 이 경우 강취 행위자가 상해의 결과의 발생을 예견할 수 있었다면 이를 강도치상죄로 다스릴 수 있다 할 것이다(대법원 1996. 7. 12. 선고 96도1142 판결).

해답 ④

핵심포인트 문 06 인과관계 ★★

- 인과관계 인정 사례
  - 방조범에서 방조행위가 정범의 범죄 실현과 밀접한 관련이 있고 정범으로 하여금 구체적 위험을 실현시키거나 범죄결과를 발생시킬 기회를 높이는 등으로 정범의 범죄 실현에 현실적 기여를 하였다고 평가할 수 있는 방조행위
  - 자동차 운전자가 통상 예견되는 상황에 대비하 결과를 회피할 수 있는 정도의 주의의무를 다하지 못한 것이 교통사고 발생의 직접적인 원인 된 경우 업무상 주의의무 위반과 교통사고 발생 사이
  - 피해자 뺨을 1회 때리고 오른손으로 목을 쳐 피해자로 하여금 넘어지면서 머리를 땅바닥에 부딪치게 하여 상해를 가하고, 이로 인하여 두부 손상을 입은 피해자로 하여금 병원에서 입원치료를 받다가 합병증으로 사망에 이르게 한 경우 피고인의 범행과 피해자의 사망 사이
  - 폭행 또는 협박으로 타인의 재물을 강취하려는 행위와 이에 극도의 흥분을 느끼고 공포심에 사로잡혀 이를 피하려다 입은 상해 사이
- 강간죄에서 폭행·협박과 간음 사이 인과관계 ⇨ 폭행·협박은 반드시 간음행위보다 선행 不要

문 07 ★★

사기죄에 관한 설명 중 옳은 것(○)과 옳지 않은 것(×)을 올바르게 조합한 것은? (다툼이 있는 경우 판례에 의함)

ㄱ. 사기죄에서 피해자에게 대가가 지급된 경우, 피해자를 기망하여 그가 보유하고 있는 그 대가를 다시 편취하거나 피해자로부터 그 대가를 위탁받아 보관 중 횡령하였다면, 이는 새로운 법익의 침해가 발생한 경우이므로, 기존에 성립한 사기죄와는 별도의 새로운 사기나 횡령죄가 성립한다.

ㄴ. 변호사를 선임한 바가 없음에도 소송비용액계산서의 비용항목에 실제 지출하지 않은 변호사비용 500만 원을 기재하여 법원에 가처분사건의 소송비용액확정결정신청을 한 행위는 이와 관련하여 소명자료를 조작하거나 허위의 소명자료를 제출하지 않더라도 법원에 대한 기망행위에 해당한다.

ㄷ. 분식회계에 의한 재무제표 등으로 금융기관을 기망하여 대출을 받았다면 사기죄는 성립하고, 변제의사와 변제능력의 유무 그리고 충분한 담보가 제공되었다거나 피해자의 전체 재산상에 손해가 없고 사후에 대출금이 상환되었다고 하더라도 사기죄의 성립에는 영향이 없다.

ㄹ. 출판사 경영자가 출고현황표를 조작하는 방법으로 실제 출판부수를 속여 작가에게 인세의 일부만을 지급한 경우, 작가가 나머지 인세에 대한 청구권의 존재 자체를 알지 못하여 이를 행사하지 아니한 것은 사기죄에 있어 부작위에 의한 재산의 처분행위에 해당한다.

ㅁ. 사기죄에서 말하는 처분행위가 인정되기 위해서는 처분결과에 대한 피기망자의 주관적인 인식이 필요하므로, '서명사취' 사안의 경우 피기망자에게는 자신이 서명 또는 날인하는 처분문서의 내용과 법적 효과에 대하여 아무런 인식이 없어 처분의사와 그에 기한 처분행위는 인정되지 않는다.

① ㄱ(O), ㄴ(×), ㄷ(O), ㄹ(O), ㅁ(×)
② ㄱ(×), ㄴ(O), ㄷ(O), ㄹ(×), ㅁ(O)
③ ㄱ(O), ㄴ(O), ㄷ(×), ㄹ(×), ㅁ(O)
④ ㄱ(×), ㄴ(×), ㄷ(O), ㄹ(O), ㅁ(×)
⑤ ㄱ(O), ㄴ(×), ㄷ(×), ㄹ(×), ㅁ(O)

해설

ㄱ.(O) 사기죄에 있어서 피해자에게 그 대가가 지급된 경우, 피해자를 기망하여 그가 보유하고 있는 그 대가를 다시 편취하거나, 피해자로부터 그 대가를 위탁받아 보관 중 횡령하였다면, 이는 새로운 법익의 침해가 발생한 경우라고 할 것이어서, 기존에 성립한 사기죄와는 별도의 새로운 사기죄나 횡령죄가 성립한다고 보아야 할 것이다(대법원 2009. 10. 29. 선고 2009도7052 판결).

ㄴ.(×) 소송비용부담의 재판은 소송비용상환의무의 존재를 확정하고 그 지급을 명하는 데 그치고, 구체적인 소송비용의 액수는 민사소송법 제110조 제1항에 의한 소송비용액확정결정을 통하여 확정되며, 소송비용의 상환을 구하는 자는 소송비용액확정결정에 집행문을 부여받아 그 확정된 소송비용액에 관하여 강제집행을 할 수 있는바, 허위 내용으로 법원을 기망하여 자기에게 유리한 소송비용액확정결정을 받는 행위는 사기죄를 구성할 수 있다. 한편 소송비용액확정결정을 신청할 때에는 비용계산서, 그 등본과 비용액을 소명하는 데 필요한 서면을 제출하여야 하므로(민사소송법 제110조 제2항), 당사자가 단순히 실제 사실과 다른 비용액에 관한 주장만 한 경우를 사기죄로 인정하는 것에는 신중하여야 한다. 소송비용 중 당사자 등이 소송 기타 절차를 수행하기 위하여 법원에 납부하는 인지액 및 민사예납금 등 이른바 '재판비용'은 관할법원이 스스로 보존하고 있는 재판서 및 소송기록 등에 의하여 계산할 것이 예정되어 있고, 당사자가 소송 등 수행을 위하여 제3자에게 직접 지출하는 이른바 '당사자비용'은 신청인이 반드시 소명하여야 하므로, 소명자료 등을 조작하거나 허위의 소명자료 등을 제출함이 없이 단지 실제 사실과 다른 비용액에 관한 주장만 하는 경우에는 특별한 사정이 없는 한 법원을 기망하였다고 단정하기 어렵기 때문이다(대법원 2024. 6. 27. 선고 2021도2340 판결).

ㄷ.(O) 분식회계에 의한 재무제표 등으로 금융기관을 기망하여 대출을 받았다면 사기죄는 성립하고, 변제의사와 변제능력의 유무 그리고 충분한 담보가 제공되었다거나 피해자의 전체 재산상에 손해가 없고 사후에 대출금이 상환되었다고 하더라도 사기죄의 성립에는 영향이 없다(대법원 2012. 6. 14. 선고 2012도1283 판결).

ㄹ.(O) 출판사 경영자가 출고현황표를 조작하는 방법으로 실제출판부수를 속여 작가에게 인세의 일부만을 지급한 사안에서, 작가가 나머지 인세에 대한 청구권의 존재 자체를 알지 못하는 착오에 빠져 이를 행사하지 아니한 것이 사기죄에 있어 부작위에 의한 처분행위에 해당한다(대법원 2007. 7. 12. 선고 2005도9221 판결).

ㅁ.(×) … 따라서 처분의사는 착오에 빠진 피기망자가 어떤 행위를 한다는 인식이 있으면 충분하고, 그 행위가 가져오는 결과에 대한 인식까지 필요하다고 볼 것은 아니다. … 이러한 서명사취 사안에서 … 비록 피기망자가 처분결과, 즉 문서의 구체적 내용과 법적 효과를 미처 인식하지 못하였더라도, 어떤 문서에 스스로 서명 또는 날인함으로써 처분문서에 서명 또는 날인하는 행위에 관한 인식이 있었던 이상 피기망자의 처분의사 역시 인정된다(대법원 2017. 2. 16. 선고 2016도13362 전원합의체 판결).

해답 ①

핵심포인트 문 07 사기죄 ★★

- 사기죄에서 피해자에게 대가가 지급된 경우 피해자를 기망하여 그가 보유하고 있는 그 대가를 다시 편취하거나 피해자로부터 그 대가를 위탁받아 보관 중 횡령한 경우 ⇨ 기존 사기죄와는 별도의 새로운 사기죄나 횡령죄 성립 ○
- 소명자료 등을 조작하거나 허위의 소명자료 등을 제출함이 없이 단지 실제 사실과 다른 비용액에 관한 주장만 하는 경우 ⇨ 특별한 사정이 없는 한 법원을 기망하였다고 단정 ×
- 분식회계에 의한 재무제표 등으로 금융기관을 기망하여 대출을 받은 경우(변제의사와 변제능력 유무, 충분한 담보가 제공되어 피해자의 전체 재산상에 손해가 없고 사후에 대출금이 상환되었다고 하더라도) ⇨ 사기죄 성립 ○
- 사기죄에 있어 피해자의 처분행위 ⇨ 출판사 경영자가 출고현황표를 조작 방법으로 실제 출판부수를 속여 작가에게 인세의 일부만 지급한 경우 작가의 부작위에 의한 재산의 처분행위 해당함 ○
- 사기죄에 있어 피해자의 처분의사 ⇨ 착오에 빠진 피기망자가 어떤 행위를 한다는 인식이 있으면 충분하고, 그 행위가 가져오는 결과에 대한 인식까지는 필요 없음

문 08 ★★

다음 설명 중 옳은 것(○)과 옳지 않은 것(×)을 올바르게 조합한 것은? (다툼이 있는 경우 판례에 의함)

ㄱ. 공무원 또는 중재인이 부정한 청탁을 받고 제3자에게 뇌물을 제공하게 하고 제3자가 그러한 공무원 또는 중재인의 범죄행위를 알면서 방조한 경우에는 그에 대한 별도의 처벌규정이 없더라도 방조범에 관한 형법총칙의 규정이 적용되어 제3자뇌물수수방조죄가 인정될 수 있다.

ㄴ. 사법경찰관인 甲이 검사로부터 '교통사고 피해자들로부터 사고 경위에 대해 구체적인 진술을 청취하여 운전자 A의 도주 여부에 대해 재수사할 것'을 요청받고, 재수사 결과서의 '재수사 결과'란에 피해자들로부터 진술을 청취하지 않았음에도 진술을 듣고 그 진술내용을 적은 것처럼 기재한 경우, 피해자들 진술로 기재된 내용 중 일부가 결과적으로 사실과 부합하고 재수사 요청을 받은 사법경찰관이 검사에 의하여 지목된 참고인이나 피의자 등에 대한 재조사 여부와 재조사 방식 등에 대해 재량을 가지고 있다면 甲에게 허위공문서작성죄가 성립하지 않는다.

ㄷ. 전기통신금융사기 범행의 공범이 아닌 계좌명의인이 개설한 예금계좌가 그 범행에 이용되어 피해자가 그 계좌에 사기피해금을 송금·이체한 경우, 계좌명의인은 피해자를 위하여 사기피해금을 보관하는 지위에 있으므로 계좌명의인이 그 돈을 영득할 의사로 인출하면 피해자에 대한 횡령죄가 성립한다.

ㄹ. 甲이 피해자 A에게 자동차를 매도하겠다고 거짓말하고 자동차를 양도하면서 소유권이전등록에 필요한 일체의 서류를 교부한 후 매매대금을 수령한 다음, 자동차에 미리 부착해 놓은 지피에스(GPS)로 위치를 추적하여 그 자동차를 절취한 경우, 甲에게는 그 자동차를 양도한 후 다시 절취할 의사가 있었고 자동차의 소유권을 이전하여 줄 의사가 있었다고 볼 수 없으므로 사기죄가 성립한다.

ㅁ. A 언론사 논설주간으로서 사설 작성 방향에 관여하거나 경제분야에 관한 칼럼을 작성하는 등 언론계에서 상당한 영향력이 있다고 평가받는 甲이 B 기업의 대표이사인 乙로부터 우호적인 여론 형성에 도움을 달라는 취지의 청탁과 함께 자신의 유럽여행 비용 약 4,000만 원을 지불받았다면 甲에게는 배임수재죄가 성립한다.

① ㄱ(○), ㄴ(○), ㄷ(○), ㄹ(○), ㅁ(×)
② ㄱ(×), ㄴ(○), ㄷ(×), ㄹ(×), ㅁ(○)
③ ㄱ(○), ㄴ(×), ㄷ(○), ㄹ(×), ㅁ(○)
④ ㄱ(×), ㄴ(○), ㄷ(○), ㄹ(×), ㅁ(○)
⑤ ㄱ(○), ㄴ(×), ㄷ(×), ㄹ(○), ㅁ(×)

해설

ㄱ.(○) 제3자뇌물수수죄에서 제3자란 행위자와 공동정범 이외의 사람을 말하고, 교사자나 방조자도 포함될 수 있다. 그러므로 공무원 또는 중재인이 부정한 청탁을 받고 제3자에게 뇌물을 제공하게 하고 제3자가 그러한 공무원 또는 중재인의 범죄행위를 알면서 방조한 경우에는 그에 대한 별도의 처벌규정이 없더라도 방조범에 관한 형법총칙의 규정이 적용되어 제3자뇌물수수방조죄가 인정될 수 있다(대법원 2017. 3. 15. 선고 2016도19659 판결).

ㄴ.(×) 사법경찰관인 피고인이 검사로부터 '교통사고 피해자들로부터 사고 경위에 대해 구체적인 진술을 청취하여 운전자 甲의 도주 여부에 대해 재수사할 것'을 요청받고, 재수사 결과서의 '재수사 결과'란에 피해자들로부터 진술을 청취하지 않았음에도 진술을 듣고 그 진술내용을 적은 것처럼 기재함으로써 허위공문서를 작성하였다는 내용으로 기소된 사안에서, 피해자들 진술로 기재된 내용 중 일부가 결과적으로 사실과 부합하는지, 재수사 요청을 받은 사법경찰관이 검사에 의하여 지목된 참고인이나 피의자 등에 대한 재조사 여부와 재조사 방식 등에 대해 재량을 가지는지 등과 무관하게 피고인의 행위는 허위공문서작성죄를 구성하고, 그에 관한 범의도 인정된다(대법원 2023. 3. 30. 선고 2022도6886 판결).

ㄷ.(○) … 이러한 법리는 계좌명의인이 개설한 예금계좌가 전기통신금융사기 범행에 이용되어 그 계좌에 피해자가 사기피해금을 송금·이체한 경우에도 마찬가지로 적용된다. 계좌명의인은 피해자와 사이에 아무런 법률관계 없이 송금·이체된 사기피해금 상당의 돈을 피해자에게 반환하여야 하므로, 피해자를 위하여 사기피해금을 보관하는 지위에 있다고 보아야 하고, 만약 계좌명의인이 그 돈을 영득할 의사로 인출하면 피해자에 대한 횡령죄가 성립한다(대법원 2018. 7. 19. 선고 2017도17494 전원합의체 판결).

ㄹ.(×) 피고인 등이 피해자 갑 등에게 자동차를 매도하겠다고 거짓말하고 자동차를 양도하면서 매매대금을 편취한 다음, 자동차에 미리 부착해 놓은 지피에스(GPS)로 위치를 추적하여 자동차를 절취하였다고 하여 사기 및 특수절도로 기소된 사안에서, 피고인이 갑 등에게 자동차를 인도하고 소유권이전등록에 필요한 일체의 서류를 교부함으로써 갑 등이 언제든지 자동차의 소유권이전등록을 마칠 수 있게 된 이상, 피고인이 자동차를 양도한 후 다시 절취할 의사를 가지고 있었더라도 자동차의 소유권을 이전하여 줄 의사가 없었다고 볼 수 없고, 피고인이 자동차를 매도할 당시 곧바로 다시 절취할 의사를 가지고 있으면서도 이를 숨긴 것을 기망이라고 할 수 없어, 결국 피고인이 자동차를 매도할 당시 기망행위가 없었으므로, 피고인에게 사기죄를 인정한 원심판결에 법리오해의 잘못이 있다(대법원 2016. 3. 24. 선고 2015도17452 판결).

ㅁ.(○) … 위와 같은 사정에 비추어 보면, C는 F의 대표이사로서 피고인 B을 통하여 F에 대하여 우호적인 여론이 형성되기를 바라면서 거액의 재산상 이익을 공여하였고, 피고인 B도 C가 자신에게 우호적인 여론 형성에 관한 도움을 기대하면서 사교적 의례 범위를 크게 벗어나는 거액의 재산상 이익을 공여한다는 사실을 알고 있었다고 보아야 한다. 즉, C는 물론, 피고인 B도 E 논설주간 사무를 이용한 우호적 여론 형성에 관한 청탁의 대가라는 점에 대한 인식과 양해 하에 약 3,973만 원 상당의 유럽여행 비용을 주고받았다고 보아야 한다. … 원심은 판시와 같은 이유만으로 이 부분 공소사실을 무죄로 판단하였는바, 이러한 원심의 판단에

는 배임수재죄의 부정한 청탁에 관한 법리를 오해함으로써 판결에 영향을 미친 잘못이 있다(대법원 2024. 3. 12. 선고 2020도1263 판결).

문 08 제3자뇌물수수방조 · 허위공문서작성 · 횡령 · 사기 · 배임수재 ★★

- 공무원 또는 중재인이 부정한 청탁을 받고 제3자에게 뇌물을 제공하게 하고 제3자가 그러한 공무원 또는 중재인의 범죄행위를 알면서 방조한 경우 ⇨ 방조범에 관한 형법총칙의 규정이 적용되어 제3자뇌물수수방조죄 인정 ○
- 사법경찰관인 피고인이 검사로부터 '교통사고 피해자들로부터 사고 경위에 대해 구체적인 진술을 청취하여 운전자 甲의 도주 여부에 대해 재수사할 것'을 요청받고, 재수사 결과서의 '재수사 결과'란에 피해자들로부터 진술을 청취하지 않았음에도 진술을 듣고 그 진술내용을 적은 것처럼 기재함으로써 허위공문서 작성한 경우 ⇨ 허위공문서작성죄 성립 ○
- 전기통신금융사기 범행의 공범이 아닌 계좌명의인이 개설한 예금계좌가 그 범행에 이용되어 피해자가 그 계좌에 사기피해금을 송금·이체한 경우 계좌명의인이 그 돈을 영득할 의사로 인출한 경우 ⇨ 피해자에 대한 횡령죄 성립 ○
- 자동차 매도하겠다고 거짓말하고 자동차를 양도하면서 소유권이전등록에 필요한 일체의 서류를 교부한 후 매매대금을 수령한 다음 자동차에 미리 부착해 놓은 지피에스(GPS)로 위치를 추적하여 그 자동차를 절취한 경우 ⇨ 사기죄 성립 ×
- 언론계에서 상당한 영향력이 있다고 평가받는 자가 기업대표이사부터 우호적인 여론형성에 도움을 달라는 취지의 청탁과 함께 금원을 지불받은 경우 ⇨ 배임수재죄 성립 ○

문 09 ★★

횡령과 배임의 죄에 관한 설명 중 옳은 것은? (다툼이 있는 경우 판례에 의함)

① 甲이 친구 A와 함께 술집에서 술을 마시다가 서로 몸싸움을 하는 과정에서 A가 떨어뜨리고 간 휴대전화를 술집 주인으로부터 일행 A에게 전해달라는 의사로 건네받아 보관하던 중 A의 휴대전화를 임의로 사용한 경우, 甲은 A로부터 직접 위탁받은 것이 아니고 조리상 휴대전화를 보관하는 지위에 있다고도 볼 수 없으므로 횡령죄가 성립하지 않는다.

② 횡령죄에서 불법영득의사는 타인의 재물을 보관하는 자가 위탁의 취지에 반하여 권한 없이 그 재물을 자기의 소유인 것처럼 사실상 또는 법률상 처분하는 의사를 의미하므로, 보관자가 자기 또는 제3자의 이익을 위한 것이 아니라 그 소유자의 이익을 위하여 이를 처분한 경우에도 특별한 사정이 없는 한 불법영득의사를 인정할 수 있다.

③ 건물의 임차인 甲이 임대인에 대한 임대차보증금반환채권을 乙에게 양도하였는데도 임대인에게 채권양도 통지를 하지 않고 임대인으로부터 남아있던 임대차보증금을 반환받아 보관하던 중 임의로 소비한 경우, 甲은 乙을 위하여 임대차보증금을 수령한 것으로서 횡령죄의 '타인의 재물을 보관하는 자'에 해당한다.

④ 채무자 甲이 금전채무를 담보하기 위하여 「자동차 등 특정동산 저당법」 등에 따라 그 소유의 동산에 관하여 채권자에게 저당권을 설정하였음에도 불구하고 담보물을 제3자에게 처분하는 등으로 담보가치를 상실시켜 채권자의 담보권 실행이나 이를 통한 채권실현에 위험을 초래하였다면 배임죄가 성립한다.

⑤ 주식회사의 대표이사가 대표권을 남용하는 등 그 임무에 위배하여 약속어음을 발행한 경우, 어음발행이 무효라 하더라도 그 어음이 실제로 제3자에게 유통되었다면 회사로서는 어음채무를 부담할 위험이 구체적·현실적으로 발생하였다고 보아야 하므로 그 어음채무가 실제로 이행되기 전이라도 배임죄의 기수범이 된다.

> **해설**

① (X) 원심이 적법하게 채택한 증거들에 따르면, 피고인과 피해자는 2010. 8. 중순경 서로 알게 되어 2010. 8. 27. 저녁에 피고인의 제의로 함께 소주방에 가서 술을 마시던 중 서로 몸싸움을 하게 된 사실, 그 과정에서 피해자가 먼저 소주방을 나오면서 휴대전화를 그곳에 떨어뜨렸고, 소주방 업주가 위 휴대전화를 발견하고 소유자에게 전해달라는 의사로 일행인 피고인에게 건네주어 피고인이 보관하게 된 사실을 알 수 있는 바, 사정이 이와 같다면 피고인은 조리상 피해자를 위하여 위 휴대전화를 보관하는 지위에 있었다고 보아야 한다. 따라서 이와 달리 피고인이 타인의 재물을 보관하는 자의 지위에 있다고 할 수 없다고 판단한 원심판결에는 횡령죄의 위탁관계에 관한 법리를 오해한 위법이 있다고 할 것이다. … 피고인이 피해자의 휴대전화를 보관하면서 임의로 사용한 것만으로는 불법영득의 의사가 있었다고 단정하기 어렵다고 할 것이므로, 같은 취지에서 위 공소사실에 대하여 범죄의 증명이 없다고 판단하여 무죄를 선고한 원심의 결론은 정당하다(대법원 2014. 3. 13. 선고 2012도5346 판결).

② (X) 횡령죄에 있어서의 불법영득의 의사는 타인의 재물을 보관하는 자가 그 위탁 취지에 반하여 권한 없이 스스로 소유권자의 처분행위(반환 거부를 포함한다)를 하려는 의사를 의미하므로, 보관자가 자기 또는 제3자의 이익을 위한 것이 아니라, 그 소유자의 이익을 위하여 이를 처분한 경우에는 특단의 사정이 없는 한 위와 같은 불법영득의 의사를 인정할 수 없는 것이다(대법원 1982. 3. 9. 선고 81도3009 판결).

③ (X) 채권양도인이 채무자에게 채권양도 통지를 하는 등으로 채권양도의 대항요건을 갖추어 주지 않은 채 채무자로부터 채권을 추심하여 금전을 수령한 경우, 특별한 사정이 없는 한 금전의 소유권은 채권양수인이 아니라 채권양도인에게 귀속하고 채권양도인이 채권양수인을 위하여 양도 채권의 보전에 관한 사무를 처리하는 신임관계가 존재한다고 볼 수 없다. 따라서 채권양도인이 위와 같이 양도한 채권을 추심하여 수령한 금전에 관하여 채권양수인을 위해 보관하는 자의 지위에 있다고 볼 수 없으므로, 채권양도인이 위 금전을 임의로 처분하더라도 횡령죄는 성립하지 않는다(대법원 2022. 6. 23. 선고 2017도3829 전원합의체 판결). ▶ 건물의 임차인인 피고인이 임대인 갑에 대한 임대차보증금반환채권을 을에게 양도하였는데도 갑에게 채권양도 통지를 하지 않고 갑으로부터 남아 있던 임대차보증금을 반환받아 보관하던 중 개인적인 용도로 사용하여 이를 횡령하였다는 내용으로 기소된 사안에서, 임대차보증금으로 받은 금전의 소유권은 피고인에게 귀속하고, 피고인이 을을 위한 보관자 지위가 인정될 수 있는 신임관계에 있다고 볼 수 없어 횡령죄가 성립하지 않는다는 이유로, 이와 달리 보아 공소사실을 유죄로 인정한 원심판결에 채권양도에서 횡령죄의 성립 등에 관한 법리오해의 잘못이 있다고 한 사례.

④ (X) 채무자가 금전채무를 담보하기 위하여 자동차 등 특정동산 저당법 등에 따라 그 소유의 동산에 관하여 채권자에게 저당권을 설정해 주기로 약정하거나 저당권을 설정한 경우 채무자가 저당권설정계약에 따라 부담하는 의무, 즉 동산을 담보로 제공할 의무, 담보물의 담보가치를 유지·보전하거나 담보물을 손상, 감소 또는 멸실시키지 않을 소극적 의무, 담보권 실행 시 채권자나 그가 지정하는 자에게 담보물을 현실로 인도할 의무와 같이 채권자의 담보권 실행에 협조할 의무 등은 모두 저당권설정계약에 따라 부담하게 된 채무자 자신의 급부의무이다. 따라서 채무자가 위와 같은 급부의무를 이행하는 것은 채무자 자신의 사무에 해당할 뿐이고, 채무자가 통상의 계약에서의 이익대립관계를 넘어서 채권자와의 신임관계에 기초하여 채권자의 사무를 맡아 처리한다고 볼 수 없으므로 채무자를 채권자에 대한 관계에서 배임죄의 주체인 '타인의 사무를 처리하는 자'에 해당한다고 할 수 없다. 그러므로 채무자가 담보물을 제3자에게 처분하는 등으로 담보가치를 감소 또는 상실시켜 채권자의 담보권 실행이나 이를 통한 채권실현에 위험을 초래하더라도 배임죄가 성립하지 아니한다(대법원 2020. 11. 26. 선고 2020도10862 판결).

⑤ (O) 약속어음에 의하여 청구를 받은 자는 그 소지인이 채무자를 해할 것을 알고 어음을 취득한 경우가 아니라면 발행인 또는 종전의 소지인에 대한 인적 관계로 인한 항변으로써 소지인에게 대항하지 못하므로(어음법 제17조, 제77조 제1항), 대표이사가 대표권을 남용하여 회사 명의의 약속어음을 발행하였다면, 비록 상대방이 그 사실을 알고 있었거나 중대한 과실로 알지 못하여 회사가 상대방에 대하여는 채무를 부담하지 아니한다 하더라도 약속어음이 제3자에게 유통될 경우 회사가 소지인에 대하여 어음금 채무를 부담할 위험은 이미 발생하였다 할 것이므로, 그 약속어음이 제3자에게 유통되지 아니한다는 특별한 사정이 없는 한 경제적 관점에서는 회사에 대하여 배임죄에서의 재산상 실해 발생의 위험이 초래되었다고 봄이 상당하다. … 공소 외 1 주식회사로서는 주가 동향에 따라서는 제3자에게 위 약속어음을 배서양도하는 등으로 대여금 채권을 확보하려고 할 가능성이 있었던 반면, 위 약속어음을 유통시키지 아니할 것이라고 볼 만한 특별한 사정은 없으므로, 피고인 등의 위 약속어음의 발행은 공소외 2 주식회사에 대하여 재산상 실해 발생의 위험을 초래한 것으로서 배임죄를 구성한다고 판단하였다. 원심판결 이유를 앞서 본 법리와 기록에 비추어 살펴보면, 원심의 위와 같은 판단은 정당하고, 거기에 상고이유에서 주장하는 바와 같이 업무상 배임죄에서의 재산상 손해에 관한 법리를 오해하는 등의 위법이 없다. 상고이유에서 들고 있는 대법원판결들은 사안을 달리하는 것이어서 이 사건에 원용하기에 적절하지 아니하다(대법원 2012. 12. 27. 선고 2012도10822 판결).

핵심포인트 문 10 횡령과 배임 ★★

- 피해자가 먼저 소주방을 나오면서 휴대전화를 그곳에 떨어뜨렸고, 소주방 업주가 위 휴대전화를 발견하고 소유자에게 전해달라는 의사로 일행인 피고인에게 건네주어 피고인이 보관한 경우 ⇨ 조리상 피해자를 위하여 위 휴대전화를 횡령죄에서의 보관하는 지위에 있음
- 보관자가 자기 또는 제3자의 이익을 위한 것이 아니라 그 소유자의 이익을 위하여 이를 처분한 경우 ⇨ 횡령죄에서 불법영득의사 인정 ×
- 채권양도의 대항요건을 갖추어 주지 않은 채 채무자로부터 채권을 추심하여 금전을 수령한 경우 ⇨ 채권양도인이 채권양수인을 위하여 양도 채권의 보전에 관한 사무를 처리하는 신임관계 없음
- 채무자가 그 소유 동산에 관하여 채권자에게 저당권을 설정해 주기로 약정하거나 저당권을 설정한 경우 채무자가 저당권설정계약에 따라 부담하는 의무는 배임죄의 주체인 '타인의 사무를 처리하는 자'에 해당 ×,
- 주식회사의 대표이사가 대표권을 남용하는 등 그 임무에 위배하여 약속어음을 발행한 경우, 어음발행이 무효라 하더라도 그 어음이 실제로 제3자에게 유통된 경우 ⇨ 배임죄의 기수범 ○

문 10 ★★

혼잡한 놀이동산에서 남성 甲은 여성 A(21세)를 자신의 여자친구로 착각하고 놀라게 할 목적으로 양팔을 높이 들어 가까이 접근해 뒤에서 갑자기 껴안으려 하였다. 간식을 사 오다 이 광경을 목격한 A의 남자친구 乙은 甲이 A를 성추행하려 한다고 오해하여 다짜고짜 발로 甲의 복부를 1회 가격하여 甲에게 장파열상을 입게 하였다. 이 사례에 관한 설명 중 옳은 것(○)과 옳지 않은 것(×)을 올바르게 조합한 것은?

ㄱ. 甲이 A를 여자친구로 착각하고 껴안으려 한 것은 「형법」 제15조의 사실의 착오에 해당하여 강제추행죄의 고의가 조각된다.
ㄴ. 만약 甲에게 추행의 고의가 인정된다고 하더라도 甲의 팔이 A의 몸에 닿지 않은 경우, 판례에 따르면 강제추행죄에 있어서 실행의 착수로 볼 수 없다.
ㄷ. 甲에 대한 乙의 착오를 위법성조각사유의 전제사실에 관한 착오로 보고 엄격책임설에 따라 해결하면, 乙의 행위는 위법성이 인정되고 다만 「형법」 제16조의 정당한 이유가 있는 경우에 한하여 책임이 조각된다.
ㄹ. 만약 乙의 착오를 이용하여 甲을 폭행하려는 악의의 丙이 있는 경우, 甲에 대한 乙의 폭행행위를 위법성조각사유의 전제사실에 관한 착오로 보고 엄격책임설에 따라 정당한 이유가 없다고 본다면, 丙에게는 간접정범이 성립한다.

① ㄱ(○), ㄴ(○), ㄷ(×), ㄹ(○)
② ㄱ(○), ㄴ(×), ㄷ(○), ㄹ(×)
③ ㄱ(×), ㄴ(×), ㄷ(○), ㄹ(×)
④ ㄱ(×), ㄴ(○), ㄷ(○), ㄹ(○)
⑤ ㄱ(○), ㄴ(×), ㄷ(×), ㄹ(○)

해설

ㄱ.(×) 형법 제13조의 고의는 객관적 구성요건 아닌 표지인 처벌조건·소추조건은 구성요건요소가 아니므로 인식할 필요가 없다. 또한 위법성의 인식은 독자적인 책임요소이므로 고의의 성립에 위법성 인식은 필요가 없다(책임설)(신호진 2024년판 형법요론 총론 p.157). 따라서 형법 제298조상 강제추행이 성립하기 위한 구성요건 객체는 사람이므로 사안의 甲이 A를 여자친구로 착각하고 껴안으려 한 것은 형법 제15조의 사실의 착오에 해당하지 아니하여 강제추행죄의 고의가 조각되지 않는다.

형법 제298조(강제추행) 폭행 또는 협박으로 사람에 대하여 추행을 한 자는 10년 이하의 징역 또는 1천500만원 이하의 벌금에 처한다.

ㄴ.(×) 추행의 고의로 상대방의 의사에 반하는 유형력의 행사, 즉 폭행행위를 하여 실행행위에 착수하였으나 추행의 결과에 이르지 못한 때에는 강제추행미수죄가 성립하며, 이러한 법리는 폭행행위 자체가 추행행위라고 인정되는 이른바 '기습추행'의 경우에도 마찬가지로 적용된다. … 피고인은 甲을 추행하기 위해 뒤따라간 것으로 추행의 고의를 인정할 수 있고, 피고인이 가까이 접근하여 갑자기 뒤에서 껴안는 행위는 일반인에게 성적 수치심이나 혐오감을 일으키게 하고 선량한 성적 도덕관념에 반하는 행위로서 甲의 성적 자유를 침해하는 행위여서 그 자체로 이른바 '기습추행' 행위로 볼 수 있으므로, 피고인의 팔이 甲의 몸에 닿지 않았더라도 양팔을 높이 들어 갑자기 뒤에서 껴안으려는 행위는 甲의 의사에 반하는 유형력의 행사로서 폭행행위에 해당하며, 그때 '기습추행'에 관한 실행의 착수가 있다(대법원 2015. 9. 10. 선고 2015도6980,2015모2524 판결).

ㄷ.(○) 엄격책임설은 위법성조각사유의 전제사실에 관한 착오에 대하여 행위자가 구성요건 사실 그 자체는 인식했으므로 구성요건 고의를 조각할 수 없고, 다만 착오로 인하여 위법성을 인식하지 못한 것이므로 금지착오의 문제로 보아야 한다는 견해이다(신호진 2024년판 형법요론 총론 p.351). 따라서 형법 제16조의 정당한 이유가 있는 경우에 한하여 책임이 조각된다.

ㄹ.(×) 한편, 위법성조각사유의 전제사실에 관한 착오를 이용하는 경우 이용자에게 우월적인 의사지배가 인정될 경우에는 간접정범이 성립하지만, 엄격책임설에 따라 피이용자의 행위는 구성요건에 해당하고 위법하므로 이용자에게 공범이 성립한다.

형법 제16조(법률의 착오) 자기의 행위가 법령에 의하여 죄가 되지 아니하는 것으로 오인한 행위는 그 오인에 정당한 이유가 있는 때에 한하여 벌하지 아니한다.

문 10 강제추행·위법성조각사유의 전제사실 ★★

- 형법 제13조의 고의는 객관적 구성요건 아닌 표지(ex. 강제추행죄의 객체로서 남자, 여자인지 여부)는 인식할 필요 없음
- 추행의 고의가 인정된다면 팔이 피해자의 몸에 닿지 않더라도 강제추행죄에 있어서 실행의 착수로 볼 수 있음
- 엄격책임설
  - 위법성조각사유의 전제사실에 관한 착오인 경우 형법 제16조의 정당한 이유가 있는 경우에 한하여 책임조각(∵ 엄격책임설은 위법성조각사유의 전제사실에 관한 착오를 금지착오의 문제로 취급함)
  - 위법성조각사유의 전제사실에 관한 착오를 이용하는 경우 이용자에게 공범 성립(∵ 피이용자의 행위는 구성요건에 해당하고 위법함)

문 11 ★★

甲은 배우자 乙과 자기 소유의 X 아파트에서 거주하던 중, 2024. 3.경 乙의 외도를 이유로 다투고 난 후 乙의 불륜 증거를 찾고자 거실에 감시용 CCTV를 乙 몰래 설치한 다음 아파트에서 나와 임시로 인근 모텔에 숙박하였다. 그러던 중 CCTV의 자동 녹음실행에 의하여 乙과 내연남 A 사이의 통화내용이 녹음·저장되었다. 2024. 4.경 甲은 아버지 丙과 함께 X 아파트에 갔는데 출입문의 전자자물쇠 비밀번호가 바뀌어 있음을 알게 되자 공동하여 전자자물쇠를 강제로 부수고 들어갔다. 甲은 CCTV의 녹음파일을 검색하던 중 위 乙과 A 사이의 대화 녹음파일을 발견하고 이를 丙과 함께 청취하였다. 이 사례에 관한 설명 중 옳지 않은 것을 모두 고른 것은? (다툼이 있는 경우 판례에 의함)

ㄱ. 甲이 전자자물쇠를 부수고 X 아파트에 들어간 행위는 공동거주자 乙의 사실상 주거의 평온이라는 법익을 침해하는 행위에 해당하지만, X 아파트가 甲 소유로서 타인의 주거에 해당하지 아니하여 甲에게 주거침입죄가 성립하지 않는다.
ㄴ. X 아파트는 丙에 대하여 타인의 주거에 해당하고, 전자자물쇠를 손괴하는 등 물리력을 행사하여 X 아파트에 들어간 행위는 X 아파트 공동거주자 乙의 사실상 평온상태를 해쳤으므로, 丙에게 주거침입죄가 성립한다.
ㄷ. 丙이 乙과 A 사이의 대화가 녹음된 파일을 청취한 행위는 「통신비밀보호법」이 금지하는 공개되지 않은 타인 간의 대화를 청취하는 행위로 볼 수는 없다.
ㄹ. 만약 乙과 A 사이의 대화 내용이 공적인 성격을 가지고 있거나 乙과 A 중 한 명이 공적 인물이라고 하더라도 「통신비밀보호법」이 규정하는 공개되지 아니한 타인 간의 대화로 볼 수 있다.

① ㄱ, ㄴ ② ㄱ, ㄷ
③ ㄴ, ㄷ ④ ㄴ, ㄹ
⑤ ㄱ, ㄴ, ㄹ

해설

ㄱ.(X) 형법은 제319조 제1항에서 '사람의 주거, 관리하는 건조물, 선박이나 항공기 또는 점유하는 방실에 침입한 자'를 주거침입죄로 처벌한다고 규정하고 있는바, 주거침입죄는 주거에 거주하는 거주자, 건조물이나 선박, 항공기의 관리자, 방실의 점유자 이외의 사람이 위 주거, 건조물, 선박이나 항공기, 방실(이하 '주거 등'이라 한다)에 침입한 경우에 성립한다. 따라서 주거침입죄의 객체는 행위자 이외의 사람, 즉 '타인'이 거주하는 주거 등이라고 할 것이므로 행위자 자신이 단독으로 또는 다른 사람과 공동으로 거주하거나 관리 또는 점유하는 주거 등에 임의로 출입하더라도 주거침입죄를 구성하지 않는다. 다만 다른 사람과 공동으로 주거에 거주하거나 건조물을 관리하던 사람이 공동생활관계에서 이탈하거나 주거 등에 대한 사실상의 지배 · 관리를 상실한 경우 등 특별한 사정이 있는 경우에 주거침입죄가 성립할 수 있을 뿐이다. … 설령 그 공동거주자가 공동생활의 장소에 출입하기 위하여 출입문의 잠금장치를 손괴하는 등 다소간의 물리력을 행사하여 그 출입을 금지한 공동거주자의 사실상 평온상태를 해쳤더라도 그러한 행위 자체를 처벌하는 별도의 규정에 따라 처벌될 수 있음은 별론으로 하고, 주거침입죄가 성립하지 아니함은 마찬가지이다(대법원 2021. 9. 9. 선고 2020도6085 전원합의체 판결). ▶ 사안의 甲이 아파트에서 나와 임시로 인근 모텔에 숙박하였다다 하였다는 사실에서 다른 사람과 공동으로 주거에 거주하거나 건조물을 관리하던 사람이 공동생활관계에서 이탈하거나 주거 등에 대한 사실상의 지배 · 관리를 상실한 경우에 해당하므로 공동거주자 乙의 사실상 주거의 평온이라는 법익을 침해하는 행위에 해당하는 한 甲에게 주거침입죄가 성립한다.

ㄴ.(X) … 피고인 2의 행위는 그 실질에 있어 피고인 1의 이러한 행위에 편승, 가담한 것에 불과하다. 그렇다면 피고인 2, 피고인 3이 이 사건 아파트에 출입한 행위 그 자체는 전체적으로 공동거주자인 피고인 1이 이 사건 아파트에 출입하고 이를 이용하는 행위의 일환이자 이에 수반되어 이루어진 것에 해당한다고 평가할 수 있으므로, 피고인 2, 피고인 3에 대하여는 폭력행위처벌법위반(공동주거침입)죄가 성립하지 않는다고 보아야 한다(대법원 2021. 9. 9. 선고 2020도6085 전원합의체 판결).

ㄷ.(O) 통신비밀보호법 제3조 제1항은 누구든지 이 법과 형사소송법 또는 군사법원법의 규정에 의하지 아니하고는 우편물의 검열·전기통신의 감청 또는 공개되지 않은 타인 간의 대화를 녹음 또는 청취하지 못한다고 규정하고 있고, 같은 법 제16조 제1항은 이를 위반하는 행위를 처벌하도록 규정하고 있다. 여기서 '청취'는 타인 간의 대화가 이루어지고 있는 상황에서 실시간으로 그 대화의 내용을 엿듣는 행위를 의미하고, 대화가 이미 종료된 상태에서 그 대화의 녹음물을 재생하여 듣는 행위는 '청취'에 포함되지 않는다(대법원 2024. 2. 29. 선고 2023도8603 판결).

ㄹ.(O) 통신비밀보호법 제14조 제1항은 "누구든지 공개되지 아니한 타인 간의 대화를 녹음하거나 전자장치 또는 기계적 수단을 이용하여 청취할 수 없다."라고 규정하고, 제14조 제2항 및 제4조는 "제14조 제1항을 위반한 녹음에 의하여 취득한 대화의 내용은 재판 또는 징계절차에서 증거로 사용할 수 없다."라는 취지로 규정하고 있다. … 피고인의 발언은 특정된 30명의 학생들에게만 공개되었을 뿐, 일반 공중이나 불특정 다수에게 공개되지 않았으므로, 대화자 내지 청취자가 다수였다는 사정만으로 '공개된 대화'로 평가할 수는 없다. 대화 내용이 공적인 성격을 갖는지 여부나 발언자가 공적 인물인지 여부 등은 '공개되지 않은 대화'에 해당하는지 여부를 판단하는 데에 영향을 미치지 않는다(대법원 2024. 1. 11. 선고 2020도1538 판결).

해답 ①

문 11 주거침입죄·통신비밀보호법 ★★

- 공동 주거자나 건조물을 관리하던 사람이 단독으로 또는 다른 사람과 공동으로 거주하거나 관리 또는 점유하는 주거 등에 임의로 출입하는 경우
  - 원칙적 주거침입죄 구성 ×
  - 공동생활관계에서 이탈하거나 주거 등에 대한 사실상의 지배·관리를 상실한 경우 등 특별한 사정이 있는 경우에는 주거침입죄 성립 ○
- 타인이 주거침입죄 구성하지 않는 공동 주거자나 건조물을 관리하던 사람과 함께 주거에 출입한 행위한 행위는 공동주거침입죄 성립 ×(∵ 타인의 출입행위 그 자체는 전체적으로 공동거주자인 피고인 출입하고 이를 이용하는 행위의 일환이자 이에 수반되어 이루어진 것에 해당함)
- 대화가 이미 종료된 상태에서 그 대화의 녹음물을 재생하여 듣는 행위는 「통신비밀보호법」이 금지하는 '청취'에 포함 ×
- 대화 내용이 공적인 성격을 갖는지 여부, 발언자가 공적 인물인지 여부 등은 「통신비밀보호법」상 '공개되지 않은 대화'에 해당하는지 여부를 판단하는 데에 영향 없음

문 12 ★★

다음 사례에 관한 설명 중 옳은 것을 모두 고른 것은? (주거침입의 점은 논외로 하고, 다툼이 있는 경우 판례에 의함)

(가) 乙은 2024. 2.경 甲에게 "2024. 4.경 권총을 이용하여 편의점을 털자."라는 제안을 하였고, 甲은 이에 동의하였다. 乙은 범행대상을 X 편의점으로 정하고 구체적인 범행계획을 세우고 권총을 구하여 甲에게 전달해 주었다. 그러나 2024. 3. 초경 乙은 다른 범죄혐의로 체포·수감되었다. 甲은 혼자서라도 범행을 수행하기로 마음먹고 2024. 4. 20. 오전 10시경 乙이 구해준 권총을 점퍼 속에 숨긴 채 손님인 것처럼 X 편의점에 들어갔다가 후회하는 마음이 들어서 그대로 돌아 나왔다.

(나) 그 후 2024. 5. 오전 11시경 甲은 편의점 물건을 훔치기로 마음먹고 범행이 발각될 경우를 대비하여 등산용 칼을 옷 속에 숨긴 채 Y 편의점으로 들어가자마자 편의점 안에 경찰관이 있는 것을 보고 그대로 돌아 나왔다.

ㄱ. (가)에서 乙이 甲과 함께 X 편의점을 털기로 공모한 이상 감옥에 수감되어 甲의 범행에 직접 가담하지 못하였더라도 乙은 강도예비·음모죄로 처벌된다.
ㄴ. (가)에서 甲은 특수강도의 중지미수로 처벌된다.
ㄷ. (나)에서 甲은 강도예비·음모죄로 처벌된다.
ㄹ. (나)에서 만약 甲이 편의점을 나오는데 이를 수상히 여긴 경찰관이 불러 세워 신분증을 요구하자 폭행하고 도주한 경우, 준강도미수로 처벌된다.

① ㄱ
② ㄱ, ㄹ
③ ㄴ, ㄷ
④ ㄱ, ㄴ, ㄹ
⑤ ㄴ, ㄷ, ㄹ

해설

ㄱ.(O) 강도예비·음모죄가 성립하기 위해서는 예비·음모 행위자에게 미필적으로라도 '강도'를 할 목적이 있음이 인정되어야 하고 그에 이르지 않고, ㄷ.(X) 단순히 '준강도'할 목적이 있음에 그치는 경우에는 강도예비·음모죄로 처벌할 수 없다(대법원 2006. 9. 14. 선고 2004도6432 판결). 중지범은 범죄의 실행에 착수한 후 자의로 그 행위를 중지한 때를 말하는 것이고, ㄴ.(X) 실행의 착수가 있기 전인 예비음모의 행위를 처벌하는 경우에 있어서는 중지범의 관념은 이를 인정할 수 없다(대법원 1991. 6. 25. 선고 91도436 판결). ▶ (가) 사안에서 ㄱ. 乙이 甲과 함께 X 편의점을 털기로 공모하고 乙은 강도예비·음모죄로 처벌된다. ㄴ. 또한 예비음모의 행위를 처벌하는 경우에 있어서는 중지범의 관념은 이를 인정할 수 없으므로 甲은 강도예비·음모죄로 처벌된다. (나) 사안에서 ㄷ. 단순히 '준강도'할 목적이 있음에 그친 甲은 강도예비·음모죄로 처벌되지 않는다.

> 형법 제331조(특수절도) ② 흉기를 휴대하거나 2명 이상이 합동하여 타인의 재물을 절취한 자도 제1항의 형에 처한다.
> 형법 제343조(예비, 음모) 강도할 목적으로 예비 또는 음모한 자는 7년 이하의 징역에 처한다.

ㄹ.(X) 준강도의 주체는 절도 즉 절도범인으로, 절도의 실행에 착수한 이상 미수이거나 기수이거나 불문한다(대법원 2003. 10. 24. 선고 2003도4417 판결). 절도죄의 실행의 착수시기는 재물에 대한 타인의 사실상의 지배를 침해하는 데에 밀접한 행위를 개시한 때라고 보아야 하므로, 야간이 아닌 주간에 절도의 목적으로 타인의 주거에 침입하였다고 하여도 아직 절취할 물건의 물색행위를 시작하기 전이라면 주거침입죄만 성립할뿐 절도죄의 실행에 착수한 것으로 볼 수 없는 것이어서 절도미수죄는 성립하지 않는다(대법원 1992. 9. 8. 선고 92도1650,92감도80 판결). 한편 준강도의 주체인 절도의 범위에는 모든 절도가 포함되므로 단순절도 이외에 야간주거침입절도·특수절도·상습절도도 준강도죄의 주체가 된다(신호진 2024년판 형법요론 각론 p.337), ▶ 사안의 甲은 등산용 칼을 옷 속에 숨긴 채 Y 편의점으로 들어가자마자 편의점 안에 경찰관이 있는 것을 보고 그대로 돌아 왔으므로 아직 절취할 편의점 물건의 물색행위를 시작하기 전으로 절도죄의 실행에 착수한 것으로 볼 수 없는 것이므로 준강도미수로 처벌되지 않는다.

 ①

핵심 포인트 문 12 예비·음모, 미수 ★★

- 예비·음모 행위자에게 미필적으로라도 '강도'를 할 목적이 있음이 인정되는 경우 강도예비·음모죄로 처벌할 수 있음
- 예비음모의 행위를 처벌하는 경우에 있어서는 중지범의 관념은 인정 ×
- '준강도'할 목적이 있음에 그치는 경우에는 강도예비·음모죄로 처벌할 수 없음
- 아직 절취할 편의점 물건의 물색행위를 시작하기 전으로 절도죄의 실행에 착수한 것으로 볼 수 없는 경우 준강도의 주체인 절도범인 ×

문 13

★★

직권남용권리행사방해죄에 관한 설명 중 옳지 않은 것을 모두 고른 것은? (다툼이 있는 경우 판례에 의함)

> ㄱ. 직권남용권리행사방해죄는 공무원이 그 일반적 직무권한에 속하는 사항에 관하여 직권의 행사에 가탁하여 실질적, 구체적으로 위법·부당한 행위를 한 경우에 성립하며, 그 일반적 직무권한은 법률상의 강제력을 수반하여야 한다.
> ㄴ. '권리행사를 방해'하는 것에 해당하려면 구체화된 권리의 현실적인 행사가 방해된 경우라야 할 것이므로, 공무원의 직권남용행위가 있었다 할지라도 현실적인 권리행사의 방해라는 결과가 발생하지 아니한 경우에는 본죄의 미수범으로 처벌한다.
> ㄷ. 공무원 또는 법령에 따라 일정한 공적 임무를 부여받고 있는 공공기관 등의 임직원이 직권남용의 상대방이라면 법령에 따라 임무를 수행하는 지위에 있으므로, 그가 직권에 대응하여 어떠한 일을 한 것이 의무 없는 일인지 여부는 관계 법령 등의 내용에 따라 개별적으로 판단하여야 하고, 사인은 직권남용의 상대방이 될 수 없다.
> ㄹ. 인신구속에 관한 직무를 집행하는 사법경찰관이 체포 당시 상황을 고려하여 경험칙에 비추어 현저하게 합리성을 잃지 않은 채 판단하면 체포 요건이 충족되지 아니함을 충분히 알 수 있었는데도, 자신의 재량 범위를 벗어난다는 사실을 인식하고 그 결과를 용인한 채 사람을 체포하여 권리행사를 방해하였다면, 직권남용체포죄와 직권남용권리행사방해죄가 성립한다.
> ㅁ. 상급 경찰관이 직권을 남용하여 부하 경찰관의 수사를 중단시키거나 사건을 다른 경찰관서로 이첩하게 한 경우, 부하 경찰관의 수사권 행사를 방해한 것에 해당함과 아울러 부하 경찰관으로 하여금 수사를 중단하거나 사건을 이첩할 의무가 없음에도 불구하고 이를 하게 한 것에도 해당하므로, '권리행사를 방해함으로 인한 직권남용권리행사방해죄'와 '의무 없는 일을 하게 함으로 인한 직권남용권리행사방해죄'가 별개로 성립한다.

① ㄱ, ㄴ, ㄹ
② ㄱ, ㄷ, ㄹ
③ ㄴ, ㄷ, ㅁ
④ ㄱ, ㄴ, ㄷ, ㅁ
⑤ ㄴ, ㄷ, ㄹ, ㅁ

해설

ㄱ.(X) 직권남용죄는 공무원이 그 일반적 직무권한에 속하는 사항에 관하여 직권의 행사에 가탁하여 실질적, 구체적으로 위법·부당한 행위를 한 경우에 성립하고, 그 일반적 직무권한은 반드시 법률상의 강제력을 수반하는 것임을 요하지 아니하며, 그것이 남용될 경우 직권행사의 상대방으로 하여금 법률상 의무 없는 일을 하게 하거나 정당한 권리행사를 방해하기에 충분한 것이면 된다(대법원 2004. 5. 27. 선고 2002도6251 판결).

ㄴ.(X) 형법 제123조의 타인의 권리행사방해죄가 기수에 이르려면 행위에 결과가 발생한 것을 필요로 하므로 공무원의 직권남용이 있다 하여도 현실적으로 권리행사의 저해가 없다면 기수를 인정할 수 없다(대법원 1978. 10. 10. 선고 75도2665 판결). 한편, 직권남용죄(형법 제123조)는 미수범 처벌 규정이 없기 때문에 공무원의 직권남용이 있다 하여도 현실적으로 권리행사의 저해가 없다면 직권남용죄의 미수로 처벌될 수 없어 불가벌이 된다.

> 형법 제29조(미수범의 처벌) 미수범을 처벌할 죄는 각칙의 해당 죄에서 정한다.
> 형법 제123조(직권남용) 공무원이 직권을 남용하여 사람으로 하여금 의무없는 일을 하게 하거나 사람의 권리행사를 방해한 때에는 5년 이하의 징역, 10년 이하의 자격정지 또는 1천만 원 이하의 벌금에 처한다.

ㄷ.(X) 직권남용 행위의 상대방이 일반 사인인 경우 특별한 사정이 없는 한 직권에 대응하여 따라야 할 의무가 없으므로 그에게 어떠한 행위를 하게 하였다면 '의무 없는 일을 하게 한 때'에 해당할 수 있다. 그러나 상대방이 공무원이거나 법령에 따라 일정한 공적 임무를 부여받고 있는 공공기관 등의 임직원인 경우에는 법령에 따라 임무를 수행하는 지위에 있으므로 그가 직권에 대응하여 어떠한 일을 한 것이 의무 없는 일인지는 관계 법령 등의 내용에 따라 개별적으로 판단해야 한다(대법원 2023. 4. 27. 선고 2020도18296 판결).

ㄹ.(O) 범죄의 고의는 확정적 고의뿐만 아니라 결과 발생에 대한 인식이 있고 이를 용인하는 의사인 이른바 미필적 고의도 포함하므로, 피고인이 인신구속에 관한 직무를 집행하는 사법경찰관으로서 체포 당시 상황을 고려하여 경험칙에 비추어 현저하게 합리성을 잃지 않은 채 판단하면 체포 요건이 충족되지 아니함을 충분히 알 수 있었는데도, 자신의 재량 범위를 벗어난다는 사실을 인식하고 그와 같은 결과를 용인한 채 사람을 체포하여 권리행사를 방해하였다면, 직권남용체포죄와 직권남용권리행사방해죄가 성립한다(대법원 2017. 3. 9. 선고 2013도16162 판결).

ㅁ.(X) 상급 경찰관이 직권을 남용하여 부하 경찰관들의 수사를 중단시키거나 사건을 다른 경찰관서로 이첩하게 한 경우, 일단 '부하 경찰관들의 수사권 행사를 방해한 것'에 해당함과 아울러 '부하 경찰관들로 하여금 수사를 중단하거나 사건을 다른 경찰관서로 이첩할 의무가 없음에도 불구하고 수사를 중단하게 하거나 사건을 이첩하게 한 것'에도 해당된다고 볼 여지가 있다. 그러나 이는 어디까지나 하나의 사실을 각기 다른 측면에서 해석한 것에 불과한 것으로서, '권리행사를 방해함으로 인한 직권남용권리행사방해죄'와 '의무 없는 일을 하게 함으로 인한 직권남용권리행사방해죄'가 별개로 성립하는 것이라고 할 수는 없다. 따라서 위 두 가지 행위 태양에 모두 해당하는 것으로 기소된 경우, '권리행사를 방해함으로 인한 직권남용권리행사방해죄'만 성립하고 '의무 없는 일을 하게 함으로 인한 직권남용권리행사방해죄'는 따로 성립하지 아니하는 것으로 봄이 상당하다(대법원 2010. 1. 28. 선고 2008도7312 판결).

핵심포인트 문 13 직권남용권리행사방해죄 ★★

- 직권남용죄는 공무원이 그 일반적 직무권한에 속하는 사항에 관하여 직권 행사에 가탁하여 실질적, 구체적 위법·부당한 행위를 한 경우에 성립 O(일반적 직무권한은 법률상의 강제력을 수반 不要)
- 공무원의 직권남용이 있다 하여도 현실적으로 권리행사의 저해가 없다면 무죄임
- 직권남용 행위의 상대방이 일반 사인인 경우 그에게 어떠한 행위를 하게 하였다면 '의무 없는 일을 하게 한 때'에 해당할 수 있음
- 사법경찰관이 체포 당시 자신의 재량 범위를 벗어난다는 사실을 인식하고 그 결과를 용인한 채 사람을 체포하여 권리행사를 방해한 경우 직권남용체포죄와 직권남용권리행사방해죄 성립 O
- 상급 경찰관이 직권을 남용하여 부하 경찰관들의 수사를 중단시키거나 사건을 다른 경찰관서로 이첩하게 한 경우 ⇨ '권리행사를 방해함으로 인한 직권남용권리행사방해죄'만 성립 O('의무 없는 일을 하게 함으로 인한 직권남용권리행사방해죄'는 성립 ×)

문 14 ★★

「형법」제33조의 해석에 관하여 견해(1)과 견해(2)가 존재한다. 아래 사례 중 견해(1)에 합치하는 것을 모두 고른 것은?

⟨견해⟩
(1) 본문은 진정신분범, 단서는 부진정신분범에 대하여 적용된다.
(2) 본문은 진정신분범과 부진정신분범의 성립에 관한 규정이지만, 단서는 부진정신분범의 과형에 관한 규정이다.

⟨사례⟩
ㄱ. 공무원 아닌 甲이 공무원 乙을 교사하여 수뢰죄를 범하게 한 경우, 乙은 수뢰죄, 甲은 수뢰죄의 교사범이 성립하고 각자 그 형으로 처벌된다.
ㄴ. 부인 甲이 그의 아들 乙과 공동하여 남편을 살해한 경우, 甲과 乙은 존속살해죄가 성립하고 乙은 존속살해죄, 甲은 보통살인죄의 형으로 처벌된다.
ㄷ. 도박의 습벽이 없는 甲이 상습도박자 乙을 교사하여 도박하게 한 경우, 乙은 상습도박죄, 甲은 단순도박죄의 교사범이 성립하고 각자 그 형으로 처벌된다.
ㄹ. 업무자 아닌 A의 사무처리자 甲이 업무자라는 신분을 가진 A의 사무처리자 乙을 교사하여 업무상배임죄를 범하게 한 경우, 乙은 업무상배임죄, 甲은 업무상배임죄의 교사범이 성립하고 乙은 업무상배임죄, 甲은 단순배임죄의 형으로 처벌된다.

① ㄱ
② ㄱ, ㄷ
③ ㄴ, ㄹ
④ ㄱ, ㄷ, ㄹ
⑤ ㄴ, ㄷ, ㄹ

해설

※ 본문은 진정신분범, 단서는 부진정신분범에 대하여 적용된다는 견해는 본문은 진정신분범의 공범성립과과형의 문제를, 단서는 부진정신분범의 성립과 과형의 문제를 규정한 것으로 이해하는 견해이다(신호진 2024년판 형법요론 총론 p.509). 이하 문제 전제인 진정신분범, 단서는 부진정신분범에 대하여 적용된다는 견해에 의하여 해설한다.

> 형법 제33조(공범과 신분) 신분이 있어야 성립되는 범죄에 신분 없는 사람이 가담한 경우에는 그 신분 없는 사람에게도 제30조부터 제32조까지의 규정을 적용한다. 다만, 신분 때문에 형의 경중이 달라지는 경우에 신분이 없는 사람은 무거운 형으로 벌하지 아니한다.

ㄱ.(합치 O) 수뢰죄는 진정신분범(신호진 2024년판 형법요론 각론 p.856)으로 사안은 비신분자가 신분자에게 가담하는 경우 형법 제33조 본문이 적용되어 공무원 乙은 수뢰죄, 공무원 아닌 甲은 수뢰죄의 교사범이 성립하고 각자 그 형으로 처벌된다.

ㄴ.(합치 X) 존속살해죄는 부진정신분범이고 사안은 부진정신분범에서 공동정범(비신분자가 신분자에게 가담 또는 신분자가 비신분자에게 가담한 경우 불문)은 형법 제33조 단서가 적용되어 甲은 보통살인죄가 성립하고 보통살인죄의 형으로 처벌되고, 乙은 존속살해죄가 성립하고 존속살해죄의 형으로 처벌된다.

ㄷ.(합치 O) 상습도박죄는 부진정신분범으로 사안은 비신분자가 가중적 신분자에게 가담하는 경우 형법 제33조 단서가 적용되어 乙은 상습도박죄, 甲은 단순도박죄의 교사범이 성립하고 각자 그 형으로 처벌된다.

ㄹ.(합치 X) 업무상배임죄는 부진정신분범으로 사안은 비신분자가 가중적 신분자에게 가담하는 경우 형법 제33조 단서가 적용된다.

해답 ②

| 핵심 포인트 | 문 14 | 형법 제33조의 해석 | ★★ |

- 「형법」 제33조의 해석에 관하여 진정신분범, 단서는 부진정신분범에 대하여 적용된다는 견해
  - 공무원 아닌 甲이 공무원 乙을 교사하여 수뢰죄를 범하게 한 경우 ⇨ 수뢰죄는 진정신분범으로 형법 제33조 본문이 적용되므로 공무원은 수뢰죄, 공무원 아닌 자는 수뢰죄의 교사범이 성립하고 각자 그 형으로 처벌됨
  - 부인이 그의 아들과 공동하여 남편을 살해한 경우 ⇨ 존속살해죄는 부진정신분범으로 형법 제33조 단서가 적용되므로 부인은 보통살인죄가 성립하고 보통살인죄의 형으로 처벌되고, 이들은 존속살해죄가 성립하고 존속살해죄의 형으로 처벌됨
  - 도박의 습벽이 없는 자가 상습도박자를 교사하여 도박하게 한 경우 ⇨ 상습도박죄는 부진정신분범으로 형법 제33조 단서가 적용되므로 상습도박자는 상습도박죄, 도박의 습벽이 없는 자는 단순도박죄의 교사범이 성립하고 각자 그 형으로 처벌
  - 업무자 아닌 자의 사무처리자가 업무자라는 신분을 가진 자의 사무처리자를 교사하여 업무상배임죄를 범하게 한 경우 ⇨ 업무상배임죄는 부진정신분범으로 형법 제33조 단서가 적용되므로 업무자라는 신분을 가진 자의 사무처리자는 업무상배임죄가 성립하고 업무상배임죄의 형으로 처벌되고 업무자 아닌 자의 사무처리자는 단순배임죄의 교사범이 성립하고 단순배임죄의 형으로 처벌됨

문 15 ★★

甲은 2024. 7. 5.경 A에게 "보험사기를 치려고 하는데, 나를 때려 주면 돈을 주겠다."라고 부탁하여 A가 甲을 때리고 甲은 약속대로 현금을 지불하였다. 한편 A의 행위로 인하여 甲은 다발성 좌상 등의 상해를 입었다. 이후 甲은 A를 무고하기 위해 2024. 7. 10.경 "A가 나를 폭행한 다음 현금을 빼앗아갔다."라는 취지로 수사기관에 A를 고소하였다. 이 사례에 관한 설명 중 옳지 않은 것은? (다툼이 있는 경우 판례에 의함)

① 甲의 요청에 따라 A가 甲을 폭행하였고, 그 과정에서 甲이 다발성 좌상 등의 상해를 입게 된 것이라고 하더라도 그러한 甲의 요청은 윤리적·도덕적으로 사회상규에 어긋나는 것이어서 위법성조각사유인 피해자의 승낙에 해당한다고 하기는 어렵다.
② A의 행위는 폭행 내지 상해의 범죄에 해당할 수 있는 것인 반면, 甲의 고소사실은 A가 갈취 내지 강취의 범죄를 범하였다는 것이어서 그 고소사실의 일부가 허위인 경우에 해당한다.
③ 甲이 자신의 의사에 따라 폭행을 당한 것인지 여부는 갈취 내지 강취 범죄의 성부에 영향을 미치는 중요한 부분이므로, 위 고소 내용은 고소사실 전체의 성질을 변경시키는 것에 해당한다.
④ 무고죄는 개인이 부당하게 처벌 또는 징계받지 아니할 이익을 부수적으로 보호하는 죄이므로, 만약 A가 甲의 고소를 승낙한 경우에도 무고죄 성립에 영향이 없다.
⑤ 만약 검사가 甲에게 무고죄가 인정된다고 판단하여 甲을 무고죄로 기소하고 A에 대해서는 불기소결정을 하였는데 甲이 자신의 무고죄에 대한 재판절차에서 무고를 자백한 경우, A에 대한 불기소결정이 내려짐으로써 「형법」 제157조, 제153조에서 정하는 '재판이 확정되기 전'에 해당되지 아니하므로 甲에게 자백·자수 감면 규정을 적용하지 못한다.

> **해설**

① (O), ② (O), ③ (O) 원심판결 이유 및 원심이 적법하게 채택한 증거에 의하면, 피고인이 때려 주면 돈을 주겠다는 요청을 하여 공소 외 1 등이 피고인을 폭행하였고, 그 과정에서 피고인이 다발성 좌상 등의 상해를 입게 된 사실을 알 수 있는바, 이와 같은 사정 아래에서라면 비록 피고인이 먼저 공소 외 1 등에게 때려달라고 요청하였다 하더라도 그러한 피고인의 요청은 윤리적·도덕적으로 사회상규에 어긋나는 것이어서 위법성 조각사유로서의 피해자의 승낙에 해당한다고 할 수는 없을 것이다. 그러나 공소 외 1 등의 위와 같은 행위가 결과적으로 위법하다 하더라도 이는 폭행 내지 상해의 범죄에 해당할 수 있는 것인 반면, 피고인의 신고사실은 공소 외 1 등이 갈취 내지 강취의 범죄를 범하였다는 것이어서 그 신고사실의 일부가 허위라는 점은 어느 모로 보나 명백하다. 그런데, 피고인이 자신의 의사에 따라 폭행을 당한 것인지 여부는 갈취 내지 강취 범죄의 성부에 영향을 미치는 중요한 부분으로서 단지 신고한 사실을 과장한 것에 불과하다고 볼 수는 없을 뿐만 아니라 공소 외 1 등이 갈취 내지 강취의 의사로 피고인을 폭행한 것이 아니라 피고인의 요청에 따라 그러한 행위를 하였음이 분명한 이상 '공소외 1 등이 피고인을 폭행하여 돈을 빼앗았다'는 취지의 피고인의 신고는 그 폭행의 경위에 관한 허위사실만으로도 국가의 심판작용을 그르치거나 부당하게 처벌을 받지 아니할 개인의 법적 안정성을 침해할 우려가 있을 정도로 고소사실 전체의 성질을 변경시킨 것으로 판단된다(대법원 2010. 4. 29. 선고 2010도2745 판결).

④ (O) 무고죄는 국가의 형사사법권 또는 징계권의 적정한 행사를 주된 보호법익으로 하고 다만, 개인의 부당하게 처벌 또는 징계받지 아니할 이익을 부수적으로 보호하는 죄이므로, 설사 무고에 있어서 피무고자의 승낙이 있었다고 하더라도 무고죄의 성립에는 영향을 미치지 못한다 할 것이다(대법원 2005. 9. 30. 선고 2005도2712 판결).

⑤ (X) 형법 제157조, 제153조는 무고죄를 범한 자가 그 신고한 사건의 재판 또는 징계처분이 확정되기 전에 자백 또는 자수한 때에는 형을 감경 또는 면제한다고 하여 이러한 재판확정 전의 자백을 필요적 감경 또는 면제사유로 정하고 있다. 위와 같은 자백의 절차에 관해서는 아무런 법령상의 제한이 없으므로 그가 신고한 사건을 다루는 기관에 대한 고백이나 그 사건을 다루는 재판부에 증인으로 다시 출석하여 전에 그가 한 신고가 허위의 사실이었음을 고백하는 것은 물론 무고 사건의 피고인 또는 피의자로서 법원이나 수사기관에서의 신문에 의한 고백 또한 자백의 개념에 포함된다. 형법 제153조에서 정한 '재판이 확정되기 전'에는 피고인의 고소 사건 수사결과 피고인의 무고 혐의가 밝혀져 피고인에 대한 공소가 제기되고 피고소인에 대해서는 불기소결정이 내려져 재판절차가 개시되지 않은 경우도 포함된다(대법원 2021. 1. 14. 선고 2020도13077 판결).

해답 ⑤

핵심포인트 문 15 피해자 승낙·무고죄 ★★

- 사회상규에 어긋나는 경우에는 위법성 조각사유로서의 피해자의 승낙에 해당 ×
- 무고죄
  - 범죄사실이 폭행 내지 상해의 범죄에 해당할 수 있는 것인 반면, 무고죄의 고소사실은 갈취 내지 강취의 범죄를 범하였다는 것인 경우 ⇨ 그 고소사실의 일부가 허위인 경우에 해당함 ○
  - 피고인이 자신의 의사에 따라 폭행을 당한 것인지 여부는 갈취 내지 강취 범죄의 성부에 영향을 미치는 중요한 부분으로서 고소사실 전체의 성질을 변경시킨 것임 ○
  - 무고에 있어서 피무고자의 승낙이 있었다고 하더라도 무고죄는 성립 ○(∵ 무고죄는 국가의 형사사법권 또는 징계권의 적정한 행사를 주된 보호법익으로 함)

- 형법 제153조에서 정한 '재판이 확정되기 전'에는 ⇨ 피고인의 고소 사건 수사결과 피고인의 무고 혐의가 밝혀져 피고인에 대한 공소가 제기되고 피고소인에 대해서는 불기소결정이 내려져 재판절차가 개시되지 않은 경우도 포함 ○

문 16

★★

다음 설명 중 옳지 않은 것은? (다툼이 있는 경우 판례에 의함)

① 피고인 자신이 직접 형사처분이나 징계처분을 받게 될 것을 두려워한 나머지 자기의 이익을 위하여 그 증거가 될 자료를 인멸하였다면 그 행위가 동시에 다른 공범자의 형사사건이나 징계사건에 관한 증거를 인멸한 결과가 된다고 하더라도 이를 증거인멸죄로 다스릴 수 없다.
② 피고인이 음주운전을 할 의사를 가지고 술에 만취한 후 운전을 결행하여 교통사고를 일으켰다면 피고인은 음주 시에 교통사고를 일으킬 위험성을 예견하였는데도 자의로 심신장애를 야기한 경우에 해당하므로, 「형법」 제10조 제3항에 의하여 심신장애로 인한 감경 등을 할 수 없다.
③ 선서한 증인이 증언거부권을 고지받고도 증언거부권을 행사하지 않고 허위의 진술을 한 경우, 적법행위의 기대가능성이 없다고 할 수 없으므로 위증죄의 처벌을 면할 수 없다.
④ 「형법」 제16조의 '정당한 이유' 심사는 행위자에게 자기 행위의 위법가능성에 대해 심사숙고하거나 조회할 수 있는 계기가 있어 자신의 지적능력을 다하여 이를 회피하기 위한 진지한 노력을 다하였을 것을 전제로 하고, 이때 필요한 노력의 정도는 구체적인 행위정황과 행위자 개인의 인식능력은 고려하되 행위자가 속한 사회집단에 따라 달리 평가할 것은 아니다.
⑤ 정신적 장애가 있는 자라고 하여도 범행 당시 정상적인 사물판별능력이나 행위통제능력이 있었다면 「형법」 제10조에 규정된 심신장애에 해당한다고 볼 수 없다.

해설

① (○) 증거인멸죄는 타인의 형사사건 또는 징계사건에 관한 증거를 인멸하는 경우에 성립하는 것으로서, 피고인 자신이 직접 형사처분이나 징계처분을 받게 될 것을 두려워한 나머지 자기의 이익을 위하여 그 증거가 될 자료를 인멸하였다면, 그 행위가 동시에 다른 공범자의 형사사건이나 징계사건에 관한 증거를 인멸한 결과가 된다고 하더라도 이를 증거인멸죄로 다스릴 수 없고, 이러한 법리는 그 행위가 피고인의 공범자가 아닌 자의 형사사건이나 징계사건에 관한 증거를 인멸한 결과가 된다고 하더라도 마찬가지이다(대법원 1995. 9. 29. 선고 94도2608 판결).

② (○) 음주운전을 할 의사를 가지고 음주만취한 후 운전을 결행하다가 교통사고를 일으킨 경우에는 음주시에 교통사고를 일으킬 위험성을 예견하였는데도 자의로 심신장애를 야기한 경우에 해당하므로 형법 제10조 제3항에 의하여 심신장애로 인한 감경 등을 할 수 없다고 할 것이다(대법원 2007. 7. 27. 선고 2007도4484 판결).

③ (○) 증인신문절차에서 형사소송법 제160조에 정해진 증언거부권이 고지되었음에도 불구하고 위 피고인이 자기의 범죄사실에 대하여 증언거부권을 행사하지 아니한 채 허위로 진술하였다면 위증죄가 성립된다(대법원 2012. 10. 11. 선고 2012도6848,2012전도143 판결).

④ (✗) 형법 제16조는 '법률의 착오'라는 제목으로 자기가 한 행위가 법령에 따라 죄가 되지 않는 것으로 오인한 행위는 그 오인에 정당한 이유가 있는 때에 한하여 벌하지 않는다고 정하고 있다. 이는 일반적으로 범죄가 성립하지만 자신의 특수한 사정에 비추어 법령에 따라 허용된 행위로서 죄가 되지 않는다고 그릇 인식하고 그러한 인식에 정당한 이유가 있는 경우에는 벌하지 않는다는 것이다. 이때 정당한 이유는 행위자에게

자기 행위의 위법 가능성에 대해 심사숙고하거나 조회할 수 있는 계기가 있어 자신의 지적 능력을 다하여 이를 회피하기 위한 진지한 노력을 다하였더라면 스스로의 행위에 대하여 위법성을 인식할 수 있는 가능성이 있었는데도 이를 다하지 못한 결과 자기 행위의 위법성을 인식하지 못한 것인지 여부에 따라 판단해야 한다. 이러한 위법성의 인식에 필요한 노력의 정도는 구체적인 행위정황과 행위자 개인의 인식능력 그리고 행위자가 속한 사회집단에 따라 달리 평가하여야 한다(대법원 2021. 11. 25. 선고 2021도10903 판결).

⑤ (O) 형법 제10조에 규정된 심신장애는 생물학적 요소로서 정신병, 정신박약 또는 비정상적 정신상태와 같은 정신적 장애가 있는 외에 심리학적 요소로서 이와 같은 정신적 장애로 말미암아 사물에 대한 판별능력과 그에 따른 행위통제능력이 결여되거나 감소되었음을 요하므로, 정신적 장애가 있는 자라고 하여도 범행 당시 정상적인 사물판별능력이나 행위통제능력이 있었다면 심신장애로 볼 수 없음은 물론이나, 정신적 장애가 정신분열증과 같은 고정적 정신질환의 경우에는 범행의 충동을 느끼고 범행에 이르게 된 과정에 있어서의 범인의 의식상태가 정상인과 같아 보이는 경우에도 범행의 충동을 억제하지 못한 것이 흔히 정신질환과 연관이 있을 수 있고, 이러한 경우에는 정신질환으로 말미암아 행위통제능력이 저하된 것이어서 심신미약이라고 볼 여지가 있다(대법원 1992. 8. 18. 선고 92도1425 판결).

핵심포인트 문 16 증거인멸·형법10조·위증죄 ★★

- 피고인 자신이 직접 형사처분이나 징계처분을 받게 될 것을 두려워한 나머지 자기의 이익을 위하여 그 증거가 될 자료를 인멸하는 경우 ⇨ 증거인멸죄 성립 ×
- 음주운전을 할 의사를 가지고 술에 만취한 후 운전을 결행하여 교통사고를 일으킨 경우 ⇨ 형법 제10조 제3항에 의하여 심신장애로 인한 감경 등을 할 수 없음
- 선서한 증인이 증언거부권을 고지받고도 증언거부권을 행사하지 않고 허위의 진술을 한 경우 ⇨ 위증죄의 처벌 ○(∵ 적법행위의 기대가능성 있음)
- 형법 제16조의 '정당한 이유' 심사
  - 행위자에게 자기 행위의 위법가능성에 대해 심사숙고하거나 조회할 수 있는 계기가 있어 자신의 지적능력을 다하여 이를 회피하기 위한 진지한 노력을 다하였을 것을 전제로 함
  - 이때 필요한 노력의 정도는 구체적인 행위정황과 행위자 개인의 인식능력은 고려하되 행위자가 속한 사회집단에 따라 달리 평가할 수 있음
- 정신적 장애가 있는 자라고 하여도 범행 당시 정상적인 사물판별능력이나 행위통제능력이 있었던 경우에는 「형법」 제10조에 규정된 심신장애에 해당 ×

문 17 ★★

A(5세)의 아버지 甲은 해수욕장에서 자신으로부터 10m 정도 떨어진 곳에서 A가 익사 위기에 처했음을 인식하고도 A가 익사하여도 상관없다고 생각하면서 아무런 조치를 취하지 아니하였고, 결국 A는 사망하였다. 이 사례에 관한 설명 중 옳지 않은 것은? (다툼이 있는 경우 판례에 의함)

① 甲이 작위의무를 이행하였다면 그 결과가 발생하지 않았을 것이라는 관계가 인정될 경우에 한하여 그 작위를 하지 않은 부작위와 사망의 결과 사이에 인과관계가 인정된다.

② 만약 甲이 누군가 익사 위기에 처해 있다고 생각했을 뿐 그 대상이 A임을 인식하지 못하였던 경우, 보증인적 지위는 구성요건요소이지만 보증의무는 위법성요소라고 보는 견해에 따르면, 甲의 부작위는

구성요건에 해당하고 위법하지만 그러한 착오에 정당한 이유가 있는 때에 한하여 법률의 착오로서 책임이 조각된다.
③ 甲에게 부작위에 의한 살인죄의 실행의 착수가 인정되기 위해서는 A의 사망 위험이 구체화한 상황에서 부작위가 이루어지고, 부작위 당시 자신이 구조의무 위반행위를 하고 있으며 그로 인하여 A의 사망 위험이 생긴다는 점을 인식해야 한다.
④ 만약 乙이 해수욕장의 안전요원이고, 甲과 乙이 각자 주의의무를 불이행하여 A가 익사 위기에 처했음을 알지 못하고 그로 인하여 A를 구하지 못하였다면, 甲은 부작위에 의한 과실치사죄, 乙은 부작위에 의한 업무상과실치사죄가 각각 성립할 수 있다.
⑤ 甲의 부작위를 살인죄의 실행행위로 평가하려면 甲이 A가 처한 사태를 지배하고 있어 구조의무 이행으로 사망의 결과를 쉽게 방지할 수 있어야 한다.

해설

① (O), ⑤ (O) 나아가 살인죄와 같이 일반적으로 작위를 내용으로 하는 범죄를 부작위에 의하여 범하는 이른바 부진정 부작위범의 경우에는 보호법익의 주체가 그 법익에 대한 침해위협에 대처할 보호능력이 없고, 부작위행위자에게 그 침해위협으로부터 법익을 보호해 주어야 할 법적 작위의무가 있을 뿐 아니라, 부작위행위자가 그러한 보호적 지위에서 법익침해를 일으키는 사태를 지배하고 있어 그 작위의무의 이행으로 결과발생을 쉽게 방지할 수 있어야 그 부작위로 인한 법익침해가 작위에 의한 법익침해와 동등한 형법적 가치가 있는 것으로서 범죄의 실행행위로 평가될 수 있다. … 법익침해의 태양과 정도 등에 따라 요구되는 개별적·구체적인 구호의무를 이행함으로써 사망의 결과를 쉽게 방지할 수 있음에도 그에 이르는 사태의 핵심적 경과를 그대로 방관하여 사망의 결과를 초래하였다면, 부작위는 작위에 의한 살인행위와 동등한 형법적 가치를 가지고, 작위의무를 이행하였다면 결과가 발생하지 않았을 것이라는 관계가 인정될 경우에는 작위를 하지 않은 부작위와 사망의 결과 사이에 인과관계가 있다(대법원 2015. 11. 12. 선고 2015도6809 전원합의체 판결).

② (X) 보증인적 지위는 구성요건요소이지만 보증의무는 위법성요소라고 보는 견해(이분설)에 의하면 사안에서 甲이 누군가 익사 위기에 처해 있다고 생각했을 뿐 그 대상이 A임을 인식하지 못하였던 경우, 보증인지위에 대한 착오로서 구성요건적 착오이므로 甲의 부작위는 (살인죄의)구성요건에 해당하지 않는다.

③ (O) 소론과 같이 피해자 1이 스스로 미끄러져서 물에 빠진 것이고, 그 당시는 피고인이 살인죄의 예비단계에 있었을 뿐 아직 실행의 착수에는 이르지 아니하였다고 하더라도, 피고인은 피해자들의 숙부로서 위와 같은 익사의 위험에 대처할 보호능력이 없는 나이 어린 피해자들을 급한 경사로 인하여 미끄러지기 쉬운 위와 같은 익사의 위험이 있는 저수지로 데리고 갔던 것이므로, 피고인으로서는 피해자들이 물에 빠져 익사할 위험을 방지하고 피해자들이 물에 빠지는 경우 그들을 구호하여 주어야 할 법적인 작위의무가 있다고 보아야 할 것이고, 이와 같은 상황에서 피해자 1이 물에 빠진 후에 피고인이 살해의 범의를 가지고 그를 구호하지 아니한 채 그가 익사하는 것을 용인하고 방관한 행위(부작위)는 피고인이 그를 직접 물에 빠뜨려 익사시키는 행위와 다름없다고 형법상 평가될 만한 살인의 실행행위라고 보는 것이 상당하다(대법원 1992. 2. 11. 선고 91도2951 판결). ▶ 부진정부작위범은 작위의무의 지연으로 인하여 보호법익에 직접적인 위험을 초래하거나 위험발생을 증대시키는 시점에서 실행의 착수가 인정된다.

④ (O) 부작위범 사이의 공동정범은 다수의 부작위범에게 공통된 의무가 부여되어 있고 그 의무를 공통으로 이행할 수 있을 때에만 성립한다. 공중위생영업의 신고의무는 '공중위생영업을 하고자 하는 자'에게 부여되어 있고, 여기서 '영업을 하는 자'란 영업으로 인한 권리의무의 귀속주체가 되는 자를 의미하므로, 영업자의 직원이나 보조자의 경우에는 영업을 하는 자에 포함되지 않는다(대법원 2008. 3. 27. 선고 2008도89 판결). 진정부작위범·부진정부작위을 불문하고 과실범 처벌규정이 있을 때 과실에 의한 부작위범이 성립할 수 있다(신호진 2024년판 형법요론 총론 p.132).

> **형법 제267조(과실치사)** 과실로 인하여 사람을 사망에 이르게 한 자는 2년 이하의 금고 또는 700만 원 이하의 벌금에 처한다.
> **형법 제268조(업무상과실·중과실 치사상)** 업무상과실 또는 중대한 과실로 사람을 사망이나 상해에 이르게 한 자는 5년 이하의 금고 또는 2천만 원 이하의 벌금에 처한다.

▶ 사안의 아버지 甲과 해수욕장의 안전요원 乙에게 공통된 의무가 부여되어 있고 그 의무를 공통으로 이행할 수 있을 때에 해당하지 아니하여 甲과 乙은 부작위범 사이의 공동정범이 성립할 수 없고. 살인죄는 부진정 부작위범이므로 결국, 甲은 부작위에 의한 과실치사죄(형법 제267조), 乙은 부작위에 의한 업무상과실치사죄(형법 제268조)가 각각 성립할 수 있다.

핵심포인트 문 17 부진정 부작위범 ★★

- 작위의무를 이행하였다면 결과가 발생하지 않았을 것이라는 관계가 인정될 경우 ⇨ 작위를 하지 않은 부작위와 사망의 결과 사이에 인과관계 有
- 보증인적 지위는 구성요건요소이지만 보증의무는 위법성요소라고 보는 견해(이분설)에 의하면 아버지가 누군가 익사 위기에 처해 있다고 생각했을 뿐 그 대상이 아들임 인식하지 못하였던 경우 ⇨ 보인지위에 대한 착오로 구성요건적 착오이므로 甲의 부작위는 (살인죄의)구성요건에 해당 ×
- 부진정 부작위범은 작위의무의 지연으로 인하여 보호법익에 직접적인 위험을 초래하거나 위험발생을 증대시키는 시점에서 실행의 착수가 인정 ○
- 부작위범 사이의 공동정범은 다수의 부작위범에게 공통된 의무가 부여되어 있고 그 의무를 공통으로 이행할 수 있을 때에만 성립 ○
- 부진정 부작위범에 있어서 행위의 동가치성 ⇨ 부작위행위자가 그러한 보호적 지위에서 법익침해를 일으키는 사태를 지배하고 있어 그 작위의무의 이행으로 결과발생을 쉽게 방지할 수 있어야 함

문 18 ★★

위계·위력에 의한 간음·추행죄에 관한 설명 중 옳은 것(○)과 옳지 않은 것(×)을 올바르게 조합한 것은? (다툼이 있는 경우 판례에 의함)

ㄱ. 위력에 의한 추행죄에서 '위력'은 유형력의 대상이나 내용 등에 비추어 강제추행죄의 '폭행 또는 협박'에 해당하지 아니하는 폭행·협박은 물론, 상대방의 자유의사를 제압하거나 혼란하게 할 만한 사회적·경제적·정치적인 지위나 권세를 이용하는 것을 포함한다.
ㄴ. 아동·청소년이 외관상 성적 결정 또는 동의로 보이는 언동을 하였더라도, 그것이 타인의 기망이나 왜곡된 신뢰관계의 이용에 의한 것이라면, 이를 아동·청소년의 온전한 성적 자기 결정권의 행사에 의한 것이라고 평가하기 어렵다.
ㄷ. 위계에 의한 간음죄에서 피해자가 오인, 착각, 부지에 빠지게 되는 대상은 간음행위 자체이지, 간음행위에 이르게 된 동기이거나 간음행위와 결부된 금전적·비금전적 대가와 같은 요소는 아니다.

ㄹ. 「성폭력범죄의 처벌 등에 관한 특례법」 제10조 제1항(업무상 위력 등에 의한 추행)에 규정된 '업무, 고용이나 그 밖의 관계로 인하여 자기의 보호, 감독을 받는 사람'에는 직장 안에서 보호 또는 감독을 받거나 사실상 보호 또는 감독을 받는 상황에 있는 사람뿐만 아니라 채용 절차에서 영향력의 범위 안에 있는 사람도 포함된다.

① ㄱ(○), ㄴ(○), ㄷ(○), ㄹ(×)
② ㄱ(○), ㄴ(○), ㄷ(×), ㄹ(○)
③ ㄱ(○), ㄴ(×), ㄷ(○), ㄹ(○)
④ ㄱ(×), ㄴ(○), ㄷ(○), ㄹ(×)
⑤ ㄱ(×), ㄴ(○), ㄷ(×), ㄹ(○)

해설

ㄱ.(○), ㄹ.(○) 성폭력범죄의 처벌 등에 관한 특례법 제10조는 '업무상 위력 등에 의한 추행'에 관한 처벌 규정인데, 제1항에서 "업무, 고용이나 그 밖의 관계로 인하여 자기의 보호, 감독을 받는 사람에 대하여 위계 또는 위력으로 추행한 사람은 3년 이하의 징역 또는 1천 500만 원 이하의 벌금에 처한다."라고 정하고 있다. '업무, 고용이나 그 밖의 관계로 인하여 자기의 보호, 감독을 받는 사람'에는 직장 안에서 보호 또는 감독을 받거나 사실상 보호 또는 감독을 받는 상황에 있는 사람뿐만 아니라 채용 절차에서 영향력의 범위 안에 있는 사람도 포함된다. 그리고 '위력'이란 피해자의 자유의사를 제압하기에 충분한 힘을 말하고, 유형적이든 무형적이든 묻지 않고 폭행·협박뿐만 아니라 사회적·경제적·정치적인 지위나 권세를 이용하는 것도 가능하며, 현실적으로 피해자의 자유의사가 제압될 필요는 없다(대법원 2020. 7. 9. 선고 2020도5646 판결).

ㄴ.(○) … 또한 아동·청소년은 성적 가치관을 형성하고 성 건강을 완성해가는 과정에 있으므로 아동·청소년에 대한 성적 침해 또는 착취행위는 아동·청소년이 성과 관련한 정신적·신체적 건강을 추구하고 자율적 인격을 형성·발전시키는 데에 심각하고 지속적인 부정적 영향을 미칠 수 있다. 따라서 아동·청소년이 외관상 성적 결정 또는 동의로 보이는 언동을 하였더라도, 그것이 타인의 기망이나 왜곡된 신뢰관계의 이용에 의한 것이라면, 이를 아동·청소년의 온전한 성적 자기결정권의 행사에 의한 것이라고 평가하기 어렵다(대법원 2022. 7. 28. 선고 2020도12419 판결).

ㄷ.(×) 위계에 의한 간음죄에 있어서는 행위자가 간음의 목적으로 피해자에게 오인, 착각, 부지를 일으키고 피해자의 그러한 심적 상태를 이용하여 간음의 목적을 달성하였다면 위계와 간음행위 사이의 인과관계를 인정할 수 있다. 왜곡된 성적 결정에 기초하여 성행위를 하였다면 왜곡이 발생한 지점이 성행위 그 자체인지 성행위에 이르게 된 동기인지는 성적 자기결정권에 대한 침해가 발생한 것은 마찬가지라는 점에서 핵심적인 부분이라고 하기 어렵다. 피해자가 오인, 착각, 부지에 빠지게 되는 대상은 간음행위 자체일 수도 있고, 간음행위에 이르게 된 동기이거나 간음행위와 결부된 금전적·비금전적 대가와 같은 요소일 수도 있다(대법원 2022. 4. 28. 선고 2021도9041 판결).

해답 ②

문 18 위계·위력에 의한 간음·추행죄 ★★

- 위력에 의한 추행죄에서 '위력'
  - 강제추행죄의 '폭행 또는 협박'에 해당하지 아니하는 폭행·협박 ○
  - 상대방의 자유의사를 제압하거나 혼란하게 할 만한 사회적·경제적·정치적인 지위나 권세를 이용하는 것을 포함 ○

- • 사를 제압하거나 혼란하게 할 만한 사회적·경제적·정치적인 지위나 권세를 이용하는 것을 포함 ○
- ● 타인의 기망이나 왜곡된 신뢰관계의 이용에 의한 아동·청소년이 외관상 성적 결정 또는 동의로 보이는 언동은 아동·청소년의 온전한 성적 자기 결정권의 행사에 의한 것 ✕
- ● 위계에 의한 간음죄에서 피해자가 오인, 착각, 부지에 빠지게 되는 대상 ⇨ 음행 위 자체뿐만 아니라 간음행위에 이르게 된 동기이거나 간음행위와 결부된 금전적·비금전적 대가와 같은 요소 포함
- ● 「성폭력범죄의 처벌 등에 관한 특례법」 제10조 제1항(업무상 위력 등에 의한 추행)에 규정된 '업무, 고용이나 그 밖의 관계로 인하여 자기의 보호, 감독을 받는 사람 ⇨ 직장 안에서 보호 또는 감독을 받거나 사실상 보호 또는 감독을 받는 상황에 있는 사람뿐만 아니라 채용 절차에서 영향력의 범위 안에 있는 사람도 포함 ○

문 19 ★★

체포·구속적부심사에 관한 설명 중 옳지 않은 것은? (다툼이 있는 경우 판례에 의함)

① 긴급체포된 피의자에 대하여는 보증금 납입을 조건으로 한 석방이 허용되지 않는다.
② 체포·구속적부심사에 의하여 석방된 피의자에 대해 다른 중요한 증거를 발견한 경우를 제외하고는 동일한 범죄사실에 관하여 재차 체포 또는 구속하지 못한다.
③ 구속된 뒤 구속적부심사에서 보증금납입조건부로 석방된 경우 그 취소의 실익이 있는 한 검사는 보증금납입조건부 석방결정을 취소해달라는 취지의 항고를 제기할 수 있다.
④ 구속적부심사에서 피의자에게 변호인이 없는 때에는 법원은 직권으로 국선변호인을 선정해야 한다.
⑤ 공소제기 후의 피고인은 체포·구속적부심사를 청구할 수 없다.

해설

① (O) 형사소송법은 수사단계에서의 체포와 구속을 명백히 구별하고 있고 이에 따라 체포와 구속의 적부심사를 규정한 같은 법 제214조의2에서 체포와 구속을 서로 구별되는 개념으로 사용하고 있는바, 같은 조 제4항에 기소 전 보증금 납입을 조건으로 한 석방의 대상자가 '구속된 피의자'라고 명시되어 있고, 같은 법 제214조의3 제2항의 취지를 체포된 피의자에 대하여도 보증금 납입을 조건으로 한 석방이 허용되어야 한다는 근거로 보기는 어렵다 할 것이어서 현행법상 체포된 피의자에 대하여는 보증금 납입을 조건으로 한 석방이 허용되지 않는다(대법원 1997. 8. 27.자 97모21 결정).
② (X) 형사소송법 제214조의3 제1항

> **형사소송법 제214조의2(체포와 구속의 적부심사)** ① 체포되거나 구속된 피의자 또는 그 변호인, 법정대리인, 배우자, 직계친족, 형제자매나 가족, 동거인 또는 고용주는 관할법원에 체포 또는 구속의 적부심사(適否審査)를 청구할 수 있다.
> ④ 제1항의 청구를 받은 법원은 청구서가 접수된 때부터 48시간 이내에 체포되거나 구속된 피의자를 심문하고 수사 관계 서류와 증거물을 조사하여 그 청구가 이유 없다고 인정한 경우에는 결정으로 기각하고, 이유 있다고 인정한 경우에는 결정으로 체포되거나 구속된 피의자의 석방을 명하여야 한다. 심사 청구 후 피의자에 대하여 공소제기가 있는 경우에도 또한 같다
> **형사소송법 제214조의3(재체포 및 재구속의 제한)** ① 제214조의2제4항에 따른 체포 또는 구속 적부심사결정에 의하여 석방된 피의자가 도망하거나 범죄의 증거를 인멸하는 경우를 제외하고는 동일한 범죄사실로 재차 체포하거나 구속할 수 없다.

③ (O) 그런데 같은 법 제214조의2 제3항의 석방결정은 체포 또는 구속이 불법이거나 이를 계속할 사유가 없는 등 부적법한 경우에 피의자의 석방을 명하는 것임에 비하여, 같은 법 제214조의2 제4항의 석방결정은 구속의 적법을 전제로 하면서 그 단서에서 정한 제한사유가 없는 경우에 한하여 출석을 담보할 만한 보증금의 납입을 조건으로 하여 피의자의 석방을 명하는 것이어서 같은 법 제214조의2 제3항의 석방결정과 제4항의 석방결정은 원래 그 실질적인 취지와 내용을 달리 하는 것이고, 이에 따라 같은 법 제214조의3은 같은 법 제214조의2 제3항의 규정에 의한 결정에 의하여 석방된 피의자와 제4항의 규정에 의하여 석방된 피의자의 각 재체포 및 재구속의 제한에 관하여도 달리 취급하고 있으므로, 그 각 석방결정에 대한 항고의 허용 여부에 관하여 달리 취급하는 것이 체포 또는 구속적부심사제도에 관한 법의 취지에 어긋난다고 단정할 수 없고, 또 기소 후 보석결정에 대하여 항고가 인정되는 점에 비추어 그 보석결정과 성질 및 내용이 유사한 기소 전 보증금 납입 조건부 석방결정에 대하여도 항고할 수 있도록 하는 것이 균형에 맞는 측면도 있다 할 것이다. 그렇다면 같은 법 제214조의2 제4항의 석방결정에 대하여는 피의자나 검사가 그 취소의 실익이 있는 한 같은 법 제402조에 의하여 항고할 수 있다고 보아야 할 것이다(대법원 1997. 8. 27. 자 97모21 결정).

④ (O) 형사소송법 제201조의2 제8항

> 형사소송법 제201조의2(구속영장 청구와 피의자 심문) ⑧ 심문할 피의자에게 변호인이 없는 때에는 지방법원 판사는 직권으로 변호인을 선정하여야 한다. 이 경우 변호인의 선정은 피의자에 대한 구속영장 청구가 기각되어 효력이 소멸한 경우를 제외하고는 제1심까지 효력이 있다.

⑤ (O) 공소제기 후의 피고인에게는 체포·구속적부심사 청구권이 없다(신호진 2024년판 형사소송법요론 총론 p.162).

> 형사소송법 제214조의2(체포와 구속의 적부심사) ① 체포되거나 구속된 피의자 또는 그 변호인, 법정대리인, 배우자, 직계친족, 형제자매나 가족, 동거인 또는 고용주는 관할법원에 체포 또는 구속의 적부심사(適否審査)를 청구할 수 있다.

 해답 ②

핵심포인트 문 19 체포·구속적부심사 ★★

- 체포된 피의자에 대하여는 보증금 납입을 조건으로 한 석방이 허용 ×
- 체포·구속적부심사에 의하여 석방된 피의자에 대해 동일한 범죄사실에 관하여 재차 체포 또는 구속 가능 ⇨ 다른 중요한 증거를 발견한 경우, 석방된 피의자가 도망한 경우
- 구속된 뒤 구속적부심사에서 보증금납입조건부로 석방된 경우 ⇨ 보증금납입조건부 석방결정을 취소해 달라는 취지의 항고 제기 可
- 구속적부심사에서 피의자에게 변호인이 없는 때에는 법원은 직권으로 국선변호인을 선정해야 함
- 공소제기 후의 피고인은 체포·구속적부심사를 청구 不可

문 20 ★★

乙은 甲에게 술을 훔쳐오라고 하였고, 이에 甲은 편의점에 들어가 양주 1병을 절취하였다. 며칠 뒤, 甲은 친구인 丙에게 乙이 교사하여 술을 훔친 것이라고 이야기하였다. 검사는 공동피고인으로서 甲을 절도죄로, 乙을 절도교사죄로 함께 기소하였다. 한편, 甲은 수사기관과 법정에서 乙이 교사하여 절도할 마음을 먹게 되었다고 진술하였고, 乙은 수사기관과 법정에서 교사사실을 부인

하였다. 이에 관한 설명 중 옳은 것(○)과 옳지 않은 것(×)을 올바르게 조합한 것은? (다툼이 있는 경우 판례에 의함)

ㄱ. 甲이 법정에서 乙이 교사하였다고 진술하더라도 증인으로서 진술한 것이 아니면 甲의 법정진술은 증거능력이 없다.
ㄴ. 사법경찰관 작성의 甲에 대한 피의자신문조서에 대하여 乙이 부동의한 경우, 증인신문을 통해 원진술자인 甲이 그 성립을 인정하고 乙에게 반대신문권이 보장되며 특신상태가 인정되면 「형사소송법」 제312조 제4항에 의하여 증거능력을 인정할 수 있다.
ㄷ. 사법경찰관이 甲에게 진술거부권을 고지하지 않고 조사를 하여 피의자신문조서를 작성하였더라도, 직접적으로 위법수사를 당하지 않은 乙에 대하여 이를 유죄의 증거로 사용하는 것이 금지되는 것은 아니다.
ㄹ. 丙이 검찰에서 참고인으로 출석하여 "甲으로부터 乙이 절도를 시켰다는 이야기를 들었다."고 진술한 경우, 위 참고인진술조서는 재전문진술이 기재된 조서에 해당하므로 乙이 동의하지 않는 한 乙에 대하여 증거능력이 인정되지 않는다.
ㅁ. 丙이 증인으로 출석하여 "甲으로부터 乙이 교사하였다는 이야기를 들었다."고 진술한 경우, 乙에 대한 공판절차에서 丙의 법정진술은 「형사소송법」 제316조 제2항의 요건이 인정되어야 증거능력이 인정되는데, 원진술자인 甲이 공동피고인으로서 법정에 출석하여 있으므로 원진술자가 진술을 할 수 없는 상태라고 볼 수 없어 乙이 동의하지 않는 한 丙의 법정진술은 증거능력이 없다.

① ㄱ(×), ㄴ(×), ㄷ(×), ㄹ(×), ㅁ(○)
② ㄱ(○), ㄴ(×), ㄷ(×), ㄹ(×), ㅁ(○)
③ ㄱ(×), ㄴ(×), ㄷ(×), ㄹ(○), ㅁ(×)
④ ㄱ(○), ㄴ(×), ㄷ(○), ㄹ(×), ㅁ(○)
⑤ ㄱ(×), ㄴ(○), ㄷ(×), ㄹ(○), ㅁ(×)

해설

ㄱ.(×) 형사소송법 제310조의 피고인의 자백에는 공범인 공동피고인의 진술이 포함되지 아니하므로 공범인 공동피고인의 진술은 다른 공동피고인에 대한 범죄사실을 인정하는데 있어서 증거로 쓸 수 있다(대법원 1986. 10. 28. 선고 86도1773 판결).

ㄴ.(×) 형사소송법 제312조 제2항은 검사 이외의 수사기관이 작성한 당해 피고인에 대한 피의자신문조서를 유죄의 증거로 하는 경우뿐만 아니라 검사 이외의 수사기관이 작성한 당해 피고인과 공범관계에 있는 다른 피고인이나 피의자에 대한 피의자신문조서를 당해 피고인에 대한 유죄의 증거로 채택할 경우에도 적용되는 바, 당해 피고인과 공범관계가 있는 다른 피의자에 대한 검사 이외의 수사기관 작성의 피의자신문조서는 그 피의자의 법정진술에 의하여 그 성립의 진정이 인정되더라도 당해 피고인이 공판기일에서 그 조서의 내용을 부인하면 증거능력이 부정되므로 그 당연한 결과로 그 피의자신문조서에 대하여는 사망 등 사유로 인하여 법정에서 진술할 수 없는 때에 예외적으로 증거능력을 인정하는 규정인 형사소송법 제314조가 적용되지 아니한다(대법원 2004. 7. 15. 선고 2003도7185 전원합의체 판결).

ㄷ.(×) 사법경찰관이 피의자에게 진술거부권을 고지하지 않고 조사를 하여 피의자신문조서는 위법수집증거로서, 피고인에 대하여 유죄인정의 증거로 사용할 수 없음은 물론 피고인과 공범관계에 있는 제3자에 대하여도 이를 유죄인정의 증거로 사용할 수 없다(대법원 1992. 6. 23. 선고 92도682 판결).

ㄹ.(×) 전문진술이나 전문진술을 기재한 조서는 형사소송법 제310조의2 의 규정에 의하여 원칙적으로 증거능력이 없는 것인데, 다만 전문진술은 형사소송법 제316조 제2항의 규정에 따라 원진술자가 사망, 질병, 외국거주 기타 사유로 인하여 진술할 수 없고 그 진술이 특히 신빙할 수 있는 상태하에서 행하여진 때에 한하여 예외적으로 증거능력이 있다고 할 것이고, 전문진술이 기재된 조서는 형사소송법 제312조 또는 제3

14조의 규정에 의하여 각 그 증거능력이 인정될 수 있는 경우에 해당하여야 함은 물론 나아가 형사소송법 제316조 제2항의 규정에 따른 위와 같은 요건을 갖추어야 예외적으로 증거능력이 있다(대법원 2001. 7. 27. 선고 2001도2891 판결).

ㅁ.(O) 형사소송법 제316조 제2항에 의하면 피고인 아닌 자의 공판준비 또는 공판 기일에서의 진술이 피고인 아닌 타인의 진술을 그 내용으로 하는 것인 때에는 원진술자가 사망, 질병 기타 사유로 인하여 진술할 수 없고 그 진술이 특히 신빙할 수 있는 상태하에서 행하여진 때에 한하여 이를 증거로 할 수 있다고 규정하고 있는데 여기서 말하는 "피고인 아닌 타인"이라 함은 제3자는 말할 것도 없고 공동피고인이나 공범자를 모두 포함한다(대법원 1984. 11. 27. 선고 84도2279 판결).

> 형사소송법 제314조(증거능력에 대한 예외) 제312조 또는 제313조의 경우에 공판준비 또는 공판기일에 진술을 요하는 자가 사망·질병·외국거주·소재불명 그 밖에 이에 준하는 사유로 인하여 진술할 수 없는 때에는 그 조서 및 그 밖의 서류(피고인 또는 피고인 아닌 자가 작성하였거나 진술한 내용이 포함된 문자·사진·영상 등의 정보로서 컴퓨터용디스크, 그 밖에 이와 비슷한 정보저장매체에 저장된 것을 포함한다)를 증거로 할 수 있다. 다만, 그 진술 또는 작성이 특히 신빙할 수 있는 상태하에서 행하여졌음이 증명된 때에 한한다.

해답 ①

핵심포인트 문 20 증거능력 ★★

- 공범인 공동피고인의 진술은 다른 공동피고인에 대한 범죄사실 인정하는데 있어 증거로 사용 可
- 당해 피고인과 공범관계가 있는 다른 피의자에 대한 검사 이외의 수사기관 작성의 피의자신문조서 ⇨ 형사소송법 제314조가 적용 ×(∵ 당해 피고인이 공판기일에서 그 조서의 내용을 부인하면 증거능력이 부정됨)
- 사법경찰관이 피의자에게 진술거부권을 고지하지 않고 조사를 하여 피의자신문조서 ⇨ 피고인과 공범관계에 있는 제3자에 대하여도 이를 유죄인정의 증거로 사용 不可
- 전문진술은 형사소송법 제316조 제2항의 규정에 따라 예외적으로 증거능력 있음
- 형사소송법 제316조 제2항에서 말하는 "피고인 아닌 타인" ⇨ 제3자, 공동피고인이나 공범자를 모두 포함 ○

문 21 ★★

친고죄와 반의사불벌죄에 관한 설명 중 옳은 것(O)과 옳지 않은 것(×)을 올바르게 조합한 것은? (다툼이 있는 경우 판례에 의함)

> ㄱ. 고소권자가 비친고죄로 고소한 사건이더라도 검사가 사건을 친고죄로 구성하여 공소를 제기하였다면 공소장 변경절차를 거쳐 공소사실이 비친고죄로 변경되지 아니하는 한, 법원은 친고죄에서 소송조건이 되는 고소가 유효하게 존재하는지를 직권으로 조사·심리하여야 한다.
> ㄴ. 성년후견인의 법정대리권 범위에 통상적인 소송행위가 포함되어 있거나 성년후견개시심판에서 정하는 바에 따라 성년후견인이 소송행위를 할 때 가정법원의 허가를 얻었다면, 성년후견인은 반의사불벌죄에서 명문의 규정이 없더라도 의사무능력자인 피해자를 대리하여 피고인 또는 피의자에 대하여 처벌을 희망하지 않는다는 의사를 결정하거나 처벌을 희망하는 의사표시를 철회하는 행위를 할 수 있다.

ㄷ. 성폭력범죄 피해자의 변호사는 형사절차에서 피해자 등의 대리가 허용될 수 있는 모든 소송행위에 대한 포괄적인 대리권을 가지므로 피해자의 변호사는 피해자를 대리하여 피고인에 대한 처벌을 희망하는 의사표시를 철회하거나 처벌을 희망하지 않는다는 의사표시를 할 수 있다.
ㄹ. 상해죄로 기소되어 제1심에서 무죄가 선고된 후 항소심에 이르러 비로소 폭행죄로 공소장변경이 이루어진 경우, 항소심에서 피해자가 처벌을 희망하지 않는다는 의사를 표시하였다면 법원은 공소기각판결을 선고하여야 한다.
ㅁ. 유효한 고소에 기초한 친고죄의 공소제기 후 제1심판결 선고 전에 유효한 고소취소가 있으면 법원은 공소기각판결을 선고하여야 한다.

① ㄱ(O), ㄴ(×), ㄷ(×), ㄹ(×), ㅁ(×)
② ㄱ(×), ㄴ(O), ㄷ(O), ㄹ(×), ㅁ(O)
③ ㄱ(O), ㄴ(×), ㄷ(O), ㄹ(×), ㅁ(O)
④ ㄱ(×), ㄴ(O), ㄷ(×), ㄹ(O), ㅁ(O)
⑤ ㄱ(O), ㄴ(×), ㄷ(O), ㄹ(O), ㅁ(×)

해설

ㄱ.(O) 법원은 검사가 공소를 제기한 범죄사실을 심판하는 것이지 고소권자가 고소한 내용을 심판하는 것이 아니므로, 고소권자가 비친고죄로 고소한 사건이더라도 검사가 사건을 친고죄로 구성하여 공소를 제기하였다면 공소장 변경절차를 거쳐 공소사실이 비친고죄로 변경되지 아니하는 한, 법원으로서는 친고죄에서 소송조건이 되는 고소가 유효하게 존재하는지를 직권으로 조사·심리하여야 한다(대법원 2015. 11. 17. 선고 2013도7987 판결).

ㄴ.(×) 반의사불벌죄에서 성년후견인은 명문의 규정이 없는 한 의사무능력자인 피해자를 대리하여 피고인 또는 피의자에 대하여 처벌을 희망하지 않는다는 의사를 결정하거나 처벌을 희망하는 의사표시를 철회하는 행위를 할 수 없다. 이는 성년후견인의 법정대리권 범위에 통상적인 소송행위가 포함되어 있거나 성년후견 개시심판에서 정하는 바에 따라 성년후견인이 소송행위를 할 때 가정법원의 허가를 얻었더라도 마찬가지이다(대법원 2023. 7. 17. 선고 2021도11126 전원합의체 판결).

ㄷ.(O) 성폭력범죄의 피해자는 형사절차상 법률적 조력을 받기 위해 스스로 변호사를 선임할 수 있고(제1항), 검사는 피해자에게 변호사가 없는 경우 국선변호사를 선정하여 형사절차에서 피해자의 권익을 보호할 수 있으며(제6항), 피해자의 변호사는 형사절차에서 피해자 등의 대리가 허용될 수 있는 모든 소송행위에 대한 포괄적인 대리권을 가진다(제5항). 따라서 피해자의 변호사는 피해자를 대리하여 피고인에 대한 처벌을 희망하는 의사표시를 철회하거나 처벌을 희망하지 않는 의사표시를 할 수 있다(대법원 2019. 12. 13. 선고 2019도10678 판결).

ㄹ.(×) … 그러나 형사소송법 제232조 제1항, 제3항에 의하면, 반의사불벌죄에 있어서 처벌을 희망하는 의사표시의 철회는 제1심판결선고 전까지 이를 할 수 있다고 규정하고 있는 바, 이 규정의 취지는 국가형벌권의 행사가 피해자의 의사에 의하여 좌우되는 현상을 장기간 방치할 것이 아니라 제1심판결선고 이전까지로 제한하자는데 그 목적이 있다 볼 것이고, 비록 이 사건에 있어서와 같이 항소심에 이르러 비로소 반의사불벌죄가 아닌 죄에서 반의사불벌죄로 공소장변경이 있었다 하여 항소심인 제2심을 제1심으로 볼수는 없다 할 것이다(대법원 1988. 3. 8. 선고 85도2518 판결).

> 형법 제257조(상해, 존속상해) ① 사람의 신체를 상해한 자는 7년 이하의 징역, 10년 이하의 자격정지 또는 1천만 원 이하의 벌금에 처한다.
> 형법 제260조(폭행, 존속폭행) ① 사람의 신체에 대하여 폭행을 가한 자는 2년 이하의 징역, 500만 원 이하의 벌금, 구류 또는 과료에 처한다.
> ③ 제1항 및 제2항의 죄는 피해자의 명시한 의사에 반하여 공소를 제기할 수 없다.

ㅁ.(O) 형사소송법 제327조 제5호

> **형사소송법 제327조(공소기각의 판결)** 다음 각 호의 경우에는 판결로써 공소기각의 선고를 하여야 한다.
> 5. 고소가 있어야 공소를 제기할 수 있는 사건에서 고소가 취소되었을 때

해답 ③

핵심포인트 | 문 21 | 친고죄와 반의사불벌죄 ★★

- 고소권자가 비친고죄로 고소한 사건이 검사가 사건을 친고죄로 구성하여 공소를 제기 후 공소장 변경절차를 거쳐 공소사실이 비친고죄로 변경되지 아니한 경우 ⇨ 법원은 친고죄에서 소송조건이 되는 고소가 유효하게 존재하는지를 직권으로 조사·심리하여야 함
- 법정대리권 범위에 통상적인 소송행위가 포함되어 있거나 성년후견개시심판에서 정하는 바에 따라 성년후견인이 소송행위를 할 때 가정법원의 허가를 얻은 경우 ⇨ 반의사불벌죄에서 성년후견인은 명문의 규정이 없는 한 의사무능력자인 피해자를 대리하여 처벌불원 의사표시 철회 불가
- 성폭력범죄 피해자의 변호사는 포괄적인 대리권을 가지므로 피해자를 대리하여 처벌을 희망하는 의사표시를 철회하거나 처벌을 희망하지 않는다는 의사표시 할 수 있음
- 항소심에 이르러 비로소 반의사불벌죄가 아닌 죄에서 반의사불벌죄로 공소장변경이 있는 경우 반의사불벌죄에 있어서 처벌불원 의사표시는 불가(∵ 반의사불벌죄에 있어서 처벌을 희망하는 의사표시의 철회는 제1심판결선고 전까지 가)
- 유효한 고소에 기초한 친고죄의 공소제기 후 제1심판결 선고 전에 유효한 고소취소가 있는 경우 ⇨ 법원은 공소기각판결 선고

문 22 ★★

수사의 적법·위법성 판단에 관한 설명 중 옳지 않은 것은? (다툼이 있는 경우 판례에 의함)

① 수사기관이 범죄를 수사하면서 불특정 다수의 출입이 가능한 장소에 통상적인 방법으로 출입하여 아무런 물리력이나 강제력을 행사하지 않고 통상적인 방법으로 위법행위를 확인하는 것은 특별한 사정이 없는 한 임의수사의 한 방법으로서 허용된다.

② 임의제출물을 압수한 경우 압수물이 실제로 임의제출된 것인지에 관하여 다툼이 있을 때에는 검사가 그 임의성의 의문점을 없애는 증명을 해야 한다.

③ 검사 또는 사법경찰관은 「형사소송법」 제217조 제1항 또는 제216조 제1항 제2호에 따라 압수한 물건을 계속 압수할 필요가 있는 경우 지체 없이 압수·수색영장을 청구하여야 하고, 이 경우 압수·수색영장의 청구는 압수한 때부터 48시간 이내에 하여야 한다.

④ 사법경찰관이 현행범인을 체포하는 경우에는 반드시 피의사실의 요지, 체포의 이유와 변호인을 선임할 수 있음을 말하고 변명할 기회를 주어야 하며, 이와 같은 고지는 원칙적으로 체포를 위한 실력행사에 들어가기 전에 미리 하여야 하는데, 이는 긴급체포의 경우에도 마찬가지이다.

⑤ 수사기관과 직접 관련이 있는 유인자가 피유인자와의 개인적 친밀관계를 이용하여 피유인자의 동정심에 호소하거나, 금전적·심리적 압박이나 위협 등을 가하거나, 거절하기 힘든 유혹을 하거나, 범행방법을 구체적으로 제시하고 범행에 사용될 금전까지 제공하는 등으로 과도하게 개입함으로써 피유인자로 하여금 범의를 일으키게 하는 것은 위법한 함정수사에 해당하여 허용되지 않는다.

> **해설**

① **(O)** 수사기관이 범죄를 수사하면서 불특정, 다수의 출입이 가능한 장소에 통상적인 방법으로 출입하여 아무런 물리력이나 강제력을 행사하지 않고 통상적인 방법으로 위법행위를 확인하는 것은 특별한 사정이 없는 한 임의수사의 한 방법으로서 허용되므로 영장 없이 이루어졌다고 하여 위법하다고 할 수 없다(대법원 2023. 7. 13. 선고 2019도7891 판결).

② **(O)** 임의제출물을 압수한 경우 압수물이 형사소송법 제218조에 따라 실제로 임의제출된 것인지에 관하여 다툼이 있을 때에는 임의제출의 임의성을 의심할 만한 합리적이고 구체적인 사실을 피고인이 증명할 것이 아니라 검사가 그 임의성의 의문점을 없애는 증명을 해야 한다(대법원 2024. 3. 12. 선고 2020도9431 판결).

③ **(X)** 형사소송법 제217조 제2항

> 형사소송법 제217조 (영장에 의하지 아니하는 강제처분) ① 검사 또는 사법경찰관은 제200조의3에 따라 체포된 자가 소유·소지 또는 보관하는 물건에 대하여 긴급히 압수할 필요가 있는 경우에는 체포한 때부터 24시간 이내에 한하여 영장 없이 압수·수색 또는 검증을 할 수 있다.
> ② 검사 또는 사법경찰관은 제1항 또는 제216조제1항제2호에 따라 압수한 물건을 계속 압수할 필요가 있는 경우에는 지체 없이 압수수색영장을 청구하여야 한다. 이 경우 압수수색영장의 청구는 <u>체포한 때부터</u> 48시간 이내에 하여야 한다.

④ **(O)** … 사법경찰리가 현행범인으로 체포하는 경우에는 반드시 범죄사실의 요지, 구속의 이유와 변호인을 선임할 수 있음을 말하고 변명할 기회를 주어야 할 것임은 명백하며, 이러한 법리는 비단 현행범인을 체포하는 경우뿐만 아니라 긴급체포의 경우에도 마찬가지로 적용되는 것이고, 이와 같은 고지는 체포를 위한 실력행사에 들어가기 이전에 미리 하여야 하는 것이 원칙이나, 달아나는 피의자를 쫓아가 붙들거나 폭력으로 대항하는 피의자를 실력으로 제압하는 경우에는 붙들거나 제압하는 과정에서 하거나, 그것이 여의치 않은 경우에라도 일단 붙들거나 제압한 후에는 지체 없이 행하여야 한다(대법원 2000. 7. 4. 선고 99도4341 판결).

⑤ **(O)** 수사기관과 직접 관련이 있는 유인자가 피유인자와의 개인적인 친밀관계를 이용하여 피유인자의 동정심이나 감정에 호소하거나, 금전적·심리적 압박이나 위협 등을 가하거나, 거절하기 힘든 유혹을 하거나, 또는 범행방법을 구체적으로 제시하고 범행에 사용할 금전까지 제공하는 등으로 과도하게 개입함으로써 피유인자로 하여금 범의를 일으키게 하는 것은 위법한 함정수사에 해당하여 허용되지 아니하지만, 유인자가 수사기관과 직접적인 관련을 맺지 아니한 상태에서 피유인자를 상대로 단순히 수차례 반복적으로 범행을 부탁하였을 뿐 수사기관이 사술이나 계략 등을 사용하였다고 볼 수 없는 경우는, 설령 그로 인하여 피유인자의 범의가 유발되었다 하더라도 위법한 함정수사에 해당하지 아니한다(대법원 2007. 7. 12. 선고 2006도2339 판결).

해답 ③

핵심포인트 문 22 수사의 적법·위법성 판단 ★★

- 수사기관이 범죄를 수사하면서 불특정, 다수의 출입이 가능한 장소에 통상적인 방법으로 출입하여 아무런 물리력이나 강제력을 행사하지 않고 통상적인 방법으로 위법행위를 확인하는 것은 특별한 사정이 없는 한 임의수사의 한 방법으로서 허용 ○
- 임의제출물을 압수한 경우 압수물이 형사소송법 제218조에 따라 실제로 임의제출된 것인지에 관하여 다툼이 있을 때는 검사가 그 임의성의 의문점을 없애는 증명을 해야 함
- 검사 또는 사법경찰관은 「형사소송법」 제217조 제1항 또는 제216조 제1항 제2호에 따라 압수한 물건을 계속 압수할 필요가 있는 경우 ⇨ 지체 없이 압수·수색영장을 청구하여야 하고, 이 경우 압수수색영장의 청구는 체포한 때부터 48시간 이내에 해야 함

- 사법경찰관이 현행범체포·긴급체포하는 경우 미란다고지는 원칙적으로 체포를 위한 실력행사에 들어가기 전에 미리 하여야 함
- 수사기관과 직접 관련이 있는 유인자가 피유인자와의 개인적인 친밀관계를 이용하여 피유인자의 동정심이나 감정에 호소하거나, 금전적·심리적 압박이나 위협 등을 가하거나, 거절하기 힘든 유혹을 하거나, 또는 범행방법을 구체적으로 제시하고 범행에 사용할 금전까지 제공하는 등으로 과도하게 개입함으로써 피유인자로 하여금 범의를 일으키게 하는 것 ⇨ 위법한 함정수사에 해당하여 허용 ×

문 23

압수·수색절차와 증거능력에 관한 설명 중 옳은 것은? (다툼이 있는 경우 판례에 의함)

① 피해자가 피의자의 소유·관리에 속하는 정보저장매체를 임의제출한 경우, 제출한 피해자가 전자정보에 대한 압수·수색 절차에 참여하고 상세목록을 교부받았다면 절차적 권리에 관한 실질적 내용이 보장된 것이므로 그 압수·수색 절차는 적법하고, 이를 통해 취득한 전자정보는 증거능력이 인정된다.

② 피의자가 유치장에 입감되어 있는 상태에서 사법경찰관이 사무실에서 사전 영장에 따라 적법하게 압수한 휴대전화를 탐색하다가 영장에 기재된 혐의사실과 관련된 전자정보를 발견하고 이를 복제하여 출력한 다음 수사기록에 편철한 경우, 영장에 의하여 전자정보를 취득하였다고 하더라도 피의자에게 참여권이 보장되지 아니하여 위법한 압수·수색에 해당한다.

③ 검사가 아동인 피해자의 진술내용에 대하여 대검찰청 과학수사부 소속 진술분석관에게 분석을 의뢰하여 진술분석관이 피해자를 면담하고 그 내용을 녹화한 영상녹화물은, 수사과정 외에서 작성된 것이라고 볼 수 없으므로 「형사소송법」 제313조 제1항에 따라 증거능력을 인정할 수 없으나, 수사기관이 작성한 피고인이 아닌 자의 진술을 기재한 조서로 볼 수 있으므로 「형사소송법」 제312조에 의하여 증거능력을 인정할 수 있다.

④ 압수·수색영장의 '압수할 물건'에 클라우드에 저장된 전자정보가 기재되어 있지 않더라도, 적법하게 압수한 휴대전화에 클라우드계정이 로그인되어 있었다면 클라우드에 저장된 전자정보를 내려받아 압수하는 것은 적법하다.

⑤ 정보저장매체에 대한 압수·수색 과정에서 범위를 정하여 출력·복제하는 방법이 불가능한 예외적인 사정이 인정되어 전자정보가 담긴 저장매체를 수사기관 사무실 등으로 옮겨 복제·탐색·출력하는 경우, 피압수자나 변호인에게 참여 기회를 보장하여야 하는데, 다만 당사자가 아닌 변호인의 참여권은 독립된 권리는 아니므로 피압수자가 집행에 참여하지 않는다는 의사를 명시한 경우 변호인에게 그 집행의 일시와 장소를 따로 통지할 필요는 없다.

해설

① (X) 피해자 등 제3자가 피의자의 소유·관리에 속하는 정보저장매체를 임의제출한 경우에는 실질적 피압수자인 피의자가 수사기관으로 하여금 그 전자정보 전부를 무제한 탐색하는 데 동의한 것으로 보기 어려울 뿐만 아니라 피의자 스스로 임의제출한 경우 피의자의 참여권 등이 보장되어야 하는 것과 견주어 보더라도 특별한 사정이 없는 한 피의자에게 참여권을 보장하고 압수한 전자정보 목록을 교부하는 등 피의자의 절차적 권리를 보장하기 위한 적절한 조치가 이루어져야 한다(대법원 2023. 9. 18. 선고 2022도7453 전원합의체 판결).

② (O) 피고인이 유치장에 입감된 상태에서 수사기관이 휴대전화 내 전자정보를 탐색·복제·출력함으로써 피압수자인 피고인에게 참여의 기회를 부여하지 않고, 압수한 전자정보 상세목록을 교부하지 않은 경우 위법수집증거로서 증거능력이 없고, 사후에 압수·수색영장을 발부받았더라도 위법성이 치유되지 않는다(대법원 2022. 7. 28. 선고 2022도2960 판결).

③ (X) 검사가 피고인들의 성폭력범죄의 처벌 등에 관한 특례법 위반(친족관계에 의한 강간) 등 혐의를 수사하면서 아동인 피해자의 진술 내용에 대하여 대검찰청 과학수사부 소속 진술분석관에게 분석을 의뢰하였고, 이에 따라 진술분석관이 피해자를 면담하고 그 내용을 녹화한 '피해자 진술분석 과정 영상녹화 CD'(이하 '영상녹화물'이라 한다)가 제작되어 증거로 제출됨으로써 그 증거능력이 문제 된 사안에서, 검사는 성폭력범죄의 처벌 등에 관한 특례법 제33조 제4항, 제1항에 의하여 진술분석관에게 피해자 진술의 신빙성 여부에 대한 분석을 의뢰한 점, 진술분석관은 사건 기록을 받아 검찰청 여성·아동조사실에서 피해자를 면담하였는데, 면담은 당시까지 수사기관이 사건에 대하여 조사한 내용에 관해 피해자에게 문답을 하는 방식으로 진행되었고, 면담 과정은 녹화되어 영상녹화물로 제작된 점 등 진술분석관의 소속 및 지위, 진술분석관이 피해자와 면담을 하고 영상녹화물을 제작한 경위와 목적, 진술분석관이 면담과 관련하여 수사기관으로부터 확보한 자료의 내용과 성격, 면담 방식과 내용, 면담 장소 등에 비추어 영상녹화물은 수사과정 외에서 작성된 것이라고 볼 수 없으므로 형사소송법 제313조 제1항에 따라 증거능력을 인정할 수 없고, 나아가 수사기관이 작성한 피의자신문조서나 피고인이 아닌 자의 진술을 기재한 조서가 아니고, 피고인 또는 피고인이 아닌 자가 작성한 진술서도 아니므로 형사소송법 제312조에 의하여 증거능력을 인정할 수도 없다(대법원 2024. 3. 28. 선고 2023도15133, 2023전도163(병합), 2023전도164(병합) 판결).

④ (X) … 따라서 수사기관이 압수·수색영장에 적힌 '수색할 장소'에 있는 컴퓨터 등 정보처리장치에 저장된 전자정보 외에 원격지 서버에 저장된 전자정보를 압수·수색하기 위해서는 압수·수색영장에 적힌 '압수할 물건'에 별도로 원격지 서버 저장 전자정보가 특정되어 있어야 한다. 압수·수색영장에 적힌 '압수할 물건'에 컴퓨터 등 정보처리장치 저장 전자정보만 기재되어 있다면 컴퓨터 등 정보처리장치를 이용하여 원격지 서버 저장 전자정보를 압수할 수는 없다. … 이 사건 압수·수색영장에 적힌 '압수할 물건'에는 '여성의 신체를 몰래 촬영한 것으로 판단되는 사진, 동영상 파일이 저장된 컴퓨터 하드디스크 및 외부저장매체'가, '수색할 장소'에는 피고인의 주거지가 기재되어 있다. 이 사건 압수·수색영장에 적힌 '압수할 물건'에 원격지 서버 저장 전자정보가 기재되어 있지 않은 이상 이 사건 압수·수색영장에 적힌 '압수할 물건'은 피고인의 주거지에 있는 컴퓨터 하드디스크 및 외부저장매체에 저장된 전자정보에 한정된다. 그럼에도 경찰은 이 사건 휴대전화가 구글계정에 로그인되어 있는 상태를 이용하여 원격지 서버에 해당하는 구글클라우드에 접속하여 구글클라우드에서 발견한 불법촬영물을 압수하였다. 결국 경찰의 압수는 이 사건 압수·수색영장에서 허용한 압수의 범위를 넘어선 것으로 적법절차 및 영장주의의 원칙에 반하여 위법하다(대법원 2022. 6. 30. 선고 2022도1452 판결).

⑤ (X) 수사기관이 압수·수색영장을 집행할 때에는 피압수자 또는 변호인은 그 집행에 참여할 수 있다(형사소송법 제219조, 제121조). 저장매체에 대한 압수·수색 과정에서 범위를 정하여 출력·복제하는 방법이 불가능하거나 압수의 목적을 달성하기에 현저히 곤란한 예외적인 사정이 인정되어 전자정보가 담긴 저장매체, 하드카피나 이미징(imaging) 등 형태(이하 '복제본'이라 한다)를 수사기관 사무실 등으로 옮겨 복제·탐색·출력하는 경우에도, 피압수자나 변호인에게 참여 기회를 보장하고 혐의사실과 무관한 전자정보의 임의적인 복제 등을 막기 위한 적절한 조치를 취하는 등 영장주의 원칙과 적법절차를 준수하여야 한다. 만일 그러한 조치를 취하지 않았다면 피압수자 측이 위와 같은 절차나 과정에 참여하지 않는다는 의사를 명시적으로 표시하였거나 절차 위반행위가 이루어진 과정의 성질과 내용 등에 비추어 피압수자에게 절차 참여를 보장한 취지가 실질적으로 침해되었다고 볼 수 없을 정도에 해당한다는 등의 특별한 사정이 없는 이상 압수·수색이 적법하다고 할 수 없다. 이는 수사기관이 저장매체 또는 복제본에서 혐의사실과 관련된 전자정보만을 복제·출력한 경우에도 마찬가지이다. 한편 형사소송법 제219조, 제121조가 규정한 변호인의 참여권은 피압수자의 보호를 위하여 변호인에게 주어진 고유권이다. 따라서 설령 피압수자가 수사기관에 압수·수색영장의 집행에 참여하지 않는다는 의사를 명시하였다고 하더라도, 특별한 사정이 없는 한 그 변호인에게는 형사소송법 제219조, 제122조에 따라 미리 집행의 일시와 장소를 통지하는 등으로 압수·수색영장의 집행에 참여할 기회를 별도로 보장하여야 한다(대법원 2020. 11. 26. 선고 2020도10729 판결).

해답 ②

핵심포인트 문 23 압수·수색절차와 증거능력 ★★

- 피해자 등 제3자가 피의자의 소유·관리에 속하는 정보저장매체를 임의제출한 경우 피의자에게 참여권을 보장하고 압수한 전자정보 목록을 교부하는 등 피의자의 절차적 권리 보장 조치 要
- 피고인이 유치장에 입감된 상태에서 수사기관이 휴대전화 내 전자정보 탐색·복제·출력함으로써 피압수자인 피고인에게 참여 기회를 부여하지 않고, 압수한 전자정보 상세목록을 교부하지 않은 경우 ⇨ 위법수집증거로서 증거능력 없고 사후에 압수·수색영장을 발부받았더라도 위법성 치유 ×
- 검사가 아동인 피해자의 진술내용에 대하여 대검찰청 과학수사부 소속 진술분석관에게 분석을 의뢰하여 진술분석관이 피해자를 면담하고 그 내용을 녹화한 영상녹화물 ⇨ 제313조 제1항, 제313조 제1항에 따라 증거능력 인정 不可
- 경찰이 휴대전화가 구글계정에 로그인되어 있는 상태를 이용하여 원격지 서버에 해당하는 구글클라우드에 접속하여 구글클라우드에서 발견한 불법촬영물을 압수한 경우 압수·수색영장에 적힌 '압수할 물건'에 원격지 서버 저장 전자정보가 기재되어 있지 않다면 ⇨ 적법절차 및 영장주의의 원칙에 반하여 위법 압수임
- 정보저장매체에 대한 압수·수색 과정에서 범위를 정하여 출력·복제하는 방법이 불가능한 예외적인 사정이 인정되어 전자정보가 담긴 저장매체를 수사기관 사무실 등으로 옮겨 복제·탐색·출력하는 경우 ⇨ 변호인의 참여권은 피의자 의사와 상관없이 별도로 보장하여야 함

문 24 ★★

공소시효에 관한 설명 중 옳지 않은 것은? (다툼이 있는 경우 판례에 의함)

① 공범 중 1인에 대해 약식명령이 확정된 후 그에 대한 정식재판청구권회복결정이 있었다고 하더라도 그 사이의 기간 동안에는 특별한 사정이 없는 한 다른 공범자에 대한 공소시효는 정지함이 없이 계속 진행한다.
② 「형사소송법」 제253조 제3항의 '범인이 형사처분을 면할 목적으로 국외에 있는 경우'는 범인이 국내에서 범죄를 저지르고 형사처분을 면할 목적으로 국외로 도피한 경우에 한정되고, 범인이 국외에서 범죄를 저지르고 형사처분을 면할 목적으로 국외에서 체류를 계속하는 경우는 포함되지 않는다.
③ 범죄 후 법률의 개정에 의하여 법정형이 가벼워진 경우에는 「형법」 제1조 제2항에 의하여 당해 범죄사실에 적용될 가벼운 법정형(신법의 법정형)이 공소시효기간의 기준이 된다.
④ 사기죄와 변호사법위반죄가 상상적 경합의 관계에 있는 경우, 변호사법위반죄의 공소시효가 완성되었다고 하여 사기죄의 공소시효까지 완성되는 것은 아니다.
⑤ 미수범의 범죄행위는 행위를 종료하지 못하였거나 결과가 발생하지 아니하여 더 이상 범죄가 진행될 수 없는 때에 종료하고, 그때부터 미수범의 공소시효가 진행한다.

해설

① (O) 공범 중 1인에 대해 약식명령이 확정되고 그 후 정식재판청구권이 회복되었다고 하는 것만으로는, 그 사이에 검사가 다른 공범자에 대한 공소를 제기하지 못할 법률상 장애사유가 있다고 볼 수 없을 뿐만 아니라, 그 기간 동안 다른 공범자에 대한 공소시효가 정지된다고 볼 아무런 근거도 찾을 수 없다. 더욱이 정식재판청구권이 회복되었다는 사정이 약식명령의 확정으로 인해 다시 진행된 공소시효기간을 소급하여 무효로 만드는 사유가 된다고 볼 수도 없다. 또한 형사소송법이 공범 중 1인에 대한 공소의 제기로 다른 공범

자에 대하여도 공소시효가 정지되도록 한 것은 공소제기 효력의 인적 범위를 확장하는 예외를 마련하여 놓은 것이므로, 이는 엄격하게 해석하여야 하고 피고인에게 불리한 방향으로 확장하거나 축소하여 해석해서는 아니 된다. 그렇다면 공범 중 1인에 대해 약식명령이 확정된 후 그에 대한 정식재판청구권회복결정이 있었다고 하더라도 그 사이의 기간 동안에는, 특별한 사정이 없는 한, 다른 공범자에 대한 공소시효는 정지함이 없이 계속 진행한다고 보아야 할 것이다(대법원 2012. 3. 29. 선고 2011도15137 판결).

② (X) 형사소송법 제253조 제3항은 "범인이 형사처분을 면할 목적으로 국외에 있는 경우 그 기간 동안 공소시효는 정지된다."라고 규정하고 있다. 위 규정의 입법 취지는 범인이 우리나라의 사법권이 실질적으로 미치지 못하는 국외에 체류한 것이 도피의 수단으로 이용된 경우에 체류기간 동안은 공소시효가 진행되는 것을 저지하여 범인을 처벌할 수 있도록 하여 형벌권을 적정하게 실현하고자 하는 데 있다. 따라서 위 규정이 정한 '범인이 형사처분을 면할 목적으로 국외에 있는 경우'는 범인이 국내에서 범죄를 저지르고 형사처분을 면할 목적으로 국외로 도피한 경우에 한정되지 아니하고, 범인이 국외에서 범죄를 저지르고 형사처분을 면할 목적으로 국외에서 체류를 계속하는 경우도 포함된다(대법원 2015. 6. 24. 선고 2015도5916 판결).

③ (O) 범죄 후 법률의 개정에 의하여 법정형이 가벼워진 경우에는 형법 제1조에 의하여 당해 범죄사실에 적용될 가벼운 법정형(신법의 법정형)이 공소시효기간의 기준으로 된다(대법원 1987. 12. 22. 선고 87도84 판결).

④ (O) 1개의 행위가 여러 개의 죄에 해당하는 경우 형법 제40조는 이를 과형상 일죄로 처벌한다는 것에 지나지 아니하고, 공소시효를 적용함에 있어서는 각 죄마다 따로 따져야 할 것인바, 공무원이 취급하는 사건에 관하여 청탁 또는 알선을 할 의사와 능력이 없음에도 청탁 또는 알선을 한다고 기망하여 금품을 교부받은 경우에 성립하는 사기죄와 변호사법 위반죄는 상상적 경합의 관계에 있으므로, 변호사법 위반죄의 공소시효가 완성되었다고 하여 그 죄와 상상적 경합관계에 있는 사기죄의 공소시효까지 완성되는 것은 아니다(대법원 2006. 12. 8. 선고 2006도6356 판결).

⑤ (O) 공소시효는 범죄행위가 종료한 때부터 진행한다(형사소송법 제252조 제1항). 미수범은 범죄의 실행에 착수하여 행위를 종료하지 못하였거나 결과가 발생하지 아니한 때에 처벌받게 되므로(형법 제25조 제1항), 미수범의 범죄행위는 행위를 종료하지 못하였거나 결과가 발생하지 아니하여 더 이상 범죄가 진행될 수 없는 때에 종료하고, 그때부터 미수범의 공소시효가 진행한다(대법원 2017. 7. 11. 선고 2016도14820 판결).

핵심 포인트 문 24 공소시효 ★★

- 공범 중 1인에 대해 약식명령이 확정된 후 그에 대한 정식재판청구권회복결정이 있는 경우 ⇨ 다른 공범자에 대한 공소시효는 정지함이 없이 계속 진행함
- 형사소송법 제253조 제3항의 범인이 형사처분을 면할 목적으로 국외에 있는 경우 ⇨ 범인이 국외에서 범죄를 저지르고 형사처분을 면할 목적으로 국외에서 체류를 계속하는 경우도 포함
- 범죄 후 법률의 개정에 의하여 법정형이 가벼워진 경우 공소시효기간의 기준 ⇨ 형법 제1조에 의하여 당해 범죄사실에 적용될 가벼운 신법의 법정형 ○
- 상상적 경합의 관계인 사기죄와 변호사법위반죄에서 변호사법 위반죄의 공소시효가 완성되었다고 하여 그 죄와 상상적 경합관계에 있는 사기죄의 공소시효까지 완성되는 것 ×
- 미수범의 공소시효 기산점 ⇨ 행위를 종료하지 못하였거나 결과가 발생하지 아니하여 더 이상 범죄가 진행될 수 없는 때임 ○

문 25

변호인의 피의자 조력에 관한 설명 중 옳은 것(O)과 옳지 않은 것(×)을 올바르게 조합한 것은? (다툼이 있는 경우 판례에 의함)

> ㄱ. 신체구속을 당하지 아니한 피의자의 변호인도 체포·구속된 피의자의 변호인과 마찬가지로 피의자신문 참여를 신청할 수 있다.
> ㄴ. 피의자신문에 참여한 변호인은 신문 중에 신문방법의 위법함을 이유로 이의제기를 할 수 있지만 부당함을 이유로는 이의제기를 할 수 없다.
> ㄷ. 변호인뿐만 아니라 변호인이 되려는 의사를 표시한 자가 객관적으로 변호인이 될 가능성이 있다고 인정된다면 신체구속을 당한 피의자와 접견하지 못하도록 제한하여서는 아니 된다.
> ㄹ. 피의자가 변호인의 참여를 원한다는 의사를 명백하게 표시하였음에도 수사기관이 정당한 사유 없이 변호인을 참여하게 하지 아니한 채 피의자를 신문하여 작성한 피의자신문조서는 증거로 할 수 없다.
> ㅁ. 변호인의 피의자신문 참여에 관한 사법경찰관의 처분에 대하여는 준항고로 불복할 수 있으나, 검사의 처분에 대하여는 즉시항고로 불복하여야 한다.

① ㄱ(O), ㄴ(×), ㄷ(O), ㄹ(O), ㅁ(×)
② ㄱ(O), ㄴ(×), ㄷ(O), ㄹ(O), ㅁ(O)
③ ㄱ(O), ㄴ(O), ㄷ(×), ㄹ(×), ㅁ(O)
④ ㄱ(×), ㄴ(×), ㄷ(O), ㄹ(O), ㅁ(×)
⑤ ㄱ(×), ㄴ(O), ㄷ(×), ㄹ(O), ㅁ(O)

해설

ㄱ.(O) 형사소송법 제243조는 "검사가 피의자를 신문함에는 검찰청수사관 또는 서기관이나 서기를 참여하게 하여야 하고, 사법경찰관이 피의자를 신문함에는 사법경찰관리를 참여하게 하여야 한다."고 규정하고 있다. 그러나 위 조항은 피의자신문시 의무적으로 참여하여야 하는 자를 규정하고 있을 뿐 적극적으로 위 조항에서 규정한 자 이외의 자의 참여나 입회를 배제하고 있는 것은 아니다. 왜냐하면 위 조항의 입법취지는 조서기재의 정확성과 신문절차의 공정성을 담보하기 위하여 수사기관 스스로 준수해야 할 의무를 규정한 것일 뿐 변호인의 조력을 받을 권리를 포함하여 피의자·피고인에 대하여 절차법상의 권리를 제한하기 위한 것이 아니기 때문이다. 따라서 불구속 피의자가 피의자신문 시 변호인의 조언과 상담을 원한다면, 앞서 본 바와 같은 위법한 조력의 우려가 있어 이를 제한하는 다른 규정이 있고 그가 이에 해당한다고 하지 않는 한 수사기관은 피의자의 위 요구를 거절할 수 없다(헌법재판소 2004. 9. 23. 선고 2000헌마138 전원재판부).

ㄴ.(×) 형사소송법 제243조의2 제3항

> 형사소송법 제243조의2(변호인의 참여 등) ① 검사 또는 사법경찰관은 피의자 또는 그 변호인·법정대리인·배우자·직계친족·형제자매의 신청에 따라 변호인을 피의자와 접견하게 하거나 정당한 사유가 없는 한 피의자에 대한 신문에 참여하게 하여야 한다.
> ② 신문에 참여하고자 하는 변호인이 2인 이상인 때에는 피의자가 신문에 참여할 변호인 1인을 지정한다. 지정이 없는 경우에는 검사 또는 사법경찰관이 이를 지정할 수 있다.
> ③ 신문에 참여한 변호인은 신문 후 의견을 진술할 수 있다. 다만, 신문 중이라도 부당한 신문방법에 대하여 이의를 제기할 수 있고, 검사 또는 사법경찰관의 승인을 얻어 의견을 진술할 수 있다.

ㄷ.(O) 형사소송법 제34조는 "변호인 또는 변호인이 되려는 자는 신체구속을 당한 피고인 또는 피의자와 접견하고 서류 또는 물건을 수수할 수 있으며 의사로 하여금 진료하게 할 수 있다."라고 규정하고 있으므로, 변호인이 되려는 의사를 표시한 자가 객관적으로 변호인이 될 가능성이 있다고 인정되는데도, 형사소송법 제34조에서 정한 '변호인 또는 변호인이 되려는 자'가 아니라고 보아 신체구속을 당한 피고인 또는 피의자와 접견하지 못하도록 제한하여서는 아니 된다(대법원 2017. 3. 9. 선고 2013도16162 판결).

ㄹ.(O) 헌법 제12조 제1항, 제4항 본문, 형사소송법 제243조의2 제1항 및 그 입법 목적 등에 비추어 보면, 피의자가 변호인의 참여를 원한다는 의사를 명백하게 표시하였음에도 수사기관이 정당한 사유 없이 변호인을 참여하게 하지 아니한 채 피의자를 신문하여 작성한 피의자신문조서는 형사소송법 제312조에 정한 '적법한 절차와 방식'에 위반된 증거일 뿐만 아니라, 형사소송법 제308조의2에서 정한 '적법한 절차에 따르지 아니하고 수집한 증거'에 해당하므로 이를 증거로 할 수 없다(대법원 2013. 3. 28. 선고 2010도3359 판결).

ㅁ.(X) 형사소송법 제417조는 검사 또는 사법경찰관의 구금에 관한 처분에 불복이 있으면 법원에 그 처분의 취소 또는 변경을 청구할 수 있다고 규정하고 있는바, 이는 피의자의 구금 또는 구금 중에 행하여지는 검사 또는 사법경찰관의 처분에 대한 유일한 불복방법인 점에 비추어 볼 때, 영장에 의하지 아니한 구금이나 변호인 또는 변호인이 되려는 자와의 접견교통권을 제한하는 처분뿐만 아니라 구금된 피의자에 대한 신문에 변호인의 참여(입회)를 불허하는 처분 역시 구금에 관한 처분에 해당하는 것으로 보아야 한다(대법원 2003. 11. 11.자 2003모402 결정).

> 형사소송법 제417조(동전) 검사 또는 사법경찰관의 구금, 압수 또는 압수물의 환부에 관한 처분과 제243조의2에 따른 변호인의 참여 등에 관한 처분에 대하여 불복이 있으면 그 직무집행지의 관할법원 또는 검사의 소속검찰청에 대응한 법원에 그 처분의 취소 또는 변경을 청구할 수 있다.

 ①

핵심포인트 문 25 변호인의 피의자 조력 ★★

- 구속·불구속 피의자의 변호인은 피의자신문 참여를 신청 可
- 피의자신문에 참여한 변호인은 신문 중에 신문방법의 위법·부당함을 이유로 이의제기 可
- 변호인·변호인이 되려는 의사를 표시한 자가 객관적으로 변호인이 될 가능성이 있다고 인정되는 경우 ⇨ 구속피의자와 접견하지 못하도록 제한하여서는 안 됨
- 피의자가 변호인의 참여를 원한다는 의사 명백하게 표시하였음에도 수사기관이 정당한 사유 없이 변호인을 참여하게 하지 아니한 채 피의자를 신문하여 작성한 피의자신문조서는 증거능력 없음
- 변호인의 피의자신문 참여에 관한 검사·사법경찰관의 처분에 대하여 준항고로 불복 可

문 26 ★★

재심에 관한 설명 중 옳은 것을 모두 고른 것은? (다툼이 있는 경우 판례에 의함)

ㄱ. 「형사소송법」제420조 제5호에서 정한 무죄 등을 인정할 '증거가 새로 발견된 때'란 재심대상이 되는 확정판결의 소송절차에서 발견되지 못하였거나 또는 발견되었다 하더라도 제출할 수 없었던 증거를 새로 발견하였거나 비로소 제출할 수 있게 된 때를 말한다.

ㄴ. 「형사소송법」은 재심청구 제기기간에 제한을 두고 있지 않으므로, 법률상의 방식을 위반한 재심청구라는 이유로 기각결정이 있더라도 청구인이 이를 보정한다면 다시 동일한 이유로 재심청구를 할 수 있다.

ㄷ. 재심청구를 받은 법원은 필요하다고 인정한 때에는 「형사소송법」제431조에 의하여 직권으로 재심청구의 이유에 대한 사실조사를 할 수 있고, 소송당사자는 법원에 대하여 그러한 사실조사를 신청할 권리를 갖는다.

ㄹ. 재심청구인은 「형사소송법」 제429조 제1항에 따라 재심청구를 취하할 수 있으므로, 재심법원이 재심판결을 선고한 이후에도 재심청구의 취하가 허용된다.

① ㄱ, ㄴ
② ㄱ, ㄹ
③ ㄴ, ㄷ
④ ㄴ, ㄹ
⑤ ㄷ, ㄹ

해설

ㄱ.(O) 형사소송법 제420조 제5호에 정한 재심사유인 무죄 등을 인정할 '증거가 새로 발견된 때'란 재심대상이 되는 확정판결의 소송절차에서 발견되지 못하였거나 또는 발견되었다 하더라도 제출할 수 없었던 증거로서 이를 새로 발견하였거나 비로소 제출할 수있게 된 때를 말한다(대법원 2015. 10. 29. 선고 2013도14716 판결).

ㄴ.(O) … 한편 민사소송법은 원칙적으로 재심의 소 제기에 시간적 제한을 두고 있으나(제456조), 형사소송법은 재심청구 제기기간에 제한을 두고 있지 않으므로(형사소송법 제427조 참조), 법률상의 방식을 위반한 재심청구라는 이유로 기각결정이 있더라도, 청구인이 이를 보정한다면 다시 동일한 이유로 재심청구를 할 수 있다(대법원 2022. 6. 16.자 2022모509 결정).

ㄷ.(X) 재심의 청구를 받은 법원은 필요하다고 인정한 때에는 형사소송법 제431조에 의하여 직권으로 재심청구의 이유에 대한 사실조사를 할 수 있으나, 소송당사자에게 사실조사신청권이 있는 것이 아니다. 그러므로 당사자가 재심청구의 이유에 관한 사실조사신청을 한 경우에도 이는 단지 법원의 직권발동을 촉구하는 의미밖에 없는 것이므로, 법원은 이 신청에 대하여는 재판을 할 필요가 없고, 설령 법원이 이 신청을 배척하였다고 하여도 당사자에게 이를 고지할 필요가 없다(대법원 2021. 3. 12.자 2019모3554 결정).

형사소송법 제431조(사실조사) ① 재심의 청구를 받은 법원은 필요하다고 인정한 때에는 합의부원에게 재심청구의 이유에 대한 사실조사를 명하거나 다른 법원판사에게 이를 촉탁할 수 있다.
② 전항의 경우에는 수명법관 또는 수탁판사는 법원 또는 재판장과 동일한 권한이 있다.

ㄹ.(X) 재심청구인은 형사소송법 제429조 제1항에 따라 재심청구를 취하할 수 있으나, 재심법원이 재심판결을 선고한 이후에는 재심청구의 취하가 허용되지 않는다(대법원 2024. 4. 12. 선고 2023도13707 판결).

형사소송법 제429조(재심청구의 취하) ① 재심의 청구는 취하할 수 있다.

해답 ①

핵심포인트 문 26 재심 ★★

- 형사소송법 제420조 제5호에서 정한 무죄 등을 인정할 '증거가 새로 발견된 때' ⇨ 재심대상이 되는 확정판결의 소송절차에서 발견되지 못하였거나 또는 발견되었다 하더라도 제출할 수 없었던 증거를 새로 발견하였거나 비로소 제출할 수 있게 된 때를 의미함
- 법률상의 방식을 위반한 재심청구라는 이유로 기각결정이 있더라도 청구인이 이를 보정한다면 다시 동일한 이유로 재심청구 可(∵ 형사소송법상 재심청구 제기기간에 제한규정 없음)
- 재심청구를 받은 법원은 필요하다고 인정한 때 「형사소송법」 제431조에 의하여 직권으로 재심청구의 이유에 대한 사실조사 可(vs. 소송당사자는 사실조사를 신청할 권리 없음)
- 재심법원이 재심판결을 선고한 이후에는 재심청구인의 재심청구의 취하 허용 ×

문 27 ★★

공소장변경에 관한 설명 중 옳지 않은 것은? (다툼이 있는 경우 판례에 의함)

① 「형법」 제34조 제1항의 간접정범은 정범과 동일한 형 또는 그보다 감경된 형으로 처벌되는 점 등에 비추어 볼 때, 정범으로 기소된 피고인에게 법원이 공소장변경 없이 직권으로 위 간접정범 규정을 적용하였더라도 피고인의 방어권 행사에 실질적인 불이익을 초래하였다고 할 수 없다.

② 항소심에서 공소장변경에 의하여 단독판사의 관할사건이 합의부 관할사건으로 된 경우에 항소심은 결정으로 사건을 관할권이 있는 고등법원에 이송하여야 한다.

③ 법원이 검사에게 공소장변경을 요구할 것인지 여부는 재량에 속하는 것이므로, 법원이 검사에게 공소장의 변경을 요구하지 아니하였다고 하여 위법하다고 할 수 없다.

④ 친고죄로 기소된 후에 피해자의 고소가 취소되더라도 제1심이나 항소심에서 당초에 기소된 공소사실과 동일성이 인정되는 범위 내에서 비친고죄인 다른 공소사실로 공소장을 변경할 수 있으며 이러한 경우 변경된 공소사실에 대하여 심리·판단하여야 하는데, 이는 반의사불벌죄에서 피해자의 처벌을 희망하지 아니하는 의사표시가 있는 경우에도 마찬가지로 보아야 한다.

⑤ 피고인은 준강간죄의 장애미수로 기소되었으나 공판과정에서 '준강간의 고의가 없었고, 피해자가 항거불능 상태에 있지도 않았다'는 취지로 다투었고, 이에 따라 피고인이 준강간의 고의로 실행에 착수하였는지 여부, 피해자가 당시 실제 항거불능 상태에 있었는지 여부에 관하여 충분한 심리가 이루어졌더라도 준강간죄의 불능미수로 공소장이 변경되지 않았다면, 법원은 준강간죄의 불능미수 범죄사실을 직권으로 인정할 수 없다.

해설

① (O) 간접정범은 정범과 동일한 형 또는 그보다 감경된 형으로 처벌되는 점 등에 비추어 볼 때, 공소장 변경 없이 직권으로 간접정범 규정을 적용하였더라도 피고인의 방어권 행사에 실질적인 불이익을 초래하였다고 할 수는 없다(대법원 2017. 3. 16. 선고 2016도21075 판결).

② (O) 항소심에서 공소장변경에 의하여 단독판사의 관할사건이 합의부 관할사건으로 된 경우에도 법원은 사건을 관할권이 있는 법원에 이송하여야 한다고 할 것이고, 항소심에서 변경된 위 합의부 관할사건에 대한 관할권이 있는 법원은 고등법원이라고 봄이 상당하다고 할 것이다(대법원 1997. 12. 12. 선고 97도2463 판결).

③ (O) 법원이 검사에게 공소장의 변경을 요구할 것인지의 여부는 법원의 재량에 속하는 것이므로 법원이 검사에게 공소장의 변경을 요구하지 아니하였다고 하여 위법하다고 볼 수 없다(대법원 1999. 12. 24. 선고 99도3003 판결).

④ (O) 친고죄로 기소된 후에 피해자의 고소가 취소되더라도 제1심이나 항소심에서 당초에 기소된 공소사실과 동일성이 인정되는 범위 내에서 다른 공소사실로 공소장을 변경할 수 있으며 이러한 경우 변경된 공소사실에 대하여 심리·판단하여야 하는데, 이는 반의사불벌죄에서 피해자의 '처벌을 희망하지 아니하는 의사표시' 또는 '처벌을 희망하는 의사표시의 철회'가 있는 경우에도 마찬가지로 보아야 한다(대법원 2011. 5. 13. 선고 2011도2233 판결).

⑤ (X) 피고인은 이 사건 공판 과정에서 '준강간의 고의가 없었고, 피해자가 항거불능 상태에 있지도 않았다.'는 취지로 다투었고, 이에 따라 피고인이 준강간의 고의로 실행에 착수하였는지 여부, 피해자가 당시 실제 항거불능 상태에 있었는지 여부에 관해서 충분한 심리가 이루어졌다. 또한 준강간의 결과 발생 위험성은 피고인이 당시 인식한 사정을 기초로 일반인의 객관적 관점에서 판단되어야 하는데, 피고인에게 준강간의 고의가 있었는지 여부에 관한 심리 과정에서 피고인이 당시 인식한 피해자의 상태와 관련된 사정에 관해서 충분한 공방이 이루어졌다. 준강간죄의 불능미수는 중대한 범죄이다. 준강간죄의 법정형은 징역 3년 이상의 유기징

역이고, 준강간죄의 불능미수범에 대하여는 그 형을 임의적으로 감경 또는 면제할 수 있을 뿐이다. … 결국 이 사건 공판 과정에서 준강간죄의 불능미수 성립 여부와 관련된 심리 및 공방이 이미 충실히 이루어졌다고 평가할 수 있다. … 따라서 원심으로서는 준강간의 불능미수 범죄사실을 직권으로 인정하였어야 한다. 그럼에도 원심은 판시와 같은 이유만으로 이 사건 공소사실을 무죄로 판단한 제1심판결을 그대로 유지하였다. 이러한 원심의 판단에는 공소장변경 없이 심판할 수 있는 범위에 관한 법리를 오해하여 판결에 영향을 미친 잘못이 있다. 이를 지적하는 상고이유 주장은 이유 있다(대법원 2024. 4. 12. 선고 2021도9043 판결).

해답 ⑤

문 27 공소장변경 ★★

- 정범으로 기소된 피고인에게 법원이 공소장변경 없이 직권으로 위 간접정범 규정을 적용하였더라도 피고인의 방어권 행사에 실질적인 불이익을 초래 ×
- 항소심에서 공소장변경에 의하여 단독판사의 관할사건이 합의부 관할사건으로 된 경우 ⇨ 항소심은 결정으로 사건을 관할권이 있는 고등법원에 이송하여야 함
- 법원이 검사에게 공소장의 변경을 요구하지 아니하였다고 하여 위법 ×(∵ 법원이 검사에게 공소장변경을 요구할 것인지 여부는 재량임)
- 친고죄로 기소된 후에 피해자의 고소가 취소·반의사불벌죄에서 피해자의 처벌불원 의사표시가 있을 경우
  - 제1심이나 항소심에서 당초에 기소된 공소사실과 동일성이 인정되는 범위 내에서 다른 공소사실로 공소장을 변경 可
  - 이러한 경우 변경된 공소사실에 대하여 심리·판단하여야 함
- 준강간죄의 장애미수로 기소되었으나 준강간의 고의로 실행에 착수하였는지 여부, 피해자가 당시 실제 항거불능 상태에 있었는지 여부에 관하여 충분한 심리가 이루어졌을 경우 ⇨ 법원은 준강간죄의 불능미수 범죄사실을 직권으로 인정 可

문 28 ★★

사법경찰관 P는 제보에 따라 甲이 운영하는 성매매업소를 단속하였는데, 영업시간에 손님으로 가장하여 성매매가 가능한지 여부를 문의하였고, 그 과정에서 甲과 나눈 대화를 녹음하였다. P는 甲의 안내에 따라 내실로 들어갔고, 여종업원이 위 내실에 들어와 P의 바지를 벗기고 침대 위로 올라오려고 하자 단속 사실을 밝히고 자신에 대한 성매매알선을 피의사실로 하여 甲을 현행범인으로 체포하였다. P는 甲을 현행범인으로 체포하면서 위 업소 내부를 수색하여 발견한 비닐포장된 콘돔 7개를 업소시설과 함께 사진 촬영하였다. 한편, P는 현행범인 체포 과정에서 甲으로부터 위 업소에서 사용하던 장부를 임의제출받았는데, 이는 업소에 고용된 여성들이 성매매를 업으로 하면서 영업에 참고하기 위하여 성매매 상대방의 아이디와 전화번호 및 성매매방법 등을 그때그때 메모지에 적어두었던 것을 정리한 것이었고, P는 이를 甲에 대한 성매매알선 사건의 증거로 제출하였다. 이에 관한 설명 중 옳은 것은? (다툼이 있는 경우 판례에 의함)

① 甲이 P가 자신과의 대화를 녹음한다는 사실을 인식하지 못하였다면, 이는 공개되지 아니한 타인 간의 대화를 녹음한 경우에 해당하고 영장 없이 이루어졌기 때문에 위법하다.

② 불특정 다수가 출입할 수 있는 위 업소에 영업시간 중 손님처럼 가장하여 들어간 경우에도 P는 처음부터 범죄수사를 목적으로 위 업소에 들어간 것이므로, 증거보전을 위한 경우라도 사전에 영장을 발부받아 녹음 또는 압수·수색절차를 진행하였거나 사후에 이에 대한 영장을 발부받았어야 한다.
③ 콘돔 등의 증거물에 대한 점유를 취득하는 압수 등 강제처분이 있었던 것은 아니지만, 위 업소를 수색하고 발견된 콘돔을 촬영한 것도 영장이 없는 한 위법하기 때문에 위 사진은 위법수집증거로서 증거능력이 없다.
④ 현행범인 체포현장에서 피의자가 임의로 제출하는 물건은 「형사소송법」 제218조에 따라 압수할 수는 없고, 「형사소송법」 제217조 제2항에 의하여 사후 영장을 발부받아야 하므로, 현행범인 체포를 당한 甲이 임의제출한 위 장부는 그에 대한 사후 영장을 발부받지 아니하는 한 증거능력이 없다.
⑤ 위 장부는 「형사소송법」 제315조 제2호의 영업상 필요로 작성한 통상문서로서 당연히 증거능력 있는 문서에 해당한다.

해설

① (X), ③ (X) 수사기관이 적법한 절차와 방법에 따라 범죄를 수사하면서 현재 그 범행이 행하여지고 있거나 행하여진 직후이고, 증거보전의 필요성 및 긴급성이 있으며, 일반적으로 허용되는 상당한 방법으로 범행현장에서 현행범인 등 관련자들과 수사기관의 대화를 녹음한 경우라면, 위 녹음이 영장 없이 이루어졌다 하여 위법하다고 단정할 수 없다. 이는 설령 그 녹음이 행하여지고 있는 사실을 현장에 있던 대화상대방, 즉 현행범인 등 관련자들이 인식하지 못하고 있었더라도, 통신비밀보호법 제3조 제1항이 금지하는 공개되지 아니한 타인 간의 대화를 녹음한 경우에 해당하지 않는 이상 마찬가지이다. … 앞서 본 사실관계에 의하면, 사법경찰관 공소 외 2는 이 사건 성매매알선 행위를 범죄사실로 하여 피고인을 현행범인으로 체포하였고, 단속 경찰관들이 그 체포현장인 이 사건 성매매업소를 수색하여 체포의 원인이 되는 이 사건 성매매알선 혐의사실과 관련하여 이 사건 사진 촬영을 하였다. 이는 형사소송법 제216조 제1항 제2호에 의하여 예외적으로 영장에 의하지 아니한 강제처분을 할 수 있는 경우에 해당한다고 봄이 상당하므로 그 수색이나 촬영이 영장 없이 이루어졌다고 하더라도 위법하다고 할 수 없다. 나아가 압수는 증거물 또는 몰수할 것으로 사료되는 물건의 점유를 취득하는 강제처분인데, 범행현장에서 발견된 콘돔을 촬영하였다는 사정만으로는 단속 경찰관들이 강제로 그 점유를 취득하여 이를 압수하였다고 할 수 없으므로 사후에 압수영장을 받을 필요가 있었다고 보기도 어렵다. 따라서 이 사건 사진의 증거능력이 인정된다(대법원 2024. 5. 30. 선고 2020도9370 판결).

② (X) 수사기관이 범죄를 수사하면서 불특정, 다수의 출입이 가능한 장소에 통상적인 방법으로 출입하여 아무런 물리력이나 강제력을 행사하지 않고 통상적인 방법으로 위법행위를 확인하는 것은 특별한 사정이 없는 한 임의수사의 한 방법으로서 허용되므로 영장 없이 이루어졌다고 하여 위법하다고 할 수 없다(대법원 2023. 7. 13. 선고 2019도7891 판결).

④ (X) 범죄를 실행 중이거나 실행 직후의 현행범인은 누구든지 영장 없이 체포할 수 있고(형사소송법 제212조), 검사 또는 사법경찰관은 피의자 등이 유류한 물건이나 소유자·소지자 또는 보관자가 임의로 제출한 물건은 영장 없이 압수할 수 있으므로(제218조), 현행범 체포현장이나 범죄 현장에서도 소지자 등이 임의로 제출하는 물건은 형사소송법 제218조에 의하여 영장 없이 압수하는 것이 허용되고, 이 경우 검사나 사법경찰관은 별도로 사후에 영장을 받을 필요가 없다(대법원 2019. 11. 14. 선고 2019도13290 판결).

⑤ (O) … 위 메모리카드에 기재된 내용은 공소 외 2가 고용한 성매매 여성들이 성매매를 업으로 하면서 영업에 참고하기 위하여 성매매를 전후하여 상대 남성의 아이디와 전화번호 및 성매매방법 등을 메모지에 적어 두었다가 직접 또는 공소 외 2가 고용한 또 다른 여직원이 입력하여 작성된 것임을 알 수 있는바, 이는 실질적으로 형사소송법 제315조 제2호 소정의 영업상 필요로 작성된 통상문서로서 그 자체가 당연히 증거능력 있는 문서에 해당한다고 할 것이니, 그 내용에 관한 공소 외 2, 3의 각 증언 및 피의자신문조서상의 진술기재 역시 증거능력이 없다고 할 수 없다. 또한, 공소 외 1 등 38명에 관한 메모리카드 출력물의 경우

피고인이 이를 증거로 함에 동의하였음이 기록상 명백하여 증거능력이 있다고 할 것이다(대법원 2007. 7. 26. 선고 2007도3219 판결).

 문 28 위법수집증거 등 ★★

- 수사기관이 당사자의 일방이 상대방 모르게 대화 내용 녹음하는 것은 통신비밀보호법 제3조 제1항이 금지하는 공개되지 아니한 타인 간의 대화를 녹음한 경우에 해당 ×
- 수사기관이 범죄를 수사하면서 불특정, 다수의 출입이 가능한 장소에 통상적인 방법으로 출입하여 아무런 물리력이나 강제력을 행사하지 않고 통상적인 방법으로 위법행위를 확인하는 것 ⇨ 임의수사의 한 방법으로서 허용되므로 영장 없이 이루어졌다고 하여 위법 ×
- 영장 없이 할 수 있고 사후영장도 不要
  - 경찰관들이 그 체포현장을 수색하여 체포의 원인이 되는 혐의사실과 관련하여 이 사건 사진 촬영한 것(∵ 형사소송법 제216조 제1항 제2호에 의하여 예외적으로 영장에 의하지 아니한 강제처분을 할 수 있는 경우에 해당함)
  - 현행범 체포현장이나 범죄 현장에서도 소지자 등이 임의로 제출하는 물건을 압수하는 것
- 성매매 여성들이 성매매를 업으로 하면서 영업에 참고하기 위하여 성매매를 전후하여 상대 남성의 아이디와 전화번호 및 성매매방법 등을 메모지에 적어두었다가 직접 또는 공소외 2가 고용한 또 다른 여직원이 입력하여 작성된 장 ⇨ 「형사소송법」 제315조 제2호의 영업상 필요로 작성한 통상문서로서 당연히 증거능력 있는 문서에 해당함 ○

문 29

★★

증거동의에 관한 설명 중 옳은 것은? (다툼이 있는 경우 판례에 의함)

① 검사가 신청한 증거들에 관한 변호인의 증거동의에 대하여 피고인이 즉시 이의하지 아니하면 그 증거들의 증거능력이 인정되고, 그 이후 피고인이 증거조사 완료 전에 변호인의 위 동의를 취소하거나 철회한다고 하더라도 일단 부여된 증거능력은 그대로 유지된다.
② 제1심에서 무죄판결이 선고되어 검사가 항소한 후, 수사기관이 항소심 공판기일에 증인으로 신청하여 신문할 수 있는 사람을 특별한 사정 없이 미리 수사기관에 소환하여 작성한 진술조서는 증거능력이 없고, 피고인이 증거로 할 수 있음에 동의한 경우에도 마찬가지이다.
③ 검사가 제출한 증거 중 고발장에 대하여 피고인 및 변호인이 부동의 의견을 밝히고, 같은 고발장이 첨부된 검찰주사보 작성의 수사보고에 대하여는 증거동의를 하여 증거조사가 이루어진 경우, 수사보고에 대한 증거동의의 효력은 첨부된 고발장에도 당연히 미치므로 위 고발장을 유죄의 증거로 삼을 수 있다.
④ 피고인이 출석한 공판기일에서 증거로 함에 부동의한다는 의견이 진술된 경우, 그 후 피고인이 출석하지 아니한 공판기일에 변호인만이 출석하여 종전 의견을 번복하여 증거로 함에 동의하였다 하더라도 변호인의 증거동의는 특별한 사정이 없는 한 효력이 없다.
⑤ 약식명령에 불복하여 정식재판을 청구한 피고인이 정식재판절차의 제1심에서 2회 연속 불출정하여 증거동의가 간주된 후 증거조사를 완료한 경우, 피고인이 항소심에 출석하여 공소사실을 부인하면서 간주된 증거동의를 철회 또는 취소한다는 의사표시를 하면 증거능력이 상실된다.

해설

① (X) ··· 또한 증거로 함에 대한 동의의 주체는 소송주체인 당사자라 할 것이지만 변호인은 피고인의 명시한 의사에 반하지 아니하는 한 피고인을 대리하여 이를 할 수 있음은 물론이므로 피고인이 증거로 함에 동의하지 아니한다고 명시적인 의사표시를 한 경우 이외에는 변호인은 서류나 물건에 대하여 증거로 함에 동의할 수 있고 이 경우 변호인의 동의에 대하여 피고인이 즉시 이의하지 아니하는 경우에는 변호인의 동의로 증거능력이 인정되고 증거조사 완료 전까지 앞서의 동의가 취소 또는 철회하지 아니한 이상 일단 부여된 증거능력은 그대로 존속한다 할 것이다(대법원 1988. 11. 8. 선고 88도1628 판결).

② (X) ··· 이러한 형사소송법의 기본원칙에 따라 살펴보면, 제1심에서 피고인에 대하여 무죄판결이 선고되어 검사가 항소한 후, 수사기관이 항소심 공판기일에 증인으로 신청하여 신문할 수 있는 사람을 특별한 사정 없이 미리 수사기관에 소환하여 작성한 진술조서는 피고인이 증거로 할 수 있음에 동의하지 않는 한 증거능력이 없다(대법원 2019. 11. 28. 선고 2013도6825 판결).

③ (X) ··· 따라서 만일 검찰관이 이 사건 수사보고를 증거로 신청하면서 그에 첨부된 공소 외 1의 고발장을 단순히 공소 외 3이 공소 외 1에게 새로운 사실확인서를 요구하게 된 계기를 설명하기 위한 자료로 제시하는 것을 넘어 고발 내용이 공소사실과 부합한다는 점을 통해 공소사실을 증명하고자 하였다면, 위 고발장은 이 사건 수사보고의 일부로 편입되거나 양자가 내용상 결합하여 단일한 문서로서의 증명력이나 증거가치를 갖는 것이 아니라 독립한 별개의 증거로서 독자적인 증명력을 갖는 것이므로 마땅히 증거목록에 별도의 표목을 붙여 독립한 증거로 신청하였어야 한다. 그리고 그러한 경우 군사법원으로서는 검찰관의 위 증거신청이 이미 증거목록 순번 11로 제출된 고발장에 대한 증거신청과 중복되므로 이를 철회하도록 하거나, 변호인이 동일한 고발장에 대하여 이미 증거에 동의하지 않는다는 의사를 표시한 바 있으므로 이 사건 수사보고에 관하여 증거로 동의한다는 의사를 표시하더라도 그에 첨부된 고발장을 따로 피고인과 변호인에게 제시하여 해당 부분 증거동의 여부에 관한 진의를 확인하는 등 적절한 소송지휘권을 행사하였어야 했음에도 불구하고, 이 사건 수사보고에 대한 증거동의가 있다는 이유로 아무런 지적 없이 그에 첨부된 고발장까지 증거로 채택해 두었다가 판결을 선고하는 단계에 이르러 이를 유죄 인정의 증거로 삼은 것은 실질적 적법절차의 원칙에 비추어 수긍할 수 없다(대법원 2011. 7. 14. 선고 2011도3809 판결).

④ (O) 형사소송법 제318조에 규정된 증거동의의 주체는 소송 주체인 검사와 피고인이고, 변호인은 피고인을 대리하여 증거동의에 관한 의견을 낼 수 있을 뿐이므로 피고인의 명시한 의사에 반하여 증거로 함에 동의할 수는 없다. 따라서 피고인이 출석한 공판기일에서 증거로 함에 부동의한다는 의견이 진술된 경우에는 그 후 피고인이 출석하지 아니한 공판기일에 변호인만이 출석하여 종전 의견을 번복하여 증거로 함에 동의하였다 하더라도 이는 특별한 사정이 없는 한 효력이 없다고 보아야 한다(대법원 2013. 3. 28. 선고 2013도3 판결).

⑤ (X) 약식명령에 불복하여 정식재판을 청구한 피고인이 정식재판절차의 제1심에서 2회 불출정하여 형사소송법 제318조 제2항에 따른 증거동의가 간주된 후 증거조사를 완료한 이상, 간주의 대상인 증거동의는 증거조사가 완료되기 전까지 철회 또는 취소할 수 있으나 일단 증거조사를 완료한 뒤에는 취소 또는 철회가 인정되지 아니하는 점, 증거동의 간주가 피고인의 진의와는 관계없이 이루어지는 점 등에 비추어, 비록 피고인이 항소심에 출석하여 공소사실을 부인하면서 간주된 증거동의를 철회 또는 취소한다는 의사표시를 하더라도 그로 인하여 적법하게 부여된 증거능력이 상실되는 것이 아니다(대법원 2010. 7. 15. 선고 2007도5776 판결).

해답 ④

문 29 증거동의 ★★

- 증거동의의 취소하거나 철회는 증거조사 완료 전까지 可
- 제1심에서 무죄판결이 선고되어 검사가 항소한 후, 수사기관이 항소심 공판기일에 증인으로 신청하여 신문할 수 있는 사람을 특별한 사정 없이 미리 수사기관에 소환하여 작성한 진술조서 ⇨ 피고인이 증거로 할 수 있음에 동의하지 않는 한 증거능력 없음
- 수사보고에 대한 증거동의하였더라도 그에 첨부된 고발장을 증거목록에 별도의 표목을 붙여 독립한 증거로 신청하지 않은 경우 ⇨ 고발장은 유죄 인정의 증거로 삼을 수 없음
- 피고인이 출석한 공판기일에서 증거로 함에 부동의한다는 의견이 진술 후에 피고인이 출석하지 아니한 공판기일에 변호인만이 출석하여 종전 의견을 번복하여 증거로 함에 동의는 효력 없음
- 약식명령에 불복하여 정식재판을 청구한 피고인이 정식재판절차의 제1심에서 2회 불출정하여 형사소송법 제318조 제2항에 따른 증거동의가 간주된 후 증거조사를 완료한 경우 ⇨ 간주된 증거동의를 철회 또는 취소 不可

문 30 ★★

종국재판에 관한 설명 중 옳지 않은 것을 모두 고른 것은? (다툼이 있는 경우 판례에 의함)

ㄱ. 유죄판결의 판결이유에는 범죄사실, 증거의 요지와 법령의 적용을 명시하여야 하므로, 유죄판결을 선고하면서 판결이유에 이 중 어느 하나를 전부 누락한 경우에는 「형사소송법」 제383조 제1호에 정한 판결에 영향을 미친 법률위반으로 파기사유가 된다.
ㄴ. 「헌법재판소법」 제47조 제3항 본문에 따라 형벌에 관한 법률조항에 대하여 위헌결정이 선고된 경우 그 조항은 소급하여 효력을 상실하므로, 법원은 당해 조항이 적용되어 공소가 제기된 피고사건에 대하여 「형사소송법」 제325조 전단에 따라 무죄를 선고하여야 한다.
ㄷ. 「가정폭력범죄의 처벌 등에 관한 특례법」에 따른 보호처분의 결정이 확정되고 그 결정을 이행하거나 집행에 따름으로써 그 보호처분이 취소되지 않은 사건과 동일한 사건에 대하여 다시 공소제기가 된 경우 「형사소송법」 제327조 제2호에 의하여 공소기각판결을 선고하여야 한다.
ㄹ. 「소년법」 제53조에 의하면 같은 법 제32조의 보호처분의 심리가 결정된 사건은 다시 공소를 제기하거나 소년부에 송치할 수 없다고 하여 확정판결에 준하는 효력을 인정하고 있으므로, 제32조의 보호처분을 받은 사건은 그 보호처분이 취소되는 등 특별한 사정이 없다면, 이와 동일한 사건에 관하여 다시 공소제기가 된 경우 「형사소송법」 제326조 제1호에 의하여 면소판결을 선고하여야 한다.
ㅁ. 재심대상판결 확정 후에 형 선고의 효력을 상실케 하는 특별사면이 있었던 경우 재심개시결정이 확정되어 재심심판절차를 진행하는 법원은 그 심급에 따라 다시 심판하여 특별사면을 이유로 면소판결을 선고하여야 한다.

① ㄱ, ㄷ
② ㄴ, ㄷ
③ ㄹ, ㅁ
④ ㄱ, ㄴ, ㅁ
⑤ ㄱ, ㄷ, ㄹ

> **해설**

ㄱ.(O) 형사소송법 제323조 제1항에 따르면 유죄판결의 판결이유에는 범죄사실, 증거의 요지와 법령의 적용을 명시하여야 하므로, 유죄판결을 선고하면서 판결이유에 이 중 어느 하나를 전부 누락한 경우에는 형사소송법 제383조 제1호에 정한 판결에 영향을 미친 법률위반으로서 파기사유가 된다(대법원 2009. 6. 25. 선고 2009도3505 판결).

ㄴ.(O) 헌법재판소법 제47조 제2항 단서는 형벌에 관한 법률조항에 대하여 위헌결정이 선고된 경우 그 조항이 소급하여 효력을 상실한다고 규정하고 있으므로, 형벌에 관한 법률조항이 소급하여 효력을 상실한 경우에 당해 조항을 적용하여 공소가 제기된 피고사건은 범죄로 되지 아니한 때에 해당하고, 법원은 이에 대하여 형사소송법 제325조 전단에 따라 무죄를 선고하여야 한다(대법원 2011. 6. 23. 선고 2008도7562 전원합의체 판결).

ㄷ.(O) 가정폭력처벌법에 따른 보호처분의 결정이 확정된 경우에는 원칙적으로 가정폭력행위자에 대하여 같은 범죄사실로 다시 공소를 제기할 수 없으나(가정폭력처벌법 제16조), 보호처분은 확정판결이 아니고 따라서 기판력도 없으므로, 보호처분을 받은 사건과 동일한 사건에 대하여 다시 공소제기가 되었다면 이에 대해서는 면소판결을 할 것이 아니라 공소제기의 절차가 법률의 규정에 위배하여 무효인 때에 해당한 경우이므로 형사소송법 제327조 제2호의 규정에 의하여 공소기각의 판결을 하여야 한다(대법원 2017. 8. 23. 선고 2016도5423 판결).

ㄹ.(X) 소년법 제32조의 보호처분을 받은 사건과 동일(상습죄 등 포괄일죄 포함)한 사건에 관하여 다시 공소제기가 되었다면, 이는 공소제기 절차가 법률의 규정에 위배하여 무효인 때에 해당한 경우이므로 형사소송법 제327조 제2호의 규정에 의하여 공소기각의 판결을 하여야 한다(대법원 1996. 2. 23. 선고 96도47 판결).

ㅁ.(X) 면소판결 사유인 형사소송법 제326조 제2호의 '사면이 있는 때'에서 말하는 '사면'이란 일반사면을 의미할 뿐, 형을 선고받아 확정된 자를 상대로 이루어지는 특별사면은 여기에 해당하지 않으므로, 재심대상판결 확정 후에 형 선고의 효력을 상실케 하는 특별사면이 있었다고 하더라도, 재심개시결정이 확정되어 재심심판 절차를 진행하는 법원은 그 심급에 따라 다시 심판하여 실체에 관한 유·무죄 등의 판단을 해야지, 특별사면이 있음을 들어 면소판결을 하여서는 아니 된다(대법원 2015. 5. 21. 선고 2011도1932 전원합의체판결).

해답 ③

핵심포인트 문 30 종국재판 ★★

- 유죄판결을 선고하면서 판결이유에 이 중 어느 하나를 전부 누락한 경우 ⇨ 「형사소송법」 제383조 제1호에 정한 판결에 영향을 미친 법률위반으로 파기사유임
- 형벌에 관한 법률조항에 대하여 위헌결정이 선고된 경우 ⇨ 법원은 당해 조항이 적용되어 공소가 제기된 피고사건에 대하여 무죄를 선고하여야 함
- 형사소송법 제327조 제2호의 규정에 의하여 공소기각의 판결
  - 「가정폭력범죄의 처벌 등에 관한 특례법」에 따른 보호처분의 결정이 확정되고 그 결정을 이행하거나 집행에 따름으로써 그 보호처분이 취소되지 않은 사건과 동일한 사건에 대하여 다시 공소제기가 된 경우
  - 소년법 제32조의 보호처분을 받은 사건과 동일(상습죄 등 포괄일죄 포함)한 사건에 관하여 다시 공소제기 경우
- 재심대상판결 확정 후에 형 선고의 효력을 상실케 하는 특별사면이 있는 경우 ⇨ 재심개시결정이 확정되어 재심심판절차를 진행하는 법원은 그 심급에 따라 다시 심판하여 실체에 관한 유·무죄 등의 판단하여야 함

문 31 ★★

甲은 A의 비트코인을 법률상 원인 없이 자신의 계좌로 이체받은 후 이를 자신의 다른 계좌로 이체하여 소비하였다. 이를 인지한 검사는 적법하게 수사를 개시하면서 甲의 휴대전화에 대하여 압수·수색영장을 청구하였다. 이에 관한 설명 중 옳은 것은? (다툼이 있는 경우 판례에 의함)

① 비트코인은 블록체인 등 암호화된 분산원장에 의하여 부여된 경제적인 가치가 디지털로 표상된 정보로서 재산상 이익에 해당한다.
② A가 착오로 甲의 계좌에 비트코인을 이체한 경우, 비트코인은 현금과 같이 취급되므로 甲은 신의칙상 A에 대한 보관자의 지위에 있게 되어 이를 사용·처분한 경우 횡령죄가 성립한다.
③ 알 수 없는 경위로 甲의 계좌에 A의 비트코인이 이체된 경우, 甲은 신임관계에 기초하여 A의 사무를 맡아 처리하는 자에 해당하므로 甲이 임의로 비트코인을 사용·처분한 경우 배임죄가 성립한다.
④ 검사가 범죄를 인지하였음에도 불구하고 범죄인지서를 작성하지 않은 상태에서 피의자신문을 한 경우 원칙적으로 위법한 수사에 해당하며, 그 수사과정에서 작성된 피의자신문조서는 증거능력이 없다.
⑤ 지방법원 판사가 휴대전화에 대한 압수·수색영장청구를 기각한 경우, 검사는 준항고로 불복할 수 없지만, 항고의 방법으로는 불복할 수 있다.

해설

① (O), ② (X), ③ (X) … 가상자산은 국가에 의해 통제받지 않고 블록체인 등 암호화된 분산원장에 의하여 부여된 경제적인 가치가 디지털로 표상된 정보로서 재산상 이익에 해당한다. 원인불명으로 재산상 이익인 가상자산을 이체받은 자가 가상자산을 사용·처분한 경우 이를 형사처벌하는 명문의 규정이 없는 현재의 상황에서 착오송금 시 횡령죄 성립을 긍정한 판례(대법원 2010. 12. 9. 선고 2010도891 판결 등 참조)를 유추하여 신의칙을 근거로 피고인을 배임죄로 처벌하는 것은 죄형법정주의에 반한다(대법원 2021. 12. 16. 선고 2020도9789 판결). 횡령죄의 객체는 자기가 보관하는 '타인의 재물'이므로 재물이 아닌 재산상의 이익은 횡령죄의 객체가 될 수 없다(대법원 2014. 2. 27. 선고 2011도832 판결).

④ (X) 검찰사건사무규칙 제2조 내지 제4조에 의하면, 검사가 범죄를 인지하는 경우에는 범죄인지서를 작성하여 사건을 수리하는 절차를 거치도록 되어 있으므로, 특별한 사정이 없는 한 수사기관이 그와 같은 절차를 거친 때에 범죄인지가 된 것으로 볼 것이나, 범죄의 인지는 실질적인 개념이고, 이 규칙의 규정은 검찰행정의 편의를 위한 사무처리절차 규정이므로, 검사가 그와 같은 절차를 거치기 전에 범죄의 혐의가 있다고 보아 수사를 개시하는 행위를 한 때에는 이 때에 범죄를 인지한 것으로 보아야 하고, 그 뒤 범죄인지서를 작성하여 사건수리 절차를 밟은 때에 비로소 범죄를 인지하였다고 볼 것이 아니며, 이러한 인지절차를 밟기 전에 수사를 하였다고 하더라도, 그 수사가 장차 인지의 가능성이 전혀 없는 상태하에서 행해졌다는 등의 특별한 사정이 없는 한, 인지절차가 이루어지기 전에 수사를 하였다는 이유만으로 그 수사가 위법하다고 볼 수는 없고, 따라서 그 수사과정에서 작성된 피의자신문조서나 진술조서 등의 증거능력도 이를 부인할 수 없다(대법원 2001. 10. 26. 선고 2000도2968 판결).

⑤ (X) 형사소송법 제416조는 재판장 또는 수명법관이 한 재판에 대한 준항고에 관하여 규정하고 있는바, 여기에서 말하는 '재판장 또는 수명법관'이라 함은 수소법원의 구성원으로서의 재판장 또는 수명법관만을 가리키는 것이어서, 수사기관의 청구에 의하여 압수영장 등을 발부하는 독립된 재판기관인 지방법원 판사가 이에 해당된다고 볼 수 없으므로, 지방법원 판사가 한 압수영장발부의 재판에 대하여는 위 조항에서 정한 준항고로 불복할 수 없고, 나아가 같은 법 제402조, 제403조에서 규정하는 항고는 법원이 한 결정을 그 대상으로 하는 것이므로 법원의 결정이 아닌 지방법원 판사가 한 압수영장발부의 재판에 대하여 그와 같은 항고의 방법으로도 불복할 수 없다고 보아야 할 것이다(대법원 1997. 9. 29. 자 97모66 결정).

해답 ①

| 핵심
포인트 | 문 31 | 횡령죄 · 배임죄 · 피의자신문조서의 증거능력 · 항고 | ★★ |

- 가상자산(비트코인)은 재산상 이익에 해당함 ○
- 원인불명으로 재산상 이익인 가상자산을 이체받은 자가 가상자산을 사용·처분한 경우
  - 횡령죄 성립 ×(∵ 재산상의 이익은 횡령죄의 객체 아님)
  - 배임죄 성립 ×(∵ 원인불명으로 재산상 이익인 가상자산을 이체받은 자가 가상자산을 사용·처분한 경우 이를 형사처벌하는 명문의 규정 없음)
- 검사가 범죄를 인지하였음에도 불구하고 범죄인지서를 작성하지 않은 상태에서
  - 피의자신문은 위법 ×
  - 그 수사과정에서 작성된 피의자신문조서나 진술조서 등의 증거능력 有
- 지방법원 판사가 한 압수·수색영장청구를 기각한 경우 ⇨ 검사는 항고·준항고로 불복 不可

문 32

성인 남성 甲은 여성 A(2009. 1. 1.생)와 교제를 하던 중 2024. 6. 6.경 합의하에 성관계를 하고 A의 동의를 받아 휴대전화 카메라로 A의 나체를 촬영하였다. 당일 A는 甲과 헤어지면서 나체 사진을 모두 삭제하라고 말했으나 甲은 삭제하지 아니한 채 2024. 7. 7.경 자신의 SNS 공개계정에 위 나체 사진을 게시하였다. A와 그녀의 법정대리인 B는 甲을 고소하였고, 경찰관 P는 甲을 조사하면서 甲의 휴대전화를 임의제출 받았는데 별도의 압수조서는 작성하지 아니하고 피의자신문조서에 압수경위, 압수의 취지를 기재하였다. 이후 P는 A와 신뢰관계에 있는 자인 B의 동석하에 A의 피해진술을 영상녹화 하였다. 이 사례에 관한 설명 중 옳은 것은? (다툼이 있는 경우 판례에 의함)

① 甲이 A를 간음한 행위는 「형법」 제305조의 미성년자의제강간죄에 의해 처벌하기 어렵다.
② 甲이 SNS 공개 계정에 A의 나체 사진을 게시한 행위는 「아동·청소년의 성보호에 관한 법률」 제11조 제3항(성착취물 배포)의 죄가 성립하나, 만약 A가 1999. 1. 1.생이었다면 A가 나체 촬영에 동의하였으므로 「성폭력범죄의 처벌 등에 관한 특례법」 제14조 제2항(카메라등이용촬영물 반포)의 죄는 성립될 수 없다.
③ 甲이 A의 나체를 촬영한 행위는 「아동·청소년의 성보호에 관한 법률」 제11조 제1항(성착취물 제작)에 의해 처벌 가능하고, 위 죄의 법정형은 무기 또는 5년 이상의 징역에 해당하므로 A가 성년에 달한 날부터 15년의 경과로 공소시효가 완성된다.
④ 압수조서는 압수절차의 경위를 기록하도록 함으로써 사후적으로 압수절차의 적법성을 심사·통제하기 위한 것이므로, 경찰관 P가 피의자신문조서에 압수의 취지 등을 기재하였을 뿐 압수조서를 작성하지 아니한 행위는 위법하다.
⑤ 甲이 아동·청소년의성보호에관한법률위반(성착취물제작등)죄 등으로 기소되어 재판절차가 진행되는 상황에서 甲이 A의 진술이 담긴 영상녹화물에 대한 증거 부동의 의견을 밝힌 경우, 담당 재판부는 B의 진술에 의하여 그 성립의 진정함을 인정하는 방식으로 A의 진술이 담긴 영상녹화물을 증거로 할 수 없고, A를 증인으로 소환하여 진술을 듣고 甲에게 반대신문권을 행사할 기회를 부여할 필요가 있는지 등에 관해 심리함이 상당하다.

해설

① (✗) 수단은 폭행·협박·위계·위력 등 별도의 수단은 필요없고, 피해자의 동의가 있는 경우에도 본죄가 성립한다(신호진, 2024형법요론 각론 p.144)

> **형법 제305조(미성년자에 대한 간음, 추행)** ① 13세 미만의 사람에 대하여 간음 또는 추행을 한 자는 제297조, 제297조의2, 제298조, 제301조 또는 제301조의2의 예에 의한다.
> ② 13세 이상 16세 미만의 사람에 대하여 간음 또는 추행을 한 19세 이상의 자는 제297조, 제297조의2, 제298조, 제301조 또는 제301조의2의 예에 의한다.

② (✗), ③ (✗) 성폭력범죄의 처벌 등에 관한 특례법 제14조 제2항 및 아동·청소년의 성보호에 관한 법률 제11조 제1항, 제20조 제4항 제2호. 사안의 甲이 A의 나체를 촬영 후 촬영대상자의 의사에 반하여 반포 등을 한 자이므로 甲은「성폭력범죄의 처벌 등에 관한 특례법」제14조 제2항(카메라등이용촬영물 반포)의 죄 성립한다. 또한「아동·청소년의 성보호에 관한 법률」제11조 제1항(성착취물 제작)은 공소시효를 적용하지 아니한다(동법 제20조 제4항 제2호).

> **성폭력범죄의 처벌 등에 관한 특례법 제14조(카메라 등을 이용한 촬영)** ① 카메라나 그 밖에 이와 유사한 기능을 갖춘 기계장치를 이용하여 성적 욕망 또는 수치심을 유발할 수 있는 사람의 신체를 촬영대상자의 의사에 반하여 촬영한 자는 7년 이하의 징역 또는 5천만 원 이하의 벌금에 처한다.
> ② 제1항에 따른 촬영물 또는 복제물(복제물의 복제물을 포함한다. 이하 이 조에서 같다)을 반포·판매·임대·제공 또는 공공연하게 전시·상영(이하 "반포 등"이라 한다)한 자 또는 제1항의 촬영이 촬영 당시에는 촬영대상자의 의사에 반하지 아니한 경우(자신의 신체를 직접 촬영한 경우를 포함한다)에도 사후에 그 촬영물 또는 복제물을 촬영대상자의 의사에 반하여 반포등을 한 자는 7년 이하의 징역 또는 5천만원 이하의 벌금에 처한다.
> **아동·청소년의 성보호에 관한 법률 제11조(아동·청소년성착취물의 제작·배포 등)** ① 아동·청소년성착취물을 제작·수입 또는 수출한 자는 무기 또는 5년 이상의 징역에 처한다.
> **아동·청소년의 성보호에 관한 법률 제20조(공소시효에 관한 특례)** ④ 다음 각 호의 죄를 범한 경우에는 제1항과 제2항에도 불구하고「형사소송법」제249조부터 제253조까지 및「군사법원법」제291조부터 제295조까지에 규정된 공소시효를 적용하지 아니한다.
> 2. 제10조제1항 및 제11조제1항의 죄

④ (✗) 형사소송법 제106조, 제218조, 제219조, 형사소송규칙 제62조, 제109조, 구 범죄수사규칙 제119조 등 관련규정들에 의하면, 사법경찰관이 임의제출된 증거물을 압수한 경우 압수경위 등을 구체적으로 기재한 압수조서를 작성하도록 하고 있다. 이는 사법경찰관으로 하여금 압수절차의 경위를 기록하도록 함으로써 사후적으로 압수절차의 적법성을 심사·통제하기 위한 것이다. 구 범죄수사규칙 제119조 제3항에 따라 피의자신문조서 등에 압수의 취지를 기재하여 압수조서를 갈음할 수 있도록 하더라도, 압수절차의 적법성 심사·통제 기능에 차이가 없으므로, 위와 같은 사정만으로 이 사건 동영상에 관한 압수가 형사소송법이 정한 압수절차를 지키지 않은 것이어서 위법하다는 취지의 원심 판단에는 압수절차의 적법성에 관한 법리를 오해하여 판결에 영향을 미친 잘못이 있다(대법원 2023. 6. 1. 선고 2020도2550 판결).

⑤ (○) … 청소년성보호법 제26조 제6항 중 이 사건 위헌 법률 조항과 동일한 내용을 규정하고 있는 부분(이하 '이 사건 청소년성보호법 조항'이라 한다)은 이 사건 위헌 결정의 심판대상이 되지 아니하였지만 이 사건 위헌 법률 조항에 대한 위헌 결정 이유와 같은 이유에서 과잉금지 원칙에 위반될 수 있다. 따라서 원심으로서는 이 사건 청소년성보호법 조항의 위헌 여부 또는 그 적용에 따른 위헌적 결과를 피하기 위하여 피해자들을 증인으로 소환하여 그 진술을 듣고 피고인에게 반대신문권을 행사할 기회를 부여할 필요가 있는지 여부 등에 관하여 심리·판단하였어야 한다(대법원 2022. 4. 14. 선고 2021도14616 판결).

해답 ⑤

핵심 포인트 문 32 미성년자의제강간·성폭력특례법·공소시효·압수조서·아청법영상녹화물 ★★

- 피해자의 동의가 있는 경우에도 미성년자의제강간죄 성립 ○
- 촬영 당시에는 촬영대상자의 의사에 반하지 아니한 경우 나체를 촬영 후 촬영대상자의 의사에 반하여 반포 등을 한 자 ⇨ 카메라등이용촬영물 반포죄 성립○
- 아동·청소년성착취물을 제작·수입 또는 수출한 자 ⇨ 무기 또는 5년 이상의 징역에 처함, 공소시효는 부적용
- 피의자신문조서 등에 압수의 취지를 기재하여 압수조서를 갈음 가능함 ○
- 아동·청소년의성보호에관한법률위반 등으로 기소되어 재판절차가 진행되는 상황에서 피고인이 피해자의 진술이 담긴 영상녹화물에 대한 증거 부동의 의견을 밝힌 경우 ⇨ 피해자들을 증인으로 소환하여 그 진술을 듣고 피고인에게 반대신문권을 행사할 기회를 부여할 필요가 있는지 여부 등에 관하여 심리·판단하여야 함

문 33 ★★

甲은 자신의 승용차를 운행하던 중 차선변경을 하다가 전방주시의무를 게을리한 업무상과실로 A와 B가 타고 있는 승용차를 충격하였고 피해자 A에게는 뇌손상 등의 중상해를, 피해자 B에게는 전치 2주의 상해를 입게 하였다. 乙은 혈중알코올농도 0.15%의 술에 취한 상태로 자신의 화물차를 운행하다가 전방주시의무를 게을리한 업무상과실로 편의점 앞에 세워져 있던 피해자 C 소유의 자전거를 충격하여 수리비 30만 원 상당이 들도록 손괴하였다. 검사는 甲을 교통사고처리특례법위반(치상)죄로, 乙을 도로교통법위반(음주운전)죄와 과실재물손괴로 인한 도로교통법위반죄로 각 공소제기하였다. 이에 관한 설명 중 옳은 것은? (다툼이 있는 경우 판례에 의함)

① 하나의 교통사고로 인한 것이므로 甲에게는 더 중한 피해자 A에 대한 교통사고처리특례법위반(치상)죄만 성립하고 피해자 B에 대한 교통사고처리특례법위반(치상)죄는 이에 흡수된다.
② 甲의 승용차가 종합보험에 가입되어 있다면, 피해자 A가 甲에 대한 처벌을 원하더라도 법원은 甲에게 「형사소송법」 제327조 제2호에 따라 공소기각판결을 선고하여야 한다.
③ 甲이 진로변경을 금지하는 안전표지인 백색실선을 침범하여 차선을 변경하다가 사고를 일으켰다면, 「도로교통법」은 통행금지와 진로변경금지를 구분하여 규율하고 있기 때문에, 甲의 승용차가 종합보험에 가입되어 있지 않았더라도 공소제기 후 피해자 B가 처벌을 원하지 아니한다는 의사를 표시한 경우 법원은 「형사소송법」 제327조 제2호에 의하여 공소기각판결을 선고하여야 한다.
④ 乙이 경찰관의 음주측정 요구를 거부하여 음주측정거부죄로 입건된 후, 혹시 채혈을 하면 음주수치가 나오지 않을지도 모른다는 생각에 채혈을 요구하였고, 그 감정결과 혈중알코올농도가 0.15%로 판명된 것이라면, 도로교통법위반(음주운전)죄와 도로교통법위반(음주측정거부)죄는 별개로 성립하여 실체적 경합관계에 있다.
⑤ 乙의 교통사고와 관련하여, 乙의 음주운전이 인정된다면 乙의 화물차가 종합보험에 가입되어 있어도 乙의 과실재물손괴로 인한 도로교통법위반죄에 대하여 유죄판결이 선고되어야 한다.

해설

① (X) … 이 사건 공소는 피고인이 동일한 교통사고로 그 택시에 타고 있던 승객들에게 상해를 입힌 사실에

관하여 제기된 것임이 명백하다. … 도로교통법 제74조 위반죄와 이 사건으로 공소제기된 죄는 모두 피고인의 동일한 업무상과실로 발생한 수개의 결과로서 형법 제40조 소정의 상상적 경합관계에 있다(대법원 1986. 2. 11. 선고 85도2658 판결).

② (X), ③ (X) 진로변경을 금지하는 안전표지인 백색실선은 교통사고처리 특례법(이하 '교통사고처리법'이라 한다) 제3조 제2항 단서 제1호(이하 '단서 제1호'라 한다)에서 정하고 있는 '통행금지를 내용으로 하는 안전표지'에 해당하지 않으므로, 이를 침범하여 교통사고를 일으킨 운전자에 대하여는 교통사고처리법 제3조 제2항 본문의 반의사불벌죄 규정 및 제4조 제1항의 종합보험 가입특례 규정(이하 위 각 규정을 합하여 '처벌특례'라 한다)이 적용된다고 보아야 한다(대법원 2024. 6. 20. 선고 2022도12175 전원합의체 판결).

> 교통사고처리 특례법 제4조 제3조(처벌의 특례) ① 차의 운전자가 교통사고로 인하여 「형법」 제268조의 죄를 범한 경우에는 5년 이하의 금고 또는 2천만원 이하의 벌금에 처한다.
> ② 차의 교통으로 제1항의 죄 중 업무상과실치상죄(業務上過失致傷罪) 또는 중과실치상죄(重過失致傷罪)와 「도로교통법」 제151조의 죄를 범한 운전자에 대하여는 피해자의 명시적인 의사에 반하여 공소(公訴)를 제기할 수 없다. 다만, 차의 운전자가 제1항의 죄 중 업무상과실치상죄 또는 중과실치상죄를 범하고도 피해자를 구호(救護)하는 등 「도로교통법」 제54조제1항에 따른 조치를 하지 아니하고 도주하거나 피해자를 사고 장소로부터 옮겨 유기(遺棄)하고 도주한 경우, 같은 죄를 범하고 「도로교통법」 제44조제2항을 위반하여 음주측정 요구에 따르지 아니하거나(운전자가 채혈 측정을 요청하거나 동의한 경우는 제외한다), 「도로교통법」 제44조제5항을 위반하여 음주측정방해행위를 한 경우와 다음 각 호의 어느 하나에 해당하는 행위로 인하여 같은 죄를 범한 경우에는 그러하지 아니하다.
> 교통사고처리 특례법 제4조(보험 등에 가입된 경우의 특례) ① 교통사고를 일으킨 차가 「보험업법」 제4조, 제126조, 제127조 및 제128조, 「여객자동차 운수사업법」 제60조, 제61조 또는 「화물자동차 운수사업법」 제51조에 따른 보험 또는 공제에 가입된 경우에는 제3조제2항 본문에 규정된 죄를 범한 차의 운전자에 대하여 공소를 제기할 수 없다. 다만, 다음 각 호의 어느 하나에 해당하는 경우에는 그러하지 아니하다.
> 2. 피해자가 신체의 상해로 인하여 생명에 대한 위험이 발생하거나 불구(不具)가 되거나 불치(不治) 또는 난치(難治)의 질병이 생긴 경우

④ (O) 도로교통법 제107조의2 제2호 음주측정불응죄의 규정 취지 및 입법 연혁 등을 종합하여 보면, 주취운전은 이미 이루어진 도로교통안전침해만을 문제삼는 것인 반면 음주측정거부는 기왕의 도로교통안전침해는 물론 향후의 도로교통안전 확보와 위험 예방을 함께 문제삼는 것이고, 나아가 주취운전은 도로교통법시행령이 정한 기준 이상으로 술에 '취한' 자가 행위의 주체인 반면, 음주측정거부는 술에 취한 상태에서 자동차 등을 운전하였다고 인정할 만한 상당한 이유가 있는 자가 행위의 주체인 것이어서, 결국 양자가 반드시 동일한 법익을 침해하는 것이라거나 주취운전의 불법과 책임내용이 일반적으로 음주측정거부의 그것에 포섭되는 것이라고는 단정할 수 없으므로, 결국 주취운전과 음주측정거부의 각 도로교통법위반죄는 실체적 경합관계에 있는 것으로 보아야 한다(대법원 2004. 11. 12. 선고 2004도5257 판결).

⑤ (X) 도로교통법 제148조에 의하여 처벌되는 도로교통법 제54조 제1항 위반죄는 사람의 사상, 물건의 손괴가 있다는 것에 대한 인식이 있을 것을 필요로 하는 고의범으로서, 과실범인 도로교통법 제151조의 죄와는 그 보호법익, 주체, 행위 등 구성요건이 전혀 다른 별개의 범죄이다. 그러므로 차의 운전자가 업무상과실 또는 중과실에 의하여 재물을 손괴하고 도로교통법 제54조 제1항 소정의 필요한 조치를 취하지 아니한 경우에는 도로교통법 제151조의 죄 이외에 도로교통법 제148조의 죄가 성립하고 이는 실체적 경합범이라고 보아야 한다. 따라서 도로교통법 제148조의 죄로 공소제기 되었으나 운전자 등에게 도로교통법 제54조 제1항에서 정한 조치를 취할 필요성이 인정되지 아니하는 경우에는 피고인에 대하여 무죄를 선고할 것이지, 실체적 경합관계에 있는 도로교통법 제151조의 죄로도 공소제기 된 것으로 보아 이에 대하여까지 심리·판단할 필요가 있는 것은 아니다(대법원 2017. 9. 7. 선고 2017도9689 판결).

해답 ④

| 핵심
포인트 | 문 33 | 죄수·교통사고처리 특례법 | ★★ |

- 동일한 교통사고로 차량에 타고 있던 승객들에게 상해를 입힌 경우 ⇨ 각각의 승객에 대한 교통사고처리특례법위반(치상)죄 상상적 경합 ○
- 승용차가 종합보험에 가입되어 있더라도 피해자 A가 甲에 대한 처벌을 원하면 처벌 可
- 진로변경을 금지하는 안전표지인 백색실선을 침범하여 차선을 변경하다가 사고를 일으킨 경우 ⇨ 종합보험에 가입을 전제로 피해자의 명시적인 의사에 반하여 공소 제기할 수 없음
- 주취운전과 음주측정거부의 각 도로교통법위반죄는 실체적 경합 ○
- 교통사고와 관련하여 음주운전이 인정된다면 화물차가 종합보험에 가입되어 있다면 과실재물손괴로 인한 도로교통법위반죄에 대하여는 무죄선고

문 34 ★★

甲은 A로부터 그 소유의 노트북컴퓨터를 위탁받아 보관하였고, B로부터 그 소유의 태블릿 PC를 위탁받아 보관하던 중 이러한 위탁 사실을 알고 있는 乙에게 일괄 매각하여 도박 자금을 마련하였다. 甲은 위 매각 대금 전액을 같은 날 도박으로 탕진하였다. 검사는 甲을 횡령죄 및 도박죄로 기소하였다. 이에 관한 설명 중 옳지 않은 것은? (다툼이 있는 경우 판례에 의함)

① 甲에게는 피해자 A, B에 대한 각 횡령죄가 성립하고, 두 개의 횡령죄는 상상적 경합의 관계에 있다.
② 만약 乙이 甲에게 위 매각행위를 교사하였다면, 乙에게는 횡령교사죄와 장물취득죄의 경합범이 성립한다.
③ 만약 甲이 위 매각행위로 횡령한 물건에 피해자 C로부터 위탁받아 보관 중이던 태블릿 PC도 포함된 사실이 추가로 드러나자 검사가 이를 공소사실에 추가하는 공소장변경신청을 한 경우, 특별한 사정이 없는 한 법원은 이를 허가하여야 한다.
④ 법원이 공소장변경허가신청서 부본을 甲에게 송달하였음에도 공판조서에 법원이 그 허가 여부를 결정한 절차가 기재되지 않은 경우, 공소장변경허가신청을 간과하여 그 허가 여부를 결정하지 않은 것으로 당연히 추정되는 것은 아니고 공판조서에 기재되지 않은 소송절차의 존재가 공판조서에 기재된 다른 내용이나 공판조서 이외의 자료로 증명될 수 있으나, 이는 엄격한 증명의 대상이 된다.
⑤ 횡령 및 도박의 점에 대하여 전부 무죄를 선고한 제1심판결에 관하여 검사의 항소로 계속된 항소심에서 횡령죄 및 도박죄 모두 유죄를 인정하여 하나의 형을 선고하였는데, 甲의 상고로 계속된 상고심에서 원심판결 중 횡령죄 부분을 파기하는 경우에 이와 경합범 관계에 있어 하나의 형이 선고된 도박죄 부분도 함께 파기의 대상이 된다.

해설

① (O) 여러 개의 위탁관계에 의하여 보관하던 여러 개의 재물을 1개의 행위에 의하여 횡령한 경우 위탁관계별로 수개의 횡령죄가 성립하고, 그 사이에는 상상적 경합의 관계가 있는 것으로 보아야 한다. 이 사건 공소사실을 앞서 본 법리에 비추어 살펴보면, 피고인은 피해자 공소 외 1 회사와 사이에 렌탈(임대차)계약을 체결하고 그로부터 컴퓨터 본체 24대, 모니터 1대를 받아 보관하였고, 피해자 공소 외 2 회사와 사이에 리스(임대차)계약을 체결하고 그로부터 컴퓨터 본체 13대, 모니터 41대, 그래픽카드 13개, 마우스 11개를 보관하다가 2011. 2. 22.경 성명불상의 업체에 이를 한꺼번에 처분하여 횡령하였으므로, 이러한 횡령행위는

사회관념상 1개의 행위로 평가함이 상당하고, 피해자들에 대한 각 횡령죄는 상상적 경합의 관계에 있다고 보아야 할 것이다(대법원 2013. 10. 31. 선고 2013도10020 판결).

② (O) 횡령 교사를 한 후 그 횡령한 물건을 취득한 때에는 횡령교사죄와 장물취득죄의 경합범이 성립된다(대법원 1969. 6. 24. 선고 69도692 판결).

③ (O), ④ (X) 검사가 제1심판결에 대하여 양형부당을 이유로 항소한 다음 원심의 제1회 공판기일이 열리기 전에 먼저 기소된 업무상횡령 공소사실과 상상적 경합관계에 있는 업무상횡령 공소사실을 추가하는 취지임을 밝히며 공소장변경허가신청서를 제출한 사안에서 원심은 검사의 공소장변경허가신청서 제출에 의한 공소장변경허가신청이 있었음에도 이를 간과하고 허가 여부를 결정하지 않은 채 절차를 진행한 것으로 의심되는 점, 공소장변경허가신청 전후의 공소사실은 업무상횡령의 피해자를 추가한 부분과 전체 횡령금액만을 달리할 뿐 그 밖에 횡령의 일시, 장소, 방법 등이 모두 동일하여 그 기본적 사실관계가 동일하므로 공소사실의 동일성을 해하지 않는 점을 종합하면, 원심은 검사가 서면으로 제출한 공소장변경허가신청에 대하여 허가 여부를 결정해야 하고, 나아가 상상적 경합관계에 있는 수죄 가운데 당초 공소를 제기하지 아니한 공소사실을 추가하는 내용의 공소장변경을 허가하여 추가된 공소사실에 대하여 심리·판단했어야 하므로, 이러한 조치 없이 검사의 항소를 기각한 원심판결에 법리오해 등의 잘못이 있다. … 반면에 어떤 소송절차가 진행된 내용이 공판조서에 기재되지 않았다고 하여 당연히 그 소송절차가 당해 공판기일에 행하여지지 않은 것으로 추정되는 것은 아니고 공판조서에 기재되지 않은 소송절차의 존재가 공판조서에 기재된 다른 내용이나 공판조서 이외의 자료로 증명될 수 있고, 이는 소송법적 사실이므로 자유로운 증명의 대상이 된다(대법원 2023. 6. 15. 선고 2023도3038 판결).

⑤ (O) … 원심판결의 무죄 부분은 검사의 나머지 상고이유를 판단할 필요 없이 파기되어야 할 것인바, 이 부분 범죄사실과 원심판결의 유죄 부분은 형법 제37조 전단의 경합범 관계에 있어 하나의 형이 선고되어야 할 것이므로 원심판결 전부를 파기하고, 사건을 다시 심리·판단하게 하기 위하여 원심법원에 환송하기로 하여 관여 대법관의 일치된 의견으로 주문과 같이 판결한다(대법원 2004. 4. 23. 선고 2002도2518 판결).

  ④

문 34 죄수 · 공소장변경신청 · 상고심의파기범위 ★★

- 여러 개의 위탁관계에 의하여 보관하던 여러 개의 재물을 1개의 행위에 의하여 횡령한 경우 ⇨ 위탁관계별로 수개의 횡령죄 성립하고 그 사이에는 상상적 경합의 관계
- 횡령 교사를 한 후 그 횡령한 물건을 취득한 때에는 횡령교사죄와 장물취득죄의 경합범
- 먼저 기소된 업무상횡령 공소사실과 상상적 경합관계에 있는 업무상횡령 공소사실을 추가하는 취지임을 밝히며 공소장변경허가신청서 제출한 경우 ⇨ 상상적 경합관계에 있는 수죄 가운데 당초 공소를 제기하지 아니한 공소사실을 추가하는 내용의 공소장변경을 허가하여 추가된 공소사실에 대하여 심리·판단해야 함
- 어떤 소송절차가 진행된 내용이 공판조서에 기재되지 않은 경우
  - 당연히 그 소송절차가 당해 공판기일에 행하여지지 않은 것으로 추정 ×
  - 공판조서에 기재되지 않은 소송절차의 존재가 공판조서에 기재된 다른 내용이나 공판조서 이외의 자료로 자유로운 증명 가
- 검사의 항소로 계속된 항소심에서 경합범 관계에 있는 죄를 모두 유죄로 인정하여 하나의 형을 선고하였는데 피고인상고로 계속된 상고심에서 원심판결 중 일부를 파기하는 경우 ⇨ 경합범 관계에 있어 하나의 형이 선고된 부분도 함께 파기의 대상임 ○

문 35

★★

甲은 백화점에서 A의 지갑을 절취하기 위해 A와 부딪치며 양복 상의 주머니에 손을 넣는 순간 발각되어 도주하다가 곧바로 뒤쫓아 온 보안요원 X에게 붙잡혔다. 甲은 X로부터 그 경위를 확인받던 중 체포된 상태를 벗어나기 위해 X의 얼굴을 주먹으로 수차례 때려 전치 4주의 상해를 입히고 도주하였다. 사건이 발생한 지 1시간이 지난 후 X의 신고를 받고 출동한 사법경찰관 P가 인근 버스 정류장에 서있던 甲에게 임의동행을 요청하자, 甲은 영장의 제시를 요구하면서 동행을 거부하였다. 그럼에도 P가 甲을 순찰차에 강제로 태워 파출소로 연행하려 하자 甲은 이를 벗어날 목적으로 P의 복부를 발로 차 전치 2주의 상해를 입혔다. 이에 관한 설명 중 옳지 않은 것은? (다툼이 있는 경우 판례에 의함)

① 甲이 일단 X에게 체포되었으나 아직 신병 확보가 확실하지 않은 단계에서 체포 상태를 면하기 위해 X의 얼굴을 주먹으로 수차례 때려 상해를 가한 것이므로, 甲은 강도상해죄의 죄책을 진다.
② 만약 甲이 X에게 항거가 곤란할 정도의 폭행을 가하였으나 상해에는 이르지 않았다면, 甲은 준강도미수죄의 죄책을 진다.
③ P의 甲에 대한 체포는 적법한 현행범인의 체포라고 볼 수 없다.
④ 甲이 체포를 면하려고 반항하는 과정에서 P에게 상해를 가한 것은 정당방위에 해당하여 위법성이 조각된다.
⑤ 甲이 제1회 공판기일에서 공소사실에 대하여 검사가 신문을 할 때 공소사실이 모두 사실과 다름없다고 진술한 경우, 이후 변호인이 신문을 할 때에는 범의나 공소사실을 부인하더라도 그 공소사실은 간이공판절차에 의하여 심판할 수 있다.

해설

① (O) 준강도는 절도범인이 절도의 기회에 재물탈환의 항거 등의 목적으로 폭행 또는 협박을 가함으로써 성립되는 것으로서, 여기서 절도의 기회라고 함은 절도범인과 피해자측이 절도의 현장에 있는 경우와 절도에 잇달아 또는 절도의 시간·장소에 접착하여 피해자측이 범인을 체포할 수 있는 상황, 범인이 죄적인멸에 나올 가능성이 높은 상황에 있는 경우를 말하고, 그러한 의미에서 피해자측이 추적태세에 있는 경우나 <u>범인이 일단 체포되어 아직 신병확보가 확실하다고 할 수 없는 경우에는 절도의 기회에 해당한다. 절도범인이 일단 체포되었으나 아직 신병확보가 확실하지 않은 단계에서 체포 상태를 면하기 위해 폭행하여 상해를 가한 경우, 그 행위는 절도의 기회에 체포를 면탈할 목적으로 폭행하여 상해를 가한 것으로서 강도상해죄에 해당한다</u>(대법원 2001. 10. 23. 선고 2001도4142,2001감도100 판결).

② (O) 형법 제335조에서 절도가 재물의 탈환을 항거하거나 체포를 면탈하거나 죄적을 인멸할 목적으로 폭행 또는 협박을 가한 때에 준강도로서 강도죄의 예에 따라 처벌하는 취지는, 강도죄와 준강도죄의 구성요건인 재물탈취와 폭행·협박 사이에 시간적 순서상 전후의 차이가 있을 뿐 실질적으로 위법성이 같다고 보기 때문인바, 이와 같은 준강도죄의 입법 취지, 강도죄와의 균형 등을 종합적으로 고려해 보면, <u>준강도죄의 기수 여부는 절도행위의 기수 여부를 기준으로</u> 하여 판단하여야 한다(대법원 2004. 11. 18. 선고 2004도5074 전원합의체 판결). 한편 절도죄는 자기 또는 제3자의 지배하에 둔 때에 기수가 된다(취득설). ▶ 사안에서 甲이 X에게 항거가 곤란할 정도의 폭행을 가하였으나 상해에는 이르지 않았으므로 강도상해는 성립하지 않고, A의 지갑을 절취하기 위해 A와 부딪치며 양복 상의 주머니에 손을 넣는 순간 발각되어 도주하다가 X에게 붙잡혔던 점에서 절도 미수가 인정된다. 따라서 甲은 준강도미수죄의 죄책을 진다(강도죄의 기수 여부는 절도행위의 기수 여부를 기준으로 하여 판단).

③ (O) 형사소송법 제211조가 현행범인으로 규정한 "범죄의 실행(實行)의 즉후(卽後)인 자"라고 함은, 범죄의 실

행행위를 종료한 직후의 범인이라는 것이 체포하는 자의 입장에서 볼 때 명백한 경우를 일컫는 것으로서, … 범죄행위를 실행하여 끝마친 순간 또는 이에 아주 접착된 시간적 단계를 의미하는 것으로 해석되므로, 시간적으로나 장소적으로 보아 체포를 당하는 자가 방금 범죄를 실행한 범인이라는 점에 관한 죄증이 명백히 존재하는 것으로 인정되는 경우에만 현행범인으로 볼 수 있는 것이다. 신고를 받고 출동한 제천경찰서 청전지구대 소속 경장 공소외인이 피고인이 음주운전을 종료한 후 40분 이상이 경과한 시점에서 길가에 앉아 있던 피고인에게서 술냄새가 난다는 점만을 근거로 피고인을 음주운전의 현행범으로 체포한 것은 피고인이 '방금 음주운전을 실행한 범인이라는 점에 관한 죄증이 명백하다고 할 수 없는 상태'에서 이루어진 것으로서 적법한 공무집행이라고 볼 수 없다(대법원 2007. 4. 13. 선고 2007도1249 판결). 피의자가 동행을 거부하는 의사를 표시하였음에도 불구하고 경찰관들이 영장에 의하지 아니하고 피의자를 강제로 연행한 행위는 수사상의 강제처분에 관한 형사소송법상의 절차를 무시한 채 이루어진 것으로 위법한 체포에 해당하고, 이와 같이 위법한 체포상태에서 마약 투약 혐의를 확인하기 위한 채뇨 요구가 이루어진 경우, 채뇨 요구를 위한 위법한 체포와 그에 이은 채뇨 요구는 마약 투약이라는 범죄행위에 대한 증거 수집을 위하여 연속하여 이루어진 것으로서 개별적으로 그 적법 여부를 평가하는 것은 적절하지 아니하므로 그 일련의 과정을 전체적으로 보아 위법한 채뇨 요구가 있었던 것으로 볼 수밖에 없다(대법원 2013. 3. 14. 선고 2012도13611 판결).

④ (O) 경찰관의 현행범 체포행위가 적법한 공무집행을 벗어나 불법하게 체포한 것으로 볼 수밖에 없다면, 현행범이 그 체포를 면하려고 반항하는 과정에서 경찰관에게 상해를 가한 것은 불법 체포로 인한 신체에 대한 현재의 부당한 침해에서 벗어나기 위한 행위로서 정당방위에 해당하여 위법성이 조각된다(대법원 2006. 11. 23. 선고 2006도2732 판결).

⑤ (X) 피고인이 공소사실에 대하여 검사가 신문을 할 때에는 공소사실을 모두 사실과 다름없다고 진술하였으나 변호인이 신문을 할 때에는 범의나 공소사실을 부인하였다면 그 공소사실은 간이공판절차에 의하여 심판할 대상이 아니고, 따라서 피고인의 법정에서의 진술을 제외한 나머지 증거들은 간이공판절차가 아닌 일반절차에 의한 적법한 증거조사를 거쳐 그에 관한 증거능력이 부여되지 아니하는 한 그 공소사실에 대한 유죄의 증거로 삼을 수 없다(대법원 1998. 2. 27. 선고 97도3421 판결).

해답 ⑤

핵심포인트 문 35 강도상해 · 준강도미수 · 현행범인체포 · 정당방위 · 간이공판절차 ★★

- 범인이 일단 체포되어 아직 신병확보가 확실하다고 할 수 없는 경우에는 절도의 기회에 해당함 ○
- 준강도죄의 기수 여부는 절도행위의 기수 여부를 기준으로 하여 판단함
- 형사소송법 제211조가 현행범인으로 규정한 "범죄의 실행(實行)의 즉후(卽後)인 자 ⇨ 범죄의 실행행위를 종료한 직후의 범인이라는 것이 체포하는 자의 입장에서 볼 때 명백한 경우를 의미함
  - 피고인이 음주운전을 종료한 후 40분 이상이 경과한 시점에서 길가에 앉아 있던 피고인에게서 술냄새가 난다는 점만을 근거로 피고인을 음주운전의 현행범으로 체포한 것은 적법한 현행범인의 체포 ×
  - 피의자가 동행을 거부하는 의사를 표시하였음에도 불구하고 경찰관들이 영장에 의하지 아니하고 피의자를 강제로 연행한 행위는 위법한 체포에 해당함
- 위법한 현행범 체포를 면하려고 반항하는 과정에서 경찰관에게 상해를 가한 것 ⇨ 정당방위에 해당하여 위법성이 조각
- 공소사실이 간이공판절차에 의하여 심판할 대상 ×
  - 피고인이 공소사실에 대하여 검사가 신문을 할 때에는 공소사실을 모두 사실과 다름없다고 진술하였으나 변호인이 신문을 할 때에는 범의나 공소사실을 부인한 경우

문 36

다음 사례에 관한 설명 중 옳은 것(○)과 옳지 않은 것(×)을 올바르게 조합한 것은? (다툼이 있는 경우 판례에 의함)

> (가) 甲과 乙은 사기도박을 공모하고, 甲은 2024. 1. 1.경 모텔방에서 서로 안면이 없던 A, B, C를 유인하여 함께 속칭 '섯다' 도박을 하였는데, 甲은 사기도박을 숨기기 위해 얼마간 정상적인 도박을 하다가 乙이 가져온 형광물질로 특수표시를 한 화투로 바꾼 다음 乙이 모니터 화면을 보고 알려주는 A, B, C의 화투패를 듣고 도박을 하여 그들로부터 총 500만 원의 도금을 교부받았다.
>
> (나) 丙은 2024. 1. 2.경 모텔방에서 A, B, C와 함께 속칭 '섯다' 도박을 하다가 "돈을 주지 않으면 도박죄로 신고하고 끝까지 처벌받게 하겠다."라며 도박을 수단으로 A, B, C를 협박하여 그들로부터 500만 원을 송금받았다.

> ㄱ. (가)에서 사기도박을 숨기기 위해 얼마간 정상적인 도박을 한 부분도 사기죄의 실행행위에 포함된다.
> ㄴ. (가)에서 1개의 기망행위가 있었으므로 포괄하여 A, B, C에 대한 하나의 사기죄가 성립한다.
> ㄷ. (나)에서 丙은 공갈죄만 성립한다.
> ㄹ. (나)의 丙이 동일 습벽에 의한 상습도박죄로 2023. 12. 29. 벌금 500만 원의 약식명령을 발령받아 丙에게 2024. 1. 15. 위 약식명령이 송달되고 2024. 1. 23. 확정된 경우, 위 확정된 약식명령의 기판력이 (나)의 도박 범행에 미친다.
> ㅁ. (가)에서 도박의 습벽이 있는 丁이 甲과 乙의 사기도박 범행을 방조한 때에는 상습도박방조의 죄에 해당한다.

① ㄱ(○), ㄴ(×), ㄷ(×), ㄹ(×), ㅁ(×)
② ㄱ(○), ㄴ(×), ㄷ(○), ㄹ(○), ㅁ(○)
③ ㄱ(○), ㄴ(×), ㄷ(×), ㄹ(×), ㅁ(○)
④ ㄱ(○), ㄴ(○), ㄷ(○), ㄹ(○), ㅁ(○)
⑤ ㄱ(×), ㄴ(○), ㄷ(○), ㄹ(○), ㅁ(×)

해설

ㄱ.(○) 피고인 등이 사기도박에 필요한 준비를 갖추고 그러한 의도로 피해자들에게 도박에 참가하도록 권유한 때 또는 늦어도 그 정을 알지 못하는 피해자들이 도박에 참가한 때에는 이미 사기죄의 실행에 착수하였다고 할 것이므로, 피고인 등이 그 후에 사기도박을 숨기기 위하여 얼마간 정상적인 도박을 하였더라도 이는 사기죄의 실행행위에 포함되는 것이어서 피고인에 대하여는 피해자들에 대한 사기죄만이 성립하고 도박죄는 따로 성립하지 아니함에도, 이와 달리 피해자들에 대한 사기죄 외에 도박죄가 별도로 성립하는 것으로 판단하고 이를 유죄로 인정한 원심판결에 사기도박에 있어서의 실행의 착수시기 등에 관한 법리오해의 위법이 있다(대법원 2011. 1. 13. 선고 2010도9330 판결).

ㄴ.(×) 단일한 범의를 가지고 상대방을 기망하여 착오에 빠뜨림으로써 그로부터 동일한 방법에 의하여 여러 차례에 걸쳐 재물을 편취하면 그 전체가 포괄하여 일죄로 되지만, 여러 사람의 피해자에 대하여 따로 기망행위를 하여 각각 재물을 편취한 경우에는 비록 범의가 단일하고 범행방법이 동일하더라도 각 피해자의 피해법익은 독립한 것이므로 그 전체가 포괄일죄로 되지 아니하고 피해자별로 독립한 여러 개의 사기죄가 성립하고, 그 사기죄 상호간은 실체적 경합범 관계에 있다고 할 것이다(대법원 2010. 4. 29. 선고 2010도2810 판결).

ㄷ.(×) 공갈죄와 도박죄는 그 구성요건과 보호법익을 달리하고 있고, 공갈죄의 성립에 일반적·전형적으로 도박행위를 수반하는 것은 아니며, 도박행위가 공갈죄에 비하여 별도로 고려되지 않을 만큼 경미한 것이라고 할

수도 없으므로, 도박행위가 공갈죄의 수단이 되었다 하여 그 도박행위가 공갈죄에 흡수되어 별도의 범죄를 구성하지 않는다고 할 수 없다(대법원 2014. 3. 13. 선고 2014도212 판결).

ㄹ.(X) 포괄일죄의 관계에 있는 범행의 일부에 대하여 약식명령이 확정된 경우에는 그 약식명령의 발령 시를 기준으로 하여 그 이전에 이루어진 범행에 대하여는 면소의 판결을 선고하여야 한다(대법원 2013. 6. 13. 선고 2013도4737). 판결포괄일죄의 관계에 있는 범행일부에 관하여 약식명령이 확정된 경우, 약식명령의 발령시를 기준으로 하여 그 전의 범행에 대하여는 면소의 판결을 하여야 하고, 그 이후의 범행에 대하여서만 일개의 범죄로 처벌하여야 한다(대법원 1994. 8. 9. 선고 94도1318 판결). ▶丙이 동일 습벽에 의한 상습도박죄로 2023. 12. 29. 벌금 500만 원의 약식명령을 발령받았으므로 동일 습벽에 의한 상습도박죄에 대한 약식명령의 기판력이 2023. 12. 29. 이후 2024. 1. 2.경 (나)의 도박 범행에 미치지 않는다.

ㅁ.(X) 상습도박의 죄나 상습도박방조의 죄에 있어서의 상습성은 행위의 속성이 아니라 행위자의 속성으로서 도박을 반복해서 거듭하는 습벽을 말하는 것인 바, 도박의 습벽이 있는 자가 타인의 도박을 방조하면 상습도박방조의 죄에 해당하는 것이며, 도박의 습벽이 있는 자가 도박을 하고 또 도박방조를 하였을 경우 상습도박방조의 죄는 무거운 상습도박의 죄에 포괄시켜 1죄로서 처단하여야 한다(대법원 1984. 4. 24. 선고 84도195 판결).

핵심포인트 문 36 도박·사기·공갈 ★★

- 사기도박을 숨기기 위해 얼마간 정상적인 도박을 한 부분도 사기죄의 실행행위에 포함됨
- 여러 사람의 피해자에 대하여 따로 기망행위를 하여 각각 재물을 편취한 경우 ⇨ 사기죄 상호간은 실체적 경합범 관계 ○
- 도박행위가 공갈죄의 수단이 된 경우 도박행위는 별도의 범죄를 구성함
- 포괄일죄의 관계에 있는 범행의 일부에 대하여 약식명령이 확정된 경우 ⇨ 그 약식명령의 발령 시를 기준으로 하여 그 이전에 이루어진 범행에 대하여는 면소의 판결 선고
- 도박의 습벽이 있는 자가 도박을 하고 또 도박방조를 하였을 경우 ⇨ 상습도박방조의 죄는 무거운 상습도박의 죄에 포괄시켜 1죄로서 처단하여야 함

문 37 ★★

甲은 급하게 돈이 필요하여 그가 소유한 시가 7억 원의 아파트를 丁에게 6억 원에 매도하기로 하고 丁으로부터 계약금과 중도금 합계 1억 5,000만 원을 지급받았다. 그 소식을 들은 乙은 甲에게 "아파트를 너무 싸게 판 것 같은데, 내 친구 丙이 시세에 따라 매수한다고 하니 丙에게 매도를 하라."고 제안하고 수차례 설득한 끝에 甲은 丙에게 위 아파트를 매도하고 소유권이전등기를 마쳐 주었다. 이에 관한 설명 중 옳은 것은? (위 아파트의 시가는 변동이 없다고 가정할 것, 다툼이 있는 경우 판례에 의함)

① 부동산의 소유권이전등기를 해 줄 의무를 지는 매도인이 다른 사람에게 이전등기를 마쳐 준 경우 매도인이 그 부동산의 소유권에 관한 등기를 회복하여 매수인에게 이전등기해 줄 수 있는 특별한 사정이 없어야 비로소 매수인에 대한 소유권이전등기의무가 이행불능의 상태에 있게 되므로, 그러한 사정이 없는 한 甲이 丙에게 이전등기를 마쳐 준 것만으로 배임죄의 기수에 이르지는 아니한다.

② 만약 甲과 丁 사이의 위 매매계약이 체결되기 전에 위 아파트에 대하여 근저당권자 A의 근저당권설정등기(채권최고액 1억 7,000만 원, 피담보채권액 1억 5,000만 원) 및 채권자 B의 부동산가압류등기(청구금액 5,000만 원, 피보전채권액 3,000만 원)가 설정되어 있었다면, 「특정경제범죄 가중처벌 등에 관한 법률」 제3조 제1항은 적용되지 않는다.

③ 乙은 丁에 대한 관계에서 타인의 사무를 처리하는 자의 지위에 있지 아니하므로 甲의 범행에 적극 가담하였다고 하더라도 배임죄의 공동정범의 죄책을 지지 아니한다.

④ 만약 丙이 甲과 丁 사이의 위 매매계약 사실을 모른 채 위 아파트를 매수하였다면, 사법경찰관 작성의 丙에 대한 진술조서는 甲이 내용을 부인하면 증거능력이 없다.

⑤ 만약 특정경제범죄가중처벌등에관한법률위반(배임)죄로 기소되어 유죄판결이 선고되자 甲이 항소하였다면, 항소법원은 甲에게 변호인이 없는 경우 국선변호인을 선정하고 甲과 그 국선변호인에게 소송기록접수통지를 하여야 하는데, 그 이후 甲이 사선변호인을 선임함에 따라 항소법원이 국선변호인의 선정을 취소하더라도 사선변호인에게 다시 소송기록접수통지를 할 필요가 없고, 이때 항소이유서 제출기간은 국선변호인 또는 甲이 소송기록접수통지를 받은 날부터 계산하여야 한다.

해설

① (✗) … 그러나 중도금이 지급되는 등 계약이 본격적으로 이행되는 단계에 이른 때에는 계약이 취소되거나 해제되지 않는 한 매도인은 매수인에게 부동산의 소유권을 이전해 줄 의무에서 벗어날 수 없다. 따라서 이러한 단계에 이른 때에 매도인은 매수인에 대하여 매수인의 재산보전에 협력하여 재산적 이익을 보호·관리할 신임관계에 있게 된다. 그때부터 매도인은 배임죄에서 말하는 '타인의 사무를 처리하는 자'에 해당한다고 보아야 한다. 그러한 지위에 있는 매도인이 매수인에게 계약 내용에 따라 부동산의 소유권을 이전해 주기 전에 그 부동산을 제3자에게 처분하고 제3자 앞으로 그 처분에 따른 등기를 마쳐 준 행위는 매수인의 부동산 취득 또는 보전에 지장을 초래하는 행위이다. 이는 매수인과의 신임관계를 저버리는 행위로서 배임죄가 성립한다(대법원 2018. 5. 17. 선고 2017도4027 전원합의체 판결). 부동산의 매도인이 매수인 앞으로의 소유권이전등기에 협력할 의무가 있음에도 불구하고 같은 부동산을 위 매수인 이외의 자에게 2중으로 매도하여 그 소유권이전등기를 마친 경우에는 1차 매수인에 대한 소유권이전등기의무는 이행불능이 되고 이로써 1차 매수인에게 그 부동산의 소유권을 취득할 수 없는 손해가 발생하는 것이므로 부동산의 2중매매에 있어서 배임죄의 기수시기는 2차 매수인 앞으로 소유권이전등기를 마친 때라고 할 것이다(대법원 1984. 11. 27. 선고 83도1946 판결).

② (✗) 배임행위로 얻은 재산상 이익의 일정한 액수 자체를 가중적 구성요건으로 규정하고 있는 특정경제범죄 가중처벌 등에 관한 법률 제3조 제1항의 적용을 전제로 하여 이중매매 대상이 된 부동산 가액을 산정하는 경우, 부동산에 아무런 부담이 없는 때에는 부동산 시가 상당액이 곧 가액이라고 볼 것이지만, 부동산에 근저당권설정등기가 경료되어 있거나 압류 또는 가압류 등이 이루어진 때에는 특별한 사정이 없는 한 아무런 부담이 없는 상태의 부동산 시가 상당액에서 근저당권의 채권최고액 범위 내에서 피담보채권액, 압류에 걸린 집행채권액, 가압류에 걸린 청구금액 범위 내에서 피보전채권액 등을 뺀 실제 교환가치를 부동산 가액으로 보아야 한다(대법원 2011. 6. 30. 선고 2011도1651 판결). ▶ 甲의 배임행위로 인한 丁의 재산상 손해는 5억 2천7백(甲 소유한 아파트의 시가) - (1억 8천(근저당권자 A에 대한 피담보채권액 1억 5,000만 원 + 채권자 B에 대한 피담보채권액 3,000만 원)]이므로 「특정경제범죄 가중처벌 등에 관한 법률」 제3조 제1항이 적용된다.

특정경제범죄 가중처벌 등에 관한 법률 제3조(특정재산범죄의 가중처벌) ① 형법 제347조(詐欺)·제350조(恐喝)·제351조(第347條 및 第350條의 常習犯에 한한다)·제355조(橫領, 背任) 또는 제356조(業務上의 橫領과 背任)의 죄를 범한 자는 그 범죄행위로 인하여 취득하거나 제3자로 하여금 취득하게 한 재물 또는 재산상 이익의 가액(이하 이 條에서 "利得額"이라 한다)이 5억 원 이상인 때에는 다음의 구분에 따라 가중처벌한다.

③ (X) 업무상배임죄의 실행으로 인하여 이익을 얻게 되는 수익자 또는 그와 밀접한 관련이 있는 제3자를 배임의 실행행위자와 공동정범으로 인정하기 위해서는 실행행위자의 행위가 피해자인 본인에 대한 배임행위에 해당한다는 것을 알면서도 소극적으로 그 배임행위에 편승하여 이익을 취득한 것만으로는 부족하고, 실행행위자의 배임행위를 교사하거나 또는 배임행위의 전 과정에 관여하는 등으로 배임행위에 적극 가담할 것을 필요로 한다(대법원 1999. 7. 23. 선고 99도1911 판결). ▶ 乙은 丁에 대한 관계에서 타인의 사무를 처리하는 자의 지위에 있지 아닌 제3자이지만 甲을 수차례 설득한 끝에 甲이 丙에게 위 아파트를 매도하고 소유권이전등기를 마쳐 준 사실은 배임행위를 교사하거나 또는 배임행위의 전 과정에 관여한 것으로 볼 수 있으므로 乙은 배임죄의 공동정범의 죄책을 진다.

④ (X) 부동산을 이중으로 매도한 경우에 매도인이 선매수인에게 소유권이전의무를 이행하였다고 하여 후매수인에 대한 관계에서 그가 임무를 위법하게 위배한 것이라고 할 수 없다(대법원 2010. 4. 29. 선고 2009도14427 판결). ▶ 丙이 甲과 丁 사이의 위 매매계약 사실을 모른 채 위 아파트를 매수하였으므로 배임죄가 성립하지 않고 법경관 작성의 丙에 대한 진술조서는 형사소송법 제312조 제4항의 요건이 충족한다면 증거능력이 있다.

> 형사소송법 제312조(검사 또는 사법경찰관의 조서 등) ④ 검사 또는 사법경찰관이 피고인이 아닌 자의 진술을 기재한 조서는 적법한 절차와 방식에 따라 작성된 것으로서 그 조서가 검사 또는 사법경찰관 앞에서 진술한 내용과 동일하게 기재되어 있음이 원진술자의 공판준비 또는 공판기일에서의 진술이나 영상녹화물 또는 그 밖의 객관적인 방법에 의하여 증명되고, 피고인 또는 변호인이 공판준비 또는 공판기일에 그 기재 내용에 관하여 원진술자를 신문할 수 있었던 때에는 증거로 할 수 있다. 다만, 그 조서에 기재된 진술이 특히 신빙할 수 있는 상태하에서 행하여졌음이 증명된 때에 한한다.

⑤ (O) 형사소송법은 항소법원이 항소인인 피고인에게 소송기록접수통지를 하기 전에 변호인의 선임이 있는 때에는 변호인에게도 소송기록접수통지를 하도록 정하고 있으므로(제361조의2 제2항), 피고인에게 소송기록접수통지를 한 다음에 변호인이 선임된 경우에는 변호인에게 다시 같은 통지를 할 필요가 없다. 이는 필요적 변호사건에서 항소법원이 국선변호인을 선정하고 피고인과 그 변호인에게 소송기록접수통지를 한 다음 피고인이 사선변호인을 선임함에 따라 항소법원이 국선변호인의 선정을 취소한 경우에도 마찬가지이다. 이러한 경우 항소이유서 제출기간은 국선변호인 또는 피고인이 소송기록접수통지를 받은 날부터 계산하여야 한다(대법원 2018. 11. 22.자 2015도10651 전원합의체 결정).

해답 ⑤

핵심포인트 문 37 배임죄 · 특경법 · 진술조서 · 항소이유서 제출기간 ★★

- 부동산의 2중매매에 있어서 배임죄
  - 중도금이 지급되는 때 '타인의 사무를 처리하는 자'에 해당
  - 기수시기는 2차 매수인 앞으로 소유권이전등기를 마친 때
  - 부동산에 근저당권설정등기가 경료되어 있거나 압류 또는 가압류 등이 이루어진 때 특가법적용 부동산 가액 산정은 아무런 부담이 없는 상태의 부동산 시가 상당액에서 근저당권의 채권최고액 범위 내에서 피담보채권액, 압류에 걸린 집행채권액, 가압류에 걸린 청구금액 범위 내에서 피보전채권액 등을 뺀 실제 교환가치임
  - 부동산을 이중으로 매도한 경우에 매도인이 선매수인에게 소유권이전의무를 이행하였다고 하여 후매수인에 대한 관계에서 그가 임무를 위법하게 위배 ×
  - 제3자가 실행행위자인 매도인의 배임행위를 교사하거나 배임행위의 전 과정에 관여하는 등으로 배임행위에 적극 가담한 경우 ⇨ 제3자는 실행행위자인 매도인과 배임죄의 공동정범 성립 ○

- 검사 또는 사법경찰관이 피고인이 아닌 자의 진술을 기재한 조서는 형사소송법 제312조 제4항의 요건이 충족한다면 증거능력 있음
- 국선변호인을 선정하고 피고인과 그 변호인에게 소송기록접수통지를 한 다음 피고인이 사선변호인을 선임함에 따라 항소법원이 국선변호인의 선정을 취소한 경우 ⇨ 사선변호인에게 다시 소송기록접수통지를 할 필요 없고, 이때 항소이유서 제출기간은 국선변호인 또는 피고인이 소송기록접수통지를 받은 날부터 계산

문 38 ★★

甲은 친구 乙과 丙에게 연락해 "은행에서 돈을 출금해 나오는 사람의 가방을 날치기 하자."고 제안했다. 이에 乙과 丙은 은행 문밖에서 범행대상을 물색하고, 甲은 날치기를 끝낸 乙과 丙을 태우고 도망치기 위해 은행 앞 차도에 승용차를 세워 두고 대기하기로 했다. 며칠 후 A가 은행에서 현금 1천만 원을 출금하여 가방에 담아 나오는 것을 본 乙과 丙은 A의 뒤를 따라가기 시작했다. 甲은 차를 몰고 그 뒤를 따라가던 중 갑자기 처벌이 두려워져 핸들을 꺾어 혼자 말없이 도주해 버렸다. A가 좁은 골목길로 들어서자 乙은 입구에서 망을 보았고, 丙은 A가 손에 든 가방을 그대로 낚아채어 달아났다. 검사는 甲, 乙, 丙을 위 범죄혐의로 기소하였고, 법원은 이들을 병합심리하고 있다. 이에 관한 설명 중 옳지 않은 것은? (다툼이 있는 경우 판례에 의함)

① 甲은 혼자 도주하였을 뿐 乙과 丙에게 이탈의 의사표시를 한 바 없고, 乙과 丙은 그대로 범죄행위로 나아갔으므로, 甲이 공모관계에서 이탈하였다고 보기 어렵다.
② 만약 乙이 실행행위 전에 甲과 丙에게 이탈의 의사표시를 명확히 밝히고 혼자 도주하였다면, 그 이후 벌어진 날치기에 관하여 공동정범으로서 죄책을 지지 않는다.
③ 甲은 현장에서 날치기 실행행위를 직접 분담하지 않았지만, 乙과 丙의 행위를 자기의사의 수단으로 하여 범행을 하였다고 평가할 수 있으므로, 특수절도죄의 공동정범에 해당한다.
④ 소송절차가 분리된 공범인 공동피고인 乙이 丙에 대한 재판의 증인으로 출석해 증언거부권을 고지받았음에도 불구하고 증언거부권을 행사하지 아니한 채 자신을 방어하기 위해 허위진술을 하였더라도 위증죄로 처벌받지 않는다.
⑤ 乙을 제외한 나머지 공범이 범행을 일체 부인하고 있고 다른 증거가 없다면, 乙의 자백만으로는 乙에 대하여 유죄를 선고할 수 없다.

해설

① (O) 공모공동정범에 있어서 공모자 중의 1인이 다른 공모자가 실행행위에 이르기 전에 그 공모관계에서 이탈한 때에는 그 이후의 다른 공모자의 행위에 관하여는 공동정범으로서의 책임은 지지 않는다 할 것이나, 공모관계에서의 이탈은 공모자가 공모에 의하여 담당한 기능적 행위지배를 해소하는 것이 필요하므로 공모자가 공모에 주도적으로 참여하여 다른 공모자의 실행에 영향을 미친 때에는 범행을 저지하기 위하여 적극적으로 노력하는 등 실행에 미친 영향력을 제거하지 아니하는 한 공모관계에서 이탈하였다고 할 수 없다 (대법원 2008. 4. 10. 선고 2008도1274 판결).

② (O) 공모자가 실행행위 전인 예비단계에서 자신의 범행기여를 실행하지 않은 경우에는 공동의 범행결의를 포기하는 의사를 표시하면 공모관계로부터 이탈이 인정된다(신호진, 2024년판 형법요론 총론 p.4459).

③ (O) 3인 이상의 범인이 합동절도의 범행을 공모한 후 적어도 2인 이상의 범인이 범행 현장에서 시간적, 장소적으로 협동관계를 이루어 절도의 실행행위를 분담하여 절도 범행을 한 경우에는 공동정범의 일반 이론

에 비추어 그 공모에는 참여하였으나 현장에서 절도의 실행행위를 직접 분담하지 아니한 다른 범인에 대하여도 그가 현장에서 절도 범행을 실행한 위 2인 이상의 범인의 행위를 자기 의사의 수단으로 하여 합동절도의 범행을 하였다고 평가할 수 있는 정범성의 표지를 갖추고 있다고 보여지는 한 그 다른 범인에 대하여 합동절도의 공동정범의 성립을 부정할 이유가 없다고 할 것이다(대법원 1998. 5. 21. 선고 98도321 전원합의체 판결).

④ (X) 공범인 공동피고인은 당해 소송절차에서는 피고인의 지위에 있어 다른 공동피고인에 대한 공소사실에 관하여 증인이 될 수 없으나, 소송절차가 분리되어 피고인의 지위에서 벗어나게 되면 다른 공동피고인에 대한 공소사실에 관하여 증인이 될 수 있다. 한편 형사소송법 제148조는 피고인의 자기부죄거부특권을 보장하기 위하여 자기가 유죄판결을 받을 사실이 드러날 염려가 있는 증언을 거부할 수 있는 권리를 인정하고 있고, 그와 같은 증언거부권 보장을 위하여 형사소송법 제160조는 재판장이 신문 전에 증언거부권을 고지하여야 한다고 규정하고 있으므로, 소송절차가 분리된 공범인 공동피고인에 대하여 증인적격을 인정하고 그 자신의 범죄사실에 대하여 신문한다 하더라도 피고인으로서의 진술거부권 내지 자기부죄거부특권을 침해한다고 할 수 없다. 따라서 증인신문절차에서 형사소송법 제160조에 따라 증언거부권이 고지되었음에도 불구하고 위와 같이 증인적격이 인정되는 피고인이 자기의 범죄사실에 대하여 증언거부권을 행사하지 아니한 채 허위로 진술하였다면 위증죄가 성립된다고 할 것이다(대법원 2024. 2. 29. 선고 2023도7528 판결).

⑤ (O) 형사소송법 제310조

> **형사소송법 제310조(불이익한 자백의 증거능력)** 피고인의 자백이 그 피고인에게 불이익한 유일의 증거인 때에는 이를 유죄의 증거로 하지 못한다.

핵심포인트 문 38 공동정범 · 공범인 공동피고인의 증인적격 · 불이익한 자백의 증거능력 ★★

- 공모관계에서 이탈
  - 공모에 주도적으로 참여한 자는 범행을 저지하기 위하여 적극적으로 노력하는 등 실행에 미친 영향력을 제거 要
  - 실행행위 전인 예비단계에서 자신의 범행기여를 실행하지 않은 경우에는 공동의 범행결의를 포기하는 의사를 표시하면 족함
- 3인 이상 공모에는 참여하였으나 현장에서 절도의 실행행위를 직접 분담하지 아니한 자의 합동절도의 공동정범 인정 ⇨ 현장에서 절도 범행을 실행한 위 2인 이상의 범인의 행위를 자기 의사의 수단으로 하여 합동절도의 범행을 하였다고 평가할 수 있는 정범성의 표지를 갖출 경우
- 소송절차가 분리된 공범인 공동피고인이 피고인에 대한 재판의 증인으로 출석해 증언거부권을 고지받았음에도 불구하고 증언거부권을 행사하지 아니한 채 자신을 방어하기 위해 허위진술 한 경우 ⇨ 위증죄로 처벌 ○
- 피고인의 자백이 그 피고인에게 불이익한 유일의 증거인 때에는 이를 유죄의 증거로 하지 못함

문 39 ★★

甲과 乙은 서로 공모하지 않은 채 甲이 먼저 상해의 고의로 A의 머리를 수회 때렸고, 이로부터 약 1시간 후 乙은 쓰러져 있는 A에게 다가가 상해의 고의로 A의 머리를 수회 때렸다. A는 위

폭행으로 머리에 전치 4주의 상해를 입었으나, 그 상해가 甲과 乙 중 누구의 폭행으로 인하여 발생한 것인지 판명되지 않았다(ⓐ범죄사실). 甲과 乙은 각각 상해죄로 기소되어 제1심에서 유죄판결을 선고받자 항소하였다. 항소심법원은 적법하게 공판의 심리를 종결하고 판결선고기일을 고지하였는데, 그 직후 A는 머리에 입은 상해가 악화되어 병원에서 사망하였다. 이에 관한 설명 중 옳은 것을 모두 고른 것은? (다툼이 있는 경우 판례에 의함)

ㄱ. ⓐ범죄사실과 관련하여 甲과 乙에게는 「형법」 제263조의 동시범 특례가 적용되어 각 상해미수죄의 공동정범의 예에 의하여 처벌된다.

ㄴ. ⓐ범죄사실과 관련하여 甲과 乙에게는 「형법」 제263조의 동시범 특례가 적용되므로, 만일 甲의 A에 대한 상해 사실이 증명되지 않더라도 乙의 A에 대한 상해 사실이 증명되는 한 甲은 상해죄의 죄책을 면할 수 없다.

ㄷ. A의 사망 후 검사가 甲과 乙에 대한 공소사실을 각각 상해치사죄로 변경하는 내용의 공소장변경 신청을 하면서 그와 함께 변론재개신청을 하더라도, 항소심법원이 종결한 심리를 재개하여 공소장변경을 허가할 의무는 없다.

ㄹ. A가 사망한 후 A의 유족이 항소심법원에 "甲과 乙 때문에 A가 사망하였으니 이들을 엄벌에 처해 달라."는 내용의 의견서에 A의 사망진단서를 첨부하여 양형자료로 제출한 경우, 항소심법원은 변론을 재개하여 피고인들에게 위 자료에 관하여 의견진술 기회를 주는 등의 양형심리절차를 거치지 않고서는 A의 사망 사실을 피고인들에 대한 형벌가중적 양형조건으로 삼을 수 없다.

① ㄱ, ㄴ
② ㄱ, ㄷ
③ ㄴ, ㄷ
④ ㄴ, ㄹ
⑤ ㄷ, ㄹ

해설

ㄱ.(X) 시간적 차이가 있는 독립된 상해행위나 폭행행위가 경합하여 사망의 결과가 일어나고 그 사망의 원인이 된 행위가 판명되지 않은 경우에는 공동정범의 예에 의하여 처벌할 것이므로, 2시간 남짓한 시간적 간격을 두고 피고인이 두번째의 가해행위인 이 사건 범행을 한 후, 피해자가 사망하였고 그 사망의 원인을 알 수 없다고 보아 피고인을 폭행치사죄의 동시범으로 처벌한 원심판단은 옳고 거기에 동시범의 법리나 상당인과 관계에 관한 법리를 오해한 위법도 없다(대법원 2000. 7. 28. 선고 2000도2466 판결). 상해죄는 결과범이므로 그 성립에는 상해의 원인인 폭행에 관한 인식이 있으면 충분하고 상해를 가할 의사의 존재는 필요하지 않으나, 폭행을 가한다는 인식이 없는 행위의 결과로 피해자가 상해를 입었던 경우에는 상해죄가 성립하지 아니한다 (대법원 1983. 3. 22. 선고 83도231 판결). 형법 제263조의 동시범 특례의 법적효과는 비록 연락이 없을지라도 공동정범처럼 취급하여 전체행위와 결과간의 인과관계를 판단하는 의미이다. 따라서 개개의 행위와 상해의 결과 간에 개별적으로는 인과관계가 불명확할지라도 전체행위가 상해의 결과에 대해서 원인이 되었다면 각 가담자는 발생한 결과에 대해서 기수로 처벌된다(신호진, 2024년판 형법요론 총론 p.470). 따라서 甲과 乙에게는 형법 제263조의 동시범 특례가 적용되어 각 상해기수죄의 공동정범의 예에 의하여 처벌된다.

ㄴ.(X) 상해죄에 있어서의 동시범은 두사람 이상이 가해행위를 하여 상해의 결과를 가져올 경우에 그 상해가 어느 사람의 가해행위로 인한 것인지 분명치 않다면 가해자 모두를 공동정범으로 본다는 것이므로 가해행위를 한 것 자체가 분명치 않은 사람에 대하여는 동시범으로 다스릴 수 없다(대법원 1984. 5. 15. 선고 84도488 판결).

ㄷ.(O) 법원이 공판의 심리를 종결하기 전에 한 공소장의 변경에 대하여는 공소사실의 동일성을 해하지 않는 한도에서 허가하여야 할 것이나 적법하게 공판의 심리를 종결하고 판결선고기일까지 고지한 후에 이르러서 한 검사의 공소장변경에 대하여는 그것이 변론재개신청과 함께 된 것이라 하더라도 법원이 종결한 공판의 심리를 재개하여 공소장변경을 허가할 의무는 없다(대법원 1985. 6. 11. 선고 85도325 판결).

ㄹ.(O) 사실심 변론종결 후 검사나 피해자 등에 의해 피고인에게 불리한 새로운 양형조건에 관한 자료가 법원에 제출되었다면, 사실심 법원으로서는 변론을 재개하여 그 양형자료에 대하여 피고인에게 의견진술 기회를 주는 등 필요한 양형심리절차를 거침으로써 피고인의 방어권을 실질적으로 보장해야 한다. … 그럼에도 원심은 변론종결 후 피해자 측이 제출한 자료에 의해 비로소 알게 된 피해자의 사망 사실이나 추가 심리를 통해 판단할 수 있는 이 사건 범행과의 관련성 등 피고인에게 불리한 새로운 양형조건에 관하여 피고인에게 방어의 기회를 주지 아니하였다. 나아가 피해자의 사망 사실 및 그 사망이 피고인의 이 사건 범행으로 인한 것이라고 단정한 뒤 이를 가중적 양형조건의 중대한 변경 사유로 보아 징역 4년을 선고한 제1심판결을 파기하고 양형기준의 권고형을 넘어 징역 9년을 선고하였다. 이러한 원심의 조치에는 변론종결 후 피고인에게 불리한 양형자료가 제출된 경우 사실심법원이 취해야 할 양형심리절차에 관한 법리를 오해하여 필요한 심리를 다하지 아니한 잘못이 있고, 이러한 잘못이 판결에 영향을 미쳤다고 할 것이므로, 이 점을 지적하는 취지의 상고이유 주장은 이유 있다(대법원 2021. 9. 30. 선고 2021도5777 판결).

해답 ⑤

핵심포인트 문 39 동시범특례 · 공소장변경 · 양형심리절차 ★★

- 「형법」 제263조의 동시범 특례
  - 적용효과 ⇨ 각 상해기수죄의 공동정범의 예에 의하여 처벌
  - 가해행위를 한 것 자체가 분명치 않은 사람에 대하여는 동시범으로 다스릴 수 없음
- 적법하게 공판의 심리를 종결하고 판결선고기일까지 고지한 후에 이르러서 한 검사의 공소장변경에 대하여는 그것이 변론재개신청과 함께 된 것인 경우 ⇨ 법원은 종결한 공판의 심리를 재개하여 공소장변경을 허가할 의무 없음
- 사실심 변론종결 후 검사나 피해자에 의해 피고인에게 불리한 새로운 양형조건에 관한 자료가 법원에 제출된 경우 ⇨ 사실심 법원으로서는 변론을 재개하여 그 양형자료에 대해 피고인에게 의견진술 기회 주는 등 필요한 양형심리절차 거침으로써 피고인의 방어권을 실질적으로 보장해야 함

문 40 ★★

다음 사안에 관한 설명 중 옳은 것은? (다툼이 있는 경우 판례에 의함)

> 甲은 2018. 8. 6. 상해죄로 징역 9월을 선고받아 2019. 1. 10. 그 형의 집행을 종료하였다(㉮ 전과). 또한 甲은 2022. 4. 4. 절도죄로 징역 1년에 집행유예 2년을 선고받아 2022. 4. 12. 위 판결이 확정되었다(㉯ 전과).
> 甲은 (ㄱ) 2021. 12. 1. A의 휴대전화 1대를 절취하였고, (ㄴ) 2022. 4. 18. B의 지갑 1개를 절취하였고, (ㄷ) 2022. 5. 10. C의 신용카드 1매를 절취하였다.
> (ㄱ), (ㄴ), (ㄷ) 범행에 관하여 검사는 2024. 1. 5. 甲을 「형법」 제332조, 제329조에 의하여 상습절도죄로 기소하였다.

① 상습절도 범행에 관하여 법정형 중 징역형을 선택한 경우, 포괄일죄의 일부 범행이 ㉮ 전과의 누범기간 내에 있더라도 나머지 범행이 누범기간 경과 후에 이루어졌기 때문에 상습절도 범행 전부가 누범에 해당하지 않는다.
② ㉯ 전과로 확정판결을 받은 범행과 (ㄱ) 범행이 모두 甲의 습벽에서 이루어졌음이 인정되는 경우, 양자는 상습절도죄의 포괄일죄의 관계에 있으므로 (ㄱ) 부분에 대하여 기판력 저촉을 이유로 면소판결이 선고되어야 한다.
③ 법원이 2024. 5. 1. 甲에 대하여 형을 선고하는 경우, 집행유예 결격 기간을 도과하였기 때문에 집행유예를 선고할 수 있다.
④ 검사가 공판절차 진행 중 범죄사실의 증명이 어렵자 (ㄴ) 부분의 공소사실을 철회한 경우, 그 범죄사실에 대한 다른 중요한 증거를 발견한 것이 아니더라도 점유이탈물횡령죄로 다시 공소를 제기할 수 있다.
⑤ 甲이 (ㄷ) 범행으로 절취한 신용카드로 백화점에서 노트북컴퓨터 1대를 구입한 경우, 사기죄와 신용카드부정사용죄가 성립하고 두 죄는 상상적 경합의 관계에 있다.

해설

① (X) 상습범 중 일부 소위가 누범기간 내에 이루어진 이상 나머지 소위가 누범기간 경과 후에 행하여졌더라도 그 행위 전부가 누범관계에 있는 것이다(대법원 1982. 5. 25. 선고 82도600,82감도115 판결).

② (X) 상습성을 갖춘 자가 여러 개의 죄를 반복하여 저지른 경우에는 각 죄를 별죄로 보아 경합범으로 처단할 것이 아니라 그 모두를 포괄하여 상습범이라고 하는 하나의 죄로 처단하는 것이 상습범의 본질 또는 상습범 가중처벌규정의 입법취지에 부합한다. 상습범으로서 포괄적 일죄의 관계에 있는 여러 개의 범죄사실 중 일부에 대하여 유죄판결이 확정된 경우에, 그 확정판결의 사실심판결 선고 전에 저질러진 나머지 범죄에 대하여 새로이 공소가 제기되었다면 그 새로운 공소는 확정판결이 있었던 사건과 동일한 사건에 대하여 다시 제기된 데 해당하므로 이에 대하여는 판결로써 면소의 선고를 하여야 하는 것인바(형사소송법 제326조 제1호), 다만 이러한 법리가 적용되기 위해서는 전의 확정판결에서 당해 피고인이 상습범으로 기소되어 처단되었을 것을 필요로 하는 것이고, 상습범 아닌 기본 구성요건의 범죄로 처단되는 데 그친 경우에는, 가사 뒤에 기소된 사건에서 비로소 드러났거나 새로 저질러진 범죄사실과 전의 판결에서 이미 유죄로 확정된 범죄사실 등을 종합하여 비로소 그 모두가 상습범으로서의 포괄적 일죄에 해당하는 것으로 판단된다 하더라도 뒤늦게 앞서의 확정판결을 상습범의 일부에 대한 확정판결이라고 보아 그 기판력이 그 사실심판결 선고 전의 나머지 범죄에 미친다고 보아서는 아니 된다(대법원 2004. 9. 16. 선고 2001도3206 전원합의체 판결). ▶ ㉯ 단순 절도죄로의 확정판결은 (ㄱ) 부분에 대하여 기판력이 미치지 아니한다.

③ (X) 형법 제62조 제1항 단서에서 규정한 '금고 이상의 형을 선고한 판결이 확정된 때'는 실형뿐 아니라 형의 집행유예를 선고한 판결이 확정된 경우도 포함된다고 해석된다. … 그렇다면 집행유예 기간 중에 범한 죄에 대하여 형을 선고할 때에 위 단서 소정의 요건에 해당하는 경우란, 이미 집행유예가 실효 또는 취소된 경우와, 그 선고 시점에 미처 유예기간이 경과하지 아니하여 형 선고의 효력이 실효되지 아니한 채로 남아 있는 경우로 국한된다고 해석할 수 밖에 없다(대법원 2007. 2. 8. 선고 2006도6196 판결). ▶ 甲은 2022. 4. 4. 절도죄로 징역 1년에 집행유예 2년을 선고받았으므로 2024. 5. 1. 甲에 대하여 형을 선고시점에는 유예기간이 경과하지 아니하여 형법 제62조 제1항 단서의 집행유예결격 사유에 해당한다

> **형법 제62조(집행유예의 요건)** ① 3년 이하의 징역 또는 금고의 형을 선고할 경우에 제51조의 사항을 참작하여 그 정상에 참작할 만한 사유가 있는 때에는 1년 이상 5년 이하의 기간 형의 집행을 유예할 수 있다. 다만, 금고 이상의 형을 선고한 판결이 확정된 때부터 그 집행을 종료하거나 면제된 후 3년까지의 기간에 범한 죄에 대하여 형을 선고하는 경우에는 그러하지 아니하다

④ (O) 절도 공소 취소 후 점유이탈물횡령죄로 다시 공소를 제기는 형사소송법 제329조의 재기소에 해당하지

않으므로 그 범죄사실에 대한 다른 중요한 증거를 발견한 것이 아니더라도 점유이탈물횡령죄로 다시 공소를 제기할 수 있다.

> 형사소송법 제329조(공소취소와 재기소) 공소취소에 의한 공소기각의 결정이 확정된 때에는 공소취소 후 그 범죄사실에 대한 다른 중요한 증거를 발견한 경우에 한하여 다시 공소를 제기할 수 있다.

⑤ (X) 피고인은 절취한 카드로 가맹점들로부터 물품을 구입하겠다는 단일한 범의를 가지고 그 범의가 계속된 가운데 동종의 범행인 신용카드 부정사용행위를 동일한 방법으로 반복하여 행하였고, 또 위 신용카드의 각 부정사용의 피해법익도 모두 위 신용카드를 사용한 거래의 안전 및 이에 대한 공중의 신뢰인 것으로 동일하므로, 피고인이 동일한 신용카드를 위와 같이 부정사용한 행위는 포괄하여 일죄에 해당하고, 신용카드를 부정사용한 결과가 사기죄의 구성요건에 해당하고 그 각 사기죄가 실체적 경합관계에 해당한다고 하여도 신용카드부정사용죄와 사기죄는 그 보호법익이나 행위의 태양이 전혀 달라 실체적 경합관계에 있으므로 신용카드 부정사용행위를 포괄일죄로 취급하는데 아무런 지장이 없다(대법원 1996. 7. 12. 선고 96도1181 판결).

문 40 누범·기판력·집행유예 결격사유·공소취소와 재기소·죄수 ★★

- 상습범 중 일부 소위가 누범기간 내에 이루어진 이상 나머지 소위가 누범기간 경과 후에 행하여진 경우 ⇨ 그 행위 전부가 누범관계임 ○
- 포괄적 일죄의 관계에 있는 여러 개의 범죄사실 중 일부에 대하여 유죄판결이 확정된 후 확정판결의 사실심판결 선고 전에 저질러진 나머지 범죄에 대하여 새로이 공소가 제기를 판결로써 면소의 선고 법리 적용 ⇨ 전의 확정판결에서 당해 피고인이 상습범으로 기소되어 처단되었을 것을 필요
- 형법 제62조 제1항 단서의 집행유예 결격사유 ⇨ 집행유예가 실효 또는 취소된 경우 & 선고 시점에 미처 유예기간이 경과하지 아니하여 형 선고의 효력이 실효되지 아니한 채로 남아 있는 경우로 국한됨
- 절도 공소 취소 후 점유이탈물횡령죄로 다시 공소를 제기는 형소법 제329조의 재기소에 해당 ×
- 절취한 카드로 가맹점들로부터 물품 구입한 경우 ⇨ 신용카드부정사용죄와 사기죄의 실체적 경합

민사법

문제해설
및
핵심요약

2025년 변호사시험 민사법 문제 해설 및 핵심요약

문 01 ★★

미성년자에 관한 설명 중 옳은 것을 모두 고른 것은? (다툼이 있는 경우 판례에 의함)

> ㄱ. 「민법」 제921조에 따라 미성년자의 법정대리인으로 특별대리인을 선임하는 경우에 법원은 특별대리인이 처리할 법률행위를 특정하여 이를 심판 주문에 표시하는 것이 원칙이다.
> ㄴ. 법정대리인이 미성년자에게 특정한 영업을 허락한 경우에 법정대리인은 그 허락을 취소할 수 없다.
> ㄷ. 미성년자가 법률행위 당시 상대방에 대하여 자신을 단지 성년자라고만 말하였을 뿐 적극적으로 속임수를 사용하지는 않았다면 미성년자는 그 법률행위를 취소할 수 있다.
> ㄹ. 미성년자의 법정대리인으로 미성년후견인을 두는 경우에 미성년자의 이익을 위하여 여러 명의 미성년후견인을 둘 수 있다.
> ㅁ. 미성년자가 성폭력을 당한 경우에 이로 인한 손해배상청구권의 소멸시효는 그가 성년이 될 때까지 진행하지 않는다.

① ㄱ, ㄴ, ㅁ
② ㄱ, ㄷ, ㄹ
③ ㄱ, ㄷ, ㅁ
④ ㄴ, ㄷ, ㄹ
⑤ ㄴ, ㄹ, ㅁ

해설

ㄱ.(O) … 따라서 특별대리인선임신청서에는 선임되는 특별대리인이 처리할 법률행위를 특정하여 적시하여야 하고 법원도 그 선임 심판 시에 특별대리인이 처리할 법률행위를 특정하여 이를 심판의 주문에 표시하는 것이 원칙이며, 특별대리인에게 미성년자가 하여야 할 법률행위를 무엇이든지 처리할 수 있도록 포괄적으로 권한을 수여하는 심판을 할 수는 없다(대법원 1996. 4. 9. 선고 96다1139 판결).

ㄴ.(X) 민법 제8조 제2항

> 민법 제8조(영업의 허락) ① 미성년자가 법정대리인으로부터 허락을 얻은 특정한 영업에 관하여는 성년자와 동일한 행위능력이 있다.
> ② 법정대리인은 전항의 허락을 취소 또는 제한할 수 있다. 그러나 선의의 제삼자에게 대항하지 못한다.

ㄷ.(O) 민법 제17조에 이른바 "무능력자가 사술로써 능력자로 믿게 한 때"에 있어서의 사술을 쓴 것이라 함은 적극적으로 사기수단을 쓴 것을 말하는 것이고 단순히 자기가 능력자라 사언함은 사술을 쓴 것이라고 할 수 없다(대법원 1971. 12. 14. 선고 71다2045 판결).

ㄹ.(X) 민법 제930조 제1항

> 민법 제930조(후견인의 수와 자격) ① 미성년후견인의 수(數)는 한 명으로 한다.

ㅁ.(O) 민법 제766조 제3항

> 민법 제766조(손해배상청구권의 소멸시효) ③ 미성년자가 성폭력, 성추행, 성희롱, 그 밖의 성적(성적) 침해를 당한 경우에 이로 인한 손해배상청구권의 소멸시효는 그가 성년이 될 때까지는 진행되지 아니한다.

해답 ③

문 01 미성년자 ★★

- 「민법」 제921조에 따라 미성년자의 법정대리인으로 특별대리인을 선임하는 경우에 법원은 특별대리인이 처리할 법률행위를 특정하여 이를 심판 주문에 표시하는 것이 원칙임
- 법정대리인이 미성년자에게 특정한 영업을 허락한 경우 ⇨ 법정대리인은 전항의 허락을 취소 또는 제한 可
- 미성년자가 법률행위 당시 상대방에 대하여 자신을 단지 성년자라고만 말한 경우 ⇨ 미성년자는 그 법률행위를 취소 可
- 미성년후견인의 수는 한 명으로 함
- 미성년자가 성폭력, 성추행, 성희롱, 그 밖의 성적(성적) 침해를 당한 경우 이로 인한 손해배상청구권의 소멸시효는 그가 성년이 될 때까지는 진행되지 아니함

문 02 ★★

甲의 乙에 대한 5,000만 원의 대여금 채권은 소멸시효가 완성되었다. 이에 관한 설명 중 옳지 않은 것은? (각 지문은 독립적이며, 다툼이 있는 경우 판례에 의함)

① 乙이 소멸시효 완성 사실을 모르고 위 채무의 변제로 甲에게 5,000만 원을 지급한 경우, 乙은 甲에게 그 반환을 청구할 수 없다.
② 丙이 甲의 乙에 대한 위 채권을 담보하기 위해 소멸시효 완성 전에 자기 소유의 X 토지에 저당권을 설정해 준 경우, 丙은 위 채권의 소멸시효 완성을 주장할 수 있다.
③ 乙의 일반채권자 丙은 자기의 채권을 보전하기 위해 필요한 한도 내에서 乙을 대위하여 甲의 乙에 대한 위 채권의 소멸시효 완성을 주장할 수 있다.
④ 甲의 乙에 대한 위 채권이 소멸시효 완성 전에 이미 乙의 甲에 대한 채권과 상계할 수 있었던 경우, 甲은 위 채권을 乙의 채권과 상계할 수 있다.
⑤ 甲이 소멸시효 완성 후 乙을 상대로 채무이행의 소를 제기하였는데 乙이 사실심 변론 종결 시까지 소멸시효 완성 사실을 주장하지 않은 경우, 법원은 직권으로 소멸시효 완성을 고려하여야 한다.

해설

① (O) 소멸시효에 있어서 그 시효기간이 만료되면 권리는 당연히 소멸하지만 그 시효의 이익을 받는 자가 소송에서 소멸시효의 주장을 하지 아니하면 그 의사에 반하여 재판할 수 없고, 그 시효이익을 받는 자는 시효기간 만료로 인하여 소멸하는 권리의 의무자를 말한다(대법원 1991. 7. 26. 선고 91다5631 판결). ▶ 판례 입장인 절대적소멸설에 따를 때에도, 시효완성으로 채무가 소멸되었다는 사실을 모르고 변제하였을 경우 민법 제744조가 적용되어 반환을 청구할 수 없다.

민법 제744조(도의관념에 적합한 비채변제) 채무없는 자가 착오로 인하여 변제한 경우에 그 변제가 도의관념에 적합한 때에는 그 반환을 청구하지 못한다.

② (O) 타인의 채무를 담보하기 위하여 자기의 물건에 담보권을 설정한 물상보증인은 채권자에 대하여 물적 유한책임을 지고 있어 그 피담보채권의 소멸에 의하여 직접 이익을 받는 관계에 있으므로 소멸시효의 완성을 주장할 수 있고, 소멸시효 이익의 포기는 상대적 효과가 있을 뿐이어서 채무자가 시효이익을 포기하더라도 물상보증인에게는 효력이 없다(대법원 2018. 11. 9. 선고 2018다38782 판결).

③ (O) 소멸시효가 완성된 경우 이를 주장할 수 있는 사람은 시효로 인하여 채무가 소멸되는 결과 직접적인 이익을 받는 사람에 한정되므로, 채무자에 대한 일반 채권자는 자기의 채권을 보전하기 위하여 필요한 한도 내에서 채무자를 대위하여 소멸시효 주장을 할 수 있을 뿐 채권자의 지위에서 독자적으로 소멸시효의 주장을 할 수 없다(대법원 1997. 12. 26. 선고 97다22676 판결).

④ (O) 민법 제495조

> 민법 제495조(소멸시효완성된 채권에 의한 상계) 소멸시효가 완성된 채권이 그 완성 전에 상계할 수 있었던 것이면 그 채권자는 상계할 수 있다.

⑤ (X) 소멸시효에 있어서 그 시효기간이 만료되면 권리는 당연히 소멸하지만 그 시효의 이익을 받는 자가 소송에서 소멸시효의 주장을 하지 아니하면 그 의사에 반하여 재판할 수 없고, 그 시효이익을 받는 자는 시효기간 만료로 인하여 소멸하는 권리의 의무자를 말한다(대법원 1991. 7. 26. 선고 91다5631 판결).

해답 ⑤

문 02 소멸시효 ★★

- 절대적소멸설에 따를 때 시효완성으로 채무가 소멸되었다는 사실을 모르고 변제하였을 경우 민법 제744조가 적용되어 반환 청구 不可
- 타인의 채무를 담보하기 위하여 자기의 물건에 담보권을 설정한 물상보증인은 피담보채권의 소멸에 의하여 직접 이익을 받는 관계에 있으므로 소멸시효의 완성 주장 可
- 채무자에 대한 일반 채권자는 자기의 채권을 보전하기 위하여 필요한 한도 내에서 채무자를 대위하여 소멸시효 주장 可
- 소멸시효가 완성된 채권이 그 완성전에 상계할 수 있었던 것이면 그 채권자는 상계 可
- 시효의 이익을 받는 자가 소송에서 소멸시효의 주장을 하지 아니하면 그 의사에 반하여 재판할 수 없음

문 03

甲은 자기 소유의 X 토지를 적절한 가격에 매도할 것을 乙에게 위임하면서 그에 관한 대리권도 함께 수여하였다. 이에 관한 설명 중 옳은 것을 모두 고른 것은? (각 지문은 독립적이며, 다툼이 있는 경우 판례에 의함)

> ㄱ. 乙이 甲의 대리인으로서 X 토지에 관하여 丙과 매매계약을 체결한 후 중도금까지 받았다는 사정을 알고 있는 丁이 乙에게 적극적으로 매도를 요청하여 乙이 甲의 대리인으로서 丁에게 다시 X 토지를 매도하고 소유권이전등기까지 마쳐 주었다면, 甲이 이러한 사실을 몰랐다고 하더라도 甲과 丁 사이의 매매계약은 무효이다.
> ㄴ. 乙이 甲의 대리인으로서 X 토지에 관하여 丙과 매매계약을 체결하면서 丙에게 위법한 강박을 행하였다면, 丙은 甲이 이러한 사실을 알았거나 알 수 있었을 경우에 한하여 甲과의 매매계약을 취소할 수 있다.
> ㄷ. 乙이 甲의 대리인으로서 X 토지에 관하여 丙과 매매계약을 체결하였는데 丙이 약정한 날짜에 잔금을 지급하지 않은 경우, 乙이 丙에게 상당한 기간을 정하여 이행의 최고를 하였으나 그 기간 내에도 丙이 잔금을 지급하지 않았다면 乙은 위 매매계약을 해제할 수 있다.

ㄹ. 乙이 甲의 대리인으로서 甲의 허락 없이 자기를 X 토지의 매수인으로 하는 계약을 체결하였다면, 그 계약은 특별한 사정이 없는 한 무효이다.

① ㄱ, ㄷ
② ㄱ, ㄹ
③ ㄴ, ㄷ
④ ㄱ, ㄴ, ㄹ
⑤ ㄴ, ㄷ, ㄹ

해설

ㄱ.(O) 대리인이 본인을 대리하여 매매계약을 체결함에 있어서 매매대상 토지에 관한 저간의 사정을 잘 알고 그 배임행위에 가담하였다면, 대리행위의 하자 유무는 대리인을 표준으로 판단하여야 하므로, 설사 본인이 미리 그러한 사정을 몰랐거나 반사회성을 야기한 것이 아니라고 할지라도 그로 인하여 매매계약이 가지는 사회질서에 반한다는 장애사유가 부정되는 것은 아니다(대법원 1998. 2. 27. 선고 97다45532 판결).

ㄴ.(X) 의사표시의 상대방이 아닌 자로서 기망행위를 하였으나 민법 제110조 제2항에서 정한 제3자에 해당되지 아니한다고 볼 수 있는 자란 그 의사표시에 관한 상대방의 대리인 등 상대방과 동일시할 수 있는 자만을 의미하고, 단순히 상대방의 피용자이거나 상대방이 사용자책임을 져야 할 관계에 있는 피용자에 지나지 않는 자는 상대방과 동일시할 수는 없어 이 규정에서 말하는 제3자에 해당한다(대법원 1998. 1. 23. 선고 96다41496 판결).

민법 제110조(사기, 강박에 의한 의사표시) ① 사기나 강박에 의한 의사표시는 취소할 수 있다.
② 상대방있는 의사표시에 관하여 제삼자가 사기나 강박을 행한 경우에는 상대방이 그 사실을 알았거나 알 수 있었을 경우에 한하여 그 의사표시를 취소할 수 있다.

ㄷ.(X) 어떠한 계약의 체결에 관한 대리권을 수여(授與)받은 대리인이 수권된 법률행위를 하게 되면 그것으로 대리권의 원인된 법률관계(기초적 내부관계)는 원칙적으로 목적을 달성하여 종료되는 것이고, 법률행위에 의하여 수여(授與)된 대리권은 그 원인된 법률관계의 종료에 의하여 소멸하는 것이므로(민법 제128조), 그 계약을 대리하여 체결하였다 하여 곧바로 그 사람이 체결된 계약의 해제 등 일체의 처분권과 상대방의 의사를 수령할 권한까지 가지고 있다고 볼 수는 없다(대법원 2008. 1. 31. 선고 2007다74713 판결).

ㄹ.(O) 민법 제124조가 적용됨에 따라 원칙적으로 허용되지 않는 무권대리행위에 해당하고, 예외적으로 본인의 허락이 있는 경우에 한하여 효력이 인정될 수 있다(대법원 2024. 1. 4. 선고 2023다225580) 무권대리는 유동적 무효상태에 있는 것이다(송덕수, 기본민법 제4판 p.104).

민법 제124조(자기계약, 쌍방대리) 대리인은 본인의 허락이 없으면 본인을 위하여 자기와 법률행위를 하거나 동일한 법률행위에 관하여 당사자쌍방을 대리하지 못한다. 그러나 채무의 이행은 할 수 있다.

 ②

 문 03 대리

- 본인을 대리하여 매매계약을 체결함에 있어 대리인이 상대방의 배임행위에 가담한 경우 본인이 이러한 사실을 몰랐다고 하더라도 본인과 상대방 사이의 매매계약은 무효임
- 의사표시의 상대방이 아닌 자로서 기망행위를 하였으나 민법 제110조 제2항에서 정한 제3자에 해당되지 아니한다고 볼 수 있는 자 ⇨ 그 의사표시에 관한 상대방의 대리인 등 상대방과 동일시할 수 있는 자만을 의미함

- 계약의 체결에 관한 대리권을 수여받은 대리인의 권한에 계약해제권한은 없음
- 자기대리금지를 위반한 경우 무권대리 행위로서 유동적 무효

문 04 ★★

「민법」상 법인의 기관에 관한 설명 중 옳은 것은? (다툼이 있는 경우 판례에 의함)

① 이사가 사임의 의사표시를 하였더라도 법인의 승낙이 없으면 사임의 효력은 발생하지 않는다.
② 법인과 이사의 이익이 상반되는 사항에 관하여 이해관계인 또는 검사의 청구가 있는 경우, 법원은 임시이사를 선임하여야 한다.
③ 감사는 필요적 상설기관이므로 감사의 성명과 주소는 정관의 필요적 기재 사항이다.
④ 직무대행자는 주무관청의 허가를 얻어 법인의 통상사무에 속하지 아니한 행위를 할 수 있다.
⑤ 법인이 정관에서 이사의 해임 사유와 절차를 정하였고 그 해임 사유가 실제로 발생하였다면, 법인과 이사 사이의 신뢰관계가 더 이상 유지되기 어려울 정도에 이르지 않았더라도 법인은 정관에서 정한 절차에 따라 이사를 해임할 수 있다.

해설

① (X) 법인과 이사의 법률관계는 신뢰를 기초로 한 위임 유사의 관계이므로, 이사는 민법 제689조 제1항이 규정한 바에 따라 언제든지 사임할 수 있고, 법인의 이사를 사임하는 행위는 상대방 있는 단독행위이므로 그 의사표시가 상대방에게 도달함과 동시에 그 효력을 발생하고, 그 의사표시가 효력을 발생한 후에는 마음대로 이를 철회할 수 없음이 원칙이다(대법원 2008. 9. 25. 선고 2007다17109 판결).

② (X) 민법 제64조

> 민법 제63조(임시이사의 선임) 이사가 없거나 결원이 있는 경우에 이로 인하여 손해가 생길 염려 있는 때에는 법원은 이해관계인이나 검사의 청구에 의하여 임시이사를 선임하여야 한다.
>
> 민법 제64조(특별대리인의 선임) 법인과 이사의 이익이 상반하는 사항에 관하여는 이사는 대표권이 없다. 이 경우에는 전조의 규정에 의하여 특별대리인을 선임하여야 한다.

③ (X) 민법 제66조

> 민법 제66조(감사) 법인은 정관 또는 총회의 결의로 감사를 둘 수 있다.

④ (X) 민법 제60조의2

> 민법 제60조의2(직무대행자의 권한) ① 제52조의2의 직무대행자는 가처분명령에 다른 정함이 있는 경우 외에는 법인의 통상사무에 속하지 아니한 행위를 하지 못한다. 다만, 법원의 허가를 얻은 경우에는 그러하지 아니하다.

⑤ (O) 법인이 정관에서 이사의 해임사유와 절차를 정하였고 그 해임사유가 실제로 발생하였다면, 법인은 이를 이유로 정관에서 정한 절차에 따라 이사를 해임할 수 있다. 이때 정관에서 정한 해임사유가 발생하였다는 요건 외에 이로 인하여 법인과 이사 사이의 신뢰관계가 더 이상 유지되기 어려울 정도에 이르러야 한다는 요건이 추가로 충족되어야 법인이 비로소 이사를 해임할 수 있는 것은 아니다(대법원 2024. 1. 4. 선고 2023다263537 판결).

해답 ⑤

| 핵심
포인트 | 문 04 | 민법상 법인의 기관 | ★★ |

- 법인의 이사를 사임하는 행위는 그 의사표시가 상대방에게 도달함과 동시에 그 효력 발생(∵ 상대방 있는 단독행위)
- 법인과 이사의 이익이 상반되는 사항에 관하여 이해관계인 또는 검사의 청구가 있는 경우 법원은 특별대리인을 선임하여야 함
- 법인의 감사는 임의기관
- 직무대행자는 법원의 허가를 얻어 법인의 통상사무에 속하지 아니한 행위를 할 수 있음
- 법인이 정관에서 이사의 해임사유와 절차를 정하였고 그 해임사유가 실제로 발생하였다면 다른 요건이 추가로 충족 필요없이 법인은 이를 이유로 정관에서 정한 절차에 따라 이사 해임 可

문 05 ★★

甲은 A에게 자신의 X 토지를 담보로 제공하고 2억 원을 대출받아 줄 것을 위임하면서 그에 관한 대리권도 함께 수여하였다. A는 甲으로부터 신분증과 인감도장 등을 받아 서류를 위조한 뒤 甲의 대리인이라 칭하며 X 토지를 乙에게 3억 원에 매도하는 매매계약을 乙과 체결하였다. 이에 관한 설명 중 옳은 것(O)과 옳지 않은 것(×)을 올바르게 조합한 것은? (각 지문은 독립적이며, 다툼이 있는 경우 판례에 의함)

ㄱ. 매매계약 체결 당시 A에게 대리권이 없음을 알지 못한 乙이 甲의 추인이 있기 전에 甲에 대하여 계약을 철회하는 의사를 표시한 경우, 매매계약은 확정적으로 무효가 되어 甲은 A의 무권대리행위를 추인할 수 없다.
ㄴ. 甲이 乙에게 매매대금을 4억 원으로 변경하여 추인의 의사표시를 한 경우, 乙과의 매매계약은 특별한 사정이 없는 한 매매대금을 4억 원으로 하는 계약으로서 효력이 있다.
ㄷ. 乙이 A에게 대리권이 있다고 믿을 만한 정당한 사유가 인정되는 경우, 甲은 乙에 대하여 매매계약을 이행할 책임이 있다. 여기에서 정당한 사유가 있는지는 대리행위 당시뿐만 아니라 이후의 사정도 종합적으로 고려하여 판단하여야 한다.
ㄹ. A가 「민법」 제135조 제1항에 따른 무권대리인의 책임을 지는 경우, A는 乙의 선택에 따라 乙에 대하여 매매계약을 이행할 책임 또는 손해를 배상할 책임이 있다.

① ㄱ(O), ㄴ(×), ㄷ(O), ㄹ(×)   ② ㄱ(×), ㄴ(O), ㄷ(×), ㄹ(×)
③ ㄱ(×), ㄴ(×), ㄷ(O), ㄹ(×)   ④ ㄱ(O), ㄴ(×), ㄷ(×), ㄹ(O)
⑤ ㄱ(O), ㄴ(O), ㄷ(O), ㄹ(O)

해설

ㄱ.(O) 민법 제134조는 "대리권 없는 자가 한 계약은 본인의 추인이 있을 때까지 상대방은 본인이나 그 대리인에 대하여 이를 철회할 수 있다. 그러나 계약 당시에 상대방이 대리권 없음을 안 때에는 그러하지 아니하다."고 규정하고 있다. 민법 제134조에서 정한 상대방의 철회권은, 무권대리행위가 본인의 추인에 따라 효력이 좌우되어 상대방이 불안정한 지위에 놓이게 됨을 고려하여 대리권이 없었음을 알지 못한 상대방을 보호

하기 위하여 상대방에게 부여된 권리로서, 상대방이 유효한 철회를 하면 무권대리행위는 확정적으로 무효가 되어 그 후에는 본인이 무권대리행위를 추인할 수 없다(대법원 2017. 6. 29. 선고 2017다213838 판결).

ㄴ.(X) 무권대리행위의 추인은 무권대리인에 의하여 행하여진 불확정한 행위에 관하여 그 행위의 효과를 자기에게 직접 발생케 하는 것을 목적으로 하는 의사표시이며, 무권대리인 또는 상대방의 동의나 승낙을 요하지 않는 단독행위로서 추인은 의사표시의 전부에 대하여 행하여져야 하고, 그 일부에 대하여 추인을 하거나 그 내용을 변경하여 추인을 하였을 경우에는 상대방의 동의를 얻지 못하는 한 무효이다.

ㄷ.(X) 권한을 넘은 표현대리에 있어서 무권대리인에게 그 권한이 있다고 믿을 만한 정당한 이유가 있는가의 여부는 대리행위(매매계약) 당시를 기준으로 결정하여야 하고 매매계약 성립 이후의 사정은 고려할 것이 아니므로, 무권대리인이 매매계약 후 그 이행단계에서야 비로소 본인의 인감증명과 위임장을 상대방에게 교부한 사정만으로는 상대방이 무권대리인에게 그 권한이 있다고 믿을 만한 정당한 이유가 있었다고 단정할 수 없다(대법원 1981. 12. 8. 선고 81다322 판결).

ㄹ.(O) 민법 제135조 제1항

> 민법 제135조(상대방에 대한 무권대리인의 책임) ① 다른 자의 대리인으로서 계약을 맺은 자가 그 대리권을 증명하지 못하고 또 본인의 추인을 받지 못한 경우에는 그는 상대방의 선택에 따라 계약을 이행할 책임 또는 손해를 배상할 책임이 있다.

해답 ④

핵심포인트 문 05 무권대리 추인과 책임·권한을 넘은 표현대리 ★★

- 본인이 추인이 있기 전에 본인에 대하여 계약을 철회하는 의사를 표시한 경우 매매계약은 확정적으로 무효가 되어 본인은 무권대리행위를 추인 不可
- 무권대리행위의 추인은 그 일부에 대하여 추인을 하거나 그 내용을 변경하여 추인을 하였을 경우에는 상대방의 동의를 얻지 못하는 한 무효임 (∵무권대리인 또는 상대방의 동의나 승낙을 요하지 않는 단독행위로서 추인은 의사표시의 전부에 대하여 행하여져야 함)
- 권한을 넘은 표현대리에 있어서 무권대리인에게 그 권한이 있다고 믿을 만한 정당한 이유가 있는가의 여부 ⇨ 대리행위(매매계약) 당시를 기준으로 결정 (그 이후의 사정은 고려 안함)
- 「민법」 제135조 제1항에 따른 무권대리인의 책임을 지는 경우 ⇨ 상대방의 선택에 따라 계약을 이행할 책임 또는 손해를 배상할 책임 有

문 06 ★★

매도인 甲과 매수인 乙 사이에 甲 소유의 X 동산에 대해 소유권유보 약정이 있는 매매계약이 체결되었고, 이에 따라 甲이 乙에게 X 동산을 인도하였다. 이에 관한 설명 중 옳은 것을 모두 고른 것은? (각 지문은 독립적이며, 다툼이 있는 경우 판례에 의함)

> ㄱ. 乙이 甲에게 매매대금 전액을 지급하면 X 동산의 소유권은 별도의 의사표시 없이 곧바로 乙에게 이전된다.

ㄴ. 매매대금의 절반이 지급된 상태에서 X 동산이 수급인 乙에 의해 도급인 丙이 소유한 Y 건물에 부합된 경우, 丙이 甲과 乙 사이의 소유권유보 약정 사실을 과실 없이 알지 못하였다면 甲은 丙에게 보상청구를 할 수 없다.

ㄷ. 매매대금의 절반이 지급된 상태에서 乙이 이러한 사실을 알고 있는 丁에게 X 동산을 처분한 후, 甲이 乙의 무단 처분 사실을 알고 그 처분행위를 추인하면 丁은 甲이 추인한 때부터 X 동산의 소유권을 취득한다.

① ㄱ
② ㄱ, ㄴ
③ ㄱ, ㄷ
④ ㄴ, ㄷ
⑤ ㄱ, ㄴ, ㄷ

해설

ㄱ.(O), ㄷ.(X) 동산의 매매계약을 체결하면서, 매도인이 대금을 모두 지급받기 전에 목적물을 매수인에게 인도하지만 대금이 모두 지급될 때까지는 목적물의 소유권은 매도인에게 유보되며 대금이 모두 지급된 때에 그 소유권이 매수인에게 이전된다는 내용의 이른바 소유권유보의 특약을 한 경우, 목적물의 소유권을 이전한다는 당사자 사이의 물권적 합의는 매매계약을 체결하고 목적물을 인도한 때 이미 성립하지만 대금이 모두 지급되는 것을 정지조건으로 한다(대법원 1999. 9. 7. 선고 99다30534 판결). 권리자가 무권리자의 처분을 추인하면 무권대리에 대해 본인이 추인을 한 경우와 당사자들 사이의 이익상황이 유사하므로, 무권대리의 추인에 관한 민법 제130조, 제133조 등을 무권리자의 추인에 유추 적용할 수 있다. 따라서 무권리자의 처분이 계약으로 이루어진 경우에 권리자가 이를 추인하면 원칙적으로 계약의 효과가 계약을 체결했을 때에 소급하여 권리자에게 귀속된다고 보아야 한다(대법원 2017. 6. 8. 선고 2017다3499 판결). ▶ 매매대금의 절반이 지급된 상태에서 乙이 이러한 사실을 알고 있는 丁에게 X 동산을 처분한 경우 乙은 X동산의 무권리리자의 처분행위이고 甲 乙의 무단 처분 사실을 알고 그 처분행위를 추인하면 丁은 매매계약을 체결했을 때에 소급하여 권리자에게 귀속된다.

민법 제147조(조건성취의 효과) ① 정지조건있는 법률행위는 조건이 성취한 때로부터 그 효력이 생긴다.

ㄴ.(O) 매도인에게 소유권이 유보된 자재가 제3자와 매수인과 사이에 이루어진 도급계약의 이행에 의하여 부합된 경우 보상청구를 거부할 법률상 원인이 있다고 할 수 없지만, 제3자가 도급계약에 의하여 제공된 자재의 소유권이 유보된 사실에 관하여 과실 없이 알지 못한 경우라면 선의취득의 경우와 마찬가지로 제3자가 그 자재의 귀속으로 인한 이익을 보유할 수 있는 법률상 원인이 있다고 봄이 상당하므로 매도인으로서는 그에 관한 보상청구를 할 수 없다고 할 것이다(대법원 2009. 9. 24. 선고 2009다15602 판결).

해답 ②

핵심포인트 문 06 소유권유보부 매매 ★★

- 동산 소유권유보부 매매는 매수인이 매매대금 전액을 지급하면 별도의 의사표시 없이 곧바로 매수인에게 이전함
- 매도인에게 소유권이 유보된 자재가 제3자와 매수인과 사이에 이루어진 도급계약의 이행에 의하여 부합하고 제3자가 도급계약에 의하여 제공된 자재의 소유권이 유보된 사실에 관하여 과실 없이 알지 못한 경우 ⇨ 매도인으로서는 3자에 관한 보상청구할 수 없음

- 권리자가 무권리자의 처분을 추인하면 원칙적으로 계약의 효과가 계약을 체결했을 때에 소급하여 권리자에게 귀속함

문 07
★★

甲은 2023. 4. 1. 자기 소유의 X 토지에 관하여 乙과 매매계약을 체결하였다. 이 계약에서 甲과 乙은 2023. 8. 31. 매매대금 전액의 지급과 상환으로 X 토지의 인도 및 소유권이전등기절차를 이행하기로 약정하였다. 이에 관한 설명 중 옳지 않은 것을 모두 고른 것은? (각 지문은 독립적이며, 다툼이 있는 경우 판례에 의함)

ㄱ. 乙이 2023. 8. 31. 甲에게 매매대금을 지급하였는데 甲과 乙 사이의 매매계약이 무효인 경우, 乙의 甲에 대한 매매대금 상당의 부당이득반환청구권의 소멸시효는 특별한 사정이 없는 한 乙이 매매대금을 지급한 때부터 진행한다.
ㄴ. 乙이 2023. 8. 31.이 지나도록 매매대금을 지급하지 않았더라도 甲에 대해 동시이행의 항변권이 인정되는 한, 甲의 乙에 대한 매매대금 채권의 소멸시효는 진행하지 않는다.
ㄷ. 甲이 2023. 8. 31. 乙에게 X 토지를 인도하고 소유권이전등기를 마쳐 주었지만 乙은 매매대금을 지급하지 않았다. 이후 甲이 X 토지의 매매대금 채권을 보전하기 위하여 乙의 丙에 대한 채권에 대해 가압류를 신청하여 그 결정이 2023. 10. 1. 丙에게 송달되었지만 乙에게는 그 가압류 사실이 통지되지 않았다면 甲의 乙에 대한 매매대금 채권의 소멸시효는 중단되지 않는다.
ㄹ. 甲이 2023. 8. 31. 乙에게 X 토지를 인도하고 소유권이전등기를 마쳐 주었지만 乙은 매매대금을 지급하지 않았다. 이후 甲의 채권자 A가 甲을 대위하여 乙을 상대로 매매대금의 지급을 구하는 소를 제기하였더라도 甲의 乙에 대한 매매대금 채권의 소멸시효는 중단되지 않는다.

① ㄱ
② ㄴ, ㄷ
③ ㄷ, ㄹ
④ ㄴ, ㄷ, ㄹ
⑤ ㄱ, ㄴ, ㄷ, ㄹ

해설

ㄱ.(O) 매매계약의 무효를 원인으로 한 매매대금 상당의 부당이득반환청구권은 특별한 사정이 없는 한 매매대금을 지급한 때에 성립하고 그 성립과 동시에 권리를 행사할 수 있으므로 그때부터 소멸시효가 진행한다(대법원 2024. 6. 27. 선고 2023다302920 판결).

ㄴ.(X) 부동산에 대한 매매대금 채권이 소유권이전등기청구권과 동시이행의 관계에 있다고 할지라도 매도인은 매매대금의 지급기일 이후 언제라도 그 대금의 지급을 청구할 수 있는 것이며, 다만 매수인은 매도인으로부터 그 이전등기에 관한 이행의 제공을 받기까지 그 지급을 거절할 수 있는 데 지나지 아니하므로 매매대금청구권은 그 지급기일 이후 시효의 진행에 걸린다(대법원 1991. 3. 22. 선고 90다9797 판결).

ㄷ.(X) 채권자가 채무자의 제3채무자에 대한 채권을 압류 또는 가압류한 경우에 채무자에 대한 채권자의 채권에 관하여 시효중단의 효력이 생긴다고 할 것이나, 압류 또는 가압류된 채무자의 제3채무자에 대한 채권에 대하여는 민법 제168조 제2호 소정의 소멸시효 중단사유에 준하는 확정적인 시효중단의 효력이 생긴다고 할 수 없다. … 원고는 오세영의 임금 및 퇴직금채권 전부가 시효소멸하기 전에 위 압류 및 추심명령을 받아 집행법원을 통하여 제3채무자인 피고 회사에 송달하였고, 그로부터 6개월이 경과하기 전에 이 사건 추

심의 소를 제기하였다고 할 것이므로 위 압류 및 추심명령이 피고 회사에 송달되기 전에 이미 소멸시효가 완성된 임금채권을 제외한 <u>오세영의 임금 및 퇴직금채권에 대한 소멸시효의 진행은 적법하게 중단되었다고 할 것이다</u>(대법원 2003. 5. 13. 선고 2003다16238 판결). 채권가압류는 가압류명령이 제3채무자에게 송달되어야 그 효력이 생긴다(민사집행법 제291조, 제227조 제3항)

ㄹ.(X) <u>채권자대위권 행사의 효과는 채무자에게 귀속되는 것이므로 채권자대위소송의 제기로 인한 소멸시효 중단의 효과 역시 채무자에게 생긴다</u>(대법원 2011. 10. 13. 선고 2010다80930 판결).

 ④

문 07 소멸시효 ★★

- 매매계약의 무효를 원인으로 한 매매대금 상당의 부당이득반환청구권은 매매대금을 지급한 때에 성립하고 그때부터 소멸시효가 진행 ○
- 부동산에 대한 매매대금 채권이 소유권이전등기청구권과 동시이행의 관계에 있다고 할지라도 매매대금 청구권은 그 지급기일 이후 시효의 진행 ○
- 채권자가 채무자의 제3채무자에 대한 채권을 압류 또는 가압류한 경우에 채무자에 대한 채권자의 채권이 시효소멸하기 전에 제3채무자에게 송달되는 경우 시효중단의 효력 발생 ○
- 채권자대위소송의 제기로 인한 소멸시효 중단의 효과는 채무자에게 생김 ○

문 08 ★★

甲은 丙 소유의 Y 토지에 X 건물을 신축하여 원시취득한 후 乙에게 X 건물을 미등기 무허가 상태로 매도하고 인도하였으며, X 건물에 대한 乙 명의의 소유권이전등기는 아직 마쳐지지 않았다. 이에 관한 설명 중 옳은 것을 모두 고른 것은? (각 지문은 독립적이며, 다툼이 있는 경우 판례에 의함)

ㄱ. 乙이 甲에게 매매대금을 완납한 후 X 건물을 丁에게 매도하고 인도해 준 경우, 甲이 丁에게 물권적 반환청구권을 행사하면 丁은 자신의 고유한 점유·사용권을 甲에게 주장할 수 있다.

ㄴ. 乙이 甲에게 매매대금을 완납한 경우, 乙에게는 X 건물에 대하여 소유권에 준하는 관습상의 물권 또는 사실상의 소유권이라는 법률상의 지위가 인정된다.

ㄷ. 乙이 甲에게 매매대금을 완납하였고 乙이 丙에 대해 이미 변제기가 도래한 대여금 채권을 가지고 있는데, 甲에게 Y 토지에 대한 사용권이 없어서 丙이 甲에게 Y 토지의 차임 상당 부당이득반환청구를 한 경우, 甲은 乙의 부담부분에 한하여 乙의 위 채권을 자동채권으로 하여 상계할 수 있다.

① ㄱ
② ㄴ
③ ㄱ, ㄷ
④ ㄴ, ㄷ
⑤ ㄱ, ㄴ, ㄷ

해설

ㄱ.(O) 매수인이 아직 소유권이전등기를 경료받지 아니하였다 하여도 매매계약의 이행으로 그 매매목적물을 인도받은 때에는 매매계약의 효력으로서 이를 점유·사용할 권리가 생기게 된 것으로 보아야 하고, 또 매수

인으로부터 위 매매목적물을 다시 매수한 자는 위와 같은 토지의 점유사용권을 취득한 것으로 봄이 상당하므로 매도인은 매수인으로부터 다시 위 매매목적물을 매수한 자에 대하여 매매목적물 소유권에 기한 물권적 청구권을 행사하거나 그 점유·사용을 법률상 원인이 없는 이익이라고 하여 부당이득반환청구를 할 수는 없다(대법원 2001. 12. 11. 선고 2001다45355 판결).

ㄴ.(X) 미등기 무허가건물의 양수인이라도 그 소유권이전등기를 경료하지 않는 한 그 건물의 소유권을 취득할 수 없고, 소유권에 준하는 관습상의 물권이 있다고도 할 수 없으며, 현행법상 사실상의 소유권이라고 하는 포괄적인 권리 또는 법률상의 지위를 인정하기도 어렵다(대법원 2006. 10. 27. 선고 2006다49000 판결).

ㄷ.(X) 상계는 당사자 쌍방이 서로 같은 종류를 목적으로 한 채무를 부담한 경우에 서로 같은 종류의 급부를 현실로 이행하는 대신 어느 일방 당사자의 의사표시로 그 대등액에 관하여 채권과 채무를 동시에 소멸시키는 것이고, 이러한 상계제도의 취지는 서로 대립하는 두 당사자 사이의 채권·채무를 간이한 방법으로 원활하고 공평하게 처리하려는 데 있으므로, 수동채권으로 될 수 있는 채권은 상대방이 상계자에 대하여 가지는 채권이어야 하고, 상대방이 제3자에 대하여 가지는 채권과는 상계할 수 없다고 보아야 한다(대법원 2011. 4. 28. 선고 2010다101394 판결).

 ①

핵심포인트 문 08 미등기 매수인의 양수인·상계

- 매도인은 매수인으로부터 다시 위 매매목적물을 매수한 자에 대해 매매목적물 소유권에 기한 물권적 청구권 행사 불가(∵ 미등기 매수인으로부터 매목적물을 매수한 자는 토지의 점유사용권 취득)
- 미등기 무허가건물의 양수인 : 소유권에 준하는 관습상의 물권이나 사실상의 소유권이라는 법률상의 지위 인정 ×
- 수동채권으로 될 수 있는 채권은 상대방이 상계자에 대하여 가지는 채권이어야 함

문 09 ★★★

경정등기에 관한 설명 중 옳은 것(○)과 옳지 않은 것(×)을 올바르게 조합한 것은? (다툼이 있는 경우 판례에 의함)

ㄱ. 등기명의인의 동일성이 인정되지 않는 위법한 경정등기가 마쳐졌으나 그것이 경정 후 명의인의 권리관계를 표상하는 결과에 이르러 그 경정등기가 실체관계에 부합하게 되었다면 그 경정등기는 유효하지만, 경정 전에 실제로 존재했던 경정 전 등기명의인의 권리가 소급적으로 소멸되지는 않는다.

ㄴ. 등기명의인 경정의 부기등기가 등기명의인의 동일성을 해치는 방법으로 행하여져서 실제 소유관계를 표상하고 있지 않은 경우, 이러한 경정등기의 말소등기절차의 이행을 청구하려는 자는 자신이 부동산의 원래의 등기명의인에 해당하는 자로서 진실한 소유자라는 사실을 증명하여야 한다.

ㄷ. 등기관이 기존 등기에 존재하는 착오를 발견한 경우 지체 없이 그 등기를 경정하여야 하는데, 이때 경정될 등기와 등기부상 양립할 수 없는 등기가 있는 경우에는 그 등기명의인의 승낙을 받아야 한다.

ㄹ. 공유부동산에 관하여 단독 소유로 소유권보존등기가 마쳐진 경우, 진정한 권리자가 소유권보존등기의 일부 말소를 소로써 구하면 법원은 그 지분에 대해서만 말소를 명할 수 없으므로 경정등기를 명하여야 한다.

① ㄱ(○), ㄴ(○), ㄷ(○), ㄹ(×)   ② ㄱ(○), ㄴ(○), ㄷ(×), ㄹ(×)
③ ㄱ(○), ㄴ(×), ㄷ(×), ㄹ(○)   ④ ㄱ(×), ㄴ(○), ㄷ(×), ㄹ(○)
⑤ ㄱ(×), ㄴ(×), ㄷ(○), ㄹ(×)

해설

ㄱ.(○) 등기명의인의 경정등기는 명의인의 동일성이 인정되는 범위를 벗어나면 허용되지 아니한다. 그렇지만 등기명의인의 동일성 유무가 명백하지 아니하여 경정등기 신청이 받아들여진 결과 명의인의 동일성이 인정되지 않는 위법한 경정등기가 마쳐졌다 하더라도, 그것이 일단 마쳐져서 경정 후의 명의인의 권리관계를 표상하는 결과에 이르렀고 그 등기가 실체관계에도 부합하는 것이라면 등기는 유효하다. 이러한 경우에 경정등기의 효력은 소급하지 않고 경정 후 명의인의 권리취득을 공시할 뿐이므로, 경정 전의 등기 역시 원인무효의 등기가 아닌 이상 경정 전 당시의 등기명의인의 권리관계를 표상하는 등기로서 유효하고, 경정 전에 실제로 존재하였던 경정 전 등기명의인의 권리관계가 소급적으로 소멸하거나 존재하지 않았던 것으로 되지도 아니한다(대법원 2015. 5. 21. 선고 2012다952 전원합의체판결).

ㄴ.(○) 등기명의인의 표시변경 또는 경정의 부기등기가 등기명의인의 동일성을 해치는 방법으로 행하여져서 부동산등기사항증명서상의 표시가 실지 소유관계를 표상하고 있는 것이 아니라면 진실한 소유자는 그 소유권의 내용인 침해배제청구권의 정당한 행사로써 그 표시상의 소유명의자를 상대로 그 소유권에 장애가 되는 부기등기인 표시변경 또는 경정등기의 말소등기절차의 이행을 청구할 수 있으므로, 이와 같이 부동산의 등기명의인의 표시변경 또는 경정등기의 말소등기절차의 이행을 청구하려는 자는 자신이 부동산의 원래의 등기명의인에 해당하는 자로서 진실한 소유자라는 사실을 증명하여야 한다(대법원 2021. 5. 7. 선고 2020다299214 판결).

ㄷ.(×) 부동산등기법 제32조 제2항은 등기관이 등기의 착오나 빠진 부분이 등기관의 잘못으로 인한 것임을 발견한 경우에는 지체 없이 그 등기를 직권으로 경정하여야 하고, 다만 등기상 이해관계 있는 제3자가 있는 경우에는 제3자의 승낙이 있어야 한다고 규정하고 있다. 여기서 '등기상 이해관계 있는 제3자'는 기존 등기에 존재하는 착오 또는 빠진 부분을 바로잡는 경정등기를 허용함으로써 손해를 입게 될 위험성이 있는 등기상의 권리자를 의미하는데, 경정될 등기와 등기부상 양립할 수 없는 등기가 된 경우에 등기내용은 단지 경정의 대상이 될 뿐이고, 등기명의자를 승낙청구의 상대방인 등기상 이해관계 있는 제3자로 보아 별도로 승낙까지 받아야 할 필요는 없다(대법원 2017. 1. 25.자 2016마5579 결정).

ㄹ.(×) 실체관계상 공유인 부동산에 관하여 단독소유로 소유권보존등기가 마쳐졌거나 단독소유인 부동산에 관하여 공유로 소유권보존등기가 마쳐진 경우에 소유권보존등기 중 진정한 권리자의 소유부분에 해당하는 일부 지분에 관한 등기명의인의 소유권보존등기는 무효이므로 이를 말소하고 그 부분에 관한 진정한 권리자의 소유권보존등기를 하여야 한다. 이 경우 진정한 권리자는 소유권보존등기의 일부말소를 소로써 구하고 법원은 그 지분에 한하여만 말소를 명할 수 있으나, 등기기술상 소유권보존등기의 일부말소는 허용되지 않으므로, 그 판결의 집행은 단독소유를 공유로 또는 공유를 단독소유로 하는 경정등기의 방식으로 이루어진다. 이와 같이 일부말소 의미의 경정등기는 등기절차 내에서만 허용될 뿐 소송절차에서는 일부말소를 구하는 외에 경정등기를 소로써 구하는 것은 허용될 수 없다(대법원 2017. 8. 18. 선고 2016다6309 판결).

해답 ②

핵심포인트 문 09 경정등기 ★★★

● 등기명의인의 동일성 유무가 불명하여 경정등기 신청이 받아들여진 결과 명의인의 동일성이 인정되지 않는 위법한 경정등기 ⇨ 경정 후의 등기가 실체관계에도 부합하는 것이라면 등기는 유효

- 부동산등기사항증명서상의 표시가 실지 소유관계를 표상하고 있는 것이 아닌 등기명의인의 표시변경 또는 경정의 부기등기의 말소등기절차의 이행을 청구하려는 자는 부동산의 원래의 등기명의인에 해당하는 자로서 진실한 소유자라는 사실을 증명하여야 함
- 등기관이 기존 등기에 존재하는 착오를 발견한 경우 지체 없이 그 등기를 경정함에 있어서 경정될 등기와 등기부상 양립할 수 없는 등기가 있는 경우에는 그 등기명의인의 승낙을 받을 필요 없음
- 실체관계상 공유인 부동산에 관하여 단독소유로 소유권보존등기가 마쳐진 경우 진정한 권리자는 소유권보존등기의 일부말소를 소로써 구하고 법원은 그 지분에 한하여만 말소를 명할 수 있음

문 10 ★★

「부동산 실권리자명의 등기에 관한 법률」이 적용되는 명의신탁에 관한 설명 중 옳은 것은? (다툼이 있는 경우 판례에 의함)

① 3자 간 등기명의신탁에서 명의수탁자가 명의신탁된 부동산을 임의처분하여 제3자가 그 소유권을 취득한 경우, 매도인의 소유권이전등기의무가 이행불능이 되어 발생하는 매도인과 명의신탁자 사이의 법률관계와 명의수탁자가 매도인의 소유권을 침해하여 발생하는 명의수탁자와 매도인 사이의 법률관계를 각각 구분하여 개별적으로 이해관계를 조정하면 부당이득반환 제도의 취지에 배치될 수 있다.
② 3자 간 등기명의신탁에서 명의신탁자가 매도인을 대위하지 않고 직접 명의수탁자를 상대로 부당이득반환을 원인으로 한 소유권이전등기를 청구한 경우, 이에 따라 마쳐진 명의신탁자 명의 소유권이전등기는 무효이다.
③ 계약명의신탁에서 매도인이 명의신탁약정에 대하여 알지 못했던 경우, 명의수탁자가 명의신탁자에 대한 매수자금 반환에 갈음하여 명의신탁된 부동산 자체를 양도하기로 합의하고 그에 기하여 명의신탁자가 지정하는 제3자 앞으로 소유권이전등기를 마쳐 주었다면 그 제3자 명의 소유권이전등기는 유효이다.
④ 계약명의신탁에서 매도인이 명의수탁자와 매매계약을 체결할 때는 명의신탁약정에 대하여 알지 못하였으나 명의수탁자 명의로 소유권이전등기를 마쳐 줄 때는 이를 알게 된 경우, 매도인과 명의수탁자 간 매매계약은 소급적으로 무효가 된다.
⑤ 계약명의신탁에서 매도인이 명의신탁약정에 대하여 알고 있었던 경우, 매도인과 명의수탁자가 체결한 매매계약은 원시적으로 무효이고 해당 부동산의 소유권은 매도인에게 그대로 남아 있게 되므로 특별한 사정이 없는 한 명의신탁자는 매도인에게 소유권이전등기를 청구할 수 있다.

해설

① (O) 3자 간 등기명의신탁에서 명의신탁자와 매도인 사이의 매매계약에 기한 소유권이전등기의무가 이행불능이 됨으로써 발생하는 계약해제나 손해배상의 법률관계, 매도인과 명의수탁자 사이에서 명의수탁자가 매도인의 소유권을 침해함으로써 발생하는 부당이득반환 또는 불법행위로 인한 손해배상의 법률관계를 각각 구분하여 개별적으로 이해관계를 조정하게 될 경우, 구체적 사정에 따라서는 부당이득반환청구권이나 손해배상청구권 등이 인정되지 않는 경우도 있고 과실상계 등의 사유로 인하여 제한적으로 인정되는 경우도 있을 수 있어서, 손해의 보전이 충분하지 못함과 동시에 예상치 못한 이익을 얻게 되는 결과가 발생하게 된다. 이러한 결과를 용인하는 것은 공평의 이념에 기초한 부당이득반환 제도의 취지에 배치된다(대법원 2021. 9. 9. 선고 2018다284233 전원합의체 판결).
② (X) 명의신탁자가 소유자로부터 부동산을 양도받으면서 명의수탁자와 사이에 명의신탁약정을 하여 소유자로부터 바로 명의수탁자 명의로 소유권이전등기를 하는 이른바 3자간 등기명의신탁에 있어서 … 같은 법은

매도인과 명의신탁자 사이의 매매계약의 효력을 부정하는 규정을 두고 있지 아니하여 유예기간 경과 후로도 매도인과 명의신탁자 사이의 매매계약은 여전히 유효하므로, 명의신탁자는 매도인에 대하여 매매계약에 기한 소유권이전등기를 청구할 수 있고, 그 소유권이전등기청구권을 보전하기 위하여 매도인을 대위하여 명의수탁자에게 무효인 그 명의 등기의 말소를 구할 수도 있으므로, 명의수탁자가 명의신탁자 앞으로 바로 경료해 준 소유권이전등기는 결국 실체관계에 부합하는 등기로서 유효하다(대법원 2004. 6. 25. 선고 2004다6764 판결).

③ (X) … 나아가 이러한 경우에 명의신탁자와 명의수탁자 및 제3자 사이의 새로운 명의신탁약정에 의하여 명의수탁자가 다시 명의신탁자가 지정하는 제3자 앞으로 소유권이전등기를 마쳐 주었다면, 제3자 명의의 소유권이전등기는 위 법률 제4조 제2항에 의하여 무효이므로, 제3자는 소유권이전등기에도 불구하고 그 부동산의 소유권을 취득하거나 그 매수대금 상당의 이익을 얻었다고 할 수 없다(대법원 2009. 9. 10. 선고 2006다73102 판결).

④ (X) 부동산 실권리자명의 등기에 관한 법률 제4조 제2항 단서는 부동산 거래의 상대방을 보호하기 위한 것으로 상대방이 명의신탁약정이 있다는 사실을 알지 못한 채 물권을 취득하기 위한 계약을 체결한 경우 그 계약과 그에 따른 등기를 유효라고 한 것이다. 명의신탁자와 명의수탁자가 계약명의신탁약정을 맺고 명의수탁자가 당사자가 되어 매도인과 부동산에 관한 매매계약을 체결하는 경우 그 계약과 등기의 효력은 매매계약을 체결할 당시 매도인의 인식을 기준으로 판단해야 하고, 매도인이 계약 체결 이후에 명의신탁약정 사실을 알게 되었다고 하더라도 위 계약과 등기의 효력에는 영향이 없다. 매도인이 계약 체결 이후 명의신탁약정 사실을 알게 되었다는 우연한 사정으로 인해서 위와 같이 유효하게 성립한 매매계약이 소급적으로 무효로 된다고 볼 근거가 없다(대법원 2018. 4. 10. 선고 2017다257715 판결).

⑤ (X) 명의신탁자와 명의수탁자가 명의신탁약정을 맺고 그에 따라 명의수탁자가 당사자가 되어 소유자와 부동산 매매계약을 체결하는 계약명의신탁에서, 부동산의 소유자가 명의신탁약정을 알면서 매매계약을 체결하고 명의수탁자 앞으로 부동산의 소유권이전등기를 마쳤다면 명의수탁자 명의의 소유권이전등기는 무효가 되고 부동산의 소유권은 소유자에게 그대로 남아 있게 되므로 소유자와 매매계약관계가 없는 명의신탁자는 소유자를 상대로 소유권이전등기청구를 할 수 없다(대법원 2023. 4. 27. 선고 2022다312265 판결)

해답 ①

문 10 부실법이 적용되는 명의신탁 ★★

- 3자 간 등기명의신탁
  - 명의신탁자와 매도인 사이의 매매계약에 기한 소유권이전등기의무가 이행불능 됨으로써 발생하는 계약해제나 손해배상의 법률관계, 매도인과 명의수탁자 사이에서 명의수탁자가 매도인의 소유권을 침해함으로써 발생하는 부당이득반환 또는 불법행위로 인한 손해배상의 법률관계를 각각 구분하여 개별적으로 이해관계를 조정은 부당이득반환 제도의 취지에 배치
  - 명의수탁자가 명의신탁자 앞으로 바로 경료해 준 소유권이전등기는 결국 실체관계에 부합하는 등기로서 유효임
- 계약명의신탁
  - 명의신탁자와 명의수탁자 및 제3자 사이의 새로운 명의신탁약정에 의하여 명의수탁자가 다시 명의신탁자가 지정하는 제3자 앞으로 소유권이전등기를 마쳐 주었다면, 제3자 명의의 소유권이전등기는 위 법률 제4조 제2항에 의하여 무효
  - 계약과 등기의 효력은 매매계약을 체결할 당시 매도인의 인식을 기준으로 판단 ○(vs. 매도인이 계약 체결 후에 명의신탁약정 사실을 알게 되었어도 위 계약과 등기의 효력에는 영향 없음)

- 부동산의 소유자가 명의신탁약정을 알면서 매매계약을 체결하고 명의수탁자 앞으로 부동산의 소유권이전등기마치더라도 부동산의 소유권은 매도인에게 그대로 남아 있게 되므로 특별한 사정이 없는 한 명의신탁자는 매도인에게 소유권이전등기를 청구 不可

문 11 ★★

甲은 乙에 대하여 1억 원의 금전채권을 가지고 있었는데, 乙은 자기의 유일한 재산인 X 부동산을 丙에게 매도하고 소유권이전등기까지 마쳐 주었다. 그 후 甲은 丙을 상대로 X 부동산 매매계약에 대한 사해행위취소 및 원상회복을 구하는 소를 제기하였다. 이에 관한 설명 중 옳은 것(○)과 옳지 않은 것(×)을 올바르게 조합한 것은? (각 지문은 독립적이며, 다툼이 있는 경우 판례에 의함)

> ㄱ. 甲의 丙에 대한 사해행위취소 및 원상회복청구 소송에서 승소판결이 확정된 후 乙에게 소유권이전등기 명의가 회복되기 전 甲의 乙에 대한 금전채권이 소멸한 경우, 丙은 청구이의의 소로써 위 확정판결의 집행력의 배제를 구할 수 없다.
> ㄴ. 甲이 丙에 대하여 사해행위취소 및 원상회복으로서 소유권이전등기 말소를 구하여 승소확정판결을 받았는데, 어떠한 사유로 丙 명의의 소유권이전등기를 말소하는 것이 불가능하게 되었다면 甲은 다시 丙에 대하여 원상회복으로서 乙에게 직접 소유권이전등기 절차를 이행할 것을 청구할 수 있다.
> ㄷ. 甲의 丙에 대한 사해행위취소 및 원상회복청구 소송에서 승소판결이 확정되어 乙에게 소유권이전등기 명의가 회복된 후 乙이 다시 X 부동산을 丁에게 매도하여 소유권이전등기를 마쳐 준 경우, 乙이 X 부동산을 丙에게 매도한 후 乙에 대한 금전채권을 가지게 된 戊는 丁 명의의 소유권이전등기 말소를 청구할 수 있다.
> ㄹ. 丙의 일반채권자인 A가 丙 명의로 X 부동산에 관한 소유권이전등기가 마쳐진 것을 기화로 X 부동산을 압류하고 X 부동산에 관하여 진행된 경매절차에서 배당을 받았더라도, 이후 甲이 丙에 대하여 사해행위취소 및 원상회복으로서 가액배상의 확정판결을 받았다면 A는 가액배상액의 범위 내에서 甲에게 위 배당금을 부당이득으로 반환하여야 한다.

① ㄱ(○), ㄴ(×), ㄷ(×), ㄹ(×)
② ㄱ(×), ㄴ(×), ㄷ(○), ㄹ(×)
③ ㄱ(○), ㄴ(○), ㄷ(×), ㄹ(○)
④ ㄱ(×), ㄴ(×), ㄷ(×), ㄹ(×)
⑤ ㄱ(×), ㄴ(×), ㄷ(×), ㄹ(○)

해설

ㄱ.(**X**) 채권자취소권은 채무자의 사해행위를 채권자와 수익자 또는 전득자 사이에서 상대적으로 취소하고 채무자의 책임재산에서 일탈한 재산을 회복하여 채권자의 강제집행이 가능하도록 하는 것을 본질로 하는 권리이므로, 채권자취소권에 의하여 책임재산을 보전할 필요성이 없어지면 채권자취소권은 소멸한다. 따라서 채권자취소소송에서 피보전채권의 존재가 인정되어 사해행위 취소 및 원상회복을 명하는 판결이 확정되었다고 하더라도, 그에 기하여 재산이나 가액의 회복을 마치기 전에 피보전채권이 소멸하여 채권자가 더 이상 채무자의 책임재산에 대하여 강제집행을 할 수 없게 되었다면, 이는 위 판결의 집행력을 배제하는 적법한 청구이의 이유가 된다(대법원 2017. 10. 26. 선고 2015다224469 판결).

ㄴ.(✗) 채권자가 일단 사해행위취소 및 원상회복으로서 수익자 명의 등기의 말소를 청구하여 승소판결이 확정되었다면, 어떠한 사유로 수익자 명의 등기를 말소하는 것이 불가능하게 되었다고 하더라도 <u>다시 수익자를 상대로 원상회복청구권을 행사하여 가액배상을 청구하거나 원물반환으로서 채무자 앞으로 직접 소유권이전등기절차를 이행할 것을 청구할 수는 없으므로</u>, 그러한 청구는 권리보호의 이익이 없어 허용되지 않는다(대법원 2018. 12. 28. 선고 2017다265815).

ㄷ.(✗) 채권자취소권은 채무자가 채권자를 해함을 알면서 자기의 일반재산을 감소시키는 행위를 한 경우에 그 행위를 취소하여 채무자의 재산을 원상회복시킴으로써 모든 채권자를 위하여 채무자의 책임재산을 보전하는 권리이나, <u>사해행위 이후에 채권을 취득한 채권자는 채권의 취득 당시에 사해행위취소에 의하여 회복되는 재산을 채권자의 공동담보로 파악하지 아니한 자로서 민법 제407조에 정한 사해행위취소와 원상회복의 효력을 받는 채권자에 포함되지 아니한다</u>(대법원 2009. 6. 23. 선고 2009다18502 판결).

ㄹ.(✗) 사해행위취소란 채권의 보전을 위하여 일반 채권자들의 공동담보에 제공되고 있는 채무자의 재산이 그의 처분행위로 감소되는 경우, 채권자의 청구에 의해 이를 취소하고, 일탈된 재산을 채무자의 책임재산으로 환원시키는 제도로서, 사해행위의 취소와 원상회복은 모든 채권자의 이익을 위하여 효력이 있으므로(민법 제407조), 취소채권자가 자신이 회복해 온 재산에 대하여 우선권을 가지는 것은 아니라고 할 것이므로, <u>사해행위의 수익자 소유의 부동산에 대한 경매절차에서 취소채권자가 수익자에 대한 가액배상판결에 기하여 배당을 요구하여 배당을 받은 경우, 그 배당액은 배당요구를 한 취소채권자에게 그대로 귀속되는 것이 아니라 채무자의 책임재산으로 회복되는 것이며, 이에 대하여 채무자에 대한 채권자들은 채권만족에 관한 일반원칙에 따라 채권 내용을 실현할 수 있는 것이다</u>(대법원 2005. 8. 25. 선고 2005다14595 판결).

해답 ④

핵심포인트 문 11 사해행위취소 및 원상회복청구 소송 ★★

- 채권자취소소송에서 피보전채권의 존재가 인정되어 사해행위 취소 및 원상회복을 명하는 판결이 확정 후 재산이나 가액의 회복을 마치기 전에 피보전채권이 소멸된 경우 ⇨ 집행력을 배제하는 적법한 청구이의 이유가 됨 ○
- 채권자가 일단 사해행위취소 및 원상회복으로서 수익자 명의 등기의 말소를 청구하여 승소판결이 확정 후 수익자 명의 등기를 말소하는 것이 불가능하게 된 경우 ⇨ 다시 수익자를 상대로 가액배상을 청구하거나 원물반환으로서 채무자 앞으로 직접 소유권이전등기절차를 이행 청구는 不可
- 사해행위 이후에 채권을 취득한 채권자는 민법 제407조에 정한 사해행위취소와 원상회복의 효력을 받는 채권자에 포함 ×
- 사해행위의 수익자 소유의 부동산에 대한 경매절차에서 취소채권자가 수익자에 대한 가액배상판결에 기하여 배당을 요구하여 배당을 받은 경우 ⇨ 채무자에 대한 채권자들은 채권만족에 관한 일반원칙에 따라 채권 내용을 실현(∵ 배당금은 채무자의 책임재산으로 회복)

문 12 ★★

분묘에 관한 설명 중 옳은 것을 모두 고른 것은? (「장사 등에 관한 법률」은 고려하지 말 것. 다툼이 있는 경우 판례에 의함)

ㄱ. 분묘의 수호·관리권자가 사망하여 그 직계비속들이 공동상속인이 되었고 이들 사이에 분묘의 수호·관리권 승계에 관한 협의가 없다면, 특별한 사정이 없는 한 그 직계비속들 중 최근친의 연장자가 이를 승계한다고 보는 것이 관습법의 내용에 부합한다.
ㄴ. 토지 소유자의 승낙에 의해 분묘기지권이 성립하는 경우, 분묘기지권의 성립 당시 토지 소유자와 분묘의 수호·관리권자가 지료 지급의무의 존부나 범위 등에 관하여 약정을 하였더라도 그 약정의 효력은 그 분묘기지를 포함하는 토지에 관한 임의경매절차에서 이를 매수한 자에게는 미치지 않는다.
ㄷ. 분묘기지권은 분묘를 수호하고 봉제사하는 목적을 달성하는 데 필요한 범위 내에서 타인 소유의 토지를 사용할 수 있고 제3자는 물론 토지 소유자의 방해도 배제할 수 있는 관습상의 물권이다.
ㄹ. 분묘의 수호·관리권자가 타인의 토지에 그 토지 소유자의 승낙 없이 분묘를 무단으로 설치한 경우에도 분묘기지권을 시효로 취득할 수 있다.

① ㄱ, ㄷ   ② ㄱ, ㄹ
③ ㄴ, ㄷ   ④ ㄴ, ㄹ
⑤ ㄷ, ㄹ

해설

ㄱ.(X) 공동상속인들 사이에 협의가 이루어지지 않는 경우에는 제사주재자의 지위를 인정할 수 없는 특별한 사정이 있지 않는 한 피상속인의 직계비속 중 남녀, 적서를 불문하고 최근친의 연장자가 제사주재자로 우선한다고 보는 것이 가장 조리에 부합한다(대법원 2023. 5. 11. 선고 2018다248626 전원합의체 판결).

ㄴ.(X) 분묘의 기지인 토지가 분묘의 수호·관리권자 아닌 다른 사람의 소유인 경우에 그 토지 소유자가 분묘 수호·관리권자에 대하여 분묘의 설치를 승낙한 때에는 그 분묘의 기지에 관하여 분묘기지권을 설정한 것으로 보아야 한다. 이와 같이 승낙에 의하여 성립하는 분묘기지권의 경우 성립 당시 토지 소유자와 분묘의 수호·관리자가 지료 지급의무의 존부나 범위 등에 관하여 약정을 하였다면 그 약정의 효력은 분묘 기지의 승계인에 대하여도 미친다(대법원 2021. 9. 16. 선고 2017다271834(본소), 2017다271841(반소) 판결).

ㄷ.(O) 분묘기지권은 분묘를 수호하고 봉제사하는 목적을 달성하는 데 필요한 범위 내에서 타인 소유의 토지를 사용할 수 있고 토지 소유자나 제3자의 방해를 배제할 수 있는 관습상의 물권이다(대법원 2017. 1. 19. 선고 2013다17292 전원합의체 판결).

ㄹ.(O) 타인 소유의 토지에 소유자의 승낙 없이 분묘를 설치한 경우에도 20년간 평온·공연하게 그 분묘의 기지를 점유하면 지상권과 유사한 관습상의 물권인 분묘기지권을 시효로 취득하고, 이를 등기하지 않고도 제3자에게 대항할 수 있다(대법원 2017. 3. 30. 선고 2016다231358 판결).

 해답 ⑤

핵심포인트 문 12 분묘 ★★

- 공동상속인들 사이에 협의가 이루어지지 않는 경우에는 직계비속 중 남녀, 적서를 불문하고 최근친의 연장자가 제사주재자로 우선한다고 보는 것이 가장 조리에 부합
- 분묘기지권의 성립 당시 토지 소유자와 분묘의 수호·관리권자가 지료 지급의무의 존부나 범위 등에 관하여 약정효력은 분묘 기지의 승계인에 대하여도 미침

- 분묘기지권은 분묘를 수호하고 봉제사하는 목적을 달성하는 데 필요한 범위 내에서 타인 소유의 토지를 사용할 수 있고 제3자는 물론 토지 소유자의 방해도 배제할 수 있는 관습상의 물권임
- 분묘의 수호·관리권자가 타인의 토지에 그 토지 소유자의 승낙 없이 분묘를 무단으로 설치한 경우 분묘기지권을 시효로 취득 可

문 13

계약인수에 관한 설명 중 옳은 것을 모두 고른 것은? (다툼이 있는 경우 판례에 의함) ★★

ㄱ. 계약인수에서는 개별 채권양도에서 채무자 보호를 위하여 요구되는 대항요건은 별도로 요구되지 않고, 이러한 법리는 「상법」상 영업양도에 수반된 계약인수에 대해서도 마찬가지로 적용된다.

ㄴ. 「표시·광고의 공정화에 관한 법률」상 허위·과장광고의 불법행위를 원인으로 하는 손해배상청구권을 가지고 있던 아파트 수분양자가 수분양자의 지위를 제3자에게 양도하면, 양수인은 특별한 사정이 없는 한 별도의 채권양도 절차 없이도 위 손해배상청구권을 행사할 수 있다.

ㄷ. 매도인의 매수인에 대한 매매대금 채권이 압류된 이후 매도인의 지위를 이전하는 계약인수가 이루어진 경우, 매도인과 매수인 사이의 계약관계는 소멸하더라도 인수인은 위 압류에 의하여 권리가 제한된 상태의 매매대금 채권을 이전받게 된다.

① ㄱ
② ㄷ
③ ㄱ, ㄴ
④ ㄱ, ㄷ
⑤ ㄴ, ㄷ

해설

ㄱ.(O) … 이러한 계약인수가 이루어지면 계약관계에서 이미 발생한 채권·채무도 이를 인수 대상에서 배제하기로 하는 특약이 있는 등 특별한 사정이 없는 한 인수인에게 이전된다. 계약인수는 개별 채권·채무의 이전을 목적으로 하는 것이 아니라 다수의 채권·채무를 포함한 계약당사자로서의 지위의 포괄적 이전을 목적으로 하는 것으로서 계약당사자 3인의 관여에 의해 비로소 효력을 발생하는 반면, 개별 채권의 양도는 채권양도인과 양수인 2인만의 관여로 성립하고 효력을 발생하는 등 양자가 법적인 성질과 요건을 달리하므로, 채무자 보호를 위해 개별 채권양도에서 요구되는 대항요건은 계약인수에서는 별도로 요구되지 않는다. 그리고 이러한 법리는 상법상 영업양도에 수반된 계약인수에 대해서도 마찬가지로 적용된다(대법원 2020. 12. 10. 선고 2020다245958 판결).

ㄴ.(X) 구 표시·광고의 공정화에 관한 법률(2011. 9. 15. 법률 제11050호로 개정되기 전의 것, 이하 '표시광고법'이라 한다)상 허위·과장광고로 인한 손해배상청구권은 불법행위에 기한 손해배상청구권의 성격을 가지는데, 계약상 지위의 양도에 의하여 계약당사자로서의 지위가 제3자에게 이전되는 경우 계약상 지위를 전제로 한 권리관계만이 이전될 뿐 불법행위에 기한 손해배상청구권은 별도의 채권양도절차 없이 제3자에게 당연히 이전되는 것이 아니므로, 표시광고법상 허위·과장광고로 인한 손해배상청구권을 가지고 있던 아파트 수분양자가 수분양자의 지위를 제3자에게 양도하였다는 사정만으로 양수인이 당연히 위 손해배상청구권을 행사할 수 있다고 볼 수는 없다. 다만 허위·과장광고를 그대로 믿고 허위·과장광고로 높아진 가격에 수분양자 지위를 양수하는 등으로 양수인이 수분양자 지위를 양도받으면서 허위·과장광고로 인한 손해를 입었다는 등의 특별한 사정이 있는 경우에만 양수인이 손해배상청구권을 행사할 수 있다.(대법원 2015. 7. 23. 선고 2012다15336,15343,15350,15367,15374,15381,15398,15404 판결).

ㄷ.(O) 계약 당사자로서의 지위 승계를 목적으로 하는 계약인수의 경우에는 양도인이 계약관계에서 탈퇴하는 까닭에 양도인과 상대방 당사자 사이의 계약관계가 소멸하지만, 양도인이 계약관계에 기하여 가지던 권리의무가 동일성을 유지한 채 양수인에게 그대로 승계된다. 따라서 양도인의 제3채무자에 대한 채권이 압류된 후 채권의 발생원인인 계약의 당사자 지위를 이전하는 계약인수가 이루어진 경우 양수인은 압류에 의하여 권리가 제한된 상태의 채권을 이전받게 되므로, 제3채무자는 계약인수에 의하여 그와 양도인 사이의 계약관계가 소멸하였음을 내세워 압류채권자에 대항할 수 없다(대법원 2015. 5. 14. 선고 2012다41359 판결).

해답 ④

핵심포인트 문 13 계약인수 ★★

- 계약인수·영업양도에 수반된 계약인수에서는 채무자 보호를 위해 개별 채권양도에서 요구되는 대항요건 요구 안됨
- 「표시·광고의 공정화에 관한 법률」상 허위·과장광고의 불법행위를 원인으로 하는 손해배상청구권을 가지고 있던 아파트 수분양자가 수분양자의 지위를 제3자에게 양도한 경우 ⇨ 양수인은 특별한 사정이 없는 한 별도의 채권양도 절차 없이도 위 손해배상청구권을 행사 不可
- 매도인의 매수인에 대한 매매대금 채권이 압류된 이후 매도인의 지위를 이전하는 계약인수가 이루어진 경우 인수인은 위 압류에 의하여 권리가 제한된 상태의 매매대금 채권을 이전받게 됨

문 14 ★★

甲은 乙과 乙 소유 X 주택에 대한 공사도급계약을 체결하고 공사대금은 완공과 동시에 일괄 지급받기로 했다. 甲이 공사를 완성했는데도 乙은 공사대금을 지급하지 않은 채 X 주택의 인도를 청구하였고, 甲은 적법한 유치권을 행사하면서 X 주택에 거주하고 있다. X 주택의 부지인 Y 토지는 丁의 소유이다. 이에 관한 설명 중 옳은 것을 모두 고른 것은? (각 지문은 독립적이며, 다툼이 있는 경우 판례에 의함)

> ㄱ. 甲이 X 주택에 관하여 유익비를 지출한 경우, 甲은 X 주택의 가액 증가가 현존한 경우에 한해 乙의 선택에 따라 그 지출한 금액이나 증가액의 상환을 乙에게 청구할 수 있다.
> ㄴ. 甲은 丁에 대해 X 주택에 거주한 기간 동안 Y 토지의 사용·수익으로 인해 발생한 차임 상당 부당이득반환의무를 부담하지 않는다.
> ㄷ. 甲의 유치권에 의한 X 주택 경매절차에서 매각이 이루어진 경우, 乙의 채권자 B가 신청한 X 주택 경매절차에서 매각이 이루어진 경우와 마찬가지로 甲의 유치권은 소멸하지 않는다.
> ㄹ. 乙의 채권자 B가 신청한 경매절차에서 丙이 X 주택을 매수한 경우, 甲의 채권자 A가 '甲이 X 주택을 丙에게 인도해 줌과 동시에 丙으로부터 지급받을 채권'에 대하여 압류 및 추심명령을 신청하는 것은 허용된다.

① ㄱ
② ㄱ, ㄴ
③ ㄷ, ㄹ
④ ㄱ, ㄴ, ㄷ
⑤ ㄱ, ㄴ, ㄹ

해설

ㄱ.(O) 민법 제203조 제2항

> 민법 제203조(점유자의 상환청구권) ② 점유자가 점유물을 개량하기 위하여 지출한 금액 기타 유익비에 관하여는 그 가액의 증가가 현존한 경우에 한하여 회복자의 선택에 좇아 그 지출금액이나 증가액의 상환을 청구할 수 있다.

ㄴ.(O) 건물소유자가 부지 부분에 관한 소유권을 상실하였다 하여도 건물소유자는 의연 토지소유자와 관계에서는 토지 위에 있는 건물의 소유인 관계로 건물 부지의 불법점유자라 할 것이고, 따라서 건물 부지 부분에 관한 차임 상당의 부당이득 전부에 관한 반환의무를 부담하게 된다(대법원 2012. 5. 10. 선고 2012다4633 판결), ▶ 甲은 X 주택에의 소유자가 아니므로 甲은 丁에 대해 Y 토지의 사용·수익으로 인해 발생한 차임 상당 부당이득반환의무를 부담하지 않는다.

ㄷ.(X) 유치권에 의한 경매절차가 정지된 상태에서 그 목적물에 대한 강제경매 또는 담보권 실행을 부동산에 관한 강제경매 또는 담보권 실행을 위한 경매절차에서의 매수인은 유치권자에게 그 유치권으로 담보하는 채권을 변제할 책임이 있고(민사집행법 제91조 제5항, 제268조), 유치권에 의한 경매절차는 목적물에 대하여 강제경매 또는 담보권 실행을 위한 경매절차가 개시된 경우에는 정지되도록 되어 있으므로(민사집행법 제274조 제2항), 유치권에 의한 경매절차가 정지된 상태에서 그 목적물에 대한 강제경매 또는 담보권 실행을 위한 경매절차가 진행되어 매각이 이루어졌다면, 유치권에 의한 경매절차가 소멸주의를 원칙으로 하여 진행된 경우와는 달리 그 유치권은 소멸하지 않는다고 봄이 상당하다(대법원 2011. 8. 18. 선고 2011다35593 판결) ▶ 유치권에 의한 경매절차는 소멸주의 원칙이므로 甲의 유치권에 의한 X 주택 경매절차에서 매각이 이루어진 경우 甲의 유치권은 소멸한다.

ㄹ.(X) 민사집행법 제268조에 의하여 담보권의 실행을 위한 경매절차에 준용되는 같은 법 제91조 제5항은 매수인은 유치권자에게 그 유치권으로 담보하는 채권을 변제할 책임이 있다고 규정하고 있다. 여기에서 '변제할 책임이 있다'는 의미는 부동산상의 부담을 승계한다는 취지로서 인적채무까지 인수한다는 취지는 아니므로, 유치권자는 경락인에 대하여 그 피담보채권의 변제가 있을 때까지 유치목적물인 부동산의 인도를 거절할 수 있을 뿐이고 그 피담보채권의 변제를 청구할 수는 없다. 甲 주식회사 소유의 부동산에 대한 임의경매절차에서 乙 법인이 위 부동산을 매수하였고, 丙 주식회사가 甲 회사로부터 지급받을 공사대금이 남아있다고 주장하면서 위 부동산에 대하여 유치권을 행사하였는데, 丙 회사의 채권자인 丁이 '丙 회사가 위 부동산을 乙 법인에 인도해줌과 동시에 乙 법인으로부터 지급받을 채권'에 대하여 채권압류 및 추심명령을 신청한 사안에서, 丙 회사의 위 권리가 피압류적격이 있다고 본 원심결정에 법리오해의 위법이 있다(대법원 2014. 12. 30.자 2014마1407 결정).

 ②

핵심포인트 문 14 유치권·압류 및 추심명령 등 ★★

- 점유자가 점유물을 개량하기 위하여 지출한 금액 기타 유익비에 관하여는 그 가액의 증가가 현존한 경우에 한하여 회복자의 선택에 좇아 그 지출금액이나 증가액의 상환을 청구할 수 있음
- 부지 부분에 관한 소유권을 상실하는 경우 건물소유자가 토지소유자에게 건물 부지 부분에 관한 차임 상당의 부당이득 전부에 관한 반환의무 부담 ○
- 유치권에 의한 경매절차에서 매각이 이루어진 경우 유치권은 소멸(∵ 유치권에 의한 경매절차는 소멸주의 원칙)유자가 토지소유자에게 건물 부지 부분에 관한 차임 상당의 부당이득 전부에 관한 반환의무 부담 ○

- 채무자의 채권자가 신청한 경매절차에서 경락인이 목적물을 매수한 경우 ⇨ 채무자의 채권자가 '채무자는 목적물을 경락인에게 인도해 줌과 동시에 경락인으로부터 지급받을 채권'에 대하여 압류 및 추심명령 신청 허용 ×

문 15 ★★

보증채무에 관한 설명 중 옳지 않은 것은? (다툼이 있는 경우 판례에 의함)

① 주채무자에 대한 확정판결에 의하여 「민법」 제163조 각 호의 단기소멸시효에 해당하는 주채무의 소멸시효기간이 10년으로 연장된 상태에서 주채무를 보증하였더라도, 특별한 사정이 없는 한 보증채무의 소멸시효기간은 이와 별개로 보증채무의 성질에 따라 결정된다.
② 다른 사람이 발행하는 약속어음에 명시적으로 어음보증을 하는 사람은 그 어음보증으로 인한 어음상의 채무만을 부담하는 것이 원칙이다.
③ 여러 공동불법행위자 중 1인의 신원보증인이 피보증인의 손해배상채무를 변제한 경우, 피보증인이 아닌 다른 공동불법행위자에 대하여는 그 부담부분에 한하여 구상권을 행사할 수 있다.
④ 계속적 채권관계에서 발생하는 주계약상의 불확정채무에 대하여 보증한 경우, 보증채무는 보증계약의 종료 시점과 관계 없이 주계약상의 채무가 확정된 때에 이와 함께 확정된다.
⑤ 주채권과 분리하여 보증채권만 양도하기로 하는 약정은 효력이 없다.

해설

① (O) 보증채무는 주채무와는 별개의 독립한 채무이므로 보증채무와 주채무의 소멸시효기간은 채무의 성질에 따라 각각 별개로 정해진다. 그리고 주채무자에 대한 확정판결에 의하여 민법 제163조 각 호의 단기소멸시효에 해당하는 주채무의 소멸시효기간이 10년으로 연장된 상태에서 주채무를 보증한 경우, 특별한 사정이 없는 한 보증채무에 대하여는 민법 제163조 각 호의 단기소멸시효가 적용될 여지가 없고, 성질에 따라 보증인에 대한 채권이 민사채권인 경우에는 10년, 상사채권인 경우에는 5년의 소멸시효기간이 적용된다(대법원 2014. 6. 12. 선고 2011다76105 판결).

② (O) 다른 사람이 발행하는 약속어음에 명시적으로 어음보증을 하는 사람은 그 어음보증으로 인한 어음상의 채무만을 부담하는 것이 원칙이고, 특별히 채권자에 대하여 자기가 그 약속어음 발행의 원인이 된 채무까지 보증하겠다는 뜻으로 어음보증을 한 경우에 한하여 그 원인채무에 대한 보증책임을 부담하게 된다(대법원 2005. 10. 13. 선고 2005다33176 판결).

③ (O) 어느 공동불법행위자를 위하여 보증인이 된 자가 피보증인의 손해배상채무를 변제한 경우 그 보증인은 피보증인이 아닌 다른 공동불법행위자에 대하여는 그 부담부분에 한하여 구상권 내지 부당이득반환청구권을 행사할 수 있다 할 것인바, 따라서 보증인이 보증한 공동불법행위자의 부담부분이 전부이고 다른 공동불법행위자의 부담부분이 없는 경우에는 보증인은 그 다른 공동불법행위자에 대하여 구상 내지 부당이득반환청구를 할 수 없다 할 것이고, 이는 신원보증의 경우라 하여 다르지 않다 할 것이다(대법원 1996. 2. 9. 선고 95다47176 판결).

④ (X) 계속적 채권관계에서 발생하는 주계약상의 불확정 채무에 대하여 보증한 경우의 보증채무는 통상적으로는 주계약상의 채무가 확정된 때에 이와 함께 확정되는 것이지만, 채권자와 주채무자와 사이에서는 주계약상의 거래기간이 연장되었으나 보증인과 사이에서 보증기간이 연장되지 아니함으로써 보증계약관계가 종료된 때에는, 보증계약 종료 시에 보증채무가 확정되므로 보증인은 그 당시의 주계약상의 채무에 대하여

는 보증책임을 지나, 그 후의 채무에 대하여는 보증계약 종료 후의 채무이므로 보증책임을 지지 않는다고 보아야 한다(대법원 1999. 8. 24. 선고 99다26481 판결).

⑤ (O) 주채권과 보증인에 대한 채권의 귀속주체를 달리하는 것은, 주채무자의 항변권으로 채권자에게 대항할 수 있는 보증인의 권리가 침해되는 등 보증채무의 부종성에 반하고, 주채권을 가지지 않는 자에게 보증채권만을 인정할 실익도 없기 때문에 주채권과 분리하여 보증채권만을 양도하기로 하는 약정은 그 효력이 없다(대법원 2002. 9. 10. 선고 2002다21509 판결).

 ④

문 15 보증채무 ★★

- 주채무자에 대한 확정판결에 의하여 「민법」 제163조 각 호의 단기소멸시효에 해당하는 주채무의 소멸시효기간이 10년으로 연장된 상태에서 주채무를 보증한 경우 ⇨ 보증채무의 소멸시효기간은 이와 별개로 보증채무의 성질에 따라 결정 ○
- 다른 사람이 발행하는 약속어음에 명시적으로 어음보증을 하는 사람은 그 어음보증으로 인한 어음상의 채무만을 부담하는 것이 원칙임
- 여러 공동불법행위자 중 1인의 신원보증인이 피보증인의 손해배상채무를 변제한 경우 피보증인이 아닌 다른 공동불법행위자에 대하여는 그 부담부분에 한하여 구상권을 행사 可
- 계속적 채권관계에서 발생하는 주계약상의 불확정 채무에 대하여 보증하고 채권자와 주채무자와 사이에서는 주계약상의 거래기간이 연장된 경우 ⇨ 보증기간이 연장되지 아니함으로써 보증계약관계가 종료된 때에는 보증계약 종료 시에 보증채무가 확정 ○
- 주채권과 분리하여 보증채권만을 양도하기로 하는 약정은 효력 없음

문 16 ★★

부동산의 합유에 관한 설명 중 옳은 것은? (다툼이 있는 경우 판례에 의함)

① 합유등기가 마쳐진 부동산에 관하여 합유자 중 1인이 명의신탁 해지를 원인으로 한 소유권이전등기절차의 이행을 구하는 소송은 고유필수적 공동소송에 해당하지 않는다.
② 조합체가 매수한 부동산에 대해 조합원 중 특정인의 단독 명의로 소유권이전등기가 마쳐졌더라도 조합체가 해산되는 경우에는 그 부동산이 조합재산임을 전제로 청산이 이루어져야 한다.
③ 법원은 이혼하는 부부 중 일방이 제3자와 합유하고 있는 재산에 대해 직접 그 재산의 분할을 명할 수는 없으나, 그 재산에 대한 합유지분의 가액을 산정하여 재산분할의 대상으로 삼을 수 있다.
④ 조합체가 매수한 부동산에 대해 합유등기 대신 각 조합원 명의로 각 지분에 관한 공유등기가 마쳐진 경우, 그 부동산의 매수인이 조합체라는 사실을 매도인이 알지 못했더라도 그 부동산은 합유재산이 된다.
⑤ 조합원 중 자신이 소유한 부동산을 출자하기로 약정하고 그 부동산을 인도한 자는 그 부동산에 대한 합유등기가 마쳐지기 전까지는 조합체는 물론 제3자에 대해서도 그 부동산에 대한 소유물 반환청구권을 행사할 수 있다.

> **해설**

① **(X)** 합유로 소유권이전등기가 된 부동산에 관하여 명의신탁 해지를 원인으로 한 소유권이전등기절차의 이행을 구하는 소송은 조합재산인 합유물의 처분에 관한 소송으로서 합유자 전원을 피고로 하여야 할 뿐 아니라 합유자 전원에 대하여 합일적으로 확정되어야 하는 고유필수적 공동소송에 해당하며, 그 명의신탁 해지를 구하는 당사자가 합유자 중의 1인이라는 사유만으로 달리 볼 것은 아니다(대법원 2015. 9. 10. 선고 2014다73794,73800 판결).

② **(X)** 조합원들이 공동사업을 위하여 매수한 부동산에 관하여 합유등기를 하지 않고 조합원 중 1인 명의로 소유권이전등기를 한 경우 조합체가 조합원에게 명의신탁한 것으로 보아야 한다. 조합체가 조합원에게 명의신탁한 부동산의 소유권은 위에서 본 법리에 따라 물권변동이 무효인 경우 매도인에게, 유효인 경우 명의수탁자에게 귀속된다. 이 경우 조합재산은 소유권이전등기청구권 또는 부당이득반환채권이고, 신탁부동산 자체는 조합재산이 될 수 없다. … 원고와 피고 2 등이 결성한 조합체가 이 사건 임야를 매수하여 피고 2 앞으로 이전등기를 마쳤으므로, 조합체가 피고 2에게 임야를 명의신탁한 것으로 보아야 한다. 이 경우 조합재산은 피고 2에 대한 매매대금에 해당하는 부당이득반환채권 등이고 신탁부동산인 이 사건 임야는 조합재산이 될 수 없다. 따라서 원고의 탈퇴 또는 해산으로 조합관계가 종료되었다고 해도 원고는 이 사건 임야가 조합재산임을 전제로 지분이전등기를 청구할 수 없다(대법원 2019. 6. 13. 선고 2017다246180 판결).

③ **(O)** 합유재산이라는 이유만으로 이를 재산분할의 대상에서 제외할 수는 없고, 다만 부부의 일방이 제3자와 합유하고 있는 재산 또는 그 지분은 이를 임의로 처분하지 못하므로, 직접 당해 재산의 분할을 명할 수는 없으나 그 지분의 가액을 산정하여 이를 분할의 대상으로 삼거나 다른 재산의 분할에 참작하는 방법으로 재산분할의 대상에 포함하여야 한다(대법원 2009. 11. 12. 선고 2009므2840,2857 판결).

④ **(X)**, ⑤ **(X)** 부동산의 소유자가 동업계약(조합계약)에 의하여 부동산의 소유권을 투자하기로 하였으나 아직 그의 소유로 등기가 되어 있고 조합원의 합유로 등기되어 있지 않다면, 그와 조합 사이에 채권적인 권리의무가 발생하여 그로 하여금 조합에 대하여 그 소유권을 이전할 의무 내지 그 사용을 인용할 의무가 있다고 할 수는 있지만, 그 동업계약을 이유로 조합계약 당사자 아닌 사람에 대한 관계에서 그 부동산이 조합원의 합유에 속한다고 할 근거는 없으므로, 조합원이 아닌 제3자에 대하여는 여전히 소유자로서 그 소유권을 행사할 수 있다. … 그 조합체가 합유등기를 하지 아니하고 그 대신 조합원들 명의로 각 지분에 관하여 공유등기를 하였다면, 이는 그 조합체가 조합원들에게 각 지분에 관하여 명의신탁한 것으로 보아야 한다. 다만 같은 법 제4조 제2항 단서의 규정상 이 사건 대지지분에 관한 물권을 취득하기 위한 계약에서 명의수탁자인 공동피고 1과 피고들이 그 일방 당사자가 되고, 그 타방 당사자로서 매도인인 주식회사 대화가 공동피고 1과 피고들로 구성된 동업 목적의 조합체와 공동피고 1 사이에 명의신탁 약정이 있다는 사실을 알지 못한 경우에 한하여 이 사건 대지지분에 관한 그 명의의 소유권이전등기가 유효하다고 보게 될 것이다. … 원심은 이와 달리 그 판시와 같은 이유만을 들어 공동피고 1과 피고들 사이에 이 사건 매매계약을 체결할 당시 이 사건 대지지분은 어디까지나 공동피고 1의 단독소유이어서 그 지분을 포함한 이 사건 대지 전부가 공동피고 1과 피고들의 합유재산임을 전제로 한 피고들의 주장이 이유 없다고 하여 이를 배척하고, 이 사건 대지에 관한 원고들의 제2 예비적 청구를 인용하고 말았으니, 원심판결 중 이 부분에는 조합재산의 소유관계와 명의신탁 및 사해행위에 관한 법리를 오해하고, 채증법칙을 위배하거나 필요한 심리를 다하지 아니하여 사실을 오인한 위법이 있고, 이는 판결에 영향을 미쳤음이 분명하다(대법원 2002. 6. 14. 선고 2000다30622 판결).

해답 ③

핵심 포인트 문 16 부동산의 합유 ★★

- 합유등기가 마쳐진 부동산에 관하여 합유자 중 1인이 명의신탁 해지를 원인으로 한 소유권이전등기절차의 이행을 구하는 소송은 고유필수적 공동소송임 ○
- 조합원들이 공동사업을 위하여 매수한 부동산에 관하여 합유등기를 하지 않고 조합원 중 1인 명의로 소유권이전등기를 한 경우 ⇨ 조합재산임을 전제로 청산 ×(∵ 조합체가 조합원에게 명의신탁한 것으로 조합재산이 아님)
- 부부 중 일방이 제3자와 합유하고 있는 재산 ⇨ 직접 그 재산의 분할을 명할 수는 없고 그 재산에 대한 합유지분의 가액을 산정하여 재산분할의 대상으로 삼을 수 있음
- 조합체가 매수한 부동산에 대해 합유등기 대신 각 조합원 명의로 각 지분에 관한 공유등기가 마쳐진 경우
  - 조합체가 조합원들에게 각 지분에 관하여 명의신탁한 것임 ○
  - 매수인이 조합체라는 사실을 알지 못했다면 매수인 명의의 소유권이전등기는 유효함 ○
- 조합원 중 자신이 소유한 부동산을 출자하기로 약정하고 그 부동산을 인도한 자는 그 부동산에 대한 합유등기가 마쳐지기 전까지 그 부동산에 대한 소유물 반환청구권 행사 ⇨ 조합체에 대해서는 可/제3자에 대해서는 不可

문 17 ★★★

甲은 乙에 대한 대출금 채권의 담보를 위하여 乙 소유 X 토지에 저당권과 아울러 지료 없는 지상권을 취득하면서 乙로 하여금 그 토지를 계속하여 점유·사용하게 하였다. 이에 관한 설명 중 옳지 않은 것은? (각 지문은 독립적이며, 다툼이 있는 경우 판례에 의함)

① 乙이 건물 신축이 가능한 나대지였던 X 토지에 옹벽을 설치하고 도로를 개설한 경우, 甲은 乙에게 X 토지에 대한 임료 상당 부당이득반환을 청구할 수 없다.
② 乙이 건물 신축이 가능한 나대지였던 X 토지에 옹벽을 설치하고 도로를 개설하여 이로 인해 X 토지의 교환가치가 하락한 경우, 甲은 乙에게 불법행위로 인한 손해배상을 청구할 수 있다.
③ 乙이 丙에게 X 토지에 대한 무상 사용을 승낙하고 이에 따라 丙이 X 토지에 단풍나무를 심은 경우, 이 단풍나무는 X 토지에 부합되지 않는다.
④ X 토지에 대한 甲 명의 저당권의 피담보채무가 소멸시효 완성으로 인해 소멸한 경우, X 토지에 대한 甲 명의의 지상권도 이에 부종하여 소멸하므로 乙에게는 甲 명의 지상권의 피담보채무의 부존재에 대한 확인을 구할 이익이 인정된다.
⑤ X 토지에 甲 명의의 저당권과 지상권이 설정될 당시 X 토지에 乙 소유 Y 건물이 신축되어 있었던 경우, 甲의 위 저당권에 기한 임의경매 신청에 따라 X 토지가 경매되어 丁이 매각 대금을 완납하면 Y 건물을 위한 법정지상권이 성립한다.

해설

① (O), ② (O) 불법점유를 당한 부동산의 소유자 또는 용익권자로서는 불법점유자에 대하여 그로 인한 임료 상당 손해의 배상이나 부당이득의 반환을 구할 수 있을 것이나, 불법점유라는 사실이 발생한 바 없었다고 하더라도 부동산의 소유자 또는 용익권자에게 임료 상당 이익이나 기타 소득이 발생할 여지가 없는 특별한 사정이 있는 때에는 손해배상이나 부당이득반환을 청구할 수 없다. 금융기관이 대출금 채권의 담보를 위하

여 토지에 저당권과 함께 지료 없는 지상권을 설정하면서 채무자 등의 사용·수익권을 배제하지 않은 경우, 위 지상권은 근저당목적물의 담보가치를 확보하는 데 목적이 있으므로, 그 위에 도로개설·옹벽축조 등의 행위를 한 무단점유자에 대하여 지상권 자체의 침해를 이유로 한 임료 상당 손해배상을 구할 수 없다 … 저당부동산에 대한 소유자 또는 제3자의 점유가 저당부동산의 본래의 용법에 따른 사용·수익의 범위를 초과하여 그 교환가치를 감소시키거나, 점유자에게 저당권의 실현을 방해하기 위하여 점유를 개시하였다는 점이 인정되는 등, 그 점유로 인하여 정상적인 점유가 있는 경우의 경락가격과 비교하여 그 가격이 하락하거나 경매절차가 진행되지 않는 등 저당권의 실현이 곤란하게 될 사정이 있는 경우에는 저당권의 침해가 인정될 수 있다고 할 것이다(대법원 2008. 1. 17. 선고 2006다586 판결). ▶ 담보지상권자 甲은 임료 상당 이익이나 기타 소득이 발생할 여지가 없으므로 甲은 乙에게 X 토지에 대한 임료 상당 부당이득반환을 청구할 수 없다. 그러나 甲은 乙에게 저당권의 침해를 이유로 손해배상을 청구할 수 있다.

> **민법 제741조(부당이득의 내용)** 법률상 원인없이 타인의 재산 또는 노무로 인하여 이익을 얻고 이로 인하여 타인에게 손해를 가한 자는 그 이익을 반환하여야 한다.

③ (O) 금융기관이 대출금 채권의 담보를 위하여 토지에 저당권과 함께 지료 없는 지상권을 설정하면서 채무자 등의 사용·수익권을 배제하지 않은 경우, 지상권은 저당권이 실행될 때까지 제3자가 용익권을 취득하거나 목적 토지의 담보가치를 하락시키는 침해행위를 하는 것을 배제함으로써 저당 부동산의 담보가치를 확보하는 데에 목적이 있으므로, 토지소유자는 저당 부동산의 담보가치를 하락시킬 우려가 있는 등의 특별한 사정이 없는 한 토지를 사용·수익할 수 있다고 보아야 한다. 따라서 그러한 토지소유자로부터 토지를 사용·수익할 수 있는 권리를 취득하였다면 이러한 권리는 민법 제256조 단서가 정한 '권원'에 해당한다고 볼 수 있다(대법원 2018. 3. 15. 선고 2015다69907 판결).

> **민법 제256조(부동산에의 부합)** 부동산의 소유자는 그 부동산에 부합한 물건의 소유권을 취득한다. 그러나 타인의 권원에 의하여 부속된 것은 그러하지 아니하다.

④ (X) 지상권은 용익물권으로서 담보물권이 아니므로 피담보채무라는 것이 존재할 수 없다. 근저당권 등 담보권 설정의 당사자들이 담보로 제공된 토지에 추후 용익권이 설정되거나 건물 또는 공작물이 축조·설치되는 등으로 토지의 담보가치가 줄어드는 것을 막기 위하여 담보권과 아울러 설정하는 지상권을 이른바 담보지상권이라고 하는데, 이는 당사자의 약정에 따라 담보권의 존속과 지상권의 존속이 서로 연계되어 있을 뿐이고, 이러한 경우에도 지상권의 피담보채무가 존재하는 것은 아니다. 따라서 지상권설정등기에 관한 피담보채무의 범위 확인을 구하는 청구는 원고의 권리 또는 법률상의 지위에 관한 청구라고 보기 어려우므로, 확인의 이익이 없어 부적법하다(대법원 2017. 10. 31. 선고 2015다65042 판결).

⑤ (O) 근저당권 등 담보권 설정의 당사자들이 그 목적이 된 토지 위에 차후 용익권이 설정되거나 건물 또는 공작물이 축조·설치되는 등으로써 그 목적물의 담보가치가 저감하는 것을 막는 것을 주요한 목적으로 하여 담보권과 아울러 지상권을 설정한 경우에 담보권이 소멸하면 등기된 지상권의 목적이나 존속기간과 관계없이 지상권도 그 목적을 잃어 함께 소멸한다고 할 것이다. 토지에 관하여 담보권이 설정될 당시 담보권자를 위하여 동시에 지상권이 설정되었다고 하더라도, 담보권 설정 당시 이미 토지소유자가 그 토지 상에 건물을 소유하고 있고 그 건물을 철거하기로 하는 등 특별한 사유가 없으며 담보권의 실행으로 그 지상권도 소멸하였다면 건물을 위한 법정지상권이 발생하지 않는다고 할 수 없다(대법원 2014. 7. 24. 선고 2012다97871,97888 판결).

해답 ④

| 핵심 포인트 | 문 17 담보지상권 | ★★★ |

- 담보지상권 설정자가 건물 신축이 가능한 근저당목적물인 나대지에 옹벽을 설치하고 도로를 개설한 경우 담보지상권자의 조치
  - 지상권 자체의 침해를 이유로 한 임료 상당 부당이득 청구 不可
  - 근저당목적의 교환가치가 하락한 경우 저당권의 침해를 이유로 손해배상을 청구 可
- 담보지상권 설정자인 토지소유자로부터 토지를 사용·수익할 수 있는 권리를 취득하였다면 이러한 권리는 민법 제256조 단서가 정한 '권원'에 해당함
- 지상권설정등기에 관한 피담보채무의 범위 확인을 구하는 청구는 확인의 이익이 없어 부적법(∵ 담보지상권은 피담보채무가 부존재함)
- 담보저당권권 설정 당시 이미 토지소유자가 그 토지 상에 건물을 소유하고 있고 담보권의 실행으로 그 지상권도 소멸한 경우 ⇨ 건물을 위한 법정지상권 성립 ○

문 18 ★★

주위토지통행권에 관한 설명 중 옳은 것을 모두 고른 것은? (다툼이 있는 경우 판례에 의함)

ㄱ. 포위된 토지의 소유자에게 공로에 통할 수 있는 자기의 공유토지가 있더라도 이 공유토지가 구분소유적 공유관계에 있고 공로에 접하는 공유 부분을 다른 공유자가 배타적으로 사용·수익하고 있으면, 포위된 토지의 소유자는 이 공유토지 이외의 인접 토지로서 제3자가 소유한 토지에 대한 통행권을 행사할 수 있다.

ㄴ. 甲이 소유한 토지의 일부가 乙에게 양도되었는데 乙이 양수한 부분이 공로에 통하지 못하는 포위된 토지인 경우, 乙이 甲의 통행 방해로 인해 부득이 인접한 Y 토지의 소유자 丙에게 사용료를 지급하고 Y 토지를 공로로 통하는 통로로 사용하였다면, 乙의 甲에 대한 무상의 주위토지통행권은 소멸한다.

ㄷ. 무상의 주위토지통행권이 발생하는 토지의 일부 양도라 함은 1필의 토지의 일부가 양도된 경우뿐만 아니라 일단(一團)으로 되어 있던 동일인이 소유한 여러 필지의 토지 중 일부가 양도된 경우도 포함된다.

ㄹ. 무상의 주위토지통행권에 관한 「민법」 제220조는 토지의 직접 분할자 또는 일부 양도의 당사자들 사이에서만 적용되고, 포위된 토지 또는 피통행지의 특정승계인에게는 적용되지 않는다.

① ㄱ, ㄴ
② ㄱ, ㄷ
③ ㄷ, ㄹ
④ ㄱ, ㄴ, ㄷ
⑤ ㄱ, ㄷ, ㄹ

해설

ㄱ.(X) 공로에 통할 수 있는 자기의 공유토지를 두고 공로에의 통로라 하여 남의 토지를 통행한다는 것은 민법 제219조, 제220조에 비추어 허용될 수 없다. 설령 위 공유토지가 구분소유적 공유관계에 있고 공로에 접하는 공유 부분을 다른 공유자가 배타적으로 사용, 수익하고 있다고 하더라도 마찬가지이다(대법원 2021. 9. 30. 선고 2021다245443(본소), 2021다245450(반소) 판결).

ㄴ.(X) 양도인이 포위된 토지의 소유자에 대하여 위 무상의 주위토지통행을 허용하지 아니함으로써 포위된 토지의 소유자가 할 수 없이 주위의 다른 토지의 소유자와 일정기간 동안 사용료를 지급하기로 하고 그 다른 토지의 일부를 공로로 통하는 통로로 사용하였다고 하더라도 포위된 토지의 소유자가 민법 제220조 소정의 무상의 주위토지통행권을 취득할 수 없게 된다고 할 수 없으므로, 원고(반소피고, 이하 원고라고만 함)가 소론과 같이 다른 토지의 일부를 이 사건 토지의 통로로 사용하였다고 하더라도 이 사건 주위토지에 대하여 무상의 주위토지통행권을 취득할 수 없다고 할 수 없는 것이다(대법원 1995. 2. 10. 선고 94다45869,45876 판결).

ㄷ.(O) 동일인 소유의 토지의 일부가 양도되어 공로에 통하지 못하는 토지가 생긴 경우에 포위된 토지를 위한 주위 토지통행권은 일부 양도 전의 양도인 소유의 종전토지에 대하여만 생기고 다른 사람 소유의 토지에 대하여는 인정되지 아니하며, 또 무상의 주위토지통행권이 발생하는 토지의 일부 양도라 함은 1필의 토지의 일부가 양도된 경우뿐만 아니라 일단으로 되어있던 동일인 소유의 수필의 토지 중 일부가 양도된 경우도 포함된다 할 것이다(대법원 1993. 12. 14. 선고 93다22906 판결).

ㄹ.(O) 분할 또는 토지의 일부 양도로 인하여 공로에 통하지 못하는 토지가 생긴 경우의 무상주위통행권에 관한 민법 제220조의 규정은 직접 분할자 또는 일부 양도의 당사자 사이에만 적용되고 포위된 토지 또는 피통행지의 특정승계인에게는 적용되지 않는다(대법원 1990. 8. 28. 선고 90다카10091,10107 판결).

문 18 주위토지통행권 ★★

- 구분소유적 공유관계에 있고 공로에 접하는 공유 부분을 다른 공유자가 배타적으로 사용, 수익하고 있는 경우 ⇨ 제3자가 소유한 토지에 대한 통행권 행사 不可(∵ 공로에 통할 수 있는 자기의 공유토지를 두고 공로에의 통로라 하여 남의 토지를 통행한다는 것은 허용 ×)
- 할 수 없이 주위의 다른 토지의 소유자와 일정기간 동안 사용료를 지급하기로 하고 다른 토지의 일부를 공로로 통하는 통로로 사용한 포위된 토지의 소유자는 여전히 무상의 주위토지통행권 취득 可
- 무상의 주위토지통행권이 발생하는 토지의 일부 양도 ⇨ 1필의 토지의 일부가 양도된 경우 & 일단으로 되어있던 동일인 소유의 수필의 토지 중 일부가 양도된 경우
- 분할 또는 토지의 일부 양도로 인하여 공로에 통하지 못하는 토지가 생긴 경우의 무상주위통행권에 관한 민법 제220조의 규정은 직접 분할자 또는 일부 양도의 당사자 사이에만 적용 ○

문 19 ★★

불가분채권·채무관계에 관한 설명 중 옳은 것을 모두 고른 것은? (다툼이 있는 경우 판례에 의함)

ㄱ. 건물 공유자들의 그 건물 무단 점유자에 대한 차임 상당 부당이득반환청구권은 특별한 사정이 없는 한 성질상 불가분채권이다.
ㄴ. 금전채권의 불가분채권자들 중 1인을 집행채무자로 한 압류 및 전부명령이 이루어진 경우, 그 집행채무자인 불가분채권자의 채권은 전부채권자에게 이전되더라도 다른 불가분채권자는 그 불가분채권의 채무자에게 불가분채권 전부의 이행을 청구할 수 있다.

ㄷ. 타인 소유 대지 위에 권원 없이 세워진 건물의 소유자를 상속한 공동상속인들의 건물철거의무는 다른 공동상속인의 지분에 관하여도 철거의무를 부담하는 불가분채무이므로, 이 경우 공동상속인들을 상대로 한 건물철거소송은 필수적 공동소송이다.

① ㄴ
② ㄱ, ㄴ
③ ㄱ, ㄷ
④ ㄴ, ㄷ
⑤ ㄱ, ㄴ, ㄷ

해설

ㄱ.(X) 불가분채권이 되려면 그 성질이나 당사자의 의사표시에 의해 급부를 나눌 수 없어야 한다(민법 제409조). 공유물 무단 점유자에 대한 차임 상당 부당이득반환청구권은 특별한 사정이 없는 한 각 공유자에게 지분 비율만큼 귀속된다(대법원 2021. 12. 16. 선고 2021다257255 판결).

ㄴ.(O) 수인의 채권자에게 금전채권이 불가분적으로 귀속되는 경우에, 불가분채권자들 중 1인을 집행채무자로 한 압류 및 전부명령이 이루어지면 그 불가분채권자의 채권은 전부채권자에게 이전되지만, 그 압류 및 전부명령은 집행채무자가 아닌 다른 불가분채권자에게 효력이 없으므로, 다른 불가분채권자의 채권의 귀속에 변경이 생기는 것은 아니다. 따라서 다른 불가분채권자는 모든 채권자를 위하여 채무자에게 불가분채권 전부의 이행을 청구할 수 있고, 채무자는 모든 채권자를 위하여 다른 불가분채권자에게 전부를 이행할 수 있다. 이러한 법리는 불가분채권의 목적이 금전채권인 경우 그 일부에 대하여만 압류 및 전부명령이 이루어진 경우에도 마찬가지이다(대법원 2023. 3. 30. 선고 2021다264253 판결).

ㄷ.(X) 공동상속인들의 건물철거의무는 그 성질상 불가분채무라고 할 것이고 각자 그 지분의 한도 내에서 건물 전체에 대한 철거의무를 지는 것이다(대법원 1980. 6. 24. 선고 80다756 판결). … 그러나 공유물 철거 청구 소송의 성질에 관하여 학계에서는 여러 가지 견해가 대립되어 있는 실정이라 할지라도 당원은 근래 여러 판결(66.3.15. 선고 65다2455 판결, 68.7.31. 선고 68다1102 판결 참조)로서 공유물의 반환 또는 철거에 관한 소송을 필요적 공동 소송이라고는 할 수 없으므로 그러한 청구는 공유자 각자에 대하여 그의 지분권 한도 내에서의 인도 또는 철거를 구하는 것으로 보고 그 당부에 관한 판단을 할 것이라는 견해를 명시하였던 것인 즉, 그 판례에 반하는 위 판결의 견해를 위법이라 않을 수 없어 그 판시내용을 논난하는 소론의 논지를 이유있다 하여 관여법관 전원의 일치한 의견으로 민사소송법 제406조, 제400조에 의하여 주문과 같이 판결한다(대법원 1969. 7. 22. 선고 69다609 판결).

해답 ①

핵심포인트 문 19 | 불가분채권·채무관계 ★★

- 공유물 무단 점유자에 대한 차임 상당 부당이득반환청구권은 특별한 사정이 없는 한 각 공유자에게 지분 비율만큼 귀속 ○
- 불가분채권의 목적이 금전채권인 경우 그 일부에 대하여만 압류 및 전부명령이 이루어진 경우 ⇨ 그 집행채무자인 불가분채권자의 채권은 전부채권자에게 이전되더라도 다른 불가분채권자는 그 불가분채권의 채무자에게 불가분채권 전부의 이행 청구 可
- 타인 소유 대지 위에 권원 없이 세워진 건물의 소유자를 상속한 공동상속인들의 건물철거의무는 다른 공동상속인의 지분에 관하여도 철거의무를 부담하는 불가분채무 ○

- 공동상속인들을 상대로 한 건물철거소송은 필요적 공동 소송 ×(∵ 공유자 각자에 대하여 그의 지분권 한도 내에서의 인도 또는 철거를 구하는 것)

문 20 ★★★

X 부동산의 소유자인 甲은 2010. 2. 1. 乙에게 X 부동산에 관하여 2010. 1. 20.자 매매예약을 원인으로 하는 소유권이전청구권 가등기를 마쳐 주었는데, 甲과 乙은 예약완결권의 행사기간에 대해서는 별도로 약정하지 않았다. 甲의 채권자 丙은 2011. 2. 1. X 부동산에 대하여 적법한 가압류등기를 마쳤다. 이에 관한 설명 중 옳지 않은 것은? (각 지문은 독립적이며, 다툼이 있는 경우 판례에 의함)

① 甲이 2024. 1. 10. 乙에게 X 부동산을 매도하고 甲, 乙 간 가등기 유용의 합의에 따라 2024. 2. 1. X 부동산에 대한 乙 명의 본등기를 마쳐 준 경우, 乙은 X 부동산의 소유권을 취득한다.
② 甲이 2024. 1. 10. 乙에게 X 부동산을 매도하고 甲, 乙 간 가등기 유용의 합의에 따라 2024. 2. 1. X 부동산에 대한 乙 명의 본등기를 마쳐 주어 丙 명의 가압류등기가 말소된 경우, 乙은 丙의 가압류등기의 회복등기 절차에 대해 승낙의 의사표시를 할 의무를 진다.
③ 甲이 2024. 2. 1. 丁과 X 부동산에 관한 매매예약을 체결하고 甲, 丁 간 가등기 유용의 합의에 따라 丁 명의로 가등기 이전의 부기등기를 마쳐 준 경우, 丁은 甲의 가등기 말소 청구에 대항할 수 있다.
④ 甲이 2024. 2. 1. 丁과 X 부동산에 관한 매매예약을 체결하고 甲, 丁 간 가등기 유용의 합의에 따라 丁 명의로 가등기 이전의 부기등기를 마쳐 준 경우, 丁은 丙에 대해 가등기의 유효를 주장할 수 없다.
⑤ 甲이 2024. 2. 1. 丁과 X 부동산에 관한 매매예약을 체결하고 甲, 丁 간 가등기 유용의 합의에 따라 丁 명의로 가등기 이전의 부기등기를 마쳐 준 경우, 丙이 甲을 대위하여 가등기의 말소를 청구하면 丁은 甲, 丁 간 가등기 유용의 합의로써 丙에게 대항할 수 없다.

해설

① (O), ② (O) 매수인은 매매목적물에 대하여 가압류집행이 되었다고 하여 매매에 따른 소유권이전등기가 불가능한 것도 아니므로, 이러한 경우 매수인으로서는 신의칙 등에 의해 대금지급채무의 이행을 거절할 수 있음은 별론으로 하고, 매매목적물이 가압류되었다는 사유만으로 매도인의 계약 위반을 이유로 매매계약을 해제할 수는 없다(대법원 1999. 6. 11. 선고 99다11045 판결).

말소된 등기의 회복등기절차의 이행을 구하는 소에서는 회복등기의무자에게만 피고적격이 있는바, 가등기가 이루어진 부동산에 관하여 제3취득자 앞으로 소유권이전등기가 마쳐진 후 그 가등기가 말소된 경우 그와 같이 말소된 가등기의 회복등기절차에서 회복등기의무자는 가등기가 말소될 당시의 소유자인 제3취득자이므로, 그 가등기의 회복등기청구는 회복등기의무자인 제3취득자를 상대로 하여야 한다(대법원 2009. 10. 15. 선고 2006다43903 판결).

③ (O), ④ (O) … 그 부동산의 소유자가 제3자와 사이에 새로운 매매예약을 체결하고 그에 기한 소유권이전등기청구권의 보전을 위하여 이미 효력이 상실된 가등기를 유용하기로 합의하고 실제로 그 가등기 이전의 부기등기를 마쳤다면, 그 가등기 이전의 부기등기를 마친 제3자로서는 언제든지 부동산의 소유자에 대하여 위 가등기 유용의 합의를 주장하여 가등기의 말소청구에 대항할 수 있고, 다만 그 가등기 이전의 부기등기 전에 등기부상 이해관계를 가지게 된 자에 대하여는 위 가등기 유용의 합의 사실을 들어 그 가등기의 유효를 주장할 수는 없다.(대법원 2009. 5. 28. 선고 2009다4787 판결). ▶ 丁은 부동산의 소유자 甲에 대하여 위

가등기 유용의 합의를 주장하여 가등기의 말소청구에 대항할 수 있고 가등기 이전의 부기등기 전에 등기부상 이해관계를 가지게 된 자인 丙에 대하여는 위 가등기 유용의 합의 사실을 들어 그 가등기의 유효를 주장할 수는 없다

⑤ (X) 채권자대위권은 채무자의 제3채무자에 대한 권리를 행사하는 것이므로, 제3채무자는 채무자에 대해 가지는 모든 항변사유로 채권자에게 대항할 수 있으나, 채권자는 채무자 자신이 주장할 수 있는 사유의 범위 내에서 주장할 수 있을 뿐 자기와 제3채무자 사이의 독자적인 사정에 기한 사유를 주장할 수는 없다(대법원 2009. 5. 28. 선고 2009다4787 판결).

해답 ⑤

핵심포인트 문 20 가압류등기 ★★★

- 매매목적물에 대해 가압류집행이 된 경우 매수인은 매매에 따른 소유권이전등기 시 소유권 취득
- 가압류등기의 회복등기 절차에 대해 승낙의 의사표시를 할 의무자 ⇨ 가등기가 말소될 당시의 소유자 ○
- 부동산의 소유자가 제3자와 사이에 새로운 매매예약을 체결하고 그에 기한 소유권이전등기청구권의 보전을 위하여 이미 효력이 상실된 가등기를 유용하기로 합의하고 실제로 그 가등기 이전의 부기등기를 마친 경우 부동산의 소유자가 가등기의 말소청구를 한 경우
  • 가등기 이전의 부기등기를 마친 제3자는 가등기의 말소청구하는 부동산의 소유자에게 가등기 유용의 합의를 주장하여 가등기의 말소청구에 대항 可
  • 가등기 이전의 부기등기를 마친 제3자는 가등기 이전의 부기등기 전에 등기부상 이해관계를 가지게 된 자에 대하여는 위 가등기 유용의 합의 사실을 들어 그 가등기의 유효 주장 不可
- 채권자대위권에서의 제3채무자는 채무자에 대해 가지는 모든 항변사유로 채권자에게 대항 可

문 21 ★★

도급인 甲과 수급인 乙은 2023. 2. 1. 건물신축공사에 관한 도급계약을 체결하면서 완공 즉시 공사대금을 지급하기로 하였고, 乙은 2023. 9. 1. 공사를 완료하였다. 이에 관한 설명 중 옳지 않은 것은? (각 지문은 독립적이며, 다툼이 있는 경우 판례에 의함)

① 도급계약에 따른 乙의 공사대금 채권과 甲의 하자보수보증금 채권이 동시이행의 관계에 있는 경우, 乙이 2023. 5. 1. 丙에게 乙의 甲에 대한 공사대금 채권을 양도하고 그 다음 날 甲에게 확정일자 있는 증서에 의한 양도통지가 도달한 이후 甲의 하자보수보증금 채권이 발생하였더라도 甲은 이를 자동채권으로 하여 丙의 양수금 채권과 상계할 수 있다.
② 丙이 甲과 乙 사이에 공사대금 채권을 양도하지 않기로 약정한 사실을 알면서 乙의 甲에 대한 공사대금 채권에 대하여 압류 및 전부명령을 받아 그 명령이 확정된 경우, 그 압류 및 전부명령은 유효하다.
③ 丙이 乙의 甲에 대한 공사대금 채권에 대하여 2023. 4. 1. 압류 및 전부명령을 받고 그 다음 날 甲, 乙에게 위 압류 및 전부명령이 모두 송달되어 확정된 경우, 甲이 위 압류 및 전부명령을 송달받기 전에 乙에 대한 대여금 채권을 가지고 있었고 그 대여금 채권의 변제기가 2023. 8. 1.이라면 甲은 乙에 대한 대여금 채권을 자동채권으로 하여 丙의 전부금 채권과 상계할 수 있다.
④ 乙이 2023. 10. 1. 丙에게 甲에 대한 공사대금 채권을 양도하고 2023. 11. 1. 甲에게 확정일자 있는 증서에 의한 양도통지가 도달한 경우, 丙이 양수금 채권으로 甲의 丙에 대한 2023. 9. 1.이 변제기인 대여금 채권과 상계한다면 그 상계적상일은 2023. 11. 1.이다.

⑤ 乙이 2023. 4. 1. 丙에게 甲에 대한 공사대금 채권을 양도하고 그 다음 날 甲에게 확정일자 있는 증서에 의한 양도통지가 도달한 다음, 乙의 채권자 丁이 2023. 5. 1. 乙의 甲에 대한 공사대금 채권에 대하여 압류명령을 받은 경우, 그 후 乙의 다른 채권자인 戊가 제기한 사해행위취소소송에 의하여 위 채권양도가 취소되었다면 위 압류명령은 장래에 乙에게 원상회복될 공사대금 채권에 대한 것으로서 유효하다.

> **해설**

① (O) 채권양도에 의하여 채권은 그 동일성을 유지하면서 양수인에게 이전되고, 채무자는 양도통지를 받은 때까지 양도인에 대하여 생긴 사유로써 양수인에게 대항할 수 있다(민법 제451조 제2항). 따라서 <u>채무자의 채권양도인에 대한 자동채권이 발생하는 기초가 되는 원인이 양도 전에 이미 성립하여 존재하고 자동채권이 수동채권인 양도채권과 동시이행의 관계에 있는 경우에는,</u> 양도통지가 채무자에게 도달하여 채권양도의 대항요건이 갖추어진 후에 자동채권이 발생하였다고 하더라도 채무자는 동시이행의 항변권을 주장할 수 있고, 따라서 <u>그 채권에 의한 상계로 양수인에게 대항할 수 있다</u>(대법원 2015. 4. 9. 선고 2014다80945 판결).

② (O) 당사자 사이에 양도금지의 특약이 있는 채권이라도 압류 및 전부명령에 따라 이전될 수 있고, 양도금지의 특약이 있는 사실에 관하여 압류채권자가 선의인가 악의인가는 전부명령의 효력에 영향이 없다(대법원 2002. 8. 27. 선고 2001다71699 판결).

③ (O) 그 압류명령이 송달되기 이전에 채무자에 대하여 상계적상에 있었던 반대채권을 가지고 있었다면 그 명령이 송달된 이후에도 상계로서 압류채권자에 대항할 수 있고, 이 경우에 채권압류통지 이전에 자동채권의 이행기가 도래한 이상 수동채권의 이행기가 도래하지 아니하였더라도 수동채권에 관한 기한의 이익을 포기하고 대등액에서 상계하므로써 압류채권자에 대항할 수 있다(대법원 1979. 6. 12. 선고 79다662 판결).

④ (O) 채권양수인이 양수채권을 자동채권으로 하여 그 채무자가 채권양수인에 대해 가지고 있던 기존 채권과 상계한 경우, 채권양수인은 채권양도의 대항요건이 갖추어진 때 비로소 자동채권을 행사할 수 있으므로 <u>채권양도 전에 이미 양 채권의 변제기가 도래하였다고 하더라도 상계의 효력은 변제기로 소급하는 것이 아니라 채권양도의 대항요건이 갖추어진 시점으로 소급한다</u>(대법원 2022. 6. 30. 선고 2022다200089 판결).

⑤ (X) <u>채권자가 사해행위의 취소와 함께 수익자 또는 전득자로부터 책임재산의 회복을 명하는 사해행위취소의 판결을 받은 경우 그 취소의 효과는 채권자와 수익자 또는 전득자 사이에만 미치므로, 수익자 또는 전득자가 채권자에 대하여 사해행위의 취소로 인한 원상회복 의무를 부담하게 될 뿐, 채무자와 사이에서 그 취소로 인한 법률관계가 형성되거나 취소의 효력이 소급하여 채무자의 책임재산으로 회복되는 것은 아니다. 따라서 채권압류명령 등 당시 피압류채권이 이미 제3자에 대한 대항요건을 갖추어 양도되어 그 명령이 효력이 없는 것이 되었다면, 그 후의 사해행위취소소송에서 위 채권양도계약이 취소되어 채권이 원채권자에게 복귀하였다고 하더라도 이미 무효로 된 채권압류명령 등이 다시 유효로 되는 것은 아니다</u>(대법원 2022. 12. 1. 선고 2022다247521 판결).

해답 ⑤

핵심포인트 문 21 채권양도·압류·전부명령·상계 ★★

- 채무자의 채권양도인에 대한 자동채권이 발생하는 기초가 되는 원인이 양도 전에 이미 성립하여 존재하고 자동채권이 수동채권인 양도채권과 동시이행의 관계에 있는 경우 ⇨ 양도통지가 채무자에게 도달하여 채권양도의 대항요건이 갖추어진 후에 발생된 자동채권에 의한 상계로 양수인에게 대항 可
- 양도금지의 특약이 있는 사실에 관하여 악의인 압류채권자의 전부명령은 유효함 ○

- 압류명령이 송달되기 이전에 채무자에 대하여 상계적상에 있었던 반대채권을 가지고 있었고 채권압류통지 이전에 자동채권의 이행기가 도래한 경우 ⇨ 수동채권에 관한 기한의 이익을 포기하고 대등액에서 상계하므로써 압류채권자에 대항 可
- 채권양수인이 양수채권을 자동채권으로 하여 그 채무자가 채권양수인에 대해 가지고 있던 기존 채권과 상계한 경우 상계의 효력시기 ⇨ 채권양도의 대항요건이 갖추어진 때 ○
- 채권압류명령 등 당시 피압류채권이 이미 제3자에 대한 대항요건을 갖추어 양도되어 그 명령이 무효 후의 사해행위취소소송에서 위 채권양도계약이 취소되어 채권이 원채권자에게 복귀하는 경우 ⇨ 채권압류명령이 유효가 되는 것은 아님

문 22 ★★

손해배상액의 예정에 관한 설명 중 옳은 것(○)과 옳지 않은 것(×)을 올바르게 조합한 것은? (다툼이 있는 경우 판례에 의함)

> ㄱ. 금전채무의 불이행에 대하여 손해배상액을 예정한 경우, 감액 요건인 '부당성'은 계약의 목적과 내용, 손해배상액을 예정한 동기, 채무액에 대한 예정액의 비율, 예상 손해액의 크기, 당시의 거래관행 등뿐만 아니라, 통상적인 연체금리도 고려하여 판단하여야 한다.
> ㄴ. 손해배상 예정액의 감액 사유에 대한 사실인정이나 그 비율을 정하는 것은 원칙적으로 사실심의 전권에 속하는 사항이지만, 손해배상액의 예정이 없더라도 채무자가 당연히 지급의무를 부담하여 채권자가 받을 수 있던 금액보다 적은 금액으로 감액하는 것은 감액의 한계를 벗어나는 것이다.
> ㄷ. 도급계약에서 손해배상액의 예정으로서 지체상금을 계약 총액에 지체상금률을 곱하여 산출하기로 정한 경우, 지체상금의 과다 여부는 지체상금률 그 자체가 과다한지를 기준으로 판단한다.
> ㄹ. 수급인의 하자보수의무 불이행 시 도급인에게 귀속하는 것으로 약정된 하자보수보증금은 특별한 사정이 없는 한 손해배상액의 예정으로 볼 것이므로, 도급인은 수급인의 하자보수의무 불이행을 이유로 하자보수보증금의 몰취 외에 그 실손해액을 증명하여 수급인으로부터 그 초과액 상당의 손해배상을 받을 수는 없다.

① ㄱ(○), ㄴ(○), ㄷ(×), ㄹ(×)
② ㄱ(×), ㄴ(○), ㄷ(×), ㄹ(○)
③ ㄱ(○), ㄴ(×), ㄷ(○), ㄹ(○)
④ ㄱ(×), ㄴ(○), ㄷ(○), ㄹ(×)
⑤ ㄱ(○), ㄴ(○), ㄷ(×), ㄹ(○)

해설

ㄱ.(○) 손해배상 예정액을 감액하기 위한 요건인 '부당성'은 채권자와 채무자의 지위, 계약의 목적과 내용, 손해배상액을 예정한 동기, 채무액에 대한 예정액의 비율, 예상 손해액의 크기, 당시의 거래관행 등 모든 사정을 참작하여 일반 사회관념에 비추어 예정액의 지급이 경제적 약자의 지위에 있는 채무자에게 부당한 압박을 가하여 공정성을 잃는 결과를 초래하는 경우에 인정된다. 특히 금전채무의 불이행에 대하여 손해배상액을 예정한 경우에는 위에서 든 고려요소 이외에 통상적인 연체금리도 고려하여야 한다(대법원 2017. 7. 11. 선고 2016다52265 판결).

ㄴ.(○) 손해배상액 예정이 없더라도 채무자가 당연히 지급의무를 부담하여 채권자가 받을 수 있던 금액보다 적은 금액으로 감액하는 것은 손해배상액 예정에 관한 약정 자체를 전면 부인하는 것과 같은 결과가 되기 때문에 감액의 한계를 벗어나는 것이다(대법원 2023. 8. 18. 선고 2022다227619 판결).

ㄷ. (X) 도급계약에서 … 지체상금을 계약 총액에서 지체상금률을 곱하여 산출하기로 정한 경우, 민법 제398조 제2항에 의하면 손해배상액의 예정액이 부당히 과다한 경우에는 법원은 적당히 감액할 수 있다고 규정되어 있고 여기의 손해배상의 예정액이란 문언상 그 예정한 손해배상액의 총액을 의미한다고 해석되므로, <u>손해배상의 예정에 해당하는 지체상금의 과다 여부는 지체상금 총액을 기준으로 하여 판단하여야 한다</u>(대법원 1996. 4. 26. 선고 95다11436 판결).

ㄹ. (X) <u>공사도급계약서 또는 그 계약내용에 편입된 약관에 수급인이 하자담보책임 기간 중 도급인으로부터 하자보수요구를 받고 이에 불응한 경우 하자보수보증금은 도급인에게 귀속한다는 조항이 있을 때 이 하자보수보증금은 특별한 사정이 없는 한 손해배상액의 예정으로 볼 것이고</u>, 다만 하자보수보증금의 특성상 실손해가 하자보수보증금을 초과하는 경우에는 그 초과액의 손해배상을 구할 수 있다는 명시 규정이 없다고 하더라도 <u>도급인은 수급인의 하자보수의무 불이행을 이유로 하자보수보증금의 몰취 외에 그 실손해액을 입증하여 수급인으로부터 그 초과액 상당의 손해배상을 받을 수도 있는 특수한 손해배상액의 예정으로 봄이 상당하다</u>(대법원 2002. 7. 12. 선고 2000다17810 판결).

문 22 손해배상액의 예정 ★★

- 금전채무의 불이행에 대하여 손해배상액을 예정한 경우 통상적인 연체금리도 고려하여 판단하여야 함 ○
- 손해배상액 예정이 없더라도 채무자가 당연히 지급의무를 부담하여 채권자가 받을 수 있던 금액보다 적은 금액으로 감액하는 것은 감액의 한계를 벗어난 것임
- 도급계약에서 손해배상액의 예정으로서 지체상금을 계약 총액에 지체상금률을 곱하여 산출하기로 정한 경우 지체상금의 과다 여부는 지체상금 총액을 기준으로 하여 판단하여야 함
- 하자보수보증금은 도급인은 수급인의 하자보수의무 불이행을 이유로 하자보수보증금의 몰취 외에 그 실손해액을 입증하여 수급인으로부터 그 초과액 상당의 손해배상을 받을 수도 있는 특수한 손해배상액의 예정임 ○

문 23 ★★

다음 각 사례에서 빈칸을 알맞게 채운 것은? (X, Y 토지의 시가 변동은 없고, 공동저당권 설정 시 책임분담에 관한 특별한 사정은 없음. 이자와 지연손해금, 집행비용은 고려하지 말 것. 각 지문은 독립적이며, 다툼이 있는 경우 판례에 의함)

ㄱ. 채무자 甲 소유의 X 토지(시가 2,000만 원)와 Y 토지(시가 4,000만 원)에 관하여 丙 앞으로 피담보채권액 3,000만 원의 공동저당권이 설정되어 있는 상태에서, 甲이 Y 토지를 A에게 매도하여 A 명의의 소유권이전등기가 마쳐졌다. 甲의 일반채권자 乙(피보전채권액 1억 원)에 의해 Y 토지에 관한 매매계약이 사해행위로 취소되어 가액배상을 하는 경우, 가액배상액은 (가)이다.

ㄴ. 채무자 甲 소유의 X 토지(시가 3,000만 원)와 Y 토지(시가 6,000만 원)에 관하여 丙 앞으로 피담보채권액 6,000만 원의 공동저당권이 설정되어 있는 상태에서, 甲이 X, Y 토지를 A에게 일괄매도하여 A 명의의 소유권이전등기가 마쳐졌다. 甲의 일반채권자 乙(피보전채권액 1억 원)에 의해 X, Y 토지에 관한 매매계약이 사해행위로 취소되어 가액배상을 하는 경우, 가액배상액은 (나)이다.

ㄷ. 채무자 甲 소유의 X 토지(시가 5억 원)에는 丙의 피담보채권액 2억 원의 1순위 저당권과 丁의 피담보채권액 1억 원의 2순위 저당권이 각 설정되어 있고, 물상보증인 戊 소유의 Y 토지(시가 5억 원)에는 丁의 X 토지에 관한 피담보채권액 전부에 관하여 공동저당권이 설정되어 있는 상태에서, 甲이 X 토지를 A에게 매도하여 A 명의의 소유권이전등기가 마쳐졌다. 甲의 일반채권자 乙(피보전채권액 3억 원)에 의해 X 토지에 관한 매매계약이 사해행위로 취소되어 가액배상을 하는 경우, 가액배상액은 (다)이다.

	가	나	다
①	2,000만 원	3,000만 원	2억 원
②	2,000만 원	3,000만 원	2억 5,000만 원
③	2,000만 원	6,000만 원	2억 원
④	4,000만 원	6,000만 원	2억 5,000만 원
⑤	4,000만 원	6,000만 원	2억 원

해설

ㄱ.(2,000만 원) 채무자가 양도한 목적물에 담보권이 설정되어 있는 경우라면 그 목적물 중에서 일반채권자들의 공동담보에 제공되는 책임재산은 피담보채권액을 공제한 나머지 부분이라 할 것이고 그 피담보채권액이 목적물의 가격을 초과하고 있는 때에는 당해 목적물의 양도는 사해행위에 해당한다고 할 수 없는데, 여기서 공동저당권이 설정되어 있는 수 개의 부동산 중 일부가 양도된 경우에 있어서의 그 피담보채권액은 특별한 사정이 없는 한 민법 제368조의 규정 취지에 비추어 공동저당권의 목적으로 된 각 부동산의 가액에 비례하여 공동저당권의 피담보채권액을 안분한 금액이라고 보아야 한다(대법원 2003. 11. 13. 선고 2003다39989 판결).

ㄴ.(3,000만 원) 공동저당권이 설정된 수개의 부동산 전부의 매매계약이 사해행위에 해당하고 사해행위의 목적 부동산 전부가 하나의 계약으로 동일인에게 일괄 양도된 경우에는 사해행위로 되는 매매계약이 공동저당 부동산의 일부를 목적으로 할 때처럼 부동산 가액에서 공제하여야 할 피담보채권액의 산정이 문제 되지 아니하므로 특별한 사정이 없는 한 취소에 따른 배상액의 산정은 목적 부동산 전체의 가액에서 공동저당권의 피담보채권 총액을 공제하는 방식으로 함이 취소채권자의 의사에도 부합하는 상당한 방법이고, 특별한 사정이 없는 한 목적물 전부를 사해행위로 취소하는 경우와 그중 일부를 개별적으로 취소하는 경우 사이에 취소에 따른 배상액 산정기준이 달라져야 할 이유가 없으므로 사해행위인 매매계약의 목적물 중 일부 목적물만을 사해행위로 취소하는 경우 일부 목적물의 사실심 변론종결 당시 가액에서 공제되어야 할 피담보채권액은 공동저당권의 피담보채권총액을 사실심 변론종결 당시를 기준으로 한 공동저당 목적물의 가액에 비례하여 안분한 금액이라고 보아야 한다(대법원 2014. 6. 26. 선고 2012다77891 판결).

ㄷ.(2억 원) … 그러나 수 개의 부동산 중 일부는 채무자의 소유이고 다른 일부는 물상보증인의 소유인 경우에는, 물상보증인이 민법 제481조, 제482조의 규정에 따른 변제자대위에 의하여 채무자 소유의 부동산에 대하여 저당권을 행사할 수 있는 지위에 있는 점 등을 고려할 때, 물상보증인이 채무자에 대하여 구상권을 행사할 수 없는 특별한 사정이 없는 한 채무자 소유의 부동산이 부담하는 피담보채권액은 채무자 소유 부동산의 가액을 한도로 한 공동저당권의 피담보채권액 전액이고, 물상보증인 소유의 부동산이 부담하는 피담보채권액은 공동저당권의 피담보채권에서 채무자 소유의 부동산이 부담하는 피담보채권액을 제외한 나머지이다. 이러한 법리는 하나의 공유부동산 중 일부 지분이 채무자의 소유이고, 다른 일부 지분이 물상보증인의 소유인 경우에도 마찬가지로 적용된다(대법원 2016. 8. 18. 선고 2013다90402 판결).

해답 ①

핵심포인트 문 23 사해행위로 인한 가액배상 ★★

- 공동저당권이 설정되어 있는 수 개의 부동산 중 일부가 양도된 경우에 있어서의 그 피담보채권액 ⇨ 공동저당권의 목적으로 된 각 부동산의 가액에 비례하여 공동저당권의 피담보채권액을 안분한 금액
- 공동저당권이 설정된 수개의 부동산 전부의 매매계약이 사해행위에 해당하고 목적물 전부를 사해행위로 취소하는 경우 그 피담보채권액 ⇨ 공동저당권의 피담보채권총액을 사실심 변론종결 당시를 기준으로 한 공동저당 목적물의 가액에 비례하여 안분한 금액
- 수 개의 부동산 중 일부는 채무자의 소유이고 다른 일부는 물상보증인의 소유인 경우
  - 채무자 소유의 부동산이 부담하는 피담보채권액 ⇨ 채무자 소유 부동산의 가액을 한도로 한 공동저당권의 피담보채권액 전액
  - 물상보증인 소유의 부동산이 부담하는 피담보채권액 ⇨ 공동저당권의 피담보채권액에서 채무자 소유의 부동산이 부담하는 피담보채권액을 제외한 나머지

문 24 ★★

채권의 목적에 관한 설명 중 옳지 않은 것은? (다툼이 있는 경우 판례에 의함)

① 의사가 환자에게 부담하는 진료채무는 특별한 사정이 없는 한 수단채무이다.
② 우리나라 통화를 외화채권에 변제충당할 때에는 특별한 사정이 없는 한 현실로 변제충당할 당시의 외국환시세에 의하여 환산하여야 한다.
③ 선택채권은 선택에 의하여 채권의 목적이 확정되므로 선택채권의 소멸시효는 선택권을 행사한 때부터 진행한다.
④ 금전채무에 관하여 이자 약정이 없는 경우에도 채무자의 이행지체로 인한 지연이자는 특별한 사정이 없는 한 법정이율에 의하여 청구할 수 있다.
⑤ 채권액이 외국통화로 지정된 금전채권인 외화채권을 채권자가 대용급부의 권리를 행사해 우리나라 통화로 환산하여 청구하는 경우, 법원이 채무자에게 이행을 명할 때에는 사실심 변론 종결 당시의 외국환시세에 의하여 환산하여야 한다.

해설

① (O) 의사가 환자에 대하여 부담하는 진료채무는 환자의 치유라는 결과를 반드시 달성해야 하는 결과채무가 아니라, 치유를 위하여 선량한 관리자의 주의를 다하여 현재의 의학수준에 비추어 필요하고도 적절한 진료를 할 채무 즉 수단채무이므로, 진료의 결과가 만족스럽지 못하다고 하여 바로 진료채무의 불이행으로 추정할 수는 없다(대법원 2015. 10. 15. 선고 2015다21295 판결).

② (O) 채권액이 외국통화로 정해진 금전채권인 외화채권을 채무자가 우리나라 통화로 변제하는 경우에 그 환산시기는 이행기가 아니라 현실로 이행하는 때, 즉 현실이행시의 외국환시세에 의하여 환산한 우리나라 통화로 변제하여야 하고, 우리나라 통화를 외화채권에 변제충당할 때도 특별한 사정이 없는 한 현실로 변제충당할 당시의 외국환시세에 의하여 환산하여야 한다(대법원 2000. 6. 9. 선고 99다56512 판결).

③ (X) 매립사업자가 매립공사 준공등기 후 매립지 중 일부를 즉시 양도하기로 약정하였으나 그 선택권의 소재에 관하여 약정이 없었던 경우, 매립지에 대한 매립사업자 명의의 소유권보존등기가 경료되고 도시계획결정 및 지적고시가 이루어져 그 소유토지의 위치와 면적이 확정된 때로부터 매립사업자의 선택권 행사에 필요한

상당한 기간이 경과한 날로부터 양수인의 소유권이전등기청구권의 소멸시효가 진행된다(대법원 2000. 5. 12. 선고 98다23195 판결).

④ (O) 금전채무에 관하여 이자약정이 없어서 이자청구를 할 수 없는 경우에도 채무자의 이행지체로 인한 지연손해금은 법정이율에 의하여 청구할 수 있다(대법원 2009. 12. 24. 선고 2009다85342 판결).

⑤ (O) 채권액이 외국통화로 지정된 금전채권인 외화채권을 채무자가 우리나라 통화로 변제함에 있어서는 민법 제378조가 그 환산시기에 관하여 외화채권에 관한 같은 법 제376조, 제377조 제2항의 "변제기"라는 표현과는 다르게 "지급할 때"라고 규정한 취지에서 새겨 볼 때 그 환산시기는 이행기가 아니라 현실로 이행하는 때 즉 현실이행 시의 외국환시세에 의하여 환산한 우리나라 통화로 변제하여야 한다고 풀이함이 상당하므로 채권자가 위와 같은 외화채권을 대용급부의 권리를 행사하여 우리나라 통화로 환산하여 청구하는 경우에도 법원이 채무자에게 그 이행을 명함에 있어서는 채무자가 현실로 이행할 때에 가장 가까운 사실심 변론종결 당시의 외국환 시세를 우리나라 통화로 환산하는 기준시로 삼아야 한다(대법원 1991. 3. 12. 선고 90다2147 전원합의체판결).

해답 ③

문 24 채권의 목적 ★★

- 의사가 환자에 대하여 부담하는 진료채무는 수단채무임 ○
- 우리나라 통화를 외화채권에 변제충당할 때에는 특별한 사정이 없는 한 현실로 변제충당할 당시의 외국환 시세에 의하여 환산하여야 함 ○
- 선택채권의 소멸시효의 기산점은 선택권 행사에 필요한 상당한 기간이 경과한 날부터 임
- 금전채무에 관하여 이자 약정이 없는 경우 채무자의 이행지체로 인한 지연이자는 법정이율에 의하여 청구 가
- 채권액이 외국통화로 지정된 금전채권인 외화채권을 채권자가 대용급부의 권리를 행사해 우리나라 통화로 환산하여 청구하는 경우 사실심 변론 종결 당시의 외국환시세에 의하여 환산해야 함

문 25 ★★

乙이 甲으로부터 A 소유 X 건물을 매수하기 위하여 매매계약을 체결하였다. X 건물이 甲의 소유가 아니라는 점을 알지 못한 乙은 타인 권리의 매매를 이유로 甲에게 담보책임에 따른 손해배상을 청구하였다. 이에 관한 설명 중 옳은 것(O)과 옳지 않은 것(×)을 올바르게 조합한 것은? (각 지문은 독립적이며, 다툼이 있는 경우 판례에 의함)

ㄱ. 乙이 X 건물의 소유권이 甲에게 속하지 아니함을 알지 못한 것이 乙의 과실에 의한 경우, 법원은 甲이 배상할 손해액을 산정할 때 이를 참작하여야 한다.

ㄴ. 甲 또한 X 건물이 자기 소유가 아니고 A 소유임을 알지 못한 상태에서 위 매매계약을 체결하고, 甲이 계약을 위반하면 계약금의 배액을 乙에게 배상하고 乙이 위약할 때에는 계약금의 반환을 구할 수 없다는 내용의 약정을 하였다면, 그 위약금 약정은 타인 권리의 매매로 인한 담보책임까지 예상하여 손해배상액을 예정한 것이라고 볼 수 없다.

ㄷ. 甲이 X 건물의 소유권을 취득하여 乙에게 이전해야 할 의무가 甲의 귀책사유로 이행불능이 된 경우, 乙은 甲에 대하여 타인 권리의 매매로 인한 담보책임으로 손해배상을 청구할 수 있을 뿐만 아니라 일반적인 채무불이행으로서 계약을 해제하고 손해배상을 청구할 수 있다. 이때 위 담보책임으로 인한 손해배상의 범위는 이행불능 당시를 기준으로 한 이행이익 상당이다.
ㄹ. 甲이 乙에게 X 건물의 소유권을 이전할 수 없게 된 것이 오직 乙의 귀책사유에 의한 경우에도 甲은 타인 권리의 매매로 인한 담보책임을 부담한다.

① ㄱ(O), ㄴ(O), ㄷ(O), ㄹ(O)
② ㄱ(O), ㄴ(×), ㄷ(O), ㄹ(O)
③ ㄱ(O), ㄴ(×), ㄷ(O), ㄹ(×)
④ ㄱ(×), ㄴ(×), ㄷ(×), ㄹ(O)
⑤ ㄱ(O), ㄴ(O), ㄷ(O), ㄹ(×)

해설

ㄱ.(O) 타인의 물건 매매에 있어서, 매수인이 그 물건의 소유권이 매도인에게 속하지 아니함을 알지 못한 것이 매수인의 과실에 기인한 경우에는 매도인의 배상액을 산정함에 있어서 이를 참작하여야 한다(대법원 1971. 12. 21. 선고 71다218 판결).

ㄴ.(O) 매매 당사자가 모두 매매목적물이 타인의 소유인 사실을 모르고 계약을 체결한 경우 위약금의 약정은 타인의 권리매매에 있어서의 담보책임까지 예상하여 그 배상액을 예정한 것이라고 볼 수 없다(대법원 1977. 9. 13. 선고 76다1699 판결).

ㄷ.(O) 타인의 권리를 매매의 목적으로 한 경우에 있어서 그 권리를 취득하여 매수인에게 이전하여야 할 매도인의 의무가 매도인의 귀책사유로 인하여 이행불능이 되었다면 매수인이 매도인의 담보책임에 관한 민법 제570조 단서의 규정에 의해 손해배상을 청구할 수 없다 하더라도 채무불이행 일반의 규정(민법 제546조, 제390조)에 좇아서 계약을 해제하고 손해배상을 청구할 수 있다(대법원 1993. 11. 23. 선고 93다37328 판결). 타인의 권리를 매매한 자가 권리이전을 할 수 없게 된 때에는 매도인은 선의의 매수인에게 이행불능 당시를 표준으로 한 이행이익 상당을 배상하여야 한다(대법원 1979. 4. 24. 선고 77다2290 판결).

ㄹ.(×) 타인의 권리매매에 있어 매도인의 목적물을 매수인에게 이전할 수 없게 된 것이 오직 매수인의 귀책사유에 기인한 경우에는 매도인은 민법 제569조 하자담보책임을 지지 않는다(대법원 1979. 6. 26. 선고 79다564 판결).

핵심포인트 문 25 타인 권리의 매매의 담보책임 등 ★★

- 타인의 물건 매매에서 매수인이 그 물건의 소유권이 매도인에게 속하지 아니함을 알지 못한 것이 매수인의 과실이 있는 경우 매도인의 배상액을 산정함에 있어서 이를 참작해야 함
- 매매 당사자가 모두 매매목적물이 타인의 소유인 사실을 모르고 계약을 체결한 경우 위약금의 약정 ⇨ 타인 권리의 매매로 인한 담보책임까지 예상하여 손해배상액을 예정한 것 ×
- 타인의 권리를 매매한 자가 권리이전을 할 수 없게 된 때 귀책 매도인을 상대로
  • 담보책임으로 이행불능 당시를 기준으로 한 이행이익 상당의 손해배상을 청구 可
  • 일반적인 채무불이행으로서 계약을 해제하고 손해배상을 청구 可

- 타인의 권리매매에 있어 매도인의 목적물을 매수인에게 이전할 수 없게 된 것이 오직 매수인의 귀책사유에 기인한 경우 매도인은 민법 제569조 하자담보책임 부담 ×

문 26 ★★

채권자대위권에 관한 설명 중 옳은 것을 모두 고른 것은? (각 지문은 독립적이며, 다툼이 있는 경우 판례에 의함)

ㄱ. 甲이 미등기 건물을 매수하였으나 소유권이전등기를 하지 못한 경우, 甲은 위 건물의 소유권을 원시취득한 매도인 乙을 대위하여 불법점유자 丙을 상대로 직접 자신에게 위 건물을 인도할 것을 청구할 수 있다.
ㄴ. 甲이 乙에 대한 금전채권을 보전하기 위하여 乙의 丙에 대한 금전채권을 대위행사하면서 직접 자신에게 이행하도록 청구하여 승소판결이 확정된 경우, 乙의 丙에 대한 금전채권이 변제 등으로 소멸하기 전이라면 乙의 일반채권자인 丁은 乙의 丙에 대한 금전채권을 압류할 수 있다.
ㄷ. 乙이 丙에게 채권의 양도를 구할 수 있는 권리를 가지고 있고 甲이 乙의 丙에 대한 위 권리를 대위행사하는 경우, 甲은 丙에 대하여 직접 자신에게 채권양도 절차를 이행하도록 청구할 수 있다.
ㄹ. X 부동산의 최종 매수인 甲이 중간 매수인 乙에 대한 소유권이전등기청구권을 보전하기 위해 乙을 대위하여 매도인 丙을 상대로 X 부동산에 대한 처분금지가처분을 받았고 乙이 위 대위 사실을 알게 된 경우, 이후 甲이 乙을 대위하여 丙을 상대로 소유권이전등기절차의 이행을 구하더라도, 丙은 乙에게 X 부동산에 관하여 소유권이전등기를 마쳐 준 사실로 甲에 대하여 대항할 수 없다.

① ㄱ, ㄴ
② ㄱ, ㄹ
③ ㄴ, ㄷ
④ ㄱ, ㄴ, ㄹ
⑤ ㄱ, ㄷ, ㄹ

해설

ㄱ.(O) 원고가 미등기 건물을 매수하였으나 소유권이전등기를 하지 못한 경우에는 위 건물의 소유권을 원시취득한 매도인을 대위하여 불법점유자에 대하여 명도청구를 할 수 있고 이때 원고는 불법점유자에 대하여 직접 자기에게 명도할 것을 청구할 수도 있다(대법원 1980. 7. 8. 선고 79다1928 판결).

ㄴ.(O) 채권자가 자기의 금전채권을 보전하기 위하여 채무자의 금전채권을 대위행사하는 경우 제3채무자로 하여금 채무자에게 지급의무를 이행하도록 청구할 수도 있지만, 직접 대위채권자 자신에게 이행하도록 청구할 수도 있다. 그런데 채권자대위소송에서 제3채무자로 하여금 직접 대위채권자에게 금전의 지급을 명하는 판결이 확정되더라도, 대위의 목적인 권리, 즉 채무자의 제3채무자에 대한 피대위채권이 판결의 집행채권으로서 존재하고 대위채권자는 채무자를 대위하여 피대위채권에 대한 변제를 수령하게 될 뿐 자신의 채권에 대한 변제로서 수령하게 되는 것이 아니므로, 피대위채권이 변제 등으로 소멸하기 전이라면 채무자의 다른 채권자는 이를 압류·가압류할 수 있다(대법원 2016. 8. 29. 선고 2015다236547 판결).

ㄷ.(X) … 채무자가 제3채무자에게 채권의 양도를 구할 수 있는 권리를 가지고 있고, 채권자가 채무자의 위 권리를 대위행사하는 경우에는 채권자의 직접 청구를 인정할 예외적인 사유가 없으므로, 원칙으로 돌아가 채권자는 제3채무자에 대하여 채무자에게 채권양도절차를 이행하도록 청구하여야 하고, 직접 자신에게 채권양도절차를 이행하도록 청구할 수 없다(대법원 2024. 3. 12. 선고 2023다301682 판결).

ㄹ.(X) 중간생략등기의 합의가 있었다 하더라도 이러한 합의는 중간등기를 생략하여도 당사자 사이에 이의가

없겠고 또 그 등기의 효력에 영향을 미치지 않겠다는 의미가 있을 뿐이지 그러한 합의가 있었다 하여 중간 매수인의 소유권이전등기청구권이 소멸된다거나 첫 매도인의 그 매수인에 대한 소유권이전등기의무가 소멸하는 것은 아니라 할 것이다(대법원 1991. 12. 13. 선고 91다18316 판결). **채권자대위권**은 채무자의 제3채무자에 대한 권리를 행사하는 것이므로, 제3채무자는 채무자에 대해 가지는 모든 항변사유로 채권자에게 대항할 수 있다(대법원 2009. 5. 28. 선고 2009다4787 판결). ▶제3채무자인 매도인 丙은 채무자인 중간 매수인 乙에 대해 가지는 모든 항변사유로 채권자인 최종 매수인 甲에게 대항할 수 있어 丙은 乙에게 X 부동산에 관하여 소유권이전등기를 마쳐 준 사실로 甲에 대하여 대항할 수 있다.

핵심포인트 문 26 채권자대위권

- 소유권이전등기를 하지 못한 미등기 건물매수인은 위 건물의 소유권을 원시취득한 매도인을 대위하여 불법점유자에 대하여 직접 자기에게 명도할 것을 청구 可
- 채권자대위소송에서 제3채무자로 하여금 직접 대위채권자에게 금전의 지급을 명하는 판결 확정되고 피대위채권이 변제 등으로 소멸하기 전인 경우 ⇨ 채무자의 다른 채권자는 이를 압류·가압 可
- 채무자가 제3채무자에게 채권의 양도를 구할 수 있는 권리를 가지고 있고, 채권자가 채무자의 위 권리를 대위행사하는 경우 ⇨ 채권자는 제3채무자에 대하여 직접 자신에게 채권양도절차 이행청구 不可
- 중간생략등기의 합의가 있더라도 중간매수인의 소유권이전등기청구권이 소멸된다거나 첫 매도인의 그 매수인에 대한 소유권이전등기의무가 소멸 ×
- 채권자대위권에서 제3채무자는 채무자에 대해 가지는 모든 항변사유로 채권자에게 대항 可

문 27

甲은 자기 소유의 X 토지에 Y 건물을 신축하기 위하여 乙과 공사대금을 2억 원으로 하는 Y 건물 공사도급계약을 체결하였다. 이에 관한 설명 중 옳지 않은 것은? (각 지문은 독립적이며, 다툼이 있는 경우 판례에 의함)

① 乙이 공사를 중단하여 약정된 공사 기한 내에 공사를 완공하는 것이 불가능하다는 것이 명백해진 경우, 甲은 공사 기한이 도래하기 전이라도 계약을 해제할 수 있지만, 그에 앞서 원칙적으로 乙에 대하여 공사 기한으로부터 상당한 기간 내에 완공할 것을 최고하여야 한다.
② 甲과 乙 사이의 도급계약이 乙의 채무불이행을 이유로 해제된 경우, 해제 당시 공사가 상당한 정도로 진척되어 이를 원상회복하는 것이 중대한 사회적·경제적 손실을 초래하고 완성된 부분이 甲에게 이익이 된다면 도급계약은 미완성 부분에 대하여만 실효된다.
③ 甲과 乙 사이의 도급계약에 지체상금 약정이 포함되어 있는 경우, 甲의 지체상금 채권과 乙의 공사대금 채권은 특별한 사정이 없는 한 동시이행관계에 있다.
④ 乙이 완성한 Y 건물에 하자가 있어 甲이 하자보수에 갈음하여 1억 원 상당의 손해배상청구권을 행사한 경우, 특별한 사정이 없는 한 甲의 공사대금 지급채무는 이행지체에 빠지지 않고, 甲이 하자보수에 갈음한 손해배상채권을 자동채권으로 하고 乙의 공사대금 채권 2억 원을 수동채권으로 하여 상계의 의사표시를 한 다음 날 공사대금 지급채무가 이행지체에 빠진다.
⑤ 乙이 완성한 Y 건물에 중대한 하자가 있고, 이로 인하여 Y 건물이 무너질 위험성이 있어 보수가 불가

능하고 다시 건축할 수밖에 없다면, 특별한 사정이 없는 한 甲은 Y 건물을 철거하고 다시 건축하는 데 드는 비용 상당액을 하자로 인한 손해배상으로 청구할 수 있다.

해설

① (O) 공사도급계약에 있어서 수급인의 공사중단이나 공사지연으로 인하여 약정된 공사기한 내의 공사완공이 불가능하다는 것이 명백하여진 경우에는 도급인은 그 공사기한이 도래하기 전이라도 계약을 해제할 수 있지만, 그에 앞서 수급인에 대하여 위 공사기한으로부터 상당한 기간 내에 완공할 것을 최고하여야 하고, 다만 예외적으로 수급인이 미리 이행하지 아니할 의사를 표시한 때에는 위와 같은 최고 없이도 계약을 해제할 수 있다(대법원 1996. 10. 25. 선고 96다21393,21409 판결).

② (O) 건축도급계약에 있어서 미완성부분이 있는 경우라도 공사가 상당한 정도로 진척되어 그 원상회복이 중대한 사회적, 경제적 손실을 초래하게 되고 완성된 부분이 도급인에게 이익이 되는 경우에, 수급인의 채무불이행을 이유로 도급인이 그 도급계약을 해제한 때는 그 미완성부분에 대하여서만 도급계약이 실효된다고 보아야 할 것이고, 따라서 이 경우 수급인은 해제한 때의 상태 그대로 그 건물을 도급인에게 인도하고 도급인은 그 건물의 완성도등을 참작하여 인도받은 건물에 상당한 보수를 지급하여야 할 의무가 있다(대법원 1986. 9. 9. 선고 85다카1751 판결).

③ (X) 공사도급계약상 도급인의 지체상금채권과 수급인의 공사대금채권은 특별한 사정이 없는 한 동시이행의 관계에 있다고 할 수 없다(대법원 2015. 8. 27. 선고 2013다81224,81231 판결).

④ (O) 도급계약에 있어서 완성된 목적물 또는 완성전의 성취된 부분에 하자가 있는 경우에는 도급인은 수급인에게 하자의 보수를 청구할 수 있고 하자보수에 갈음하거나 하자보수와 함께 손해배상을 청구할 수 있으며 이들 청구권은 특별한 사정이 없는 한 수급인의 공사대금채권과 동시이행의 관계에 있는 것이므로 이와 같은 하자가 있어 도급인이 하자보수나 손해배상청구권을 보유하고 이를 행사하는 한에 있어서는 도급인의 공사비지급채무는 이행지체에 빠지지 아니하고, 도급인이 하자보수나 손해배상채권을 자동채권으로 하고 수급인의 공사잔대금 채권을 수동채권으로 하여 상계의 의사표시를 한 다음날 비로소 지체에 빠진다고 보아야 할 것이다(대법원 1989. 12. 12. 선고 88다카18788 판결).

⑤ (O) 도급계약에서 완성된 목적물에 하자가 있는 경우에 도급인은 수급인에게 그 하자의 보수나 하자의 보수에 갈음한 손해배상을 청구할 수 있다. 이때 하자가 중요한 경우에는 비록 보수에 과다한 비용이 필요하더라도 그 보수에 갈음하는 비용, 즉 실제로 보수에 필요한 비용이 모두 손해배상에 포함된다. 나아가 완성된 건물 기타 토지의 공작물(이하 '건물 등'이라 한다)에 중대한 하자가 있고 이로 인하여 건물 등이 무너질 위험성이 있어서 보수가 불가능하고 다시 건축할 수밖에 없는 경우에는, 특별한 사정이 없는 한 건물 등을 철거하고 다시 건축하는 데 드는 비용 상당액을 하자로 인한 손해배상으로 청구할 수 있다(대법원 2016. 8. 18. 선고 2014다31691, 31707 판결).

문 27 공사도급계약 ★★

- 공사도급계약에 있어서 수급인의 공사중단이나 공사지연으로 인하여 약정된 공사기한 내의 공사완공이 불가능하다는 것이 명백하여진 경우 ⇨ 도급인은 그 공사기한이 도래하기 전이라도 상당한 기간 내에 완공할 것을 최고하고 계약을 해제 可
- 도급계약이 수급인의 채무불이행을 이유로 해제된 경우 해제 당시 공사가 상당한 정도로 진척되어 이를 원상회복하는 것이 중대한 사회적·경제적 손실을 초래하고 완성된 부분이 도급인에게 이익이 되는 경우 ⇨ 도급계약은 미완성 부분에 대하여만 실효

- 지체상금 채권과 공사대금 채권은 특별한 사정이 없는 한 동시이행관계가 아님
- 도급인이 하자보수나 손해배상청구권을 보유·행사하는 한 공사비지급채무는 이행지체되지 않고 수동채권으로 하여 상계의 의사표시를 한 다음날 비로소 지체에 빠짐
- 완성된 건물 기타 토지의 공작물(이하 '건물 등'이라 한다)에 중대한 하자가 있고 이로 인하여 건물 등이 무너질 위험성이 있어서 보수가 불가능하고 다시 건축할 수밖에 없는 경우 ⇨ 건물 등을 철거하고 다시 건축하는 데 드는 비용 상당액을 하자로 인한 손해배상으로 청구 可

문 28 ★★

甲은 乙에게 자기 소유의 X 부동산을 매도하는 매매계약을 乙과 체결하였다. 이에 관한 설명 중 옳은 것은? (각 지문은 독립적이며, 다툼이 있는 경우 판례에 의함)

① 甲과 乙이 합의하여 계약을 해제한 경우라도 甲은 특별한 사정이 없는 한 乙의 채무불이행을 이유로 손해배상을 청구할 수 있다.
② 甲이 乙에게 X 부동산을 인도하고 소유권이전등기를 마쳐 주었지만 乙이 甲에게 잔금을 지급하지 못하던 중, 甲과 乙은 합의하여 계약을 해제하였다. 합의해제 후 乙이 丙에게 X 부동산을 매도하고 소유권이전등기까지 마쳐 주었다면, 丙은 합의해제 사실을 알았더라도 「민법」 제548조 제1항 단서의 제3자에 해당한다.
③ 乙의 채권자 丁이 乙의 甲에 대한 X 부동산의 소유권이전등기청구권을 가압류한 이후에도 甲은 乙의 채무불이행을 이유로 매매계약을 해제할 수 있지만, 계약이 해제되기 전에 丁이 가압류에 이어 위 소유권이전등기청구권을 압류한 경우에는 압류채권자로서 「민법」 제548조 제1항 단서의 제3자에 해당한다.
④ 甲이 X 부동산을 丙에게 매도하고 소유권이전등기를 마쳐 주자 乙은 甲의 소유권이전등기의무가 이행불능되었다는 이유로 甲에 대하여 계약의 해제와 함께 원상회복을 청구하였다. 만약 乙이 해제의 의사표시를 할 당시 이미 乙의 甲에 대한 소유권이전등기청구권의 소멸시효가 완성된 상태라면 위 이행불능 시점이 소유권이전등기청구권의 시효완성 전이라고 하더라도 乙의 해제권과 원상회복청구권은 원칙적으로 인정될 수 없다.
⑤ 乙이 매매대금을 지급한 후 甲의 귀책사유로 소유권이전등기의무가 이행불능되었고, 乙이 1주일 후 甲의 채무불이행을 이유로 계약을 해제한 경우, 그 계약의 해제로 인한 원상회복청구권의 소멸시효는 해제권 발생 시부터 진행한다.

해설

① (X) 계약이 합의에 따라 해제되거나 해지된 경우에는 상대방에게 손해배상을 하기로 특약하거나 손해배상청구를 유보하는 의사표시를 하는 등 다른 사정이 없는 한 채무불이행으로 인한 손해배상을 청구할 수 없다(대법원 2021. 5. 7. 선고 2017다220416 판결).
② (X) 계약의 합의해제에 있어서도 민법 제548조의 계약해제의 경우와 같이 이로써 제3자의 권리를 해할 수 없다. 계약해제 시 계약은 소급하여 소멸하게 되어 해약당사자는 각 원상회복의 의무를 부담하게 되나 이 경우 계약해제로 인한 원상회복등기 등이 이루어지기 이전에 해약당사자와 양립되지 아니하는 법률관계를 가지게 되었고 계약해제 사실을 몰랐던 제3자에 대하여는 계약해제를 주장할 수 없고, 이 경우 제3자가 악의라는 사실의 주장·입증책임은 계약해제를 주장하는 자에게 있다(대법원 2005. 6. 9. 선고 2005다6341 판결).
③ (X) 소유권이전등기청구권의 가압류나 압류가 행하여지면 제3채무자로서는 채무자에게 등기이전행위를 하여서는 아니되고, 그와 같은 행위로 채권자에게 대항할 수 없다 할 것이나, 가압류나 압류에 의하여 그 채

권의 발생원인인 법률관계에 대한 채무자와 제3채무자의 처분까지도 구속되는 것은 아니므로 기본적 계약관계인 매매계약 자체를 해제할 수 있다. 민법 제548조 제1항 단서에서 말하는 제3자란 일반적으로 그 해제된 계약으로부터 생긴 법률효과를 기초로 하여 해제 전에 새로운 이해관계를 가졌을 뿐 아니라 등기, 인도 등으로 완전한 권리를 취득한 자를 말하므로 계약상의 채권을 양수한 자나 그 채권 자체를 압류 또는 전부한 채권자는 여기서 말하는 제3자에 해당하지 아니한다(대법원 2000. 4. 11. 선고 99다51685 판결).

④ (○) … 결국 채무불이행에 따른 해제의 의사표시 당시에 이미 채무불이행의 대상이 되는 본래 채권이 시효가 완성되어 소멸하였다면, 채무자가 소멸시효의 완성을 주장하는 것이 신의성실의 원칙에 반하여 허용될 수 없다는 등의 특별한 사정이 없는 한, 채권자는 채무불이행 시점이 본래 채권의 시효 완성 전인지 후인지를 불문하고 그 채무불이행을 이유로 한 해제권 및 이에 기한 원상회복청구권을 행사할 수 없다(대법원 2022. 9. 29. 선고 2019다204593 판결).

⑤ (×) … 계약의 해제로 인한 원상회복청구권의 소멸시효는 해제 시, 즉 원상회복청구권이 발생한 때부터 진행하므로, 이와 달리, 계약의 해제로 인한 원상회복청구권의 소멸시효가 해제권 발생 시로부터 진행함을 전제로 피고의 소멸시효 항변을 받아들인 원심의 판단에는 계약의 해제로 인한 원상회복청구권의 소멸시효의 기산점에 관한 법리를 오해하여 판결 결과에 영향을 미친 위법이 있다(대법원 2009. 12. 24. 선고 2009다63267 판결).

해답 ④

핵심 포인트 | 문 28 | 해제 ★★

- 합의해제 시 채무불이행을 이유로 손해배상을 청구 불가
- 「민법」 제548조 제1항 단서의 제3자인지 여부
  - 계약해제로 인한 원상회복등기 등이 이루어지기 이전에 해약당사자와 양립하지 아니하는 법률관계를 가지고 계약해제 사실을 몰랐던 제3자 ○
  - 계약이 해제되기 전에 소유권이전등기청구권을 압류한 압류채권자 ×
- 채무불이행에 따른 해제의 의사표시 당시에 이미 채무불이행의 대상이 되는 본래 채권이 시효가 완성되어 소멸된 경우 ⇨ 채권자는 채무불이행 시점이 본래 채권의 시효 완성 전인지 후인지를 불문하고 채무불이행을 이유로 한 해제권, 원상회복청구권 행사 불가
- 채무불이행 이유로 계약을 해제한 경우 계약의 해제로 인한 원상회복청구권의 소멸시효의 기산점 ⇨ 원상회복청구권이 발생한때인 해제 시 ○

문 29 ★★★

甲은 乙에 대한 3억 원의 대여금 채권을 담보하기 위하여, 乙 소유의 X 토지, 丙 소유의 Y 토지, 丁 소유의 Z 토지에 각각 저당권을 취득하였고 戊와는 보증계약을 체결하였다. 이에 관한 설명 중 옳은 것을 모두 고른 것은? (이자와 지연손해금, 집행비용은 고려하지 말 것. 각 지문은 독립적이며, 다툼이 있는 경우 판례에 의함)

ㄱ. 丙이 乙의 채무를 면책적으로 인수한 경우, 丙은 특별한 사정이 없는 한 乙에 대하여 구상권을 가진다.

ㄴ. A가 乙로부터 X 토지를 취득한 후에 戊가 甲에게 3억 원을 변제한 경우, 戊는 X 토지에 설정된 위 저당권에 관하여 대위의 부기등기를 하지 않더라도 A에 대하여 甲을 대위할 수 있다.

ㄷ. 乙로부터 X 토지를 취득한 A가 X 토지에 설정된 위 저당권의 실행으로 소유권을 잃은 경우, A는 丙, 丁에 대하여 甲을 대위할 수 없다.
ㄹ. 丙이 甲에게 3억 원을 변제한 후 Z 토지에 설정된 위 저당권에 관하여 대위의 부기등기를 하지 않고 있는 동안에 A가 丁으로부터 Z 토지를 취득한 경우, 丙은 Z 토지에 설정된 위 저당권에 관하여 대위의 부기등기를 하지 않더라도 A에 대하여 甲을 대위할 수 있다.

① ㄱ, ㄷ
② ㄴ, ㄷ
③ ㄴ, ㄹ
④ ㄱ, ㄴ, ㄹ
⑤ ㄴ, ㄷ, ㄹ

해설

ㄱ.(X) 타인의 채무를 담보하기 위하여 그 소유의 부동산에 저당권을 설정한 물상보증인이 타인의 채무를 변제하거나 저당권의 실행으로 저당물의 소유권을 잃은 때에는 채무자에 대하여 구상권을 취득한다(민법 제370조, 제341조). 그런데 구상권 취득의 요건인 '채무의 변제'라 함은 채무의 내용인 급부가 실현되고 이로써 채권이 그 목적을 달성하여 소멸하는 것을 의미하므로, 기존 채무가 동일성을 유지하면서 인수 당시의 상태로 종래의 채무자로부터 인수인에게 이전할 뿐 기존 채무를 소멸시키는 효력이 없는 면책적 채무인수는 설령 이로 인하여 기존 채무자가 채무를 면한다고 하더라도 이를 가리켜 채무가 변제된 경우에 해당한다고 할 수 없다. 따라서 채무인수의 대가로 기존 채무자가 물상보증인에게 어떤 급부를 하기로 약정하였다는 등의 사정이 없는 한 물상보증인이 기존 채무자의 채무를 면책적으로 인수하였다는 것만으로 물상보증인이 기존 채무자에 대하여 구상권 등의 권리를 가진다고 할 수 없다(대법원 2019. 2. 14. 선고 2017다274703 판결).

ㄴ.(O) … 따라서 보증인이 채무를 변제한 후 저당권 등의 등기에 관하여 대위의 부기등기를 하지 않고 있는 동안 제3취득자가 목적부동산에 대하여 권리를 취득한 경우 보증인은 제3취득자에 대하여 채권자를 대위할 수 없다. 그러나 제3취득자가 목적부동산에 대하여 권리를 취득한 후 채무를 변제한 보증인은 대위의 부기등기를 하지 않고도 대위할 수 있다고 보아야 한다. 보증인이 변제하기 전 목적부동산에 대하여 권리를 취득한 제3자는 등기부상 저당권 등의 존재를 알고 권리를 취득하였으므로 나중에 보증인이 대위하더라도 예측하지 못한 손해를 입을 염려가 없다(대법원 2020. 10. 15. 선고 2019다222041 판결).

ㄷ.(O) … 위와 같은 규정 내용을 종합하여 보면, 물상보증인이 채무를 변제하거나 담보권의 실행으로 소유권을 잃은 때에는 보증채무를 이행한 보증인과 마찬가지로 채무자로부터 담보부동산을 취득한 제3자에 대하여 구상권의 범위 내에서 출재한 전액에 관하여 채권자를 대위할 수 있는 반면, 채무자로부터 담보부동산을 취득한 제3자는 채무를 변제하거나 담보권의 실행으로 소유권을 잃더라도 물상보증인에 대하여 채권자를 대위할 수 없다고 보아야 한다(대법원 2014. 12. 18. 선고 2011다50233 전원합의체 판결).

ㄹ.(X) 타인의 채무를 변제하고 채권자를 대위하는 대위자 상호 간의 관계를 규정한 민법 제482조 제2항 제5호 단서에서 대위의 부기등기에 관한 제1호의 규정을 준용하도록 규정한 취지는 자기의 재산을 타인의 채무의 담보로 제공한 물상보증인이 수인일 때 그중 일부의 물상보증인이 채무의 변제로 다른 물상보증인에 대하여 채권자를 대위하게 될 경우에 미리 대위의 부기등기를 하여 두지 아니하면 채무를 변제한 뒤에 그 저당물을 취득한 제3취득자에 대하여 채권자를 대위할 수 없도록 하려는 것이라고 해석되므로 자신들 소유의 부동산을 채무자의 채무의 담보로 제공한 물상보증인들이 채무를 변제한 뒤 다른 물상보증인 소유부동산에 설정된 근저당권설정등기에 관하여 대위의 부기등기를 하여 두지 아니하고 있는 동안에 제3취득자가 위 부동산을 취득하였다면, 대위변제한 물상보증인들은 제3취득자에 대하여 채권자를 대위할 수 없다(대법원 1990. 11. 9. 선고 90다카10305 판결).

해답 ②

| 핵심 포인트 | 문 29 | 면책적인수 · 변제자대위 | ★★★ |

- 기존 채무자 채무를 면책적으로 인수한 것으로만으로 물상보증인이 기존 채무자에 대해 구상권 없음
- 제3취득자가 목적부동산에 대하여 권리를 취득한 후 채무를 변제한 보증인은 대위의 부기등기하지 않고도 대위 可
- 채무자의 담보부동산 제3자취득자는 채무를 변제하거나 담보권의 실행으로 소유권을 잃더라도 물상보증인에 대하여 채권자 대위할 수 없음
- 자신부동산 담보제공 물상보증인은 채무를 변제한 뒤 다른 물상보증인 소유부동산에 설정된 근저당권설정등기에 관하여 대위의 부기등기 않는 동안 부동산을 취득한 제3취득자에 대하여 채권자를 대위 不可

문 30 ★★

조합에 관한 설명 중 옳은 것은? (다툼이 있는 경우 판례에 의함)

① 조합계약의 체결 당사자는 「민법」이 정한 조합의 해산 사유와는 다른 사유를 추가할 수 있으나 청산에 관한 규정과 그 내용을 달리하는 특약은 효력이 없다.
② 「민법」상 조합의 성질을 가지는 공동수급체의 구성원 지위는 원칙적으로 회사의 분할합병으로 인한 포괄승계의 대상이 되지 않는다.
③ 조합 당사자 간 불화, 대립으로 신뢰관계가 파괴되어 조합업무의 원만한 운영을 기대할 수 없다는 사정만으로는 「민법」 제720조가 규정한 조합의 해산청구 사유인 '부득이한 사유'에 해당하지 않는다.
④ 조합이 존속기간을 정하고 있는 때에는 부득이한 사유가 있더라도 조합원은 조합의 불리한 시기에 탈퇴할 수 없다.
⑤ 조합에서 조합원이 탈퇴하는 경우, 탈퇴자와 잔존자 사이의 탈퇴로 인한 지분계산에 있어서는 조합 내부의 손익분배비율이 아니라 실제 출자한 자산가액비율에 의하여야 하는 것이 원칙이다.

해설

① (X) 민법의 조합의 해산사유와 청산에 관한 규정은 그와 내용을 달리하는 당사자의 특약까지 배제하는 강행규정이 아니므로 당사자가 민법의 조합의 해산사유와 청산에 관한 규정과 다른 내용의 특약을 한 경우, 그 특약은 유효하다(대법원 1985. 2. 26. 선고 84다카1921 판결).

② (O) … 한편 공동수급체는 기본적으로 민법상의 조합의 성질을 가지고, 공동수급체의 구성원 사이에서 구성원 지위를 제3자에게 양도할 수 있기로 약정하지 아니한 이상, 공동수급체의 구성원 지위는 상속이 되지 않고 다른 구성원들의 동의가 없으면 이전이 허용되지 않는 귀속상의 일신전속적인 권리의무에 해당하므로, 공동수급체의 구성원 지위는 원칙적으로 회사의 분할합병으로 인한 포괄승계의 대상이 되지 아니한다(대법원 2011. 8. 25. 선고 2010다44002 판결).

③ (X) 민법 제720조는 부득이한 사유가 있는 때에는 각 조합원은 조합의 해산을 청구할 수 있다고 규정하고 있는바, 조합의 해산청구는 조합이 소멸하기 위하여 그의 목적인 사업을 수행하기 위한 적극적인 활동을 중지하고, 조합재산을 정리하는 단계에 들어가는 것이고, 여기서 '부득이한 사유'라 함은 경제계의 사정변경에 따른 조합 재산상태의 악화나 영업부진 등으로 조합의 목적달성이 매우 곤란하다고 인정되는 객관적인 사정이 있거나 조합 당사자 간의 불화·대립으로 인하여 신뢰관계가 파괴됨으로써 조합업무의 원활한 운영을 기대할 수 없는 경우를 말한다(대법원 2007. 11. 15. 선고 2007다48370,48387 판결).

④ (X) 민법 제716조 제2항

> 민법 제716조(임의탈퇴) ① 조합계약으로 조합의 존속기간을 정하지 아니하거나 조합원의 종신까지 존속할 것을 정한 때에는 각 조합원은 언제든지 탈퇴할 수 있다. 그러나 부득이한 사유없이 조합의 불리한 시기에 탈퇴하지 못한다.
> ② 조합의 존속기간을 정한 때에도 조합원은 부득이한 사유가 있으면 탈퇴할 수 있다.

⑤ (X) 조합에서 조합원이 탈퇴하는 경우, 탈퇴자와 잔존자 사이의 탈퇴로 인한 계산은 특별한 사정이 없는 한 민법 제719조 제1항, 제2항에 따라 '탈퇴 당시의 조합재산상태'를 기준으로 평가한 조합재산 중 탈퇴자의 지분에 해당하는 금액을 금전으로 반환하여야 하고, 조합원의 지분비율은 '조합 내부의 손익분배 비율'을 기준으로 계산하여야 하나, 당사자가 손익분배의 비율을 정하지 아니한 때에는 민법 제711조에 따라 각 조합원의 출자가액에 비례하여 이를 정하여야 한다(대법원 2008. 9. 25. 선고 2008다41529 판결).

해답 ②

핵심포인트 문 30 조합 ★★

- 민법의 조합의 해산사유와 청산에 관한 규정과 다른 내용의 특약은 유효임 ○
- 공동수급체의 구성원 지위는 원칙적으로 회사의 분할합병으로 인한 포괄승계의 대상 ×
- 「민법」제720조가 규정한 조합의 해산청구 사유인 '부득이한 사유' ⇨ 조합 당사자 간 불화, 대립으로 신뢰관계가 파괴되어 조합업무의 원만한 운영을 기대할 수 없다는 경우를 의미함
- 조합의 존속기간을 정한 때에도 조합원은 부득이한 사유가 있으면 탈퇴 可
- 조합에서 조합원이 탈퇴하는 경우, 탈퇴자와 잔존자 사이의 탈퇴로 인한 지분은 조합 내부의 손익분배비율 기준으로 계산하여야 함

문 31 ★★

甲은 건물을 소유할 목적으로 乙 소유 X 토지에 관하여 乙과 임대차계약을 체결한 후, X 토지에 Y 건물을 신축하였다. 임대차계약이 종료된 후 Y 건물에 대한 매수청구권의 행사에 관한 설명 중 옳지 않은 것을 모두 고른 것은? (각 지문은 독립적이며, 다툼이 있는 경우 판례에 의함)

> ㄱ. X 토지에 관한 임대차계약이 종료되기 전에 甲이 Y 건물을 미등기 무허가 상태로 A에게 매도하였다면, A가 乙의 동의를 얻어 X 토지의 임차인이 되었다고 하더라도 특별한 사정이 없는 한 A는 乙을 상대로 Y 건물에 대한 매수청구권을 행사할 수 없다.
> ㄴ. 설문과 달리 乙이 아닌, 乙로부터 X 토지의 관리를 위탁받은 B가 계약 당사자로서 甲과 임대차계약을 체결한 경우라고 하더라도, X 토지에 관한 임대차계약이 종료되기 전에 乙이 B로부터 임대인의 지위를 승계하였다면, 甲은 乙을 상대로 Y 건물에 대한 매수청구권을 행사할 수 있다.
> ㄷ. 甲이 乙을 상대로 제1심에서 Y 건물에 대한 매수청구권을 행사하였다가 乙의 동의를 얻어 철회한 후 항소심에서 다시 이를 행사하더라도 이는 허용된다.
> ㄹ. 甲의 乙을 상대로 한 매수청구 대상인 Y 건물의 매수 가격에 관하여 甲과 乙 사이에 의사 합치가 이루어지지 않았다면, 법원은 매수청구권 행사 당시 Y 건물 시가를 매매대금으로 하는 매매계약이 성립하였음을 인정할 수 있을 뿐, 인정된 시가를 임의로 증감하여 직권으로 매매대금을 정할 수 없다.

① ㄱ　　　　　　　　　　　　② ㄱ, ㄷ
③ ㄱ, ㄹ　　　　　　　　　　④ ㄴ, ㄷ
⑤ ㄴ, ㄷ, ㄹ

> **해설**

ㄱ.(✗) … 위와 같은 지상물매수청구청구권 제도의 목적, 미등기 매수인의 법적 지위 등에 비추어 볼 때, 종전 임차인으로부터 미등기 무허가건물을 매수하여 점유하고 있는 임차인은 특별한 사정이 없는 한 비록 소유자로서의 등기명의가 없어 소유권을 취득하지 못하였다 하더라도 임대인에 대하여 지상물매수청구권을 행사할 수 있는 지위에 있다(대법원 2013. 11. 28. 선고 2013다48364,48371 판결).

ㄴ.(○) 임대인이 제3자에게 토지를 양도하는 등으로 토지 소유권이 이전된 경우에는 임대인의 지위가 승계되거나 임차인이 토지 소유자에게 임차권을 대항할 수 있다면 새로운 토지 소유자를 상대로 위 매수청구권을 행사할 수 있다. … 한편 토지 소유자가 아닌 제3자가 토지 임대행위를 한 경우에는 제3자가 토지 소유자를 적법하게 대리하거나 토지 소유자가 제3자의 무권대리행위를 추인하는 등으로 임대차계약의 효과가 토지 소유자에게 귀속되었다면 토지 소유자가 임대인으로서 지상물매수청구권의 상대방이 된다. 그러나 제3자가 임대차계약의 당사자로서 토지를 임대하였다면, 토지 소유자가 임대인의 지위를 승계하였다는 등의 특별한 사정이 없는 한 임대인이 아닌 토지 소유자가 직접 지상물매수청구권의 상대방이 될 수는 없다(대법원 2017. 4. 26. 선고 2014다72449(본소), 2014다72456(반소) 판결).

ㄷ.(○) 건물의 소유를 목적으로 한 토지 임대차가 종료한 경우에 임차인이 그 지상의 현존하는 건물에 대하여 가지는 매수청구권은 그 행사에 특정의 방식을 요하지 않는 것으로서 재판상으로 뿐만 아니라 재판 외에서도 행사할 수 있는 것이고 그 행사의 시기에 대하여도 제한이 없는 것이므로 임차인이 자신의 건물매수청구권을 제1심에서 행사하였다가 철회한 후 항소심에서 다시 행사하였다고 하여 그 매수청구권의 행사가 허용되지 아니할 이유는 없다(대법원 2002. 5. 31. 선고 2001다42080 판결).

ㄹ.(○) … 따라서 지상물매수청구의 대상이 된 건물의 매수가격에 관하여 당사자 사이에 의사합치가 이루어지지 않았다면, 법원은 위와 같은 여러 사정을 종합적으로 고려하여 인정된 매수청구권 행사 당시의 건물 시가를 매매대금으로 하는 매매계약이 성립하였음을 인정할 수 있을 뿐, 그와 같이 인정된 시가를 임의로 증감하여 직권으로 매매대금을 정할 수는 없다(대법원 2024. 4. 12. 선고 2023다309020(본소), 2023다309037(반소) 판결).

 ①

문 31　건물매수청구권　★★

- 종전 임차인으로부터 미등기 무허가건물을 매수하여 점유하고 있는 임차인은 임대인에 대하여 지상물매수청구권을 행사할 수 있음
- 임대차계약의 당사자로서 토지를 임대하였으나 임대차계약이 종료되기 전에 임대인의 지위를 승계한 3자를 상대로 임차인은 매수청구권을 행사 可
- 임차인이 자신의 건물매수청구권을 제1심에서 행사하였다가 철회한 후 항소심에서 다시 그 매수청구권 행사 허용됨 ○
- 지상물매수청구의 대상이 된 건물의 매수가격에 관하여 당사자 사이에 의사합치가 없는 경우 ⇨ 건물 시가를 매매대금으로 하는 매매계약 성립 ○(vs. 시가를 임의로 증감하여 직권으로 매매대금을 정할 수 없음)

문 32 ★★

甲과 乙은 2021. 3. 5. 가정법원에서 협의이혼의사확인을 받아 같은 날 협의이혼신고를 하였다. 甲의 재산분할청구권에 관한 설명 중 옳은 것은? (각 지문은 독립적이며, 다툼이 있는 경우 판례에 의함)

① 甲과 乙이 각자 보유한 적극재산에서 소극재산을 공제하여 재산 상태를 따져 본 결과 乙이 그에게 귀속되어야 할 몫보다 더 적은 소극재산을 부담하는 경우, 甲이 2023. 1. 5. 乙을 상대로 제기한 소극재산의 분담에 관한 재산분할청구는 허용되지 않는다.

② 甲이 2023. 1. 5. 乙을 상대로 재판 외에서 재산분할청구를 하였더라도 이는 재산분할청구권의 제척기간을 준수한 것이다.

③ 甲이 협의이혼 시 재산분할청구권을 행사하지 않은 경우 甲의 채권자 丙은 甲의 협의이혼신고일부터 2년 내에 甲의 재산분할청구권을 대위행사할 수 있다.

④ 甲이 2023. 1. 5. 乙을 상대로 가정법원에 재산분할심판을 청구한 후, 그 심판청구를 취하하기 위해서는 乙의 동의가 필요하다.

⑤ 甲이 2023. 1. 5. 乙을 상대로 가정법원에 재산분할심판을 청구하면서 분할 대상 재산을 특정하지 않았다가 같은 해 5. 15.에서야 분할 대상 재산을 특정하였더라도 이는 재산분할청구권의 제척기간을 준수한 것이다.

해설

① (X) 이혼 당사자 각자가 보유한 적극재산에서 소극재산을 공제하는 등으로 재산상태를 따져 본 결과 재산분할 청구의 상대방이 그에게 귀속되어야 할 몫보다 더 많은 적극재산을 보유하고 있거나 소극재산의 부담이 더 적은 경우에는 적극재산을 분배하거나 소극재산을 분담하도록 하는 재산분할은 어느 것이나 가능하다고 보아야 하고, 후자의 경우라고 하여 당연히 재산분할 청구가 배척되어야 한다고 할 것은 아니다(대법원 2013. 6. 20. 선고 2010므4071,4088 전원합의체 판결).

② (X), ⑤ (O) 민법 제839조의2 제3항이 정하는 제척기간은 재판 외에서 권리를 행사하는 것으로 족한 기간이 아니라 그 기간 내에 재산분할심판 청구를 하여야 하는 출소기간이다. 따라서 이혼한 날부터 2년 내에 재산분할심판청구를 하였음에도 그 재판에서 특정한 증거신청을 하였는지에 따라 제척기간 준수 여부를 판단할 것은 아니다. 원심이 원용한 대법원 2018. 6. 22.자 2018스18 결정은 선행 재산분할재판이 확정된 후 선행 재산분할재판 당시 누락된 재산이 존재한다고 주장하면서 그 누락되었다는 특정 재산에 대하여 추가 재산분할을 청구한 사안으로서 이 사건과 사안이 달라 원용하기에 적절하지 않다. 이 사건에서 원고는 협의이혼일로부터 2년이 되는 날 재산분할을 구하는 청구서를 제출하였으므로 원고의 재산분할청구는 제척기간을 준수한 것이다. 그럼에도 원심이 원고의 재산분할청구 전부가 제척기간을 준수하지 못하였다고 판단한 것은 재산분할청구권의 제척기간에 관한 법리를 오해한 잘못이 있다. 이를 지적하는 상고이유 주장은 이유 있다.(대법원 2023. 12. 21. 선고 2023므11819 판결).

③ (X) 이혼으로 인한 재산분할청구권은 협의 또는 심판에 의하여 그 구체적 내용이 형성되기까지는 그 범위 및 내용이 불명확·불확정하기 때문에 구체적으로 권리가 발생하였다고 할 수 없으므로 이를 보전하기 위하여 채권자대위권을 행사할 수 없다(대법원 1999. 4. 9. 선고 98다58016 판결).

④ (X) 재산분할심판 사건은 마류 가사비송사건에 해당하고[가사소송법 제2조 제1항 제2호 (나)목 4)], 당사자의 심판청구에 의하여 절차가 개시되며 당사자가 청구를 취하하여 절차를 종료시킬 수 있다. 가사비송절차에 관하여 가사소송법에 특별한 규정이 없는 한 비송사건절차법 제1편의 규정을 준용하는데(가사소송법 제34조 본문), 가사소송법에 가사비송사건의 심판청구 취하에 있어서 상대방의 동의 필요 여부에 관하여 특별한 규정을 두고 있지 아니하고, 비송사건절차법은 '소취하에 대한 동의'에 관한 민사소송법 제266조 제2

항을 준용하지 않는다. 따라서 상대방이 있는 마류 가사비송사건인 재산분할심판 사건의 경우 심판청구 취하에 상대방의 동의를 필요로 하지 않고, 상대방이 취하에 부동의하였더라도 취하의 효력이 발생한다(대법원 2023. 11. 2. 선고 2023므12218 판결).

해답 ⑤

핵심포인트 문 32 재산분할청구권 ★★

- 재산분할 청구의 상대방의 소극재산의 부담이 더 적은 경우 소극재산을 분담하도록 하는 재산분할도 可
- 재산분할청구권의 제척기간
  - 그 기간 내에 재산분할심판 청구를 하여야 하는 출소기간임 ○
  - 이혼한 날부터 2년 내에 재산분할심판청구를 하였다면 그 재판에서 특정한 증거신청을 하였는지 불문 재산분할청구권의 제척기간을 준수한 것임 ○
- 이혼으로 인한 재산분할청구권을 보전하기 위하여 채권자대위권 행사 不可
- 재산분할심판청구 취하에 상대방의 동의 필요 ×(∵ 재산분할심판 사건은 마류 가사비송사건에 해당함)

문 33 ★★★

A의 단독상속인 甲은 적법하게 한정승인 신고를 하여 수리심판을 받았다. 그 후 甲은 상속재산 X 부동산에 대하여 자신의 채권자인 乙에게 근저당권설정등기를 마쳐 주었다. 또한 위 근저당권설정등기가 경료된 이후 甲에 대한 대여금 채권을 가지고 있는 일반채권자 丙은 X 부동산에 대하여 가압류를 신청하여 가압류등기를 경료하였다. 한편 A의 일반채권자로는 丁이 있다. 이에 관한 설명 중 옳은 것을 모두 고른 것은? (각 지문은 독립적이며, 다툼이 있는 경우 판례에 의함)

ㄱ. X 부동산에 대한 경매절차에서 배당이 이루어질 경우, 丁은 乙보다 선순위로 채권만족을 받을 수 있다.
ㄴ. X 부동산에 대하여 「민법」 제1034조 제1항에 따른 배당변제가 이루어질 경우, 丁은 丙보다 선순위로 채권만족을 받을 수 있다.
ㄷ. 甲의 근저당권 설정 행위는 「민법」 제1026조 제1호의 "상속인이 상속재산에 대한 처분행위를 한 때"에 해당하여 甲이 단순승인한 것으로 간주된다.

① ㄱ
② ㄴ
③ ㄷ
④ ㄱ, ㄴ
⑤ ㄴ, ㄷ

해설

ㄱ.(✗) 공동근저당권의 채권최고액을 초과하는 피고의 나머지 채권(이하 이 나머지 채권을 이 사건 일반 채권이라 한다)과 이 사건 배당절차에 참가한 원고의 위 가압류채권의 순위를 같은 것으로 보아 그들 채권액에 따라 안분비례하여 배당함이 상당하다(대법원 1998. 4. 10. 선고 97다28216 판결). ▶ 가압류에는 우선변제효가 없으므로 경매절차에서 가압류와 일반채권자들 사이에는 동순위 배당이 이루어진다.

ㄴ.(O) 민법 제1037조에 근거하여 민사집행법 제274조에 따라 행하여지는 상속재산에 대한 형식적 경매는 한정승인자가 상속재산을 한도로 상속채권자나 유증받은 자에 대하여 일괄하여 변제하기 위하여 청산을 목적으로 당해 재산을 현금화하는 절차이므로, 제도의 취지와 목적, 관련 민법 규정의 내용, 한정승인자와 상속채권자 등 관련자들의 이해관계 등을 고려할 때 일반채권자인 상속채권자로서는 민사집행법이 아닌 민법 제1034조, 제1035조, 제1036조 등의 규정에 따라 변제받아야 한다고 볼 것이고, 따라서 그 경매에서는 일반채권자의 배당요구가 허용되지 아니한다(대법원 2013. 9. 12. 선고 2012다33709 판결). 한정승인자로부터 상속재산에 관하여 저당권 등의 담보권을 취득한 사람과 상속채권자 사이의 우열관계는 민법상의 일반원칙에 따라야 하고, 상속채권자가 한정승인의 사유만으로 우선적 지위를 주장할 수는 없다고 할 것이다. 그리고 이러한 이치는 한정승인자가 그 저당권 등의 피담보채무를 상속개시 전부터 부담하고 있었다고 하여 달리 볼 것이 아니다(대법원 2010. 3. 18. 선고 2007다77781 전원합의체 판결). ▶민법 제1034조, 제1035조, 제1036조 등의 절차규정에 의한 일반채권자인 상속채권자, 일반채권자인 상속인의 체권자는 우열관계는 민법상의 일반원칙에 따라야 한다.

ㄷ.(X) 민법 제1026조 제1호는 상속인이 상속재산에 대한 처분행위를 한 때에는 단순승인을 한 것으로 본다고 규정하고 있다. 그런데 상속의 한정승인이나 포기의 효력이 생긴 이후에는 더 이상 단순승인으로 간주할 여지가 없으므로, 이 규정은 한정승인이나 포기의 효력이 생기기 전에 상속재산을 처분한 경우에만 적용된다고 보아야 한다(대법원 2016. 12. 29. 선고 2013다73520 판결).

핵심포인트 | 문 33 | 경매절차 · 가압류 · 단순승인간주 ★★★

- 경매절차에서 가압류와 일반채권자들 사이에는 동순위 배당(∵ 가압류에는 우선변제 효과 없음)
- 민법 제1034조, 제1035조, 제1036조 등의 절차규정 ⇨ 일반채권자인 상속채권자, 일반채권자인 상속인의 체권자는 우열관계는 민법상의 일반원칙에 따라야 함 ○
- 단순승인간주 규정(민법 제1026조 제1호)은 한정승인이나 포기의 효력이 생기기 전에 상속재산을 처분한 경우에만 적용 ○

문 34 ★★

甲은 유일한 재산으로 X 부동산을 남기고 사망하였는데, 그에게는 사별한 처와의 사이에 출생한 혼인 중의 자녀 乙이 있다. 乙은 X 부동산을 단독상속한 후, 이를 제3자인 丙에게 매도하고 소유권이전등기를 마쳐 주었다. 그 후 甲의 혼인 외의 출생자 A가 인지청구소송을 제기하여 승소 확정판결을 받았다. 이에 관한 설명 중 옳지 않은 것을 모두 고른 것은? (각 지문은 독립적이며, 다툼이 있는 경우 판례에 의함)

ㄱ. A는 甲의 사망 사실을 안 날로부터 2년 내에 검사를 상대로 인지청구의 소를 제기하여야 하는데, 그 제소기간의 기산점이 되는 '사망을 안 날'은 甲의 사망이라는 객관적 사실을 아는 것 외에도 甲과 A가 친생자 관계에 있다는 사실까지 알아야 하는 것을 의미한다.

ㄴ. 丙은 X 부동산의 소유권을 확정적으로 취득하므로, A는 인지판결이 확정된 날로부터 3년 내에 乙을 상대로 X 부동산에 관한 자신의 상속분에 상당한 가액지급청구를 할 수 있을 뿐이다.

ㄷ. 乙이 이미 처분한 X 부동산으로부터 발생한 과실(果實)을 취득한 것이 있다면 그 과실은 피인지자 A에 대한 관계에서 부당이득이 된다.

① ㄱ
② ㄴ
③ ㄱ, ㄷ
④ ㄴ, ㄷ
⑤ ㄱ, ㄴ, ㄷ

해설

ㄱ.(X) … 인지청구 등의 소에서 제소기간의 기산점이 되는 '사망을 안 날'은 사망이라는 객관적 사실을 아는 것을 의미하고, 사망자와 친생자관계에 있다는 사실까지 알아야 하는 것은 아니라고 해석함이 타당하다(대법원 2015. 2. 12. 선고 2014므4871 판결).

ㄴ.(O), ㄷ.(X) 인지 전에 공동상속인들에 의해 이미 분할되거나 처분된 상속재산은 이를 분할받은 공동상속인이나 공동상속인들의 처분행위에 의해 이를 양수한 자에게 그 소유권이 확정적으로 귀속되는 것이며, 그 후 그 상속재산으로부터 발생하는 과실은 상속개시 당시 존재하지 않았던 것이어서 이를 상속재산에 해당한다 할 수 없고, 상속재산의 소유권을 취득한 자(분할받은 공동상속인 또는 공동상속인들로부터 양수한 자)가 민법 제102조에 따라 그 과실을 수취할 권능도 보유한다고 할 것이며, 민법 제1014조도 '이미 분할 내지 처분된 상속재산' 중 피인지자의 상속분에 상당한 가액의 지급청구권만을 규정하고 있을 뿐 '이미 분할 내지 처분된 상속재산으로부터 발생한 과실'에 대해서는 별도의 규정을 두지 않고 있으므로, 결국 민법 제1014조에 의한 상속분상당가액지급청구에 있어 상속재산으로부터 발생한 과실은 그 가액산정 대상에 포함된다고 할 수 없다(대법원 2007. 7. 26. 선고 2006므2757,2764 판결).

해답 ③

문 34 인지청구소송 관련 ★★

- 인지청구 등의 소에서 제소기간의 기산점 : '사망을 안 날'은 사망이라는 객관적 사실을 아는 것을 의미함 ○(사망자와 친생자관계에 있다는 사실까지 알아야 하는 것 ×)
- 인지 전에 공동상속인들에 의해 이미 분할되거나 처분된 상속재산 ⇨ 분할받은 공동상속인이나 공동상속인들의 처분행위에 의해 이를 양수한 자에게 그 소유권이 확정적으로 귀속 ○
- 피인지자의 상속분에 상당한 가액의 지급청구권(민법 제1014조)의 범위 : 상속재산으로부터 발생한 과실은 포함 ×

문 35 ★★

甲은 교통사고로 사망하였고, 상속인으로는 자녀 乙과 丙이 있다. 甲은 사망 당시 유일한 재산으로 X 부동산을 소유하고 있었다. 이에 관한 설명 중 옳은 것을 모두 고른 것은? (각 지문은 독립적이며, 다툼이 있는 경우 판례에 의함)

> ㄱ. 乙이 X 부동산 전부에 관하여 丙과의 상속재산분할 협의 없이 임의로 상속을 원인으로 한 자기의 단독 명의 소유권이전등기를 마친 경우, 丙은 乙을 상대로 행사기간 내에 상속회복청구를 할 수 있다.
> ㄴ. X 부동산에 관하여 乙과 丙의 공동상속등기가 적법하게 마쳐졌으나 乙이 임의로 자기의 단독 명의로 소유권이전등기를 경료하자, 丙이 그 이전등기가 원인 없이 마쳐진 것이라는 이유로 乙을 상대로 등기말소를 청구하는 경우, 이러한 청구는 상속회복의 소에 해당한다.
> ㄷ. 乙이 丙의 X 부동산에 관한 상속권을 침해하자 丙이 乙을 상대로 제척기간 내에 상속회복의 소를 제기하여 소송계속 중, 乙이 X 부동산을 丁에게 양도하고 소유권이전등기를 마쳐 준 경우, 丙은 乙이 상속권을 침해한 날로부터 10년이 지난 후에도 丁을 상대로 상속회복청구를 할 수 있다.

① ㄱ
② ㄴ
③ ㄷ
④ ㄱ, ㄴ
⑤ ㄱ, ㄷ

해설

ㄱ.(O) 공동상속인 중 1인이 협의분할에 의한 상속을 원인으로 하여 상속부동산에 관한 소유권이전등기를 마친 경우에, 협의분할이 다른 공동상속인의 동의 없이 이루어진 것이어서 무효라는 이유로 다른 공동상속인이 위 등기의 말소를 청구하는 소는 상속회복청구의 소에 해당한다(대법원 2011. 3. 10. 선고 2007다17482 판결).

ㄴ.(X) … 일단 적법하게 공동상속등기가 마쳐진 부동산에 관하여 상속인 중 1인이 자기 단독명의로 소유권이전등기를 한 경우 다른 상속인들이 그 이전등기가 원인 없이 마쳐진 것이라 하여 말소를 구하는 소는 상속회복청구의 소에 해당하지 아니하여 민법 제999조 제2항이 정하는 소의 제기에 관한 제척기간이 적용되지 아니한다(대법원 2011. 9. 29. 선고 2009다78801 판결).

ㄷ.(X) 민법 제999조 제2항은 "상속회복청구권은 그 침해를 안 날부터 3년, 상속권의 침해행위가 있는 날부터 10년을 경과하면 소멸한다."고 규정하고 있는바, 여기서 그 제척기간의 기산점이 되는 '상속권의 침해행위가 있은 날'이라 함은 참칭상속인이 상속재산의 전부 또는 일부를 점유하거나 상속재산인 부동산에 관하여 소유권이전등기를 마치는 등의 방법에 의하여 진정한 상속인의 상속권을 침해하는 행위를 한 날을 의미한다. 또한, 제척기간의 준수 여부는 상속회복청구의 상대방별로 각각 판단하여야 할 것이어서, 진정한 상속인이 참칭상속인으로부터 상속재산에 관한 권리를 취득한 제3자를 상대로 제척기간 내에 상속회복청구의 소를 제기한 이상 그 제3자에 대하여는 민법 제999조에서 정하는 상속회복청구권의 기간이 준수되었으므로, 참칭상속인에 대하여 그 기간 내에 상속회복청구권을 행사한 일이 없다고 하더라도 그것이 진정한 상속인의 제3자에 대한 권리행사에 장애가 될 수는 없다(대법원 2009. 10. 15. 선고 2009다42321 판결). ▶ 丙이 乙을 상대로 제척기간 내에 상속회복의 소를 제기하였더라도 제척기간의 준수 여부는 상속회복청구의 상대방별로 각각 판단하므로 丙은 丁을 상대로 민법 제99조 제척기간 내에 상속회복의 소를 제기하여야만 丁을 상대로 상속회복청구를 할 수 있다. 그러므로 丙은 乙이 상속권을 침해한 날로부터 10년이 지난 후에도 丁을 상대로 상속회복청구를 할 수 있다는 부분이 틀린 것이다.

> **민법 제999조(상속회복청구권)** ① 상속권이 참칭상속권자로 인하여 침해된 때에는 상속권자 또는 그 법정대리인은 상속회복의 소를 제기할 수 있다.
> ② 제1항의 상속회복청구권은 그 침해를 안 날부터 3년, 상속권의 침해행위가 있은 날부터 10년을 경과하면 소멸된다.

해답 ①

문 35 상속회복청구 ★★

- 상속회복청구의 소인지 여부
  - 협의분할이 다른 공동상속인의 동의 없이 이루어진 것이어서 무효라는 이유로 다른 공동상속인이 위 등기의 말소를 청구하는 소 ○
  - 적법하게 공동상속등기가 마쳐진 부동산에 관해 상속인 중 1인이 자기 단독명의로 소유권이전등기 한 경우 다른 상속인이 그 이전등기가 원인 없이 마쳐진 것이라 하여 말소를 구하는 소 ×
- 상속회복청구의 척기간의 준수 여부는 상속회복청구의 상대방별로 각각 판단 ○

문 36 ★★

甲은 乙로부터 주택을 매수한 후 잔금 5,000만 원을 지급하지 않은 상태에서 乙을 상대로 매매를 원인으로 한 소유권이전등기청구의 소를 제기하였다. 위 소송의 변론 종결 전 乙의 채권자 丙은 위 매매잔금채권에 대한 압류 및 추심명령을 받았고, 위 명령은 적법하게 甲에게 송달되었다. 그 후 위 소송에서 乙은 "잔금 5,000만 원을 지급받음과 동시에 소유권이전등기절차를 이행하겠다."라고 항변하는 한편 甲을 상대로 위 매매잔금의 지급을 구하는 반소를 제기하였다. 이에 관한 설명 중 옳지 않은 것을 모두 고른 것은? (각 지문은 독립적이며, 다툼이 있는 경우 판례에 의함)

ㄱ. 위 채권압류 및 추심명령의 효력에 따라 乙은 甲에 대한 위 동시이행의 항변권을 상실한다.
ㄴ. 위 소송계속 중 丙이 위 채권압류 및 추심명령 신청을 취하하고 다른 소송요건의 흠이 없더라도, 법원은 乙의 반소를 각하하여야 한다.
ㄷ. 甲이 본소를 취하한 때에는 乙은 甲의 동의 없이 반소를 취하할 수 있다.
ㄹ. 위 사안에서 乙의 반소가 본소 청구 인용을 조건으로 하는 예비적 반소라면, 본소청구와 반소청구를 모두 배척한 제1심판결에 대하여 甲만이 항소한 경우, 항소심법원이 심리한 결과 본소 청구를 인용할 때는 예비적 반소에 대하여도 판단하여야 한다.

① ㄱ, ㄴ
② ㄱ, ㄷ
③ ㄴ, ㄹ
④ ㄱ, ㄴ, ㄹ
⑤ ㄴ, ㄷ, ㄹ

해설

ㄱ.(✗) 금전채권에 대한 압류 및 추심명령이 있는 경우, 이는 강제집행절차에서 추심채권자에게 채무자의 제3채무자에 대한 채권을 추심할 권능만을 부여하는 것이므로, 이로 인하여 채무자가 제3채무자에 대하여 가지는 채권이 추심채권자에게 이전되거나 귀속되는 것은 아니므로, <u>추심채무자로서는 제3채무자에 대하여 피압류채권에 기하여 그 동시이행을 구하는 항변권을 상실하지 않는다</u>(대법원 2001. 3. 9. 선고 2000다73490 판결).

ㄴ.(✗) 채권에 대한 압류 및 추심명령이 있으면 제3채무자에 대한 이행의 소는 추심채권자만이 제기할 수 있고 채무자는 피압류채권에 대한 이행소송을 제기할 당사자적격을 상실한다. 그러나 <u>채권자는 현금화절차가 끝나기 전까지 압류명령 신청을 취하할 수 있고, 이 경우 채권자의 추심권도 당연히 소멸하며, 추심금청구의 소를 제기하여 확정판결을 받은 경우라도 그 집행에 의한 변제를 받기 전에 압류명령의 신청을 취하하</u>

여 추심권이 소멸하면 추심권능과 소송수행권이 모두 채무자에게 복귀한다(대법원 2021. 5. 27. 선고 2021다204466 판결). ▶ 따라서 채권압류 및 추심명령 신청을 취하하고 다른 소송요건의 흠이 없으면 乙의 반소는 적법하다.

ㄷ.(O) 민사소송법 제271조

민사소송법 제271조(반소의 취하) 본소가 취하된 때에는 피고는 원고의 동의 없이 반소를 취하할 수 있다.

ㄹ.(O) 피고의 예비적 반소는 본소청구가 인용될 것을 조건으로 심판을 구하는 것으로서 제1심이 원고의 본소청구를 배척한 이상 피고의 예비적 반소는 제1심의 심판대상이 될 수 없는 것이고, 이와 같이 심판대상이 될 수 없는 소에 대하여 제1심이 판단하였다고 하더라도 그 효력이 없다고 할 것이므로, 피고가 제1심에서 각하된 반소에 대하여 항소를 하지 아니하였다는 사유만으로 이 사건 예비적 반소가 원심의 심판대상으로 될 수 없는 것은 아니라고 할 것이고, 따라서 원심으로서는 원고의 항소를 받아들여 원고의 본소청구를 인용한 이상 피고의 예비적 반소청구를 심판대상으로 삼아 이를 판단하였어야 한다(대법원 2006. 6. 29. 선고 2006다19061,19078 판결).

핵심포인트 문 36 반소 ★★

- 제3채무자에 대하여 피압류채권에 의하여 추심채무자의 동시이행항변권 상실 ×
- 채권자가 현금화절차가 끝나기 전까지 압류명령 신청 취하하는 경우 ⇨ 채권자의 추심권도 당연히 소멸하고 추심권능과 소송수행권이 모두 채무자에게 복귀함 ○
- 본소가 취하된 때에는 피고는 원고의 동의 없이 반소를 취하 可
- 예비적 반소인 경우 본소청구와 반소청구를 모두 배척한 제1심판결에 대하여 甲만이 항소한 경우 ⇨ 항소심법원이 심리한 결과 본소 청구를 인용할 때는 예비적 반소에 대하여도 판단해야 함 ○

문 37 ★★★

집합건물인 A 아파트의 구분소유자인 甲이 A 아파트의 공용 부분을 정당한 권원 없이 배타적으로 점유·사용하자, 다른 구분소유자인 乙이 甲을 상대로 해당 부분에 관하여 乙의 지분에 상응하는 차임 상당 부당이득반환청구의 소를 제기하였다. A 아파트에는 관리단 丙이 있다. 이에 관한 설명 중 옳지 않은 것은? (각 지문은 독립적이며, 다툼이 있는 경우 판례에 의함)

① 위 부당이득반환청구의 소를 乙이 단독으로 제기한 것은 적법하다.
② 乙이 위 소송에서 판결을 받고 그 판결이 확정되었다면, 특별한 사정이 없는 한 그 판결의 효력은 丙에 미친다.
③ 위 소송에 앞서 丙이 먼저 甲을 상대로 차임 상당 부당이득반환청구의 소를 제기하여 판결이 확정되었다면, 그 판결의 효력은 乙에게 미친다.
④ 위 소송 제1심에서 乙이 청구기각 판결을 받은 후 항소심에 이르러 소를 취하하였다면, 그 후 丙이 甲을 상대로 별소로 부당이득반환청구를 하는 것은 특별한 사정이 없는 한 재소금지 규정에 위반된다.
⑤ 丙으로부터 관리업무를 포괄적으로 위임받은 위탁관리회사는 특별한 사정이 없는 한 구분소유자 등을 상대로 관리비를 청구할 당사자적격이 있다.

해설

① (O), ② (O), ③ (O), ④ (X) 구분소유자 중 일부가 정당한 권원 없이 집합건물의 복도, 계단 등과 같은 공용부분을 배타적으로 점유·사용함으로써 이익을 얻고, 그로 인하여 다른 구분소유자들이 해당 공용부분을 사용할 수 없게 되었다면, 공용부분을 무단점유한 구분소유자는 특별한 사정이 없는 한 해당 공용부분을 점유·사용함으로써 얻은 이익을 부당이득으로 반환할 의무가 있다(대법원 2020. 5. 21. 선고 2017다220744 전원합의체 판결). 정당한 권원 없는 사람이 집합건물의 공용부분이나 대지를 점유·사용함으로써 이익을 얻고, 구분소유자들이 해당 부분을 사용할 수 없게 됨에 따라 부당이득의 반환을 구하는 법률관계는 구분소유자의 공유지분권에 기초한 것이어서 그에 대한 소송은 1차적으로 구분소유자가 각각 또는 전원의 이름으로 할 수 있다. 관리단이 집합건물의 공용부분이나 대지를 정당한 권원 없이 점유·사용하는 사람에 대하여 부당이득반환청구 소송을 하는 것은 구분소유자의 공유지분권을 구분소유자 공동이익을 위하여 행사하는 것으로 구분소유자가 각각 부당이득반환청구 소송을 하는 것과 다른 내용의 소송이라 할 수 없다. 관리단이 부당이득반환 소송을 제기하여 판결이 확정되었다면 그 효력은 구분소유자에게도 미치고(민사소송법 제218조 제3항), 특별한 사정이 없는 한 구분소유자가 부당이득반환 소송을 제기하여 판결이 확정되었다면 그 부분에 관한 효력도 관리단에게 미친다고 보아야 한다. 다만 관리단의 이러한 소송은 구분소유자 공동이익을 위한 것으로 구분소유자가 자신의 공유지분권에 관한 사용수익 실현을 목적으로 하는 소송과 목적이 다르다. 구분소유자가 부당이득반환청구 소송을 제기하였다가 본안에 대한 종국판결이 있은 뒤에 소를 취하하였더라도 관리단이 부당이득반환청구의 소를 제기한 것은 특별한 사정이 없는 한 새로운 권리보호이익이 발생한 것으로 민사소송법 제267조 제2항의 재소금지 규정에 반하지 않는다고 볼 수 있다(대법원 2022. 6. 30. 선고 2021다239301 판결).

⑤ (O) ⋯ 이러한 점 등을 고려해 보면 관리단으로부터 집합건물의 관리업무를 위임받은 위탁관리회사는 특별한 사정이 없는 한 구분소유자 등을 상대로 자기 이름으로 소를 제기하여 관리비를 청구할 당사자적격이 있다(대법원 2016. 12. 15. 선고 2014다87885, 87892 판결).

해답 ④

핵심포인트 문 37 집합건물에서의 부당이득·소송담당·당사자적격·재소금지 ★★★

- 구분소유자 중 일부가 정당한 권원 없이 집합건물의 공용부분을 배타적으로 점유·사용
  - 집합건물 관리단 부당이득반환청구의 소를 단독으로 제기한 것은 적법
  - 관리단이 부당이득반환 소송을 제기하여 판결이 확정 시 그 효력은 구분소유자에게 미침
  - 구분소유자가 부당이득반환 소송을 제기하여 판결이 확정되었다면 그 부분에 관한 효력도 관리단에게 미침
  - 구분소유자가 부당이득반환청구 소송제기가 본안에 대한 종국판결이 있은 뒤에 소를 취하하고 관리단이 부당이득반환청구의 소를 제기한 것은 한 것으로 재소금지 규정에 위반 ×(∵ 새로운 권리보호이익 발생)
- 관리단으로부터 집합건물의 관리업무를 위임받은 위탁관리회사는 특별한 사정이 없는 한 구분소유자 등을 상대로 관리비를 청구할 당사자적격 有

문 38 ★★

공동소송에 관한 설명 중 옳지 않은 것은? (각 지문은 독립적이며, 다툼이 있는 경우 판례에 의함)

① 甲 소유의 토지에 관하여 乙이 위법한 방법으로 소유권보존등기를 마쳤고 이에 터 잡아 丙이 소유권이전등기를 마친 경우, 甲이 乙과 丙을 상대로 소유권보존등기 및 소유권이전등기의 각 말소를 청구하는 소송은 통상공동소송에 해당한다.

② 공동상속인이 다른 공동상속인을 상대로 어떤 재산이 상속재산이라는 확인을 구하는 소송은 고유필수적 공동소송에 해당한다.
③ A 주식회사의 주주인 甲과 乙이 A 주식회사를 상대로 주주총회결의 부존재 또는 무효 확인을 구하는 소송은 필수적 공동소송에 해당한다.
④ 甲과 乙을 조합원으로 하는 동업체에서 토지를 매수한 경우, 그 매매계약에 기하여 소유권이전등기절차의 이행을 구하는 소송은 고유필수적 공동소송에 해당한다.
⑤ 주채무자 甲과 연대보증인 乙이 공동원고가 되어 채권자 丙을 상대로 각 차용금 채무 및 연대보증채무의 부존재 확인을 구하는 소를 제기하였는데 丙이 甲의 청구를 인낙하고 이를 조서에 기재한 경우, 법원은 위 청구인낙을 이유로 乙의 청구를 인용하여야 한다.

해설

① (O) 우리 민사소송법이 취하고 있는 변론주의 소송구조 등에 비추어 볼 때, 각 말소소송을 구하는 통상의 공동소송에 있어서 이른바 주장공통의 원칙은 적용되지 아니한다(대법원 1994. 5. 10. 선고 93다47196 판결). 순차 경료된 소유권이전등기의 각 말소 청구소송은 보통공동소송이므로 그중의 어느 한 등기명의자만을 상대로 말소를 구할 수 있고, 최종 등기명의자에 대하여 등기말소를 구할 수 있는지에 관계없이 중간의 등기명의자에 대하여 등기말소를 구할 소의 이익이 있다(대법원 1998. 9. 22. 선고 98다23393 판결).

② (O) 공동상속인이 다른 공동상속인을 상대로 어떤 재산이 상속재산임의 확인을 구하는 소는 이른바 고유필수적 공동소송이라고 할 것이고, 고유필수적 공동소송에서는 원고들 일부의 소 취하 또는 피고들 일부에 대한 소 취하는 특별한 사정이 없는 한 그 효력이 생기지 않는다(대법원 2007. 8. 24. 선고 2006다40980 판결).

③ (O) 주주총회결의의 부존재 또는 무효 확인을 구하는 소의 경우, 상법 제380조에 의해 준용되는 상법 제190조 본문에 따라 청구를 인용하는 판결은 제3자에 대하여도 효력이 있다. 이러한 소를 여러 사람이 공동으로 제기한 경우 당사자 1인이 받은 승소판결의 효력이 다른 공동소송인에게 미치므로 공동소송인 사이에 소송법상 합일확정의 필요성이 인정되고, 상법상 회사관계소송에 관한 전속관할이나 병합심리 규정(상법 제186조, 제188조)도 당사자 간 합일확정을 전제로 하는 점 및 당사자의 의사와 소송경제 등을 함께 고려하면, 이는 민사소송법 제67조가 적용되는 필수적 공동소송에 해당한다(대법원 2021. 7. 22. 선고 2020다284977 전원합의체 판결).

④ (O) 동업약정에 따라 동업자 공동으로 토지를 매수하였다면 그 토지는 동업자들을 조합원으로 하는 동업체에서 토지를 매수한 것이므로 그 동업자들은 토지에 대한 소유권이전등기청구권을 준합유하는 관계에 있고, 합유재산에 관한 소는 이른바 고유필요적공동소송이라 할 것이므로 그 매매계약에 기하여 소유권이전등기의 이행을 구하는 소를 제기하려면 동업자들이 공동으로 하지 않으면 안된다(대법원 1994. 10. 25. 선고 93다54064 판결).

⑤ (X) … 소외인은 2003. 6. 10. 피고로부터 1,500만 원을 변제기 2003. 8. 10.로 정하여 차용하였고, 원고는 소외인의 위 차용금채무를 연대보증하였다. … 원고와 소외인은 2018. 8. 24. 피고를 상대로 위 차용금 채무 및 연대보증채무의 부존재확인을 구하는 이 사건 소를 제기하였다. 피고가 이 사건 제1심에서 주채무자 소외인의 채무부존재확인 청구를 인낙한 이상 소외인의 주채무가 소멸되었고 그에 따라 원고의 연대보증채무도 함께 소멸되었다는 이유로 원고의 청구를 인용하였다. 앞서 본 사실관계를 위 법리에 비추어 보면, 피고가 2019. 2. 21. 소외인의 청구를 인낙하였다고 하여 이로써 소외인의 피고에 대한 주채무가 소멸되었다고 볼 수 없다. 그럼에도 이와 달리 본 원심판단에는 청구인낙에 관한 법리를 오해하여 판결결과에 영향을 미친 잘못이 있다. 이를 지적하는 취지의 상고이유는 이유 있다(대법원 2022. 3. 31. 선고 2020다271919 판결). ▶ 丙이 甲의 청구를 인낙하고 이를 조서에 기재한 경우, 乙채무가 소멸되었다고 볼 수 없다(통상공동소송에서의 재판의 불통일). 연대보증인법원은 위 청구인낙을 이유로 乙의 청구를 인용하여야 한다. 부분은 틀린 것이다.

해답 ⑤

- 통상공동소송
  - 순차 경료된 소유권이전등기의 각 말소 청구소송
- 고유필수적 공동소송
  - 공동상속인이 다른 공동상속인을 상대로 어떤 재산이 상속재산임의 확인을 구하는 소
  - 주주총회결의의 부존재 또는 무효 확인을 구하는 소
  - 조합원으로 하는 동업체에서 토지를 매수한 경우 그 매매계약에 기하여 소유권이전등기절차의 이행을 구하는 소송
- 주채무자와 연대보증인이 공동원고로 채권자를 상대로 각 차용금 채무 및 연대보증채무의 부존재 확인을 구하는 소를 제기한 경우 ⇨ 채권자가 주채무자 청구를 인낙하고 이를 조서에 기재한 경우 이를 이유로 연대보증인 乙의 청구 인용할 필요 없음

문 39 ★★

민사분쟁해결제도에 관한 설명 중 옳지 않은 것은? (다툼이 있는 경우 판례에 의함)

① 화해계약은 당사자가 상호 양보하여 당사자 간의 분쟁을 마칠 것을 약정함으로써 그 효력이 생기며, 당사자 일방이 양보한 권리가 소멸되고 상대방이 화해로 인하여 그 권리를 취득하는 효력이 있다.
② 당사자는 제소전화해를 위하여 대리인을 선임하는 권리를 상대방에게 위임할 수 없다.
③ 소액사건심판절차에서의 이행권고결정은 이의기간 내에 이의신청을 하지 않거나, 이의신청에 대한 각하결정이 확정되거나, 이의신청이 취하된 경우, 확정판결과 같은 효력을 가진다.
④ 법원, 수명법관 또는 수탁판사는 소송계속 중인 사건에 대하여 직권으로 당사자의 이익, 그 밖의 모든 사정을 참작하여 청구의 취지에 어긋나지 아니하는 범위 안에서 사건의 공평한 해결을 위한 화해권고결정을 할 수 있다.
⑤ 지급명령에 대하여 이의신청이 없거나, 이의신청을 취하하거나, 각하결정이 확정된 때에는 지급명령은 확정판결과 같은 효력이 있으므로 기판력과 집행력을 가진다.

해설

① (O) 화해계약은 당사자가 상호 양보하여 당사자 간의 분쟁을 종지할 것을 약정하는 것으로(민법 제731조), 당사자 일방이 양보한 권리가 소멸되고 상대방이 화해로 인하여 그 권리를 취득하는 효력이 있다(민법 제732조)(대법원 2021. 9. 9. 선고 2016다203933 판결).

> **민법 제731조(화해의 의의)** 화해는 당사자가 상호양보하여 당사자 간의 분쟁을 종지할 것을 약정함으로써 그 효력이 생긴다.
> **민법 제732조(화해의 창설적효력)** 화해계약은 당사자 일방이 양보한 권리가 소멸되고 상대방이 화해로 인하여 그 권리를 취득하는 효력이 있다.

② (O) 민사소송법 제385조

> **민사소송법 제385조(화해신청의 방식)** ② 당사자는 제1항의 화해를 위하여 대리인을 선임하는 권리를 상대방에게 위임할 수 없다.

③ (O) 소액사건심판법 제5조의7 제1항 1,2,3호

> 소액사건심판법 제5조의7(이행권고결정의 효력) ① 이행권고결정은 다음 각호 가운데 어느 하나에 해당하면 확정판결과 같은 효력을 가진다.
> 1. 피고가 제5조의4제1항의 기간 내에 이의신청을 하지 아니한 때
> 2. 이의신청에 대한 각하결정이 확정된 때
> 3. 이의신청이 취하된 때

④ (O) 민사소송법 제225조 제1항

> 민사소송법 제225조(결정에 의한 화해권고) ① 법원·수명법관 또는 수탁판사는 소송에 계속 중인 사건에 대하여 직권으로 당사자의 이익, 그 밖의 모든 사정을 참작하여 청구의 취지에 어긋나지 아니하는 범위 안에서 사건의 공평한 해결을 위한 화해권고결정(和解勸告決定)을 할 수 있다.

⑤ (X) 지급명령에는 기판력이 인정되지 아니하므로 지급명령에 대한 집행력의 배제를 목적으로 제기된 청구이의의 소에서 지급명령 발령 전에 발생한 청구권의 일부 불성립이나 소멸 등의 사유로 청구이의가 일부 받아들여지는 경우에는, 지급명령 이전부터 청구이의의 사실심판결 선고 시까지 그 청구권에 관한 이행의무의 존부나 범위에 관하여 항쟁함이 상당한 경우에 해당한다고 할 것이어서 위 기간 범위 안에서는 소송촉진 등에 관한 특례법 제3조 제1항의 이율을 적용할 수 없다(대법원 2009. 7. 9. 선고 2006다73966 판결). ▶ 지급명령은 집행력은 있으나 기판력은 없으므로, 지급명령이 확정되었더라도 채무자는 청구이의의 소를 제기하여 다툴 수 있다(민사집행법 제58조 제3항)

핵심포인트 문 39 민사분쟁해결제도 ★★

- 화해계약은 당사자가 상호 양보하여 당사자 간의 분쟁을 마칠 것을 약정함으로써 그 효력(당사자 일방이 양보한 권리가 소멸되고 상대방이 화해로 인하여 그 권리를 취득) 발생
- 당사자는 화해를 위하여 대리인을 선임하는 권리를 상대방에게 위임할 수 없음
- 소액사건심판절차에서의 이행권고결정은 ① 이의기간 내에 이의신청을 하지 않거나, ② 이의신청에 대한 각하결정이 확정되거나, ③ 이의신청이 취하된 경우 확정판결과 같은 효력 가짐
- 법원·수명법관 또는 수탁판사는 소송에 계속 중인 사건에 대하여 직권으로 당사자의 이익, 그 밖의 모든 사정을 참작하여 청구의 취지에 어긋나지 아니하는 범위 안에서 사건의 공평한 해결을 위한 화해권고결정 할 수 있음
- 지급명령에 대하여 ① 이의신청이 없거나, ② 이의신청을 취하하거나, ③ 각하결정이 확정된 때에는 지급명령은 확정판결(지급명령은 집행력은 있으나 기판력은 없음)과 같은 효력 가짐

문 40 ★★

甲 종중이 소유한 X 임야를 乙이 무단으로 점유·사용하고 있다. 이에 A는 甲 종중을 대표하여 乙을 상대로 차임 상당 부당이득반환청구의 소를 제기하였다. 이에 관한 설명 중 옳지 않은 것은? (각 지문은 독립적이며, 다툼이 있는 경우 판례에 의함)

① A의 대표권 흠결을 이유로 소를 각하한 제1심판결에 대하여 A만이 항소한 경우, 항소심 법원이 심리

한 결과 대표권 흠결이 치유되어 소는 적법하나 청구가 이유 없다고 판단하면 항소기각판결을 하여야 한다.
② 제1심에서 乙이 甲 종중에 대해 가지는 공사대금채권을 자동채권으로 한 상계항변을 제출하였다가 이에 관한 본안판단을 받은 후 항소심에서 상계항변을 철회하였다면, 그 후 乙이 위 공사대금 지급을 구하는 별소를 제기하는 것은 부적법하다.
③ 甲 종중이 위 소송에서 승소확정판결을 받았으나 그 확정판결에 의한 채권의 소멸시효기간의 경과가 임박하여 시효중단을 위해 다시 동일한 소(후소)를 제기하는 경우, 후소 법원으로서는 그 확정된 권리를 주장할 수 있는 모든 요건이 구비되어 있는지를 다시 심리할 수는 없다.
④ 甲 종중이 위 소송에서 승소확정판결을 받고 그 확정판결에 의한 채권의 소멸시효 중단을 위해 다시 동일한 소(후소)를 제기한 경우, 전소의 사실심 변론 종결 후에 발생한 변제 사실은 후소의 심리대상이 된다.
⑤ 甲 종중이 위 소송에서 승소확정판결을 받고 10년이 경과한 후 위 확정판결에 의한 채권의 소멸시효 중단을 위해 다시 동일한 소(후소)를 제기하더라도, 법원은 특별한 사정이 없는 한 후소를 곧바로 소의 이익이 없음을 이유로 각하해서는 안 된다.

해설

① (O) 원고가 소장에 피고의 대표자를 잘못 표시함으로써 적법한 대표자가 아닌 자 또는 그로부터 소송을 위임받은 변호사에 의하여 소송이 수행되어 왔더라도, 원고가 스스로 피고의 대표자를 정당한 대표권이 있는 자로 정정함으로써 그 흠결을 보정하였다면, 법원으로서는 원고의 보정에 따라 정당한 대표자에게 다시 소장의 부본을 송달하여야 하고, 소장 송달에 의하여 소송계속의 효과가 발생함에 따라 정당한 대표자가 종전의 소송행위를 추인하는지의 여부와는 관계없이 소송관계가 성립하게 되며, 이와 같은 대표권 흠결의 보정은 항소심에서도 가능하다. 이 사건 소를 모두 각하한 원심판결은 결론에 있어서 영향이 없거나 원심판결을 파기한다 하더라도 어차피 청구가 기각될 운명에 있어 원고만이 상고한 이 사건에 있어서 원고에게 더욱 불리한 재판을 할 수 없으므로 원심판결을 유지하기로 한다(대법원 1996. 10. 11. 선고 96다3852 판결). ▶ A가 항소심에서 대표권 흠결의 보정하여 대표권 흠결이 치유되어 소는 적법하나 청구가 이유 없다고 판단하면 항소기각판결을 하여야 한다.

② (X) … 따라서 먼저 제기된 소송의 제1심에서 상계 항변을 제출하여 제1심판결로 본안에 관한 판단을 받았다가 항소심에서 상계 항변을 철회하였더라도 이는 소송상 방어방법의 철회에 불과하여 민사소송법 제267조 제2항의 재소금지 원칙이 적용되지 않으므로, 그 자동채권과 동일한 채권에 기한 소송을 별도로 제기할 수 있다(대법원 2022. 2. 17. 선고 2021다275741 판결).

③ (O), ④ (O), ⑤ (O) 승소판결이 확정된 후 그 채권의 소멸시효기간인 10년의 경과가 임박하지 않은 상태에서 굳이 다시 동일한 소를 제기하는 것은 확정판결의 기판력에 비추어 권리보호의 이익을 인정할 수 없으나, 그 기간의 경과가 임박한 경우에는 시효중단을 위한 필요성이 있으므로 후소를 제기할 소의 이익을 인정하는 것이다. 한편 시효중단을 위한 후소의 판결은 전소의 승소 확정판결의 내용에 저촉되어서는 아니 되므로, 후소 법원으로서는 그 확정된 권리를 주장할 수 있는 모든 요건이 구비되어 있는지에 관하여 다시 심리할 수 없으나 위 후소 판결의 기판력은 후소의 변론종결시를 기준으로 발생하므로, 전소의 변론 종결 후에 발생한 변제, 상계, 면제 등과 같은 채권소멸사유는 후소의 심리대상이 된다. … 이처럼 판결이 확정된 채권의 소멸시효기간의 경과가 임박하였는지 여부에 따라 시효중단을 위한 후소의 권리보호이익을 달리 보는 취지와 채권의 소멸시효 완성이 갖는 효과 등을 고려해 보면, 시효중단을 위한 후소를 심리하는 법원으로서는 전소 판결이 확정된 후 소멸시효가 중단된 적이 있어 그 중단사유가 종료한 때로부터 새로이 진행된 소멸시효기간의 경과가 임박하지 않아 시효중단을 위한 재소(再訴)의 이익을 인정할 수 없다는 등의 특별한 사정이 없는 한, 후소가 전소 판결이 확정된 후 10년이 지나 제기되었다 하더라도 곧바로 소의 이익이

이 없다고 하여 소를 각하해서는 아니 되고, 채무자인 피고의 항변에 따라 원고의 채권이 소멸시효 완성으로 소멸하였는지에 관한 본안판단을 하여야 한다.(대법원 2019. 1. 17. 선고 2018다24349 판결).

해답 ②

핵심포인트 문 40 소멸시효 중단을 위한 소제기 등 ★★

- 원고(ex, 종중대표자)의 대표권 흠결을 이유로 소를 각하한 제1심판결에 대해 원고만이 항소한 경우 ⇨ 항소심 법원이 심리한 결과 대표권 흠결이 치유되어 소는 적법하나 청구가 이유 없다고 판단하면 항소기각판결하여야 함 ○
- 제1심에서 계항변을 제출하였다가 이에 관한 본안판단을 받은 후 항소심에서 상계항변을 철회한 경우 ⇨ 그 자동채권과 동일한 채권에 기한 별소제기는 재소금지 원칙이 적용 ×(∵ 상계 항변(소송상 방어방법)철회에 불과)
- 승소판결이 확정된 후 확정판결에 의한 채권의 소멸시효 중단을 위해 다시 동일한 소(후소) 제기
  - 후소 법원은 그 확정된 권리 주장할 수 있는 모든 요건이 구비되어 있는지 다시 심리할 수 없음
  - 전소의 사실심 변론 종결 후에 발생한 변제, 상계, 면제 등과 같은 채권소멸사유는 후소의 심리대상임 ○
  - 승소확정판결을 받고 10년이 경과한 후 후소를 제기한 경우 ⇨ 법원은 특별한 사정이 없는 한 후소를 곧바로 소의 이익이 없음을 이유로 각하해서는 안됨

문 41 ★★

기판력에 관한 설명 중 옳지 않은 것은? (다툼이 있는 경우 판례에 의함)

① 甲의 乙에 대한 배당이의의 소에서 청구기각판결을 받은 甲이 그 판결이 확정된 후 乙에 대하여 위 판결에 의하여 확정된 배당액이 부당이득이라는 이유로 그 반환을 구하는 소를 제기한 경우, 후소 법원은 전소 확정판결의 판단과 다른 판단을 할 수 없다.
② 甲의 乙에 대한 가등기에 기한 본등기절차의 이행을 구하는 소에서 청구인용판결이 확정된 후 乙이 甲을 상대로 위 가등기만의 말소를 청구하는 것은 전소 확정판결의 기판력에 저촉되지 않는다.
③ X 토지의 매수인 甲이 매도인 A를 대위하여 乙을 상대로 X 토지에 관한 乙 명의의 소유권이전등기가 원인무효임을 이유로 그 말소등기절차의 이행을 구하는 소(전소)를 제기하여 청구인용판결이 확정되었는데, 그 소송의 사실심 변론 종결 후 乙로부터 X 토지를 매수하여 소유권이전등기를 마친 丙이 甲을 상대로 X 토지의 인도 및 차임 상당 부당이득반환청구의 소(후소)를 제기한 경우, 丙은 변론 종결 뒤의 승계인에 해당하여 전소 확정판결의 기판력이 후소에 미친다.
④ 甲이 부동산 소유자 乙을 상대로 소유권이전등기청구의 소를 제기하여 받은 승소확정판결에 기하여 소유권이전등기를 마친 경우, 乙에 대한 다른 소유권이전등기청구권자 丙이 乙을 대위하여 甲 명의의 소유권이전등기가 원인무효임을 내세워 그 등기의 말소를 구하는 것은 전소 확정판결의 기판력에 저촉된다.
⑤ 甲이 乙을 상대로 제기한 소유권이전등기청구의 소에서 청구인용판결이 확정되어 그에 따른 甲 명의의 소유권이전등기가 마쳐진 후 乙이 위 등기가 원인무효임을 주장하며 甲을 상대로 소유권 확인의 소를 제기하는 것은 전소 확정판결의 기판력에 저촉되지 않는다.

> **해설**

① (O) 배당이의의 소에서 패소의 본안판결을 받은 당사자가 그 판결이 확정된 후 상대방에 대하여 위 본안판결에 의하여 확정된 배당액이 부당이득이라는 이유로 그 반환을 구하는 소송을 제기한 경우에는, 전소인 배당이의의 소의 본안판결에서 판단된 배당수령권의 존부가 부당이득반환청구권의 성립 여부를 판단하는 데에 있어서 선결문제가 된다고 할 것이므로, 당사자는 그 배당수령권의 존부에 관하여 위 배당이의의 소의 본안판결의 판단과 다른 주장을 할 수 없고, 법원도 이와 다른 판단을 할 수 없다(대법원 2000. 1. 21. 선고 99다3501 판결).

② (O) 확정판결의 기판력은 소송물로 주장된 법률관계의 존부에 관한 판단의 결론 자체에만 미치고 그 전제가 되는 법률관계의 존부에까지 미치는 것은 아니어서, 가등기에 기한 소유권이전등기절차의 이행을 명한 전소 판결의 기판력은 소송물인 소유권이전등기청구권의 존부에만 미치고 그 등기청구권의 원인이 되는 채권계약의 존부나 판결이유 중에 설시되었을 뿐인 가등기의 효력 유무에 관한 판단에는 미치지 아니하고, 따라서 만일 후소로써 위 가등기에 기한 소유권이전등기의 말소를 청구한다면 이는 1물1권주의의 원칙에 비추어 볼 때 전소에서 확정된 소유권이전등기청구권을 부인하고 그와 모순되는 정반대의 사항을 소송물로 삼은 경우에 해당하여 전소 판결의 기판력에 저촉된다고 할 것이지만, 이와 달리 위 가등기만의 말소를 청구하는 것은, 전소에서 판단의 전제가 되었을 뿐이고 그로써 아직 확정되지는 아니한 법률관계를 다투는 것에 불과하여 전소 판결의 기판력에 저촉된다고 볼 수 없다(대법원 1995. 3. 24. 선고 93다52488 판결).

③ (X) 甲 등이 乙을 상대로 건물 등에 관한 소유권이전등기의 말소등기절차 이행을 구하는 소를 제기하여 승소확정판결을 받았는데, 위 판결의 변론종결 후에 乙로부터 건물 등의 소유권을 이전받은 丙이 甲 등을 상대로 위 건물의 인도 및 차임 상당 부당이득의 반환을 구하는 소를 제기한 사안에서, 전소 판결에서 소송물로 주장된 법률관계는 건물 등에 관한 말소등기청구권의 존부이고 건물 등의 소유권의 존부는 전제가 되는 법률관계에 불과하여 전소 판결의 기판력이 미치지 아니하고, 전소인 말소등기청구권에 대한 판단이 건물 인도 등 청구의 소의 선결문제가 되거나 건물인도청구권 등의 존부가 전소의 소송물인 말소등기청구권의 존부와 모순관계에 있다고 볼 수 없어 전소의 기판력이 건물인도 등 청구의 소에 미친다고 할 수 없으며, 이는 丙이 전소 판결의 변론종결 후에 乙로부터 건물을 매수하여 소유권이전등기를 마쳤더라도 마찬가지이므로, 丙이 변론종결 후의 승계인이어서 전소 확정판결의 기판력이 미쳐 건물 등의 소유권을 취득할 수 없다고 본 원심판결에 법리오해 등의 위법이 있다(대법원 2014. 10. 30. 선고 2013다53939 판결).

④ (O) 부동산의 소유자에 대하여 소유권이전등기를 청구할 지위에 있기는 하지만 아직 그 소유권이전등기를 경료하지 않은 상태에서, 제3자가 부동산의 소유자를 상대로 그 부동산에 관한 소유권이전등기절차 이행의 확정판결을 받아 소유권이전등기를 경료한 경우에는, 종전의 소유권이전등기청구권을 가지는 자는 그 확정판결이 당연무효이거나 재심의 소에 의하여 취소되지 않는 한, 부동산의 소유자에 대한 소유권이전등기청구권을 보전하기 위하여 부동산의 소유자를 대위하여 제3자 명의의 소유권이전등기가 원인무효임을 내세워 그 등기의 말소를 구하는 것은 확정판결의 기판력에 저촉되고, 나아가 그 제3자 명의의 소유권이전등기 이후에 그 등기를 바탕으로 하여 경료된 또 다른 소유권이전등기의 말소를 구하는 것도 역시 위 확정판결의 기판력에 저촉된다(대법원 1996. 6. 25. 선고 96다8666 판결).

⑤ (O) 〈참고 판례〉 확정판결의 기판력은 소송물로 주장된 법률관계의 존부에 관한 판단 그 자체에만 미치는 것이고, 전소와 후소가 그 소송물이 동일한 경우에 작용하는 것이다. 따라서, 부동산에 관한 소유권이전등기가 원인무효라는 이유로 그 등기의 말소를 명하는 판결이 확정되었다고 하더라도 그 확정판결의 기판력은 그 소송물이었던 말소등기청구권의 존부에만 미치는 것이므로, 그 소송에서 패소한 당사자도 전소에서 문제된 것과는 전혀 다른 청구원인에 기하여 상대방에 대하여 소유권이전등기청구를 할 수 있는 것이다(대법원 1995. 6. 13. 선고 93다43491 판결). ▶ 그러므로 甲이 乙을 상대로 제기한 소유권이전등기청구의 소에서 청구인용판결이 확정되어 그에 따른 甲 명의의 소유권이전등기가 마친 경우 그 기판력은 소유권이전등기청구의 존부에만 미치고 등기의 유·무효인지 여부에 미치지 않으므로 乙이 위 등기가 원인무효임을 주장하며 甲을 상대로 소유권 확인의 소를 제기하는 것은 기판력에 저촉되지 않는다.

해답 ③

문 41 기판력 ★★

- 기판력에 저촉 ○
  - 배당이의의 소 판결이 확정된 후 확정된 배당액이 부당이득이라는 이유로 그 반환 소 제기
  - 소유권이전등기절차 이행의 확정판결을 받아 소유권이전등기를 경료한 후 소유권이전등기가 원인무효임을 내세워 그 등기의 말소를 구하는 소 제기
- 기판력에 저촉 ✕
  - 가등기에 기한 본등기 이행 구하는 소에서 청구인용판결 확정된 후 가등기만의 말소의 소 제기
  - 소유권이전등기가 원인무효임을 이유로 그 말소등기절차의 이행을 구하는 소를 제기하여 청구인용판결이 확정 후 소송의 사실심 변론 종결 후 승계인 전소 소송목적물에 대한 인도 및 차임 상당 부당이득반환청구의 소 제기
  - 소유권이전등기절차 이행의 확정판결을 받아 소유권이전등기를 경료한 후 등기가 원인무효임을 주장하며 소유권 확인의 소 제기

문 42 ★★★

甲은 乙에게 1억 원을 대여하였는데, 甲의 채권자 丙과 丁은 위 대여금 채권에 관하여 각 채권압류 및 추심명령을 받았다. 위 각 채권압류 및 추심명령은 乙에게 적법하게 송달되었다. 이후 丙은 乙을 상대로 추심의 소(이하 '이 사건 소송'이라 한다)를 제기하였다. 이에 관한 설명 중 옳지 않은 것은? (각 지문은 독립적이며, 다툼이 있는 경우 판례에 의함)

① 丙이 이 사건 소송의 제1심에서 청구기각판결을 선고받은 후 항소하였다가 항소심에서 소를 취하하였는데, 그 후 丁이 乙을 상대로 추심의 소를 제기하면 丁의 소는 재소금지 규정에 위반된다.
② 이 사건 소송에서 丙과 乙 사이에 "丙은 乙로부터 8,000만 원을 지급받고 나머지 청구를 포기한다."라는 내용의 소송상 화해가 성립된 경우, 丁에게는 위 소송상 화해의 기판력이 미치지 않는다.
③ 이 사건 소송에서 乙은 丙의 甲에 대한 집행채권이 변제로 소멸하였다고 다툴 수 없다.
④ 만일 이 사건 소송계속이 발생하기 전에 甲이 乙에 대하여 대여금 청구의 소를 먼저 제기하여 소송계속 중이었더라도, 이 사건 소송은 중복소송에 해당하지 아니한다.
⑤ 乙은 이 사건 소송의 제1회 변론기일까지 법원에 丁이 공동소송인으로 丙 쪽에 참가하도록 명할 것을 신청할 수 있다.

해설

① (X) 갑 주식회사가 을 등에 대하여 가지는 정산금 채권에 대하여 갑 회사의 채권자 병이 채권압류 및 추심명령을 받아 을 등을 상대로 추심금 청구의 소를 제기하였다가 항소심에서 소를 취하하였는데, 그 후 갑 회사의 다른 채권자 정 등이 위 정산금 채권에 대하여 다시 채권압류 및 추심명령을 받아 을 등을 상대로 추심금 청구의 소를 제기한 사안에서, 병이 선행 추심소송에서 패소판결을 회피할 목적 등으로 종국판결 후 소를 취하하였다거나 정 등이 소송제도를 남용할 의도로 소를 제기하였다고 보기 어려운 사정 등을 감안할 때, 정 등은 선행 추심소송과 별도로 자신의 갑 회사에 대한 채권의 집행을 위하여 위 소를 제기한 것이므로 새로운 권리보호이익이 발생한 것으로 볼 수 있어 재소금지 규정에 반하지 않는다고 본 원심판결이 정당하다(대법원 2021. 5. 7. 선고 2018다259213 판결).

② (O), ⑤ (O) 확정된 화해권고결정에는 재판상 화해와 같은 효력이 있다(민사소송법 제231조). 위에서 본 추심금소송의 확정판결에 관한 법리는 추심채권자가 제3채무자를 상대로 제기한 추심금소송에서 화해권고결정이 확정된 경우에도 마찬가지로 적용된다. 따라서 어느 한 채권자가 제기한 추심금소송에서 화해권고결정이 확정되었더라도 화해권고결정의 기판력은 화해권고결정 확정일 전에 압류·추심명령을 받았던 다른 추심채권자에게 미치지 않는다. … 민사집행법 제249조 제3항, 제4항은 추심의 소에서 소를 제기당한 제3채무자는 집행력 있는 정본을 가진 채권자를 공동소송인으로 원고 쪽에 참가하도록 명할 것을 첫 변론기일까지 신청할 수 있고, 그러한 참가명령을 받은 채권자가 소송에 참가하지 않더라도 그 소에 대한 재판의 효력이 미친다고 정한다(대법원 2020. 10. 29. 선고 2016다35390 판결).

③ (O) 집행채권의 부존재나 소멸은 집행채무자가 청구에 관한 이의의 소에서 주장할 사유이고, 추심의 소에서 제3채무자인 피고가 이를 항변으로 주장하여 채무의 변제를 거절할 수 없다(대법원 2023. 5. 18. 선고 2020다8432 판결).

④ (O) 甲이 丙을 상대로 추심의 소를 제기한 경우와는 달리, 甲이 乙에 대하여 대여금 청구의 소를 먼저 제기하여 소송계속 중인 경우에는 채무자 乙의 당사자 적격이 유지되어 甲이 乙에 대하여 대여금 청구의 소와 丙은 乙을 상대로 추심의 소는 당사자와 소송물이 동일하지 않으므로 후소인 丙은 乙을 상대로 추심의 소는 중복소송에 해당하지 아니한다.

문 42 기판력·추심의소·중복소송·추심의 소에서의 채무자 참가신청 ★★★

- 채권자가 추심금 청구의 소를 제기하였다가 항소심에서 소를 취하한 후 다른 채권자 추심금 청구의 소를 제기는 재소금지 규정에 반하지 않음(∵ 새로운 권리보호이익이 발생)
- 채권자가 제기한 추심금소송에서의 화해권고결정의 기판력은 화해권고결정 확정일 전에 압류·추심명령을 받았던 다른 추심채권자에게 미치지 않음
- 피고의 집행채권의 부존재나 소멸 항변 ⇨ 추심의 소에서는 不可/청구 이의소에서는 可
- 채무자가 제3 채무자 상대로 제기한 대여금 청구의 소송 계속 중 채권자의 채무자를 상대로 제기한 추심의 소는 중복소송에 해당 ×(∵ 당사자와 소송물이 동일하지 않음)
- 추심의 소에서 소를 제기당한 제3채무자는 집행력 있는 정본을 가진 채권자를 공동소송인으로 원고 쪽에 참가하도록 명할 것을 첫 변론기일까지 신청 可

문 43 ★★

상소에 관한 설명 중 옳지 않은 것은? (다툼이 있는 경우 판례에 의함)

① 손해배상청구소송에서 원고가 재산적 손해에 대하여는 전부 승소하고 정신적 손해에 대하여는 일부 패소한 후 자신의 패소 부분에 대하여 항소한 경우, 항소심 소송계속 중 정신적 손해는 물론이고 재산적 손해에 관하여도 청구를 확장할 수 있다.

② 피고의 상계항변을 받아들여 원고의 청구를 기각한 판결에 대하여 원고는 물론 전부 승소한 피고에게도 상소의 이익이 있다.

③ 병합된 수 개의 청구 전부에 대하여 불복한 항소심에서 그중 일부 청구에 대한 불복신청을 철회하였더라도, 항소 그 자체의 효력에는 아무런 영향이 없다.

④ 피항소인이 부대항소를 할 수 있는 범위는 항소인이 주된 항소로 불복한 범위에 한한다.
⑤ 건물인도청구소송에서 피고의 금전채권에 기한 동시이행 주장을 받아들인 상환이행판결에 대하여 원고만 항소한 경우, 항소심이 위 금전채권의 액수를 더 큰 금액으로 변경하여 상환이행판결을 선고하는 것은 특별한 사정이 없는 한 불이익변경금지 원칙에 반한다.

해설

① (O) 상소는 자기에게 불이익한 재판에 대하여 유리하게 취소변경을 구하기 위하여 하는 것이므로 전부 승소한 판결에 대하여는 항소가 허용되지 않는 것이 원칙이나, 하나의 소송물에 관하여 형식상 전부 승소한 당사자의 상소이익의 부정은 절대적인 것이라고 할 수도 없는바, 원고가 재산상 손해(소극적 손해)에 대하여는 형식상 전부 승소하였으나 위자료에 대하여는 일부 패소하였고, 이에 대하여 원고가 원고 패소부분에 불복하는 형식으로 항소를 제기하여 사건 전부가 확정이 차단되고 소송물 전부가 항소심에 계속되게 된 경우에는, 더욱이 불법행위로 인한 손해배상에 있어 재산상 손해나 위자료는 단일한 원인에 근거한 것인데 편의상 이를 별개의 소송물로 분류하고 있는 것에 지나지 아니한 것이므로 이를 실질적으로 파악하여, 항소심에서 위자료는 물론이고 재산상 손해(소극적 손해)에 관하여도 청구의 확장을 허용하는 것이 상당하다(대법원 1994. 6. 28. 선고 94다3063 판결).

② (O) 상계항변을 받아들여 원고는 물론 전부 승소한 피고에게도 소구채권 자체의 부존재를 이유로 변경되어 승소하는 것이 피고에게 더 이익이 되기 때문에 상소의 이익이 있다(이시윤,신민사소송법 제17판 p.890). 제1심판결이 원고가 청구한 채권의 발생을 인정한 후 피고가 한 상계항변을 받아들여 원고 청구의 전부 또는 일부를 기각하고 이에 대하여 원고만이 항소한 경우에 항소심이 제1심과는 다르게 원고가 청구한 채권의 발생이 인정되지 않는다는 이유로 원고의 청구를 기각하는 것은 항소심의 심판범위를 벗어나 항소인인 원고에게 불이익하게 제1심판결을 변경하는 것이어서 허용되지 않는다(대법원 2011. 10. 13. 선고 2011다51205 판결).

③ (O) 항소의 취하는 항소의 전부에 대하여 하여야 하고 항소의 일부 취하는 효력이 없으므로 병합된 수개의 청구 전부에 대하여 불복한 항소에서 그중 일부 청구에 대한 불복신청을 철회하였더라도 그것은 단지 불복의 범위를 감축하여 심판의 대상을 변경하는 효과를 가져오는 것에 지나지 아니하고, 항소인이 항소심의 변론종결시까지 언제든지 서면 또는 구두진술에 의하여 불복의 범위를 다시 확장할 수 있는 이상 항소 자체의 효력에 아무런 영향이 없다(대법원 2017. 1. 12. 선고 2016다241249 판결).

④ (X) 부대항소란 피항소인의 항소권이 소멸하여 독립하여 항소를 할 수 없게 된 후에도 상대방이 제기한 항소의 존재를 전제로 이에 부대하여 원판결을 자기에게 유리하게 변경을 구하는 제도로서, 피항소인이 부대항소를 할 수 있는 범위는 항소인이 주된 항소에 의하여 불복을 제기한 범위에 의하여 제한을 받지 아니한다(대법원 1999. 11. 26. 선고 99므1596 판결).

⑤ (O) 불이익하게 변경된 것인지 여부는 기판력의 범위를 기준으로 하나, 일방 당사자의 금전채권에 기한 동시이행 주장을 받아들인 판결의 경우 반대 당사자는 그 금전채권에 관한 이행을 제공하지 아니하고는 자신의 채권을 집행할 수 없으므로, 동시이행 주장을 한 당사자만 항소하였음에도 항소심이 제1심판결에서 인정된 금전채권에 기한 동시이행 주장을 공제 또는 상계 주장으로 바꾸어 인정하면서 그 금전채권의 내용을 항소인에게 불리하게 변경하는 것은 특별한 사정이 없는 한 불이익변경금지 원칙에 반한다(대법원 2022. 8. 25. 선고 2022다211928 판결).

해답 ④

문 43 상소 ★★

- 원고가 1심에서 재산상 손해에 대해 전부 승소 위자료에 대해 일부 패소 후 위자료부분에 불복 항소 제기하여 소송물 전부가 항소심에 계속되게 된 경우 ⇨ 위자료는 물론이고 재산상 손해(소극적 손해)에 관하여도 청구의 확장을 허용 ○
- 피고 상계항변 받아들여 원고 청구 기각한 판결에 대하여 전부 승소한 원고는 물론 피고에게도 상소의 이익 有(∵ 소구채권 자체의 부존재를 이유로 변경되어 승소하는 것이 피고에게 더 이익 ○)
- 병합된 수 개의 청구 전부에 대하여 불복 항소심에서 그중 일부 청구 불복신청을 철회한 경우 항소 그 자체의 효력에는 영향 없음(∵ 단지 불복의 범위를 감축하여 심판의 대상을 변경하는 효과)
- 피항소인의 부대항소를 할 수 있는 범위 ⇨ 항소인이 주된 항소에 의하여 불복을 제기한 범위에 의하여 제한을 받지 않음
- 동시이행 주장을 한 당사자만 항소하였음에도 항소심이 제1심판결에서 인정된 금전채권에 기한 동시이행 주장을 공제 또는 상계 주장으로 바꾸어 인정한 경우 불이익변경금지 원칙에 반함

문 44 ★★

이혼 관련 소송절차에 관한 설명 중 옳지 않은 것은? (다툼이 있는 경우 판례에 의함)

① 재산분할청구 사건에서 법원은 당사자의 주장에 구애되지 아니하고 재산분할의 대상과 가액을 직권으로 조사·판단할 수 있다.
② 이혼소송의 소송계속 중 배우자 일방이 사망한 경우, 그 소송은 종료된다.
③ 법원은 원고가 주장하는 이혼원인 중 재판상 이혼사유에 관한 「민법」 제840조 제1호 내지 제5호 사유의 존부를 먼저 판단하여야 하고, 그것이 인정되지 않는 경우에 비로소 제6호의 '기타 혼인을 계속하기 어려운 중대한 사유'가 있는지를 판단할 수 있다.
④ 재판상 이혼의 경우에 당사자의 청구가 없더라도 법원은 직권으로 미성년자인 자녀에 대한 친권자 및 양육자를 정하여야 하고, 법원이 이혼판결을 선고하면서 미성년자인 자녀에 대한 친권자 및 양육자를 정하지 아니하였다면 재판의 누락이 있다.
⑤ 이혼 및 재산분할청구의 제1심 소송계속 중 원고가 파산선고를 받았더라도, 특별한 사정이 없는 한 파산관재인이 재산분할청구에 관한 절차를 수계할 수 없다.

해설

① (O) … 법원으로서는 당사자의 주장에 구애되지 아니하고 재산분할의 대상과 가액을 직권으로 조사·판단할 수 있다(대법원 2024. 5. 30. 선고 2024므10370 판결).
② (O) 재판상의 이혼청구권은 부부의 일신전속의 권리이므로 이혼소송 계속 중 배우자의 일방이 사망한 때에는 상속인이 그 절차를 수계할 수 없음은 물론이고, 또 그러한 경우에 검사가 이를 수계할 수 있는 특별한 규정도 없으므로 이혼소송은 종료된다(대법원 1994. 10. 28. 선고 94므246, 253 판결).
③ (X) 재판상 이혼사유에 관한 민법 제840조는 동조가 규정하고 있는 각 호 사유마다 각 별개의 독립된 이혼사유를 구성하는 것이고, 원고가 이혼청구를 구하면서 위 각 호 소정의 수개의 사유를 주장하는 경우 법원은 그중 어느 하나를 받아들여 원고의 청구를 인용할 수 있는 것이다. 이와 달리 법원은 각 이혼원인을 판단함에 있어 원고가 주장하는 이혼원인 중 제1호 내지 제5호 사유의 존부를 먼저 판단하고, 그것이 인정되지 않는 경우에 비로소 제6호의 원인을 최종적으로 판단할 수 있는 것이라는 주장은 독자적인 견해에 불과하고, 따라서 위와 같은 견해에 입각하여 원심이 민법 제840조 각 호의 지위에 관한 법리를 오해하였다는

상고이유의 주장은 받아들일 수 없다(대법원 2000. 9. 5. 선고 99므1886 판결).

④ (O) 이혼 과정에서 친권자 및 자녀의 양육책임에 관한 사항을 의무적으로 정하도록 한 민법 제837조 제1항, 제2항, 제4항 전문, 제843조, 제909조 제5항의 문언 내용 및 이혼 과정에서 자녀의 복리를 보장하기 위한 위 규정들의 취지와 아울러, 이혼 시 친권자 지정 및 양육에 관한 사항의 결정에 관한 민법 규정의 개정 경위와 변천 과정, 친권과 양육권의 관계 등을 종합하면, 재판상 이혼의 경우에 당사자의 청구가 없다 하더라도 법원은 직권으로 미성년자인 자녀에 대한 친권자 및 양육자를 정하여야 하며, 따라서 법원이 이혼 판결을 선고하면서 미성년자인 자녀에 대한 친권자 및 양육자를 정하지 아니하였다면 재판의 누락이 있다(대법원 2015. 6. 23. 선고 2013므2397 판결).

⑤ (O) 채무자 회생 및 파산에 관한 법률 제347조 제1항 제1문은 파산재단에 속하는 재산에 관하여 파산선고 당시 법원에 계속되어 있는 소송은 파산관재인 또는 상대방이 수계할 수 있다고 정하고 있다. 그러나 이혼으로 인한 재산분할청구권은 파산재단에 속하지 아니하여 파산관재인이나 상대방이 절차를 수계할 이유가 없으므로, 재산분할을 구하는 절차는 특별한 사정이 없는 한 위 규정에 따른 수계의 대상이 아니라고 보아야 한다(대법원 2023. 9. 21. 선고 2023므10861, 10878 판결).

해답 ③

핵심포인트 문 44 이혼 관련 소송절차 ★★

- 재산분할청구 사건에서 법원은 당사자의 주장에 구애되지 아니하고 재산분할의 대상과 가액을 직권으로 조사·판단할 수 있음
- 이혼소송의 소송계속 중 배우자 일방이 사망한 경우 그 소송은 종료(∵ 재판상의 이혼청구권은 부부의 일신전속의 권리)
- 재판상 이혼사유 중 어느 하나를 받아들여 원고의 청구를 인용 可(제1호 내지 제5호 사유의 존부 먼저 판단하고, 그것이 인정되지 않는 경우 제6호의 원인을 최종적으로 판단하는 것은 아님)
- 법원이 이혼 판결을 선고하면서 미성년자인 자녀에 대한 친권자 및 양육자를 정하지 아니하였다면 재판의 누락임
- 이혼 및 재산분할청구의 제1심 소송계속 중 원고가 파산선고 받은 경우 파산관재인이 재산분할청구에 관한 절차를 수계할 수 없음

문 45 ★★

변제충당과 자백에 관한 설명 중 옳지 않은 것을 모두 고른 것은? (다툼이 있는 경우 판례에 의함)

ㄱ. 당사자 사이의 합의로 「민법」 제479조에 따른 비용, 이자, 원본에 대한 변제충당의 순서와 달리 정할 수 없다.

ㄴ. 변제자(채무자)와 변제수령자(채권자)는 변제로 소멸한 채무에 관한 보증인 등 이해관계 있는 제3자의 이익을 해하지 않는 이상 이미 급부를 마친 뒤에도 기존의 충당방법을 배제하고 제공된 급부를 어느 채무에 어떤 방법으로 다시 충당할 것인가를 약정할 수 있다.

ㄷ. 법원에 제출되어 상대방에게 송달된 준비서면에 자백에 해당하는 내용이 기재되어 있다면, 그것이 변론기일이나 변론준비기일에서 진술 또는 진술간주되지 않더라도 재판상 자백이 성립한다.
ㄹ. 법정변제충당 순서의 기준이 되는 이행기나 변제이익에 관한 사항은 법률상 효과여서 그에 관한 진술이 비록 그 진술자에게 불리하더라도 이를 자백이라고 볼 수 없다.
ㅁ. 재판상 자백이 있으면 그것이 적법하게 취소되지 않는 한 법원도 이에 구속되므로, 법원이 자백 사실과 다른 판단을 할 수 없다.

① ㄱ, ㄷ
② ㄴ, ㄹ
③ ㄱ, ㄴ, ㅁ
④ ㄱ, ㄷ, ㄹ
⑤ ㄱ, ㄴ, ㄷ, ㄹ

해설

ㄱ.(X) 비용, 이자, 원본에 대한 변제충당에 있어서는 민법 제476조는 준용되지 아니하므로 당사자 사이에 특별한 합의가 없는 한 비용, 이자, 원본의 순서로 충당하여야 할 것이고 채무자는 물론 채권자라도 위 법정순서와 다르게 일방적으로 충당의 순서를 지정할 수는 없다(대법원 1981. 5. 26. 선고 80다3009 판결).

ㄴ.(O) 변제자(채무자)와 변제수령자(채권자)는 변제로 소멸한 채무에 관한 보증인 등 이해관계 있는 제3자의 이익을 해하지 않는 이상 이미 급부를 마친 뒤에도 기존의 충당방법을 배제하고 제공된 급부를 어느 채무에 어떤 방법으로 다시 충당할 것인가를 약정할 수 있다(대법원 2013. 9. 12. 선고 2012다118044,118051 판결).

ㄷ.(X), ㅁ.(O) 법원에 제출되어 상대방에게 송달된 준비서면 등에 자백에 해당하는 내용이 기재되어 있는 경우라도 그것이 변론기일이나 변론준비기일에서 진술 또는 진술간주되면 재판상 자백이 성립한다. 재판상의 자백이 있으면 그것이 적법하게 취소되지 않는 한 법원도 이에 구속되므로, 법원이 자백 사실과 다른 판단을 할 수 없다(대법원 2021. 7. 29. 선고 2018다276027 판결).

ㄹ.(X) 법정변제충당의 순서를 정함에 있어 기준이 되는 이행기나 변제이익에 관한 사항 등은 구체적 사실로서 자백의 대상이 될 수 있으나, 법정변제충당의 순서 자체는 법률 규정의 적용에 의하여 정하여지는 법률상의 효과여서 그에 관한 진술이 비록 그 진술자에게 불리하더라도 이를 자백이라고 볼 수는 없다(대법원 1998. 7. 10. 선고 98다6763 판결).

해답 ④

핵심포인트 문 45 변제충당과 자백 ★★

- 비용, 이자, 원본의 충당 순서는 당사자의 합의로 달리 정할 수 있음
- 변제자(채무자)와 변제수령자(채권자)는 이미 급부를 마친 뒤에도 기존의 충당방법을 배제하고 제공된 급부를 어느 채무에 어떤 방법으로 다시 충당할 것인가를 약정할 수 있음(변제로 소멸한 채무에 관한 보증인 등 이해관계 있는 제3자의 이익을 해하지 않는 한)
- 법원에 제출되어 상대방에게 송달된 준비서면 등에 자백에 해당하는 내용이 기재되어 있는 경우라도 그것이 변론기일이나 변론준비기일에서 진술 또는 진술간주되어야 재판상 자백 성립
- 법정변제충당 순서의 기준이 되는 이행기나 변제이익에 관한 사항은 구체적 사실로서 자백의 대상임 ○
- 재판상 자백이 있으면 법원이 자백 사실과 다른 판단을 할 수 없음(∵ 법원도 재판상 자백에 구속)

문 46

청구병합에 관한 설명 중 옳지 않은 것은? (다툼이 있는 경우 판례에 의함) ★★

① 원고가 논리적으로 전혀 관계가 없어 순수하게 단순병합으로 구하여야 할 수 개의 청구를 선택적 또는 예비적으로 병합하여 청구하였는데, 제1심법원이 그중 하나의 청구에 대하여만 심리·판단하여 이를 인용하고 나머지 청구에 대한 심리·판단을 모두 생략하는 내용의 판결을 하여 피고만이 이에 대하여 항소한 경우, 위 수 개의 청구는 모두 항소심으로 이심된다.

② 원고가 실질적으로 선택적 병합 관계에 있는 두 청구에 관하여 주위적·예비적으로 순위를 붙여 청구하였고, 그에 대하여 제1심법원이 주위적 청구를 기각하고 예비적 청구만을 인용하는 판결을 선고하여 피고만이 항소한 경우, 항소심으로서는 두 청구 모두를 심판의 대상으로 삼아 판단하여야 한다.

③ 서로 양립할 수 없는 수 개의 청구가 주위적·예비적으로 병합된 경우, 주위적 청구를 먼저 판단하지 않고 예비적 청구만을 인용하거나, 주위적 청구만을 배척하고 예비적 청구에 대하여 판단하지 않는 것은 법률상 허용되지 아니한다.

④ 수 개의 청구를 단순병합한 소가 제기되었는데, 제1심법원이 그중 하나의 청구를 인용하고 나머지 청구는 기각하는 판결을 선고하였고, 이에 대하여 피고만이 위 인용된 청구에 대하여 항소한 경우, 위 수 개의 청구 모두가 항소심으로 이심되지만 피고가 불복한 청구만이 항소심의 심판 대상이 된다.

⑤ 원고가 서로 양립 가능한 수 개의 금전청구를 병합하면서 합리적 필요에 따라 심판의 순위를 붙여 청구한 경우, 법원이 심리한 결과 주위적 청구의 일부를 기각하고 예비적 청구취지보다 적은 금액만을 인용할 경우에는 석명을 통해 원고의 의사를 밝힌 다음 그에 따라 예비적 청구에 대해 나아가 판단할지를 정하여야 한다.

해설

① (X) 논리적으로 전혀 관계가 없어 순수하게 단순병합으로 구하여야 할 수개의 청구를 선택적 또는 예비적 청구로 병합하여 청구하는 것은 부적법하여 허용되지 않는다. 따라서 원고가 그와 같은 형태로 소를 제기한 경우 제1심법원이 본안에 관하여 심리·판단하기 위해서는 소송지휘권을 적절히 행사하여 이를 단순병합 청구로 보정하게 하는 등의 조치를 취하여야 하는바, 법원이 이러한 조치를 취함이 없이 본안판결을 하면서 그중 하나의 청구에 대하여만 심리·판단하여 이를 인용하고 나머지 청구에 대한 심리·판단을 모두 생략하는 내용의 판결을 하였다 하더라도 그로 인하여 청구의 병합 형태가 선택적 또는 예비적 병합 관계로 바뀔 수는 없으므로, 이러한 판결에 대하여 피고만이 항소한 경우 제1심법원이 심리·판단하여 인용한 청구만이 항소심으로 이심될 뿐, 나머지 심리·판단하지 않은 청구는 여전히 제1심에 남아 있게 된다(대법원 2008. 12. 11. 선고 2005다51495 판결).

② (O) 병합의 형태가 선택적 병합인지 예비적 병합인지는 당사자의 의사가 아닌 병합청구의 성질을 기준으로 판단하여야 하고, 항소심에서의 심판 범위도 그러한 병합청구의 성질을 기준으로 결정하여야 한다. 따라서 실질적으로 선택적 병합 관계에 있는 두 청구에 관하여 당사자가 주위적·예비적으로 순위를 붙여 청구하였고, 그에 대하여 제1심법원이 주위적 청구를 기각하고 예비적 청구만을 인용하는 판결을 선고하여 피고만이 항소를 제기한 경우에도, 항소심으로서는 두 청구 모두를 심판의 대상으로 삼아 판단하여야 한다(대법원 2014. 5. 29. 선고 2013다96868 판결).

③ (O) 예비적 병합의 경우에는 수개의 청구가 하나의 소송절차에 불가분적으로 결합되어 있기 때문에 주위적 청구를 먼저 판단하지 않고 예비적 청구만을 인용하거나 주위적 청구만을 배척하고 예비적 청구에 대하여 판단하지 않는 등의 일부판결은 예비적 병합의 성질에 반하는 것으로서 법률상 허용되지 아니하며, 그럼에도 불구하고 주위적 청구를 배척하면서 예비적 청구에 대하여 판단하지 아니하는 판결을 한 경우에는 그 판결에 대한 상소가 제기되면 판단이 누락된 예비적 청구 부분도 상소심으로 이심이 되고 그 부분이 재판

의 탈루에 해당하여 원심에 계속 중이라고 볼 것은 아니다(대법원 2000. 11. 16. 선고 98다22253 전원합의체 판결).

④ (O) 단순병합에서 제1심법원이 그중 하나의 청구를 인용하고 나머지 청구는 기각하는 판결을 선고하였고, 이에 대하여 피고만이 위 인용된 청구에 대하여 항소한 경우 청구 모두가 항소심으로 이심되지만 피고가 불복한 청구만이 항소심의 심판 대상이 된다(이시윤, 신민사소송법 제17판 p893, 같은 취지 대법원 1996. 6. 28. 66다 711 등).

⑤ (O) 주위적 청구원인과 예비적 청구원인이 양립 가능한 경우에도 당사자가 심판의 순위를 붙여 청구를 할 합리적인 필요성이 있는 경우에는 심판의 순위를 붙여 청구할 수 있다 할 것이고, 이러한 경우 주위적 청구가 전부 인용되지 않을 경우에는 주위적 청구에서 인용되지 아니한 수액 범위 내에서의 예비적 청구에 대해서도 판단하여 주기를 바라는 취지로 불가분적으로 결합시켜 제소할 수도 있는 것이므로, 주위적 청구가 일부만 인용되는 경우에 나아가서 예비적 청구를 심리할 것인지의 여부는 소송에서의 당사자의 의사 해석에 달린 문제라 할 것이어서, 법원이 주위적 청구원인에 기한 청구의 일부를 기각하고 예비적 청구취지보다 적은 금액만을 인용할 경우에는, 원고에게 주위적 청구가 전부 인용되지 않을 경우에는 주위적 청구에서 인용되지 아니한 수액 범위 내에서의 예비적 청구에 대해서도 판단하여 주기를 바라는 취지인지 여부를 석명하여 그 결과에 따라 예비적 청구에 대한 판단 여부를 정하여야 할 것이다(대법원 2002. 10. 25. 선고 2002다23598 판결).

 ①

문 46. 청구병합 ★★

- 원고가 논리적으로 전혀 관계가 없어 순수하게 단순병합을 선택적 또는 예비적으로 병합하여 청구에 대해 제1심법원이 그중 하나의 청구에 대하여만 심리·판단하여 이를 인용하고 나머지 청구에 대한 심리·판단을 모두 생략하는 내용의 판결을 하여 피고만이 이에 대하여 항소한 경우 ⇨ 제1심법원이 심리·판단하여 인용한 청구만이 항소심으로 이심 ○
- 실질적으로 선택적 병합 관계에 있는 두 청구에 관하여 주위적·예비적으로 순위를 붙여 청구하고 제1심법원이 주위적 청구를 기각하고 예비적 청구만을 인용하는 판결을 선고하여 피고만이 항소한 경우 ⇨ 항소심은 두 청구 모두를 심판의 대상으로 삼아 판단 ○
- 예비적 병합의 경우 주위적 청구를 먼저 판단하지 않고 예비적 청구만을 인용하거나 주위적 청구만을 배척하고 예비적 청구에 대하여 판단하지 않는 것은 허용 ×
- 단순병합에서 1심법원이 그중 하나의 청구를 인용하고 나머지 청구는 기각하는 판결 선고피고만이 위 인용된 청구에 대하여 항소한 경우 ⇨ 청구 모두가 항소심으로 이심, 피고가 불복한 청구만이 항소심의 심판 대상임 ○
- 서로 양립 가능한 수 개의 금전청구를 병합하면서 합리적 필요에 따라 심판의 순위를 붙여 청구에 대해 법원이 심리한 결과 주위적 청구의 일부를 기각하고 예비적 청구취지보다 적은 금액만을 인용할 경우 ⇨ 석명을 통해 원고 의사를 밝힌 다음 그에 따라 예비적 청구에 대해 판단할지 정하여야 함

문 47 ★★

甲은 乙을 상대로 임대차 종료에 따른 임대차보증금 1억 원의 반환을 구하는 소를 제기하였고, 乙은 제1심 변론에서 甲에 대한 1,000만 원의 차임채권을 자동채권으로 상계한다고 주장하였다. 이에 관한 설명 중 옳지 않은 것은? (각 지문은 독립적이며, 다툼이 있는 경우 판례에 의함)

① 乙이 임대차 존속 중 이미 소멸시효가 완성된 차임채권을 자동채권으로 삼아 임대차 종료 후에 상계하는 것은 특별한 사정이 없는 한 인정될 수 없지만, 임대차보증금에서 연체차임을 공제할 수는 있다.
② 乙의 상계항변은 수동채권의 존재 등 상계에 관한 법원의 실질적 판단이 이루어지는 경우에 비로소 실체법상 상계의 효과가 발생한다.
③ 乙은 위 소송의 제1심에서 상대방의 동의 없이 상계항변을 철회할 수 있다.
④ 위 소송계속 중 乙이 甲을 상대로 위 1,000만 원의 차임 지급을 구하는 별소를 제기하는 것은 부적법하다.
⑤ 만약 乙이 임대차 존속 중 이미 연체차임채권과 임대차보증금반환채권을 대등액의 범위에서 상계하였고, 그 사실을 위 소송에서 주장·증명한다면, 그 상계의 효력은 인정될 수 있다.

해설

① (O) 임대인이 이미 소멸시효가 완성된 차임채권을 자동채권으로 삼아 임대차보증금 반환채무와 상계하는 것은 민법 제495조에 의하더라도 인정될 수 없지만, 임대차 존속 중 차임이 연체되고 있음에도 임대차보증금에서 연체차임을 충당하지 않고 있었던 임대인의 신뢰와 차임연체 상태에서 임대차관계를 지속해 온 임차인의 묵시적 의사를 감안하면 연체차임은 민법 제495조의 유추적용에 의하여 임대차보증금에서 공제할 수는 있다(대법원 2016. 11. 25. 선고 2016다211309 판결).

② (O) 소송상 방어방법으로서의 상계항변은 통상 수동채권의 존재가 확정되는 것을 전제로 하여 행하여지는 일종의 예비적 항변으로서, 소송상 상계의 의사표시에 의해 확정적으로 그 효과가 발생하는 것이 아니라 당해 소송에서 수동채권의 존재 등 상계에 관한 법원의 실질적 판단이 이루어지는 경우에 비로소 실체법상 상계의 효과가 발생한다(대법원 2018. 8. 30. 선고 2016다46338, 46345 판결).

③ (O) 상대방이 본안에 관하여 준비서면을 제출하거나 변론준비기일에서 진술 또는 변론을 한 뒤에는 상대방의 동의를 받아야 효력을 가지는 소의 취하와 달리 소송상 방어방법으로서의 상계 항변은 그 수동채권의 존재가 확정되는 것을 전제로 하여 행하여지는 일종의 예비적 항변으로서 상대방의 동의 없이 이를 철회할 수 있고, 그 경우 법원은 처분권주의의 원칙상 이에 대하여 심판할 수 없다(대법원 2022. 2. 17. 선고 2021다275741 판결).

④ (X) 상계의 항변을 제출할 당시 이미 자동채권과 동일한 채권에 기한 소송을 별도로 제기하여 계속 중인 경우, 사실심의 담당재판부로서는 전소와 후소를 같은 기회에 심리·판단하기 위하여 이부, 이송 또는 변론 병합 등을 시도함으로써 기판력의 저촉·모순을 방지함과 아울러 소송경제를 도모함이 바람직하나 그렇다고 하여 특별한 사정이 없는 한 별소로 계속 중인 채권을 자동채권으로 하는 소송상 상계의 주장이 허용되지 않는다고 볼 수는 없다(대법원 2001. 4. 27. 선고 2000다4050 판결 등 참조). 마찬가지로 먼저 제기된 소송에서 상계 항변을 제출한 다음 그 소송계속 중에 자동채권과 동일한 채권에 기한 소송을 별도의 소나 반소로 제기하는 것도 가능하다(대법원 2022. 2. 17. 선고 2021다275741 판결).

⑤ (O) 원칙적으로 확정판결의 기판력은 주문에 포함된 것에 한하여 인정되지만, 이유에 포함된 것이라도 상계항변으로 주장된 자동채권에 관해서는 상계로써 대항한 액수에 한하여 기판력이 미친다(민사소송법 제216조). 그러나 여기서 말하는 상계는 민법 제492조 이하에 규정된 단독행위로서의 상계를 의미한다(대법원 2014. 4. 10. 선고 2013다54390 판결). 그리고 상계를 주장하면 그것이 받아들여지든 아니하든 상계하자고 대항한 액수에 대하여 기판력이 생긴다(민사소송법 제216조 제2항),(대법원 2013. 11. 14. 선고 2013다46023 판결).

상계항변은 예비적항변으로서 단독행위이므로 乙이 연체차임채권과 임대차보증금반환채권을 대등액의 범위에서 상계하였고, 그 사실을 위 소송에서 주장·증명한다면, 다른 요건이 충족하는 한 그 상계의 효력은 인정된다.

> 민사소송법 제216조(기판력의 객관적 범위) ① 확정판결(確定判決)은 주문에 포함된 것에 한하여 기판력(旣判力)을 가진다.
> ② 상계를 주장한 청구가 성립되는지 아닌지의 판단은 상계하자고 대항한 액수에 한하여 기판력을 가진다.

 ④

문 47 상계 ★★

- 임대차 종료 후 임대차 존속 중 이미 소멸시효가 완성된 차임채권을 자동채권으로 삼아 임대차보증금에서 연체차임을 공제는 可(상계는 不可)
- 상계항변은 수동채권 존재 등 상계에 관한 법원의 실질적 판단이 이루어지는 경우에 비로소 실체법상 상계효과 발생함 ○
- 상대방의 동의 없이 상계 항변 철회할 수 있음(∵상계 항변은 일종의 예비적 항변임)
- 상계의 항변을 제출할 당시 이미 자동채권과 동일한 채권에 기한 별소 제기는 중복소송 ×
- 상계하였고 그 사실을 위 소송에서 주장·증명한다면 그 상계의 효력은 인정 可(∵ 민사소송법 제216조 제2항의 상계는 민법 제492조 이하에 규정된 단독행위임)

문 48 ★★

재판상 청구로 인한 소멸시효 중단에 관한 설명 중 옳지 않은 것은? (다툼이 있는 경우 판례에 의함)

① 근저당권설정등기청구의 소 제기는 그 피담보채권이 될 채권의 소멸시효를 중단시키는 효력이 있다.
② 원인채권의 지급을 확보하기 위한 방법으로 어음이 수수된 경우, 채권자가 어음채권에 기하여 재판상 청구를 하는 것은 원인채권의 소멸시효를 중단시키는 효력이 있다.
③ 원고가 채권자대위권에 기해 계약금반환을 청구하다가 그 계약금반환채권 자체를 양수하여 양수금 청구로 소를 교환적으로 변경한 경우, 당초의 채권자대위소송으로 인한 시효중단의 효력은 소멸한다.
④ 채권양도의 대항요건을 갖추기 전에 채권양도인이 채무자를 상대로 재판상 청구를 하였는데 그 소송 중에 채무자가 채권양도의 효력을 인정함으로써 청구가 기각되자, 채권양수인이 그로부터 6개월 내에 양수금청구의 소를 제기하였다면, 채권양도인의 위 재판상 청구로써 발생한 소멸시효 중단의 효과가 유지된다.
⑤ 원고가 소장에서 청구의 대상으로 삼은 하나의 채권 중 일부만을 청구하면서 소송의 진행경과에 따라 장차 청구금액을 확장할 뜻을 표시하였으나 소송이 종료될 때까지 실제로 청구금액을 확장하지 않은 경우, 그 소송이 종료된 때부터 6개월 내에 재판상 청구를 함으로써 나머지 부분에 대한 소멸시효를 중단시킬 수 있다.

해설

① (O) 원고의 근저당권설정등기청구권의 행사는 그 피담보채권이 될 금전채권의 실현을 목적으로 하는 것으로서, 근저당권설정등기청구의 소에는 그 피담보채권이 될 채권의 존재에 관한 주장이 당연히 포함되어 있

는 것이고, 피고로서도 원고가 원심에 이르러 금전지급을 구하는 청구를 추가하기 전부터 피담보채권이 될 금전채권의 소멸을 항변으로 주장하여 그 채권의 존부에 관한 실질적 심리가 이루어져 그 존부가 확인된 이상, 그 피담보채권이 될 채권으로 주장되고 심리된 채권에 관하여는 근저당권설정등기청구의 소의 제기에 의하여 피담보채권이 될 채권에 관한 권리의 행사가 있는 것으로 볼 수 있으므로, <u>근저당권설정등기청구의 소의 제기는 그 피담보채권의 재판상의 청구에 준하는 것으로서 피담보채권에 대한 소멸시효 중단의 효력을 생기게 한다고 봄이 상당하다</u>(대법원 2004. 2. 13. 선고 2002다7213 판결).

② (**O**) <u>원인채권의 지급을 확보하기 위한 방법으로 어음이 수수된 경우</u>, 이러한 어음은 경제적으로 동일한 급부를 위하여 원인채권의 지급수단으로 수수된 것으로서 그 어음채권의 행사는 원인채권을 실현하기 위한 것일 뿐만 아니라, 원인채권의 소멸시효는 어음금 청구소송에 있어서 채무자의 인적항변 사유에 해당하는 관계로 채권자가 어음채권의 소멸시효를 중단하여 두어도 채무자의 인적항변에 따라 그 권리를 실현할 수 없게 되는 불합리한 결과가 발생하게 되므로, 채권자가 원인채권에 기하여 청구를 한 것이 아니라 <u>어음채권에 기하여 청구를 하는 반대의 경우에는 원인채권의 소멸시효를 중단시키는 효력이 있다고 봄이 상당하고</u>, 이러한 법리는 채권자가 어음채권을 피보전권리로 하여 채무자의 재산을 가압류함으로써 그 권리를 행사한 경우에도 마찬가지로 적용된다(대법원 1999. 6. 11. 선고 99다16378 판결).

③ (**X**) <u>원고가 채권자대위권에 기해 청구를 하다가 당해 피대위채권 자체를 양수하여 양수금청구로 소를 변경한 사안에서</u>, 이는 청구원인의 교환적 변경으로서 채권자대위권에 기한 구 청구는 취하된 것으로 보아야 하나, 그 채권자대위소송의 소송물은 채무자의 제3채무자에 대한 계약금반환청구권인데 위 양수금청구는 원고가 위 계약금반환청구권 자체를 양수하였다는 것이어서 양 청구는 동일한 소송물에 관한 권리의무의 특정승계가 있을 뿐 그 소송물은 동일한 점, 시효중단의 효력은 특정승계인에게도 미치는 점, 계속 중인 소송에 소송목적인 권리 또는 의무의 전부나 일부를 승계한 특정승계인이 소송참가하거나 소송인수한 경우에는 소송이 법원에 처음 계속된 때에 소급하여 시효중단의 효력이 생기는 점, 원고는 위 계약금반환채권을 채권자대위권에 기해 행사하다 다시 이를 양수받아 직접 행사한 것이어서 위 계약금반환채권과 관련하여 원고를 '권리 위에 잠자는 자'로 볼 수 없는 점 등에 비추어 볼 때, <u>당초의 채권자대위소송으로 인한 시효중단의 효력이 소멸하지 않는다</u>(대법원 2010. 6. 24. 선고 2010다17284 판결).

④ (**O**) <u>채권양도 후 대항요건이 구비되기 전의 양도인은 채무자에 대한 관계에서는 여전히 채권자의 지위에 있으므로 채무자를 상대로 시효중단의 효력이 있는 재판상의 청구를 할 수 있고</u>, 이 경우 양도인이 제기한 소송 중에 채무자가 채권양도의 효력을 인정하는 등의 사정으로 인하여 <u>양도인의 청구가 기각됨으로써 민법 제170조 제1항에 의하여 시효중단의 효과가 소멸된다고 하더라도</u>, 양도인의 청구가 당초부터 무권리자에 의한 청구로 되는 것은 아니므로, <u>양수인이 그로부터 6월 내에 채무자를 상대로 재판상의 청구 등을 하였다면, 민법 제169조 및 제170조 제2항에 의하여 양도인의 최초의 재판상의 청구로 인하여 시효가 중단된다</u>(대법원 2009. 2. 12. 선고 2008두20109 판결).

⑤ (**O**) <u>소장에서 청구의 대상으로 삼은 채권 중 일부만을 청구하면서 소송의 진행경과에 따라 장차 청구금액을 확장할 뜻을 표시하였으나 당해 소송이 종료될 때까지 실제로 청구금액을 확장하지 않은 경우에는</u> 소송의 경과에 비추어 볼 때 채권 전부에 관하여 판결을 구한 것으로 볼 수 없으므로, 나머지 부분에 대하여는 재판상 청구로 인한 시효중단의 효력이 발생하지 아니한다. 그러나 이와 같은 경우에도 소를 제기하면서 장차 청구금액을 확장할 뜻을 표시한 채권자로서는 장래에 나머지 부분을 청구할 의사를 가지고 있는 것이 일반적이라고 할 것이므로, 다른 특별한 사정이 없는 한 당해 소송이 계속 중인 동안에는 나머지 부분에 대하여 권리를 행사하겠다는 의사가 표명되어 <u>최고에 의해 권리를 행사하고 있는 상태가 지속되고 있는 것으로 보아야 하고, 채권자는 당해 소송이 종료된 때부터 6월 내에 민법 제174조에서 정한 조치를 취함으로써 나머지 부분에 대한 소멸시효를 중단시킬 수 있다</u>(대법원 2020. 2. 6. 선고 2019다223723 판결).

해답 ③

핵심포인트 문 48 재판상 청구로 인한 소멸시효 중단 ★★

- 근저당권설정등기청구의 소 제기는 그 피담보채권이 될 채권의 소멸시효를 중단시키는 효력 有
- 원인채권의 지급을 확보하기 위한 방법으로 어음이 수수된 경우, 채권자가 어음채권에 기하여 재판상 청구를 하는 것은 원인채권의 소멸시효를 중단시키는 효력 有
- 채권자대위권에 기해 계약금반환을 청구하다가 그 계약금반환채권 자체 양수하여 양수금 청구로 소를 교환적 변경한 경우 ⇨ 당초의 채권자대위소송으로 인한 시효중단의 효력은 소멸되지 않음
- 채권양도의 대항요건을 갖추기 전에 채권양도인이 채무자를 상대로 재판상 청구를 하였는데 그 소송 중에 채무자가 채권양도의 효력을 인정함으로써 청구가 기각된 후 채권양수인이 그로부터 6개월 내에 양수금청구의 소를 제기한 경우 ⇨ 채권양도인의 재판상 청구로써 발생한 소멸시효 중단의 효과는 유지됨 ○
- 소장의 채권 중 일부만을 청구하면서 소송의 진행경과에 따라 장차 청구금액을 확장할 뜻을 표시하였으나 당해 소송이 종료될 때까지 실제로 청구금액을 확장하지 않은 경우 ⇨ 채권자는 당해 소송이 종료된 때부터 6월 내에 민법 제174조에서 정한 조치를 취함으로써 나머지 부분에 대한 소멸시효 중단 可

문 49 ★★

공유물분할청구의 소에 관한 설명 중 옳지 않은 것은? (다툼이 있는 경우 판례에 의함)

① 공유물분할청구의 소에서 법원은 공유관계나 그 객체인 물건의 제반 상황을 종합 고려한 합리적인 방법으로 지분비율에 따른 분할을 명하여야 하고, 지분비율은 원칙적으로 지분에 따른 가액(교환가치)의 비율에 의하여야 하며, 목적물의 형상, 위치, 이용 상황이나 경제적 가치가 균등하지 아니할 때에는 원칙적으로 경제적 가치가 지분비율에 상응하도록 조정하여 분할을 명하여야 한다.
② 공유물분할청구의 소에서 공동소송인 중 1인에 소송요건의 흠이 있으면 전체 소송이 부적법하게 된다.
③ 현물분할이 가능하고 필요함에도 공유자 상호 간에 지분에 따른 가액에 상응하는 합리적인 현물분할방법이 없는 경우, 금전으로 경제적 가치의 과부족을 조정하게 하는 방법도 고려할 수 있다.
④ 공유물분할청구의 소송절차에서 공유자 사이에 공유토지에 관하여 현물분할하기로 하는 내용의 조정이 성립하였더라도, 공유자는 해당 토지의 분필절차를 마친 후 각 단독 소유로 하기로 한 부분에 관하여 다른 공유자의 공유지분을 이전받아 등기를 마쳐야 그 부분의 소유권을 취득하게 된다.
⑤ 공유자 중 공유지분권을 주장하지 아니하고 목적물의 특정 부분을 소유한다고 주장하는 자는 다른 공유지분권자에게 그 특정부분에 관하여 명의신탁 해지를 원인으로 한 지분이전등기절차의 이행을 구할 수는 없고, 다른 공유자 전원을 상대로 공유물분할청구를 하여야 한다.

해설

① (O) 공유물분할의 소에 있어서 … 법원은 분할대상 목적물의 형상이나 위치, 이용상황이나 경제적 가치가 균등하지 아니할 때에는 원칙적으로 경제적 가치가 지분비율에 상응하도록 조정하여 분할을 명하여야 하는 것이며, 또한 재판에 의한 공유물분할은 현물분할의 방법에 의함이 원칙이나, 현물분할이 불가능하거나 그것이 형식상 가능하다고 하더라도 그로 인하여 현저히 가격이 감손될 염려가 있을 때에는 공유물의 경매를 명하여 대금을 분할하는, 이른바 대금분할의 방법에 의하여야 하고, 여기서 '현물분할로 인하여 현저히 가격이 감손된다.'라고 함은 공유물 전체의 교환가치가 현물분할로 인하여 현저하게 감손될 경우뿐만 아니라 공유자들 중 한 사람이라도 현물분할에 의하여 단독으로 소유하게 될 부분의 가액이 공유물분할 전의 소유지분 가액보다 현저하게 감손될 경우도 포함된다(대법원 1999. 6. 11. 선고 99다6746 판결).

② (O) 공유물분할청구의 소는 분할을 청구하는 공유자가 원고가 되어 다른 공유자 전부를 공동피고로 하여야 하는 필수적 공동소송으로서 공유자 전원에 대하여 판결이 합일적으로 확정되어야 하므로, 공동소송인 중 1인에 소송요건의 흠이 있으면 전 소송이 부적법하게 된다(대법원 2012. 6. 14. 선고 2010다105310 판결).

③ (O) … 그러므로 토지를 분할하는 경우에는 원칙적으로는 공유자가 취득하는 토지의 면적이 공유지분의 비율과 같아야 할 것이나, 반드시 그래야만 하는 것은 아니고, 토지의 형상이나 위치, 이용 상황이나 경제적 가치가 균등하지 아니할 때에는 이와 같은 제반사정을 고려하여 경제적 가치가 지분비율에 상응되도록 분할하는 것도 허용되며, 일정한 요건이 갖추어진 경우에는 공유자 상호 간에 금전으로 경제적 가치의 과부족을 조정하게 하여 분할을 하는 것도 현물분할의 한 방법으로 허용되고, 여러 사람이 공유하는 물건을 현물 분할하는 경우에는 분할을 원하지 않는 나머지 공유자는 공유로 남는 방법도 허용된다(대법원 2023. 6. 29. 선고 2022다294107 판결).

④ (O) 공유물분할의 소송절차 또는 조정절차에서 공유자 사이에 공유토지에 관한 현물분할의 협의가 성립하여 그 합의사항을 조서에 기재함으로써 조정이 성립하였다고 하더라도, 그와 같은 사정만으로 재판에 의한 공유물분할의 경우와 마찬가지로 그 즉시 공유관계가 소멸하고 각 공유자에게 그 협의에 따른 새로운 법률관계가 창설되는 것은 아니고, 공유자들이 협의한 바에 따라 토지의 분필절차를 마친 후 각 단독소유로 하기로 한 부분에 관하여 다른 공유자의 공유지분을 이전받아 등기를 마침으로써 비로소 그 부분에 대한 대세적 권리로서의 소유권을 취득하게 된다고 보아야 한다(대법원 2013. 11. 21. 선고 2011두1917 전원합의체 판결).

⑤ (X) 공유물분할청구는 공유자의 일방이 그 공유지분권에 터잡아서 하여야 하는 것이므로 공유지분권을 주장하지 아니하고 목적물의 특정부분을 소유한다고 주장하는 자는 그 부분에 대하여 신탁적으로 지분등기를 가지고 있는 자들을 상대로 하여 그 특정부분에 대한 명의신탁해지를 원인으로 한 지분이전등기절차의 이행만을 구하면 될 것이고 공유물분할 청구를 할 수 없다 할 것이다(대법원 1989. 9. 12. 선고 88다카10517 판결).

해답 ⑤

핵심포인트 문 49 공유물분할청구의 소 ★★

- 공유물분할의 소에 있어 법원은 분할대상 목적물의 형상, 위치, 이용상황이나 경제적 가치가 균등하지 아니할 때
  - 원칙적으로 경제적 가치가 지분비율에 상응하도록 조정하여 분할을 명하여야 함
  - 일정한 요건이 갖추어진 경우에는 공유자 상호 간에 금전으로 경제적 가치의 과부족을 조정하게 하여 분할을 하는 것도 현물분할의 한 방법으로 허용 ○
- 공유물분할청구의 소에서 공동소송인 중 1인에 소송요건의 흠이 있으면 전체 소송이 부적법(∵ 공유물분할청구의 소는 필수적 공동소송임)
- 공유물분할청구 소송절차에서 공유자 사이에 공유토지에 관하여 현물분할하기로 하는 내용의 조정 성립된 경우 ⇨ 해당 토지의 분필절차 마친 후 각 단독 소유로 하기로 한 부분에 관해 다른 공유자의 공유지분을 이전받아 등기 마쳐야 그 부분의 소유권 취득함
- 공유자 중 공유지분권을 주장하지 아니하고 목적물의 특정 부분을 소유한다고 주장하는 자는 그 특정부분에 대한 명의신탁해지를 원인으로 한 지분이전등기절차의 이행 可

민사법 문제 해설 및 핵심요약 **223**

문 50 ★★★

A 주식회사는 B 주식회사의 모(母)회사이고 甲은 A 주식회사의 발행주식총수 중 10%를 보유하고 있다. 이에 관한 설명 중 옳은 것을 모두 고른 것은? (각 지문은 독립적이며, 다툼이 있는 경우 판례에 의함)

> ㄱ. 甲은 A 주식회사 및 B 주식회사에 대하여 각 그 이사의 책임을 추궁할 소의 제기를 청구할 수 있다.
> ㄴ. 甲이 대표소송에서 주장한 이사의 손해배상책임이 제소청구서에 적시된 것과 차이가 있더라도 제소청구서의 책임발생 원인사실을 기초로 하면서 법적 평가만 달리한 것이라면 그 대표소송은 적법하다.
> ㄷ. 甲이 B 주식회사 이사의 책임을 추궁할 소를 제기한 이후 甲이 보유한 주식 수의 일부가 감소하여 A 주식회사 발행주식총수의 100분의 1 미만이 되더라도 제소의 효력에는 영향이 없다.
> ㄹ. 甲이 A 주식회사 이사를 상대로 한 대표소송에서 승소확정판결을 받은 경우, 甲에게는 그 확정판결을 집행권원으로 하여 위 이사를 상대로 강제집행을 신청할 수 있는 집행채권자 적격이 있다.

① ㄱ, ㄴ
② ㄴ, ㄷ
③ ㄱ, ㄷ, ㄹ
④ ㄴ, ㄷ, ㄹ
⑤ ㄱ, ㄴ, ㄷ, ㄹ

해설

ㄱ.(O), ㄷ.(O) 상법 제403조 제3항, 5항 및 상법 제406조의2 제2항, 3항

> **상법 제403조(주주의 대표소송)** ① 발행주식의 총수의 100분의 1 이상에 해당하는 주식을 가진 주주는 회사에 대하여 이사의 책임을 추궁할 소의 제기를 청구할 수 있다.
> ② 제1항의 청구는 그 이유를 기재한 서면으로 하여야 한다.
> ③ 회사가 전항의 청구를 받은 날로부터 30일 내에 소를 제기하지 아니한 때에는 제1항의 주주는 즉시 회사를 위하여 소를 제기할 수 있다.
> ⑤ 제3항과 제4항의 소를 제기한 주주의 보유주식이 제소 후 발행주식총수의 100분의 1 미만으로 감소한 경우(發行株式을 보유하지 아니하게 된 경우를 제외한다)에도 제소의 효력에는 영향이 없다.
> **상법 제406조의2(다중대표소송)** ① 모회사 발행주식총수의 100분의 1 이상에 해당하는 주식을 가진 주주는 자회사에 대하여 자회사 이사의 책임을 추궁할 소의 제기를 청구할 수 있다.
> ② 제1항의 주주는 자회사가 제1항의 청구를 받은 날부터 30일 내에 소를 제기하지 아니한 때에는 즉시 자회사를 위하여 소를 제기할 수 있다.
> ③ 제1항 및 제2항의 소에 관하여는 제176조제3항·제4항, 제403조 제2항, 같은 조 제4항부터 제6항까지 및 제404조부터 제406조까지의 규정을 준용한다.

ㄴ.(O) 주주가 아예 상법 제403조 제2항에 따른 서면(이하 '제소청구서'라 한다)을 제출하지 않은 채 대표소송을 제기하거나 제소청구서를 제출하였더라도 대표소송에서 제소청구서에 기재된 책임발생 원인사실과 전혀 무관한 사실관계를 기초로 청구를 하였다면 그 대표소송은 상법 제403조 제4항의 사유가 있다는 등의 특별한 사정이 없는 한 부적법하다. 반면 주주가 대표소송에서 주장한 이사의 손해배상책임이 제소청구서에 적시된 것과 차이가 있더라도 제소청구서의 책임발생 원인사실을 기초로 하면서 법적 평가만을 달리한 것에 불과하다면 그 대표소송은 적법하다. 따라서 주주는 적법하게 제기된 대표소송 계속 중에 제소청구서의 책임발생 원인사실을 기초로 하면서 법적 평가만을 달리한 청구를 추가할 수도 있다(대법원 2021. 7. 15. 선고 2018다298744 판결).

ㄹ.(O) 주주대표소송의 주주와 같이 다른 사람을 위하여 원고가 된 사람이 받은 확정판결의 집행력은 확정판결의 당사자인 원고가 된 사람과 다른 사람 모두에게 미치므로, <u>주주대표소송의 주주는 집행채권자가 될 수 있다</u>(대법원 2014. 2. 19. 자 2013마2316 결정).

해답 ⑤

핵심포인트 문 50 대표소송 ★★★

- 모회사 발행주식총수의 100분의 1 이상에 해당하는 주식을 가진 주주는 모 주식회사 및 자주식회사에 대하여 각 그 이사의 책임 추궁할 소의 제기를 청구可
- 주주가 대표소송에서 주장한 이사의 손해배상책임이 제소청구서에 적시된 것과 차이가 있어도 제소청구서의 책임발생 원인사실 기초로 하면서 법적 평가만 달리한 경우 ⇨ 그 대표소송은 적법 ○
- 모회사 주주가 자주식회사 이사의 책임을 추궁할 소를 제기한 이후 보유한 주식 수의 일부가 감소하여 모 주식회사 발행주식총수의 100분의 1 미만이 되더라도 제소의 효력에 영향 없음
- 대표소송에서 승소확정판결을 받은 경우 주주대표소송의 주주는 집행채권자가 될 수 있음

문 51 ★★

주식회사 관계 소송에 관한 설명 중 옳지 않은 것은? (다툼이 있는 경우 판례에 의함)

① 주식을 취득한 자는 특별한 사정이 없는 한 주식 취득 사실을 증명함으로써 회사에 대하여 단독으로 명의개서를 청구할 수 있으므로 회사를 상대로 주주권 확인을 구할 이익이 없다.
② 주식회사의 채권자는 회사가 제3자와 체결한 계약이 자신의 권리나 법적 지위를 구체적으로 침해하거나 이에 직접적으로 영향을 미치는 경우에는 그 계약의 무효 확인을 구할 수 있다.
③ 주식회사의 주주는 원칙적으로 회사가 제3자와 체결한 계약의 무효 확인을 구할 이익이 없으나, 회사가 영업의 전부 또는 중요한 일부를 양도하는 계약을 체결하는 경우에는 예외적으로 영업양도계약의 무효 확인을 구할 수 있다.
④ 주주총회결의의 효력이 그 회사 아닌 제3자 사이의 소송에서 선결문제가 된 경우, 당사자는 언제든지 당해 소송에서 주주총회결의가 처음부터 무효 또는 부존재라고 주장할 수 있고, 반드시 먼저 회사를 상대로 제소해야 하는 것은 아니다.
⑤ 주주대표소송의 원고들 중 1인인 甲이 주식을 처분하여 주주의 지위를 상실하면, 다른 원고가 주주의 지위를 유지하더라도 특별한 사정이 없는 한 甲이 제기한 소 부분은 부적법하게 된다.

해설

① (O) 주식을 취득한 자는 특별한 사정이 없는 한 점유하고 있는 주권의 제시 등의 방법으로 자신이 주식을 취득한 사실을 증명함으로써 회사에 대하여 단독으로 그 명의개서를 청구할 수 있다. … 甲이 乙 주식회사를 상대로 자신이 주주명부상 주식의 소유자인데 위조된 주식매매계약서에 의해 타인 앞으로 명의개서가 되었다며 주주권 확인을 구한 사안에서, <u>甲이 乙 회사를 상대로 직접 자신이 주주임을 증명하여 명의개서 절차의 이행을 구할 수 있으므로, 甲이 乙 회사를 상대로 주주권 확인을 구하는 것은 甲의 권리 또는 법률상 지위에 현존하는 불안·위험을 제거하는 유효·적절한 수단이 아니거나 분쟁의 종국적 해결방법이 아니어서 확인의 이익이 없다</u>(대법원 2019. 5. 16. 선고 2016다240338 판결).

② (O) 주식회사의 채권자는 회사가 제3자와 체결한 계약이 자신의 권리나 법적 지위를 구체적으로 침해하거나 이에 직접적으로 영향을 미치는 경우에는 그 계약의 무효 확인을 구할 수 있으나, 그 계약으로 인하여 회사의 변제 자력이 감소되어 그 결과 채권의 전부나 일부가 만족될 수 없게 될 뿐인 때에는 채권자의 권리나 법적 지위가 그 계약에 의해 구체적으로 침해되거나 직접적으로 영향을 받는다고 볼 수 없으므로 직접 그 계약의 무효 확인을 구할 이익이 없다(대법원 2022. 6. 9. 선고 2018다228462, 228479 판결).

③ (X) 주식회사의 주주는 주식의 소유자로서 회사의 경영에 이해관계를 가지고 있기는 하지만, 직접 회사의 경영에 참여하지 못하고 주주총회의 결의를 통해서 이사를 해임하거나 일정한 요건에 따라 이사를 상대로 그 이사의 행위에 대하여 유지청구권을 행사하여 그 행위를 유지시키고 대표소송에 의하여 그 책임을 추궁하는 소를 제기하는 등 회사의 영업에 간접적으로 영향을 미칠 수 있을 뿐이다. 그러므로 주주가 회사의 재산관계에 대하여 법률상 이해관계를 가진다고 평가할 수 없고, 주주는 직접 제3자와의 거래관계에 개입하여 회사가 체결한 계약의 무효 확인을 구할 이익이 없다. 이러한 법리는 회사가 영업의 전부 또는 중요한 일부를 양도하는 계약을 체결하는 경우에도 마찬가지이다(대법원 2022. 6. 9. 선고 2018다228462, 2018다228479(병합) 판결).

④ (O) 주주총회결의의 효력이 그 회사 아닌 제3자 사이의 소송에 있어 선결문제로 된 경우에는 당사자는 언제든지 당해 소송에서 주주총회결의가 처음부터 무효 또는 불존재하다고 다투어 주장할 수 있는 것이고, 반드시 먼저 회사를 상대로 제소하여야만 하는 것은 아니며, 이와 같이 제3자간의 법률관계에 있어서는 상법 제380조, 제190조는 적용되지 아니한다(대법원 1992. 9. 22. 선고 91다5365 판결).

⑤ (O) … 이러한 규정들을 종합하여 보면, 여러 주주들이 함께 대표소송을 제기하기 위하여는 그들이 회사에 대하여 이사의 책임을 추궁할 소의 제기를 청구할 때와 회사를 위하여 그 소를 제기할 때 보유주식을 합산하여 상법 또는 구 증권거래법이 정하는 주식보유요건을 갖추면 되고, 소 제기 후에는 보유주식의 수가 그 요건에 미달하게 되어도 무방하다고 할 것이다. 그러나 대표소송을 제기한 주주 중 일부가 주식을 처분하는 등의 사유로 주식을 전혀 보유하지 아니하게 되어 주주의 지위를 상실하면, 특별한 사정이 없는 한 그 주주는 원고적격을 상실하여 그가 제기한 부분의 소는 부적법하게 되고, 이는 함께 대표소송을 제기한 다른 원고들이 주주의 지위를 유지하고 있다고 하여 달리 볼 것은 아니다(대법원 2013. 9. 12. 선고 2011다57869 판결).

핵심포인트 문 51 주식회사 관계 소송 ★★

- 주식을 취득한 자는 회사를 상대로 주주권 확인을 구할 이익 없음(∵ 주식 취득 사실을 증명함으로써 회사에 대하여 단독으로 명의개서 청구 可)
- 주식회사의 채권자는 회사가 제3자와 체결한 계약이 자신의 권리나 법적 지위를 구체적으로 침해하거나 이에 직접적으로 영향을 미치는 경우 그 계약의 무효 확인을 구할 수 있음 ○
- 회사가 제3자와 체결한 계약의 무효 확인을 구할 이익이 없으나, 회사가 영업의 전부 또는 중요한 일부를 양도하는 계약을 체결하는 경우 ⇨ 주식회사의 주주는 영업양도계약의 무효 확인을 구할 수 없음(∵ 주식회사의 주주는 직접 회사의 경영에 참여하지 못함)
- 주주총회결의 효력이 그 회사 아닌 제3자 사이의 소송에서 선결문제가 된 경우 ⇨ 당사자는 언제든지 당해 소송에서 주주총회결의가 처음부터 무효 또는 부존재라고 주장 可
- 주주대표소송의 원고들 중 1인인 甲이 주식을 처분하여 주주의 지위 상실하고 다른 원고가 주주의 지위를 유지하는 경우 ⇨ 원고들 중 1인 제기한 소 부분은 부적법

문 52 ★★

A 주식회사의 주주 甲, 乙, 丙은 A 주식회사를 상대로 위 회사의 임시주주총회결의 부존재 또는 무효 확인의 소를 제기하였다. 이에 관한 설명 중 옳지 않은 것은? (각 지문은 독립적이며, 다툼이 있는 경우 판례에 의함)

① 만약 丁이 丙의 명의를 빌려 A 주식회사의 주식을 인수하고 丙 명의로 주주명부 기재를 마친 것이라면, A 주식회사가 이러한 사실을 알았더라도 특별한 사정이 없는 한 丙은 주주총회에서 주주권을 행사할 수 있고 위 임시주주총회결의의 부존재 또는 무효 확인의 소를 제기할 수 있다.
② A 주식회사의 임시주주총회결의가 법령 및 정관상 요구되는 이사회 결의 및 소집 절차 없이 이루어졌다면, 설령 주주명부상 주주 전원이 참석하여 총회를 개최하는 데 동의하고 아무런 이의 없이 만장일치로 결의가 이루어졌더라도, 그 임시주주총회결의는 특별한 사정이 없는 한 부존재한다고 보아야 한다.
③ 위 소가 위 결의의 날부터 2개월 내에 제기되었다면, 동일한 하자를 원인으로 하여 위 결의의 날부터 2개월이 경과한 후 취소소송으로 소를 변경하거나 추가한 경우에도 취소소송의 제소기간을 준수하였다고 보아야 한다.
④ 제1심법원이 청구기각판결을 선고한 경우, 甲, 乙은 항소기간 내에 적법하게 항소하고 丙은 항소기간 내에 항소하지 않았더라도, 甲, 乙, 丙 전원에 대한 관계에서 판결의 확정이 차단되고 소송은 전체로서 항소심에 이심되며 항소심에서는 이들 전원에 대하여 심리·판단하여야 한다.
⑤ 위 소송에서 A 주식회사가 청구를 인낙하여 그 내용이 조서에 기재되더라도 그 인낙조서는 효력이 없다.

해설

① (O) 주식을 양수하였으나 아직 주주명부에 명의개서를 하지 아니하여 주주명부에는 양도인이 주주로 기재되어 있는 경우뿐만 아니라, 주식을 인수하거나 양수하려는 자가 타인의 명의를 빌려 회사의 주식을 인수하거나 양수하고 그 타인의 명의로 주주명부에의 기재까지 마치는 경우에도, 회사에 대한 관계에서는 주주명부상 주주만이 주주로서 의결권 등 주주권을 적법하게 행사할 수 있다. … 주주명부상 주주인 원고는 피고에 대한 관계에서 주주권을 행사할 권한을 가지므로 피고를 상대로 이 사건 주주총회결의의 무효확인 및 부존재확인 또는 취소의 소를 구할 자격이나 이익이 있다(대법원 2017. 3. 23. 선고 2015다248342 전원합의체 판결).

② (X) 주식회사의 임시주주총회가 법령 및 정관상 요구되는 이사회의 결의 및 소집절차 없이 이루어졌다 하더라도, 주주명부상의 주주 전원이 참석하여 총회를 개최하는 데 동의하고 아무런 이의 없이 만장일치로 결의가 이루어졌다면 그 결의는 특별한 사정이 없는 한 유효하다(대법원 2002. 12. 24. 선고 2000다69927 판결).

③ (O) 주주총회결의취소소송 제기기간 내에 그 결의 무효확인의 소를 제기하였다가 취소소송 제기기간 경과 후에 동일한 하자를 원인으로 한 취소소송으로 소를 변경하거나 추가한 경우, 취소소송의 제소기간을 준수한 것으로 보아야 한다(대법원 2007. 9. 6. 선고 2007다40000 판결). 주주총회결의 취소의 소는 상법 제376조에 따라 결의의 날로부터 2월 내에 제기하여야 할 것이나, 동일한 결의에 관하여 부존재확인의 소가 상법 제376조 소정의 제소기간 내에 제기되어 있다면, 동일한 하자를 원인으로 하여 결의의 날로부터 2월이 경과한 후 취소소송으로 소를 변경하거나 추가한 경우에도 부존재확인의 소 제기시에 제기된 것과 동일하게 취급하여 제소기간을 준수한 것으로 보아야 한다(대법원 2003. 7. 11. 선고 2001다45584 판결).

④ (O) 주주총회결의의 부존재 또는 무효 확인을 구하는 소의 경우, 상법 제380조에 의해 준용되는 상법 제190조 본문에 따라 청구를 인용하는 판결은 제3자에 대하여도 효력이 있다. 이러한 소를 여러 사람이 공동으로 제기한 경우 당사자 1인이 받은 승소판결의 효력이 다른 공동소송인에게 미치므로 공동소송인 사이에 소송법상 합일확정의 필요성이 인정되고, 상법상 회사관계소송에 관한 전속관할이나 병합심리 규정(상법

제186조, 제188조)도 당사자 간 합일확정을 전제로 하는 점 및 당사자의 의사와 소송경제 등을 함께 고려하면, 이는 민사소송법 제67조가 적용되는 필수적 공동소송에 해당한다(대법원 2021. 7. 22. 선고 2020다284977 전원합의체 판결). 민사소송법 제63조 제1항은 필요적 공동소송에 있어서 공동소송인 중 1인의 소송행위는 공동소송인 전원의 이익을 위하여서만 효력이 있다고 규정하고 있으므로 공동소송인 중 일부의 상소제기는 전원의 이익에 해당된다고 할 것이어서 다른 공동소송인에 대하여도 그 효력이 미칠 것이며, 사건은 필요적 공동소송인 전원에 대하여 확정이 차단되고 상소심에 이심된다고 할 것이다(대법원 1991. 12. 27. 선고 91다23486 판결).

⑤ (O) 주주총회결의의 부존재·무효를 확인하거나 결의를 취소하는 판결이 확정되면 당사자 이외의 제3자에게도 그 효력이 미쳐 제3자도 이를 다툴 수 없게 되므로, 주주총회결의의 하자를 다투는 소에 있어서 청구의 인낙이나 그 결의의 부존재·무효를 확인하는 내용의 화해·조정은 할 수 없고, 가사 이러한 내용의 청구인낙 또는 화해·조정이 이루어졌다 하여도 그 인낙조서나 화해·조정조서는 효력이 없다(대법원 2004. 9. 24. 선고 2004다28047 판결).

해답 ②

핵심포인트 문 52 임시주주총회결의 부존재 또는 무효 확인의 소 ★★

- 주주명부상 주주만이 주주총회결의의 무효확인 및 부존재확인 또는 취소의 소를 구할 자격이나 이익 있음
- 법령 및 정관상 요구되는 이사회의 결의 및 소집절차 없이 이루어진 주식회사의 임시주주총회 ⇨ 주주명부상의 주주 전원이 참석하여 총회를 개최하는 데 동의하고 아무런 이의 없이 만장일치로 결의 있으면 유효
- 주주총회결의취소소송 제기기간 내에 그 결의 무효확인·부존재확인의 소를 제기하였다가 취소소송 제기기간 경과 후에 동일한 하자를 원인으로 한 취소소송으로 소를 변경하거나 추가한 경우 ⇨ 취소소송의 제소기간을 준수한 것임 ○
- 제1심법원이 주주총회 부존재 또는 무효 확인의 소청구기각판결을 선고한 후에 주주일부 상소제기하는 경우 ⇨ 다른 주주 대하여도 그 효력 有, 주주전원에 대하여 확정이 차단되고 상소심에 이심 항소심에서는 이들 전원에 대하여 심리·판단해야 함(∵ 주주총회결의의 부존재·무효 확인을 구하는 소는 필요적 공동소송임)
- 주주총회 부존재 또는 무효 확인의 소송에서 피고인 주식회사가 청구를 인낙하여 그 내용이 조서에 기재되더라도 그 인낙조서는 효력 없음

문 53 ★★

주식회사의 대표이사 및 이사에 대한 해임청구 소송과 직무집행정지 및 직무대행자 선임 가처분에 관한 설명 중 옳지 않은 것은? (다툼이 있는 경우 판례에 의함)

① 이사해임의 소가 제기된 경우, 법원은 당사자의 신청으로 가처분에 의하여 그 이사의 직무집행을 정지할 수 있고 직무대행자를 선임할 수 있다. 다만 급박한 사정이 있는 때에는 본안소송의 제기 전에도 그 처분을 할 수 있다.
② 회사가 정기주주총회에서 영업의 전부 또는 중요한 일부의 양도에 관한 결의를 하고자 하는 경우, 대표이사의 직무대행자로 선임된 자가 위 정기주주총회를 적법하게 소집하기 위해서는 법원의 허가가 필요하다.
③ 법률 또는 정관에서 정한 이사 정원의 미달로 이사로서의 권리·의무를 행하고 있는 퇴임이사로 하여금

이사로서의 권리·의무를 가지게 하는 것이 불가능하거나 부적당한 경우, 퇴임이사를 상대로 그 직무집행의 정지를 구하는 가처분신청이 허용된다.

④ 법원의 직무집행정지 가처분결정에 의해 회사를 대표할 권한이 정지된 대표이사가 그 정지기간 중에 체결한 계약은 절대적으로 무효이고, 그 후 가처분신청의 취하에 의하여 보전집행이 취소되더라도 무효인 계약이 유효하게 되지 않는다.

⑤ 주식회사의 대표이사 甲과 이사 乙에 대한 각 직무집행 정지 및 직무대행자 선임 가처분결정이 발령되었다면, 설령 그 발령 전에 甲이 대표이사에서 퇴임하는 등기와 乙이 대표이사로 취임하는 등기가 마쳐졌더라도, 乙을 대표이사로 선임한 결의의 적법 여부에 관계없이 乙은 위 가처분결정의 효력발생일 이후에는 대표이사로서의 권한을 가지지 못한다.

해설

① (O), ② (O) 상법 제408조 제1항이 규정하는 회사의 '상무'라 함은 일반적으로 회사에서 일상 행해져야 하는 사무, 회사가 영업을 계속함에 있어서 통상 행하는 영업범위 내의 사무 또는 회사경영에 중요한 영향을 주지 않는 통상의 업무 등을 의미하고, 어느 행위가 구체적으로 이 상무에 속하는가 하는 것은 당해 회사의 기구, 업무의 종류·성질, 기타 제반 사정을 고려하여 객관적으로 판단되어야 할 것인바, 직무대행자가 정기주주총회를 소집함에 있어서도 그 안건에 이사회의 구성 자체를 변경하는 행위나 상법 제374조의 특별결의사항에 해당하는 행위 등 회사의 경영 및 지배에 영향을 미칠 수 있는 것이 포함되어 있다면 그 안건의 범위에서 정기총회의 소집이 상무에 속하지 않는다고 할 것이고, 직무대행자가 정기주주총회를 소집하는 행위가 상무에 속하지 아니함에도 법원의 허가 없이 이를 소집하여 결의한 때에는 소집절차상의 하자로 결의취소사유에 해당한다(대법원 2007. 6. 28. 선고 2006다62362 판결).

> 상법 제407조(직무집행정지, 직무대행자선임) ① 이사선임결의의 무효나 취소 또는 이사해임의 소가 제기된 경우에는 법원은 당사자의 신청에 의하여 가처분으로써 이사의 직무집행을 정지할 수 있고 또는 직무대행자를 선임할 수 있다. 급박한 사정이 있는 때에는 본안 소송의 제기전에도 그 처분을 할 수 있다.
>
> 상법 제408조(직무대행자의 권한) ① 전조의 직무대행자는 가처분명령에 다른 정함이 있는 경우 외에는 회사의 상무에 속하지 아니한 행위를 하지 못한다. 그러나 법원의 허가를 얻은 경우에는 그러하지 아니한다.

③ (X) 상법 제386조 제1항은 법률 또는 정관에 정한 이사의 원수를 결한 경우에는 임기의 만료 또는 사임으로 인하여 퇴임한 이사로 하여금 새로 선임된 이사가 취임할 때까지 이사의 권리의무를 행하도록 규정하고 있는바, 위 규정에 따라 이사의 권리의무를 행사하고 있는 퇴임이사로 하여금 이사로서의 권리의무를 가지게 하는 것이 불가능하거나 부적당한 경우 등 필요한 경우에는 상법 제386조 제2항에 정한 일시 이사의 직무를 행할 자의 선임을 법원에 청구할 수 있으므로, 이와는 별도로 상법 제386조 제1항에 정한 바에 따라 이사의 권리의무를 행하고 있는 퇴임이사를 상대로 해임사유의 존재나 임기만료·사임 등을 이유로 그 직무집행의 정지를 구하는 가처분신청은 허용되지 않는다(대법원 2009. 10. 29.자 2009마1311 결정).

④ (O) 법원의 직무집행정지 가처분결정에 의해 회사를 대표할 권한이 정지된 대표이사가 그 정지기간 중에 체결한 계약은 절대적으로 무효이고, 그 후 가처분신청의 취하에 의하여 보전집행이 취소되었다 하더라도 집행의 효력은 장래를 향하여 소멸할 뿐 소급적으로 소멸하는 것은 아니라 할 것이므로, 가처분신청이 취하되었다 하여 무효인 계약이 유효하게 되지는 않는다(대법원 2008. 5. 29. 선고 2008다4537 판결).

⑤ (O) 주식회사 이사의 직무집행을 정지하고 직무대행자를 선임하는 가처분은 성질상 당사자 사이뿐만 아니라 제3자에 대한 관계에서도 효력이 미치므로 가처분에 반하여 이루어진 행위는 제3자에 대한 관계에서도 무효이므로 가처분에 의하여 선임된 이사직무대행자의 권한은 법원의 취소결정이 있기까지 유효하게 존속한다. 또한 등기할 사항인 직무집행정지 및 직무대행자선임 가처분은 상법 제37조 제1항에 의하여 이를 등기하지 아니하면 위 가처분으로 선의의 제3자에게 대항하지 못하지만 악의의 제3자에게는 대항할 수 있고, 주식회사의 대표이사 및 이사에 대한 직무집행을 정지하고 직무대행자를 선임하는 법원의 가처분결정은 그

결정 이전에 직무집행이 정지된 주식회사 대표이사의 퇴임등기와 직무집행이 정지된 이사가 대표이사로 취임하는 등기가 경료되었다고 할지라도 직무집행이 정지된 이사에 대하여는 여전히 효력이 있으므로 가처분결정에 의하여 선임된 대표이사 및 이사 직무대행자의 권한은 유효하게 존속하고, 반면에 가처분결정 이전에 직무집행이 정지된 이사가 대표이사로 선임되었다고 할지라도 그 선임결의의 적법 여부에 관계없이 대표이사로서의 권한을 가지지 못한다(대법원 2014. 3. 27. 선고 2013다39551 판결).

해답 ③

핵심포인트 문 53 대표이사 및 이사에 대한 해임청구 소송과 직무집행정지 및 직무대행자 선임 가처분 ★★

- 이사해임의 소가 제기된 경우 ⇨ 법원은 당사자의 신청으로 가처분에 의하여 그 이사의 직무집행 정지할 수 있고 직무대행자 선임 可(다만, 급박한 사정이 있는 때에는 본안소송의 제기 전에도 그 처분할 수 있음)
- 직무대행자는 가처분명령에 다른 정함이 있는 경우나 법원의 허가를 얻은 경우에는 회사의 상무에 속하지 아니한 행위(ex. 영업의 전부 또는 중요한 일부의 양도에 관한 경의를 위한 정기주주총회소집)도 할 수 있음
- 퇴임이사로 하여금 이사로서의 권리·의무를 가지게 하는 것이 불가능하거나 부적당한 경우 퇴임이사를 상대로 그 직무집행의 정지를 구하는 가처분신청이 허용 ×
- 법원의 직무집행정지 가처분결정에 의해 회사를 대표할 권한이 정지된 대표이사가 그 정지기간 중에 체결한 계약 ⇨ 절대적으로 무효임(그 후 가처분신청의 취하에 의하여 보전집행이 취소되더라도 무효)
- 주식회사 대표이사 및 이사에 대한 직무집행 정지하고 직무대행자 선임하는 법원의 가처분결정은 그 결정 이전에 직무집행이 정지된 주식회사 대표이사의 퇴임등기와 직무집행이 정지된 이사가 대표이사로 취임하는 등기가 된 경우 ⇨ 가처분결정 이전에 직무집행이 정지된 이사가 대표이사로 선임되었다고 할지라도 그 선임결의의 적법 여부에 관계없이 대표이사 권한 없음

문 54

소멸시효에 관한 설명 중 옳지 않은 것은? (다툼이 있는 경우 판례에 의함)

① 상행위인 계약의 해제로 인한 원상회복청구권은 「상법」 제64조의 상사시효의 대상이 된다.
② 부부 중 한쪽이 다른 쪽에 대하여 가지는 권리는 혼인관계가 종료된 때부터 6개월 내에는 소멸시효가 완성되지 아니한다.
③ 보험계약자가 다수의 계약을 통하여 보험금을 부정 취득할 목적으로 보험계약을 체결하여 그것이 「민법」 제103조에 따라 선량한 풍속 기타 사회질서에 반하여 무효인 경우, 보험자의 보험금에 대한 부당이득반환청구권에는 「상법」 제64조를 유추적용하여 5년의 상사 소멸시효기간이 적용된다.
④ 배서인의 다른 배서인과 발행인에 대한 환어음상과 약속어음상의 청구권의 소멸시효는 그 자가 제소된 경우에는 전자에 대한 소송고지를 함으로 인하여 중단된다.
⑤ A 주식회사와 B 의료법인 사이에 체결한 부동산매매계약이, 매도인인 B 법인을 대표하여 그 매매계약을 체결한 대표자의 선임에 관한 이사회 결의의 부존재로 인하여 무효가 된 경우, 매수인 A 회사가 B 법인에게 이미 지급하였던 매매대금 상당액의 반환을 구하는 부당이득반환청구권에는 「상법」 제64조를 유추적용하여 5년의 상사 소멸시효기간이 적용된다.

해설

① (O) 상행위인 계약의 해제로 인한 원상회복청구권 또한 상법 제64조의 상사시효의 대상이 된다(대법원 2021. 9. 9. 선고 2020다299122 판결).

② (O) 민법 제180조 제2항

> 민법 제180조(재산관리자에 대한 제한능력자의 권리, 부부 사이의 권리와 시효정지) ① 재산을 관리하는 아버지, 어머니 또는 후견인에 대한 제한능력자의 권리는 그가 능력자가 되거나 후임 법정대리인이 취임한 때부터 6개월 내에는 소멸시효가 완성되지 아니한다.
> ② 부부 중 한쪽이 다른 쪽에 대하여 가지는 권리는 혼인관계가 종료된 때부터 6개월 내에는 소멸시효가 완성되지 아니한다.

③ (O) 보험계약자가 다수의 계약을 통하여 보험금을 부정 취득할 목적으로 보험계약을 체결하여 그것이 민법 제103조에 따라 선량한 풍속 기타 사회질서에 반하여 무효인 경우 보험자의 보험금에 대한 부당이득반환청구권은 상법 제64조를 유추적용하여 5년의 상사 소멸시효기간이 적용된다고 봄이 타당하다(대법원 2021. 7. 22. 선고 2019다277812 전원합의체 판결).

④ (O) 어음법 부칙 제80조 제1항

> 어음법 부칙 제80조(소송고지로 인한 시효중단) ① 배서인의 다른 배서인과 발행인에 대한 환어음상과 약속어음상의 청구권의 소멸시효는 그 자가 제소된 경우에는 전자에 대한 소송고지를 함으로 인하여 중단한다.

⑤ (X) 주식회사인 부동산 매수인이 의료법인인 매도인과의 부동산매매계약의 이행으로서 그 매매대금을 매도인에게 지급하였으나, 매도인 법인을 대표하여 위 매매계약을 체결한 대표자의 선임에 관한 이사회결의가 부존재하는 것으로 확정됨에 따라 위 매매계약이 무효로 되었음을 이유로 민법의 규정에 따라 매도인에게 이미 지급하였던 매매대금 상당액의 반환을 구하는 부당이득반환청구의 경우, 거기에 상거래 관계와 같은 정도로 신속하게 해결할 필요성이 있다고 볼 만한 합리적인 근거도 없으므로 위 부당이득반환청구권에는 상법 제64조가 적용되지 아니하고, 그 소멸시효기간은 민법 제162조 제1항에 따라 10년이다(대법원 2003. 4. 8. 선고 2002다64957,64964 판결).

문 54 소멸시효 ★★

- 「상법」 제64조 적용(유추적용)되어 5년 상사시효의 대상 ○
  - 상행위인 계약의 해제로 인한 원상회복청구권
  - 보험계약자가 다수의 계약을 통하여 보험금을 부정 취득할 목적으로 보험계약을 체결하여 「민법」 제103조에 따라 선량한 풍속 기타 사회질서에 반하여 무효인 경우 보험자의 보험금에 대한 부당이득반환청구권
- 「상법」 제64조 적용(유추적용)되어 5년 상사시효의 대상 ×
  - 주식회사인 부동산 매수인이 의료법인인 매도인과의 부동산매매계약의 이행으로서 그 매매대금을 매도인에게 지급하였으나 매매계약이 무효로 되었음을 이유로 민법의 규정에 따라 매도인에게 이미 지급하였던 매매대금 상당액의 반환을 구하는 부당이득반환청구
- 부부 중 한쪽이 다른 쪽에 대하여 가지는 권리는 혼인관계가 종료된 때부터 6개월 내에는 소멸시효가 완성되지 아니함
- 배서인의 다른 배서인과 발행인에 대한 환어음상과 약속어음상의 청구권의 소멸시효는 그 자가 제소된 경우에는 전자에 대한 소송고지를 함으로 인하여 중단함 ○

문 55

주권을 발행한 비상장회사 주식의 담보에 관한 설명 중 옳지 않은 것은? (다툼이 있는 경우 판례에 의함)

① 질권자는 계속하여 주권을 점유하지 아니하면 그 질권으로써 제3자에게 대항하지 못한다.
② 채무자가 채무담보 목적으로 주식을 채권자에게 양도하여 채권자가 주주명부상 주주로 기재된 경우에는 그 양수인이 주주로서 주주권을 행사할 수 있고, 비록 피담보채무가 변제 등으로 소멸하더라도 회사는 주주명부상 주주인 양수인의 주주권 행사를 부인할 수 없다.
③ 전환주식의 전환이 있는 때에는 이로 인하여 종전의 주주가 받을 주식에 대하여도 종전의 주식을 목적으로 한 질권을 행사할 수 있다.
④ 주식의 질권설정에 필요한 요건인 주권의 점유를 이전하는 방법으로는 현실 인도 외에 간이인도도 허용되나, 반환청구권 양도는 허용되지 않는다.
⑤ 만일 채권담보의 목적으로 이루어진 주식양도 약정 당시에 회사의 성립 후 이미 6개월이 경과하였음에도 불구하고 주권이 발행되지 않은 상태에 있었다면, 그 약정은 바로 주식의 양도담보로서의 효력을 가진다.

해설

① (O) 상법 제338조 제2항

> 상법 제338조(주식의 입질) ① 주식을 질권의 목적으로 하는 때에는 주권을 질권자에게 교부하여야 한다.
> ② 질권자는 계속하여 주권을 점유하지 아니하면 그 질권으로써 제삼자에게 대항하지 못한다.

② (O) 채무자가 채무담보 목적으로 주식을 채권자에게 양도하여 채권자가 주주명부상 주주로 기재된 경우, 그 양수인이 주주로서 주주권을 행사할 수 있고 회사 역시 주주명부상 주주인 양수인의 주주권 행사를 부인할 수 없다. … 특별항고인은 신청인이 이 사건 주식의 양도담보권자인데 피담보채무가 변제로 소멸하여 더 이상 주주라고 할 수 없으므로 이 사건 임시주주총회 소집허가 신청이 권리남용에 해당한다고 주장한다. 신청외 1 등이 채무담보 목적으로 이 사건 주식을 신청인에게 양도한 것으로 보이기는 하지만, 이 사건 주식의 반환을 청구하는 등의 조치가 없는 이상 신청인이 여전히 주주이고 특별항고인이 주장하는 사정과 제출한 자료만으로 신청인이 주주가 아니라거나 이 사건 임시주주총회 소집허가 신청이 권리남용에 해당한다고 볼 수 없다(대법원 2020. 6. 11.자 2020마5263 결정).

③ (O) 상법 제339조

> 상법 제339조(질권의 물상대위) 주식의 소각, 병합, 분할 또는 전환이 있는 때에는 이로 인하여 종전의 주주가 받을 금전이나 주식에 대하여도 종전의 주식을 목적으로 한 질권을 행사할 수 있다.

④ (X) 상법 제338조 제1항의 교부는 현실적인 인도에 국한하지 않고 간이인도 또는 반환청구권의 양도도 허용된다(송옥렬, 상법강의 제14판 p.898)

> 상법 제338조(주식의 입질) ① 주식을 질권의 목적으로 하는 때에는 주권을 질권자에게 교부하여야 한다.

⑤ (O) 채권담보의 목적으로 이루어진 주식양도 약정 당시에 회사의 성립 후 이미 6개월이 경과하였음에도 불구하고 주권이 발행되지 않은 상태에 있었다면, 그 약정은 바로 주식의 양도담보로서의 효력을 갖는다(대법원 1995. 7. 28. 선고 93다61338 판결).

해답 ④

핵심포인트 문 55. 주권을 발행한 비상장회사 주식의 담보 ★★

- 질권자는 계속하여 주권을 점유하지 아니하면 그 질권으로써 제3자에게 대항 불가
- 채무자가 채무담보 목적 주식을 채권자에게 양도하여 채권자가 주주명부상 주주로 기재된 경우
  - 양수인이 주주로서 주주권 행사할 수 있음
  - 회사는 피담보채무가 변제 소멸하더라도 주주명부상 주주인 양수인 주주권 행사 부인할 수 없음
- 전환주식의 전환이 있는 때 이로 인하여 종전의 주주가 받을 주식에 대하여도 종전의 주식을 목적으로 한 질권을 행사할 수 있음
- 주식의 질권설정에 필요한 요건인 주권의 점유를 이전하는 방법 ⇨ 현실 인도 외에 간이인도, 반환청구권 양도도 허용 ○
- 채권담보의 목적 주식양도 약정 당시에 회사의 성립 후 이미 6개월이 경과하였음에도 불구하고 주권이 발행되지 않은 상태인 경우 ⇨ 그 약정은 바로 주식의 양도담보로서의 효력 가짐 ○

문 56 ★★

법인의 이사에 관한 설명 중 옳은 것을 모두 고른 것은? (다툼이 있는 경우 판례에 의함)

ㄱ. 「민법」상 법인의 정관에 대표권의 제한에 관한 규정이 있으나 그 취지가 등기되어 있지 않다면 법인은 정관의 규정에 대하여 선의·악의에 관계없이 제3자에 대하여 대항할 수 없다.
ㄴ. 「민법」상 법인의 상태가 임기만료된 이사에게 후임 이사 선임 시까지 업무수행권을 인정할 필요가 있는 경우에 해당하더라도, 그 임기만료된 이사에게 이사로서의 지위는 인정되지 아니한다.
ㄷ. 「민법」 제63조에 의하여 법원이 선임한 임시이사 및 「상법」 제386조 제2항에 의하여 법원이 선임한 일시이사는 모두 법인의 통상사무에 속하지 아니한 행위를 하지 못한다.
ㄹ. 주식회사의 퇴임이사는 새로 선임된 이사가 취임하거나 「상법」 제386조 제2항에 따라 일시이사가 선임되어도, 별도의 주주총회 해임결의가 있어야 이사로서의 권리의무를 상실한다.
ㅁ. 주식회사 이사의 임기가 최종 결산기의 말일과 당해 결산기에 관한 정기주주총회 사이에 만료되는 경우에는 정관으로 그 임기를 정기주주총회 종결일까지 연장할 수 있다.

① ㄱ, ㅁ
② ㄱ, ㄴ, ㄷ
③ ㄱ, ㄴ, ㅁ
④ ㄷ, ㄹ, ㅁ
⑤ ㄱ, ㄴ, ㄷ, ㅁ

해설

ㄱ.(O) 법인의 정관에 법인 대표권의 제한에 관한 규정이 있으나 그와 같은 취지가 등기되어 있지 않다면 법인은 그와 같은 정관의 규정에 대하여 선의냐 악의냐에 관계없이 제3자에 대하여 대항할 수 없다(대법원 1992. 2. 14. 선고 91다24564 판결).

ㄴ.(O) 법인의 상태가 임기만료된 이사에게 후임 이사 선임 시까지 업무수행권을 인정할 필요가 있는 경우에 해당한다 하더라도, 임기만료된 이사의 업무수행권은 급박한 사정을 해소하기 위하여 퇴임이사로 하여금 업무를 수행하게 할 필요가 있는지를 개별적·구체적으로 가려 인정할 수 있는 것이지 퇴임이사라는 사정만

으로 당연히 또 포괄적으로 부여되는 지위는 아니므로, 그 임기만료된 이사에게 이사로서의 지위는 인정되지 아니한다(대법원 1996. 12. 10. 선고 96다37206 판결).

ㄷ.(X) 민법상의 법인에 대하여 민법 제63조에 의하여 법원이 선임한 임시이사는 원칙적으로 정식이사와 동일한 권한을 가진다(대법원 2013. 6. 13. 선고 2012다40332 판결). 임기가 연장된 이사는 물론이고 퇴임이사 일시이사는 모두 회사가 정상적으로 운영되게 하는 것이므로 그 권한은 원칙적으로 본래의 이사와 동일하다(송옥렬, 상법강의 제14판 p.1004).

ㄹ.(X) 임기만료로 퇴임한 이사라 하더라도 상법 제386조 제1항 등에 따라 새로 선임된 이사의 취임 시까지 이사로서의 권리의무를 가지게 될 수 있으나(이하 '퇴임이사'라고 한다), 그와 같은 경우에도 새로 선임된 이사가 취임하거나 상법 제386조 제2항에 따라 일시 이사의 직무를 행할 자가 선임되면 별도의 주주총회 해임결의 없이 이사로서의 권리의무를 상실하게 된다(대법원 2021. 8. 19. 선고 2020다285406 판결).

ㅁ.(O) 상법 제383조 제3항은 이사의 임기는 3년을 초과할 수 없도록 규정한 같은 조 제2항에 불구하고 정관으로 그 임기 중의 최종의 결산기에 관한 정기주주총회의 종결에 이르기까지 이를 연장할 수 있다고 규정하고 있는바 … 위 규정상의 '임기 중의 최종의 결산기에 관한 정기주주총회'라 함은 임기 중에 도래하는 최종의 결산기에 관한 정기주주총회를 말하고, 임기 만료 후 최초로 도래하는 결산기에 관한 정기주주총회 또는 최초로 소집되는 정기주주총회를 의미하는 것은 아니므로, 위 규정은 결국 이사의 임기가 최종 결산기의 말일과 당해 결산기에 관한 정기주주총회 사이에 만료되는 경우에 정관으로 그 임기를 정기주주총회 종결일까지 연장할 수 있도록 허용하는 규정이라고 보아야 한다(대법원 2010. 6. 24. 선고 2010다13541 판결).

 ③

핵심포인트 문 56 법인의 이사 ★★

- 「민법」상 법인의 정관에 대표권의 제한에 관한 규정에 등기되지 않은 경우 법인은 정관의 규정에 대하여 선의냐 악의냐에 관계없이 제3자에 대해 대항할 수 없음
- 「민법」상 법인의 상태가 임기만료된 이사에게 후임 이사 선임 시까지 업무수행권을 인정할 필요가 있는 경우에도 임기만료된 이사에게 이사로서의 지위는 인정 ×
- 민법상의 법인에 대하여 민법 제63조에 의하여 법원이 선임한 임시이사는 원칙적으로 정식이사와 동일한 권한 가짐
- 새로 선임된 이사가 취임하거나 상법 제386조 제2항에 따라 일시 이사의 직무를 행할 자가 선임되면 임기만료로 퇴임한 이사는 별도 주주총회 해임결의 없이 이사로서의 권리의무 상실함
- 상법 제383조 제3항 규정은 이사 임기가 최종 결산기의 말일과 당해 결산기에 관한 정기주주총회 사이에 만료되는 경우에 정관으로 그 임기를 정기주주총회 종결일까지 연장할 수 있도록 허용하는 규정임

문 57 ★★

甲은 위탁매매업자 乙에게 중고 자동차의 매도를 위탁하였다. 이에 관한 설명 중 옳지 않은 것은?

① 甲이 지정한 가격보다 100만 원이 낮은 가격에 중고 자동차를 매도한 경우, 乙이 그 차액을 부담하면 그 매매는 甲에게 효력이 있다.
② 乙이 丙에게 중고 자동차를 매도한 경우, 丙은 甲을 상대로 직접 위 자동차의 인도를 구할 수 있다.

③ 중고 자동차에 관하여 거래소의 시세가 있을 경우에 乙은 직접 매수인이 될 수 있고, 그 매수가는 乙이 甲에게 통지를 발송할 때의 거래소의 시세에 따른다.
④ 乙로부터 중고 자동차를 매수한 자가 乙에게 그 채무를 이행하지 않는 경우, 다른 약정이나 관습이 없는 한 乙은 甲에게 이를 이행할 책임이 있다.
⑤ 매도 위탁에 따라 乙이 甲으로부터 받은 중고 자동차는 甲과 乙의 채권자 간의 관계에서는 甲의 소유로 본다.

해설

① (O) 상법 제106조 제1항

> 상법 제106조(지정가액준수의무) ① 위탁자가 지정한 가액보다 염가로 매도하거나 고가로 매수한 경우에도 위탁매매인이 그 차액을 부담한 때에는 그 매매는 위탁자에 대하여 효력이 있다.

② (X) 위탁자는 매매계약의 당사자가 아니므로 거래상대방과 아무 법률관계가 형성되지 않으므로(송옥렬, 상법강의 제14판 p.165). 거래상대방 丙은 위탁자인 甲을 상대로 직접 위 자동차의 인도를 구할 수 없다.

> 상법 제102조(위탁매매인의 지위) 위탁매매인은 위탁자를 위한 매매로 인하여 상대방에 대하여 직접 권리를 취득하고 의무를 부담한다.

③ (O) 상법 제107조 제1항

> 상법 제107조(위탁매매인의 개입권) ① 위탁매매인이 거래소의 시세가 있는 물건 또는 유가증권의 매매를 위탁받은 경우에는 직접 그 매도인이나 매수인이 될 수 있다. 이 경우의 매매대가는 위탁매매인이 매매의 통지를 발송할 때의 거래소의 시세에 따른다.

④ (O) 상법 제105조

> 상법 제105조(위탁매매인의 이행담보책임) 위탁매매인은 위탁자를 위한 매매에 관하여 상대방이 채무를 이행하지 아니하는 경우에는 위탁자에 대하여 이를 이행할 책임이 있다. 그러나 다른 약정이나 관습이 있으면 그러하지 아니하다.

⑤ (O) 상법 제103조는 … 위탁자와 위탁매매인 사이 또는 위탁자와 위탁매매인의 채권자 사이의 관계에 있어서는 위탁매매인의 실제의 양도행위가 없더라도 위 물건 또는 채권을 위탁자의 재산으로 의제하는 것이다(대법원 2011. 7. 14. 선고 2011다31645 판결).

> 상법 제103조(위탁물의 귀속) 위탁매매인이 위탁자로부터 받은 물건 또는 유가증권이나 위탁매매로 인하여 취득한 물건, 유가증권 또는 채권은 위탁자와 위탁매매인 또는 위탁매매인의 채권자 간의 관계에서는 이를 위탁자의 소유 또는 채권으로 본다.

핵심 포인트 | 문 57 위탁매매 ★★

- 위탁자가 지정한 가액보다 염가로 매도하거나 고가로 매수한 경우 ⇨ 위탁매매인이 그 차액을 부담한 때에는 그 매매는 위탁자에 대하여 효력 有
- 위탁매매인(위탁자×)은 위탁자를 위한 매매로 인하여 상대방에 대하여 직접 권리를 취득하고 의무를 부담함
- 거래소의 시세가 있을 경우 위탁매매인은 직접 매수인이 될 수 있고 그 매수가는 위탁매매인이 위탁자에게 통지를 발송할 때의 거래소의 시세에 따름

- 위탁매매인은 위탁자를 위한 매매에 관하여 상대방이 채무를 이행하지 아니하는 경우 다른 약정이나 관습이 없는 한 위탁자에 대하여 이행할 책임 有
- 위탁매매인이 위탁자로부터 받은 물건 또는 유가증권이나 위탁매매로 인하여 취득한 물건, 유가증권 또는 채권은 위탁자와 위탁매매인 또는 위탁매매인의 채권자간의 관계에서는 이를 위탁자의 소유 또는 채권으로 봄

문 58 ★★

보험계약 체결 시 보험계약자 또는 피보험자가 부담하는 고지의무에 관한 설명 중 옳지 않은 것은? (다툼이 있는 경우 판례에 의함)

① 손해보험에서 중복보험을 체결한 사실은 고지의무의 대상이 되는 중요한 사항에 해당하지 않는다.
② 고지의무 위반을 이유로 한 보험자의 보험계약 해지권의 행사는 보험사고가 발생한 후에도 할 수 있다.
③ 고지의무를 위반한 경우에도 보험자가 고지의무 위반의 사실을 안 날부터 1개월이 경과하거나 계약성립일부터 3년이 경과한 때에는 보험계약을 해지할 수 없다.
④ 고지의무를 위반한 사실과 보험사고 발생 사이에 인과관계가 없음이 증명된 경우, 보험자는 고지의무 위반을 이유로 보험계약을 해지할 수 있으나 보험금을 지급할 책임은 있다.
⑤ 고지의무 위반이 사기에 해당하는 경우, 보험자는 「상법」 제651조에 따라 보험계약을 해지할 수는 있으나 「민법」 제110조에 따라 보험계약을 취소할 수는 없다.

해설

① (O) … 중복보험을 체결한 사실은 상법 제651조의 고지의무의 대상이 되는 중요한 사항에 해당되지 아니한다(대법원 2003. 11. 13. 선고 2001다49623 판결).

② (O), ③ (O), ④ (O) 보험자는 보험사고의 전후를 불문하고 고지의무 위반을 이유로 보험계약을 해지할 수 있다(송옥렬, 상법강의 제14판 p.263). 보험자는 고지의무를 위반한 사실과 보험사고의 발생 사이의 인과관계를 불문하고 상법 제651조에 의하여 고지의무위반을 이유로 계약을 해지할 수 있다고 할 것이다. 그러나 보험금액청구권에 관해서는 보험사고 발생 후에 고지의무위반을 이유로 보험계약을 해지한 때에는 고지의무에 위반한 사실과 보험사고 발생 사이의 인과관계에 따라 보험금액 지급책임이 달라진다고 할 것이고, 그 범위 내에서 계약해지의 효력이 제한될 수 있다고 할 것이다(대법원 2010. 7. 22. 선고 2010다25353 판결).

> **상법 제651조(고지의무위반으로 인한 계약해지)** 보험계약당시에 보험계약자 또는 피보험자가 고의 또는 중대한 과실로 인하여 중요한 사항을 고지하지 아니하거나 부실의 고지를 한 때에는 보험자는 그 사실을 안 날부터 1월 내에, 계약을 체결한 날로부터 3년 내에 한하여 계약을 해지할 수 있다. 그러나 보험자가 계약당시에 그 사실을 알았거나 중대한 과실로 인하여 알지 못한 때에는 그러하지 아니하다
>
> **상법 제655조(계약해지와 보험금청구권)** 보험사고가 발생한 후라도 보험자가 제650조, 제651조, 제652조 및 제653조에 따라 계약을 해지하였을 때에는 보험금을 지급할 책임이 없고 이미 지급한 보험금의 반환을 청구할 수 있다. 다만, 고지의무(告知義務)를 위반한 사실 또는 위험이 현저하게 변경되거나 증가된 사실이 보험사고 발생에 영향을 미치지 아니하였음이 증명된 경우에는 보험금을 지급할 책임이 있다.

⑤ (X) 보험계약을 체결하면서 중요한 사항에 관한 보험계약자의 고지의무 위반이 사기에 해당하는 경우에는 보험자는 상법의 규정에 의하여 계약을 해지할 수 있음은 물론 보험계약에서 정한 취소권 규정이나 민법의 일반원칙에 따라 보험계약을 취소할 수 있다. 따라서 보험금을 부정취득할 목적으로 다수의 보험계약이 체결된 경우에 민법 제103조 위반으로 인한 보험계약의 무효와 고지의무 위반을 이유로 한 보험계약의 해지

나 취소는 그 요건이나 효과가 다르지만, 개별적인 사안에서 각각의 요건을 모두 충족한다면 위와 같은 구제수단이 병존적으로 인정되고, 이 경우 보험자는 보험계약의 무효, 해지 또는 취소를 선택적으로 주장할 수 있다(대법원 2017. 4. 7. 선고 2014다234827 판결).

핵심포인트 문 58 고지의무 ★★

- 중복보험을 체결한 사실은 상법 제651조의 고지의무의 대상이 되는 중요한 사항 ×
- 고지의무 위반을 이유로 한 보험자의 보험계약 해지권의 행사는 보험사고가 발생한 후에도 할 수 있음
- 고지의무를 위반한 경우에도 보험자가 고지의무 위반의 사실을 안 날부터 1개월이 경과하거나 계약성립일부터 3년이 경과한 때에는 보험계약 해지 불가
- 고지의무를 위반한 사실과 보험사고 발생 사이에 인과관계가 없음이 증명된 경우 ⇨ 보험자는 고지의무 위반을 이유로 보험계약 해지 가, 보험금을 지급할 책임 有
- 고지의무 위반이 사기에 해당하는 경우 ⇨ 보험자는「상법」제651조에 따라 보험계약을 해지 가 &「민법」제110조에 따라 보험계약을 취소 가

문 59 ★★

상호 및 상호권에 관한 설명 중 옳지 않은 것은? (다툼이 있는 경우 판례에 의함)

① 甲이 상호를 먼저 등기한 후에 乙이 그와 동일 또는 유사한 상호를 동종영업의 상호로 등기하였다면, 甲은 자신이 선(先)등기자라는 이유를 들어 乙을 상대로 그 상호등기의 말소를 청구할 수 있다.
② 甲이 자신의 상호를 등기하지 않고 있는 동안에 乙이 부정한 목적으로 甲의 영업으로 오인할 수 있는 상호를 사용하여 甲이 손해를 받을 염려가 있는 경우, 甲은 乙에 대하여 乙이 등기한 상호의 말소를 청구할 수 있다.
③ 하나의 영업에 여러 상호를 사용하는 것은 원칙적으로 금지되지만, 반대로 한 상인이 수 개의 영업을 영위하면서 하나의 상호를 공통적으로 사용하는 것은 허용된다.
④ 회사의 경우 상호는 반드시 등기해야 하지만, 자연인의 경우 상호를 반드시 등기해야 하는 것은 아니다.
⑤ 상호는 영업과 함께 양도하여야 하나, 영업을 폐지한 경우에는 상호만 양도할 수 있다.

해설

① (X), ② (O) 상법 제23조는 동일, 유사상호에 적용하지만 제22조는 유사상호가 아니라 동일 상호에만 적용된다(송옥렬, 상법강의 제14판 p.56). 상법 제23조는 등기 또는 미등기 상호권자에게 상호폐지권의 형태로 규정하고 있다. 상호권자는 다른 사용자에 대해서 그 상호를 사용하지 말 것을 청구할 수 있으며, 심지어 다른 사용자가 이를 등기한 경우에도 그 상호등기의 말소를 청구할 수 있다(송옥렬, 상법강의 제14판 p.53). 상법 제22조의 규정 취지 및 상업등기법 제30조의 개정 경위 등에 비추어 볼 때, 2009. 5. 28. 법률 제9749호로 개정된 상업등기법 시행 후에는 상법 제22조에 의하여 선등기자가 후등기자를 상대로 등기의 말소를 소로써 청구할 수 있는 효력이 미치는 범위 역시 개정 상업등기법 제30조에 상응하도록 동일한 상호에 한정된다고 보아야 한다(대법원 2011. 12. 27. 선고 2010다20754 판결). 따라서 甲은 자신이 선(先)등기자가 아니라 선(先) 상호 사용자라는 이유를 들어 乙을 상대로 그 상호등기의 말소를 청구할 수 있다.

> 상법 제22조(상호등기의 효력) 타인이 등기한 상호는 동일한 특별시·광역시·시·군에서 동종영업의 상호로 등기하지 못한다.
>
> 상법 제23조(주체를 오인시킬 상호의 사용금지) ① 누구든지 부정한 목적으로 타인의 영업으로 오인할 수 있는 상호를 사용하지 못한다.
> ② 제1항의 규정에 위반하여 상호를 사용하는 자가 있는 경우에 이로 인하여 손해를 받을 염려가 있는 자 또는 상호를 등기한 자는 그 폐지를 청구할 수 있다.

③ (O) 제21조 제1항의 상호의 단일성은 둘 이상의 상호를 사용하게 되면 영업의 동일성에 대해서 혼동을 줄 수 있기 때문이다. 반대로 한 상인이 수 개의 영업을 영위하면서 하나의 상호를 공통적으로 사용하는 것은 허용된다(송옥렬, 상법강의 제14판 p.51).

> 상법 제21조(상호의 단일성) ① 동일한 영업에는 단일상호를 사용하여야 한다.

④ (O) 회사의 상호는 반드시 등기할 것이 요구되지만, 자연인의 경우에는 등기가 강제되지 않는다(송옥렬, 상법강의 제14판 p.51).

⑤ (O) 상호는 영업과 함께 하는 경우에만 양도할 수 있는 것이 원칙이다. 그러나 예외적으로 영업을 폐지하는 경우에는 이러한 일반의 신뢰를 해할 염려가 없기 때문에 상호만 분리하여 양도할 수 있다(송옥렬, 상법강의 제14판 p.60).

> 상법 제25조(상호의 양도) ① 상호는 영업을 폐지하거나 영업과 함께 하는 경우에 한하여 이를 양도할 수 있다.

핵심포인트 문 59 상호 및 상호권 ★★

- 제22조(상호등기의 효력)는 유사상호가 아니라 동일 상호에만 적용 ○
- 상법 제23조의 상호폐지
  - 선상호 사용자라는 이유를 들어 다른 사용자가 이를 등기한 경우에도 그 상호등기 말소 청구 가
  - 선상호 사용자가 미등기 동안 후사용 사용인이 부정한 목적으로 선상호 사용자의 영업으로 오인할 수 있는 상호를 사용하여 선상호 사용자가 손해를 받을 염려가 있는 경우 ⇨ 선상호 사용자는 후사용 사용인에게 상호 말소 청구 가
- 하나의 영업에 여러 상호를 사용하는 것은 원칙적으로 금지/한 상인이 수 개의 영업을 영위하면서 하나의 상호를 공통적으로 사용하는 것은 허용 ○
- 회사의 경우 상호는 반드시 등기해야 함/자연인의 경우 상호를 반드시 등기해야 하는 것은 아님
- 상호는 영업과 함께 양도하여야 함/영업을 폐지한 경우에는 상호만 양도할 수 있음

문 60 ★★

어음의 선의취득에 관한 설명 중 옳지 않은 것은? (다툼이 있는 경우 판례에 의함)

① 어음의 선의취득으로 인하여 치유되는 하자의 범위에는 양도인이 무권리자인 경우뿐만 아니라 양도행위에 대리권의 흠결이나 하자가 있는 경우도 포함된다.

② 어음채무자의 인적 항변사실에 관하여 어음의 선의취득자가 어음채무자를 해할 것을 알고 취득하더라도 인적 항변은 절단된다.

③ 어음을 선의취득한 자의 경우에도 공시최고절차에서 권리 신고를 하지 않은 채 그 어음에 대한 제권판결이 선고된 이상 불복의 소를 제기하여 취소판결을 받기 전에는 그 어음상 권리를 주장할 수 없다.
④ 어음을 지명채권 양도방법이나 전부명령에 의하여 취득한 경우에는 선의취득이 인정되지 않는다.
⑤ 선의취득자로부터 그 권리를 양수한 자는 설사 양도인이 그 이전에 무권리자로부터 취득하였다는 점에 관하여 악의라 할지라도 완전한 권리를 취득한다.

해설

① (O) 어음의 선의취득으로 인하여 치유되는 하자의 범위 즉, 양도인의 범위는 양도인이 무권리자인 경우뿐만 아니라 대리권의 흠결이나 하자 등의 경우도 포함된다(대법원 1995. 2. 10. 선고 94다55217 판결).

② (X) 통설은 선의취득은 권리귀속에 대한 문제이고 인적항변은 채무의 부담에 대한 문제라는 관점에서 선의취득은 어음·수표항변의 절단과는 아무관계가 없다고 본다(송옥렬, 상법강의 제14판 p.640).

> 어음법 제17조(인적 항변의 절단) 환어음에 의하여 청구를 받은 자는 발행인 또는 종전의 소지인에 대한 인적 관계로 인한 항변(抗辯)으로써 소지인에게 대항하지 못한다. 그러나 소지인이 그 채무자를 해할 것을 알고 어음을 취득한 경우에는 그러하지 아니하다.

③ (O) 약속어음에 관한 제권판결의 효력은 그 판결 이후에 있어서 당해 어음을 무효로 하고 공시최고 신청인에게 어음을 소지함과 동일한 지위를 회복시키는 것에 그치는 것이고, 공시최고 신청인이 실질상의 권리자임을 확정하는 것은 아니나, 취득자가 소지하고 있는 약속어음은 제권판결의 소극적 효과로서 약속어음으로서의 효력이 상실되는 것이므로 약속어음의 소지인은 무효로 된 어음을 유효한 어음이라고 주장하여 어음금청구를 할 수는 없는 것이다. 따라서 이와 같은 견해에 터잡아 원고의 이 사건 약속어음금청구를 배척한 원심의 조처는 정당하고, 거기에 어음의 선의취득과 제권판결에 관한 법리를 오해한 위법이 있다고 할 수 없고, 원고가 공시최고전에 선의취득하여 소송을 제기하였다고 하여 달리 볼 것이 아니다(대법원 1993. 11.09 선고 93다32934 판결).

④ (O) 선의취득은 유통을 보호하기 위해서 마련된 특칙으로 어음법에서 마련된 유통방법에 의하여 어음을 취득하는 경우에만 선의취득이 인정된다. 상속이나 합병 등 포괄승계에 의한 취득은 포함되지 아니하며 특정승계의 경우에도 지명채권 양도방법에 의하거나 전부명령 등으로 취득한 경우에는 어음의 선의취득이 인정되지 않는다(송옥렬, 상법강의 제14판 p.635).

⑤ (O) 선의취득자 이후 그 권리를 양수한 자는 선의취득자가 원시취득한 권리를 승계취득하는 것이므로, 설사 그 이전의 무권리에 대해서 악의라고 하더라도 완전한 권리를 취득한다. 이를 엄폐물의 법칙이라고 한다(송옥렬, 상법강의 제14판 p.640)

 ②

핵심포인트 문 60 어음의 선의취득 ★★

- 어음의 선의취득으로 인하여 치유되는 하자의 범위에는 양도인이 무권리자인 경우뿐만 아니라 양도행위에 대리권의 흠결이나 하자가 있는 경우도 포함
- 선의취득은 어음·수표항변의 절단과는 아무관계가 없음(∵ 선의취득은 권리귀속에 대한 문제이고 인적항변은 채무의 부담에 대한 문제임)
- 어음을 선의취득한 자의 경우공시최고절차에서 권리 신고를 하지 않은 채 그 어음에 대한 제권판결이 선고된 이상 불복의 소를 제기하여 취소판결을 받기 전에는 그 어음상 권리 주장 不可

- 어음을 지명채권 양도방법이나 전부명령에 의하여 취득한 경우에는 선의취득은 인정 ×(∵ 어음법에서 마련된 유통방법에 의하여 어음을 취득하는 경우에만 선의취득이 인정)
- 선의취득자 이후 그 권리를 양수한 자는 그 이전의 무권리에 대해서 악의라고 하더라도 완전한 권리 취득함 ○(엄폐물의 법칙)

문 61 ★★

甲은 乙에게 1,000만 원의 범위에서 어음금액을 보충할 수 있는 보충권을 부여하고, 어음금액만을 기재하지 않은 채 약속어음을 발행·교부하였다. 이에 관한 설명 중 옳지 않은 것은? (다툼이 있는 경우 판례에 의함)

① 乙이 甲을 상대로 어음금액을 보충하지 않고 어음금청구의 소를 제기한 경우, 사실심 변론 종결 시까지 보충권을 행사하여야 한다.
② 乙이 어음금액을 2,000만 원으로 기재한 후 이를 중대한 과실 없이 믿은 丙에게 어음을 배서양도한 경우, 甲은 丙에게 기재된 문구대로 어음채무를 부담한다.
③ 乙이 어음금액을 보충하지 않은 채 甲에게 지급제시한 경우, 甲은 이행지체책임을 지지 않는다.
④ 乙로부터 만기가 도래하기 전에 배서양도를 받은 丙이 지급제시기간이 경과한 후 어음금액을 보충하였다면 乙의 배서는 기한 후 배서이다.
⑤ 乙이 어음금액을 보충하지 않은 채 어음을 분실한 경우에도 공시최고에 의한 제권판결을 받을 수 있다.

해설

① (O) 약속어음의 소지인이 전소의 사실심 변론종결일까지 백지보충권을 행사하여 어음금의 지급을 청구할 수 있었음에도 위 변론종결일까지 백지 부분을 보충하지 않아 이를 이유로 패소판결을 받고 그 판결이 확정된 후에 백지보충권을 행사하여 어음이 완성된 것을 이유로 전소 피고를 상대로 다시 동일한 어음금을 청구하는 경우에는, 위 백지보충권 행사의 주장은 특별한 사정이 없는 한 전소판결의 기판력에 의하여 차단되어 허용되지 않는다고 할 것이다(대법원 2008. 11. 27. 선고 2008다59230 판결).

② (O) 어음의 위조라고 하는 것은 어음행위자의 명의를 조작하는 것을 말하는데 백지어음의 부당보충의 경우에는 그 보충으로 인하여 완성된 어음행위의 주체는 의연히 당초의 어음행위자 그대로이고 다만 합의된 내용과 상이한 기재가 이루어진 것에 불과한 것이어서 어음의 위조와 보충권의 남용은 그 개념이 서로 다르기 때문이며 논지지적의 본원 판결은 형사법적 측면에서 다룬 판결로서 그 판결이 어음의 백지부분인 금액란이 부당보충된 어음을 취득한 사람에 대하여 어음법의 측면에서도 어음의 위조의 법조에 따라서 가려져야 하고 어음법 제77조 제2항, 제10조의 백지어음취득에 관한 법조의 적용이 배제되는 것이라고 단정한 것은 아니라고 할 것이니 그 판결이 원판결의 결과에 방해되는 것이라고 볼 수는 없다. 논지는 이유없다(대법원 1978. 3. 14. 선고 77다2020 판결).

> **어음법 제10조(백지어음)** 미완성으로 발행한 환어음에 미리 합의한 사항과 다른 내용을 보충한 경우에는 그 합의의 위반을 이유로 소지인에게 대항하지 못한다. 그러나 소지인이 악의 또는 중대한 과실로 인하여 환어음을 취득한 경우에는 그러하지 아니하다.

③ (O) ··· 백지어음을 백지의 보충없이 제시한 경우에는 채무자는 이행지체의 책임을 지지 않는다(대법원 1970. 3. 10. 선고 69다2184 판결).

④ (X) 전원합의체판결, 본판결로 65.8.31 65다1217 판결 변경 백지어음에 있어서 백지의 보충시와 어음행위

자체의 성립시기와는 엄격히 구별하여야 할 문제로서 백지의 보충없이는 어음상의 권리를 행사할 수 없으나 어음행위의 성립시기를 곧 백지의 보충시기로 의제할 수는 없는 것이며 그 성립시기는 그 어음행위 자체의 성립시기로 결정하여야 할 것이므로 백지어음에 만기 전에 한 배서는 만기 후에 백지가 보충된 때에도 기한후 배서로 볼 것이 아니다(대법원 1971. 8. 31. 선고 68다1176 전원합의체 판결).

⑤ (O) 백지어음을 도난·분실·멸실한 경우 백지어음을 도난·분실 또는 멸실한 경우에도 공시최고를 신청할 수 있다(대법원 1998. 9. 4. 선고 97다57573 판결).

 ④

핵심포인트 문 61 어음액 백지어음 ★★

- 어음금액을 보충하지 않고 어음금청구의 소를 제기한 경우 사실심 변론 종결 시까지 보충권을 행사하여야 함 ○
- 어음 채무자는 어음의 백지부분인 금액란이 부당보충된 어음을 중대한 과실 없이 배서양도 받은 취득자에게 기재된 문구대로 어음채무를 부담함 ○(∵ 어음의 백지부분인 금액란이 부당보충된 어음을 취득한 사람에 대하여도 어음법 제10조의 백지어음취득에 관한 법조 적용 ○)
- 백지어음을 백지의 보충없이 제시한 경우에는 채무자는 이행지체의 책임을 지지 않음
- 배서인으로부터 만기가 도래하기 전에 배서양도를 받은 자가 지급제시기간이 경과한 후 어음금액을 보충한 경우 ⇨ 배서인의 배서는 기한 후 배서 ×(∵ 백지어음에 있어서 백지의 보충시와 어음행위 자체의 성립시기와는 엄격히 구별해야 함)
- 백지어음을 도난·분실 또는 멸실한 경우에도 공시최고를 신청 可

문 62 ★★

A 주식회사는 자본금 10억 원 미만의 비상장회사로, 甲과 乙을 이사로 두고 있으나 감사는 두고 있지 않다. 甲은 A 회사의 대표이사로서 A 회사의 모든 주식을 소유하고 있다. 이에 관한 설명 중 옳지 않은 것은? (각 지문은 독립적이며, 다툼이 있는 경우 판례에 의함)

① A 회사의 유일한 영업재산을 丙에게 양도할 때 甲의 동의가 있다면 그 처분은 유효하다.
② 이사인 乙이 사임할 의사가 없음에도 甲의 신청에 의하여 乙이 사임하였다는 내용이 등기부에 기재된 경우, 이를 공정증서원본에 부실(不實)의 사실을 기재하게 한 것이라고 할 수는 없다.
③ 甲은 특별한 사정이 없는 한 단독으로 A 회사의 파산신청을 할 수 있다.
④ A 회사가 乙에 대하여 또는 乙이 A 회사에 대하여 소를 제기하는 경우에 A 회사, A 회사의 이사 또는 이해관계인은 법원에 A 회사를 대표할 자를 선임하여 줄 것을 신청하여야 한다.
⑤ A 회사가 주주총회를 소집하는 경우, 주주총회일의 10일 전에 甲에게 서면으로 통지를 발송하거나 甲의 동의를 받아 전자문서로 통지를 발송할 수 있다.

해설

① (O) 1인 주주이자 대표이사인 사람의 동의가 있으면 영업양도에 있어 상법이 요구되는 주주총회의 특별결의를 대신할 수 있다(대법원 1976. 5. 11. 선고 73다52).

② (X) 1인 주주의 의사는 주주총회와 이사회의 의사와 같으므로 주주총회나 이사회의 결의에 의해야 할 임원 변경등기가 불법하게 되었더라도 1인 주주의 의사와 합치되는 이상 불실등기라고 볼 수는 없으나, 임원이 스스로 사임한 데에 따른 이사사임등기는 주주총회나 이사회의 결의 내지 1인 주주의 의사와는 무관하고 오로지 당해 임원의 의사에 기하는 것이므로 당해 이사의 의사에 기하지 않은 이사사임등기가 1인 주주의 의사에 합치된다고 하여 불실등기가 아니라고 할 수 없다(대법원 1981. 6. 9. 선고 80도2641 판결).

③ (O) … 그러나 자본금 총액이 10억 원 미만으로 이사가 1명 또는 2명인 소규모 주식회사에서는 대표이사가 특별한 사정이 없는 한 이사회 결의를 거칠 필요 없이 파산신청을 할 수 있다. 소규모 주식회사는 각 이사(정관에 따라 대표이사를 정한 경우에는 그 대표이사를 말한다)가 회사를 대표하고 상법 제393조 제1항에 따른 이사회의 기능을 담당하기 때문이다. 주식회사의 대표이사가 파산을 신청하여 파산이 선고되었는데 채권자가 이사회 결의를 거치지 않아 파산신청이 부적법하다고 주장한 사안에서, 주식회사의 대표이사가 파산신청을 하려면 이사회 결의를 거쳐야 하지만 소규모 주식회사이므로 이사회 결의를 거치지 않고 파산을 신청한 것이 적법하다고 보아 재항고를 기각한 사례(대법원 2021. 8. 26.자 2020마5520 결정).

④ (O) 상법 제409조 제5항

> **상법 제409조(선임)** ① 감사는 주주총회에서 선임한다.
> ④ 제1항, 제296조제1항 및 제312조에도 불구하고 자본금의 총액이 10억 원 미만인 회사의 경우에는 감사를 선임하지 아니할 수 있다.
> ⑤ 제4항에 따라 감사를 선임하지 아니한 회사가 이사에 대하여 또는 이사가 그 회사에 대하여 소를 제기하는 경우에 회사, 이사 또는 이해관계인은 법원에 회사를 대표할 자를 선임하여 줄 것을 신청하여야 한다

⑤ (O) 상법 제363조 제3항

> **상법 제363조(소집의 통지)** ① 주주총회를 소집할 때에는 주주총회일의 2주 전에 각 주주에게 서면으로 통지를 발송하거나 각 주주의 동의를 받아 전자문서로 통지를 발송하여야 한다. 다만, 그 통지가 주주명부상 주주의 주소에 계속 3년간 도달하지 아니한 경우에는 회사는 해당 주주에게 총회의 소집을 통지하지 아니할 수 있다.
> ③ 제1항에도 불구하고 자본금 총액이 10억 원 미만인 회사가 주주총회를 소집하는 경우에는 주주총회일의 10일 전에 각 주주에게 서면으로 통지를 발송하거나 각 주주의 동의를 받아 전자문서로 통지를 발송할 수 있다.

해답 ②

핵심포인트 문 62 1인회사 · 소규모 주식회사 ★★

- **1인회사**
  - 영업양도에 있어 상법상 주주총회의 특별결의를 대신 1인 주주이자 대표이사의 동의로 可
  - 이사의 의사에 기하지 않은 이사사임등기는 1인 주주의 의사에 합치된 경우라도 불실등기임
- **자본금 총액이 10억 원 미만 소규모 주식회사**
  - 이사회 결의를 거치지 않고 파산 신청한 것은 적법함 ○
  - 감사를 선임하지 아니할 수 있음
  - 감사를 선임하지 아니한 회사가 이사에 대하여 또는 이사가 그 회사에 대하여 소를 제기하는 경우에 회사, 이사 또는 이해관계인은 법원에 회사를 대표할 자를 선임하여 줄 것을 신청해야 함
  - 주주총회일의 10일 전에 각 주주에게 서면으로 통지를 발송하거나 각 주주의 동의를 받아 전자문서로 통지를 발송할 수 있음

문 63

A 주식회사는 자본금 20억 원의 비상장회사로 정관에는 사채발행에 관한 별도의 규정을 두고 있지 않다. 이에 관한 설명 중 옳은 것은? (각 지문은 독립적이며, 다툼이 있는 경우 판례에 의함) ★★

① A 회사가 법령 또는 정관에 위반하거나 현저하게 불공정한 방법에 의하여 전환사채를 발행함으로써 주주가 불이익을 받을 염려가 있는 경우, 그 주주는 A 회사에 대하여 그 전환사채발행의 유지(留止)를 청구할 수 있다.

② A 회사가 전환사채를 발행한 경우, 이후 전환권의 행사로 인한 신주발행에 대해서는 신주발행무효의 소로써 다툴 수 있으며, 그 제소기간은 전환사채의 발행일부터 기산한다.

③ 주주 또는 주주외의 자에게 신주인수권부사채를 발행하려는 경우, 신주인수권부사채의 총액, 신주인수권의 내용과 신주인수권을 행사할 수 있는 기간 등에 관한 내용은 정관에 규정이 없으므로 A 회사 주주총회의 특별결의로써 이를 정하여야 한다.

④ A 회사가 전환사채를 발행한 경우, 그 전환사채발행무효의 소 및 전환사채발행부존재확인의 소에 대하여는 신주발행무효의 소에 관한 「상법」 제429조를 유추적용하여 6개월의 제소기간의 제한이 적용된다.

⑤ A 회사가 신주인수권부사채를 발행한 때에는 이를 등기하여야 하며, 신주인수권부사채를 발행받은 자가 신주인수권을 행사한 경우에는 신주 납입기일의 다음 날부터 주주의 권리의무가 있다.

해설

① (O) 상법 제424조, 제516조

> 상법 제424조(유지청구권) 회사가 법령 또는 정관에 위반하거나 현저하게 불공정한 방법에 의하여 주식을 발행함으로써 주주가 불이익을 받을 염려가 있는 경우에는 그 주주는 회사에 대하여 그 발행을 유지할 것을 청구할 수 있다.
> 상법 제516조(준용규정) ① 제346조제4항, 제424조 및 제424조의2의 규정은 전환사채의 발행의 경우에 이를 준용한다.

② (X) …그러나 주주 아닌 회사들이 이 사건 전환사채를 인수한 후 그중 일부가 전환권을 행사하여 신주를 발행받은 이 사건에서, 원고들의 주장은 이 사건 전환사채 발행과 관련한 무효 사유에 대한 것일 뿐 이 사건 신주 발행과 관련한 고유한 무효 사유나 그에 준하는 무효 사유에 대한 것이 아니므로, 전환사채발행무효의 소로써 다투어야 하고 이 사건과 같은 신주발행무효의 소로써는 다툴 수 없다(대법원 2022. 11. 17. 선고 2021다205650 판결).

③ (X) 상법 제516조의2 제2항

> 상법 제516조의2(신주인수권부사채의 발행) ① 회사는 신주인수권부사채를 발행할 수 있다.
> ② 제1항의 경우에 다음의 사항으로서 정관에 규정이 없는 것은 이사회가 이를 결정한다. 그러나 정관으로 주주총회에서 이를 결정하도록 정한 경우에는 그러하지 아니하다.
> 1. 신주인수권부사채의 총액
> 2. 각 신주인수권부사채에 부여된 신주인수권의 내용
> 3. 신주인수권을 행사할 수 있는 기간
> 4. 신주인수권만을 양도할 수 있는 것에 관한 사항

④ (X) 전환사채 발행의 경우에도 신주발행무효의 소에 관한 상법 제429조가 유추적용되므로 전환사채발행무효 확인의 소에 있어서도 상법 제429조 소정의 6월의 제소기간의 제한이 적용된다 할 것이나, 이와 달리 전환사채 발행의 실체가 없음에도 전환사채 발행의 등기가 되어 있는 외관이 존재하는 경우 이를 제거하기 위한 전환사채발행부존재 확인의 소에 있어서는 상법 제429조 소정의 6월의 제소기간의 제한이 적용되지 아니한다(대법원 2004. 8. 16. 선고 2003다9636 판결).

⑤ (X) 상법 제516조의10

> 상법 제516조의8(신주인수권부사채의 등기) ① 회사가 신주인수권부사채를 발행한 때에는 다음의 사항을 등기하여야 한다.
> 1. 신주인수권부사채라는 뜻
> 2. 신주인수권의 행사로 인하여 발행할 주식의 발행가액의 총액
> 3. 각 신주인수권부사채의 금액
> 4. 각 신주인수권부사채의 납입금액
>
> 상법 제516조의10(주주가 되는 시기) 제516조의9제1항에 따라 신주인수권을 행사한 자는 동항의 납입을 한 때에 주주가 된다.

해답 ①

문 63 전환사채·신주인수권부사채 ★★

- 회사가 법령 또는 정관에 위반하거나 현저하게 불공정한 방법에 의하여 전환사채를 발행함으로써 주주가 불이익을 받을 염려가 있는 경우 그 주주는 회사에 대하여 전환사채발행의 유지 청구 可
- 주주 아닌 회사들이 전환권을 행사하여 신주를 발행받은 경우 이를 다투는 방법 ⇨ 전환사채발행무효의 소 ○(신주발행무효의 소 ×)
- 신주인수권부사채를 발행하려는 경우, 신주인수권부사채의 총액, 신주인수권의 내용과 신주인수권을 행사할 수 있는 기간 등에 관한 내용은 정관에 규정이 없는 경우 ⇨ 이사회가 이를 결정 ○
- 「상법」제429조를 유추적용하여 6개월의 제소기간 제한 ⇨ 전환사채발행무효의 소에는 적용 ○ vs. 전환사채발행부존재확인의 소 적용 ×
- 신주인수권부사채를 발행받은 자는 이를 등기하여야 하고/신주인수권을 행사한 경우에 납입을 한 때부터 주주의 권리의무 있음

문 64 ★★★

A 주식회사는 甲이 대표이사이자 발행주식총수의 과반수에 해당하는 주식을 가진 대주주로 있는 비상장회사이다. A 회사는 B 주식회사로부터 신주발행 방식으로 투자를 유치하면서 甲, A 회사, B 회사를 당사자로 하는 다음과 같은 내용의 투자계약을 체결하였다. 위 투자계약에 따라 A 회사는 「상법」에서 정한 절차에 따라 주주가 상환권 및 전환권을 가지는 상환전환우선주를 발행하였고, B 회사는 이를 인수하고 주금을 납입하였다. 이에 관한 설명 중 옳은 것을 모두 고른 것은? (다툼이 있는 경우 판례에 의함)

> 1. B 회사의 서면 동의 없이 A 회사의 회생절차가 개시되는 경우(회생절차 개시를 신청한 자가 누구인지 및 A 회사의 귀책사유 유무를 불문한다), A 회사는 B 회사에게 위약벌로 B 회사가 인수한 주식 1주당 취득가액과 그 금액에 대하여 발행일부터 상환일까지 연 10%의 이자를 지급한다.
> 2. A 회사는 이사회의 권한에 속하는 주요한 경영사항에 대하여 B 회사로부터 사전 동의를 받아야 하고, 이를 위반할 경우 B 회사에게 손해배상 명목으로 B 회사가 인수한 주식에 대한 조기상환청구권을 부여한다.

3. 甲은 A 회사가 1. 및 2.에서 B 회사에게 부담하는 채무를 연대하여 이행하며, 甲의 채무이행 방법으로 B 회사가 그 인수한 주식의 매수를 甲에 대하여 청구하면 해당 주식에 관하여 매매계약이 체결된다.

ㄱ. 1.과 관련하여 A 회사와 B 회사가 체결한 부분은 특별한 사정이 없는 한 주주평등의 원칙을 위반하여 무효이고, 이는 A 회사의 다른 주주 전원이 그와 같은 차등적 취급에 동의하였다 하더라도 마찬가지이다.

ㄴ. 1. 및 3.과 관련하여 甲과 B 회사가 체결한 부분에는 주주평등의 원칙이 직접 적용되고, 그 부분의 효력은 특별한 사정이 없는 한 A 회사와 B 회사가 체결한 부분과 결합하여 유효성을 판단하여야 한다.

ㄷ. B 회사가 신주를 인수하면서 A 회사의 주요한 경영사항에 대한 사전동의권을 가지는 것으로 정한 2.는 「상법」에서 규정하는 이사회의 권한을 침해하는 것으로 위법하므로, 다른 특별한 사정이 있더라도 무효이다.

ㄹ. 2.와 관련하여 B 회사가 A 회사의 주요한 경영사항에 대하여 사전동의권을 가지는 경우, 사전동의권이 주식 그 자체에 부여된 것은 아니므로 「상법」상 허용될 수 없는 특별한 종류의 주식이 발행된 것은 아니다.

ㅁ. 3.과 관련하여 B 회사의 甲에 대한 주식매수청구권은 형성권에 해당하고, 그 행사기간은 「상법」 제64조를 유추적용하여 5년의 제척기간이 적용된다.

① ㄱ, ㄹ
② ㄴ, ㄹ
③ ㄱ, ㄹ, ㅁ
④ ㄴ, ㄷ, ㅁ
⑤ ㄱ, ㄴ, ㄷ, ㅁ

해설

ㄱ.(O) … 이 사건 투자계약의 일부인 이 사건 약정 중 원고들과 이 사건 회사가 체결한 부분은, "원고들의 서면동의 없는 회생절차의 개시신청이 있거나 그 절차가 개시되는 경우"에 금전지급채무가 발생한다고 정함으로써 이 사건 회사에 귀책사유가 있는지 여부와 무관하게 단지 경영성과가 부진하여 다른 신청권자의 신청에 의해 회생절차가 개시된 경우에도 회사로 하여금 원고들에게 주식인수대금과 소정의 가산금을 지급할 의무를 부담하게 하는 내용이다. 따라서 이 사건 약정은 실질적으로 회사가 원고들에게 투하자본의 회수를 절대적으로 보장함으로써 다른 주주들에게 인정되지 않는 우월한 권리를 부여하는 것이고, 배당가능이익이 없어도 회사의 재산으로 사실상 출자를 환급하여 주는 것이어서 자본충실의 원칙 등 상법이 허용하는 한도를 벗어난 것이기도 하므로, 설령 이 사건 회사의 다른 주주 전원이 그와 같은 차등적 취급에 동의하였다 하더라도 주주평등의 원칙에 위반하여 무효이다(대법원 2023. 7. 13. 선고 2022다224986 판결).

ㄴ.(X) 주주평등의 원칙은 주주와 회사의 법률관계에 적용되는 원칙이고, 주주가 회사와 계약을 체결할 때 회사의 다른 주주 내지 이사 개인이 함께 당사자로 참여한 경우 주주와 다른 주주 사이의 계약은 주주평등과 관련이 없으므로, 주주와 회사의 다른 주주 내지 이사 개인의 법률관계에는 주주평등의 원칙이 직접 적용되지 않는다. 주주는 회사와 계약을 체결하면서 사적자치의 원칙상 다른 주주 내지 이사 개인과도 회사와 관련한 계약을 체결할 수 있고, 그 계약의 효력은 특별한 사정이 없는 한 주주와 회사가 체결한 계약의 효력과는 별개로 보아야 한다. … 이 사건 투자계약 중 원고들과 피고가 체결한 부분에는 주주평등의 원칙이 직접 적용되지 않는다. 이 사건 투자계약의 일부인 이 사건 약정이 원고들과 이 사건 회사의 법률관계에서 주주평등의 원칙에 위반하여 무효라 하더라도, 특별한 사정이 없는 한 원고들과 피고가 체결한 계약 부분의 효력에는 영향이 없다(대법원 2023. 7. 13. 선고 2022다224986 판결).

ㄷ.(X) 회사가 자금조달을 위해 신주인수계약을 체결하면서 주주의 지위를 갖게 되는 자에게 회사의 의사결정에 대한 사전동의를 받기로 약정한 경우 그 약정은 회사가 일부 주주에게만 우월한 권리를 부여함으로써 주주들을 차등적으로 대우하는 것이지만, 주주가 납입하는 주식인수대금이 회사의 존속과 발전을 위해 반드시 필요한 자금이었고 투자유치를 위해 해당 주주에게 회사의 의사결정에 대한 동의권을 부여하는 것이 불가피하였으며 그와 같은 동의권을 부여하더라도 다른 주주가 실질적·직접적인 손해나 불이익을 입지 않고 오히려 일부 주주에게 회사의 경영활동에 대한 감시의 기회를 제공하여 다른 주주와 회사에 이익이 되는 등으로 차등적 취급을 정당화할 수 있는 특별한 사정이 있다면 이를 허용할 수 있다(대법원 2023. 7. 13. 선고 2022다224986 판결).

ㄹ.(O) 또한 원고가 피고 회사의 주요한 경영사항에 대하여 사전통지 내지 사전동의권 등을 갖더라도, 이는 이 사건 신주인수계약에 따른 채권적 권리에 불과하고 제3자가 원고의 주식을 양수받아도 특별한 사정이 없는 한 양수인에게 그와 같은 지위가 승계되지 않는다. 그리고 원고가 이 사건 신주인수계약에 따라 취득한 이 사건 주식은 상환전환우선주 형태로 본래 일정한 상환기간이 경과한 이후 배당가능이익이 존재해야만 비로소 상환권을 행사할 수 있고, 피고 회사의 경영사항에 대한 사전동의권 등이 원고가 보유한 주식 그 자체에 부여되었다고 볼 수도 없으므로, 원고가 보유한 주식이 상법상 허용될 수 없는 특별한 종류의 주식이라고 볼 수도 없다(대법원 2023. 7. 13. 선고 2022다224986 판결).

ㅁ.(O) 투자 관련 계약에서 당사자 일방이 상대방에게 자신이 보유한 주식의 매수를 청구하면 주식에 관한 매매계약이 체결되는 것으로 정한 경우 이러한 주식매수청구권은 일방의 의사표시에 따라 매매계약이라는 새로운 법률관계를 형성하는 권리로서 일종의 형성권에 해당한다. … 이러한 주식매수청구권은 상행위인 투자 관련 계약을 체결한 당사자가 달성하고자 하는 목적과 밀접한 관련이 있고, 그 행사로 성립하는 매매계약 또한 상행위에 해당하므로, 이때 주식매수청구권은 상사소멸시효에 관한 상법 제64조를 유추적용하여 5년의 제척기간이 지나면 소멸한다고 보아야 한다(대법원 2022. 7. 14. 선고 2019다271661 판결).

해답 ③

핵심포인트 문 64 주식회사의 투자 유치를 위한 신주발행 ★★★

- 주주와 회사가 "서면동의 없는 회생절차의 개시신청이 있거나 그 절차가 개시되는 경우"에 금전지급채무가 발생한다고 정한 경우 무효(설령 회사의 다른 주주 전원이 그와 같은 차등적 취급에 동의하였다 하더라도 주주평등의 원칙에 위반하여 무효임)
- 주주가 주주 내지 이사 개인과 회사와 관련한 계약을 체결한 부분 ⇨ 주주평등의 원칙이 직접 적용 ×, 회사 간에 체결한 부분과 결합하여 유효성을 판단 ×(∵ 주주가 주주 내지 이사 개인과 회사와 관련한 계약을 체결한 부분은 주주가 회사와 계약을 체결한 부분의 효력과는 별개임)
- 회사가 자금조달을 위해 신주인수계약을 체결하면서 주주의 지위를 갖게 되는 자에게 회사의 의사결정에 대한 사전동의를 받기로 약정 ⇨ 다른 주주와 회사에 이익이 되는 등으로 차등적 취급을 정당화할 수 있는 특별한 사정이 있다면 이를 허용 ○(이사회의 권한을 침해 소지는 있더라도)
- 다른 회사가 당해 회사의 주요한 경영사항에 대해 사전동의권을 가지는 경우 ⇨ 사전동의권이 주식 그 자체에 부여된 것은 아니므로「상법」상 허용될 수 없는 특별한 종류의 주식이 발행된 것은 아님
- 투자 관련 계약에서 당사자 일방이 상대방에게 자신이 보유한 주식의 매수를 청구하면 주식에 관한 매매계약이 체결되는 것으로 정한 경우 이러한 주식매수청구권 ⇨ 형성권이고「상법」제64조를 유추적용하여 5년의 제척기간이 적용 ○

문 65 ★★★

건설업과 임대업을 영위하던 A 주식회사는 그 사업 부문 중 임대업 부문을 분리하여 B 주식회사를 신설하였다. A 회사는 건설업과 해운업을 영위하는 C 주식회사가 건설업 부문을 분할하려 하자 그 분할된 건설업 부문을 합병하였다. 또한 A 회사는 운수업을 영위하는 D 주식회사의 운수업 면허를 양수하려고 한다. E 주식회사는 A 회사 발행주식총수의 70%를 소유하고 있다. 이에 관한 설명 중 옳은 것은? (모든 회사는 비상장회사이고, 각 지문은 독립적이며, 다툼이 있는 경우 판례에 의함)

① A 회사의 채무 중 분할계획서에서 채무분담에 대하여 따로 정한 바가 없는 경우 A 회사와 B 회사는 그 채무에 대하여 연대하여 변제할 책임이 있으나, 분할 당시 그 변제기가 도래하지 아니한 채무는 연대책임이 배제되고 A 회사만 변제할 책임이 있다.
② C 회사의 채무 중 분할합병계약서에서 채무분담에 관하여 따로 정한 바가 없는 경우, C 회사의 채권자가 분할합병 이후 C 회사를 상대로 C 회사의 채무에 관한 소를 제기하여 확정판결을 받아 소멸시효기간이 연장되었다면 다른 채무자인 A 회사에도 그 연장의 효력이 미친다.
③ A 회사의 운수업 면허 양수가 A 회사의 영업에 중대한 영향을 미치지 않는 경우, 그 운수업 면허가 D 회사의 사업상 유일한 면허로 이를 양도하여 영업을 폐지하는 때에도 D 회사의 운수업 면허 양도는 D 회사 이사회의 승인으로 족하다.
④ D 회사가 청산하는 경우, 청산사무가 종결된 때에는 청산인은 지체 없이 결산보고서를 작성하고 이를 주주총회에 제출하여 특별결의에 의한 승인을 얻어야 한다.
⑤ A 회사는 분할합병의 대가로 C 회사의 주주에게 E 회사의 주식을 제공할 수 있고, 이를 위하여 A 회사는 E 회사의 주식을 취득할 수 있다.

해설

① (X) '분할 또는 분할합병으로 인하여 설립되는 회사 또는 존속하는 회사는 분할 또는 분할합병 전의 회사 채무에 관하여 연대하여 변제할 책임이 있다.'고 규정하고 있다. 여기서 말하는 '분할 또는 분할합병 전의 회사채무'에는 분할 또는 분할합병의 효력발생 전에 발생하였으나 분할 또는 분할합병 당시 아직 변제기가 도래하지 아니한 채무뿐만 아니라, 회사 분할 또는 분할합병의 효력발생 전에 아직 발생하지는 아니하였으나 이미 그 성립의 기초가 되는 법률관계가 발생하여 있는 채무도 포함된다(대법원 2016. 7. 22. 선고 2014다223599 판결).

② (X) 부진정연대채무에서는 채무자 1인에 대한 이행청구 또는 채무자 1인이 행한 채무의 승인 등 소멸시효의 중단사유나 시효이익의 포기가 다른 채무자에게 효력을 미치지 않는다. 따라서 채권자가 분할 또는 분할합병이 이루어진 후에 분할회사를 상대로 분할 또는 분할합병 전의 분할회사 채무에 관한 소를 제기하여 분할회사에 대한 관계에서 시효가 중단되거나 확정판결을 받아 소멸시효 기간이 연장된다고 하더라도 그와 같은 소멸시효 중단이나 연장의 효과는 다른 채무자인 분할 또는 분할합병으로 인하여 설립되는 회사 또는 존속하는 회사에 효력이 미치지 않는다(대법원 2017. 5. 30. 선고 2016다34687 판결).

③ (X) 회사의 영업 그 자체가 아닌 영업용재산의 처분이라고 하더라도 그로 인하여 회사의 영업의 전부 또는 중요한 일부를 양도하거나 폐지하는 것과 같은 결과를 가져오는 경우에는 그 처분행위를 함에 있어서 상법 제374조 제1호 소정의 주주총회의 특별결의를 요하는 것이고, 다만 회사가 위와 같은 회사존속의 기초가 되는 영업재산을 처분할 당시에 이미 영업을 폐지하거나 중단하고 있었던 경우에는 그 처분으로 인하여 비로소 영업의 전부 또는 일부가 폐지되거나 중단되기에 이른 것이라고 할 수 없으므로 주주총회의 특별결의를 요하지 않는다(대법원 1992. 8. 18. 선고 91다14369 판결).

④ (X) 주주총회 특별결의가 아닌 주주총회 보통결의에 의한 승인을 얻어야 한다.

> 상법 제540조 (청산의 종결) ① 청산사무가 종결한 때에는 청산인은 지체없이 결산보고서를 작성하고 이를 주주총회에 제출하여 승인을 얻어야 한다.

⑤ (O) 상법 제530조의6 제1항 제4호, 제4항

> 상법 제530조의6(분할합병계약서의 기재사항 및 분할합병대가가 모회사주식인 경우의 특칙) ① 분할회사의 일부가 다른 회사와 합병하여 그 다른 회사(이하 "분할합병의 상대방 회사"라 한다)가 존속하는 경우에는 분할합병계약서에 다음 각 호의 사항을 기재하여야 한다.
> 4. 분할승계회사가 분할회사의 주주에게 제3호에도 불구하고 그 대가의 전부 또는 일부로서 금전이나 그 밖의 재산을 제공하는 경우에는 그 내용 및 배정에 관한 사항
> ④ 제342조의2제1항에도 불구하고 제1항제4호에 따라 분할회사의 주주에게 제공하는 재산이 분할승계회사의 모회사 주식을 포함하는 경우에는 분할승계회사는 그 지급을 위하여 모회사 주식을 취득할 수 있다.

  ⑤

핵심포인트 문 65 분할합병 ★★★

- 분할 또는 분할합병으로 인하여 설립되는 회사 또는 존속하는 회사는 분할 또는 분할합병 전의 회사채무(변제기가 도래하지 아니한 채무도 포함)에 관하여 연대하여 변제할 책임 有
- 채권자가 분할 또는 분할합병이 이루어진 후에 분할회사를 상대로 분할 또는 분할합병 전의 분할회사 채무에 관한 소를 제기한 경우 ⇨ 분할회사에 대한 관계에서 시효 중단 ○/분할 또는 분할합병으로 인하여 설립되는 회사 또는 존속하는 회사에는 시효 중단 ×(∵ 부진정연대채무)
- 회사의 영업 그 자체가 아닌 영업용재산의 처분으로 인하여 회사의 영업의 전부 또는 중요한 일부를 양도하거나 폐지하는 것과 같은 결과를 가져오는 경우 ⇨ 상법 제374조 제1호 소정의 주주총회의 특별결의를 요함
- 청산사무가 종결한 때 ⇨ 청산인은 지체없이 결산보고서를 작성하고 이를 주주총회에 제출하여 승인을 얻어야 함
- 분할회사의 주주에게 제공하는 재산이 분할승계회사의 모회사 주식을 포함하는 경우 ⇨ 분할승계회사는 그 지급을 위하여 모회사 주식을 취득할 수 있음

문 66 ★★

비상장회사인 A 주식회사의 주주총회 소집통지에 관한 설명 중 옳지 않은 것은? (다툼이 있는 경우 판례에 의함)

① A 회사가 정한 주주총회의 회의일시가 그 소집통지된 시각에 주주의 참석을 기대하기 어려워 주주의 참석권을 침해하기에 이른 정도라면 주주총회의 소집절차가 현저히 불공정한 경우에 해당한다.

② A 회사의 정관에서 본점소재지를 '서울특별시'로 하면서 주주총회의 소집지에 관하여는 특별히 규정하지 않고 있다면, 서울특별시의 인접한 지(地)에서 주주총회를 개최하는 것에 소집지 위반의 하자는 없다.

③ 재무제표가 주주총회에서 승인된 이후 2년 내에 다른 결의가 없으면 A 회사는 부정행위가 아닌 한 이사와 감사의 책임을 해제한 것으로 보나, 이러한 책임 해제는 재무제표 등에 그 책임사유가 기재되어 정기총회에서 승인을 얻은 경우에 한정된다.

④ A 회사의 정관에서 주주총회 결의사항으로 '대표이사의 선임'을 규정하지 않은 경우 A 회사는 이를 주주총회의 목적사항으로 할 수 없다.
⑤ A 회사는 정관이 정한 경우에 한하여 주주가 총회에 출석하지 않고 전자적 방법으로 의결권을 행사하게 할 수 있다.

해설

① (O) 주주총회의 개회시각이 부득이한 사정으로 당초 소집통지된 시각보다 지연되는 경우에도 사회통념에 비추어 볼 때 정각에 출석한 주주들의 입장에서 변경된 개회시각까지 기다려 참석하는 것이 곤란하지 않을 정도라면 절차상의 하자가 되지 아니할 것이나, 그 정도를 넘어 개회시각을 사실상 부정확하게 만들고 소집통지된 시각에 출석한 주주들의 참석을 기대하기 어려워 그들의 참석권을 침해하기에 이르렀다면 주주총회의 소집절차가 현저히 불공정하다고 하지 않을 수 없다(대법원 2003. 7. 11. 선고 2001다45584 판결).

② (O) 상법 제364조

> **상법 제364조(소집지)** 총회는 정관에 다른 정함이 없으면 본점소재지 또는 이에 인접한 지에 소집하여야 한다.

③ (O) 상법 제450조에 따른 이사, 감사의 책임 해제는 재무제표 등에 그 책임사유가 기재되어 정기총회에서 승인을 얻은 경우에 한정되는 것이다(대법원 2007. 12. 13. 선고 2007다60080 판결).

> **상법 제450조(이사, 감사의 책임해제)** 정기총회에서 전조제1항의 승인을 한 후 2년 내에 다른 결의가 없으면 회사는 이사와 감사의 책임을 해제한 것으로 본다. 그러나 이사 또는 감사의 부정행위에 대하여는 그러하지 아니하다.

④ (O) 소수주주가 상법 제366조에 따라 주주총회소집허가 신청을 하는 경우, 주주총회 결의사항이 아닌 것을 회의목적사항으로 할 수 없다. 주주총회는 상법 또는 정관이 정한 사항에 한하여 결의할 수 있고(상법 제361조), 대표이사는 정관에 특별한 정함이 없는 한 이사회 결의로 선임되므로(상법 제389조), 정관에서 주주총회 결의사항으로 '대표이사의 선임 및 해임'을 규정하지 않은 경우에는 이를 회의목적사항으로 삼아 상법 제366조에서 정한 주주총회소집허가 신청을 할 수 없다(대법원 2022. 4. 19.자 2022그501 결정).

⑤ (X) 상법 제368조의4 제1항

> **상법 제368조의4(전자적 방법에 의한 의결권의 행사)** ① 회사는 이사회의 결의로 주주가 총회에 출석하지 아니하고 전자적 방법으로 의결권을 행사할 수 있음을 정할 수 있다.

핵심포인트 문 66 비상장 주식회사의 주주총회 소집통지 ★★

- 회사가 정한 주주총회 회의일시가 그 소집통지된 시각에 주주의 참석을 기대하기 어려워 주주의 참석권 침해하기에 이른 정도인 경우 ⇨ 주주총회의 소집절차가 현저히 불공정한 경우에 해당 ○
- 총회는 정관에 다른 정함이 없으면 본점소재지 또는 이에 인접한 지에 소집하여야 함
- 상법 제450조에 따른 이사, 감사의 책임 해제는 정기총회에서 승인을 얻은 경우에 한정됨 ○
- 정관에서 주주총회 결의사항으로 '대표이사의 선임 및 해임'을 규정하지 않은 경우에는 이를 회의목적사항으로 삼아 상법 제366조에서 정한 주주총회소집허가 신청 불가
- 회사는 이사회의 결의로 주주가 총회에 출석하지 아니하고 전자적 방법으로 의결권을 행사할 수 있음을 정할 수 있음

문 67 ★★

甲은 A 주식회사 발행주식총수의 과반수에 해당하는 주식을 가진 대주주로서 A 회사의 대표이사인 乙에게 위법한 업무집행을 지시하였고, 이에 따라 乙은 A 회사의 업무를 집행하였다. 한편 A 회사의 미등기 이사인 丙은 "A 주식회사 사장 丙"이라는 명칭을 사용하여 A 회사의 업무를 집행하였다. 甲의 지시 또는 乙, 丙의 업무집행과 관련하여 A 회사에 손해가 발생한 경우, 이에 관한 설명 중 옳은 것은? (다툼이 있는 경우 판례에 의함)

① 甲이 자신의 이익이 아닌 A 회사의 이익을 위하여 乙에게 위법한 업무집행을 지시한 것이라면 甲은 「상법」 제401조의2에 따른 책임을 지지 않는다.
② 乙이 업무를 집행하면서 법령에 위반한 행위를 한 때에도 회사의 경영자로서 요구되는 합리적인 선택의 범위 안에서 판단하고 업무를 집행한 것이라면 경영판단의 원칙에 따라 면책된다.
③ 丙에 대한 「상법」 제401조의2에 따른 배상책임의 성립에는 丙이 A 회사에 대한 영향력을 가지고 있을 것을 요하지 않는다.
④ 丙이 「상법」 제401조의2에 따른 배상책임을 지는 경우 그 책임은 위임관계로 인한 책임이 아니므로 그에 따른 손해배상채권에는 「민법」 제766조 제1항의 단기소멸시효가 적용된다.
⑤ 丙이 「상법」 제401조의2에 따른 배상책임을 지는 경우, 乙은 설령 丙의 업무집행을 알고 이를 방치하였더라도 직접 업무집행을 한 것은 아니므로, A 회사에 대하여 丙과 연대하여 배상책임을 지지 않는다.

해설

① (X) 지배주주에게 업무집행지시자로서 상법 제401조의2에 따른 책임을 묻기 어렵다. 제401조의2에 따른 책임은 지배주주의 법적지배 이외의 사실상의 영향력 행사를 통제하려는 것이기 때문이다(송옥렬, 상법강의제14판 p.1108). ▶ 따라서 위법한 업무집행을 회사의 이익을 위하여 지시 하였는지 불문하고 지배주주이기 때문에 甲은 상법 제401조의2에 따른 책임을 지지 않는다.

② (X) 이사가 임무를 수행함에 있어서 법령을 위반한 행위를 한 때에는 그 행위 자체가 회사에 대하여 채무불이행에 해당하므로, 그로 인하여 회사에 손해가 발생한 이상 손해배상책임을 면할 수 없고, 위와 같은 법령을 위반한 행위에 대하여는 이사가 임무를 수행함에 있어서 선량한 관리자의 주의의무를 위반하여 임무해태로 인한 손해배상책임이 문제되는 경우에 고려될 수 있는 경영판단의 원칙은 적용될 여지가 없다(대법원 2006. 11. 9. 선고 2004다41651 판결).

③ (O) 상법 제399조·제401조·제403조의 적용에 있어 이사로 의제되는 자에 관하여, 상법 제401조의2 제1항 제1호는 '회사에 대한 자신의 영향력을 이용하여 이사에게 업무집행을 지시한 자', 제2호는 '이사의 이름으로 직접 업무를 집행한 자', 제3호는 '이사가 아니면서 명예회장·회장·사장·부사장·전무·상무·이사 기타 업무를 집행할 권한이 있는 것으로 인정될 만한 명칭을 사용하여 회사의 업무를 집행한 자'라고 규정하고 있는바, 제1호 및 제2호는 회사에 대해 영향력을 가진 자를 전제로 하고 있으나, 제3호는 직명 자체에 업무집행권이 표상되어 있기 때문에 그에 더하여 회사에 대해 영향력을 가진 자일 것까지 요건으로 하고 있는 것은 아니다(대법원 2011. 6. 10. 선고 2011다6120 판결).

④ (X) … 이러한 법률 문언 내용과 입법 취지에 비추어 보면, 상법 제401조의2 제1항 각호에 해당하는 자는 회사의 이사는 아니지만 상법 제399조에서 정한 손해배상책임을 적용함에 있어 그가 관여한 업무에 관하여 법령준수의무를 비롯하여 이사와 같은 선관주의의무와 충실의무를 부담하고, 이를 게을리하였을 경우 회사에 대하여 그로 인한 손해배상책임을 지게 되는 것이다. 이와 같이 상법 제401조의2 제1항이 정한 손해배상책임은 상법에 의하여 이사로 의제되는 데 따른 책임이므로 그에 따른 손해배상채권에는 일반 불법행위책임의 단기소멸시효를 규정한 민법 제766조 제1항이 적용되지 않는다(대법원 2023. 10. 26. 선고 2020다236848 판결).

⑤ (X) 대표이사인 피고가 이 사건 담합행위를 구체적으로 알지 못하였고 임원들의 행위를 직접 지시하지 않았다는 이유만으로는 그 책임을 면할 수 없고, 위와 같이 피고가 대표이사로서 마땅히 기울였어야 할 감시의무를 지속적으로 게을리한 결과 회사에 손해가 발생하였다면 피고는 이에 대해 배상할 책임이 있다고 보아야 한다(대법원 2021. 11. 11. 선고 2017다222368 판결).

> **상법 제401조의2(업무집행지시자 등의 책임)** ① 다음 각 호의 어느 하나에 해당하는 자가 그 지시하거나 집행한 업무에 관하여 제399조, 제401조, 제403조 및 제406조의2를 적용하는 경우에는 그 자를 "이사"로 본다.
> 1. 회사에 대한 자신의 영향력을 이용하여 이사에게 업무집행을 지시한 자
> 2. 이사의 이름으로 직접 업무를 집행한 자
> 3. 이사가 아니면서 명예회장·회장·사장·부사장·전무·상무·이사 기타 회사의 업무를 집행할 권한이 있는 것으로 인정될 만한 명칭을 사용하여 회사의 업무를 집행한 자
> ② 제1항의 경우에 회사 또는 제3자에 대하여 손해를 배상할 책임이 있는 이사는 제1항에 규정된 자와 연대하여 그 책임을 진다.

 ③

핵심포인트 문 67 업무집행지시자 등의 책임 ★★

- 지배주주는 업무집행지시자로서 업무집행지시자 등의 책임 없음(∵ 제401조의2에 따른 책임은 지배주주의 법적지배 이외의 사실상의 영향력 행사를 통제하려는 것임)
- 이사가 임무를 수행함에 있어서 법령을 위반한 행위를 한 때에는 경영판단의 원칙 적용 ×
- 표현대표이사에 대한 업무집행지시자 등의 책임성립에는 영향력을 가지고 있을 것 불요함(∵ 직명 자체에 업무집행권이 표상되어 있음)
- 업무집행지시자 등의 책임으로 인한 배상책임을 지는 경우 「민법」 제766조 제1항의 단기소멸시효 적용 ×(∵ 상법 제401조의2 제1항이 정한 손해배상책임은 상법에 의하여 이사로 의제되는 데 따른 책임임)
- 대표이사로서 마땅히 기울였어야 할 감시의무를 지속적으로 게을리한 결과 회사에 손해가 발생한 경우 회사에 대하여 업무집행지시자 등과 연대하여 배상책임 有(대표이사가 담합행위를 구체적으로 알지 못하였고 행위를 직접 지시하지 않았다는 이유만으로는 책임을 면할 수 없음)

문 68

A 주식회사는 甲이 대표이사로 등기된 비상장회사이다. 乙은 A 회사의 사장이나 이사가 아님에도 A 회사의 사장 명칭을 사용하여 A 회사와 丙 간의 매매계약을 체결하였다. 이에 관한 설명 중 옳지 않은 것은? (다툼이 있는 경우 판례에 의함)

① A 회사가 乙이 임의로 사장의 명칭을 사용하고 있는 것을 알면서도 아무런 조치를 취하지 아니한 채 그대로 방치하였다면 A 회사가 乙의 명칭 사용을 묵시적으로 승인한 경우에 해당한다.
② 이사의 자격이 없는 자에게 표현대표이사의 명칭을 사용하게 한 경우에도 「상법」 제395조가 유추적용되므로, A 회사는 丙에 대하여 표현대표이사의 법리에 따른 책임을 부담할 수 있다.
③ 丙과의 매매계약이 표현대표이사의 행위로 인정되는 경우에도, 만일 위 매매계약에 이사회 결의가 필요하고 계약의 상대방인 丙이 이사회 결의가 없었음을 알았다면 A 회사는 위 매매계약에 대한 책임을 면한다.

④ 乙이 A 회사 사장 명칭을 사용하여 丙에게 매매대금의 지급을 위하여 어음을 발행·교부한 경우, A 회사가 어음상 책임을 지는 선의의 제3자의 범위에는 乙로부터 직접 어음을 취득한 丙만 포함되고, 그로부터 어음을 다시 배서양도받은 제3취득자는 포함되지 않는다.
⑤ 만일 乙이 자신의 이름이 아닌 진정한 대표이사인 甲의 이름으로 행위하였다면, A 회사가 표현대표이사의 책임에서 벗어나기 위해서는 계약의 상대방인 丙의 악의 또는 중대한 과실을 입증하여야 하고, 이때 악의 또는 중대한 과실은 乙의 대표권이 아니라 甲을 대리하여 행위할 권한이 있는지에 관한 것이다.

해설

① (O) ② (O) 상법 제395조가 회사를 대표할 권한이 있는 것으로 인정될 만한 명칭을 사용한 이사의 행위에 대한 회사의 책임을 규정한 것이어서, 표현대표이사가 이사의 자격을 갖출 것을 요건으로 하고 있으나, 이 규정은 표시에 의한 금반언의 법리나 외관이론에 따라 대표이사로서의 외관을 신뢰한 제3자를 보호하기 위하여 그와 같은 외관의 존재에 대하여 귀책사유가 있는 회사로 하여금 선의의 제3자에 대하여 그들의 행위에 관한 책임을 지도록 하려는 것이므로, 회사가 이사의 자격이 없는 자에게 표현대표이사의 명칭을 사용하게 허용한 경우는 물론, 이사의 자격이 없는 사람이 임의로 표현대표이사의 명칭을 사용하고 있는 것을 회사가 알면서도 아무런 조치를 취하지 아니한 채 그대로 방치하여 소극적으로 묵인한 경우에도 위 규정이 유추적용되는 것으로 해석함이 상당하다(대법원 1998. 3. 27. 선고 97다34709 판결

> 상법 제395조(표현대표이사의 행위와 회사의 책임) 사장, 부사장, 전무, 상무 기타 회사를 대표할 권한이 있는 것으로 인정될 만한 명칭을 사용한 이사의 행위에 대하여는 그 이사가 회사를 대표할 권한이 없는 경우에도 회사는 선의의 제3자에 대하여 그 책임을 진다

③ (O) 표현대표이사의 행위와 이사회의 결의를 거치지 아니한 대표이사의 행위는 모두 본래는 회사가 책임을 질 수 없는 행위들이지만 거래의 안전과 외관이론의 정신에 입각하여 그 행위를 신뢰한 제3자가 보호된다는 점에 공통되는 면이 있으나, 제3자의 신뢰의 대상이 전자에 있어서는 대표권의 존재인 반면, 후자에 있어서는 대표권의 범위이므로 제3자가 보호받기 위한 구체적인 요건이 반드시 서로 같다고 할 것은 아니고, 따라서 표현대표이사의 행위로 인정이 되는 경우라고 하더라도 만일 그 행위에 이사회의 결의가 필요하고 거래의 상대방인 제3자의 입장에서 이사회의 결의가 없었음을 알았거나 알 수 있었을 경우라면 회사로서는 그 행위에 대한 책임을 면한다(대법원 1998. 3. 27. 선고 97다34709 판결).

④ (X) 회사를 대표할 권한이 없는 표현대표이사가 다른 대표이사의 명칭을 사용하여 어음행위를 한 경우, 회사가 책임을 지는 선의의 제3자의 범위에는 표현대표이사로부터 직접 어음을 취득한 상대방뿐만 아니라, 그로부터 어음을 다시 배서양도받은 제3취득자도 포함된다(대법원 2003. 9. 26. 선고 2002다65073 판결).

⑤ (O) 표견대표이사의 행위로 인한 주식회사의 책임에 대하여 정한 상법 제395조는 표견대표이사가 자신의 이름으로 행위한 경우는 물론이고 대표이사의 이름으로 행위한 경우에도 적용된다. 그리고 이 경우에 상대방의 악의 또는 중대한 과실은 표견대표이사의 대표권이 아니라 대표이사를 대리하여 행위를 할 권한이 있는지에 관한 것이다(대법원 2013. 7. 11. 선고 2013다16473 판결). … 제3자에의 악의·중과실에 대한 입증책임은 회사에게 있다(대법원 1971. 6. 29. 선고 71다946).

 해답 ④

핵심 포인트 문 68 표현대표이사 ★★

- 표현대표이사의 행위로 인한 회사 책임(상법 제395조)
  - 이사의 자격이 없는 사람이 임의로 표현대표이사의 명칭을 사용하고 있는 것을 회사가 알면서도 아무런 조치를 취하지 아니한 채 그대로 방치하여 소극적으로 묵인한 경우에도 유추적용 ○

- 표현대표이사가 다른 대표이사의 명칭을 사용하여 어음행위를 한 경우 회사가 책임을 지는 선의의 제3자의 범위 ⇨ 표현대표이사로부터 직접 어음을 취득한 상대방, 그로부터 어음을 다시 배서양도받은 제3취득자도 포함됨 ○
- 표현대표이사가 자신 이름으로 행위한 경우는 물론 대표이사의 이름으로 행위한 경우에도 적용
- 상대방의 악의 또는 중대한 과실은 대표이사를 대리하여 행위를 할 권한이 있는지에 관한 것이고 상대방에의 악의·중과실에 대한 입증책임은 회사에게 있음
● 표현대표이사의 행위로 인정이 되는 경우에도 이사회 결의가 필요하고 계약의 상대방인이 이사회 결의가 없었음을 알았다면 회사는 위 매매계약에 대한 책임 면함(∵ 표현대표이사의 행위와 이사회의 결의를 거치지 아니한 대표이사의 행위는 다름)

문 69 ★★
주식회사의 이사회에 관한 설명 중 옳은 것을 모두 고른 것은? (다툼이 있는 경우 판례에 의함)

ㄱ. 이사가 이사회에 출석하여 결의에 기권하였다고 의사록에 기재된 경우에 그 이사는 "이의를 한 기재가 의사록에 없는 자"라고 볼 수 없으므로, 「상법」 제399조 제3항에 따라 이사회 결의에 찬성한 것으로 추정할 수 없다.
ㄴ. 발행주식총수의 100분의 3 이상에 해당하는 주식을 가진 주주는 회의의 목적사항과 소집 이유를 적은 전자문서를 이사회에 제출하는 방법으로 임시주주총회의 소집을 청구할 수 있고, 이때 "전자문서"에 전자우편은 포함되나 휴대전화 문자 메시지·모바일 메시지는 포함되지 않는다.
ㄷ. 주주는 영업시간 내에 이사회 의사록의 열람·등사를 청구할 수 있으나, 회사는 그 청구에 대하여 이유를 붙여 거절할 수 있고, 그 경우 주주는 민사소송의 방법으로 이사회 의사록의 열람·등사를 청구할 수 있다.
ㄹ. 「상법」 제398조의 자기거래의 경우 미리 이사회의 승인을 거쳐야 하기 때문에 사후에 그 거래행위에 대하여 이사회 승인을 받았다고 하더라도 특별한 사정이 없는 한 무효인 거래행위가 유효로 되는 것은 아니다.
ㅁ. 「상법」 제542조의9 제1항을 위반하여 이루어진 상장회사의 신용공여는 이사회의 승인 유무와 관계없이 금지되는 것이므로, 같은 조 제2항의 예외 사유에 해당하지 않는 한 이사회의 사전 승인이나 사후 추인이 있어도 유효로 될 수 없다.

① ㄱ, ㄹ, ㅁ
② ㄴ, ㄷ, ㄹ
③ ㄴ, ㄹ, ㅁ
④ ㄱ, ㄴ, ㄷ, ㅁ
⑤ ㄱ, ㄷ, ㄹ, ㅁ

해설

ㄱ.(O) … 그렇다면 이사가 이사회에 출석하여 결의에 기권하였다고 의사록에 기재된 경우에 그 이사는 "이의를 한 기재가 의사록에 없는 자"라고 볼 수 없으므로, 상법 제399조 제3항에 따라 이사회 결의에 찬성한 것으로 추정할 수 없고, 따라서 같은 조 제2항의 책임을 부담하지 않는다고 보아야 한다(대법원 2019. 5. 16. 선고 2016다260455 판결).
ㄴ.(X) 상법 제366조 제1항에서 정한 소수주주는 회의의 목적사항과 소집 이유를 적은 서면 또는 전자문서를 이사회에 제출하는 방법으로 임시주주총회의 소집을 청구할 수 있다(상법 제366조 제1항). 이때 '이사회'는

원칙적으로 대표이사를 의미하고, 예외적으로 대표이사 없이 이사의 수가 1인 또는 2인인 소규모 회사의 경우에는 각 이사를 의미한다(상법 제383조 제6항). 한편 상법 제366조 제1항에서 정한 '전자문서'란 정보처리시스템에 의하여 전자적 형태로 작성·변환·송신·수신·저장된 정보를 의미하고, 이는 작성·변환·송신·수신·저장된 때의 형태 또는 그와 같이 재현될 수 있는 형태로 보존되어 있을 것을 전제로 그 내용을 열람할 수 있는 것이어야 하므로, 이와 같은 성질에 반하지 않는 한 전자우편은 물론 휴대전화 문자메시지·모바일 메시지 등까지 포함된다(대법원 2022. 12. 16. 자 2022그734 결정).

ㄷ.(X) 상법 제391조의3 제3항, 제4항에 의하면 주주는 영업시간 내에 이사회 의사록의 열람 또는 등사를 청구할 수 있으나, 회사는 그 청구에 대하여 이유를 붙여 거절할 수 있고, 그 경우 주주는 법원의 허가를 얻어 이사회 의사록을 열람 또는 등사할 수 있는바, 상법 제391조의3 제4항의 규정에 의한 이사회 의사록의 열람 등 허가사건은 비송사건절차법 제72조 제1항에 규정된 비송사건이므로 민사소송의 방법으로 이사회 회의록의 열람 및 등사를 청구하는 것은 허용되지 않는다(대법원 2013. 3. 28. 선고 2012다42604 판결).

ㄹ.(O) … 이러한 상법 제398조의 문언 내용을 입법 취지와 개정 연혁 등에 비추어 보면, 이사 등이 자기 또는 제3자의 계산으로 회사와 유효하게 거래를 하기 위하여는 미리 상법 제398조에서 정한 이사회 승인을 받아야 하므로 사전에 상법 제398조에서 정한 이사회 승인을 받지 않았다면 특별한 사정이 없는 한 그 거래는 무효라고 보아야 하고, 사후에 그 거래행위에 대하여 이사회 승인을 받았다고 하더라도 특별한 사정이 없는 한 무효인 거래행위가 유효로 되는 것은 아니다(대법원 2023. 6. 29. 선고 2021다291712 판결).

ㅁ.(O) 상법 제542조의9 제1항의 입법 목적과 내용, 위반행위에 대해 형사처벌이 이루어지는 점 등을 살펴보면, 위 조항은 강행규정에 해당하므로 위 조항에 위반하여 이루어진 신용공여는 허용될 수 없는 것으로서 사법상 무효이고, 누구나 그 무효를 주장할 수 있다. 그리고 위 조항의 문언상 상법 제542조의9 제1항을 위반하여 이루어진 신용공여는, 상법 제398조가 규율하는 이사의 자기거래와 달리, 이사회의 승인 유무와 관계없이 금지되는 것이므로, 이사회의 사전 승인이나 사후 추인이 있어도 유효로 될 수 없다(대법원 2021. 4. 29. 선고 2017다261943 판결).

해답 ①

핵심포인트 문 69 주식회사의 이사회 ★★

- 이사가 이사회에 출석하여 결의에 기권하였다고 의사록에 기재된 경우 ⇨ 「상법」 제399조 제3항에 따라 이사회 결의에 찬성한 것으로 추정할 수 없음(∵ 이의를 한 기재가 의사록에 없는 자로 볼 수 없음)
- 발행주식총수의 100분의 3 이상에 해당하는 주식을 가진 주주는 회의의 목적사항과 소집 이유를 적은 전자문서(전자우편은 물론 휴대전화 문자메시지·모바일 메시지 등까지 포함)를 이사회에 제출하는 방법으로 임시주주총회의 소집을 청구 可
- 주주가 영업시간 내에 이사회 의사록의 열람 또는 등사를 청구(주주는 민사소송의 방법으로 이사회 의사록의 열람·등사를 청구는 허용 ×)하였으나 회사가 그 청구에 대하여 이유를 붙여 거절할 수 있음
- 「상법」 제398조의 자기거래의 경우 사후에 그 거래행위에 대하여 이사회 승인을 받았다고 하더라도 특별한 사정이 없는 한 무효임
- 상법 제542조의9 제1항을 위반하여 이루어진 신용공여는 이사회의 사전 승인이나 사후 추인이 있어도 무효(∵ 이사회의 승인 유무와 관계없이 금지되는 것임)

문 70

「상법」상 회사에 관한 설명 중 옳지 않은 것은? (다툼이 있는 경우 판례에 의함)

① 합명회사는 업무집행사원의 업무집행권한을 다른 사원의 청구에 의하여 법원의 선고로써 그 권한을 상실시킬 수 있고, 총사원이 일치하여 업무집행사원을 해임함으로써 권한을 상실시킬 수도 있다.
② 청산인이 합명회사 영업의 전부를 양도함에는 총사원의 동의가 있어야 한다.
③ 유한회사는 출자의 인수에 있어서 광고 기타의 방법에 의하여 인수인을 공모하지 못한다.
④ 합자회사에서 업무집행권한의 상실을 선고받은 무한책임사원이 다시 업무집행권이나 대표권을 가지기 위해서는 정관이나 총사원의 동의로 그러한 권한을 새로 부여받아야 하는 것이 원칙이다.
⑤ 유한책임회사가 사원에 대하여 소를 제기하는 경우 유한책임회사를 대표할 사원이 없을 때에는 다른 사원 과반수의 결의로 대표할 사원을 선정하여야 한다.

해설

① (O) 상법상 합명회사의 사원 또는 업무집행사원의 업무집행권한을 상실시키는 방법으로는 다음의 두 가지를 상정할 수 있다. 첫째, 상법 제205조 제1항에 따라 다른 사원의 청구에 의하여 법원의 선고로써 권한을 상실시키는 방법이다. 둘째, 상법 제195조에 의하여 준용되는 민법 제708조에 따라 법원의 선고절차를 거치지 않고 총사원이 일치하여 업무집행사원을 해임함으로써 권한을 상실시키는 방법이다(대법원 2015. 5. 29. 선고 2014다51541 판결).

② (X) 상법 제257조

> 상법 제257조(영업의 양도) 청산인이 회사의 영업의 전부 또는 일부를 양도함에는 총사원 과반수의 결의가 있어야 한다.

③ (O) 상법 제589조 제2항

> 상법 제589조(출자인수의 방법) ② 유한회사는 광고 기타의 방법에 의하여 인수인을 공모하지 못한다.

④ (O) 합자회사에서 업무집행권한의 상실을 선고받은 무한책임사원이 다시 업무집행권이나 대표권을 갖기 위해서는 정관이나 총사원의 동의로 새로 그러한 권한을 부여받아야 한다(상법 제273조, 제269조, 제201조 제1항, 제207조)(대법원 2021. 7. 8. 선고 2018다225289 판결).

⑤ (O) 상법 제287조의21

> 상법 제287조의21(유한책임회사와 사원 간의 소) 유한책임회사가 사원(사원이 아닌 업무집행자를 포함한다. 이하 이 조에서 같다)에 대하여 또는 사원이 유한책임회사에 대하여 소를 제기하는 경우에 유한책임회사를 대표할 사원이 없을 때에는 다른 사원 과반수의 결의로 대표할 사원을 선정하여야 한다.

 ②

핵심포인트 문 70 상법상 회사 ★★

- 합명회사는 업무집행사원의 업무집행권한을 다른 사원의 청구에 의해 법원의 선고로써 그 권한을 상실시킬 수 있고 총사원이 일치하여 업무집행사원을 해임함으로써 권한을 상실시킬 수도 있음
- 청산인이 합명회사의 영업의 전부 또는 일부를 양도함에는 총사원 과반수의 결의가 있어야 함
- 청산인이 합명회사 영업의 전부를 양도함에는 총사원의 동의가 있어야 함

- 유한회사는 광고 기타의 방법에 의하여 인수인을 공모하지 못함
- 합자회사에서 업무집행권한의 상실을 선고받은 무한책임사원이 다시 업무집행권이나 대표권을 갖기 위해서는 정관이나 총사원의 동의로 새로 그러한 권한을 부여받아야 함
- 유한책임회사가 사원에 대하여 소를 제기하는 경우 유한책임회사를 대표할 사원이 없을 때에는 다른 사원 과반수의 결의로 대표할 사원을 선정하여야 함

핵심요약

2025년도(제14회) 변호사시험

기출문제집
(선택형)

공법

핵심요약

2025년 변호사시험 공법 핵심요약

핵심포인트 문 01 헌법재판 ★★

- 국회가 선출, 임명된 헌법재판소 재판관 중 공석이 발생 시 국회는 후임자 선출할 헌법상 작위의무 부담
- 헌법재판소 재판관 : 임기는 6년/법률이 정하는 바에 의하여 연임 可
- 당사자는 헌법재판소 재판관에 대해 기피신청 可 but 변론기일에 출석하여 본안에 관한 진술을 한 때에는 기피신청 不可
- 심판의 변론과 종국결정의 선고는 심판정에서 함/단, 헌법재판소장이 필요하다고 인정하는 경우 심판정 외의 장소에서 변론 또는 종국결정의 선고 可
- 권한쟁의심판 및 헌법소원심판 : 헌법재판의 성질에 반하지 아니하는 한도에서 민사소송에 관한 법령과 행정소송법을 함께 준용/행정소송법이 민사소송에 관한 법령에 저촉될 때에는 민사소송에 관한 법령은 준용 ×

핵심포인트 문 02 권한쟁의심판 ★★

- 정당, 교섭단체, 국가경찰위원회는 권한쟁의심판절차의 당사자 능력 없음
- 권한쟁의심판이 허용 ×
  - 정부조직법상 합의제 행정기관을 포함한 정부의 부분기관 사이의 권한에 관한 다툼
  - 지방의회 의원과 지방의회 의장 간의 권한쟁의심판
- 지방자치단체의 장 : 원칙적으로 권한쟁의심판의 당사자가 될 수 없지만 지방자치단체의 장이 국가위임사무에 대해 국가기관의 지위에서 처분을 행한 경우 권한쟁의심판의 당사자가 될 수 있음

핵심포인트 문 03 탄핵심판 ★★

- 탄핵심판 절차
  - 국회의 소추의결서의 정본으로 청구서를 갈음
  - 심판절차를 효율적이고 집중적으로 진행하기 위하여 당사자의 주장과 증거를 정리할 필요가 있을 때에는 심판준비절차 실시 可
  - 피청구인에 대한 탄핵심판 청구와 동일한 사유로 형사소송이 진행되는 경우 재판부는 심판절차를 정지 可
- 탄핵심판 도중 피청구인이 임기만료로 퇴직한 경우 탄핵심판의 이익 인정 ×
- 탄핵결정은 징벌적 처벌이므로 탄핵결정과 민·형사 재판 간에 일사부재리의 원칙이 적용 ×

문 04 명확성원칙 ★★

- 명확성원칙에 위배 ×
  - 누구든지 이 법의 규정에 의한 공개장소에서의 연설·대담장소에서 기타 어떠한 방법으로도 연설·대담장소 등의 질서를 문란하게 하는 행위를 금지하고 있는 공직선거법 조항 중 '기타 어떠한 방법으로도' 부분
  - 복수국적자로서 외국 국적을 선택하려는 자는 외국에 주소가 있는 경우에만 국적이탈을 허용하고 있는 국적법 조항에서 '외국에 주소가 있는 경우' 부분
  - 정당한 이유 없이 해고 등을 한 경우 처벌하도록 한 근로기준법 조항 중 '정당한 이유' 부분
- 정당방위와 같은 위법성 조각사유 규정은 구성요건 조항에 대한 죄형법정주의가 요구하는 정도의 명확성원칙이 적용 ○
- 예시적 입법형식이 명확성원칙에 위반되지 않기 위해서 ⇨ 예시한 구체적인 사례들이 그 자체로 일반조항의 해석을 위한 판단지침을 내포 & 그 일반조항 자체가 그러한 구체적인 예시들을 포괄할 수 있는 의미를 담고 있는 개념이여야 함

문 05 헌법재판에서의 가처분과 행정소송법상 집행정지 ★★★

- 행정소송법 집행정지의 소극적 요건으로 '공공복리에 중대한 영향을 미칠 우려가 없을 것'에 대한 주장·소명책임은 행정청에게 有
- 가처분은 본안사건의 심판이 헌법재판소에 계속 중일 때 신청할 수 있음이 원칙 but 안소송을 전제로 우선 가처분신청을 한 후에 본안사건의 심판 청구 可
- 헌법재판소가 권한쟁의심판의 청구를 받았을 때 직권 또는 청구인의 신청에 의하여 종국결정의 선고 시까지 심판 대상이 된 피청구인의 처분의 효력을 정지하는 결정할 수 있음
- 헌법재판소법은 정당해산심판과 권한쟁의심판에 관해서만 가처분에 관한 규정을 두고 있을 뿐임
- 「행정소송법」제23조 제2항의 '처분 등이나 그 집행 또는 절차의 속행으로 인하여 생길 회복하기 어려운 손해를 예방하기 위하여 긴급한 필요'가 있는지 여부는 본안청구의 승소가능성 정도 등을 종합적으로 고려하여 구체적·개별적으로 판단하여야 함

문 06 헌법재판소법 제68조 제1항에 따른 헌법소원심판 ★★

- 헌법소원의 대상인 법률 ⇨ 원칙적 현재 시행 중인 유효한 법률 단, 공포된 법률의 경우 효력발생 전이라도 그 시행이 확실시되어 청구인이 불이익을 입게 될 수 있음을 충분히 예측할 수 있는 경우에도 인정 ○
- 유예기간 경과일이 헌법소원심판의 청구기간 기산점 (ex. 어린이통학버스에 보호자의 동승을 강제하도록 규정하면서 그 적용에 유예기간을 두고 있는 도로교통법 조항)
- 예외적으로 법원의 재판이 헌법소원의 대상 ⇨ 법원이 헌법재판소가 위헌으로 결정한 법령을 적용함으로써 국민의 기본권을 침해한 경우 ○

- 헌법재판소가 국선대리인선임신청에 대하여 국선대리인을 선정하지 않는다는 결정을 한 경우 ⇨ 신청인이 선임신청을 한 날부터 그 통지를 받은 날까지의 기간은 헌법소원 청구기간에 산입 ×
- 외국인근로자의 사업장 변경 횟수를 3회로 제한한 외국인근로자의 고용 등에 관한 법률 조항에 대한 심판청구에 있어서 외국인근로자가 아직 3회 이상 사업장 변경을 시도하지 않은 경우 ⇨ 기본권 침해가 현재 확실히 예측된다고 볼 수 없음

문 07 행정청의 사실행위

- 국가배상법이 정한 배상청구의 요건인 '공무원의 직무'에는 권력적 작용만이 아니라 행정지도와 같은 비권력적 작용도 포함 ○
- 한계를 일탈하지 아니한 비권력적 작용으로서 행정지도로 인하여 상대방에게 어떤 손해가 발생하였다고 하더라도 행정기관은 그에 대한 손해배상책임 없음
- 헌법소원의 대상 여부
  - 재소자가 교도소장에게 외부인으로부터 연예인 사진을 받을 수 있는지를 문의하자 교도소장이 불허될 수 있다는 취지로 고지한 행위 ×
  - 금융위원회위원장이 시중 은행을 상대로 투기지역·투기과열지구 내 초고가 아파트에 대한 주택구입용 주택담보대출을 금지한 조치 ○
- 주관적 권리구제에는 도움이 되지 않는다 하더라도 그러한 침해행위가 앞으로도 반복될 위험이 있거나 당해 분쟁의 해결이 헌법질서의 수호·유지를 위하여 긴요한 사항이어서 헌법적으로 그 해명이 중대한 의미를 지니고 있어 심판청구의 이익 有
  - ex. 육군훈련소장이 훈련병으로 하여금 육군훈련소 내 종교행사에 참석하도록 강제한 행위에 대하여 이미 퇴소한 훈련병이 헌법소원심판을 청구한 경우

문 08 대한민국 헌법의 역사

- 1948년 제헌헌법은 국무원을 대통령과 국무총리 기타의 국무위원으로 조직되는 합의체로서 대통령의 권한에 속한 중요 국책을 의결하는 기구로 규정
- 1960년 헌법(제3차 개정헌법)은 대통령의 임기를 5년으로 하고 재선에 의하여 1차에 한해 중임할 수 있도록 규정
- 1962년 헌법(제5차 개정헌법)은 국무총리는 국회 동의 없이 대통령이 임명
- 1972년 헌법(제7차 개정헌법)은 국회 외에 통일주체국민회의를 두고, 여기에 대통령 선출권 및 국회의원 3분의 1 선출권을 부여함
- 1980년 헌법(제8차 개정헌법)은 국회가 국무총리 또는 국무위원에 대하여 개별적으로 그 해임을 의결할 수 있도록 하되, 국무총리에 대한 해임의결은 국회가 임명동의를 한 후 1년 이내에는 할 수 없도록 함

문 09 직업의 자유 ★★

- 직업의 자유 침해 ×
  - 금고 이상의 형의 집행유예선고를 받고 그 유예기간 중에 있는 자에 대하여 특수경비원이 될 수 없도록 규정한 구 경비업법 조항
  - 성폭력범죄의 처벌 등에 관한 특례법의 성폭력범죄에 해당하는 형법상 강제추행죄를 범하여 금고 이상의 형의 집행유예를 선고받고 그 집행유예기간 중에 있는 사람에 대하여 택시운전자격을 필요적으로 취소하도록 하고 있는 여객자동차 운수사업법 조항
  - 가축사육의 제한이 필요하다고 인정되는 지역에 대해 해당 지방자치단체의 조례로 정하는 바에 따라 가축사육제한구역을 지정·고시할 수 있도록 규정하고 있는 가축분뇨의 관리 및 이용에 관한 법률 조항
  - 간행물 판매자에게 정가 판매 의무를 부과하고, 가격할인의 범위를 가격할인과 경제상의 이익을 합하여 정가의 15퍼센트 이하로 제한하는 출판문화산업 진흥법 조항
- 직업의 자유 침해 ○
  - 아동학대관련범죄로 벌금형이 확정된 날부터 10년이 지나지 아니한 사람은 어린이집을 설치·운영하거나 어린이집에 근무할 수 없도록 한 영유아보육법 조항

문 10 평등권 · 평등원칙 ★★

- 평등권 혹은 평등원칙에 위배 ×
  - 헌법이 군사법원을 특별법원으로 설치하도록 허용하면서 대법원을 군사재판의 최종심으로 하고 있으므로 「군사법원법」에 의한 군사재판을 국민참여재판 대상사건의 범위에서 제외하고 있는 「국민의 형사재판 참여에 관한 법률」 조항
  - 초·중등학교 교원이 공직선거 등에 입후보하고자 하는 경우 선거일 전 90일까지 그 직을 그만두도록 하는 「공직선거법」 조항
- 평등권 혹은 평등원칙에 위배 ○
  - 여러 체육시설 가운데 회원제로 운영되는 골프장의 이용자만을 「국민체육진흥법」상 국민체육진흥계정 조성에 관한 조세 외적 부담을 져야 할 책임이 있는 집단으로 선정한 것
  - 「국가유공자 등 예우 및 지원에 관한 법률」에서 6·25전몰군경자녀에게 6·25전몰군경자녀수당을 지급하면서 수급권자를 1명에 한정하고 나이가 많은 자를 우선하도록 정한 것
  - 특별교통수단에 있어 표준휠체어만을 기준으로 휠체어 고정설비의 안전기준을 정하고 있는 「교통약자의 이동편의 증진법 시행규칙」 조항

문 11 외국인의 기본권 ★★★

- 「국민건강보험법」상 지역가입자인 국내체류 외국인이 보험료를 체납한 경우 그 체납기간이나 체납횟수 등과 관계없이 국민건강보험공단이 1회 체납만으로도 다음달부터 곧바로 체납한 보험료를 완납할 때까지 보험급여를 하지 않도록 내국인 등과 달리 규정한 것은 평등권을 침해함

- 강제퇴거명령을 받은 외국인을 대한민국 밖으로 송환할 수 있을 때까지 보호시설에 인치·수용할 수 있도록 하면서 그 보호기간의 상한을 마련하지 아니한 「출입국관리법」 조항은 피보호자의 신체의 자유를 침해함
- 인천국제공항에서 난민인정신청하였으나 난민인정심사불회부결정받은 외국인을 인천국제공항 송환대기실에 약 5개월째 수용하고 환승구역으로의 출입 막은 것은 헌법 제12조 제4항 본문에 규정된 '구속'에 해당, 구속 상태에서 변호인의 접견신청을 거부한 것은 변호인의 조력을 받을 권리 침해함
- 「외국인근로자의 고용 등에 관한 법률」에서 외국인근로자를 고용한 사업 또는 사업장의 사용자는 외국인근로자의 출국 등에 따른 퇴직금 지급을 위하여 외국인근로자를 피보험자로 하는 보험 또는 신탁에 가입하도록 규정한 것 ⇨ 그 지급시기에 관한 것은 근로조건의 문제이므로 외국인근로자에게도 기본권 주체성 인정
- 코로나19 확산으로 경제적 타격을 입은 국민들을 지원하기 위한 「긴급재난지원금 가구구성 및 이의신청 처리기준(2차)」이 긴급재난지원금 지급 대상인 '외국인만으로 구성된 가구'에 '영주권자 및 결혼이민자'는 포함시키면서 '난민인정자'를 제외한 것 ⇨ 합리적 이유 없는 차별이므로 난민인정자의 평등권을 침해함

핵심포인트 문 12 혼인과 가족생활 ★★

- 장래 가족의 구성원이 될 태아의 성별 정보에 대한 접근을 국가로부터 방해받지 않을 부모의 권리 ⇨ 헌법 제10조로부터 도출되는 일반적 인격권에 의하여 보호됨
- '혼인 중 여자와 남편 아닌 남자 사이에서 출생한 자녀에 대한 생부의 출생신고'를 허용하도록 규정하지 아니한 「가족관계의 등록 등에 관한 법률」 조항 ⇨ 혼인 외 출생자에 대한 생부의 양육권을 직접 제한 ×
- 헌법 제36조 제1항에 규정된 혼인과 가족생활의 보장 내용
  - 소극적으로는 국가권력의 부당한 침해에 대한 개인의 주관적 방어권으로서 국가권력이 혼인과 가정이란 사적인 영역을 침해하는 것을 금지
  - 적극적으로는 혼인과 가정을 제3자 등으로부터 보호해야 할 뿐만 아니라 개인의 존엄과 양성의 평등을 바탕으로 성립되고 유지되는 혼인·가족제도를 실현해야 할 국가의 과제를 부과
- 헌법 제34조 및 제36조
  - 가족생활을 보호하고 청소년의 복지향상을 위해 노력할 과제를 국가에게 부여함 ○
  - 양육비 대지급제 등 양육비의 이행을 실효적으로 담보하기 위한 구체적 제도에 대한 입법의무가 곧바로 도출 ×

핵심포인트 문 13 신뢰보호원칙 ★★

- 위헌인 법률 ⇨ 합헌적인 법률에 기초한 신뢰이익과 동일한 정도의 보호, 즉 '헌법에서 유래하는 국가의 보호의무'까지 요청 ×
- 신뢰보호원칙 위배 ×
  - 취업지원 실시기관 채용시험의 가점 적용대상에서 보국수훈자의 자녀를 제외하는 내용으로 법을 개정하면서, 가까운 장래에 보국수훈자의 자녀가 되어 채용시험의 가점을 받게 될 것이라는 신뢰를 장기간 형성해 온 사람에 대하여 경과조치를 두지 않은 「국가유공자 등 예우 및 지원에 관한 법률」 부칙조항

- 구 법령에 따라 폐자동차재활용업 등록을 한 자에게도 3년 이내에 등록기준을 갖추도록 한 「전기·전자제품 및 자동차의 자원순환에 관한 법률 시행령」 부칙조항에서 정한 3년의 유예기간
- 댐사용권의 취소·변경 처분을 할 경우 국가는 댐사용권자가 납부한 부담금이나 납부금의 일부를 반환하도록 하고, 반환할 금액은 대통령령에서 정하는 상각액을 뺀 금액을 초과하지 못하도록 규정한 구 「댐건설 및 주변지역지원 등에 관한 법률」 조항을 이미 댐사용권을 취득하여 행사하고 있던 댐사용권자에 적용한 경우

● 신뢰보호원칙 위배 ○
- 여러 개의 의료기관을 운영할 수 있을 것이라는 의료인의 구법 질서에 대한 신뢰는 헌법상 보호가치가 있는 신뢰이므로, 이후 해당 「의료법」 조항이 의료인은 어떠한 명목으로도 둘 이상의 의료기관을 운영할 수 없다는 내용으로 개정된 경우

핵심포인트 문 14 국회의 운영 및 의사절차 ★★

● 다수결의 원리를 실현하는 국회의 의결방식
- 헌법이나 법률에 특별한 규정이 없는 한 재적의원 과반수의 출석과 출석의원 과반수의 찬성을 요하는 일반정족수를 기본으로 함
- 헌법상 절대적 원칙은 아님

● 국회의 임시회
- 대통령 또는 국회 재적의원 4분의 1 이상의 요구에 의하여 집회
- 기간과 집회요구의 이유 명시 要

● 국회의 회의 ⇨ 공개가 원칙/'출석의원 과반수의 찬성이 있거나 의장이 국가의 안전보장을 위하여 필요하다고 인정할 때'에는 비공개 可

● 계속비 ⇨ 정부는 연한을 정하여 계속비로서 국회의 의결을 얻어야 함

● 부결된 안건은 같은 회기 중에 다시 발의 또는 제출하지 못한다라는 내용의 규정인 일사부재의 원칙 ⇨ 국회법 제92조에 규정

핵심포인트 문 15 법원 ★★

● 법관에 의한 재판을 받을 권리를 보장
- 법관이 사실을 확정하고 법률을 해석·적용하는 재판을 받을 권리를 보장한다는 의미
- 이를 위반 시 헌법상 보장된 재판을 받을 권리의 본질적 내용 침해임

● 재판의 심리와 판결은 공개가 원칙/국가의 안전보장 또는 안녕질서를 방해하거나 선량한 풍속을 해할 염려가 있을 때에는 법원의 결정으로 심리를 비공개 可

● 대법원 규칙제정권(헌법 제108조)의 의미 ⇨ 위 조항에서 열거하고 있는 사항에 대해서는 대법원이 법률에 저촉되지 않는 한 법률에 의한 명시적인 수권이 없이도 이를 규칙으로 정할 수 있음

- 양형위원회의 양형기준 법적 구속력을 갖지 않음에도 불구하고 법원이 양형기준을 벗어난 판결을 하는 경우 ⇨ 판결서에 양형의 이유를 적어야 함 ○(약식절차 또는 즉결심판절차에 의하여 심판하는 경우에는 이유기재 불요)
- 헌법이 대법원을 최고법원으로 규정하였다고 하여 대법원이 곧바로 모든 사건을 상고심으로서 관할하여야 한다는 결론이 당연히 도출되는 것은 아님

 문 16 위임입법

- 헌법 제75조, 제95조가 정하는 포괄위임입법의 금지 적용 ×
  - 법률이 행정부가 아니거나 행정부에 속하지 않는 공법적 기관의 정관에 특정 사항을 정할 수 있다고 위임하는 경우
- 헌법 제75조, 제95조가 정하는 포괄위임입법의 금지 적용 ○
  - 법률의 위임에 의한 대통령령, 부령
- 「국군포로의 송환 및 대우 등에 관한 법률」은 등록포로 등을 대통령령에 따라 예우할 수 있도록 규정하고 있을 뿐 예우의 내용이나 방식 등에 관하여 아무런 규정을 두고 있지 아니하여 대통령령의 제정 없이 상위 법령의 규정만으로는 집행 불가능한 경우 ⇨ 대통령은 등록포로 등의 예우에 관한 대통령령을 제정 또는 개정할 의무 有
- 법률이 일정한 사항을 행정규칙에 위임하더라도 국회입법의 원칙과 상치되지 않음(∵ 헌법이 인정하고 있는 위임입법의 형식은 예시적인 것 & 행정규칙은 위임된 사항만을 규율할 수 있음)
- 행정부에서 제정된 대통령령에서 규정한 내용이 정당한 것인지 여부와 위임의 적법성은 직접적인 관계 없음(∵ 위임입법의 법리는 헌법의 근본원리인 권력분립주의와 의회주의 내지 법치주의에 바탕을 둔 것)

문 17 재산권

- 「국토의 계획 및 이용에 관한 법률」상 문화재와 문화적으로 보존가치가 큰 건축물 등의 미관 유지·관리하기 위해 필요한 지구를 지정하여 그 지정목적에 부합하지 않는 토지이용 제한하는 조항 ⇨ 헌법 제23조 제1항 및 제2항의 재산권의 내용과 한계에 관한 규정이자 재산권의 사회적 제약을 구체화하는 규정임 ○
- 재산권 침해 ×
  - 수분양자가 아닌 개발사업자를 부과대상으로 하는 구 「학교용지 확보 등에 관한 특례법」상 학교용지부담금으로 인한 사업자의 재산권
  - 주택건설사업에서 사업계획승인을 받은 민간사업주체가 주택건설대지면적의 95퍼센트 이상의 사용권원을 확보한 경우 그 민간사업자로 하여금 사용권원을 확보하지 못한 대지의 모든 소유자에게 시가로 매도청구를 할 수 있도록 한 「주택법」 조항
  - 선거범죄로 당선이 무효로 된 자에게 이미 반환받은 기탁금과 보전받은 선거비용을 반환하도록 한 구 「공직선거법」 조항으로 인한 당선무효인의 재산권

- 분묘기지권에 관한 관습법 중 '분묘기지권의 존속기간에 관하여 당사자 사이에 약정이 있는 등 특별한 사정이 없는 경우에는 권리자가 분묘의 수호와 봉사를 계속하는 한 그 분묘가 존속하고 있는 동안은 분묘기지권은 존속한다'는 부분으로 인한 토지소유자의 재산권

문 18 지방자치제도 ★★★

- 지방자치단체의 자치사무에 대한 감사권 ⇨ 원칙적으로 감사 과정에서 사전에 감사대상으로 특정되지 아니한 사항에 관하여 위법사실이 발견되었다고 하더라도 감사대상을 확장하거나 추가하는 것은 허용 ×
- 지방자치단체의 조직과 자치기능 및 자치사무의 자율성에 관한 기본적이고 본질적인 사항은 법률에서 직접 규정하여야 함 ○(∵ 헌법상 지방자치단체의 지방자치권 역시 국가 통치조직의 분배와 작용에 관한 것으로서 국가권력의 일부분을 담당하는 권한)
- 자치사무의 수행에 있어 다른 행정주체로부터 합목적성에 관하여 명령·지시를 받지 않는 권한은 헌법상 제도적으로 보장된 자치권에 포함됨 ○
- 지방자치단체의 대표인 단체장이 주민의 자발적 지지에 기초를 둔 선거를 통해 선출되어야 한다는 것 ⇨ 지방자치제도의 본질에서 당연히 도출되는 원리임 ○
- 조례도 법률의 위임이 있으면 입법사항을 정할 수 있음(∵ 헌법은 지방자치단체의 조례제정권을 보장 & 한 「지방자치법」은 개별 법률의 위임이 있는 경우에는 조례로써도 주민의 권리를 제한하거나 주민에게 의무를 부과하는 것이 가능함을 규정함)

문 19 재판절차진술권 ★★

- 피해자의 재판절차진술권 침해 ○
  - 직계혈족, 배우자, 동거친족, 동거가족 또는 그 배우자 간의 권리행사방해죄에 대해 법관으로 하여금 획일적으로 형면제 판결을 선고하도록 하는 「형법」 조항
  - 「독점규제 및 공정거래에 관한 법률」이 추구하는 법 목적에 비추어 행위의 위법성과 가벌성이 중대하고 피해의 정도가 현저하여 형벌을 적용하지 아니하면 법 목적의 실현이 불가능하다고 봄이 객관적으로 상당한 사안에서 공정거래위원회의 고발권 불행사
- 피해자의 재판절차진술권 침해 ×
  - 재정신청에 대한 결정을 할 때 구두변론 실시 여부를 법관의 재량에 맡기고 있는 「형사소송법」 조항
- 헌법 제27조 제5항에 정한 형사피해자 ⇨ 형사실체법상으로는 직접적인 보호법익의 향유주체로 해석되지 않는 자 하더라도 문제된 범죄행위로 말미암아 법률상 불이익을 받게 되는 자를 의미함 ○(반드시 형사실체법상의 보호법익을 기준으로 한 피해자개념에 한정 ×)
- 재판절차진술권에 관한 헌법 제27조 제5항이 정한 법률유보 ⇨ 헌법규범의 의미와 내용을 법률로써 구체화하기 위한 이른바 기본권형성적 법률유보에 해당함

문 20 선거

- 정치적 표현의 자유를 침해 ○
  - 누구든지 선거기간 중 선거에 영향을 미치게 하기 위하여 '그 밖의 집회나 모임'을 개최할 수 없도록 하고, 이를 위반하는 자를 처벌하는 「공직선거법」 조항
  - 당선되거나 되게 하거나 되지 못하게 할 목적으로 공연히 사실을 적시하여 후보자가 되고자 하는 자를 비방한 자를 처벌하는 「공직선거법」 조항
- 선거권 침해 ×
  - 과실범, 고의범 등 범죄의 종류를 불문하고 침해된 법익의 내용을 불문하며 형 집행 중에 이루어지는 재량적 행정처분인 가석방 여부를 고려하지 않는 1년 이상의 징역형을 선고받고 그 집행이 종료되지 아니한 사람의 선거권을 제한하는 「공직선거법」 조항
- 지방공사 상근직원의 선거운동의 자유 침해 ○
  - 「공직선거법」상 지방공사 상근직원에 대하여 일체의 선거운동을 금지하는 것
- 선거권의 범위에 포함 ×
  - 사법인적인 성격을 지니는 농협중앙회의 중앙회장선거에서 회장을 선출하거나 선거운동하는 것

문 21 행정절차와 공공기관의 정보공개

- 행정기관의 처분에 의하여 불이익을 입게 되는 국가에 대해 행정처분을 할 때에도 사전 통지, 의견청취, 이유 제시와 관련한 행정절차법이 그대로 적용 ○
- 처분서에 처분의 근거와 이유가 구체적으로 명시되어 있지 않아도 처분서에 기재된 내용과 관계 법령 및 해당 처분에 이르기까지의 전체적인 과정 등을 종합적으로 고려하여 처분 당시 당사자가 어떠한 근거와 이유로 처분이 이루어진 것인지를 충분히 알 수 있어서 그에 불복하여 행정구제절차로 나아가는 데에 별다른 지장 없는 경우 ⇨ 그 처분은 위법 ×
- 정보공개청구인이 제기한 정보공개거부처분취소소송에서 해당 공공기관이 법원에 증거로 제출한 청구정보의 사본을 청구인이 송달받아 결과적으로 해당 공공기관이 정보공개청구인에게 정보를 공개된 셈이 된 경우 ⇨ 해당 정보의 비공개결정의 취소를 구할 소의 이익 소멸 ×
- 징계위원의 성명과 직위에 대한 공개를 청구하였으나 거부당하여 이에 대한 취소소송을 제기하였는데, 甲이 제기한 징계항고 절차에서 징계위원회 구성에 하자가 있음을 알게 되었고, 그 하자를 이유로 해당 징계처분이 취소된 경우 ⇨ 취소소송에서 정보의 공개를 구할 법률상 이익 소멸 ×

문 22 행정행위

- 구 공중위생관리법령에 따라 공중위생영업이 양도·양수된 후 양수인이 행정청에 새로운 영업소개설통보를 한 경우 양도인에 관한 공중위생업 영업정지의 위법사유로 양수인에게 영업정지처분 可

- 행정청은 그 허가를 할 때 건축주가 누구인가 등 인적 요소에 관하여는 형식적 심사만을 함(∵ 건축허가는 대물적 성질)
- 요양기관이 속임수나 그 밖의 부당한 방법으로 보험자에게 요양급여비용을 부담하게 한 것을 이유로 「국민건강보험법」에 따라 받게 되는 요양기관 업무정지처분 ⇨ 대물적 처분의 성격 ○
- 행정청이 「도시 및 주거환경정비법」 등 관련 법령에 근거하여 행하는 주택재건축조합설립인가처분 ⇨ 설권적 처분의 성격 ○
- 근로복지공단이 사업주에 대해 행하는 개별 사업장의 사업종류 결정 ⇨ 확인적 행정행위

문 23 영업자 지위승계·행정절차법·행정심판위원회의 재결 ★★★

- 관할관청이 양수인의 영업자 지위승계신고 수리 시 ⇨ 양도인의 기존 영업수행권은 취소되고 양수인에게 새로운 영업수행권이 설정되는 '공중위생영업자 지위 변경'의 공법상 법률효과가 발생함
- 「행정절차법」상의 사전 통지, 의견제출 절차 不要 ⇨ 법령 등에서 요구된 자격이 없거나 없어지게 되면 반드시 일정한 처분을 하여야 하는 경우에 그 자격이 없거나 없어지게 된 사실이 법원의 재판 등에 의하여 객관적으로 증명된 경우
- 행정심판위원회가 「행정심판법」 제50조에 의하여 직접 甲에게 과징금부과처분할 수 있는 경우 것 ⇨ 행정심판위원회 이행재결인 경우에만 해당 ○(일부인용재결(형성재결)에는 해당 ×)
- 형성재결인 경우에는 취소·변경재결 그 자체가 소의 대상임 ○

문 24 통치행위 ★★

- 법원이 사법심사를 자제하여야 할 고도의 정치성을 띈 행위 ×
  - 대통령이 국가원수로서 행하는 서훈취소
  - 남북정상회담의 개최과정에서 재정경제부장관에게 신고하지 아니하거나 통일부장관의 협력사업 승인을 얻지 아니한 채 북한측에 사업권의 대가 명목으로 송금한 행위 자체
  - 개성공단 전면중단 조치(헌법소원심판의 대상 ○)
  - 법률의 효력을 가지는 긴급재정경제명령(헌법소원심판의 대상 ○)
- 법원이 사법심사를 자제하여야 할 고도의 정치성을 띈 행위 ○
  - 외국에의 국군의 파견결정

문 25 당연무효·치유 ★★

- 하자가 중대하고 명백하여 무효인 경우
  - 구 폐기물처리시설 설치촉진 및 주변지역 지원 등에 관한 법률에 정한 입지선정위원회가 군수와 주민대표가 선정·추천한 전문가를 포함시키지 않은 채 임의로 구성되어 의결을 한 경우, 그에 터잡아 이루어진 폐기물처리시설 입지결정처분
  - 당연무효인 입지결정처분에 따라 이루어진 도지사의 위 시설 설치계획 승인처분
- 당연무효인 입지결정처분의 하자는 치유 ×

문 26 공법상 계약 ★★★

- 법령 등을 위반하지 아니하는 범위에서 행정목적을 달성하기 위하여 필요한 경우 ⇨ 행정청은 공법상 계약을 체결 可(이 경우 계약의 목적 및 내용을 명확하게 적은 계약서를 작성하여야 함)
- 국가를 당사자로 하는 계약에 관한 법률 및 그 시행령상의 입찰절차나 낙찰자 결정기준에 관한 규정은 국가의 내부규정에 불과한 것임
- 전문직공무원인 공중보건의사의 채용계약 해지는 행정처분이라고 단정할 수는 없음
- 채용계약 관계의 한쪽 당사자로서 대등한 지위에서 행하는 의사표시인 계약직공무원의 채용계약 해지 ⇨ 「행정절차법」에 의하여 근거와 이유 제시 不要
- 산업단지관리공단이 구 「산업집적활성화 및 공장설립에 관한 법률」에 따른 입주변경계약을 취소한 것 ⇨ 항고소송의 대상이 되는 행정처분임 ○

문 27 행정입법 ★★

- 국토교통부장관이 국토교통부 훈령으로 정한 '개발행위허가운영지침'은 행정규칙에 불과하여 대외적 구속력이 없음
- 처분의 적법성을 판단하는 결정적인 지표 ×
  - 행정청이 미리 공표한 처분기준인 행정규칙을 따랐는지 여부
  - 행정청이 미리 공표하지 않은 처분기준을 적용하였는지 여부
- '업무상 질병에 대한 구체적인 인정 기준'이 예시적 규정에 불과한 위임근거인 「산업재해보상보험법 시행령」[별표 3]에 따른 고용노동부 고시 ⇨ 대외적으로 국민과 법원을 구속하는 효력이 있는 규범 ×
- 「금융위원회의 설치 등에 관한 법률」에 따라 금융위원회가 고시한 '금융기관 검사 및 제재에 관한 규정' 제18조 제1항 ⇨ 그 위임 한계를 벗어나지 않는다면 그와 결합하여 대외적으로 구속력이 있는 법규명령의 효력

문 28. 지방세법에 따른 재산세 부과처분 관련

- 「지방세법」에 따른 재산세 부과처분에 관한 조세심판사항에는 「행정절차법」이 적용 ×
- 「지방세징수법」상 지방자치단체장은 납세자가 재산세를 체납하면 허가 등이 필요한 사업의 주무관청에 대하여 그 납세자에게 허가 등을 하지 아니할 것을 요구 可
- 납부를 독촉한 후 다시 동일한 내용의 독촉을 하는 경우 최초의 독촉만이 징수처분으로서 항고소송의 대상이 되는 행정처분임 ○
- 의무자가 아닌 자에게 납부의무를 부여한 재산세 부과처분의 하자가 중대 명백한 경우 당연무효임 ○

문 29. 행정소송법 제12조의 법률상 이익

- 처분의 직접 상대방이 아닌 제3자가 해당 처분과 간접적·사실적·경제적인 이해관계를 가지는 데 불과한 경우 처분의 취소를 구할 원고적격 없음
- 「행정소송법」 제12조의 법률상 이익 있는 경우
  - 개발제한구역 안에서의 공장설립을 승인한 처분이 위법하다는 이유로 쟁송취소되었지만 그 승인처분에 기초한 공장건축허가처분이 잔존하는 경우, 인근 주민의 공장건축허가처분의 취소를 구하는 경우
  - 재단법인 A 연구재단이 B 대학교 총장에게 연구개발비의 부당집행을 이유로 국가연구개발사업인 BK21 사업 협약을 해지하고 연구팀장 甲에 대한 국가연구개발사업의 3년간 참여제한 등을 명하는 통보를 한 경우, 甲은 위 협약 해지 통보의 효력을 다투는 경우
- 「행정소송법」 제12조의 법률상 이익 없는 경우
  - 개발제한구역 중 일부 취락을 개발제한구역에서 해제하는 내용으로 도시관리계획변경의 결정·고시가 있는 사안에서, 해제대상에서 누락된 개발제한구역 내 토지의 소유자는 위 결정·고시의 취소를 구하는 경우

문 30. 주민소송

- 주민소송의 대상에 대하여 주민감사청구를 한 주민이면 누구나 주민소송을 제기 可, 1인에 의한 제소도 可
- 주민소송, 항고소송에서의 계쟁처분의 위법성은 '처분의 위법성 일반'임
- 주민소송에서도 사정판결을 내리는 것이 허용(∵ 주민소송에 관해서는 「지방자치법」에 규정된 것 외에는 「행정소송법」에 따름)
- 주민소송으로 이 사건 처분의 무효확인을 구하는 경우에는 항고소송인 무효확인소송에서와는 달리 「지방자치법」상 제소기간의 적용됨 ○
- 주민소송에서 이 사건 건축허가에 대한 취소청구 부분을 각하하는 판결이 확정된 경우라도 주민소송에서 도로점용허가의 취소를 구할 소의 이익 有

문 31. 행정법상 신뢰보호의 원칙 ★★

- 행정청의 견해표명이 정당하다고 신뢰한 데에 대하여 그 개인에게 귀책사유 유무는 상대방과 그로부터 신청행위를 위임받은 수임인 등 관계자 모두를 기준으로 판단함
- 행정청은 권한 행사의 기회가 있음에도 불구하고 장기간 권한을 행사하지 아니하여 국민이 그 권한이 행사되지 아니할 것으로 믿을 만한 정당한 사유가 있는 경우
  - 행정청은 그 권한을 행사해서는 아니 됨
  - 공익 또는 제3자의 이익을 현저히 해칠 우려가 있는 경우는 예외로 행정청은 그 권한 행사 可
- 법령 개정할 때 입법자의 광범위한 재량 인정되는 경우 구 법령의 존속에 대한 당사자의 신뢰가 합리적이고도 정당하며 법령의 개정으로 야기되는 당사자의 손해가 극심하여 새로운 법령으로 달성하고자 하는 공익적 목적이 그러한 신뢰의 파괴를 정당화할 수 없는 경우 ⇨ 입법자는 경과규정을 두는 등 당사자의 신뢰를 보호할 적절한 조치를 하여야 함
- 법적으로 혼인한 상태가 아닌 대한민국 국적인 부와 중화인민공화국 국적인 모 사이에 출생한 甲에게 출생신고에 따라 행정청에 의해 주민등록번호와 이에 따른 주민등록증이 부여되었고, 행정청에 의해 '외국인 모와의 혼인외자 출생신고'라며 가족관계등록부가 말소된 경우 ⇨ 법무부장관이 대한민국 국적 보유자가 아니라는 이유로 甲에게 국적비보유판정은 신뢰보호 원칙에 위반 ○
- 행정청이 공적인 견해를 표명한 뒤에 그 사정이 변경되었다면 특별한 사정이 없는 한 행정청은 그 견해표명에 반하는 처분을 할 수 있음

문 32. 국가배상책임 ★★

- 공법인이 국가로부터 위탁받은 공행정사무 집행하는 과정에서 공법인의 임직원이나 피용인이 고의 또는 과실로 법령을 위반하여 타인에게 손해를 입힌 경우 ⇨ 공법인의 임직원이나 피용인은 고의 또는 중과실이 있는 경우에만 배상책임을 부담 ○(∵ 공법인의 임직원이나 피용인은 「국가배상법」 제2조에서 정한 공무원에 해당)
- 군인 등은 실제로 그 권리를 행사하였는지 또는 그 권리를 행사하고 있는지 여부에 관계없이 국가배상법 제2조 제1항 단서 규정이 적용 ○(∵ 다른 법령에 보상제도가 규정되어 있고, 그 법령에 규정된 요건에 해당되어 군인 등에게 보상을 받을 수 있는 권리가 발생)
- 국가나 지방자치단체가 행정절차를 진행하는 과정에서 주민들의 의견제출 등 절차적 권리를 보장하지 않은 위법이 있어서 그 후 이를 시정하여 절차를 다시 진행하더라도 주민들의 절차적 권리 침해로 인한 정신적 고통이 여전히 남아 있다고 볼 특별한 사정이 있는 경우
  - 정신적 고통으로 인한 손해를 배상할 책임 有
  - 특별한 사정이 있다는 사실에 대한 주장·증명책임 소재는 청구하는 주민에게 있음
- 영조물 설치 및 관리 ⇨ 완전무결한 상태를 유지할 정도의 고도의 안전성을 갖추지 아니하였지만 영조물 이용자의 상식적이고 질서 있는 이용 방법을 기대한 상대적인 안전성 갖추는 것으로 족함

문 33. 행정계획 ★★

- 도시계획시설(공원)로 지정된 이후에도 계속 지목에 따라 농경지로 사용된 토지의 경우 지정 이후에 토지소유권을 취득한 자도 계속 농경지로 사용할 수 있는 상황인 경우 ⇨ 법령상 매수청구권을 행사할 수 있다면, 공원구역의 지정이 토지소유권자의 사익을 과도하게 침해한 것 ×
- 재건축조합이 전체 조합원의 일부인 개별 조합원과 사적으로 재건축에 관련한 신축상가입주의 약정 체결한 경우재 ⇨ 건축조합은 그 사법상 약정에 직접적으로 구속 ×
- 주민 등의 도시관리계획 입안 제안을 거부한 처분을 취소하는 판결이 확정된 후 행정청이 새로이 수립한 도시관리계획에 대해 제기된 취소소송에서, 도시관리계획의 내용이 취소판결의 기속력에 위배되지는 않는 경우 ⇨ 법원은 계획재량의 한계를 일탈한 것인지 여부를 별도로 심리·판단 要
- 산업단지개발계획 변경권자가 특정 폐기물처리업체가 폐기물소각시설을 증설할 수 있도록 산업단지개발계획을 변경한 경우 ⇨ 변경권자는 반드시 그 주변의 동종 업체들도 같은 혜택을 누릴 수 있도록 산업단지개발계획을 변경하여야 하는 것 ×
- 경관 훼손에 관한 객관적인 검토를 거치지 않은 채 甲의 고층아파트 신축 사업 계획에 대하여 주변 경관 등을 이유로 불승인처분을 한 지방자치단체의 국가배상책임이 인정될 여지 有

문 34. 부작위위법확인소송 ★★★

- 행정소송법상 의무이행소송이나 의무확인소송은 인정 ×
- 부작위위법확인소송 계속 중 거부처분이 있게 되면 부작위법확인의 소는 소의 이익 잃어 부적법
- 당사자가 동일한 신청에 대하여 부작위법확인의 소를 제기 후 소극적 처분이 있다고 보아 처분취소소송으로 소를 교환적으로 변경한 후 부작위법확인의 소를 추가적으로 병합한 경우 ⇨ 처분취소소송으로의 교환적 변경과 처분취소소송에의 추가적 변경 등의 과정을 거쳤다고 하더라도 여전히 제소기간을 준수한 것 ○(∵ 거부처분의 취소를 구하는 취소소송에는 특단의 사정이 없는 한 그 신청에 대한 부작위법의 확인을 구하는 취지도 포함)
- 부작위법확인판결에는 기속력이 인정된 경우 ⇨ 행정청은 판결의 취지에 따라 이전의 신청에 대한 응답의무 부담함 ○(신청한 대로 처분의무는 없음)

문 35. 행정소송 ★★

- 구 사립학교법이 사립학교 직원들의 보수를 정관으로 정하도록 하고, 소속된 각 학교법인의 정관이 그 직원들의 보수를 공무원의 예에 따르도록 한 경우(보조금 지원을 중단하겠다는 내용의 시정명령, 정정된 호봉으로 호봉 재획정 처리를 하고 조치결과를 제출하라는 명령) ⇨ 사립학교 직원들은 각 명령으로 인하여 법률상 보호되는 이익을 침해당한 경우에 해당 ○

- 공법상 당사자소송과 민사소송이 서로 다른 소송절차에 해당한다는 이유만으로 청구기초의 동일성이 없다고 해석하여 양자 간의 소 변경을 허용하지 않을 이유 없음(∵ 민사소송에서 항고소송으로의 소 변경 허용)
- 취소사유가 행정처분의 절차, 방법의 위법으로 인한 거부처분을 취소하는 판결이 확정된 경우 ⇨ 그 처분 행정청은 확정판결의 취지에 따라 위법사유를 보완하여 다시 종전의 신청에 대한 거부처분을 할 수 있음
- 행정처분의 당연무효를 선언하는 의미에서 그 취소를 청구하는 행정소송을 제기하는 경우에도 소원의 전치와 제소기간의 준수 등 취소소송의 제소요건을 갖추어야 함

문 36 행정법상 신고

- 임시도로 개설 목적으로 법령에 규정되어 있는 요건을 갖추어 산지일시사용신고를 한 경우 ⇨ 행정청은 그 신고를 수리하여야 하고, 법령에서 정한 사유 이외의 다른 사유를 들어 신고 수리 거부 불가(신고서 또는 첨부서류에 흠이 있거나 거짓 또는 그 밖의 부정한 방법으로 신고를 한 것이 아닌 한)
- 허가를 받거나 신고를 한 건축물의 공사를 착수하려는 건축주 착공신고에 대한 관할 행정청의 반려행위는 항고소송의 대상임 ○
- 법률에 의해 다른 법률상 허가가 의제되는 「건축법」상 건축신고인 경우 행정청은 그 신고가 다른 법령이 정하는 허가기준을 갖추지 못한 이유로 수리 거부 가
- 당초 옥외집회를 개최하겠다고 신고하였지만 신고 내용과 달리 옥외집회는 개최하지 아니한 채 신고한 장소와 인접한 건물에서 신고한 옥외집회의 범위와 동일성이 인정되는 옥내집회만을 개최한 경우 ⇨ 신고범위의 일탈로 처벌 ×
- 수리를 필요로 하는 신고에서 신고서 위조 등의 사유가 있어 신고행위 자체가 효력이 없다면, 그 수리행위는 당연무효임

문 37 직위해제

- 직위해제는 징벌적 제재로서의 징계 등에서 요구되는 것과 같은 동일한 절차적 보장 요구 ×(∵ 직위해제는 잠정적이고 가처분적인 성격을 가진 조치임)
- 직위해제처분 징계처분을 받을 고도의 개연성이 인정되어야 함(단순히 파면·해임·강등 또는 정직에 해당하는 징계의결 요구가 있었다는 형식적 이유만으로 정당화 ×)
- 직위해제처분에 대해서 소청심사청구를 제기하지 않은 경우 ⇨ 이후 직권면직처분의 취소를 구하는 소송에서 직위해제처분의 당연무효가 아닌 취소사유를 들어 직권면직처분의 위법을 주장 불가
- 행정청이 공무원에 대하여 새로운 직위해제사유에 기한 직위해제처분을 한 경우 그 이전에 한 직위해제처분은 이를 묵시적으로 철회한 것임 ○

문 38 건축법에 따른 시정명령·이행강제금 ★★

- 이행강제금의 부과·징수를 게을리한 행위 ⇨ 주민소송의 대상이 되는 공금의 부과·징수를 게을리한 사항에 해당함
- 건축법상 이행강제금납부 의무는 상속인에게 승계 ×(∵ 이행강제금 납부의무는 일신전속적인 성질을 지닌 것)
- 시정명령을 받은 의무자가 이행강제금이 부과되기 전에 그 의무를 이행한 경우 ⇨ 이행강제금을 부과할 수 없음(비록 시정명령에서 정한 기간을 지나서 이행한 경우라도)
- 시정명령을 받은 의무자가 정당한 방법으로 행정청에 신청 또는 신고를 하였으나 행정청이 위법하게 이를 거부 또는 반려함으로써 결국 그 처분이 취소된 경우 ⇨ 행정청은 시정명령 불이행을 이유로 이행강제금을 부과할 수 없음

문 39 재산권과 손실보상 ★★

- 사업시행자가 법령이 정한 이주대책대상자의 범위를 넘어 미거주 소유자까지 이주대책대상자에 포함시킨 이주대책은 법령에 의한 의무로서가 아닌 시혜적인 것임
- 공익사업의 시행으로 인한 개발이익을 배제하고 손실보상액을 산정하는 것은 정당보상의 원리 위반 ×
  (∵ 개발이익은 피수용토지가 수용당시 갖는 객관적 가치에 포함 ×)
- 공공필요 있는 사업으로 인정되어 국가가 토지를 수용하는 것이 문제되지 않는 경우 사업에서 사인이 수용권을 가진다고 하여 그 사업에서의 공공필요에 대한 판단이 본질적으로 달라지는 것 ×
- 헌법 제23조 제3항은 재산권 수용의 주체를 한정 ×
- 공법상의 제한을 받는 토지의 수용보상액을 그러한 제한을 받는 상태 그대로 평가하는 경우
  - 그 공법상 제한이 해당 공공사업의 시행을 직접 목적으로 하여 가하여진 경우가 아닌 경우
  - 그와 같은 제한이 해당 공공사업의 시행 이후에 가하여진 경우

문 40 행정소송에서의 집행정지

- 거부처분의 효력정지는 이를 구할 이익이 없음(∵ 부처분의 효력을 정지하더라도 거부처분이 없었던 것과 같은 상태로 되돌아가는 데에 불과하고, 신청에 따른 처분을 하여야 할 행정청의 의무가 생기는 것은 아님)
- 제재처분에 대한 행정쟁송절차에서 처분에 대해 집행정지결정이 이루어졌더라도 본안에서 해당 처분이 최종적으로 적법한 것으로 확정되어 집행정지결정이 실효되고 제재처분을 다시 집행할 수 있게 된 경우 ⇨ 처분청은 당초 집행정지결정이 없었던 경우와 동등한 수준으로 해당 처분이 집행되도록 필요한 조치를 취하여야 함 ○

- 효력기간이 정해져 있는 제재적 행정처분에 대한 취소소송에서 법원이 본안소송의 판결 선고 시까지 집행을 정지하는 결정을 한 경우, 해당 처분에서 정해 둔 효력기간의 시기와 종기가 집행정지기간 중에 모두 경과한 경우 ⇨ 그때 집행정지결정의 효력이 소멸함과 동시에 처분의 효력이 당연히 부활하여 처분에서 정한 효력기간이 다시 진행함 ○
- 행정소송법 제23조 제2항에 정하고 있는 행정처분 등의 집행정지 요건인 '회복하기 어려운 손해' ⇨ 그 경제적 손실이나 기업 이미지 및 신용의 훼손으로 인하여 사업자의 자금 사정이나 경영 전반에 미치는 파급효과가 매우 중대하여 사업 자체를 계속할 수 없거나 중대한 경영상의 위기를 맞게 될 것으로 보이는 등의 사정이 존재 要

형사법

핵심요약

2025년 변호사시험 형사법 핵심요약

핵심포인트 문 01 죄형법정주의 ★★

- 법률의 시행령이 형사처벌에 관한 사항을 규정하면서 법률의 명시적인 위임 범위를 벗어나 처벌의 대상을 확장한다면 죄형법정주의에 어긋나는 것임
- 법관의 보충적인 해석을 필요로 하는 개념을 사용한 처벌법규의 구성요건이 명확성에 배치되지 않는 경우
  ⇨ 통상의 해석방법에 의하여 건전한 상식과 통상적인 법감정 가진 사람이면 당해 처벌법규의 보호법익과 금지된 행위 및 처벌의 종류와 정도를 알 수 있도록 규정 시
- 국선변호인(형소법 제33조)에 규정된 법원이 직권으로 변호인을 선정하여야 할 사유 중 하나인 '피고인이 구속된 때'의 의미 ⇨ 피고인이 해당 형사사건이 아닌 별개의 사건, 즉 별건으로 구속되어 있거나 다른 형사사건에서 유죄로 확정되어 수형 중인 경우도 포함 ○
- 형면제 사유에 관하여 범위를 제한적으로 유추적용하는 것은 죄형법정주의에 어긋나는 것임
- 정보통신망을 이용한 명예훼손죄에서 특정 개인이나 소수에게 말하여 그로 인해 불특정 또는 다수인에게 전파가능성이 있다는 이유로 공연성을 인정하는 것은 유추해석에 해당 ×

핵심포인트 문 02 죄수관계 ★★

- 상상적 경합범
  - 여러 사람의 권리의 목적이 된 자기의 물건을 취거, 은닉 또는 손괴함으로써 그 여러 사람의 권리행사를 방해하여 권리자별로 각각 권리행사방해죄 간
  - 동일한 공무를 집행하는 여럿의 공무원에 대하여 폭행·협박 행위가 이루어진 경우 공무원의 수에 따른 여럿의 공무집행방해죄 간
  - 피해자에 대한 폭행행위가 동일한 피해자에 대한 업무방해죄의 수단이 된 경우 폭행죄와 업무방해죄 간
- 실체적 경합범
  - 타인의 부동산을 보관 중인 자가 불법영득의사를 가지고 그 부동산에 근저당권설정등기를 경료한 후 같은 부동산에 별개의 근저당권을 설정한 행위

핵심포인트 문 03 고의·과실 ★★

- 고의로 법령을 잘못 적용하여 공문서를 작성하였다고 하더라도 그 법령적용의 전제가 된 사실관계에 대한 내용에 거짓이 없는 경우 ⇨ 허위공문서작성죄 성립 ×

- 살해의 의도로 피해자를 구타하였으나 이로 인하여 직접 사망한 것이 아니라 그 후 죄적을 인멸할 목적으로 행한 매장행위에 의하여 피해자가 사망하게 된 경우 ⇨ 전과정을 개괄적으로 보아 1개의 살인죄 성립 ○
- 작위의무자가 그 의무를 이행함으로써 결과발생을 쉽게 방지할 수 있었음을 예견하고도 결과발생을 용인하고 이를 방관한 채 그 의무를 이행하지 아니한다는 인식한 경우 ⇨ 부진정 부작위범의 고의 인정 ○
- 진실하다는 확신 없는 사실을 신고하는 경우 ⇨ 무고죄의 범의 인정 ○
- 피고인이 상해의 고의로 구타하여 상해를 입은 피해자가 정신을 잃고 빈사상태에 빠지자 사망한 것으로 오인하고, 자신의 행위를 은폐하고 피해자가 자살한 것처럼 가장하기 위하여 피해자를 베란다 밖으로 떨어뜨려 사망케 한 경우 ⇨ 포괄하여 단일의 상해치사죄에 해당 ○

문 04 형법 제27조(불능범) ★★

- 간통이 형사처벌된다고 착오하고 간통행위를 한 경우 반전된 금지착오인 환각에 해당함 ○
- 불능범은 범죄행위 성질상 결과발생 또는 법익침해 가능성이 절대로 있을 수 없는 경우를 의미함
- 불능범의 위험성 판단기준(추상적 위험설) ⇨ 피고인이 행위 당시에 인식한 사정을 놓고 이것이 객관적으로 일반인의 판단으로 보아 결과 발생의 가능성이 있느냐를 따져야 함 ○
- 소송비용을 편취할 의사로 소송비용의 지급을 구하는 손해배상청구의 소를 제기한 경우 ⇨ 소송사기죄의 불능범 ○
- 甲이 살인의 고의로 乙에게 치사량의 독약을 복용시키려 하였으나 착오로 치사량에 현저히 미달하는 양의 독약을 복용시킨 다음 후회하여 乙에게 해독제를 먹인 경우 ⇨ 방지행위와 결과불발생 사이에 인과관계를 요하는 견해에 따르면 살인죄의 불능미수가 성립함
  - 불능미수 성립요건인 위험성이 인정됨(추상적 위험설에 의할 때)
  - 중지미수 성립요건인 자의성도 인정됨(절충설)
  - 甲의 방지행위와 乙이 사망하지 않은 결과 사이에 인과관계 없음

문 05 미성년자약취 · 유기 · 체포 · 강요 · 촬영물 등 이용협박 ★★

- 부모가 이혼하였거나 별거하는 상황에서 미성년의 자녀를 부모의 일방이 평온하게 보호 · 양육하고 있는데, 상대방 부모가 폭행, 협박 또는 불법적인 사실상의 힘을 행사하여 그 보호 · 양육 상태를 깨뜨리고 자녀를 자기 또는 제3자의 사실상 지배하에 옮긴 행위 ⇨ 미성년자약취죄 성립 ○
- 유기죄에서의 유기행위 ⇨ 부작위에 의한 유기행위도 可, 유기를 당한 사람의 생명·신체에 위험을 발생하게 할 가능성이 있으면 유기행위의 요건은 충족함
- 체포죄(계속범)의 기수 ⇨ 체포의 행위에 확실히 사람의 신체의 자유를 구속한다고 인정할 수 있을 정도의 시간적 계속이 있어야 함
- 행위자가 직무상 또는 사실상 상대방에게 영향을 줄 수 있는 직업이나 지위에 기초하여 상대방에게 어떠한 요구한 경우 ⇨ 곧바로 강요죄의 성립을 위한 해악의 고지 ×

- 성폭력범죄의처벌등에관한특례법위반죄 ⇨ 촬영물 등을 방편 또는 수단으로 삼아 유포가능성 등 공포심을 일으킬 수 있을 정도의 해악을 고지하면 성립 ○(반드시 행위자가 촬영물 등을 피해자에게 직접 제시하는 방법으로 협박해야 한다거나 협박 당시 해당 촬영물 등을 소지하고 있거나 유포할 수 있는 상태일 필요 없음)

핵심포인트 문 06 인과관계 ★★

- 인과관계 인정 사례
  - 방조범에서 방조행위가 정범의 범죄 실현과 밀접한 관련이 있고 정범으로 하여금 구체적 위험을 실현시키거나 범죄결과를 발생시킬 기회를 높이는 등으로 정범의 범죄 실현에 현실적 기여를 하였다고 평가할 수 있는 방조행위
  - 자동차 운전자가 통상 예견되는 상황에 대비하 결과를 회피할 수 있는 정도의 주의의무를 다하지 못한 것이 교통사고 발생의 직접적인 원인 된 경우 업무상 주의의무 위반과 교통사고 발생 사이
  - 피해자 뺨을 1회 때리고 오른손으로 목을 쳐 피해자로 하여금 넘어지면서 머리를 땅바닥에 부딪치게 하여 상해를 가하고, 이로 인하여 두부 손상을 입은 피해자로 하여금 병원에서 입원치료를 받다가 합병증으로 사망에 이르게 한 경우 피고인의 범행과 피해자의 사망 사이
  - 폭행 또는 협박으로 타인의 재물을 강취하려는 행위와 이에 극도의 흥분을 느끼고 공포심에 사로잡혀 이를 피하려다 입은 상해 사이
- 강간죄에서 폭행·협박과 간음 사이 인과관계 ⇨ 폭행·협박은 반드시 간음행위보다 선행 不要

핵심포인트 문 07 사기죄 ★★

- 사기죄에서 피해자에게 대가가 지급된 경우 피해자를 기망하여 그가 보유하고 있는 그 대가를 다시 편취하거나 피해자로부터 그 대가를 위탁받아 보관 중 횡령한 경우 ⇨ 기존 사기죄와는 별도의 새로운 사기죄나 횡령죄 성립 ○
- 소명자료 등을 조작하거나 허위의 소명자료 등을 제출함이 없이 단지 실제 사실과 다른 비용액에 관한 주장만 하는 경우 ⇨ 특별한 사정이 없는 한 법원을 기망하였다고 단정 ×
- 분식회계에 의한 재무제표 등으로 금융기관을 기망하여 대출을 받은 경우(변제의사와 변제능력 유무, 충분한 담보가 제공되어 피해자의 전체 재산상에 손해가 없고 사후에 대출금이 상환되었다고 하더라도) ⇨ 사기죄 성립 ○
- 사기죄에 있어 피해자의 처분행위 ⇨ 출판사 경영자가 출고현황표를 조작 방법으로 실제 출판부수를 속여 작가에게 인세의 일부만 지급한 경우 작가의 부작위에 의한 재산의 처분행위 해당함 ○
- 사기죄에 있어 피해자의 처분의사 ⇨ 착오에 빠진 피기망자가 어떤 행위를 한다는 인식이 있으면 충분하고, 그 행위가 가져오는 결과에 대한 인식까지는 필요 없음

문 08 제3자뇌물수수방조 · 허위공문서작성 · 횡령 · 사기 · 배임수재 ★★

- 공무원 또는 중재인이 부정한 청탁을 받고 제3자에게 뇌물을 제공하게 하고 제3자가 그러한 공무원 또는 중재인의 범죄행위를 알면서 방조한 경우 ⇨ 방조범에 관한 형법총칙의 규정이 적용되어 제3자뇌물수수방조죄 인정 ○
- 사법경찰관인 피고인이 검사로부터 '교통사고 피해자들로부터 사고 경위에 대해 구체적인 진술을 청취하여 운전자 甲의 도주 여부에 대해 재수사할 것'을 요청받고, 재수사 결과서의 '재수사 결과'란에 피해자들로부터 진술을 청취하지 않았음에도 진술을 듣고 그 진술내용을 적은 것처럼 기재함으로써 허위공문서 작성한 경우 ⇨ 허위공문서작성죄 성립 ○
- 전기통신금융사기 범행의 공범이 아닌 계좌명의인이 개설한 예금계좌가 그 범행에 이용되어 피해자가 그 계좌에 사기피해금을 송금·이체한 경우 계좌명의인이 그 돈을 영득할 의사로 인출한 경우 ⇨ 피해자에 대한 횡령죄 성립 ○
- 자동차 매도하겠다고 거짓말하고 자동차를 양도하면서 소유권이전등록에 필요한 일체의 서류를 교부한 후 매매대금을 수령한 다음 자동차에 미리 부착해 놓은 지피에스(GPS)로 위치를 추적하여 그 자동차를 절취한 경우 ⇨ 사기죄 성립 ×
- 언론계에서 상당한 영향력이 있다고 평가받는 자가 기업대표이사부터 우호적인 여론형성에 도움을 달라는 취지의 청탁과 함께 금원을 지불받은 경우 ⇨ 배임수재죄 성립 ○

문 09 횡령과 배임 ★★

- 피해자가 먼저 소주방을 나오면서 휴대전화를 그곳에 떨어뜨렸고, 소주방 업주가 위 휴대전화를 발견하고 소유자에게 전해달라는 의사로 일행인 피고인에게 건네주어 피고인이 보관한 경우 ⇨ 조리상 피해자를 위하여 위 휴대전화를 횡령죄에서의 보관하는 지위에 있음
- 보관자가 자기 또는 제3자의 이익을 위한 것이 아니라 그 소유자의 이익을 위하여 이를 처분한 경우 ⇨ 횡령죄에서 불법영득의사 인정 ×
- 채권양도의 대항요건을 갖추어 주지 않은 채 채무자로부터 채권을 추심하여 금전을 수령한 경우 ⇨ 채권양도인이 채권양수인을 위하여 양도 채권의 보전에 관한 사무를 처리하는 신임관계 없음
- 채무자가 그 소유 동산에 관하여 채권자에게 저당권을 설정해 주기로 약정하거나 저당권을 설정한 경우 채무자가 저당권설정계약에 따라 부담하는 의무는 배임죄의 주체인 '타인의 사무를 처리하는 자'에 해당 ×,
- 주식회사의 대표이사가 대표권을 남용하는 등 그 임무에 위배하여 약속어음을 발행한 경우, 어음발행이 무효라 하더라도 그 어음이 실제로 제3자에게 유통된 경우 ⇨ 배임죄의 기수범 ○

문 10. 강제추행 · 위법성조각사유의 전제사실 ★★

- 형법 제13조의 고의는 객관적 구성요건 아닌 표지(ex. 강제추행죄의 객체로서 남자, 여자인지 여부)는 인식할 필요 없음
- 추행의 고의가 인정된다면 팔이 피해자의 몸에 닿지 않더라도 강제추행죄에 있어서 실행의 착수로 볼 수 있음
- 엄격책임설
  - 위법성조각사유의 전제사실에 관한 착오인 경우 형법 제16조의 정당한 이유가 있는 경우에 한하여 책임조각(∵ 엄격책임설은 위법성조각사유의 전제사실에 관한 착오를 금지착오의 문제로 취급함)
  - 위법성조각사유의 전제사실에 관한 착오를 이용하는 경우 이용자에게 공범 성립(∵ 피이용자의 행위는 구성요건에 해당하고 위법함)

문 11. 주거침입죄 · 통신비밀보호법 ★★

- 공동 주거자나 건조물을 관리하던 사람이 단독으로 또는 다른 사람과 공동으로 거주하거나 관리 또는 점유하는 주거 등에 임의로 출입하는 경우
  - 원칙적 주거침입죄 구성 ×
  - 공동생활관계에서 이탈하거나 주거 등에 대한 사실상의 지배·관리를 상실한 경우 등 특별한 사정이 있는 경우에는 주거침입죄 성립 ○
- 타인이 주거침입죄 구성하지 않는 공동 주거자나 건조물을 관리하던 사람과 함께 주거에 출입한 행위한 행위는 공동주거침입죄 성립 ×(∵ 타인의 출입행위 그체는 전체적으로 공동거주인 피고인 출입하고 이를 이용하는 행위의 일환이자 이에 수반되어 이루어진 것에 해당함)
- 대화가 이미 종료된 상태에서 그 대화의 녹음물을 재생하여 듣는 행위는「통신비밀보호법」이 금지하는 '청취'에 포함 ×
- 대화 내용이 공적인 성격을 갖는지 여부, 발언자가 공적 인물인지 여부 등은「통신비밀보호법」상 '공개되지 않은 대화'에 해당하는지 여부를 판단하는 데에 영향 없음

문 12. 예비·음모, 미수 ★★

- 예비·음모 행위자에게 미필적으로라도 '강도'를 할 목적이 있음이 인정되는 경우 강도예비·음모죄로 처벌할 수 있음
- 예비음모의 행위를 처벌하는 경우에 있어서는 중지범의 관념은 인정 ×
- '준강도'할 목적이 있음에 그치는 경우에는 강도예비·음모죄로 처벌할 수 없음
- 아직 절취할 편의점 물건의 물색행위를 시작하기 전으로 절도죄의 실행에 착수한 것으로 볼 수 없는 것은 경우 준강도의 주체인 절도범인 ×

> **핵심포인트** **문 13** 직권남용권리행사방해죄 ★★

- 직권남용죄는 공무원이 그 일반적 직무권한에 속하는 사항에 관하여 직권 행사에 가탁하여 실질적, 구체적 위법·부당한 행위를 한 경우에 성립 ○(일반적 직무권한은 법률상의 강제력을 수반 不要)
- 공무원의 직권남용이 있다 하여도 현실적으로 권리행사의 저해가 없다면 무죄임
- 직권남용 행위의 상대방이 일반 사인인 경우 그에게 어떠한 행위를 하게 하였다면 '의무 없는 일을 하게 한 때'에 해당할 수 있음
- 사법경찰관이 체포 당시자신의 재량 범위를 벗어난다는 사실을 인식하고 그 결과를 용인한 채 사람을 체포하여 권리행사를 방해한 경우 직권남용체포죄와 직권남용권리행사방해죄 성립 ○
- 상급 경찰관이 직권을 남용하여 부하 경찰관들의 수사를 중단시키거나 사건을 다른 경찰관서로 이첩하게 한 경우 ➪ '권리행사를 방해함으로 인한 직권남용권리행사방해죄'만 성립 ○('의무 없는 일을 하게 함으로 인한 직권남용권리행사방해죄'는 성립 ×)

> **핵심포인트** **문 14** 형법 제33조의 해석 ★★

- 「형법」 제33조의 해석에 관하여 진정신분범, 단서는 부진정신분범에 대하여 적용된다는 견해
  - 공무원 아닌 甲이 공무원 乙을 교사하여 수뢰죄를 범하게 한 경우 ➪ 수뢰죄는 진정신분범으로 형법 제33조 본문이 적용되므로 공무원은 수뢰죄, 공무원 아닌 자는 수뢰죄의 교사범이 성립하고 각자 그 형으로 처벌됨
  - 부인이 그의 아들과 공동하여 남편을 살해한 경우 ➪ 존속살해죄는 부진정신분범으로 형법 제33조 단서가 적용되므로 부인은 보통살인죄가 성립하고 보통살인죄의 형으로 처벌되고, 이들은 존속살해죄가 성립하고 존속살해죄의 형으로 처벌됨
  - 도박의 습벽이 없는 자가 상습도박자를 교사하여 도박하게 한 경우 ➪ 상습도박죄는 부진정신분범으로 형법 제33조 단서가 적용되므로 상습도박자는 상습도박죄, 도박의 습벽이 없는 자는 단순도박죄의 교사범이 성립하고 각자 그 형으로 처벌
  - 업무자 아닌 자의 사무처리자가 업무자라는 신분을 가진 자의 사무처리자를 교사하여 업무상배임죄를 범하게 한 경우 ➪ 업무상배임죄는 부진정신분범으로 형법 제33조 단서가 적용되므로 업무자라는 신분을 가진 자의 사무처리자는 업무상배임죄가 성립하고 업무상배임죄의 형으로 처벌되고 업무자 아닌 자의 사무처리자는 단순배임죄의 교사범이 성립하고 단순배임죄의 형으로 처벌됨

> **핵심포인트** **문 15** 피해자 승낙 · 무고죄 ★★

- 사회상규에 어긋나는 경우에는 위법성 조각사유로서의 피해자의 승낙에 해당 ×
- 무고죄
  - 범죄사실이 폭행 내지 상해의 범죄에 해당할 수 있는 것인 반면, 무고죄의 고소사실은 갈취 내지 강취의 범죄를 범하였다는 것인 경우 ➪ 그 고소사실의 일부가 허위인 경우에 해당함 ○

- 피고인이 자신의 의사에 따라 폭행을 당한 것인지 여부는 갈취 내지 강취 범죄의 성부에 영향을 미치는 중요한 부분으로서 고소사실 전체의 성질을 변경시킨 것임 ○
- 무고에 있어서 피무고자의 승낙이 있었다고 하더라도 무고죄는 성립 ○(∵ 무고죄는 국가의 형사사법권 또는 징계권의 적정한 행사를 주된 보호법익으로 함)
- 형법 제153조에서 정한 '재판이 확정되기 전'에는 ⇨ 피고인의 고소 사건 수사결과 피고인의 무고 혐의가 밝혀져 피고인에 대한 공소가 제기되고 피고소인에 대해서는 불기소결정이 내려져 재판절차가 개시되지 않은 경우도 포함 ○

핵심포인트 문 16 증거인멸·형법10조·위증죄 ★★

- 피고인 자신이 직접 형사처분이나 징계처분을 받게 될 것을 두려워한 나머지 자기의 이익을 위하여 그 증거가 될 자료를 인멸하는 경우 ⇨ 증거인멸죄 성립 ×
- 음주운전을 할 의사를 가지고 술에 만취한 후 운전을 결행하여 교통사고를 일으킨 경우 ⇨ 형법 제10조 제3항에 의하여 심신장애로 인한 감경 등을 할 수 없음
- 선서한 증인이 증언거부권을 고지받고도 증언거부권을 행사하지 않고 허위의 진술을 한 경우 ⇨ 위증죄의 처벌 ○(∵ 적법행위의 기대가능성 있음)
- 형법 제16조의 '정당한 이유' 심사
  - 행위자에게 자기 행위의 위법가능성에 대해 심사숙고하거나 조회할 수 있는 계기가 있어 자신의 지적능력을 다하여 이를 회피하기 위한 진지한 노력을 다하였을 것을 전제로 함
  - 이때 필요한 노력의 정도는 구체적인 행위정황과 행위자 개인의 인식능력은 고려하되 행위자가 속한 사회집단에 따라 달리 평가할 수 있음
- 정신적 장애가 있는 자라고 하여도 범행 당시 정상적인 사물판별능력이나 행위통제능력이 있었던 경우에는 「형법」제10조에 규정된 심신장애에 해당 ×

핵심포인트 문 17 부진정 부작위범 ★★

- 작위의무를 이행하였다면 결과가 발생하지 않았을 것이라는 관계가 인정될 경우 ⇨ 작위를 하지 않은 부작위와 사망의 결과 사이에 인과관계 有
- 보증인적 지위는 구성요건요소이지만 보증의무는 위법성요소라고 보는 견해(이분설)에 의하면 아버지가 누군가 익사 위기에 처해 있다고 생각했을 뿐 그 대상이 아들임 인식하지 못하였던 경우 ⇨ 보인지위에 대한 착오로 구성요건적 착오이므로 甲의 부작위는 (살인죄의)구성요건에 해당 ×
- 부진정 부작위범은 작위의무의 지연으로 인하여 보호법익에 직접적인 위험을 초래하거나 위험발생을 증대시키는 시점에서 실행의 착수가 인정 ○
- 부작위범 사이의 공동정범은 다수의 부작위범에게 공통된 의무가 부여되어 있고 그 의무를 공통으로 이행할 수 있을 때에만 성립 ○
- 부진정 부작위범에 있어서 행위의 동가치성 ⇨ 부작위행위자가 그러한 보호적 지위에서 법익침해를 일으키는 사태를 지배하고 있어 그 작위의무의 이행으로 결과발생을 쉽게 방지할 수 있어야 함

문 18 위계·위력에 의한 간음·추행죄 ★★

- 위력에 의한 추행죄에서 '위력'
  - 강제추행죄의 '폭행 또는 협박'에 해당하지 아니하는 폭행·협박 ○
  - 상대방의 자유의사를 제압하거나 혼란하게 할 만한 사회적·경제적·정치적인 지위나 권세를 이용하는 것을 포함 ○
- 타인의 기망이나 왜곡된 신뢰관계의 이용에 의한 아동·청소년이 외관상 성적 결정 또는 동의로 보이는 언동은 아동·청소년의 온전한 성적 자기 결정권의 행사에 의한 것 ✕
- 위계에 의한 간음죄에서 피해자가 오인, 착각, 부지에 빠지게 되는 대상 ⇨ 음행 위 자체뿐만 아니라 간음행위에 이르게 된 동기이거나 간음행위와 결부된 금전적·비금전적 대가와 같은 요소 포함
- 「성폭력범죄의 처벌 등에 관한 특례법」 제10조 제1항(업무상 위력 등에 의한 추행)에 규정된 '업무, 고용이나 그 밖의 관계로 인하여 자기의 보호, 감독을 받는 사람 ⇨ 직장 안에서 보호 또는 감독을 받거나 사실상 보호 또는 감독을 받는 상황에 있는 사람뿐만 아니라 채용 절차에서 영향력의 범위 안에 있는 사람도 포함 ○

문 19 체포·구속적부심사 ★★

- 체포된 피의자에 대하여는 보증금 납입을 조건으로 한 석방이 허용 ✕
- 체포·구속적부심사에 의하여 석방된 피의자에 대해 동일한 범죄사실에 관하여 재차 체포 또는 구속 가능 ⇨ 다른 중요한 증거를 발견한 경우, 석방된 피의자가 도망한 경우
- 구속된 뒤 구속적부심사에서 보증금납입조건부로 석방된 경우 ⇨ 보증금납입조건부 석방결정을 취소해달라는 취지의 항고 제기 可
- 구속적부심사에서 피의자에게 변호인이 없는 때에는 법원은 직권으로 국선변호인을 선정해야 함
- 공소제기 후의 피고인은 체포·구속적부심사를 청구 不可

문 20 증거능력 ★★

- 공범인 공동피고인의 진술은 다른 공동피고인에 대한 범죄사실 인정하는데 있어 증거로 사용 可
- 당해 피고인과 공범관계가 있는 다른 피의자에 대한 검사 이외의 수사기관 작성의 피의자신문조서 ⇨ 형사소송법 제314조가 적용 ✕(∵ 당해 피고인이 공판기일에서 그 조서의 내용을 부인하면 증거능력이 부정됨)
- 사법경찰관이 피의자에게 진술거부권을 고지하지 않고 조사를 하여 피의자신문조서 ⇨ 피고인과 공범관계에 있는 제3자에 대하여도 이를 유죄인정의 증거로 사용 不可
- 전문진술은 형사소송법 제316조 제2항의 규정에 따라 예외적으로 증거능력 있음
- 형사소송법 제316조 제2항에서 말하는 "피고인 아닌 타인" ⇨ 제3자, 공동피고인이나 공범자를 모두 포함 ○

핵심포인트 문 21 친고죄와 반의사불벌죄 ★★

- 고소권자가 비친고죄로 고소한 사건이 검사가 사건을 친고죄로 구성하여 공소를 제기 후 공소장 변경절차를 거쳐 공소사실이 비친고죄로 변경되지 아니한 경우 ⇨ 법원은 친고죄에서 소송조건이 되는 고소가 유효하게 존재하는지를 직권으로 조사·심리하여야 함
- 법정대리권 범위에 통상적인 소송행위가 포함되어 있거나 성년후견개시심판에서 정하는 바에 따라 성년후견인이 소송행위를 할 때 가정법원의 허가를 얻은 경우 ⇨ 반의사불벌죄에서 성년후견인은 명문의 규정이 없는 한 의사무능력자인 피해자를 대리하여 처벌불원 의사표시 철회 不可
- 성폭력범죄 피해자의 변호사는 포괄적인 대리권을 가지므로 피해자를 대리하여 처벌을 희망하는 의사표시를 철회하거나 처벌을 희망하지 않는다는 의사표시 할 수 있음
- 항소심에 이르러 비로소 반의사불벌죄가 아닌 죄에서 반의사불벌죄로 공소장변경이 있는 경우 반의사불벌죄에 있어서 처벌불원 의사표시는 不可(∵ 반의사불벌죄에 있어서 처벌을 희망하는 의사표시의 철회는 제1심판결선고 전까지 可)
- 유효한 고소에 기초한 친고죄의 공소제기 후 제1심판결 선고 전에 유효한 고소취소가 있는 경우 ⇨ 법원은 공소기각판결 선고

핵심포인트 문 22 수사의 적법·위법성 판단 ★★

- 수사기관이 범죄를 수사하면서 불특정, 다수의 출입이 가능한 장소에 통상적인 방법으로 출입하여 아무런 물리력이나 강제력을 행사하지 않고 통상적인 방법으로 위법행위를 확인하는 것은 특별한 사정이 없는 한 임의수사의 한 방법으로서 허용 ○
- 임의제출물을 압수한 경우 압수물이 형사소송법 제218조에 따라 실제로 임의제출된 것인지에 관하여 다툼이 있을 때는 검사가 그 임의성의 의문점을 없애는 증명을 해야 함
- 검사 또는 사법경찰관은 「형사소송법」 제217조 제1항 또는 제216조 제1항 제2호에 따라 압수한 물건을 계속 압수할 필요가 있는 경우 ⇨ 지체 없이 압수·수색영장을 청구하여야 하고, 이 경우 압수수색영장의 청구는 체포한 때부터 48시간 이내에 해야 함
- 사법경찰관이 현행범체포·긴급체포하는 경우 미란다고지는 원칙적으로 체포를 위한 실력행사에 들어가기 전에 미리 하여야 함
- 수사기관과 직접 관련이 있는 유인자가 피유인자와의 개인적인 친밀관계를 이용하여 피유인자의 동정심이나 감정에 호소하거나, 금전적·심리적 압박이나 위협 등을 가하거나, 거절하기 힘든 유혹을 하거나, 또는 범행방법을 구체적으로 제시하고 범행에 사용할 금전까지 제공하는 등으로 과도하게 개입함으로써 피유인자로 하여금 범의를 일으키게 하는 것 ⇨ 위법한 함정수사에 해당하여 허용 ×

문 23 압수·수색절차와 증거능력 ★★

- 피해자 등 제3자가 피의자의 소유·관리에 속하는 정보저장매체를 임의제출한 경우 피의자에게 참여권을 보장하고 압수한 전자정보 목록을 교부하는 등 피의자의 절차적 권리 보장 조치 要
- 피고인이 유치장에 입감된 상태에서 수사기관이 휴대전화 내 전자정보 탐색·복제·출력함으로써 피압수자인 피고인에게 참여 기회를 부여하지 않고, 압수한 전자정보 상세목록을 교부하지 않은 경우 ⇨ 위법수집증거로서 증거능력 없고 사후에 압수·수색영장을 발부받았더라도 위법성 치유 ×
- 검사가 아동인 피해자의 진술내용에 대하여 대검찰청 과학수사부 소속 진술분석관에게 분석을 의뢰하여 진술분석관이 피해자를 면담하고 그 내용을 녹화한 영상녹화물 ⇨ 제313조 제1항, 제313조 제1항에 따라 증거능력 인정 不可
- 경찰이 휴대전화가 구글계정에 로그인되어 있는 상태를 이용하여 원격지 서버에 해당하는 구글클라우드에 접속하여 구글클라우드에서 발견한 불법촬영물을 압수한 경우 압수·수색영장에 적힌 '압수할 물건'에 원격지 서버 저장 전자정보가 기재되어 있지 않다면 ⇨ 적법절차 및 영장주의의 원칙에 반하여 위법 압수임
- 정보저장매체에 대한 압수·수색 과정에서 범위를 정하여 출력·복제하는 방법이 불가능한 예외적인 사정이 인정되어 전자정보가 담긴 저장매체를 수사기관 사무실 등으로 옮겨 복제·탐색·출력하는 경우 ⇨ 변호인의 참여권은 피의자 의사와 상관없이 별도로 보장하여야 함

문 24 공소시효 ★★

- 공범 중 1인에 대해 약식명령이 확정된 후 그에 대한 정식재판청구권회복결정이 있는 경우 ⇨ 다른 공범자에 대한 공소시효는 정지함이 없이 계속 진행함
- 형사소송법 제253조 제3항의 범인이 형사처분을 면할 목적으로 국외에 있는 경우 ⇨ 범인이 국외에서 범죄를 저지르고 형사처분을 면할 목적으로 국외에서 체류를 계속하는 경우도 포함
- 범죄 후 법률의 개정에 의하여 법정형이 가벼워진 경우 공소시효기간의 기준 ⇨ 형법 제1조에 의하여 당해 범죄사실에 적용될 가벼운 신법의 법정형 ○
- 상상적 경합의 관계인 사기죄와 변호사법위반죄에서 변호사법 위반죄의 공소시효가 완성되었다고 하여 그 죄와 상상적 경합관계에 있는 사기죄의 공소시효까지 완성되는 것 ×
- 미수범의 공소시효 기산점 ⇨ 행위를 종료하지 못하였거나 결과가 발생하지 아니하여 더 이상 범죄가 진행될 수 없는 때임 ○

문 25 변호인의 피의자 조력 ★★

- 구속·불구속 피의자의 변호인은 피의자신문 참여를 신청 可
- 피의자신문에 참여한 변호인은 신문 중에 신문방법의 위법·부당함을 이유로 이의제기 可

- 변호인·변호인이 되려는 의사를 표시한 자가 객관적으로 변호인이 될 가능성이 있다고 인정되는 경우 ⇨ 구속피의자와 접견하지 못하도록 제한하여서는 안 됨
- 피의자가 변호인의 참여를 원한다는 의사 명백하게 표시하였음에도 수사기관이 정당한 사유 없이 변호인을 참여하게 하지 아니한 채 피의자를 신문하여 작성한 피의자신문조서는 증거능력 없음
- 변호인의 피의자신문 참여에 관한 검사·사법경찰관의 처분에 대하여 준항고로 불복 가

문 26 재심 ★★

- 형사소송법 제420조 제5호에서 정한 무죄 등을 인정할 '증거가 새로 발견된 때' ⇨ 재심대상이 되는 확정판결의 소송절차에서 발견되지 못하였거나 또는 발견되었다 하더라도 제출할 수 없었던 증거를 새로 발견하였거나 비로소 제출할 수 있게 된 때를 의미함
- 법률상의 방식을 위반한 재심청구라는 이유로 기각결정이 있더라도 청구인이 이를 보정한다면 다시 동일한 이유로 재심청구 가(∵ 형사소송법상 재심청구 제기기간에 제한규정 없음)
- 재심청구를 받은 법원은 필요하다고 인정한 때 「형사소송법」 제431조에 의하여 직권으로 재심청구의 이유에 대한 사실조사 가(vs. 소송당사자는 사실조사를 신청할 권리 없음)
- 재심법원이 재심판결을 선고한 이후에는 재심청구인의 재심청구의 취하 허용 ×

문 27 공소장변경 ★★

- 정범으로 기소된 피고인에게 법원이 공소장변경 없이 직권으로 위 간접정범 규정을 적용하였더라도 피고인의 방어권 행사에 실질적인 불이익을 초래 ×
- 항소심에서 공소장변경에 의하여 단독판사의 관할사건이 합의부 관할사건으로 된 경우 ⇨ 항소심은 결정으로 사건을 관할권이 있는 고등법원에 이송하여야 함
- 법원이 검사에게 공소장의 변경을 요구하지 아니하였다고 하여 위법 ×(∵ 법원이 검사에게 공소장변경을 요구할 것인지 여부는 재량임)
- 친고죄로 기소된 후에 피해자의 고소가 취소·반의사불벌죄에서 피해자의 처벌불원 의사표시가 있을 경우
  - 제1심이나 항소심에서 당초에 기소된 공소사실과 동일성이 인정되는 범위 내에서 다른 공소사실로 공소장을 변경 가
  - 이러한 경우 변경된 공소사실에 대하여 심리·판단하여야 함
- 준강간죄의 장애미수로 기소되었으나 준강간의 고의로 실행에 착수하였는지 여부, 피해자가 당시 실제 항거불능 상태에 있었는지 여부에 관하여 충분한 심리가 이루어졌을 경우 ⇨ 법원은 준강간죄의 불능미수 범죄사실을 직권으로 인정 가

문 28 위법수집증거 등 ★★

- 수사기관이 당사자의 일방이 상대방 모르게 대화 내용 녹음하는 것은 통신비밀보호법 제3조 제1항이 금지하는 공개되지 아니한 타인 간의 대화를 녹음한 경우에 해당 ×
- 수사기관이 범죄를 수사하면서 불특정, 다수의 출입이 가능한 장소에 통상적인 방법으로 출입하여 아무런 물리력이나 강제력을 행사하지 않고 통상적인 방법으로 위법행위를 확인하는 것 ⇨ 임의수사의 한 방법으로서 허용되므로 영장 없이 이루어졌다고 하여 위법 ×
- 영장 없이 할 수 있고 사후영장도 不要
  - 경찰관들이 그 체포현장을 수색하여 체포의 원인이 되는 혐의사실과 관련하여 이 사건 사진 촬영한 것(∵ 형사소송법 제216조 제1항 제2호에 의하여 예외적으로 영장에 의하지 아니한 강제처분을 할 수 있는 경우에 해당함)
  - 현행범 체포현장이나 범죄 현장에서도 소지자 등이 임의로 제출하는 물건을 압수하는 것
- 성매매 여성들이 성매매를 업으로 하면서 영업에 참고하기 위하여 성매매를 전후하여 상대 남성의 아이디와 전화번호 및 성매매방법 등을 메모지에 적어두었다가 직접 또는 공소외 2가 고용한 또 다른 여직원이 입력하여 작성된 장 ⇨ 「형사소송법」 제315조 제2호의 영업상 필요로 작성한 통상문서로서 당연히 증거능력 있는 문서에 해당함 ○

문 29 증거동의 ★★

- 증거동의의 취소하거나 철회는 증거조사 완료 전까지 可
- 제1심에서 무죄판결이 선고되어 검사가 항소한 후, 수사기관이 항소심 공판기일에 증인으로 신청하여 신문할 수 있는 사람을 특별한 사정 없이 미리 수사기관에 소환하여 작성한 진술조서 ⇨ 피고인이 증거로 할 수 있음에 동의하지 않는 한 증거능력 없음
- 수사보고에 대한 증거동의하였더라도 그에 첨부된 고발장을 증거목록에 별도의 표목을 붙여 독립한 증거로 신청하지 않은 경우 ⇨ 고발장은 유죄 인정의 증거로 삼을 수 없음
- 피고인이 출석한 공판기일에서 증거로 함에 부동의한다는 의견이 진술 후에 피고인이 출석하지 아니한 공판기일에 변호인만이 출석하여 종전 의견을 번복하여 증거로 함에 동의는 효력 없음
- 약식명령에 불복하여 정식재판을 청구한 피고인이 정식재판절차의 제1심에서 2회 불출정하여 형사소송법 제318조 제2항에 따른 증거동의가 간주된 후 증거조사를 완료한 경우 ⇨ 간주된 증거동의를 철회 또는 취소 不可

문 30 종국재판 ★★

- 유죄판결을 선고하면서 판결이유에 이 중 어느 하나를 전부 누락한 경우 ⇨ 「형사소송법」 제383조 제1호에 정한 판결에 영향을 미친 법률위반으로 파기사유임

- 형벌에 관한 법률조항에 대하여 위헌결정이 선고된 경우 ⇨ 법원은 당해 조항이 적용되어 공소가 제기된 피고사건에 대하여 무죄를 선고하여야 함
- 형사소송법 제327조 제2호의 규정에 의하여 공소기각의 판결
  - 「가정폭력범죄의 처벌 등에 관한 특례법」에 따른 보호처분의 결정이 확정되고 그 결정을 이행하거나 집행에 따름으로써 그 보호처분이 취소되지 않은 사건과 동일한 사건에 대하여 다시 공소제기가 된 경우
  - 소년법 제32조의 보호처분을 받은 사건과 동일(상습죄 등 포괄일죄 포함)한 사건에 관하여 다시 공소제기 경우
- 재심대상판결 확정 후에 형 선고의 효력을 상실케 하는 특별사면이 있는 경우 ⇨ 재심개시결정이 확정되어 재심심판절차를 진행하는 법원은 그 심급에 따라 다시 심판하여 실체에 관한 유·무죄 등의 판단하여야 함

핵심포인트 문 31 횡령죄 · 배임죄 · 피의자신문조서의 증거능력 · 항고 ★★

- 가상자산(비트코인)은 재산상 이익에 해당함 ○
- 원인불명으로 재산상 이익인 가상자산을 이체받은 자가 가상자산을 사용·처분한 경우
  - 횡령죄 성립 ×(∵ 재산상의 이익은 횡령죄의 객체 이님)
  - 배임죄 성립 ×(∵ 원인불명으로 재산상 이익인 가상자산을 이체받은 자가 가상자산을 사용·처분한 경우 이를 형사처벌하는 명문의 규정 없음)
- 검사가 범죄를 인지하였음에도 불구하고 범죄인지서를 작성하지 않은 상태에서
  - 피의자신문은 위법 ×
  - 그 수사과정에서 작성된 피의자신문조서나 진술조서 등의 증거능력 有
- 지방법원 판사가 한 압수·수색영장청구를 기각한 경우 ⇨ 검사는 항고·준항고로 불복 不可

핵심포인트 문 32 미성년자의제강간 · 성폭력특례법 · 공소시효 · 압수조서 · 아청법영상녹화물 ★★

- 피해자의 동의가 있는 경우에도 미성년자의제강간죄 성립 ○
- 촬영 당시에는 촬영대상자의 의사에 반하지 아니한 경우 나체를 촬영 후 촬영대상자의 의사에 반하여 반포 등을 한 자 ⇨ 카메라등이용촬영물 반포죄 성립○
- 아동·청소년성착취물을 제작 · 수입 또는 수출한 자 ⇨ 무기 또는 5년 이상의 징역에 처함, 공소시효는 부적용
- 피의자신문조서 등에 압수의 취지를 기재하여 압수조서를 갈음 가능함 ○
- 아동·청소년의성보호에관한법률위반 등으로 기소되어 재판절차가 진행되는 상황에서 피고인이 피해자의 진술이 담긴 영상녹화물에 대한 증거 부동의 의견을 밝힌 경우 ⇨ 피해자들을 증인으로 소환하여 그 진술을 듣고 피고인에게 반대신문권을 행사할 기회를 부여할 필요가 있는지 여부 등에 관하여 심리·판단하여야 함

문 33 죄수·교통사고처리 특례법 ★★

- 동일한 교통사고로 차량에 타고 있던 승객들에게 상해를 입힌 경우 ⇨ 각각의 승객에 대한 교통사고처리특례법위반(치상)죄 상상적 경합 ○
- 승용차가 종합보험에 가입되어 있더라도 피해자 A가 甲에 대한 처벌을 원하면 처벌 可
- 진로변경을 금지하는 안전표지인 백색실선을 침범하여 차선을 변경하다가 사고를 일으킨 경우 ⇨ 종합보험에 가입을 전제로 피해자의 명시적인 의사에 반하여 공소 제기할 수 없음
- 주취운전과 음주측정거부의 각 도로교통법위반죄는 실체적 경합 ○
- 교통사고와 관련하여 음주운전이 인정된다면 화물차가 종합보험에 가입되어 있다면 과실재물손괴로 인한 도로교통법위반죄에 대하여는 무죄선고

문 34 죄수·공소장변경신청·상고심의파기범위 ★★

- 여러 개의 위탁관계에 의하여 보관하던 여러 개의 재물을 1개의 행위에 의하여 횡령한 경우 ⇨ 위탁관계별로 수개의 횡령죄 성립하고 그 사이에는 상상적 경합의 관계
- 횡령 교사를 한 후 그 횡령한 물건을 취득한 때에는 횡령교사죄와 장물취득죄의 경합범
- 먼저 기소된 업무상횡령 공소사실과 상상적 경합관계에 있는 업무상횡령 공소사실을 추가하는 취지임을 밝히며 공소장변경허가신청서 제출한 경우 ⇨ 상상적 경합관계에 있는 수죄 가운데 당초 공소를 제기하지 아니한 공소사실을 추가하는 내용의 공소장변경을 허가하여 추가된 공소사실에 대하여 심리·판단해야 함
- 어떤 소송절차가 진행된 내용이 공판조서에 기재되지 않은 경우
  - 당연히 그 소송절차가 당해 공판기일에 행하여지지 않은 것으로 추정 ×
  - 공판조서에 기재되지 않은 소송절차의 존재가 공판조서에 기재된 다른 내용이나 공판조서 이외의 자료로 자유로운 증명 可
- 검사의 항소로 계속된 항소심에서 경합범 관계에 있는 죄를 모두 유죄를 인정하여 하나의 형을 선고하였는데 피고인상고로 계속된 상고심에서 원심판결 중 일부를 파기하는 경우 ⇨ 경합범 관계에 있어 하나의 형이 선고된 부분도 함께 파기의 대상임 ○

문 35 강도상해·준강도미수·현행범인체포·정당방위·간이공판절차 ★★

- 범인이 일단 체포되어 아직 신병확보가 확실하다고 할 수 없는 경우에는 절도의 기회에 해당함 ○
- 준강도죄의 기수 여부는 절도행위의 기수 여부를 기준으로 하여 판단함
- 형사소송법 제211조가 현행범인으로 규정한 "범죄의 실행(實行)의 즉후(卽後)인 자 ⇨ 범죄의 실행행위를 종료한 직후의 범인이라는 것이 체포하는 자의 입장에서 볼 때 명백한 경우를 의미함
  - 피고인이 음주운전을 종료한 후 40분 이상이 경과한 시점에서 길가에 앉아 있던 피고인에게서 술냄새가 난다는 점만을 근거로 피고인을 음주운전의 현행범으로 체포한 것은 적법한 현행범인의 체포 ×

- 피의자가 동행을 거부하는 의사를 표시하였음에도 불구하고 경찰관들이 영장에 의하지 아니하고 피의자를 강제로 연행한 행위는 위법한 체포에 해당함
- 위법한 현행범 체포를 면하려고 반항하는 과정에서 경찰관에게 상해를 가한 것 ⇨ 정당방위에 해당하여 위법성이 조각
- 공소사실이 간이공판절차에 의하여 심판할 대상 ×
  - 피고인이 공소사실에 대하여 검사가 신문을 할 때에는 공소사실을 모두 사실과 다름없다고 진술하였으나 변호인이 신문을 할 때에는 범의나 공소사실을 부인한 경우

핵심포인트 문 36 도박·사기·공갈 ★★

- 사기도박을 숨기기 위해 얼마간 정상적인 도박을 한 부분도 사기죄의 실행행위에 포함됨
- 여러 사람의 피해자에 대하여 따로 기망행위를 하여 각각 재물을 편취한 경우 ⇨ 사기죄 상호간은 실체적 경합범 관계 ○
- 도박행위가 공갈죄의 수단이 된 경우 도박행위는 별도의 범죄를 구성함
- 포괄일죄의 관계에 있는 범행의 일부에 대하여 약식명령이 확정된 경우 ⇨ 그 약식명령의 발령 시를 기준으로 하여 그 이전에 이루어진 범행에 대하여는 면소의 판결 선고
- 도박의 습벽이 있는 자가 도박을 하고 또 도박방조를 하였을 경우 ⇨ 상습도박방조의 죄는 무거운 상습도박의 죄에 포괄시켜 1죄로서 처단하여야 함

핵심포인트 문 37 배임죄·특경법·진술조서·항소이유서 제출기간 ★★

- 부동산의 2중매매에 있어서 배임죄
  - 중도금이 지급되는 때 '타인의 사무를 처리하는 자'에 해당
  - 기수시기는 2차 매수인 앞으로 소유권이전등기를 마친 때
  - 부동산에 근저당권설정등기가 경료되어 있거나 압류 또는 가압류 등이 이루어진 때 특가법적용 부동산가액 산정은 아무런 부담이 없는 상태의 부동산 시가 상당액에서 근저당권의 채권최고액 범위 내에서 피담보채권액, 압류에 걸린 집행채권액, 가압류에 걸린 청구금액 범위 내에서 피보전채권액 등을 뺀 실제교환가치임
  - 부동산을 이중으로 매도한 경우에 매도인이 선매수인에게 소유권이전의무를 이행하였다고 하여 후매수인에 대한 관계에서 그가 임무를 위법하게 위배 ×
  - 제3자가 실행행위자인 매도인의 배임행위를 교사하거나 배임행위의 전 과정에 관여하는 등으로 배임행위에 적극 가담한 경우 ⇨ 제3자는 실행행위자인 매도인과 배임죄의 공동정범 성립 ○
- 검사 또는 사법경찰관이 피고인이 아닌 자의 진술을 기재한 조서는 형사소송법 제312조 제4항의 요건이 충족한다면 증거능력 있음
- 국선변호인을 선정하고 피고인과 그 변호인에게 소송기록접수통지를 한 다음 피고인이 사선변호인을 선임함에 따라 항소법원이 국선변호인의 선정을 취소한 경우 ⇨ 사선변호인에게 다시 소송기록접수통지를 할 필요 없고, 이때 항소이유서 제출기간은 국선변호인 또는 피고인이 소송기록접수통지를 받은 날부터 계산

문 38. 공동정법·공범인 공동피고인의 증인적격·불이익한 자백의 증거능력 ★★

- 공모관계에서 이탈
  - 공모에 주도적으로 참여한 자는 범행을 저지하기 위하여 적극적으로 노력하는 등 실행에 미친 영향력을 제거 要
  - 실행행위 전인 예비단계에서 자신의 범행기여를 실행하지 않은 경우에는 공동의 범행결의를 포기하는 의사를 표시하면 족함
- 3인이상 공모에는 참여하였으나 현장에서 절도의 실행행위를 직접 분담하지 아니한 자의 합동절도의 공동정법 인정 ⇨ 현장에서 절도 범행을 실행한 위 2인 이상의 범인의 행위를 자기 의사의 수단으로 하여 합동절도의 범행을 하였다고 평가할 수 있는 정범성의 표지를 갖출 경우
- 소송절차가 분리된 공범인 공동피고인이 피고인에 대한 재판의 증인으로 출석해 증언거부권을 고지받았음에도 불구하고 증언거부권을 행사하지 아니한 채 자신을 방어하기 위해 허위진술 한 경우 ⇨ 위증죄로 처벌 ○
- 피고인의 자백이 그 피고인에게 불이익한 유일의 증거인 때에는 이를 유죄의 증거로 하지 못함

문 39. 동시범특례·공소장변경·양형심리절차 ★★

- 「형법」 제263조의 동시범 특례
  - 적용효과 ⇨ 각 상해기수죄의 공동정범의 예에 의하여 처벌
  - 가해행위를 한 것 자체가 분명치 않은 사람에 대하여는 동시범으로 다스릴 수 없음
- 적법하게 공판의 심리를 종결하고 판결선고기일까지 고지한 후에 이르러서 한 검사의 공소장변경에 대하여는 그것이 변론재개신청과 함께 된 것인 경우 ⇨ 법원은 종결한 공판의 심리를 재개하여 공소장변경을 허가할 의무 없음
- 사실심 변론종결 후 검사나 피해자에 의해 피고인에게 불리한 새로운 양형조건에 관한 자료가 법원에 제출된 경우 ⇨ 사실심 법원으로서는 변론을 재개하여 그 양형자료에 대해 피고인에게 의견진술 기회 주는 등 필요한 양형심리절차 거침으로써 피고인의 방어권을 실질적으로 보장해야 함

문 40. 누범·기판력·집행유예 결격사유·공소취소와 재기소·죄수 ★★

- 상습범 중 일부 소위가 누범기간 내에 이루어진 이상 나머지 소위가 누범기간 경과 후에 행하여진 경우 ⇨ 그 행위 전부가 누범관계임 ○
- 포괄적 일죄의 관계에 있는 여러 개의 범죄사실 중 일부에 대하여 유죄판결이 확정된 후 확정판결의 사실심판결 선고 전에 저질러진 나머지 범죄에 대하여 새로이 공소가 제기를 판결로써 면소의 선고 법리 적용 ⇨ 전의 확정판결에서 당해 피고인이 상습범으로 기소되어 처단되었을 것을 필요

- 형법 제62조 제1항 단서의 집행유예 결격사유 ⇨ 집행유예가 실효 또는 취소된 경우 & 선고 시점에 미처 유예기간이 경과하지 아니하여 형 선고의 효력이 실효되지 아니한 채로 남아 있는 경우로 국한됨
- 절도 공소 취소 후 점유이탈물횡령죄로 다시 공소를 제기는 형소법 제329조의 재기소에 해당 ×
- 절취한 카드로 가맹점들로부터 물품 구입한 경우 ⇨ 신용카드부정사용죄와 사기죄의 실체적 경합

민사법

핵심요약

2025년 변호사시험 민사법 핵심요약

핵심포인트 문 01 미성년자 ★★

- 「민법」제921조에 따라 미성년자의 법정대리인으로 특별대리인을 선임하는 경우에 법원은 특별대리인이 처리할 법률행위를 특정하여 이를 심판 주문에 표시하는 것이 원칙임
- 법정대리인이 미성년자에게 특정한 영업을 허락한 경우 ⇨ 법정대리인은 전항의 허락을 취소 또는 제한 可
- 미성년자가 법률행위 당시 상대방에 대하여 자신을 단지 성년자라고만 말한 경우 ⇨ 미성년자는 그 법률행위를 취소 可
- 미성년후견인의 수는 한 명으로 함
- 미성년자가 성폭력, 성추행, 성희롱, 그 밖의 성적(성적) 침해를 당한 경우 이로 인한 손해배상청구권의 소멸시효는 그가 성년이 될 때까지는 진행되지 아니함

핵심포인트 문 02 소멸시효 ★★

- 절대적소멸설에 따를 때 시효완성으로 채무가 소멸되었다는 사실을 모르고 변제하였을 경우 민법 제744조가 적용되어 반환 청구 不可
- 타인의 채무를 담보하기 위하여 자기의 물건에 담보권을 설정한 물상보증인은 피담보채권의 소멸에 의하여 직접 이익을 받는 관계에 있으므로 소멸시효의 완성 주장 可
- 채무자에 대한 일반 채권자는 자기의 채권을 보전하기 위하여 필요한 한도 내에서 채무자를 대위하여 소멸시효 주장 可
- 소멸시효가 완성된 채권이 그 완성전에 상계할 수 있었던 것이면 그 채권자는 상계 可
- 시효의 이익을 받는 자가 소송에서 소멸시효의 주장을 하지 아니하면 그 의사에 반하여 재판할 수 없음

핵심포인트 문 03 대리 ★★

- 본인을 대리하여 매매계약을 체결함에 있어 대리인이 상대방의 배임행위에 가담한 경우 본인이 이러한 사실을 몰랐다고 하더라도 본인과 강대방 사이의 매매계약은 무효임
- 의사표시의 상대방이 아닌 자로서 기망행위를 하였으나 민법 제110조 제2항에서 정한 제3자에 해당되지 아니한다고 볼 수 있는 자 ⇨ 그 의사표시에 관한 상대방의 대리인 등 상대방과 동일시할 수 있는 자만을 의미함

- 계약의 체결에 관한 대리권을 수여받은 대리인의 권한에 계약해제권한은 없음
- 자기대리금지를 위반한 경우 무권대리 행위로서 유동적 무효

핵심포인트 문 04 민법상 법인의 기관 ★★

- 법인의 이사를 사임하는 행위는 그 의사표시가 상대방에게 도달함과 동시에 그 효력 발생(∵ 상대방 있는 단독행위)
- 법인과 이사의 이익이 상반되는 사항에 관하여 이해관계인 또는 검사의 청구가 있는 경우 법원은 특별대리인를 선임하여야 함
- 법인의 감사는 임의기관
- 직무대행자는 법원의 허가를 얻어 법인의 통상사무에 속하지 아니한 행위를 할 수 있음
- 법인이 정관에서 이사의 해임사유와 절차를 정하였고 그 해임사유가 실제로 발생하였다면 다른 요건이 추가로 충족 필요없이 법인은 이를 이유로 정관에서 정한 절차에 따라 이사 해임 可

핵심포인트 문 05 무권대리 추인과 책임·권한을 넘은 표현대리 ★★

- 본인이 추인이 있기 전에 본인에 대하여 계약을 철회하는 의사를 표시한 경우 매매계약은 확정적으로 무효가 되어 본인은 무권대리행위를 추인 不可
- 무권대리행위의 추인은 그 일부에 대하여 추인을 하거나 그 내용을 변경하여 추인을 하였을 경우에는 상대방의 동의를 얻지 못하는 한 무효임 (∵무권대리인 또는 상대방의 동의나 승낙을 요하지 않는 단독행위로서 추인은 의사표시의 전부에 대하여 행하여져야 함)
- 권한을 넘은 표현대리에 있어서 무권대리인에게 그 권한이 있다고 믿을 만한 정당한 이유가 있는가의 여부 ⇨ 대리행위(매매계약) 당시를 기준으로 결정 (그 이후의 사정은 고려 안함)
- 「민법」제135조 제1항에 따른 무권대리인의 책임을 지는 경우 ⇨ 상대방의 선택에 따라 계약을 이행할 책임 또는 손해를 배상할 책임 有

핵심포인트 문 06 소유권유보부 매매 ★★

- 동산 소유권유보부 매매는 매수인이 매매대금 전액을 지급하면 별도의 의사표시 없이 곧바로 매수인에게 이전함
- 매도인에게 소유권이 유보된 자재가 제3자와 매수인과 사이에 이루어진 도급계약의 이행에 의하여 부합하고 제3자가 도급계약에 의하여 제공된 자재의 소유권이 유보된 사실에 관하여 과실 없이 알지 못한 경우 ⇨ 매도인으로서는 3자에 관한 보상청구할 수 없음

- 권리자가 무권리자의 처분을 추인하면 원칙적으로 계약의 효과가 계약을 체결했을 때에 소급하여 권리자에게 귀속함

핵심포인트 문 07 소멸시효 ★★

- 매매계약의 무효를 원인으로 한 매매대금 상당의 부당이득반환청구권은 매매대금을 지급한 때에 성립하고 그때부터 소멸시효가 진행 ○
- 부동산에 대한 매매대금 채권이 소유권이전등기청구권과 동시이행의 관계에 있다고 할지라도 매매대금 청구권은 그 지급기일 이후 시효의 진행 ○
- 채권자가 채무자의 제3채무자에 대한 채권을 압류 또는 가압류한 경우에 채무자에 대한 채권자의 채권이 시효소멸하기 전에 제3채무자에게 송달되는 경우 시효중단의 효력 발생 ○
- 채권자대위소송의 제기로 인한 소멸시효 중단의 효과는 채무자에게 생김 ○

핵심포인트 문 08 미등기 매수인의 양수인·상계 ★★

- 매도인은 매수인으로부터 다시 위 매매목적물을 매수한 자에 대해 매매목적물 소유권에 기한 물권적 청구권 행사 불가(∵ 미등기 매수인으로부터 매목적물을 매수한 자는 토지의 점유사용권 취득)
- 미등기 무허가건물의 양수인 : 소유권에 준하는 관습상의 물권이나 사실상의 소유권이라는 법률상의 지위 인정 ×
- 수동채권으로 될 수 있는 채권은 상대방이 상계자에 대하여 가지는 채권이어야 함

핵심포인트 문 09 경정등기 ★★★

- 등기명의인의 동일성 유무가 불명하여 경정등기 신청이 받아들여진 결과 명의인의 동일성이 인정되지 않는 위법한 경정등기 ⇨ 경정 후의 등기가 실체관계에도 부합하는 것이라면 등기는 유효
- 부동산등기사항증명서상의 표시가 실지 소유관계를 표상하고 있는 것이 아닌 등기명의인의 표시변경 또는 경정의 부기등기의 말소등기절차의 이행을 청구하려는 자는 부동산의 원래의 등기명의인에 해당하는 자로서 진실한 소유자라는 사실을 증명하여야 함
- 등기관이 기존 등기에 존재하는 착오를 발견한 경우 지체 없이 그 등기를 경정함에 있어서 경정될 등기와 등기부상 양립할 수 없는 등기가 있는 경우에는 그 등기명의인의 승낙을 받을 필요 없음
- 실체관계상 공유인 부동산에 관하여 단독소유로 소유권보존등기가 마쳐진 경우 진정한 권리자는 소유권보존등기의 일부말소를 소로써 구하고 법원은 그 지분에 한하여만 말소를 명할 수 있음

핵심포인트 문 10 부실법이 적용되는 명의신탁 ★★

- 3자 간 등기명의신탁
  - 명의신탁자와 매도인 사이의 매매계약에 기한 소유권이전등기의무가 이행불능 됨으로써 발생하는 계약해제나 손해배상의 법률관계, 매도인과 명의수탁자 사이에서 명의수탁자가 매도인의 소유권을 침해함으로써 발생하는 부당이득반환 또는 불법행위로 인한 손해배상의 법률관계를 각각 구분하여 개별적으로 이해관계를 조정은 부당이득반환 제도의 취지에 배치
  - 명의수탁자가 명의신탁자 앞으로 바로 경료해 준 소유권이전등기는 결국 실체관계에 부합하는 등기로서 유효임
- 계약명의신탁
  - 명의신탁자와 명의수탁자 및 제3자 사이의 새로운 명의신탁약정에 의하여 명의수탁자가 다시 명의신탁자가 지정하는 제3자 앞으로 소유권이전등기를 마쳐 주었다면, 제3자 명의의 소유권이전등기는 위 법률 제4조 제2항에 의하여 무효
  - 계약과 등기의 효력은 매매계약을 체결할 당시 매도인의 인식을 기준으로 판단 ○(vs. 매도인이 계약 체결 후에 명의신탁약정 사실을 알게 되었어도 위 계약과 등기의 효력에는 영향 없음)
  - 부동산의 소유자가 명의신탁약정을 알면서 매매계약을 체결하고 명의수탁자 앞으로 부동산의 소유권이전등기마치더라도 부동산의 소유권은 매도인에게 그대로 남아 있게 되므로 특별한 사정이 없는 한 명의신탁자는 매도인에게 소유권이전등기를 청구 불가

핵심포인트 문 11 사해행위취소 및 원상회복청구 소송 ★★

- 채권자취소소송에서 피보전채권의 존재가 인정되어 사해행위 취소 및 원상회복을 명하는 판결이 확정 후 재산이나 가액의 회복을 마치기 전에 피보전채권이 소멸된 경우 ⇨ 집행력을 배제하는 적법한 청구이의 이유가 됨 ○
- 채권자가 일단 사해행위취소 및 원상회복으로서 수익자 명의 등기의 말소를 청구하여 승소판결이 확정 후 수익자 명의 등기를 말소하는 것이 불가능하게 된 경우 ⇨ 다시 수익자를 상대로 가액배상을 청구하거나 원물반환으로서 채무자 앞으로 직접 소유권이전등기절차를 이행 청구는 不可
- 사해행위 이후에 채권을 취득한 채권자는 민법 제407조에 정한 사해행위취소와 원상회복의 효력을 받는 채권자에 포함 ×
- 사해행위의 수익자 소유의 부동산에 대한 경매절차에서 취소채권자가 수익자에 대한 가액배상판결에 기하여 배당을 요구하여 배당을 받은 경우 ⇨ 채무자에 대한 채권자들은 채권만족에 관한 일반원칙에 따라 채권 내용을 실현(∵ 배당금은 채무자의 책임재산으로 회복)

문 12 분묘

- 공동상속인들 사이에 협의가 이루어지지 않는 경우에는 직계비속 중 남녀, 적서를 불문하고 최근친의 연장자가 제사주재자로 우선한다고 보는 것이 가장 조리에 부합
- 분묘기지권의 성립 당시 토지 소유자와 분묘의 수호·관리권자가 지료 지급의무의 존부나 범위 등에 관하여 약정효력은 분묘 기지의 승계인에 대하여도 미침
- 분묘기지권은 분묘를 수호하고 봉제사하는 목적을 달성하는 데 필요한 범위 내에서 타인 소유의 토지를 사용할 수 있고 제3자는 물론 토지 소유자의 방해도 배제할 수 있는 관습상의 물권임
- 분묘의 수호·관리권자가 타인의 토지에 그 토지 소유자의 승낙 없이 분묘를 무단으로 설치한 경우 분묘기지권을 시효로 취득 可

문 13 계약인수

- 계약인수·영업양도에 수반된 계약인수에서는 채무자 보호를 위해 개별 채권양도에서 요구되는 대항요건 요구 안됨
- 「표시·광고의 공정화에 관한 법률」상 허위·과장광고의 불법행위를 원인으로 하는 손해배상청구권을 가지고 있던 아파트 수분양자가 수분양자의 지위를 제3자에게 양도한 경우 ⇨ 양수인은 특별한 사정이 없는 한 별도의 채권양도 절차 없이도 위 손해배상청구권을 행사 不可
- 매도인의 매수인에 대한 매매대금 채권이 압류된 이후 매도인의 지위를 이전하는 계약인수가 이루어진 경우 인수인은 위 압류에 의하여 권리가 제한된 상태의 매매대금 채권을 이전받게 됨

문 14 유치권·압류 및 추심명령 등

- 점유자가 점유물을 개량하기 위하여 지출한 금액 기타 유익비에 관하여는 그 가액의 증가가 현존한 경우에 한하여 회복자의 선택에 좇아 그 지출금액이나 증가액의 상환을 청구할 수 있음
- 부지 부분에 관한 소유권을 상실하는 경우 건물소유자가 토지소유자에게 건물 부지 부분에 관한 차임 상당의 부당이득 전부에 관한 반환의무 부담 ○
- 유치권에 의한 경매절차에서 매각이 이루어진 경우 유치권은 소멸(∵ 유치권에 의한 경매절차는 소멸주의 원칙)
- 채무자의 채권자가 신청한 경매절차에서 경락인이 목적물을 매수한 경우 ⇨ 채무자의 채권자가 '채무자는 목적물을 경락인에게 인도해 줌과 동시에 경락인으로부터 지급받을 채권'에 대하여 압류 및 추심명령 신청 허용 ×

문 15 보증채무 ★★

- 주채무자에 대한 확정판결에 의하여 「민법」 제163조 각 호의 단기소멸시효에 해당하는 주채무의 소멸시효기간이 10년으로 연장된 상태에서 주채무를 보증한 경우 ⇨ 보증채무의 소멸시효기간은 이와 별개로 보증채무의 성질에 따라 결정 ○
- 다른 사람이 발행하는 약속어음에 명시적으로 어음보증을 하는 사람은 그 어음보증으로 인한 어음상의 채무만을 부담하는 것이 원칙임
- 여러 공동불법행위자 중 1인의 신원보증인이 피보증인의 손해배상채무를 변제한 경우 피보증인이 아닌 다른 공동불법행위자에 대하여는 그 부담부분에 한하여 구상권을 행사 可
- 계속적 채권관계에서 발생하는 주계약상의 불확정 채무에 대하여 보증하고 채권자와 주채무자와 사이에서는 주계약상의 거래기간이 연장된 경우 ⇨ 보증기간이 연장되지 아니함으로써 보증계약관계가 종료된 때에는 보증계약 종료 시에 보증채무가 확정 ○
- 주채권과 분리하여 보증채권만을 양도하기로 하는 약정은 효력 없음

문 16 부동산의 합유 ★★

- 합유등기가 마쳐진 부동산에 관하여 합유자 중 1인이 명의신탁 해지를 원인으로 한 소유권이전등기절차의 이행을 구하는 소송은 고유필수적 공동소송임 ○
- 조합원들이 공동사업을 위하여 매수한 부동산에 관하여 합유등기를 하지 않고 조합원 중 1인 명의로 소유권이전등기를 한 경우 ⇨ 조합재산임을 전제로 청산 ×(∵ 조합체가 조합원에게 명의신탁한 것으로 조합재산이 아님)
- 부부 중 일방이 제3자와 합유하고 있는 재산 ⇨ 직접 그 재산의 분할을 명할 수는 없고 그 재산에 대한 합유지분의 가액을 산정하여 재산분할의 대상으로 삼을 수 있음
- 조합체가 매수한 부동산에 대해 합유등기 대신 각 조합원 명의로 각 지분에 관한 공유등기가 마쳐진 경우
  · 조합체가 조합원들에게 각 지분에 관하여 명의신탁한 것임 ○
  · 매수인이 조합체라는 사실을 알지 못했다면 매수인 명의의 소유권이전등기는 유효함 ○
- 조합원 중 자신이 소유한 부동산을 출자하기로 약정하고 그 부동산을 인도한 자는 그 부동산에 대한 합유등기가 마쳐지기 전까지 그 부동산에 대한 소유물 반환청구권 행사 ⇨ 조합체에 대해서 可/제3자에 대해서는 不可

문 17 담보지상권 ★★★

- 담보지상권 설정자가 건물 신축이 가능한 근저당목적물인 나대지에 옹벽을 설치하고 도로를 개설한 경우 담보지상권자의 조치

- 지상권 자체의 침해를 이유로 한 임료 상당 부당이득 청구 불가
- 근저당목적의 교환가치가 하락한 경우 저당권의 침해를 이유로 손해배상을 청구 可
- 담보지상권 설정자인 토지소유자로부터 토지를 사용·수익할 수 있는 권리를 취득하였다면 이러한 권리는 민법 제256조 단서가 정한 '권원'에 해당함
- 지상권설정등기에 관한 피담보채무의 범위 확인을 구하는 청구는 확인의 이익이 없어 부적법(∵ 담보지상권은 피담보채무가 부존재함)
- 담보저당권권 설정 당시 이미 토지소유자가 그 토지 상에 건물을 소유하고 있고 담보권의 실행으로 그 지상권도 소멸한 경우 ⇨ 건물을 위한 법정지상권 성립 ○

핵심포인트 문 18 주위토지통행권

- 구분소유적 공유관계에 있고 공로에 접하는 공유 부분을 다른 공유자가 배타적으로 사용, 수익하고 있는 경우 ⇨ 제3자가 소유한 토지에 대한 통행권 행사 불가(∵ 공로에 통할 수 있는 자기의 공유토지를 두고 공로에의 통로라 하여 남의 토지를 통행한다는 것은 허용 ×)
- 할 수 없이 주위의 다른 토지의 소유자와 일정기간 동안 사용료를 지급하기로 하고 다른 토지의 일부를 공로로 통하는 통로로 사용한 포위된 토지의 소유자는 여전히 무상의 주위토지통행권 취득 可
- 무상의 주위토지통행권이 발생하는 토지의 일부 양도 ⇨ 1필의 토지의 일부가 양도된 경우 & 일단으로 되어있던 동일인 소유의 수필의 토지 중 일부가 양도된 경우
- 분할 또는 토지의 일부 양도로 인하여 공로에 통하지 못하는 토지가 생긴 경우의 무상주위통행권에 관한 민법 제220조의 규정은 직접 분할자 또는 일부 양도의 당사자 사이에만 적용 ○

핵심포인트 문 19 불가분채권·채무관계

- 공유물 무단 점유자에 대한 차임 상당 부당이득반환청구권은 특별한 사정이 없는 한 각 공유자에게 지분 비율만큼 귀속 ○
- 불가분채권의 목적이 금전채권인 경우 그 일부에 대하여만 압류 및 전부명령이 이루어진 경우 ⇨ 그 집행채무자인 불가분채권자의 채권은 전부채권자에게 이전되더라도 다른 불가분채권자는 그 불가분채권의 채무자에게 불가분채권 전부의 이행 청구 可
- 타인 소유 대지 위에 권원 없이 세워진 건물의 소유자를 상속한 공동상속인들의 건물철거의무는 다른 공동상속인의 지분에 관하여도 철거의무를 부담하는 불가분채무 ○
- 공동상속인들을 상대로 한 건물철거소송은 필요적 공동 소송 ×(∵ 공유자 각자에 대하여 그의 지분권 한도 내에서의 인도 또는 철거를 구하는 것)

문 20 가압류등기 ★★★

- 매매목적물에 대해 가압류집행이 된 경우 매수인은 매매에 따른 소유권이전등기 시 소유권 취득
- 가압류등기의 회복등기 절차에 대해 승낙의 의사표시를 할 의무자 ⇨ 가등기가 말소될 당시의 소유자 ○
- 부동산의 소유자가 제3자와 사이에 새로운 매매예약을 체결하고 그에 기한 소유권이전등기청구권의 보전을 위하여 이미 효력이 상실된 가등기를 유용하기로 합의하고 실제로 그 가등기 이전의 부기등기를 마친 경우 부동산의 소유자가 가등기의 말소청구를 한 경우
  - 가등기 이전의 부기등기를 마친 제3자는 가등기의 말소청구하는 부동산의 소유자에게 가등기 유용의 합의를 주장하여 가등기의 말소청구에 대항 가
  - 가등기 이전의 부기등기를 마친 제3자는 가등기 이전의 부기등기 전에 등기부상 이해관계를 가지게 된 자에 대하여는 위 가등기 유용의 합의 사실을 들어 그 가등기의 유효 주장 불가
- 채권자대위권에서의 제3채무자는 채무자에 대해 가지는 모든 항변사유로 채권자에게 대항 가

문 21 채권양도·압류·전부명령·상계 ★★

- 채무자의 채권양도인에 대한 자동채권이 발생하는 기초가 되는 원인이 양도 전에 이미 성립하여 존재하고 자동채권이 수동채권인 양도채권과 동시이행의 관계에 있는 경우 ⇨ 양도통지가 채무자에게 도달하여 채권양도의 대항요건이 갖추어진 후에 발생된 자동채권에 의한 상계로 양수인에게 대항 가
- 양도금지의 특약이 있는 사실에 관하여 악의인 압류채권자의 전부명령은 유효함 ○
- 압류명령이 송달되기 이전에 채무자에 대하여 상계적상에 있었던 반대채권을 가지고 있었고 채권압류통지 이전에 자동채권의 이행기가 도래한 경우 ⇨ 수동채권에 관한 기한의 이익을 포기하고 대등액에서 상계하므로써 압류채권자에 대항 가
- 채권양수인이 양수채권을 자동채권으로 하여 그 채무자가 채권양수인에 대해 가지고 있던 기존 채권과 상계한 경우 상계의 효력시기 ⇨ 채권양도의 대항요건이 갖추어진 때 ○
- 채권압류명령 등 당시 피압류채권이 이미 제3자에 대한 대항요건을 갖추어 양도되어 그 명령이 무효 후의 사해행위취소소송에서 위 채권양도계약이 취소되어 채권이 원채권자에게 복귀하한 경우 ⇨ 채권압류명령이 유효가 되는 것은 아님

문 22 손해배상액의 예정 ★★

- 금전채무의 불이행에 대하여 손해배상액을 예정한 경우 통상적인 연체금리도 고려하여 판단하여야 함 ○
- 손해배상액 예정이 없더라도 채무자가 당연히 지급의무를 부담하여 채권자가 받을 수 있던 금액보다 적은 금액으로 감액하는 것은 감액의 한계를 벗어난 것임

- 도급계약에서 손해배상액의 예정으로서 지체상금을 계약 총액에 지체상금률을 곱하여 산출하기로 정한 경우 지체상금의 과다 여부는 지체상금 총액을 기준으로 하여 판단하여야 함
- 하자보수보증금은 도급인은 수급인의 하자보수의무 불이행을 이유로 하자보수보증금의 몰취 외에 그 실손해액을 입증하여 수급인으로부터 그 초과액 상당의 손해배상을 받을 수도 있는 특수한 손해배상액의 예정임 ○

핵심포인트 문 23 사해행위로 인한 가액배상

- 공동저당권이 설정되어 있는 수 개의 부동산 중 일부가 양도된 경우에 있어서의 그 피담보채권액 ⇨ 공동저당권의 목적으로 된 각 부동산의 가액에 비례하여 공동저당권의 피담보채권액을 안분한 금액
- 공동저당권이 설정된 수개의 부동산 전부의 매매계약이 사해행위에 해당하고 목적물 전부를 사해행위로 취소하는 경우 그 피담보채권액 ⇨ 공동저당권의 피담보채권총액을 사실심 변론종결 당시를 기준으로 한 공동저당 목적물의 가액에 비례하여 안분한 금액
- 수 개의 부동산 중 일부는 채무자의 소유이고 다른 일부는 물상보증인의 소유인 경우
  - 채무자 소유의 부동산이 부담하는 피담보채권액 ⇨ 채무자 소유 부동산의 가액을 한도로 한 공동저당권의 피담보채권액 전액
  - 물상보증인 소유의 부동산이 부담하는 피담보채권액 ⇨ 공동저당권의 피담보채권액에서 채무자 소유의 부동산이 부담하는 피담보채권액을 제외한 나머지

핵심포인트 문 24 채권의 목적

- 의사가 환자에 대하여 부담하는 진료채무는 수단채무임 ○
- 우리나라 통화를 외화채권에 변제충당할 때에는 특별한 사정이 없는 한 현실로 변제충당할 당시의 외국환시세에 의하여 환산하여야 함 ○
- 선택채권의 소멸시효의 기산점은 선택권 행사에 필요한 상당한 기간이 경과한 날부터 임
- 금전채무에 관하여 이자 약정이 없는 경우 채무자의 이행지체로 인한 지연이자는 법정이율에 의하여 청구 可
- 채권액이 외국통화로 지정된 금전채권인 외화채권을 채권자가 대용급부의 권리를 행사해 우리나라 통화로 환산하여 청구하는 경우 사실심 변론 종결 당시의 외국환시세에 의하여 환산해야 함

문 25. 타인 권리의 매매의 담보책임 등 ★★

- 타인의 물건 매매에서 매수인이 그 물건의 소유권이 매도인에게 속하지 아니함을 알지 못한 것이 매수인의 과실이 있는 경우 매도인의 배상액을 산정함에 있어서 이를 참작해야 함
- 매매 당사자가 모두 매매목적물이 타인의 소유인 사실을 모르고 계약을 체결한 경우 위약금의 약정 ⇨ 타인 권리의 매매로 인한 담보책임까지 예상하여 손해배상액을 예정한 것 ×
- 타인의 권리를 매매한 자가 권리이전을 할 수 없게 된 때 귀책 매도인을 상대로
  - 담보책임으로 이행불능 당시를 기준으로 한 이행이익 상당의 손해배상을 청구 가
  - 일반적인 채무불이행으로서 계약을 해제하고 손해배상을 청구 가
- 타인의 권리매매에 있어 매도인의 목적물을 매수인에게 이전할 수 없게 된 것이 오직 매수인의 귀책사유에 기인한 경우 매도인은 민법 제569조 하자담보책임 부담 ×

문 26. 채권자대위권

- 소유권이전등기를 하지 못한 미등기 건물매수인은 위 건물의 소유권을 원시취득한 매도인을 대위하여 불법점유자에 대하여 직접 자기에게 명도할 것을 청구 가
- 채권자대위소송에서 제3채무자로 하여금 직접 대위채권자에게 금전의 지급을 명하는 판결 확정되고 피대위채권이 변제 등으로 소멸하기 전인 경우 ⇨ 채무자의 다른 채권자는 이를 압류·가압 가
- 채무자가 제3채무자에게 채권의 양도를 구할 수 있는 권리를 가지고 있고, 채권자가 채무자의 위 권리를 대위행사하는 경우 ⇨ 채권자는 제3채무자에 대하여 직접 자신에게 채권양도절차 이행청구 불가
- 중간생략등기의 합의가 있더라도 중간매수인의 소유권이전등기청구권이 소멸된다거나 첫 매도인의 그 매수인에 대한 소유권이전등기의무가 소멸 ×
- 채권자대위권에서 제3채무자는 채무자에 대해 가지는 모든 항변사유로 채권자에게 대항 가

문 27. 공사도급계약 ★★

- 공사도급계약에 있어서 수급인의 공사중단이나 공사지연으로 인하여 약정된 공사기한 내의 공사완공이 불가능하다는 것이 명백하여진 경우 ⇨ 도급인은 그 공사기한이 도래하기 전이라도 상당한 기간 내에 완공할 것을 최고하고 계약을 해제 가
- 도급계약이 수급인의 채무불이행을 이유로 해제된 경우 해제 당시 공사가 상당한 정도로 진척되어 이를 원상회복하는 것이 중대한 사회적·경제적 손실을 초래하고 완성된 부분이 도급인에게 이익이 되는 경우 ⇨ 도급계약은 미완성 부분에 대하여만 실효
- 지체상금 채권과 공사대금 채권은 특별한 사정이 없는 한 동시이행관계가 아님

- 도급인이 하자보수나 손해배상청구권을 보유·행사하는 한 공사비지급채무는 이행지체되지 않고 수동채권으로 하여 상계의 의사표시를 한 다음날 비로소 지체에 빠짐
- 완성된 건물 기타 토지의 공작물(이하 '건물 등'이라 한다)에 중대한 하자가 있고 이로 인하여 건물 등이 무너질 위험성이 있어서 보수가 불가능하고 다시 건축할 수밖에 없는 경우 ⇨ 건물 등을 철거하고 다시 건축하는 데 드는 비용 상당액을 하자로 인한 손해배상으로 청구 可

핵심포인트 문 28 해제 ★★

- 합의해제시 채무불이행을 이유로 손해배상을 청구 不可
- 「민법」 제548조 제1항 단서의 제3자인지 여부
  - 계약해제로 인한 원상회복등기 등이 이루어지기 이전에 해약당사자와 양립되지 아니하는 법률관계를 가지고 계약해제 사실을 몰랐던 제3자 ○
  - 계약이 해제되기 전에 소유권이전등기청구권을 압류한 압류채권자 ×
- 채무불이행에 따른 해제의 의사표시 당시에 이미 채무불이행의 대상이 되는 본래 채권이 시효가 완성되어 소멸된 경우 ⇨ 채권자는 채무불이행 시점이 본래 채권의 시효 완성 전인지 후인지를 불문하고 채무불이행을 이유로 한 해제권, 원상회복청구권 행사 不可
- 채무불이행 이유로 계약을 해제한 경우 계약의 해제로 인한 원상회복청구권의 소멸시효의 기산점 ⇨ 원상회복청구권이 발생한때인 해제시 ○

핵심포인트 문 29 면책적인수·변제자대위 ★★★

- 기존 채무자 채무를 면책적으로 인수한 것으로만으로 물상보증인이 기존 채무자에 대해 구상권 없음
- 제3취득자가 목적부동산에 대하여 권리를 취득한 후 채무를 변제한 보증인은 대위의 부기등기하지 않고도 대위 可
- 채무자의 담보부동산 제3자취득자는 채무를 변제하거나 담보권의 실행으로 소유권을 잃더라도 물상보증인에 대하여 채권자 대위할 수 없음
- 자신부동산 담보제공 물상보증인은 채무를 변제한 뒤 다른 물상보증인 소유부동산에 설정된 근저당권설정등기에 관하여 대위의 부기등기 않는 동안 부동산을 취득한 제3취득자에 대하여 채권자를 대위 不可

문 30 조합 ★★

- 민법의 조합의 해산사유와 청산에 관한 규정과 다른 내용의 특약은 유효임 ○
- 공동수급체의 구성원 지위는 원칙적으로 회사의 분할합병으로 인한 포괄승계의 대상 ×
- 「민법」 제720조가 규정한 조합의 해산청구 사유인 '부득이한 사유' ⇨ 조합 당사자 간 불화, 대립으로 신뢰관계가 파괴되어 조합업무의 원만한 운영을 기대할 수 없다는 경우를 의미함
- 조합의 존속기간을 정한 때에도 조합원은 부득이한 사유가 있으면 탈퇴 可
- 조합에서 조합원이 탈퇴하는 경우, 탈퇴자와 잔존자 사이의 탈퇴로 인한 지분은 조합 내부의 손익분배비율 기준으로 계산하여야 함

문 31 건물매수청구권 ★★

- 종전 임차인으로부터 미등기 무허가건물을 매수하여 점유하고 있는 임차인은 임대인에 대하여 지상물매수청구권을 행사할 수 있음
- 임대차계약의 당사자로서 토지를 임대하였으나 임대차계약이 종료되기 전에 임대인의 지위를 승계한 3자를 상대로 임차인은 매수청구권을 행사 可
- 임차인이 자신의 건물매수청구권을 제1심에서 행사하였다가 철회한 후 항소심에서 다시 그 매수청구권 행사 허용됨 ○
- 지상물매수청구의 대상이 된 건물의 매수가격에 관하여 당사자 사이에 의사합치가 없는 경우 ⇨ 건물 시가를 매매대금으로 하는 매매계약 성립 ○(vs. 시가를 임의로 증감하여 직권으로 매매대금을 정할 수 없음)

문 32 재산분할청구권 ★★

- 재산분할 청구의 상대방의 소극재산의 부담이 더 적은 경우 소극재산을 분담하도록 하는 재산분할도 可
- 재산분할청구권의 제척기간
  - 그 기간 내에 재산분할심판 청구를 하여야 하는 출소기간임 ○
  - 이혼한 날부터 2년 내에 재산분할심판청구를 하였다면 그 재판에서 특정한 증거신청을 하였는지 불문 재산분할청구권의 제척기간을 준수한 것임 ○
- 이혼으로 인한 재산분할청구권을 보전하기 위하여 채권자대위권 행사 不可
- 재산분할심판청구 취하에 상대방의 동의 필요 ×(∵ 재산분할심판 사건은 마류 가사비송사건에 해당함)

핵심포인트 문 33 경매절차 · 가압류 · 단순승인간주 ★★★

- 경매절차에서 가압류와 일반채권자들 사이에는 동순위 배당(∵ 가압류에는 우선변제 효과 없음)
- 민법 제1034조, 제1035조, 제1036조 등의 절차규정 ⇨ 일반채권자인 상속채권자, 일반채권자인 상속인의 채권자는 우열관계는 민법상의 일반원칙에 따라야 함 ○
- 단순승인간주 규정(민법 제1026조 제1호)은 한정승인이나 포기의 효력이 생기기 전에 상속재산을 처분한 경우에만 적용 ○

핵심포인트 문 34 인지청구소송 관련 ★★

- 인지청구 등의 소에서 제소기간의 기산점 : 사망을 안 날'은 사망이라는 객관적 사실을 아는 것을 의미함 ○(사망자와 친생자관계에 있다는 사실까지 알아야 하는 것 ×)
- 인지 전에 공동상속인들에 의해 이미 분할되거나 처분된 상속재산 ⇨ 분할받은 공동상속인이나 공동상속인들의 처분행위에 의해 이를 양수한 자에게 그 소유권이 확정적으로 귀속 ○
- 피인지자의 상속분에 상당한 가액의 지급청구권(민법 제1014조)의 범위 : 상속재산으로부터 발생한 과실은 포함 ×

핵심포인트 문 35 상속회복청구 ★★

- 상속회복청구의 소인지 여부
  - 협의분할이 다른 공동상속인의 동의 없이 이루어진 것이어서 무효라는 이유로 다른 공동상속인이 위 등기의 말소를 청구하는 소 ○
  - 적법하게 공동상속등기가 마쳐진 부동산에 관해 상속인 중 1인이 자기 단독명의로 소유권이전등기 한 경우 다른 상속인이 그 이전등기가 원인 없이 마쳐진 것이라 하여 말소를 구하는 소 ×
- 상속회복청구의 제척기간의 준수 여부는 상속회복청구의 상대방별로 각각 판단 ○

핵심포인트 문 36 반소 ★★

- 제3채무자에 대하여 피압류채권에 의하여 추심채무자의 동시이행항변권 상실 ×
- 채권자가 현금화절차가 끝나기 전까지 압류명령 신청 취하하는 경우 ⇨ 채권자의 추심권도 당연히 소멸하고 추심권능과 소송수행권이 모두 채무자에게 복귀함 ○
- 본소가 취하된 때에는 피고는 원고의 동의 없이 반소를 취하 可

- 예비적 반소인 경우 본소청구와 반소청구를 모두 배척한 제1심판결에 대하여 甲만이 항소한 경우 ⇨ 항소심법원이 심리한 결과 본소 청구를 인용할 때는 예비적 반소에 대하여도 판단해야 함 ○

문 37. 집합건물에서의 부당이득 · 소송담당 · 당사자적격 · 재소금지 ★★★

- 구분소유자 중 일부가 정당한 권원 없이 집합건물의 공용부분을 배타적으로 점유·사용
  - 집합건물 관리단 부당이득반환청구의 소를 단독으로 제기한 것은 적법
  - 관리단이 부당이득반환 소송을 제기하여 판결이 확정 시 그 효력은 구분소유자에게 미침
  - 구분소유자가 부당이득반환 소송을 제기하여 판결이 확정되었다면 그 부분에 관한 효력도 관리단에게 미침
  - 구분소유자가 부당이득반환청구 소송제기가 본안에 대한 종국판결이 있은 뒤에 소를 취하하고 관리단이 부당이득반환청구의 소를 제기한 것은 한 것으로 재소금지 규정에 위반 ×(∵ 새로운 권리보호이익 발생)
- 관리단으로부터 집합건물의 관리업무를 위임받은 위탁관리회사는 특별한 사정이 없는 한 구분소유자 등을 상대로 관리비를 청구할 당사자적격 有

문 38. 공동소송 ★★

- 통상공동소송
  - 순차 경료된 소유권이전등기의 각 말소 청구소송
- 고유필수적 공동소송
  - 공동상속인이 다른 공동상속인을 상대로 어떤 재산이 상속재산임의 확인을 구하는 소
  - 주주총회결의의 부존재 또는 무효 확인을 구하는 소
  - 조합원으로 하는 동업체에서 토지를 매수한 경우 그 매매계약에 기하여 소유권이전등기절차의 이행을 구하는 소송
- 주채무자와 연대보증인이 공동원고로 채권자를 상대로 각 차용금 채무 및 연대보증채무의 부존재 확인을 구하는 소를 제기한 경우 ⇨ 채권자가 주채무자 청구를 인낙하고 이를 조서에 기재한 경우 이를 이유로 연대보증인 乙의 청구 인용할 필요 없음

문 39. 민사분쟁해결제도 ★★

- 화해계약은 당사자가 상호 양보하여 당사자 간의 분쟁을 마칠 것을 약정함으로써 그 효력(당사자 일방이 양보한 권리가 소멸되고 상대방이 화해로 인하여 그 권리를 취득) 발생
- 당사자는 화해를 위하여 대리인을 선임하는 권리를 상대방에게 위임할 수 없음

- 소액사건심판절차에서의 이행권고결정은 ① 이의기간 내에 이의신청을 하지 않거나, ② 이의신청에 대한 각하결정이 확정되거나, ③ 이의신청이 취하된 경우 확정판결과 같은 효력 가짐
- 법원·수명법관 또는 수탁판사는 소송에 계속 중인 사건에 대하여 직권으로 당사자의 이익, 그 밖의 모든 사정을 참작하여 청구의 취지에 어긋나지 아니하는 범위 안에서 사건의 공평한 해결을 위한 화해권고결정 할 수 있음
- 지급명령에 대하여 ① 이의신청이 없거나, ② 이의신청을 취하하거나, ③ 각하결정이 확정된 때에는 지급명령은 확정판결(지급명령은 집행력은 있으나 기판력은 없음)과 같은 효력 가짐

문 40 소멸시효 중단을 위한 소제기 등 ★★

- 원고(ex, 종중대표자)의 대표권 흠결을 이유로 소를 각하한 제1심판결에 대해 원고만이 항소한 경우 ⇨ 항소심 법원이 심리한 결과 대표권 흠결이 치유되어 소는 적법하나 청구가 이유 없다고 판단하면 항소기각판결하여야 함 ○
- 제1심에서 계항변을 제출하였다가 이에 관한 본안판단을 받은 후 항소심에서 상계항변을 철회한 경우 ⇨ 그 자동채권과 동일한 채권에 기한 별소제기는 재소금지 원칙이 적용 ×(∵ 상계 항변(소송상 방어방법)철회에 불과)
- 승소판결이 확정된 후 확정판결에 의한 채권의 소멸시효 중단을 위해 다시 동일한 소(후소) 제기
  - 후소 법원은 그 확정된 권리 주장할 수 있는 모든 요건이 구비되어 있는지 다시 심리할 수 없음
  - 전소의 사실심 변론 종결 후에 발생한 변제, 상계, 면제 등과 같은 채권소멸사유는 후소의 심리대상임 ○
  - 승소확정판결을 받고 10년이 경과한 후 후소를 제기한 경우 ⇨ 법원은 특별한 사정이 없는 한 후소를 곧바로 소의 이익이 없음을 이유로 각하해서는 안됨

문 41 기판력 ★★

- 기판력에 저촉 ○
  - 배당이의의 소 판결이 확정된 후 확정된 배당액이 부당이득이라는 이유로 그 반환 소 제기
  - 소유권이전등기절차 이행의 확정판결을 받아 소유권이전등기를 경료한 후 소유권이전등기가 원인무효임을 내세워 그 등기의 말소를 구하는 소 제기
- 기판력에 저촉 ×
  - 가등기에 기한 본등기 이행 구하는 소에서 청구인용판결 확정된 후 가등기만의 말소의 소 제기
  - 소유권이전등기가 원인무효임을 이유로 그 말소등기절차의 이행을 구하는 소를 제기하여 청구인용판결이 확정 후 소송의 사실심 변론 종결 후 승계인 전소 소송목적물에 대한 인도 및 차임 상당 부당이득반환청구의 소 제기
  - 소유권이전등기절차 이행의 확정판결을 받아 소유권이전등기를 경료한 후 등기가 원인무효임을 주장하며 소유권 확인의 소 제기

핵심포인트 문 42 기판력 · 추심의소 · 중복소송 · 추심의 소에서의 채무자 참가신청 ★★★

- 채권자가 추심금 청구의 소를 제기하였다가 항소심에서 소를 취하한 후 다른 채권자 추심금 청구의 소를 제기는 재소금지 규정에 반하지 않음(∵ 새로운 권리보호이익이 발생)
- 채권자가 제기한 추심금소송에서의 화해권고결정의 기판력은 화해권고결정 확정일 전에 압류·추심명령을 받았던 다른 추심채권자에게 미치지 않음
- 피고의 집행채권의 부존재나 소멸 항변 ⇨ 추심의 소에서는 不可 / 청구 이의소에서는 可
- 채무자자가 제3채무자 상대로 제기한 대여금 청구의 소송 계속 중 채권자의 채무자를 상대로 제기한 추심의 소는 중복소송에 해당 ×(∵ 당사자와 소송물이 동일하지 않음)
- 추심의 소에서 소를 제기당한 제3채무자는 집행력 있는 정본을 가진 채권자를 공동소송인으로 원고 쪽에 참가하도록 명할 것을 첫 변론기일까지 신청 可

핵심포인트 문 43 상소 ★★

- 원고가 1심에서 재산상 손해에 대해 전부 승소 위자료에 대해 일부 패소 후 위자료부분에 불복 항소 제기하여 소송물 전부가 항소심에 계속되게 된 경우 ⇨ 위자료는 물론이고 재산상 손해(소극적 손해)에 관하여도 청구의 확장을 허용 ○
- 피고 상계항변 받아들여 원고 청구 기각한 판결에 대하여 전부 승소한 원고는 물론 피고에게도 상소의 이익 有(∵ 소구채권 자체의 부존재를 이유로 변경되어 승소하는 것이 피고에게 더 이익 ○)
- 병합된 수 개의 청구 전부에 대하여 불복 항소심에서 그중 일부 청구 불복신청을 철회한 경우 항소 그 자체의 효력에는 영향 없음(∵ 단지 불복의 범위를 감축하여 심판의 대상을 변경하는 효과)
- 피항소인의 부대항소를 할 수 있는 범위 ⇨ 항소인이 주된 항소에 의하여 불복을 제기한 범위에 의하여 제한을 받지 않음
- 동시이행 주장을 한 당사자만 항소하였음에도 항소심이 제1심판결에서 인정된 금전채권에 기한 동시이행 주장을 공제 또는 상계 주장으로 바꾸어 인정한 경우 불이익변경금지 원칙에 반함

핵심포인트 문 44 이혼 관련 소송절차 ★★

- 재산분할청구 사건에서 법원은 당사자의 주장에 구애되지 아니하고 재산분할의 대상과 가액을 직권으로 조사·판단할 수 있음
- 이혼소송의 소송계속 중 배우자 일방이 사망한 경우 그 소송은 종료(∵ 재판상의 이혼청구권은 부부의 일신전속의 권리)
- 재판상 이혼사유 중 어느 하나를 받아들여 원고의 청구를 인용 可(제1호 내지 제5호 사유의 존부 먼저 판단하고, 그것이 인정되지 않는 경우 제6호의 원인을 최종적으로 판단하는 것은 아님)

- 법원이 이혼 판결을 선고하면서 미성년자인 자녀에 대한 친권자 및 양육자를 정하지 아니하였다면 재판의 누락임
- 이혼 및 재산분할청구의 제1심 소송계속 중 원고가 파산선고 받은 경우 파산관재인이 재산분할청구에 관한 절차를 수계할 수 없음

문 45 변제충당과 자백 ★★

- 비용, 이자, 원본의 충당 순서는 당사자의 합의로 달리 정할 수 있음
- 변제자(채무자)와 변제수령자(채권자)는 이미 급부를 마친 뒤에도 기존의 충당방법을 배제하고 제공된 급부를 어느 채무에 어떤 방법으로 다시 충당할 것인가를 약정할 수 있음(변제로 소멸한 채무에 관한 보증인 등 이해관계 있는 제3자의 이익을 해하지 않는 한)
- 법원에 제출되어 상대방에게 송달된 준비서면 등에 자백에 해당하는 내용이 기재되어 있는 경우라도 그것이 변론기일이나 변론준비기일에서 진술 또는 진술간주되어야 재판상 자백 성립
- 법정변제충당 순서의 기준이 되는 이행기나 변제이익에 관한 사항은 구체적 사실로서 자백의 대상임 ○
- 재판상 자백이 있으면 법원이 자백 사실과 다른 판단을 할 수 없음(∵ 법원도 재판상 자백에 구속)

문 46 청구병합 ★★

- 원고가 논리적으로 전혀 관계가 없어 순수하게 단순병합을 선택적 또는 예비적으로 병합하여 청구에 대해 제1심법원이 그중 하나의 청구에 대하여만 심리·판단하여 이를 인용하고 나머지 청구에 대한 심리·판단을 모두 생략하는 내용의 판결을 하여 피고만이 이에 대하여 항소한 경우 ⇨ 제1심법원이 심리·판단하여 인용한 청구만이 항소심으로 이심 ○
- 실질적으로 선택적 병합 관계에 있는 두 청구에 관하여 주위적·예비적으로 순위를 붙여 청구하고 제1심법원이 주위적 청구를 기각하고 예비적 청구만을 인용하는 판결을 선고하여 피고만이 항소한 경우 ⇨ 항소심은 두 청구 모두를 심판의 대상으로 삼아 판단 ○
- 예비적 병합의 경우 주위적 청구를 먼저 판단하지 않고 예비적 청구만을 인용하거나 주위적 청구만을 배척하고 예비적 청구에 대하여 판단하지 않는 것은 허용 ×
- 단순병합에서 1심법원이 그중 하나의 청구를 인용하고 나머지 청구는 기각하는 판결 선고 피고만이 위 인용된 청구에 대하여 항소한 경우 ⇨ 청구 모두가 항소심으로 이심, 피고가 불복한 청구만이 항소심의 심판대상임 ○
- 서로 양립 가능한 수 개의 금전청구를 병합하면서 합리적 필요에 따라 심판의 순위를 붙여 청구에 대해 법원이 심리한 결과 주위적 청구의 일부를 기각하고 예비적 청구취지보다 적은 금액만을 인용할 경우 ⇨ 석명을 통해 원고 의사를 밝힌 다음 그에 따라 예비적 청구에 대해 판단할지 정하여야 함

핵심포인트 문 47 상계 ★★

- 임대차 종료 후 임대차 존속 중 이미 소멸시효가 완성된 차임채권을 자동채권으로 삼아 임대차보증금에서 연체차임을 공제는 可(상계는 不可)
- 상계항변은 수동채권 존재 등 상계에 관한 법원의 실질적 판단이 이루어지는 경우에 비로소 실체법상 상계 효과 발생함 ○
- 상대방의 동의 없이 상계 항변 철회할 수 있음(∵상계 항변은 일종의 예비적 항변임)
- 상계의 항변을 제출할 당시 이미 자동채권과 동일한 채권에 기한 별소 제기는 중복소송 ×
- 상계하였고 그 사실을 위 소송에서 주장·증명한다면 그 상계의 효력은 인정 可(∵민사소송법 제216조 제2항의 상계는 민법 제492조 이하에 규정된 단독행위임)

핵심포인트 문 48 재판상 청구로 인한 소멸시효 중단 ★★

- 근저당권설정등기청구의 소 제기는 그 피담보채권이 될 채권의 소멸시효를 중단시키는 효력 有
- 원인채권의 지급을 확보하기 위한 방법으로 어음이 수수된 경우, 채권자가 어음채권에 기하여 재판상 청구를 하는 것은 원인채권의 소멸시효를 중단시키는 효력 有
- 채권자대위권에 기해 계약금반환을 청구하다가 그 계약금반환채권 자체 양수하여 양수금 청구로 소를 교환적 변경한 경우 ⇨ 당초의 채권자대위소송으로 인한 시효중단의 효력은 소멸되지 않음
- 채권양도의 대항요건을 갖추기 전에 채권양도인이 채무자를 상대로 재판상 청구를 하였는데 그 소송 중에 채무자가 채권양도의 효력을 인정함으로써 청구가 기각된 후 채권양수인이 그로부터 6개월 내에 양수금청구의 소를 제기한 경우 ⇨ 채권양도인의 재판상 청구로써 발생한 소멸시효 중단의 효과는 유지됨 ○
- 소장의 채권 중 일부만을 청구하면서 소송의 진행경과에 따라 장차 청구금액을 확장할 뜻을 표시하였으나 당해 소송이 종료될 때까지 실제로 청구금액을 확장하지 않은 경우 ⇨ 채권자는 당해 소송이 종료된 때부터 6월 내에 민법 제174조에서 정한 조치를 취함으로써 나머지 부분에 대한 소멸시효 중단 可

핵심포인트 문 49 공유물분할청구의 소 ★★

- 공유물분할의 소에 있어 법원은 분할대상 목적물의 형상, 위치, 이용상황이나 경제적 가치가 균등하지 아니할 때
  - 원칙적으로 경제적 가치가 지분비율에 상응하도록 조정하여 분할을 명하여야 함
  - 일정한 요건이 갖추어진 경우에는 공유자 상호 간에 금전으로 경제적 가치의 과부족을 조정하게 하여 분할을 하는 것도 현물분할의 한 방법으로 허용 ○
- 공유물분할청구의 소에서 공동소송인 중 1인에 소송요건의 흠이 있으면 전체 소송이 부적법(∵ 공유물분할청구의 소는 필수적 공동소송임)

- 공유물분할청구 소송절차에서 공유자 사이에 공유토지에 관하여 현물분할하기로 하는 내용의 조정 성립된 경우 ⇨ 해당 토지의 분필절차 마친 후 각 단독 소유로 하기로 한 부분에 관해 다른 공유자의 공유지분을 이전받아 등기 마쳐야 그 부분의 소유권 취득함
- 공유자 중 공유지분권을 주장하지 아니하고 목적물의 특정 부분을 소유한다고 주장하는 자는 그 특정부분에 대한 명의신탁해지를 원인으로 한 지분이전등기절차의 이행 可

문 50 대표소송 ★★★

- 모회사 발행주식총수의 100분의 1 이상에 해당하는 주식을 가진 주주는 모 주식회사 및 자주식회사에 대하여 각 그 이사의 책임 추궁할 소의 제기를 청구可
- 주주가 대표소송에서 주장한 이사의 손해배상책임이 제소청구서에 적시된 것과 차이가 있어도 제소청구서의 책임발생 원인사실 기초로 하면서 법적 평가만 달리한 경우 ⇨ 그 대표소송은 적법 ○
- 모회사 주주가 자주식회사 이사의 책임을 추궁할 소를 제기한 이후 보유한 주식 수의 일부가 감소하여 모 주식회사 발행주식총수의 100분의 1 미만이 되더라도 제소의 효력에 영향 없음
- 대표소송에서 승소확정판결을 받은 경우 주주대표소송의 주주는 집행채권자가 될 수 있음

문 51 주식회사 관계 소송 ★★

- 주식을 취득한 자는 회사를 상대로 주주권 확인을 구할 이익 없음(∵ 주식 취득 사실을 증명함으로써 회사에 대하여 단독으로 명의개서 청구 可)
- 주식회사의 채권자는 회사가 제3자와 체결한 계약이 자신의 권리나 법적 지위를 구체적으로 침해하거나 이에 직접적으로 영향을 미치는 경우 그 계약의 무효 확인을 구할 수 있음 ○
- 회사가 제3자와 체결한 계약의 무효 확인을 구할 이익이 없으나, 회사가 영업의 전부 또는 중요한 일부를 양도하는 계약을 체결하는 경우 ⇨ 주식회사의 주주는 영업양도계약의 무효 확인을 구할 수 없음(∵ 주식회사의 주주는 직접 회사의 경영에 참여하지 못함)
- 주주총회결의 효력이 그 회사 아닌 제3자 사이의 소송에서 선결문제가 된 경우 ⇨ 당사자는 언제든지 당해 소송에서 주주총회결의가 처음부터 무효 또는 부존재라고 주장 可
- 주주대표소송의 원고들 중 1인인 甲이 주식을 처분하여 주주의 지위 상실하고 다른 원고가 주주의 지위를 유지하는 경우 ⇨ 원고들 중 1인 제기한 소 부분은 부적법

핵심포인트 문 52 임시주주총회결의 부존재 또는 무효 확인의 소

- 주주명부상 주주만이 주주총회결의의 무효확인 및 부존재확인 또는 취소의 소를 구할 자격이나 이익 있음
- 법령 및 정관상 요구되는 이사회의 결의 및 소집절차 없이 이루어진 주식회사의 임시주주총회 ⇨ 주주명부상의 주주 전원이 참석하여 총회를 개최하는 데 동의하고 아무런 이의 없이 만장일치로 결의 있으면 유효
- 주주총회결의취소소송 제기기간 내에 그 결의 무효확인·부존재확인의 소를 제기하였다가 취소소송 제기기간 경과 후에 동일한 하자를 원인으로 한 취소소송으로 소를 변경하거나 추가한 경우 ⇨ 취소소송의 제소기간을 준수한 것임 ○
- 제1심법원이 주주총회 부존재 또는 무효 확인의 소청구기각판결을 선고한 후에 주주일부 상소제기하는 경우 ⇨ 다른 주주 대하여도 그 효력 有, 주주전원에 대하여 확정이 차단되고 상소심에 이심 항소심에서는 이들 전원에 대하여 심리·판단해야 함(∵ 주주총회결의의 부존재·무효 확인을 구하는 소는 필요적 공동소송임)
- 주주총회 부존재 또는 무효 확인의 소송에서 피고인 주식회사가 청구를 인낙하여 그 내용이 조서에 기재되더라도 그 인낙조서는 효력 없음

핵심포인트 문 53 대표이사 및 이사에 대한 해임청구 소송과 직무집행정지 및 직무대행자 선임 가처분 ★★

- 이사해임의 소가 제기된 경우 ⇨ 법원은 당사자의 신청으로 가처분에 의하여 그 이사의 직무집행 정지할 수 있고 직무대행자 선임 可(다만, 급박한 사정이 있는 때에는 본안소송의 제기 전에도 그 처분할 수 있음)
- 직무대행자는 가처분명령에 다른 정함이 있는 경우나 법원의 허가를 얻은 경우에는 회사의 상무에 속하지 아니한 행위(ex. 영업의 전부 또는 중요한 일부의 양도에 관한 결의를 위한 정기주주총회소집)도 할 수 있음
- 퇴임이사로 하여금 이사로서의 권리·의무를 가지게 하는 것이 불가능하거나 부적당한 경우 퇴임이사를 상대로 그 직무집행의 정지를 구하는 가처분신청이 허용 ×
- 법원의 직무집행정지 가처분결정에 의해 회사를 대표할 권한이 정지된 대표이사가 그 정지기간 중에 체결한 계약 ⇨ 절대적으로 무효임(그 후 가처분신청의 취하에 의하여 보전집행이 취소되더라도 무효)
- 주식회사 대표이사 및 이사에 대한 직무집행 정지하고 직무대행자 선임하는 법원의 가처분결정은 그 결정 이전에 직무집행이 정지된 주식회사 대표이사의 퇴임등기와 직무집행이 정지된 이사가 대표이사로 취임하는 등기가 된 경우 ⇨ 가처분결정 이전에 직무집행이 정지된 이사가 대표이사로 선임되었다고 할지라도 그 선임결의의 적법 여부에 관계없이 대표이사 권한 없음

핵심포인트 문 54 소멸시효

- 「상법」 제64조 적용(유추적용)되어 5년 상사시효의 대상 ○
  - 상행위인 계약의 해제로 인한 원상회복청구권
  - 보험계약자가 다수의 계약을 통하여 보험금을 부정 취득할 목적으로 보험계약을 체결하여 「민법」 제103조에 따라 선량한 풍속 기타 사회질서에 반하여 무효인 경우 보험자의 보험금에 대한 부당이득반환청구권

- 「상법」 제64조 적용(유추적용)되어 5년 상사시효의 대상 ×
  - 주식회사인 부동산 매수인이 의료법인인 매도인과의 부동산매매계약의 이행으로서 그 매매대금을 매도인에게 지급하였으나 매매계약이 무효로 되었음을 이유로 민법의 규정에 따라 매도인에게 이미 지급하였던 매매대금 상당액의 반환을 구하는 부당이득반환청구
- 부부 중 한쪽이 다른 쪽에 대하여 가지는 권리는 혼인관계가 종료된 때부터 6개월 내에는 소멸시효가 완성되지 아니함
- 배서인의 다른 배서인과 발행인에 대한 환어음상과 약속어음상의 청구권의 소멸시효는 그 자가 제소된 경우에는 전자에 대한 소송고지를 함으로 인하여 중단함 ○

문 55. 주권을 발행한 비상장회사 주식의 담보

- 질권자는 계속하여 주권을 점유하지 아니하면 그 질권으로써 제3자에게 대항 불가
- 채무자가 채무담보 목적 주식을 채권자에게 양도하여 채권자가 주주명부상 주주로 기재된 경우
  - 양수인이 주주로서 주주권 행사할 수 있음
  - 회사는 피담보채무가 변제 소멸하더라도 주주명부상 주주인 양수인 주주권 행사 부인할 수 없음
- 전환주식의 전환이 있는 때 이로 인하여 종전의 주주가 받을 주식에 대하여도 종전의 주식을 목적으로 한 질권을 행사할 수 있음
- 주식의 질권설정에 필요한 요건인 주권의 점유를 이전하는 방법 ⇨ 현실 인도 외에 간이인도, 반환청구권 양도도 허용 ○
- 채권담보의 목적 주식양도 약정 당시에 회사의 성립 후 이미 6개월이 경과하였음에도 불구하고 주권이 발행되지 않은 상태인 경우 ⇨ 그 약정은 바로 주식의 양도담보로서의 효력 가짐 ○

문 56. 법인의 이사

- 「민법」상 법인의 정관에 대표권의 제한에 관한 규정에 등기되지 않은 경우 법인은 정관의 규정에 대하여 선의냐 악의냐에 관계없이 제3자에 대해 대항할 수 없음
- 「민법」상 법인의 상태가 임기만료된 이사에게 후임 이사 선임 시까지 업무수행권을 인정할 필요가 있는 경우에도 임기만료된 이사에게 이사로서의 지위는 인정 ×
- 민법상의 법인에 대하여 민법 제63조에 의하여 법원이 선임한 임시이사는 원칙적으로 정식이사와 동일한 권한 가짐
- 새로 선임된 이사가 취임하거나 상법 제386조 제2항에 따라 일시 이사의 직무를 행할 자가 선임되면 임기만료로 퇴임한 이사는 별도 주주총회 해임결의 없이 이사로서의 권리의무 상실함
- 상법 제383조 제3항 규정은 이사 임기가 최종 결산기의 말일과 당해 결산기에 관한 정기주주총회 사이에 만료되는 경우에 정관으로 그 임기를 정기주주총회 종결일까지 연장할 수 있도록 허용하는 규정임

핵심포인트 문 57 위탁매매 ★★

- 위탁자가 지정한 가액보다 염가로 매도하거나 고가로 매수한 경우 ⇨ 위탁매매인이 그 차액을 부담한 때에는 그 매매는 위탁자에 대하여 효력 有
- 위탁매매인(위탁자×)은 위탁자를 위한 매매로 인하여 상대방에 대하여 직접 권리를 취득하고 의무를 부담함
- 거래소의 시세가 있을 경우 위탁매매인은 직접 매수인이 될 수 있고 그 매수가는 위탁매매인이 위탁자에게 통지를 발송할 때의 거래소의 시세에 따름
- 위탁매매인은 위탁자를 위한 매매에 관하여 상대방이 채무를 이행하지 아니하는 경우 다른 약정이나 관습이 없는 한 위탁자에 대하여 이행할 책임 有
- 위탁매매인이 위탁자로부터 받은 물건 또는 유가증권이나 위탁매매로 인하여 취득한 물건, 유가증권 또는 채권은 위탁자와 위탁매매인 또는 위탁매매인의 채권자간의 관계에서는 이를 위탁자의 소유 또는 채권으로 봄

핵심포인트 문 58 고지의무 ★★

- 중복보험을 체결한 사실은 상법 제651조의 고지의무의 대상이 되는 중요한 사항 ×
- 고지의무 위반을 이유로 한 보험자의 보험계약 해지권의 행사는 보험사고가 발생한 후에도 할 수 있음
- 고지의무를 위반한 경우에도 보험자가 고지의무 위반의 사실을 안 날부터 1개월이 경과하거나 계약성립일부터 3년이 경과한 때에는 보험계약 해지 不可
- 고지의무를 위반한 사실과 보험사고 발생 사이에 인과관계가 없음이 증명된 경우 ⇨ 보험자는 고지의무 위반을 이유로 보험계약 해지 可, 보험금을 지급할 책임 有
- 고지의무 위반이 사기에 해당하는 경우 ⇨ 보험자는 「상법」 제651조에 따라 보험계약을 해지 可 & 「민법」 제110조에 따라 보험계약을 취소 可

핵심포인트 문 59 상호 및 상호권 ★★

- 제22조(상호등기의 효력)는 유사상호가 아니라 동일 상호에만 적용 ○
- 상법 제23조의 상호폐지
  - 선상호 사용자라는 이유를 들어 다른 사용자가 이를 등기한 경우에도 그 상호등기 말소 청구 可
  - 선상호 사용자가 미등기 동안 후사용 사용인이 부정한 목적으로 선상호 사용자의 영업으로 오인할 수 있는 상호를 사용하여 선상호 사용자가 손해를 받을 염려가 있는 경우 ⇨ 선상호 사용자는 후사용 사용인에게 상호 말소 청구 可
- 하나의 영업에 여러 상호를 사용하는 것은 원칙적으로 금지/한 상인이 수 개의 영업을 영위하면서 하나의 상호를 공통적으로 사용하는 것은 허용 ○
- 회사의 경우 상호는 반드시 등기해야 함/자연인의 경우 상호를 반드시 등기해야 하는 것은 아님
- 상호는 영업과 함께 양도하여야 함/영업을 폐지한 경우에는 상호만 양도할 수 있음

핵심포인트 문 60 어음의 선의취득 ★★

- 어음의 선의취득으로 인하여 치유되는 하자의 범위에는 양도인이 무권리자인 경우뿐만 아니라 양도행위에 대리권의 흠결이나 하자가 있는 경우도 포함
- 선의취득은 어음·수표항변의 절단과는 아무관계가 없음(∵ 선의취득은 권리귀속에 대한 문제이고 인적항변은 채무의 부담에 대한 문제임)
- 어음을 선의취득한 자의 경우공시최고절차에서 권리 신고를 하지 않은 채 그 어음에 대한 제권판결이 선고된 이상 불복의 소를 제기하여 취소판결을 받기 전에는 그 어음상 권리 주장 불가
- 어음을 지명채권 양도방법이나 전부명령에 의하여 취득한 경우에는 선의취득은 인정 ×(∵ 어음법에서 마련된 유통방법에 의하여 어음을 취득하는 경우에만 선의취득이 인정)
- 선의취득자 이후 그 권리를 양수한 자는그 이전의 무권리에 대해서 악의라고 하더라도 완전한 권리 취득함 ○(엄폐물의 법칙)

핵심포인트 문 61 어음액 백지어음 ★★

- 어음금액을 보충하지 않고 어음금청구의 소를 제기한 경우 사실심 변론 종결 시까지 보충권을 행사하여야 함 ○
- 어음 채무자는 어음의 백지부분인 금액란이 부당보충된 어음을 중대한 과실 없이 배서양도 받은 취득자에게 기재된 문구대로 어음채무를 부담 ○(∵ 어음의 백지부분인 금액란이 부당보충된 어음을 취득한 사람에 대하여도 어음법 제10조의 백지어음취득에 관한 법조 적용 ○)
- 백지어음을 백지의 보충없이 제시한 경우에는 채무자는 이행지체의 책임을 지지 않음
- 배서인으로부터 만기가 도래하기 전에 배서양도를 받은 자가 지급제시기간이 경과한 후 어음금액을 보충한 경우 ⇨ 배서인의 배서는 기한 후 배서 ×(∵ 백지어음에 있어서 백지의 보충시와 어음행위 자체의 성립시기와는 엄격히 구별해야 함)
- 백지어음을 도난·분실 또는 멸실한 경우에도 공시최고를 신청 可

핵심포인트 문 62 1인회사 · 소규모 주식회사 ★★

- 1인회사
  - 영업양도에 있어 상법상 주주총회의 특별결의를 대신 1인 주주이자 대표이사의 동의로 可
  - 이사의 의사에 기하지 않은 이사사임등기는 1인 주주의 의사에 합치된 경우라도 불실등기임
- 자본금 총액이 10억 원 미만 소규모 주식회사
  - 이사회 결의를 거치지 않고 파산 신청한 것은 적법함 ○
  - 감사를 선임하지 아니할 수 있음

- 감사를 선임하지 아니한 회사가 이사에 대하여 또는 이사가 그 회사에 대하여 소를 제기하는 경우에 회사, 이사 또는 이해관계인은 법원에 회사를 대표할 자를 선임하여 줄 것을 신청해야 함
- 주주총회일의 10일 전에 각 주주에게 서면으로 통지를 발송하거나 각 주주의 동의를 받아 전자문서로 통지를 발송할 수 있음

문 63 전환사채·신주인수권부사채 ★★

- 회사가 법령 또는 정관에 위반하거나 현저하게 불공정한 방법에 의하여 전환사채를 발행함으로써 주주가 불이익을 받을 염려가 있는 경우 그 주주는 회사에 대하여 전환사채발행의 유지 청구 可
- 주주 아닌 회사들이 전환권을 행사하여 신주를 발행받은 경우 이를 다투는 방법 ⇨ 전환사채발행무효의 소 ○(신주발행무효의 소 ×)
- 신주인수권부사채를 발행하려는 경우, 신주인수권부사채의 총액, 신주인수권의 내용과 신주인수권을 행사할 수 있는 기간 등에 관한 내용은 정관에 규정이 없는 경우 ⇨ 이사회가 이를 결정 ○
- 「상법」제429조를 유추적용하여 6개월의 제소기간 제한 ⇨ 전환사채발행무효의 소에는 적용 ○ vs. 전환사채발행부존재확인의 소 적용 ×
- 신주인수권부사채를 발행받은 자는 이를 등기하여야 하고/신주인수권을 행사한 경우에 납입을 한 때부터 주주의 권리의무 있음

문 64 주식회사의 투자 유치를 위한 신주발행 ★★★

- 주주와 회사가 "서면동의 없는 회생절차의 개시신청이 있거나 그 절차가 개시되는 경우"에 금전지급채무가 발생한다고 정한 경우 무효(설령회사의 다른 주주 전원이 그와 같은 차등적 취급에 동의하였다 하더라도 주주평등의 원칙에 위반하여 무효임)
- 주주가 주주 내지 이사 개인과 회사와 관련한 계약을 체결한 부분 ⇨ 주주평등의 원칙이 직접 적용 ×, 회사 간에 체결한 부분과 결합하여 유효성을 판단 ×(∵ 주주가 주주 내지 이사 개인과 회사와 관련한 계약을 체결한 부분은 주주가 회사와 계약을 체결한 부분의 효력과는 별개임)
- 회사가 자금조달을 위해 신주인수계약을 체결하면서 주주의 지위를 갖게 되는 자에게 회사의 의사결정에 대한 사전동의를 받기로 약정 ⇨ 다른 주주와 회사에 이익이 되는 등으로 차등적 취급을 정당화할 수 있는 특별한 사정이 있다면 이를 허용 ○(이사회의 권한을 침해 소지는 있더라도)
- 다른 회사가 당해 회사의 주요한 경영사항에 대해 사전동의권을 가지는 경우 ⇨ 사전동의권이 주식 그 자체에 부여된 것은 아니므로 「상법」상 허용될 수 없는 특별한 종류의 주식이 발행된 것은 아님
- 투자 관련 계약에서 당사자 일방이 상대방에게 자신이 보유한 주식의 매수를 청구하면 주식에 관한 매매계약이 체결되는 것으로 정한 경우 이러한 주식매수청구권 ⇨ 형성권이고 「상법」 제64조를 유추적용하여 5년의 제척기간이 적용 ○

문 65. 분할합병 ★★★

- 분할 또는 분할합병으로 인하여 설립되는 회사 또는 존속하는 회사는 분할 또는 분할합병 전의 회사채무(변제기가 도래하지 아니한 채무도 포함)에 관하여 연대하여 변제할 책임 有
- 채권자가 분할 또는 분할합병이 이루어진 후에 분할회사를 상대로 분할 또는 분할합병 전의 분할회사 채무에 관한 소를 제기한 경우 ⇨ 분할회사에 대한 관계에서 시효 중단 ○/분할 또는 분할합병으로 인하여 설립되는 회사 또는 존속하는 회사에는 시효 중단 ×(∵ 부진정연대채무)
- 회사의 영업 그 자체가 아닌 영업용재산의 처분으로 인하여 회사의 영업의 전부 또는 중요한 일부를 양도하거나 폐지하는 것과 같은 결과를 가져오는 경우 ⇨ 상법 제374조 제1호 소정의 주주총회의 특별결의를 요함
- 청산사무가 종결한 때 ⇨ 청산인은 지체없이 결산보고서를 작성하고 이를 주주총회에 제출하여 승인을 얻어야 함
- 분할회사의 주주에게 제공하는 재산이 분할승계회사의 모회사 주식을 포함하는 경우 ⇨ 분할승계회사는 그 지급을 위하여 모회사 주식을 취득할 수 있음

문 66. 비상장 주식회사의 주주총회 소집통지 ★★

- 회사가 정한 주주총회 회의일시가 그 소집통지된 시각에 주주의 참석을 기대하기 어려워 주주의 참석권 침해하기에 이른 정도인 경우 ⇨ 주주총회의 소집절차가 현저히 불공정한 경우에 해당 ○
- 총회는 정관에 다른 정함이 없으면 본점소재지 또는 이에 인접한 지에 소집하여야 함
- 상법 제450조에 따른 이사, 감사의 책임 해제는 정기총회에서 승인을 얻은 경우에 한정됨 ○
- 정관에서 주주총회 결의사항으로 '대표이사의 선임 및 해임'을 규정하지 않은 경우에는 이를 회의목적사항으로 삼아 상법 제366조에서 정한 주주총회소집허가 신청 不可
- 회사는 이사회의 결의로 주주가 총회에 출석하지 아니하고 전자적 방법으로 의결권을 행사할 수 있음을 정할 수 있음

문 67. 업무집행지시자 등의 책임 ★★

- 지배주주는 업무집행지시자로서 업무집행지시자 등의 책임 없음(∵ 제401조의2에 따른 책임은 지배주주의 법적지배 이외의 사실상의 영향력 행사를 통제하려는 것임)
- 이사가 임무를 수행함에 있어서 법령을 위반한 행위를 한 때에는 경영판단의 원칙 적용 ×
- 표현대표이사에 대한 업무집행지시자 등의 책임성립에는 영향력을 가지고 있을 것 불요함(∵ 직명 자체에 업무집행권이 표상되어 있음)

- 업무집행지시자 등의 책임으로 인한 배상책임을 지는 경우 「민법」 제766조 제1항의 단기소멸시효 적용 ×(∵ 상법 제401조의2 제1항이 정한 손해배상책임은 상법에 의하여 이사로 의제되는 데 따른 책임임)
- 대표이사로서 마땅히 기울였어야 할 감시의무를 지속적으로 게을리한 결과 회사에 손해가 발생한 경우 회사에 대하여 업무집행지시자 등과 연대하여 배상책임 有(대표이사가 담합행위를 구체적으로 알지 못하였고 행위를 직접 지시하지 않았다는 이유만으로는 책임을 면할 수 없음)

문 68 표현대표이사 ★★

- 표현대표이사의 행위로 인한 회사 책임(상법 제395조)
  - 이사의 자격이 없는 사람이 임의로 표현대표이사의 명칭을 사용하고 있는 것을 회사가 알면서도 아무런 조치를 취하지 아니한 채 그대로 방치하여 소극적으로 묵인한 경우에도 유추적용 ○
  - 표현대표이사가 다른 대표이사의 명칭을 사용하여 어음행위를 한 경우 회사가 책임을 지는 선의의 제3자의 범위 ⇨ 표현대표이사로부터 직접 어음을 취득한 상대방, 그로부터 어음을 다시 배서양도받은 제3취득자도 포함됨 ○
  - 표현대표이사가 자신 이름으로 행위한 경우는 물론 대표이사의 이름으로 행위한 경우에도 적용
  - 상대방의 악의 또는 중대한 과실은 대표이사를 대리하여 행위를 할 권한이 있는지에 관한 것이고 상대방에의 악의·중과실에 대한 입증책임은 회사에게 있음
- 표현대표이사의 행위로 인정이 되는 경우에도 이사회 결의가 필요하고 계약의 상대방인이 이사회 결의가 없었음을 알았다면 회사는 위 매매계약에 대한 책임 면함(∵ 표현대표이사의 행위와 이사회의 결의를 거치지 아니한 대표이사의 행위는 다름)

문 69 주식회사의 이사회 ★★

- 이사가 이사회에 출석하여 결의에 기권하였다고 의사록에 기재된 경우 ⇨ 「상법」 제399조 제3항에 따라 이사회 결의에 찬성한 것으로 추정할 수 없음(∵ 이의를 한 기재가 의사록에 없는 자로 볼 수 없음)
- 발행주식총수의 100분의 3 이상에 해당하는 주식을 가진 주주는 회의의 목적사항과 소집 이유를 적은 전자문서(전자우편은 물론 휴대전화 문자메시지·모바일 메시지 등까지 포함)를 이사회에 제출하는 방법으로 임시주주총회의 소집을 청구 可
- 주주가 영업시간 내에 이사회 의사록의 열람 또는 등사를 청구(주주는 민사소송의 방법으로 이사회 의사록의 열람·등사를 청구는 허용 ×)하였으나 회사가 그 청구에 대하여 이유를 붙여 거절할 수 있음
- 「상법」 제398조의 자기거래의 경우 사후에 그 거래행위에 대하여 이사회 승인을 받았다고 하더라도 특별한 사정이 없는 한 무효임
- 상법 제542조의9 제1항을 위반하여 이루어진 신용공여는 이사회의 사전 승인이나 사후 추인이 있어도 무효(∵ 이사회의 승인 유무와 관계없이 금지되는 것임)

문 70. 상법상 회사

- 합명회사는 업무집행사원의 업무집행권한을 다른 사원의 청구에 의해 법원의 선고로써 그 권한을 상실시킬 수 있고 총사원이 일치하여 업무집행사원을 해임함으로써 권한을 상실시킬 수도 있음
- 청산인이 합명회사의 영업의 전부 또는 일부를 양도함에는 총사원 과반수의 결의가 있어야 함
- 청산인이 합명회사 영업의 전부를 양도함에는 총사원의 동의가 있어야 함
- 유한회사는 광고 기타의 방법에 의하여 인수인을 공모하지 못함
- 합자회사에서 업무집행권한의 상실을 선고받은 무한책임사원이 다시 업무집행권이나 대표권을 갖기 위해서는 정관이나 총사원의 동의로 새로 그러한 권한을 부여받아야 함
- 유한책임회사가 사원에 대하여 소를 제기하는 경우 유한책임회사를 대표할 사원이 없을 때에는 다른 사원 과반수의 결의로 대표할 사원을 선정하여야 함

2025년(제14회) 변호사시험 기출문제집(선택형)

2025년 2월 20일 초 판 인쇄
2025년 2월 28일 초 판 발행

저 자 대한법률연구소
발행인 한인환 · 한재성
발행처 도서출판 **기문사**
등 록 1978. 8. 9. NO. 6-0637
주 소 서울시 동대문구 안암로 50-1(용두동) 홍신빌딩 3층
전 화 02) 2265-7214(代)/922-8662~3
팩 스 02) 922-8772

homepage : www.kimoonsa.co.kr
e-mail : book@kimoonsa.co.kr

저자와의
협의하에
인지생략

ISBN : 979-11-94568-05-6 13360

정가 : 25,000원

● 불법복사는 지적재산을 훔치는 범죄행위입니다.
저작권법 제97조의 5(권리의 침해죄)에 따라 위반자는 5년 이하의 징역 또는 5천만 원 이하의 벌금에 처합니다.